启迪你的智慧，精彩由此展开……

YAO SHI DIAN CANG BAN

耀世典藏版

丛书主编 刘光远

探秘与真相

刘光达◎主编

天津出版传媒集团

天津科学技术出版社 天津人民出版社

图书在版编目（CIP）数据

探秘与真相 : 耀世典藏版 / 刘光达主编. -- 天津 : 天津科学技术出版社 : 天津人民出版社, 2015.2（2022.1重印）

（悦读坊 / 刘光远主编）

ISBN 978-7-5308-9591-7

Ⅰ. ①探… Ⅱ. ①刘… Ⅲ. ①科学知识–青少年读物 Ⅳ. ①Z228.2

中国版本图书馆CIP数据核字(2015)第037923号

责任编辑：房 芳

责任印制：兰 毅

天津出版传媒集团
天津科学技术出版社
天津人民出版社
出版

天津市西康路35号 邮编：300051

电话：（022）23332435（编辑室）

网址：www.tjkjcbs.com.cn

新华书店经销

三河市同力彩印有限公司

开本 787×1092 1/16 印张 27.5 字数 600 000

2022年1月第1版第2次印刷

定价：89.00元

前言

Preface

对于涉世不深或处于懵懂时期的青少年来说，头脑中经常闪现出一个接一个的问题——诸如神秘的天体天象、日新月异的航天技术、趣味盎然的的动物习性、奇妙的科学现象、新奇的科技发明等，都是他们最想知道的——这些问题的产生伴随着他们充满想象力的深入思考，是探秘未知世界的不竭动力。

这本《探秘与真相》是献给渴望探索新世界的青少年读者的百科全书，将为其奉上一场丰美绝伦的知识盛宴。全书从宇宙、动物和科学三个视角出发，精选出具有探索价值的课题，展示给读者不同领域的全新的知识体系。全书用通俗浅显的文字、精美逼真的插图、新颖独特的版式设计，诠释出丰富而精彩的万千现象，使读者在愉快的氛围中轻松遨游浩淼无垠的宇宙、异彩纷呈的动物王国、奥妙无穷的科学世界，进入一个充满未知的探索世界……

每个人在小时候都曾经仰望夜空，对浩淼的宇宙充满了好奇，并生出无限遐想。宇宙有没有边际？满天的繁星大多数比太阳还大吗？织女星距离我们有多远？北斗七星为什么随季节不同而改变方向？不同的星座是怎样划分的？彗星为什么会拖着长长的“尾巴”？到底有没有外星人？……在宇宙探秘部分，我们将就诸如此类的宇宙谜题展开深入探索。我们将去认识太阳、月球、行星等诸多天体的奥秘，在整个宇宙的范围内去探究宇宙的起源、演变和未来，还将按照天文学家的指导，去认识那些亮晶晶的星星的名字，以及那些以星座形式存在的图谱的名称。

地球是所有生灵共同的家园，因为有了动物，地球才变得多姿多彩。动物世界令人着迷，动物世界又充满了谜。狮子的吼叫声中蕴含着多少种不同的意义？哺乳动物中存在“杀婴行为”的原因是什么？狒狒两性之间会存在真正的“友谊”吗？非洲森林中的不同动物怎样结成跨种防御联盟？昆虫是如何进行信息传递的？为何有些鱼能长期离开水？龟、蜥蜴等会沉湎于玩耍吗？马鹿竟能根据生存状况来控制幼崽的性别比例吗？……在动物探秘部分，将针对一系列诸如此类的谜题，揭示包括哺乳动物、鸟类、昆虫、两栖与爬行动物等诸多鲜为人知的独家“秘闻”，涉及其生活习性、社会行为、捕食和防御之道、繁殖求偶策略等方面，让读者对我们的动物朋友有更深入的了解。

科学包含了世界的全部奥秘，其不断进步给世界带来了翻天覆地的变化。科学是青少年的主要功课，作为一个21世纪的现代人，不了解基本的科学知识，是难以想象的。各基础学科是怎样发展起来的？为什么会有那么多难以理解的自然现象？科学怎样推动了生产生活的进步？人体小宇宙是怎样精确而高效地运转的？……在科学探秘之旅中，我们将去了解当今科学领域的基础知识、主要成就、最新应用等，一步步进入神秘而有趣的科学王国。相信青少年朋友们一定可以在科学知识的海洋里自由遨游，开开心心地爱上科学，开阔视野，启迪思维，成为具有科学头脑的人。

从遥远的太空到我们身边，从宏观世界到微观世界，全书穿越时空，涉猎广博，却又自成体系。它采用科学系统的分类法，将庞杂的知识结构化；以近乎词条式的阐述方式，将复杂的原理简单化；采用场面宏大的主图和缤纷的配图相结合的方式，增强视觉冲击力，将抽象的道理形象化；以形式多样的辅助栏目和匠心独具的版式设计，将深奥的概念趣味化。

本书不仅有全面丰富的知识，更有充满奇思妙想的发问。发问引发思考，思考带来行动，行动引爆惊奇发现，而知识的进步总是带来更深、更美妙的神秘体验，吸引我们去更加深入地探索。相信打开本书，你定会开启别开生面、妙趣横生的探秘之旅，点亮无限精彩的智慧人生。

目录

Contents

宇宙探秘

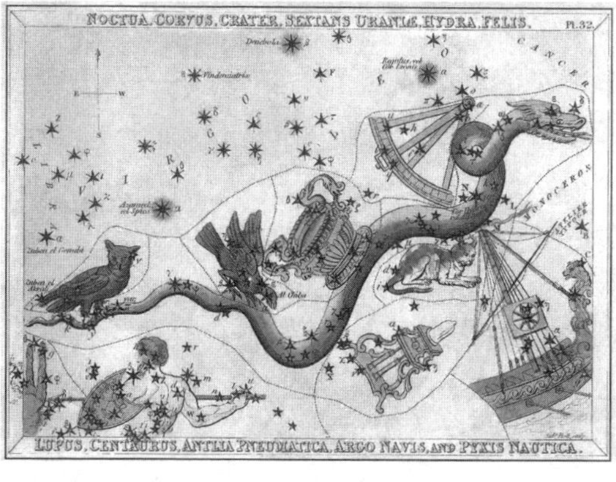

动物探秘

·有趣的繁殖求偶策略

·纷繁的动物生存之道

·其他有趣的动物谜题

科学探秘

·基础科学

·自然的奥秘

·有趣的植物王国

·机械设备与原理

·人体奥秘及医疗保健

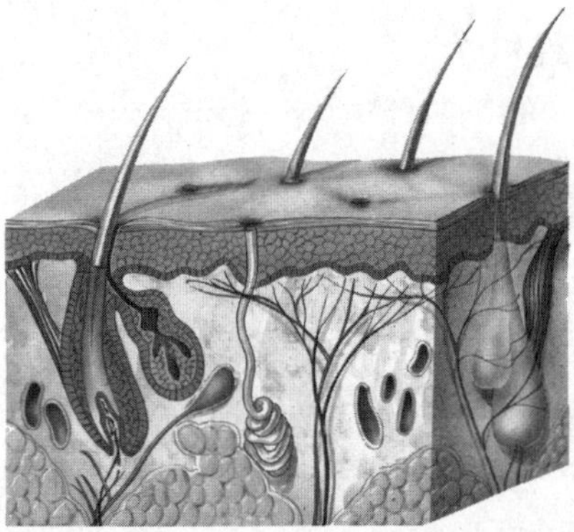

宇宙探秘

宇宙常识

■ 太　空

太空是指地球大气层以外的宇宙空间。夜晚抬头仰望天空，太空中似乎布满了星星。然而那些星星彼此之间的距离却是远得难以想象，相隔的空间里除了宇宙尘埃以外几乎什么都没有。太空是一个广袤空旷的空间——“太空”这个名称就是因此而来的。没有人知道太空究竟有多大，很多天体因为太远而无法被观测到。但是利用现代的观测技术，天文学家能观测到的宇宙空间将越来越大。

» 宇宙的大小

人类所能观测到的宇宙仅仅是整个宇宙空间中极小的一部分。借助强大的天文望远镜，人类能够观测到 130 亿光年外的恒星和被称做类星体的星系所发出来的强烈而明亮的光。所以，如果遥远的类星体是平均分布在宇宙空间的话，那么宇宙的直径就应该有 260 亿光年。通过望远镜，你有可能观测到几千甚至几百万光年以外的某些恒星发出的光。

深邃的太空

* 因为光从太空中遥远的天体传播到地球需要花费很长的时间，所以我们现在看到的星星并不是它们现在的样子，而是若干年前光从这些星球上发出时它们的样子。比如我们现在看到的亮星天津四其实是它在1800年以前的样子，当时地球上正处于古罗马时代。

* 现在，当我们抬头仰望仙女座星云时，按照科学家的观点，我们看到的只是它在200万年以前的样子，那时候在非洲大陆上才刚刚出现类人猿。

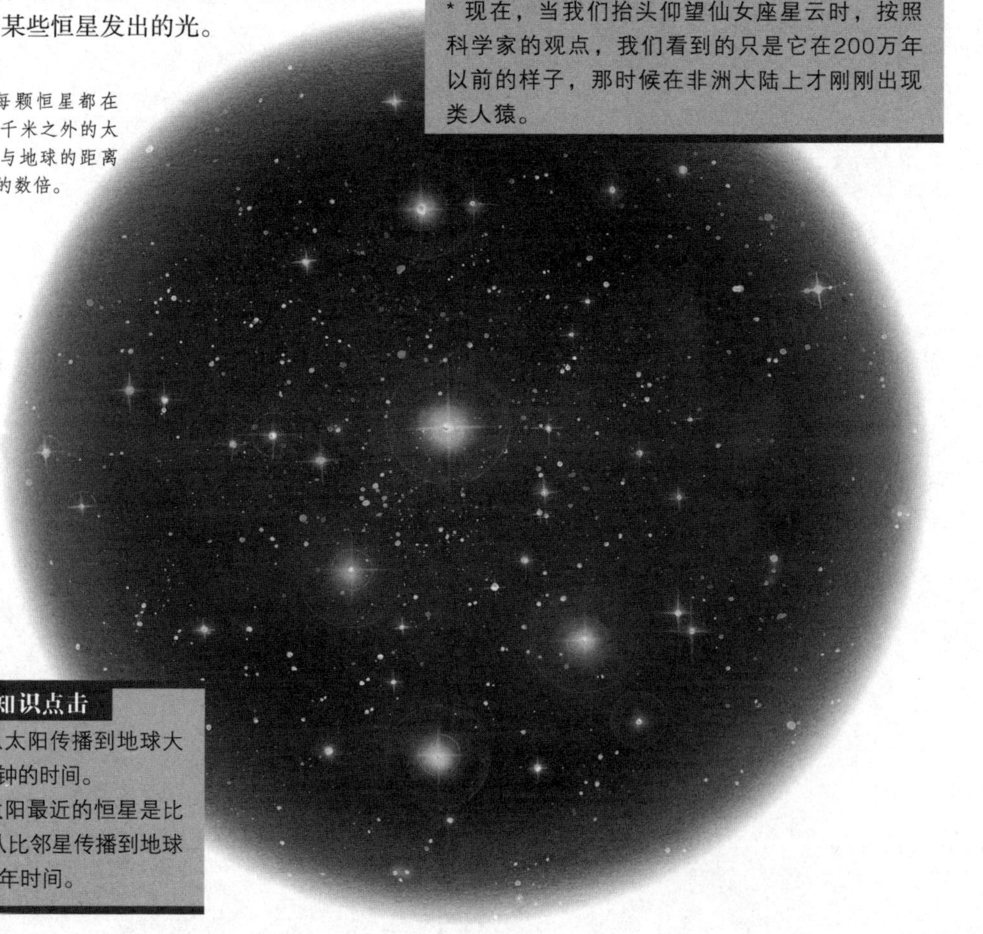

↘ 地球附近每颗恒星都在距地球40万亿千米之外的太空；许多恒星与地球的距离更是这个数字的数倍。

知识点击

* 光从太阳传播到地球大约需要8分钟的时间。

* 离太阳最近的恒星是比邻星，光从比邻星传播到地球大约需要4年时间。

» 用光作标尺

光是宇宙中跑得最快的，其传播速度将近每秒 30 万千米。天文学家用了很多方法来衡量宇宙中星体之间的距离。他们用光年取代千米作为衡量星体间距离的单位。1 光年就是光在 1 年中走过的距离——大约 9.5 万亿千米。天文学家有时候也用秒差距作为距离单位。1 秒差距相当于 3.26 光年。

↗ 浩淼的宇宙中，看起来近若咫尺的两颗恒星间的距离却要用光年来衡量。

» 星云

在一个晴朗的夜晚，通过大功率的望远镜，你可能会在恒星之间发现一些暗淡模糊的光斑。其中一部分是遥远星系发出的光，有一部分是宇宙中巨大的“云系”，人们称之为星云。星云是大片的宇宙尘埃和气体的混合体。著名的蟹状星云是由一颗巨大的恒星在公元 1054 年爆炸后残余的碎片所形成的。在引力的作用下，星云中的宇宙尘埃和气体凝聚到了一起，于是某些恒星就从中诞生了。

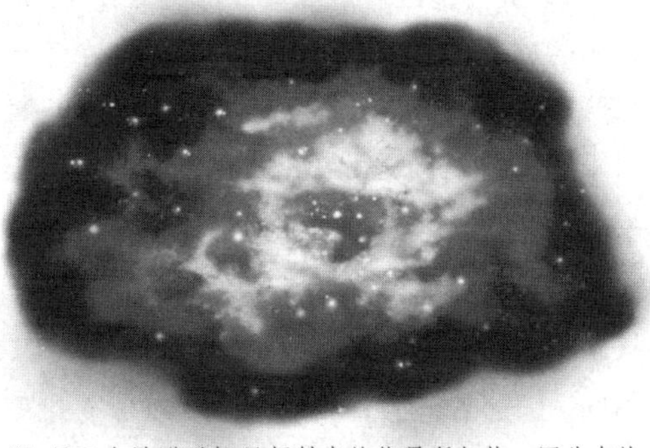

↗ 星云会被附近恒星辐射出的能量所加热，因此有的星云看上去是红色的。

» 终极之洞——黑洞

光是宇宙中跑得最快的，在 20 世纪最惊人的宇宙发现之一就是黑洞的存在得到了证实。黑洞是宇宙中引力极为强大的一个点，它巨大的引力能够吞噬宇宙中的一切——甚至连光也不例外。因为连光也无法逃脱黑洞的吸引，所以我们是无法看到

↖ 由于黑洞强大引力的作用，恒星上的气体不断被吸引过来，并形成一个旋涡——吸积盘——围绕着黑洞。

黑洞的。当一颗恒星的生命最终结束，恒星在自身引力的作用下坍缩，星体内的物质在抛向宇宙前被紧紧地压缩到一起，以至于组成恒星的所有物质最后全部被压缩成一个极微小的点——奇点，于是形成了黑洞。

■ 皎洁的月球

在我们看来夜空中最大、最明亮的天体就要属月球了，它就像一个小太阳一样照耀着夜晚的大地。月球本身不会发光，它只是一颗巨大而冰冷的星球而已，完全是靠反射太阳光才会在夜空中显得明亮。月球是地球在宇宙中的好伙伴，两者相距38.4万千米。月球绕地球运行一周大约需要一个月。它在绕地球公转的同时也在自转，由于月球的公转周期与自转周期完全相同，所以月球始终都以同一面朝着地球，在地球上永远不可能看到月球的背面。

» 月球漫步

当1969年宇航员登上月球的时候，他们发现月球上满是悬崖峭壁和宽广的平原，很多地方完全被白色的细小灰尘所覆盖。这些月尘是许多年之前月球表面在陨石的撞击下碎裂而形成的。由于月球上没有大气、没有风、没有雨雪，所以月尘不会四处飘散，宇航员在月球上留下的脚印就可能按原样保存百万年以上。

» 月相变化

从地球上只能看见月球明亮的半边，也就是月球的阳面。在月球绕地球公转的过程中，从地球上观察月球阳面的角度也随之不同，因此看上去月球似乎在不断地变化形状。在每个月月初，也就是新月的时候，月球处于太阳和地球的正中间，从地球上只能看到的月球阳面只有弯弯的一道娥眉。在随后的2星期中，月球一点一点地显露出来，直至最后皓月当空，此时月球离太阳最远，月球阳面全部可见。在接下去的2星期中，月球的可见部分又一点一点地隐没到黑暗之中，慢慢又变成一个月牙形，称做残月。

知识点击

* 月球的体积只有地球的1/4。
* 月球绕地球运行1周需要27.3天时间，但是因为地球同时也在公转，所以月球2次满月之间的间隔为29.53天，也就是一个朔望月。

↗ **地球和月球大小比较**

↓ 每一次满月之后，月球上明亮的部分会慢慢减少。

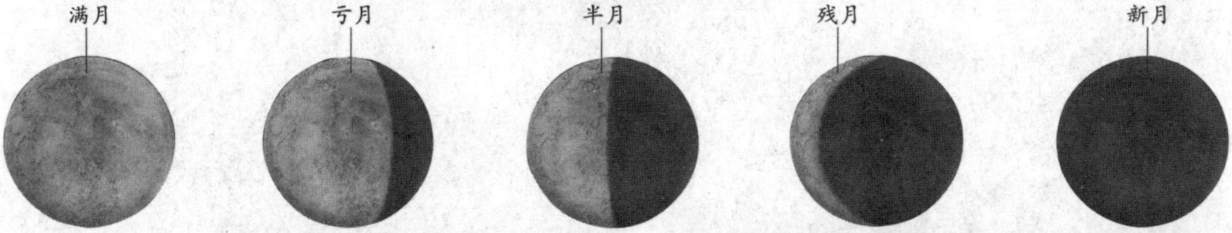

↘ 从月球上看地球。

各大行星的卫星数量	
行星	卫星
土星	18 颗
天王星	17 颗
木星	16 颗
海王星	8 颗
火星	2 颗
地球只有1颗卫星。	

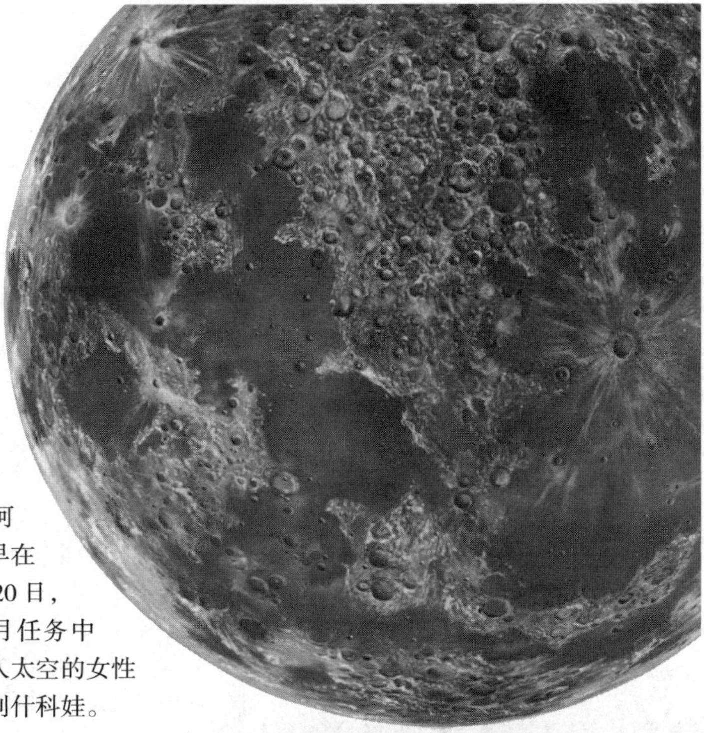

↗ 月球上的环形山大多由陨石撞击而成，月球表面坑坑洼洼地布满了古老的环形山。

» 登月

月球是除地球以外人类造访过的唯一天体。美国宇航员尼尔·阿姆斯特朗和巴兹·奥尔德林是最早在月球表面漫步的人。1969 年 7 月 20 日，他们在“阿波罗 11 号”载人登月任务中成功地登陆月球表面。第一位进入太空的女性则是前苏联宇航员瓦连金娜·捷列什科娃。

■ 巨大的火球

和夜空中其他恒星一样，太阳也是一颗恒星。实际上，太阳是一颗中等大小的恒星，它的寿命约有 100 亿年，目前正处于壮年期。太阳距离地球约 1.5 亿千米，是宇宙中离地球最近的恒星。和其他恒星一样，太阳内部的温度高得难以想象。太阳内部巨大的压力使得其温度高达 1500 万摄氏度。如此巨大的热量使太阳表面如此炽热，以至于传播了 1.5 亿千米到达地球后，仍带给地球光和热。

» 太阳的内部

太阳基本上是由 2 种气体构成的：其中 3/4 是氢气，剩下 1/4 是氦气。太阳内部反应生成的能量要经过 1000 万年的时间，穿过包括发光发热的光球层、到处充满火焰的色球层和像冕状火焰光圈的日冕等数层太阳大气层才能到达太阳表面。

太阳被分为几个层次来研究。从太阳中心向外依次为日核、辐射层、对流层和太阳大气。太阳大气包括光球、色球和日冕 3 部分，太阳半径的 15% 是由日核构成的，是热核反应区。热核反应发生时，释放出巨大能量的主要形式是氢聚变成氦。日核部分的物质密度是 1.6×10^5 千

↗ 在“阿波罗12号”登月任务中的艾伦·比恩

知识点击

* 太阳表面每6平方厘米的亮度相当于150万根最明亮的蜡烛同时燃烧所释放出的光亮。
* 太阳的直径是地球的100倍。
* 千万不要直视太阳！就算戴了墨镜也不要那样做。因为强烈的阳光可能会伤害到你的眼睛。
* 太阳表面上的暗斑和黑点叫做太阳黑子。太阳黑子之所以看起来是黑的，是因为黑子温度较周围的温度要低。

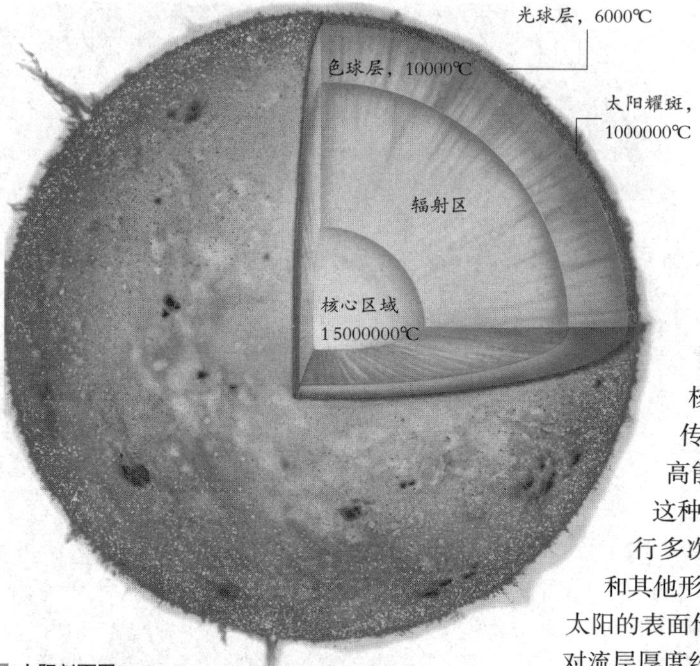

↗ 太阳剖面图

克 / 米^3，中心压力达 3300 亿大气压，温度也很高，达 1500 万 ~ 2000 万开。

日核外面就是辐射层，从 0.15 个太阳半径到 0.86 个太阳半径都是辐射层。这里的温度和密度已急剧下降。密度为 18 千克 / 米^3，温度为 70 万开。辐射层最先接收到日核传来的能量，通过吸收和再辐射来自日核的能量极高的光子而实现能量传递，每进行一次吸收和再辐射，高能光子的波长会变长，频率降低，这种再吸收、再辐射的过程反复地进行多次，逐渐将高能光子变为可见光和其他形式的辐射，经过对流层后，再向太阳的表面传播。

对流层厚度约 14 万千米，其起点在距离太阳中心 0.86 个太阳半径处。这里的物质内部的温度、压力和密度的梯度特别大，处于对流状态。对流运动的特性是非均匀性，这样会产生噪音，机械能就是这样通过对流层上面的光球层传输到太阳的外层大气的。

光球是人们平时看到的光彩夺目的太阳表面，厚度约 500 千米。光球层温度约 6000℃。光球面上有黑暗斑点，这是太阳黑子，它的温度约 4500℃，是日面上温度较低的区域，由于温度相对较低，看上去会比较暗。通过观察日面上的黑子的位置变化，可知太阳平均自转周期是 27 天。

↗ 发生日全食的时候，可以清楚地看到月球身后的日冕所喷发出来的火焰。

» 日食

尽管地日距离是地月距离的 400 倍，但是天空中的太阳看起来和月球差不多大。在月球绕地球公转的过程中，月球有时候会运行到地球和太阳的中间。这时候，月球就会完全挡住太阳的光芒，在地球上投下一片阴影。这就是所谓的日全食。如果还能见到太阳的一部分，那就是所谓的日偏食。

» 太阳光

太阳向四面八方放射出大量的光和热。虽然其中只有一小部分到达地球，但却足以提供这颗行星所需的几乎全部能量。如果没有太阳，地球上将是一片冰冷的黑暗，比最黑的黑夜还要黑，比南极洲还要冷。虽然部分太阳射线具有极强的危害性，但是地球外覆盖的大气层和地磁场却能保护人类免受太阳辐射的危害。

» 炽热的表面

太阳的表面十分灼热。从太阳内部喷发出来的热量在晦暗的表面形成一个个光亮的斑点。太阳表面剧烈燃烧的氢吐出的巨大的火舌被称做日珥，弧状的日珥可长达 9.6 万千米。偶尔会有巨大的能量从太阳表面喷薄而出，持续数分钟左右，被称做太阳耀斑。太阳黑子则是相对温度较低的、在太阳赤道附近缓慢舞动的黑暗的斑点。

↘ 大量的阳光射到地球上，成为地球上热量的来源，地球上生命万物的生长都离不开阳光。

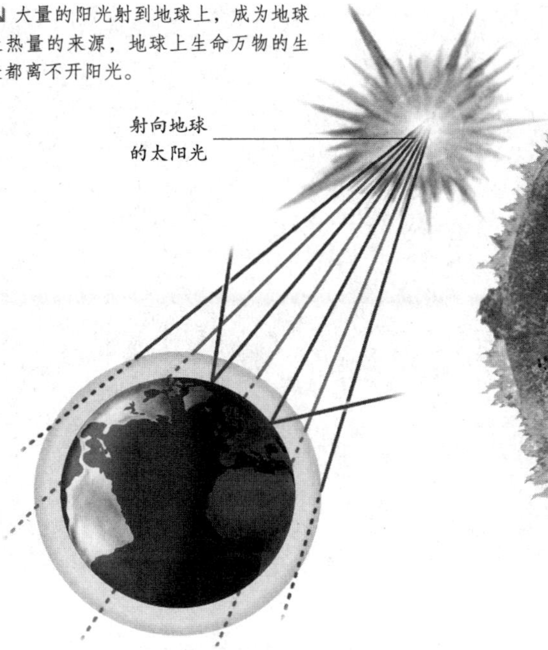

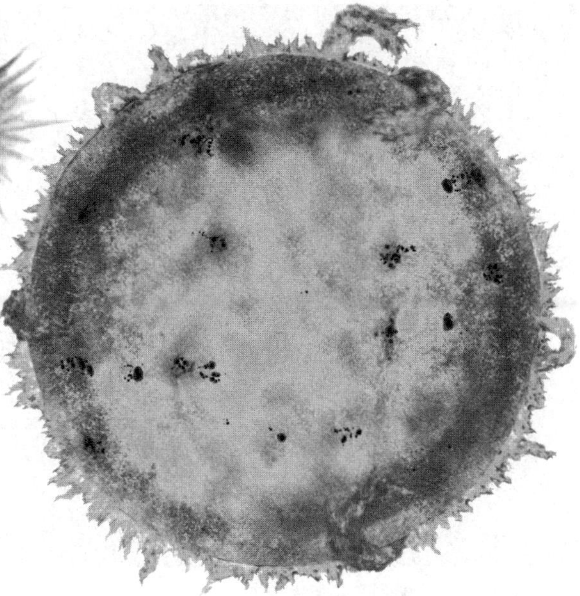

↗ 太阳表面的黑子、耀斑和日珥

↘ 当月球运转到地球和太阳之间时，就会形成日食。

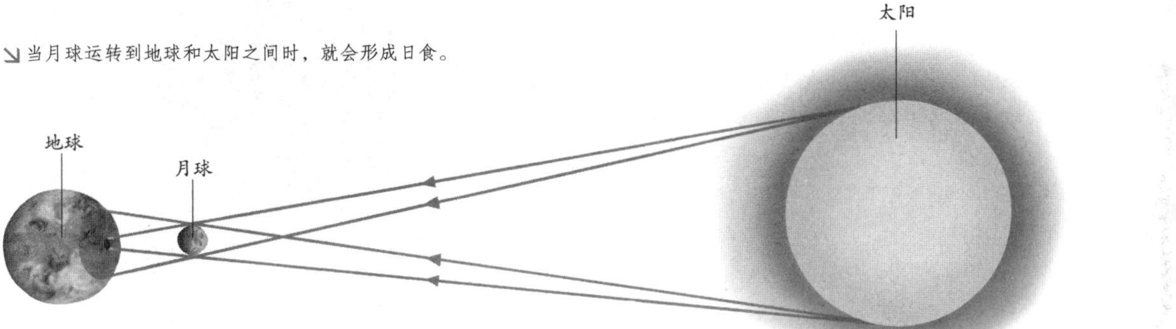

■ 行星的运行

在宇宙中，地球并不孤单。包括地球在内，一共有 8 颗行星在围绕着太阳运转。八大行星在太阳引力的牵引之下，沿着椭圆的轨道，以同一个方向绕太阳公转。许多行星都有自己的卫星。在行星的运行轨道之间还有许多大大小小的石块，称之为小行星。太阳、八大行星和各自的卫星，加上矮行星和其他诸多的小行星，以及难以计数的彗星组成一个大家庭——太阳系。

» 太阳系

太阳系八大行星绕太阳公转的轨道都在同一平面上，而矮行星冥王星和厄里斯的轨道则与这个平面相交成一夹角。离太阳越远的行星绕太阳公转的周期也越长。离太阳最近的水星其公转周期只有 88 天，金星是 225 天，地球是 365 天，遥远的海王星公转周期是 165 年，而矮行星冥王星绕太阳一周则几乎需要 250 年。

» 太阳系的诞生

通过测量陨石（从宇宙中坠落到地球上的石块）的年龄，科

知识点击

* 除了地球和天王星之外的其他六大行星都是以罗马诸神的名字命名的。
* 光从太阳传到水星仅需3分钟，传到冥王星则需要5.5小时。
* 太阳系的直径超过200亿千米。如果太阳系相当于一个体育场那么大，那么地球就只是其中的一颗沙粒而已。
* 用肉眼可见的恒星中，就有超过70颗的系外行星在绕着它们旋转。

↑ 八大行星与矮行星冥王星绕太阳运转示意图

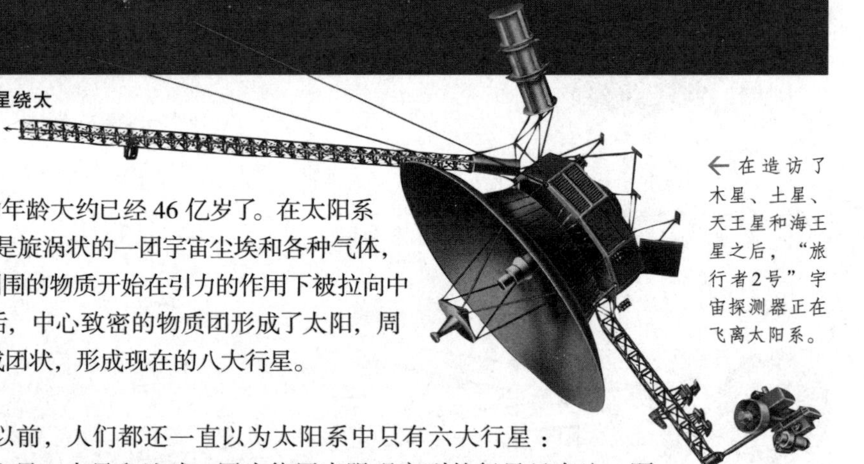

← 在造访了木星、土星、天王星和海王星之后，“旅行者2号”宇宙探测器正在飞离太阳系。

学家们计算出太阳系的年龄大约已经 46 亿岁了。在太阳系最初形成的时候，它只是旋涡状的一团宇宙尘埃和各种气体，随着旋涡越转越快，周围的物质开始在引力的作用下被拉向中心，聚集到一起。最后，中心致密的物质团形成了太阳，周围远端的尘埃渐渐聚成团状，形成现在的八大行星。

» 行星探测

直到将近 200 年以前，人们都还一直以为太阳系中只有六大行星：水星、火星、金星、土星、木星和地球。因为能用肉眼观察到的行星只有这 6 颗。随着强力天文望远镜的出现，剩下的 2 颗行星也先后被人们所发现：首先是天王星（1781 年发现），然后是海王星（1846 年发现）。至于矮行星冥王星则是在 1930 年被发现的。现在，无人宇宙探测器已经造访了所有的八大行星，并且还在火星和金星上成功实现了着陆。

↗ 太阳系诞生于旋涡状旋转的气体和宇宙尘埃。

» 遥远的行星

科学家们估计，银河系中大约有 300 亿颗恒星拥有自己的行星，这些行星就像八大行星一样，绕着各自的“太阳”运转。目前，天文学家们正在努力寻找这些“系外行星”。它们距离地球太过遥远，无法用望远镜直接观测到。不过由于它们的引力会对各自的“太阳”产生扰动，所以还是可以被探测到的。天文学家已经发现了大约 100 颗左右的“系外行星”，其中大部分的体积都和木星一样庞大。天文学家们希望有一天也能找到和地球一样大小的行星。一些“系外行星”拥有稠密的大气，所以看上去就像右图中所示的这颗紫色行星一样颜色鲜亮。

■ 岩石构成的行星

最靠近太阳的 4 颗行星依次为：水星、金星、地球和火星。相比于木星等其他离太阳较远的行星来说，这 4 颗行星的体积都比较小，被称为类地行星。和其他较远的大行星不同，类地行星基本都由岩石构成，有坚硬的表面可供宇宙飞船或探测器在其表面着陆。实际上，宇宙探测器已经在金星和火星这两颗离地球最近的行星上成功实现着陆。所有的类地行星都被一层大气层包裹着——尽管水星的大气层几乎不存在，但在其他方面它们却各不相同。最重要的一点就是地球上有大量的水和生命存在，当然每一颗行星都有各自的特点。

» 地球

地球是太阳系由内向外第 3 颗行星，距离太阳大约 1.5 亿千米。地球有时也被叫做“金凤花”行星。这个名字来源于童话故事“金凤花姑娘”。故事里的金凤花姑娘选择了一碗“不冷不热”刚刚好的粥来喝，而地球离太阳不远不近，既不会太灼热，也不会太寒冷。它也是唯一一颗表面有大量水的行星。两大条件结合到一起，使得地球格外适合生命繁衍。

» 水星

水星是八大行星中距离太阳最近的一颗，和太阳的距离通常只有 580 万千米左右。水星没有大气层的保护，所以朝向太阳的一面温度会飙升至 425℃，而背向太阳的一面温度则会骤降至 –180℃。水星离太阳非常之近，以至于它绕行太阳一周只需 88 天（地球需要 365 天）。但是水

↘ 透过大气层，能够很清楚地看到地球上的大陆和海洋。

知识点击

* 太阳系八大行星中最小的是水星，其次是火星。
* 火星的质量大约相当于地球的1/10。
* 和地球一样，火星上也有火山。火星上的奥林匹斯山是整个太阳系中最高的火山，高26590米，是珠穆朗玛峰高度的3倍。
* 金星大气层具有极强的反射太阳光的能力，因此金星是夜空中最明亮的一颗星。由于它只在日出和日落前后才出现，所以又叫启明星。

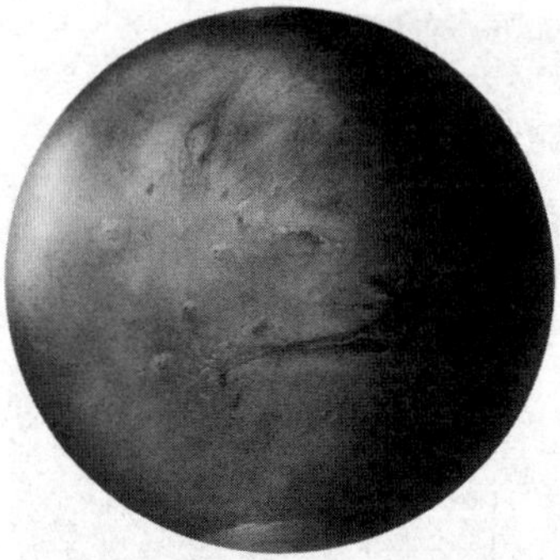

↗ 火星上的“水手号”峡谷就像是长在火星表面上的一道巨大的疤痕。

太阳炙烤着水星的表面。

← 水星没有自己的卫星。

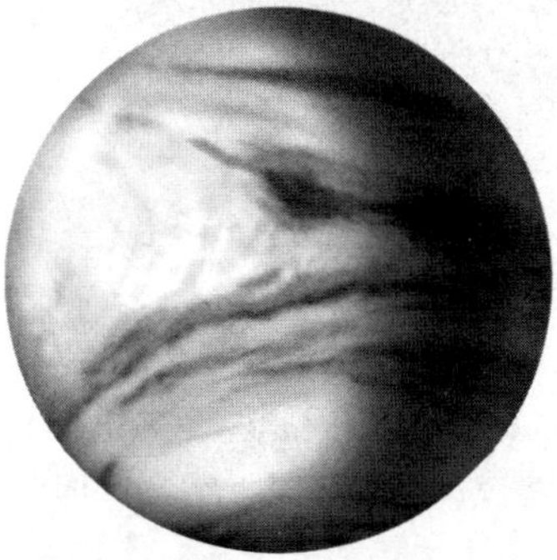

↗ 金星和它稠密的大气层

↗ 在火星上登陆的“旅行者”号探测车

星的自转却很缓慢，一个周期为 58 个地球日。所以水星上的一年只有不到 2 天的时间。

» 金星

金星的体积和地球差不多。金星的直径大约是 12000 千米，质量约是地球的 4/5。金星与地球的相似点也就仅此而已。金星厚厚的大气层中充满了有毒的二氧化碳气体和硫酸云层。它厚厚的大气层能积聚太阳的辐射热量，所以金星表面温度可高达 470℃，就像一个灼热的大沙漠。金星是太阳系中温度最高的行星。

» 火星

火星是唯一一颗有着和地球类似的白昼温度和大气层的行星，只不过火星大气层中主要气体是二氧化碳。火星也是除了地球之外，唯一一颗表面上有水的行星，只不过这些水是以冰帽的形式呈冰冻的固体状存在的。火星表面的大部分是沙漠，没有海洋，也没有任何生命的迹象，有的只是富含铁质的红色岩石和砂尘，火星也因此被称为“红色的行星”。当 1997 年“火星探路者”计划中的“旅行者号”探测车在火星登陆时，上述一切想象再次得到了证实。尽管火星看上去似乎是一个毫无生命迹象的世界，但是科学家们依然希望宇宙探测器能够在火星表面以下发现微生物活动的痕迹。

■ 庞大的气体星球

在火星轨道以外的是太阳系中 4 颗最大的行星：木星、土星、天王星和海王星。木星和土星体积格外庞大。木星的质量相当于其他七大行星质量总和的 2 倍，体积是地球的 1300 倍！土星的体积也差不多大。除此之外，这些巨大的行星基本由气体所组成，而非岩石。只有行星中央小小的核心是由岩石所构成的。由于自身巨大的引力作用，所以气体会被急剧地压缩，直至变成液体甚至固体。

» 木星

木星是太阳系中体积最大的行星——直径超过 14 万千米，绕太阳一周大约需要 12 年的时间。

尽管木星的体积极其庞大，但是它的自转速度却是太阳系中最快的。事实上，木星的自转周期只有不到 10 小时，这也意味着木星表面以将近每小时 4.5 万千米的速度旋转着。木星的表面覆盖着含有大量氨冰的多彩云层，同时在飓风、闪电和雷雨云的猛烈卷挟之下汇入风暴带。其中有一个叫做大红斑的大风暴，直径约有 4 万千米，已经肆虐了至少 300 年。木星有一轮暗淡的光环和共计 16 颗卫星。

木星上的大气绝大部分是氢，然后是氦、氨和甲烷，而地球主要的大气成分是氮和氧。

美国在 20 世纪 70 年代先后发射了 4 艘宇宙飞船探测木星、土星等大行星，成绩斐然。飞船的探测结果告诉我们，木星的大气层下是一片沸腾着的海洋，海洋里充斥着液态氢。氢在高温和高压下成为液体，像水一样地流动，而且具有金属的某些特征。

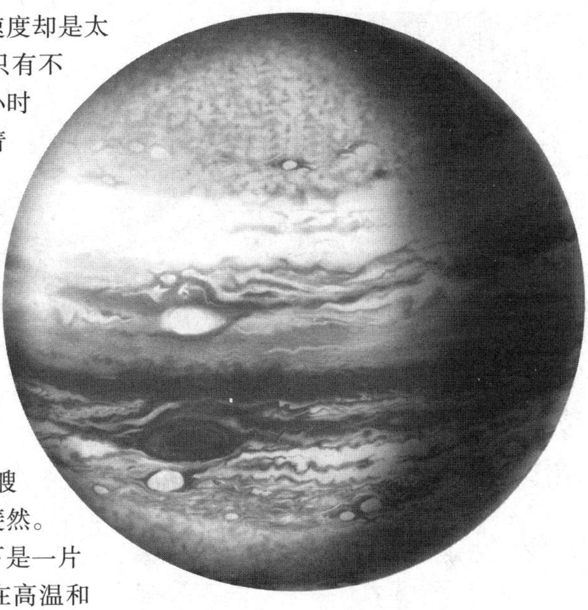

↗ 木星及其表面左下角清晰可见的大红斑

意大利科学家伽利略早在 1610 年初就惊奇地发现，有 4 颗卫星在长达十几天的时间里徘徊在木星附近。现在，这 4 颗卫星被称为“伽利略卫星”。后来对木星的卫星、大红斑照片进行观察发现，木星上还有一些小红斑。现在科学家们已证实大红斑实际上是木星上空的一个大气旋，长约 2 万多千米，宽约 1 万多千米。

后来，“旅行者”号飞船又发现了 3 颗小卫星。现在我们已经知道木星有 16 颗小卫星，它们与木星好像构成了一个小小的“太阳系”。其中，最大的卫星是木卫 3，其直径达 5150 千米。许多木卫（即木星的卫星）上有环形山，但是地势非常凹凸不平。有的卫星表面还有一层冰冻层。

飞船还探测到木星存在一个比较小而且暗的光环，不太壮观。科学家研究后认为，它主要由反射阳光能力很差的黑色石块组成，其直径从数十米到数百米不等。探测表明，木卫 1 上有数百个火山口。飞船还拍到了一张木卫 1 上火山在喷发的照片。

知识点击

* 海王星上的风速可高达每小时2000千米。

* 土星和木星的核心是由岩石组成的，其温度是太阳表面温度的2倍。

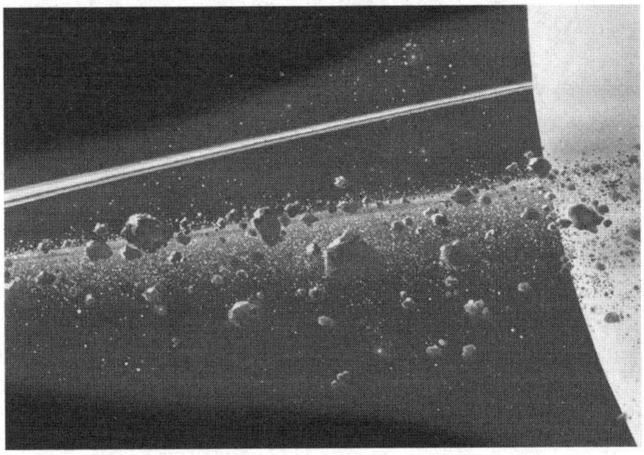

↗ 土星几乎全部由氢气和氦气两种气体构成。

» 土星

土星是太阳系中的第二大行星，这个气体星球像是一颗巨大的乳白色糖果，直径超过 12 万千米。土星上也有光环。在土星的中央，一轮轮的光圈组成了壮观的土星光环。土星光环由大大小小难以计数的岩石和冰块所组成。尽管土星光环的厚度几乎只相当于一幢房子的高度，但它却相当宽广，向太空延伸出去的距离超过 17 万千米。

» 海王星

海王星是太阳系中距离太阳最远的行星，也是太阳系中体积第四大的行星。和天王星一

知识点击

* 天王星在绕太阳公转的时候，是以南极朝向太阳的。因此天王星的南极是整个星球上气温最高的地方。天王星南极的夏天竟然长达42年！

* 因为木星的体积非常庞大，所以它所产生的引力也十分巨大——木星的引力强烈地压缩着整个行星，所以它内部的温度才会如此之高。

↗ 和土星以及天王星一样，海王星也有自己的光环。

样，海王星也被包裹在深深的液态甲烷的海洋之中，因而整个星球呈现出美丽的深蓝色。海王星与太阳的距离十分遥远，它需要 164.79 年的时间才能绕行太阳一周。自从 1846 年人们发现海王星以来，它甚至还没有完整地绕太阳一圈。

在天文学史上流传着一个在“笔尖上”发现海王星的故事。英国剑桥大学的学生亚当斯于 1845 年 10 月就计算出海王星的轨道和位置，遗憾的是，剑桥天文台和格林尼治天文台并不十分重视他的相关报告。

法国天文学家勒维耶于 1846 年 8 月底，也独立计算出了“未知行星”的质量、轨道和位置数据。勒维耶将他的计算结果整理出来，并对那颗未知行星的位置作出了预告。勒维耶一方面向科学院写研究报告，另一方面，他还给欧洲一些国家的天文台写信，请求他们用天文望远镜帮助寻找新行星。这一次，天文学界对勒维耶的研究十分重视。当年的 9 月 23 日，柏林天文台的加勒先生在看到勒维耶来信的当天晚上就按信中指出的位置，用望远镜进行了认真的搜寻。第二天晚上，加勒发现这颗小星星在恒星背景上的位置发生了一点点移动。由此表明，确实有一颗行星存在。以后其他天文学家经过进一步观测研究，终于证明这颗行星是太阳系的第八颗大行星。这项新发现，给天文学的发展增添了新的一页，人类对太阳系及其范围的认识又进了一步。

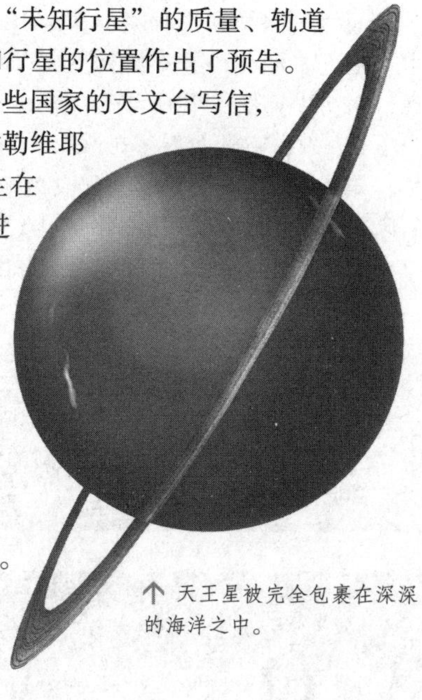

↑ 天王星被完全包裹在深深的海洋之中。

» **天王星**

天王星距离太阳相当遥远，以至于它的表面冷得难以想象。天王星云层顶端的温度只有 –210℃！在这样的严寒中，甚至连天王星大气中的主要成分甲烷也凝结为液体。天王星和海王星所呈现的奇异蓝色便是由大气中的甲烷引起的。

■ 炽热的恒星

和太阳一样，恒星也是由炽热气体组成的巨大的星球，这些炽热气体的温度高得令人难以想象。恒星会发光是因为它们在释放能量。在每个闪闪发光的恒星深处，巨大的压力使氢原子相互挤压产生核聚变，所释放的能量相当于一颗大型氢弹所释放能量的数百万倍。这些核聚变使恒星中心的温度升得非常高，以至于表面都发出白热的光。一颗恒星能够持续发光，不断送出光、热、电磁波和其他多种辐射，直到最终氢气耗尽为止。

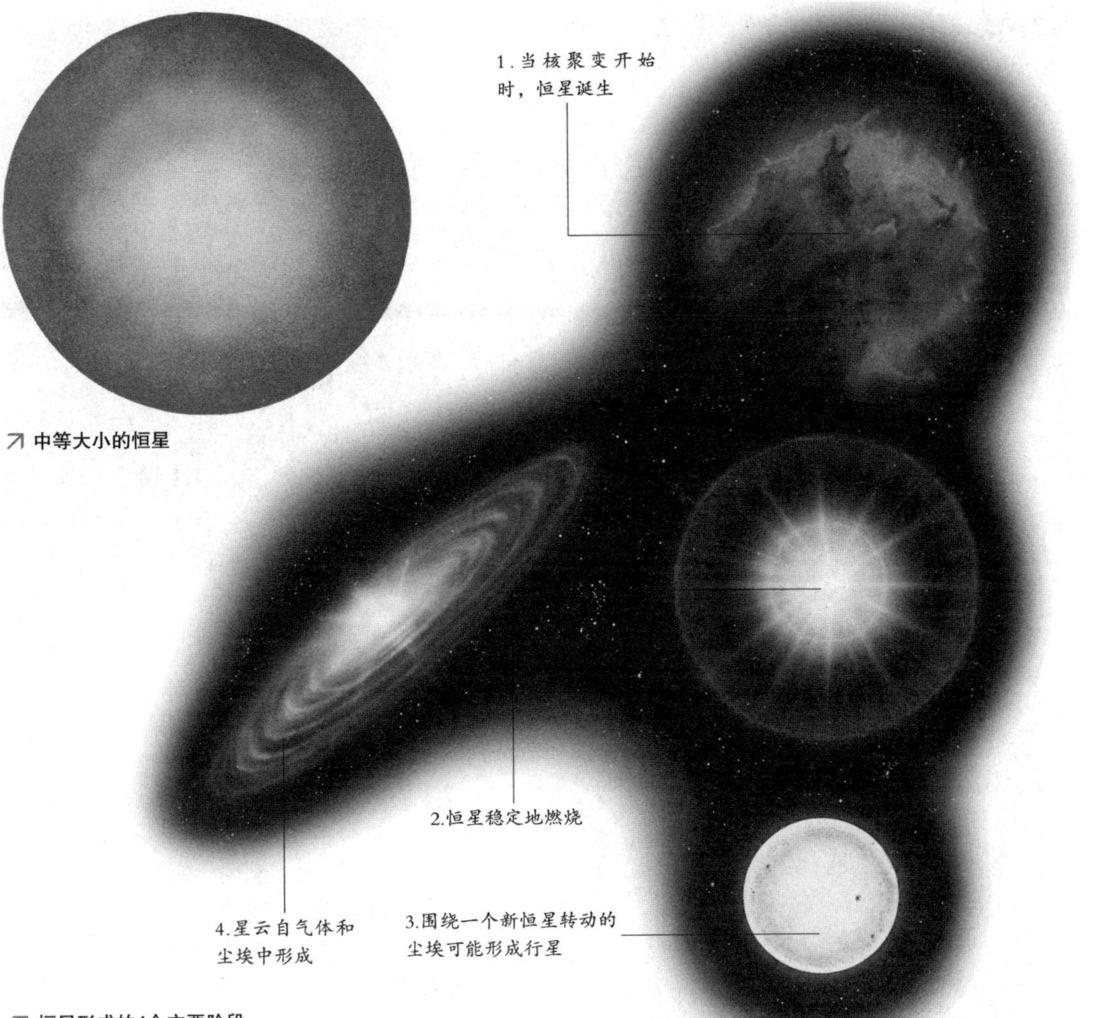

↗ 中等大小的恒星

↗ 恒星形成的4个主要阶段

» 燃烧的恒星

恒星产生能的方式与氢弹相同，但是它们很少会发生爆炸。中等大小的恒星能够稳定燃烧数百万年，因为推动气体向外膨胀的热能与吸引气体向内的重力存在着一种平衡。当核燃料燃尽后，这种平衡被打破，恒星才会发生坍缩。当然，在某些情况下也会爆炸。

» 双子星

许多恒星都是成对出现的，人们称之为双星。真正的双星是在彼此的引力作用下靠在一起，就像一对共舞的舞者一样相互绕行的两颗恒星。有时候，一颗恒星运行到另一颗的前方，就会发生恒

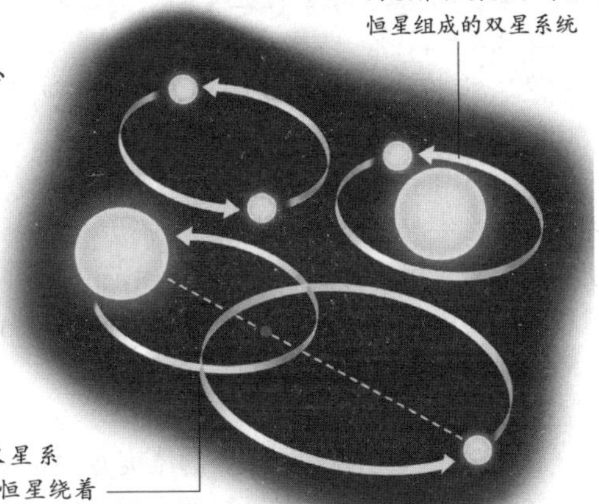

↗ 由两颗相似大小的恒星所组成的双星系统。两颗恒星有可能靠得很近，也有可能相隔数百万千米。

↗ 恒星诞生于由宇宙尘埃和气体所构成的星云中。

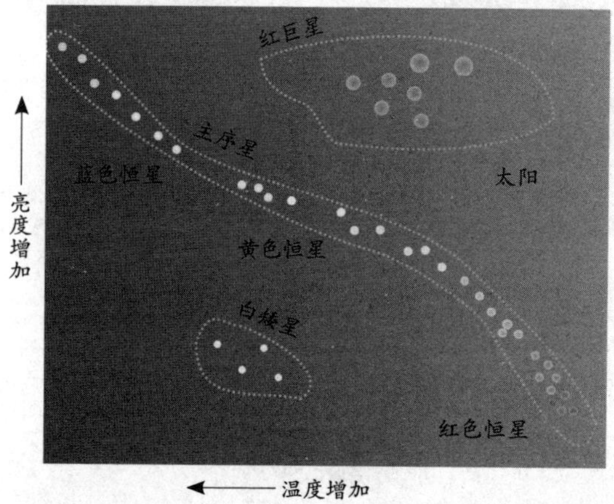

↗ 图片显示了恒星的亮度随着温度变化而变化的趋势。中等大小的恒星大体上呈一条直线——主序星，说明了温度和亮度呈现出的一种简单关系。

星间的掩食现象。从地球上看，有时候两颗恒星同处于一条直线上，因此尽管它们根本不挨着，但是看上去还是很像一对双星。天文学上将此现象称为“视觉双星”。

双星的质量通过观测和研究，可以很容易推算出来，单个恒星的质量却很不容易求出。根据双星的运动情况，利用牛顿万有引力定律、开普勒定律可以求出双星的质量，然后通过对比的方法估算出单个恒星的质量。

通常把三四颗以上直到一二十颗星聚集在一起的叫做聚星。原来我们一直认为半人马座 a 星离我们很近，后来发现它是三合星，比邻星是其中距离地球最近的一颗恒星。

恒星在太空的分布除了单个恒星、各种双星和聚星外，还有一种奇特的现象，就是它们喜欢“群居”。星团就是许多聚集在一起的恒星集团。

» 恒星的寿命

漫漫宇宙中，每天都有恒星突然出现或慢慢消失。最初恒星是气体和尘埃构成的巨大云块，物质聚集在一起形成一大块云称为分子云，每个分子云都包含有蒸发的气体小液滴或者“胚”，这便是恒星的雏形。在黑黑的分子云里面，“星胚”受到自身重力而被挤压，温度逐渐升高。当一个星胚达到足够高的温度时（至少是 1000 万摄氏度），开始产生聚变，它就变成了一颗恒星。类似太阳大小的中等恒星可以燃烧 100 亿年。

» 最亮的恒星

恒星发出光的颜色与它们的温度有关：蓝色的恒星温度最高，红色的恒星温度最低。天文学家用数字或者“星等”为恒星的亮度划分等级。最亮的恒星有最低的星等，甚至有可能是负数。一些恒星看起来比其他星星要亮，这是因为它们离地球更近，所以天文学家使用“相对星等”的概念，指恒星与其他星相比的亮度，和“绝对星等”指恒星的绝对亮度。

■星 系

恒星在宇宙空间中并非完全平均分布。相反，许多恒星都扎堆聚集在一起，组成各个星系，星系间则是广袤无垠、完全真空的宇宙空间。在夜空中，只有3个星系用肉眼能够看见，但当用大功率的天文望远镜观察它们时，就会发现这些平日里看上去模模糊糊的团状物其实是由数十亿颗恒星所组成的。尽管大部分星系离地球十分遥远，无法被观测到，但是天文学家们估计宇宙中星系的总数应该在1000亿个左右。一个像银河系这样普通的星系，其直径在10万光年左右，其中的恒星数量就约有1000亿颗。

» 银河系

在一个晴朗的夜晚，天空中没有月亮，如果你远离城市明亮的灯光，你就有可能看到一条横贯整个天空、灰暗朦胧的白色带子，那就是人们所说的银河系。用双筒望远镜就能清楚地看到，银河系其实是由无数颗星星组成的——实际上，银河系是由超过1000亿颗恒星所构成的巨大星系。在我们看来，银河是一条窄窄的白色带子，这是因为我们是从银河系的侧面来观察的。如果我们能够从正上方俯视整个银河系，那么银河系就像一个巨大的凯瑟琳车轮，车轮的中央凸出，其中满是年代久远的恒星。

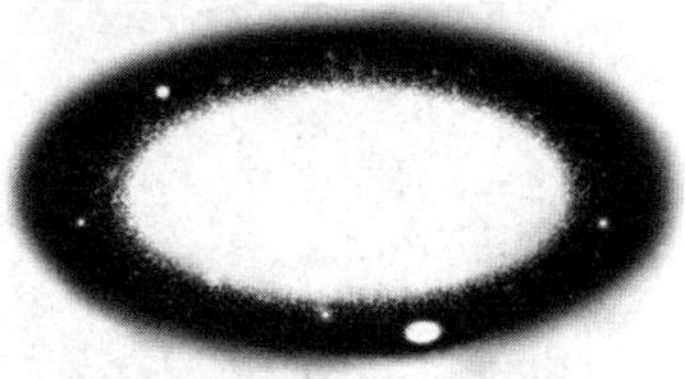
↗ 椭圆星系团中可能包含上千个类似的椭圆星系。

» 椭圆星系

最大的星系是由大约1万亿颗恒星组成的椭圆星系。这些椭圆星系可能在很久很久以前就已经形成了，或许是在100亿年之前，也就是整个宇宙才刚刚诞生的时候。在宇宙中很少有单独出现的椭圆星系，基本上是许多椭圆星系聚集在一起，组成星系团。

» 旋涡星系

许多星系与银河系一样，都属于旋涡星系，有大量的恒星密集在星系的中央区域。旋涡星系在不停地旋转着，因而呈螺旋形。在星系的旋臂上有数以十亿计的恒星以惊人的速度随着整个星系旋转着。因为我们被地球的引力吸收着，所以感觉不到星系的任何运动，但是我

↗ 旋涡星系就像一个巨大的车轮一样旋转着。

↗ 俯瞰银河系

↗ 在不规则星系中蕴含着大量年轻的恒星和新生的恒星。

们的太阳确实正在以将近每小时1000万千米的速度飞速地旋转着。

» 不规则星系

大约有1/10的星系根本没有明显的形状。有的天文学家认为这些不规则星系是由两个星系相互碰撞之后剩下的星系残片构成的。

知识点击

* 在旋涡星系中可能会存在一个巨大的黑洞，它会把周围的恒星吸入其中，就像池子里的水流打着旋被吸入下水道一样。

* 尽管由无数颗恒星所组成的旋涡星系看上去就像一个荷包蛋，但不如说它像个大汉堡更为合适。因为组成旋涡星系的大部分物质是看不见的“暗物质”，恒星只不过是其中的一些填充物罢了。

■ 宇宙大爆炸

宇宙不是一开始就存在的。科学家们认为宇宙诞生于130亿～150亿年前的“宇宙大爆炸”。而大爆炸前一刻的宇宙只是一个灼热的小球，里面包含着现在宇宙中的一切。然后，随着有史以来最大、最剧烈的一场爆炸，宇宙诞生了！电磁力、万有引力等基本作用力也随着大爆炸分离出来。这场爆炸相当猛烈，以至于到现在为止，宇宙中的所有物质还在不断地向外疾驰。

» “宇宙膨胀说”

天文学家们通过观察星系在宇宙中的运动方式，提出了“宇宙大爆炸”理论，并且计算出大爆炸发生的时间。他们还发现，宇宙中所

深邃的宇宙

* 有的天文学家认为宇宙将会永远地膨胀下去，但也有人认为宇宙的膨胀不是无限的，当膨胀到一定限度后，最终将在一次“大坍塌”中灭亡。

* 2002年5月，天文学家在130亿光年以外的宇宙空间中发现了一个约150亿年前的星系——其年龄比目前所发现的所有星系都要大，甚至比之前预估的宇宙的年龄还要大，因此天文学家们不得不对宇宙的年龄重新进行计算。

知识点击

* 离地球最远的星系几乎是在以光速远离我们而去。
* 人们探测到的充满宇宙的微波背景辐射就是宇宙大爆炸所产生的余波。

有的星系正在逐渐远离地球而去。如果这是真的，那么就说明宇宙正在不断膨胀之中。而如果现在的宇宙仍在不断膨胀，那么肯定在某一时刻，宇宙的体积曾经非常之小——这就是所谓的“宇宙膨胀说”。

» 红移

通过观测星系的颜色，天文学家们能够判断出星系的运动方向。如果星系正在远离地球而去，那么光的波长就会被拉长，光的颜色看上去就会偏红。星系远离的速度越快，光波就会被拉得越长，颜色就越红。这就是所谓的红移现象。

“宇宙大爆炸”理论

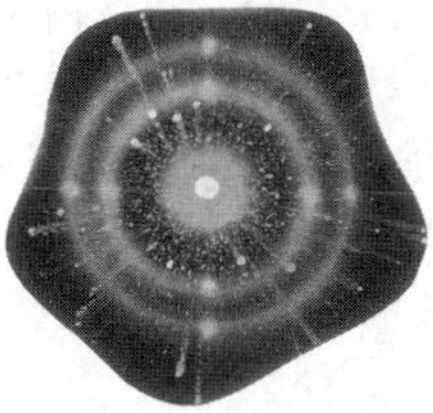

1.最初，宇宙只是一个比原子还小的灼热小球，它的温度比现在任何恒星的温度都要高。随着一声爆炸，宇宙诞生了。然后它开始急速膨胀，其膨胀的速度远远超过光速，在最初的几微秒里就膨胀到了一个星系的大小。

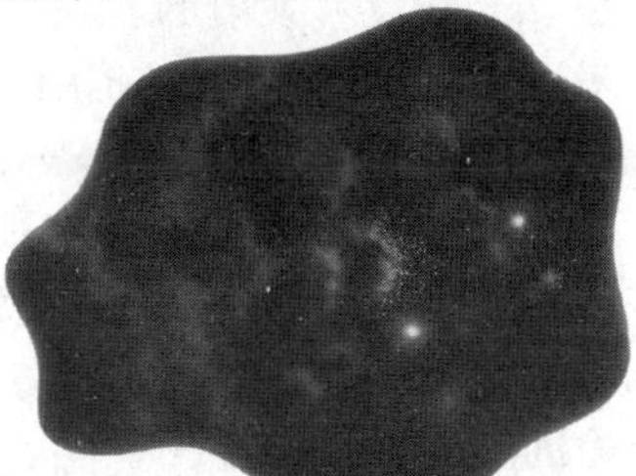

2.随着宇宙继续膨胀，它的温度开始下降，于是能量和物质的小颗粒——每一个都比原子还要小——开始形成一种浓稠的、像汤一样的物质。

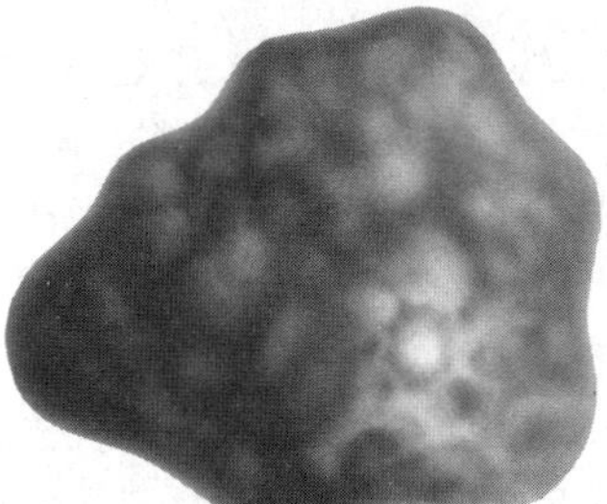

3.在大约3分钟的时候，小颗粒在引力的作用下开始聚集到一起。原子相互结合形成氢气和氦气等气体，而“物质浓汤”则开始变得稀薄和澄清。在大爆炸3分钟以后，现在我们周围的所有物质开始慢慢形成。

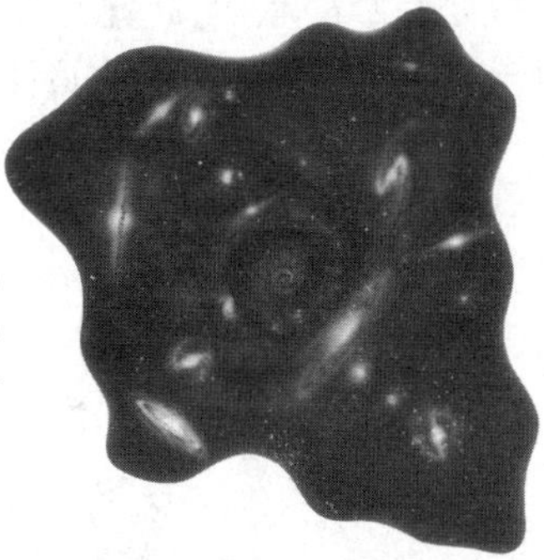

4.随着时间推移，新生的宇宙不断地膨胀变大，宇宙中的气体逐渐聚成星云。在数百万年以后，恒星和星体开始在星云中诞生。

↘ 红移现象显示遥远的星系正急速地远离我们。

■ 行星际旅行

人类的太空探索之旅始于半个世纪之前。自从 1957 年前苏联发射了第一颗人造地球卫星“人造地球卫星 1”号之后，人类已经将几百颗航天器送入了太空。随着宇宙飞船相继造访太阳系的几大天体，人类所能探测的宇宙空间越来越大，范围也越来越广。1969 年，美国的“阿波罗 11”号在月球上成功登陆。1976 年“海盗 1”号探测器登陆火星。1973 年“先驱者 10”号探测器抵达木星。于 1977 年发射的“旅行者 1”号和“旅行者 2”号探测器已经飞越冥王星的轨道，但总的说来还没有飞出太阳系的范围。

» 航天飞机

早期的载人宇宙飞船只能被使用一次，在返回地球时只是用一个小小的飞行舱装载宇航员。现在，宇航员乘坐航天飞机进入太空轨道。航天飞机能像普通飞机一样多次重复地起飞和降落。前苏联的航天飞机是一艘名为“暴风雪”的一次性飞行器，而美国的航天飞机则是人们熟知的“轨道穿梭机”。

航天飞机主要由三部分组成：外形像飞机的轨道飞行器机身长 37.2 米，装有 3 台以液氧和液氢为燃料的主引擎。巨大的外挂燃料箱内装有补给燃料。两台长 45 米的固体燃料火箭推进器连接在外挂燃料箱两侧。航天飞机的前段是航天员座舱，分上、中、下三层。上层为主舱，可容纳 7 人；中层为中舱，也是供航天员工作和休息的地方，有卧室、洗浴室、厨房、健身房兼贮物室；下层为底舱，是设置冷气管道、风扇、水泵、油泵和存放废弃物等的地方。航天飞机的货舱长 18 米，最大有效载荷可达 27.6 吨，是放置人造地球卫星、探测器和大型实验设备的地方。与货舱相连的还有遥控机械臂，用于施放、回收人造地球卫星和探测器等航天器，还可以作为宇航员太空行走的“阶梯”。

航天飞机发射升空后，所有的五枚火箭(安装在轨道飞行器上的三枚火箭以及两枚固体燃料火箭推进器)全部点燃。两分钟后，外置的两枚火箭推进器脱离机身并借助降落伞落入大海，回

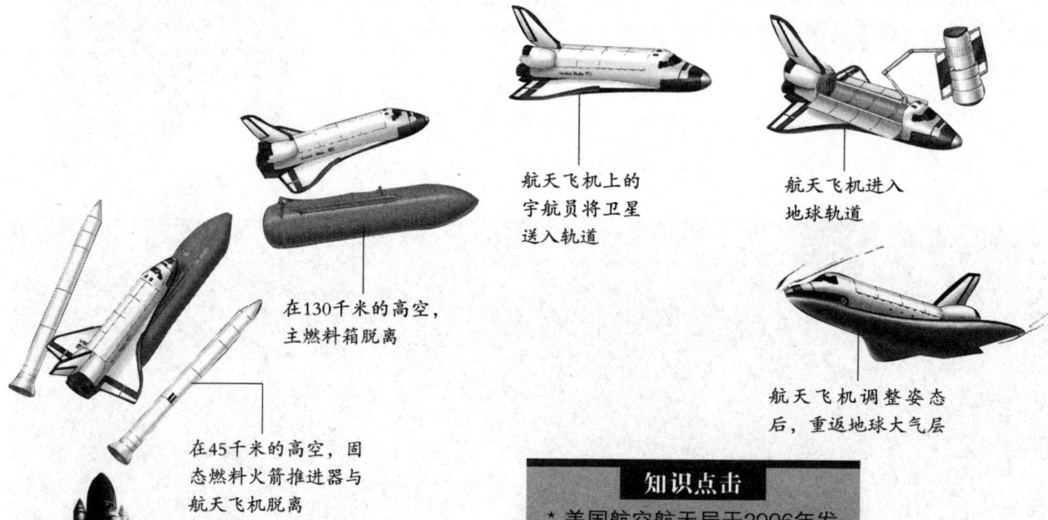

知识点击

* 美国航空航天局于2006年发射的“新视野号”宇宙探测器需要花10年时间才能到达冥王星。

* 1961年4月，前苏联宇航员尤里·加加林成为第一个进入太空的人。

绕木星轨道飞行的“伽利略号”探测器

收修复后还可以重复利用 20 次。当轨道飞行器进入地球轨道 6 分钟后，机组航天员将外挂的燃料箱抛离机身，燃料箱重新进入地球大气层后烧毁。在任务完成返航阶段，机组航天员将机动火箭点燃使航天飞机减速，然后航天飞机在海拔高度 120 千米处重新进入地球大气层，距离发射基地 8000 千米远——发射基地通常是肯尼迪航天中心。轨道飞行器经历滑翔减速，与大气摩擦产生的热量使机翼上的耐热片以及机身迅速达到红热状态。航天飞机经历整个降落减速过程后，在其着陆阶段，减速降落伞使航天飞机进一步减速，速度约为 320 千米 / 小时。

» 宇宙探测器

尽管目前为止人类仅登上过月球，但是宇宙探测器却已经造访了太阳系的八大行星。美国宇航局的“伽利略号”探测计划可算是其中最为成功的探测计划之一了。“伽利略号”不仅环绕木星飞行，还于 1995 年 12 月成功下降进入木星大气层，拍摄并传回有关木星及其卫星的许多令人震惊的图片资料。

» 发射火箭

要使宇宙飞船能达到足够的速度以摆脱地球的引力作用进入太空，需要强大的火箭提供推动力。宇宙飞船一旦进入太空，就不再需要火箭的推动了。将宇宙飞船送入太空的任务是由一系列火箭或者是数级火箭共同完成的，一旦任务完成，推进燃料耗尽，各级火箭就相继从本体分离、脱落。

» 在太空生存

空间站是一类停留在太空中的宇宙飞船，它们沿着轨道不断绕地球运行。空间站为宇航员、科学家以及偶尔的太空游客们提供了一个太空的家。在一系列的宇航任务中，空间站被一点一点地建造起来。目前运行的空间站——国际空间站是有史以来最大的空间站，它长达 108 米，所提供的生存空间足以容纳 2 架巨大的喷气式飞机。

» 未来的恒星际飞船

在太阳系以外，地球最近的邻居是半人马座的阿尔法星系。该星系距离地球 40 万亿千米，如果利用现在人类所能达到的最高速度，飞船需要 1 万年才能抵达，并且还要为飞船装载足够的推进剂。光速是宇宙中目前所知的最快速度，只要 4 年多便可抵达半人马阿尔法星系。如果想同《星际旅行》中的“美国精神号”一样，在恒星系之间往来自如，飞船的速度就必须突破光速，为此，科学家们做了许多大胆的设想。

艺术家笔下的反物质太空飞行器

纵览神秘太空

■星　座

在我们探索太空之前，有个词需要定义一下，这就是星座（Constellation）。星座是来源于拉丁语的词语，意为“星星的组合”。你要知道，整个天空共布满88个星座。但如果只是为了欣赏暗夜的美丽，你便没必要把它们全部都记住。

早在几千年前古代文明产生之日，人们就开始编织暗夜中存在的故事，这些古代文明包括苏美尔、巴比伦、埃及、希腊与罗马（以及世界各地众多其他的人类文明）。古人们认为，繁星满天的夜空要是有一点儿秩序、有一点儿整齐，这样可能会更好一些。因此，他们就把许多星星连在了一起，就像把一个个小点儿连成一幅画那样。这样做的同时，他们还把神话和传说糅入到其中。

不要以为命名某个星座就一定有规律或者有什么特殊的理由。例如，埃塞俄比亚国王克普斯和他的妻子卡西俄帕亚都有以他们的名字命名的星座（分别为仙王座和仙后座），但是这两个星座看起来分别像一座房子和一段楼梯。想象力是这里的关键。就这些早期文明而言，神仙和女神需要在布满星星的苍穹里有个落脚的地方，因此，关于哪些星星被指派到哪一个星座的情形就很可能会是这样：先到者先得到安排。

人们最早获得的有关星座的知识来自阿拉托斯。他是希腊的第一位诗人天文学家，写有作品《观测天文学》（Phaenomena，这一作品可能是基于另一部更早但已失传的作品，作者为另一位希腊人欧多克索斯）。其后于公元150年，在埃及亚历山大图书馆工作的希腊人托勒密在一本书里记录了上面两部作品，书名为阿拉伯语的《天文学大成》，意思是“最伟大的”。几百年前，其他想出名的天文学家又增加了一些星座（其中有些比较成功），由此，便形成了目前固定的总计88个星座。

星座名称传统上是用拉丁语写成的。这是因为托勒密的书从中东传到意大利，在意大利被翻译成了拉丁语。再者，在好几个世纪的时间里，拉丁语是学者们的语言。举例来说，我们所熟悉的大熊座的拉丁语名字是“Ursa Major”。

下表列出了星空的全部88个星座，那些包含趣味故事的星座的详细内容参见后面的内容。

↗ 美轮美奂的落日本身就是一幅精美的图画，同时它也向我们暗示，接下来将会是一个晴朗、清澈、群星闪耀的夜晚。这正是你所需要的，它可以激发你，使你的大脑进入天文观测的氛围之中。

拉丁名称	英语名称	缩写	汉语名称	大小排序（1表示最大）
Andromeda	Andromeda	And	仙女座	19
Antlia	The Pump	Ant	唧筒座	62
Apus	The Bee	Aps	天燕座	67
Aquarius	The Water Bearer	Aqr	宝瓶座	10
Aquila	The Eagle	Aql	天鹰座	22
Ara	The Altar	Ara	天坛座	63
Aries	The Ram	Ari	白羊座	39
Auriga	The Charioteer	Aur	御夫座	21
Bootes	The Herdsman	Boo	牧夫座	13
Caelum	The Sculptor's Tool	Cae	雕具座	81
Camelopardalis	The Giraffe	Cam	鹿豹座	18
Cancer	The Crab	Cnc	巨蟹座	31
Canes Venatici	The Hunting Dogs	CVn	猎犬座	38
Canis Major	The Great Dog	CMa	大犬座	43
Canis Minor	The Little Dog	CMi	小犬座	71
Capricornus	The Sea-Goat	Cap	摩羯座	40
Carina	The Keel	Car	船底座	34
Cassiopeia	The Ethiopian Queen	Cas	仙后座	25
Centaurus	The Centaur	Cen	半人马座	9
Cepheus	The Ethiopian King	Cep	仙王座	27
Cetus	The Whale	Cet	鲸鱼座	4
Chameleon	Te Chameleon	Cha	蜓座	79
Circinus	The Drawing Compass	Cir	圆规座	85
Columba	The Dove	Col	天鸽座	54
Coma Berenices	Berenice's Hair	Com	后发座	42
Corona Australis	The Southern Crown	CrA	南冕座	80
Corona Borealis	The Northern Crown	CrB	北冕座	73
Corvus	The Crow	Crv	乌鸦座	70
Crater	The Cup	Crt	巨爵座	53
Crux	The Southern Cross	Cru	南十字座	88
Cygnus	The Swan	Cyg	天鹅座	16
Delphinus	The Dolphin	Del	海豚座	69
Dorado	The Goldfish	Dor	剑鱼座	72
Draco	The Dragon	Dra	天龙座	8
Equuleus	The Little Horse	Equ	小马座	87
Eridanus	The River	Eri	波江座	6
Fornax	The Furnace	For	天炉座	41
Gemini	The Twins	Gem	双子座	30
Grus	The Crane	Gru	天鹤座	45
Hercules	Hercules	Her	武仙座	5
Horologium	The Clock	Hor	时钟座	58
Hydra	The Water Snake	Hya	长蛇座	1
Hydrus	The Little Snake	Hyi	水蛇座	61
Indus	The Indian	Ind	印第安座	49
Lacerta	The Lizard	Lac	蝎虎座	68
Leo	The Lion	Leo	狮子座	12
Leo Minor	The Little Lion	LMi	小狮座	64

Lepus	The Hare	Lep	天兔座	51
Libra	The Scales	Lib	天秤座	29
Lupus	The Wolf	Lup	豺狼座	46
Lynx	The Lynx	Lyn	天猫座	28
Lyra	The Harp	Lyr	天琴座	52
Mensa	The Table	Men	山案座	75
Microscopium	The Microscope	Mic	显微镜座	66
Monoceros	The Unicorn	Mon	麒麟座	35
Musca	The Fly	Mus	苍蝇座	77
Norma	The Level	Nor	矩尺座	74
Octans	The Octant	Oct	南极座	50
Ophiuchus	The Serpent Bearer	Oph	蛇夫座	11
Orion	The Hunter	Ori	猎户座	26
Pavo	The Peacock	Pav	孔雀座	44
Pegasus	The Winged Horse	Peg	飞马座	7
Perseus	Perseus	Per	英仙座	24
Phoenix	The Phoenix	Phe	凤凰座	37
Pictor	The Painter	Pic	绘架座	59
Pisces	The Fishes	Psc	双鱼座	14
Piscis Austrinus	The Southern Fish	PsA	南鱼座	60
Puppis	The Stern	Pup	船尾座	20
Pyxis	The Compass	Pyx	罗盘座	65
Reticulum	The Net	Ret	网罟座	82
Sagitta	The Arrow	Sge	天箭座	86
Sagittarius	The Archer	Sgr	人马座	15
Scorpius	The Scorpion	Sco	天蝎座	33
Sculptor	The Sculptor	Scl	玉夫座	36
Scutum	The Shield	Sct	盾牌座	84
Serpens	The Serpent	Ser	巨蛇座	23
Sextans	The Sextant	Sex	六分仪座	47
Taurus	The Bull	Tau	金牛座	17
Telescopium	The Telescope	Tel	望远镜座	57
Triangulum	The Triangle	Tri	三角座	78
Triangulum Australe	The Southern Triangle	TrA	南三角座	83
Tucana	The Toucan	Tuc	杜鹃座	48
Ursa Major	The Great Bear	UMa	大熊座	3
Ursa Minor	The Little Bear	UMi	小熊座	56
Vela	The Sails	Vel	船帆座	32
Virgo	The Maiden	Vir	室女座	2
Volans	The Flying Fish	Vol	飞鱼座	76
Vulpecula	The Fox	Vul	狐狸座	55

■ 瞭望星空

好了，你现在已经打开了大门，正站在花园、庭院、田间、偏僻的内陆、热带大草原、崎岖的山地、沼泽等地方，眺望着夜空，搜寻神奇的东西，期待它的出现。在晴朗的夜晚，你能看见多少颗星星？几百万？亿万？亿亿？事实上，抛开灯光污染不说，在一个地平线较低的视野开阔的地方，你任意一次能看到的星星的最高数量大约是4500颗。如果你不相信我，可以自己数数看。

↗ 太空真的是空的吗？

当然，如果你生活在一个较大的城市，那么明亮的橙色天空能够很容易把这一数字减少为不到200颗。因此，观测星座的位置晚上越暗越好。

开始时我们需要做一些准备……

↗ 为使你的眼睛适应黑暗，一定要确保手电筒都蒙上红色的塑料纸。

» 星空瞭望步骤指南

出门之前你需要确认一下，在你居住的地方太阳从哪里升起和落下。这样你就能大致了解到，如果想在夜空中发现些什么，应在哪里进行观察。通常，在3月21日和9月23日前后，太阳是从正东方升起，在正西方落下。但是，在北半球夏季的几个月里，太阳从东北方向升起，在西北方向落下（大体如此，视具体日期而定）；而在冬季，太阳从东南方升起，大体在西南方落下。在南半球，夏季的太阳从东南方某处升起，在西南方某处落下；而在冬季，太阳从东北升起，在西北落下。

为了能看到更多星星，你需要让你的眼睛习惯黑暗。这一过程称为黑暗适应。花10分钟坐在没有灯光的黑暗处是一种比较好的适应方法，然后对着让你感到惊异的景色沉思或冥想，看你能找出多少个星座。这一黑暗适应的过程不仅放大了你的瞳孔，让更多的光线进入眼睛，而且使得各种各样的化学反应在你的眼睛里发生，激活你接收光线的视网膜视杆细胞。现在，你就可以看到那些昏暗的星星了。

在户外的黑暗处，要想知道你在往哪里去，或者看清本书中的那些著名的星图，唯一的方法就是带上一把手电筒。不论你觉得需要带几把手电筒，每一把都应当用红色的塑料纸或者类似的东西蒙上。你会看到，你的眼睛现在已经适应了黑暗，因此从手电筒发出的红色光线几乎不会影响到你。

如果你不想独自一个人，请找一位责任心强的同伴一起出门冒险。你可以跟同伴闲聊，他也许在这方面非常在行；而且有个同伴在身边，他也许会对你的决心啧啧称奇。

↗ 不久之前，以太中生发出各种各样的图案。以太是一个旧的术语，过去科学家们相信太空中充满了以太这种物质。其实以太并不存在，不过，这个想法倒还不错。

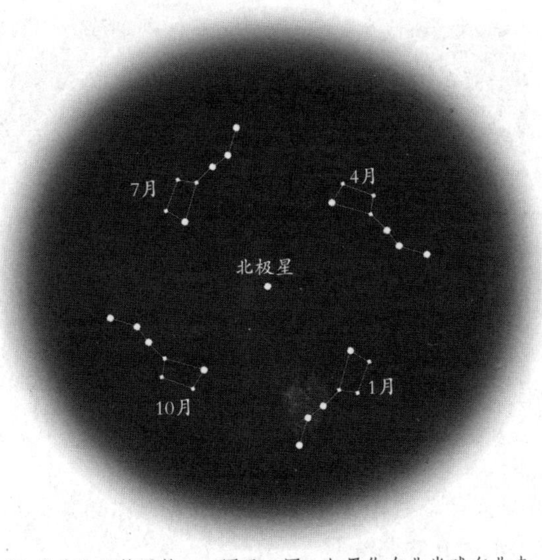

↗ 北斗七星转呀转，一圈又一圈。如果你在北半球向北走得足够远的话，就能看到图中的情景。这是一年之中某个特定时节晚上8时左右的图像。图中左侧为西北方向，右侧是东北方向。

究竟从天空的什么地方开始观察，这要取决于你的脚踏在地球的什么地方。

» 北半球的人从这里开始

上一页的图就像是由大小不同的圆点组成的杂乱不堪的图案。但是，事实并非如此。每一个圆点实际上都是一个星球，我们可以在夜空中看到它们。它们和很多事物一样，开始看上去很无序，但实际上在这混乱的背后存在一定的秩序。

你会发现，在这些圆点背后有一个非常有用的图案，它可是你在北半球开始凝望星空、进行探索的最佳出发点。这组星星在英国被亲切地称为“耕犁”（The Plough），而在中国则被称为“北斗七星”。在地球的其他地方，挪威人把它称为“卡尔的马车”，美国人称之为“大勺子”，法国的一些地方则称之为“长柄煎锅”。毫无疑问，相对于它的形状，这个名称非常恰当：一个平底煎锅，锅柄向左边伸出。有人会往锅里放太空豆子吗？

其实，北斗七星本身并不是一个完整的星座，而是更大的名为大熊座的一部分，我们马上就会谈到它。

如果天空比较黑暗，天气清爽晴朗，那么，从中北纬处我们一直都可以看到北斗七星。而且，那7颗星星都非常明亮，使得它很容易被看到。要想知道从哪个方向看去才能找到北斗七星，你需要具有一点儿方向的概念。就像我前面刚说过的，太阳在（大体上）西方落下，因此，你朝落日的右方观看，朝上一点儿，北斗七星就在那里，（大体上）正北方向。就这么容易。

因为地球在不停地转动，所以你不能指望北斗七星长时间都呆在同一个位置不动。还有一点需要考虑的是，地球在绕着太阳公

↗ 北斗七星的指极星正在坚守岗位，“指示”着北极星。

转，这就意味着每天晚上的同一时间，北斗七星会处于稍稍不同的位置。多么神奇啊！一般而言，在春季和夏季的夜晚，北斗七星高高挂在空中；在秋季和冬季的夜晚，北斗七星比较靠近地平线。

你已经注意到了，图片的中间有一颗众所周知的星星被“锁定”在那里，北斗七星围绕着它转动。这就是北极星（Polaris），也就是北方之星（North Star），或者说是名副其实的北极之星（Pole Star）。这最后一个名称意味着它是离北天极最近的恒星。但是，因为地球要在自己的轨道上自转，所以北极星只是一个暂时的名称。在过去的几千年中，很多恒星都担任过北极星的角色。

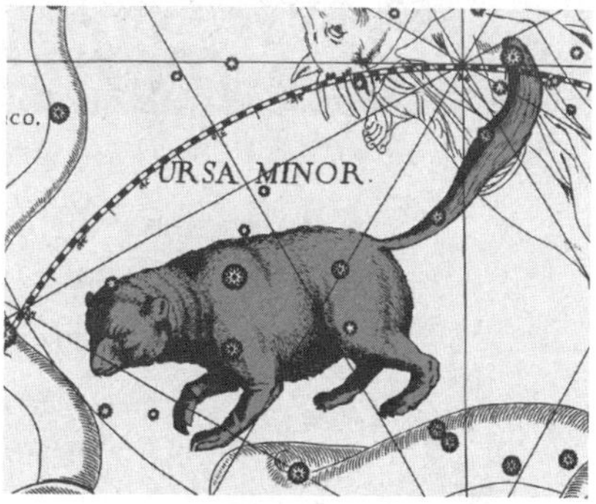

↗ 北极星是小熊座主要的恒星。

你可以这样来找到北极星，运用北斗七星的右手边的两颗星，这两颗星被称为指极星。它们分别叫做北斗一和北斗二，从“长柄煎锅”朝上伸出去“指向”北极星。这是基本的常识。北斗七星之所以如此有用，还有另外一个原因，那就是有很多方法可以把北斗七星用做“路标”，以此来认识其他星星和星座。

现在，让我们来确定一个事实：北极星并不是夜空中最亮的恒星。但由于某些原因，有些人曾告诉我们说，北极星不仅是最亮的，而且也是天黑以后你所能看到的第一颗星星。但是，这种

↗ 循着恒星之间假想的线条，可以把你引领到宇宙的任何地方。

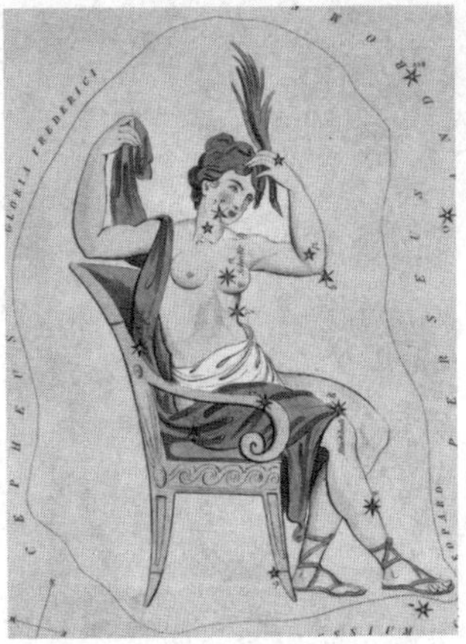

↗ 王后卡西俄帕亚坐在那里暗自思忖："嗯，我是不是忘了什么东西？"

说法不正确。在夜空最亮的星星中，北极星只是排名第50位。它的名声来源于它的位置：几乎在北极的正上方。随着地球自转，我们看到的是天空也在旋转，在北半球的所有星体都围绕着北极星转动。北极星在空中几乎静止不动，这就意味着如果你眺望它，你同时也是在向北眺望。如果你知道北方在哪里，你也就知道东、南和西方在哪里。这也就是为什么在古时候北极星很了不起，因为那时候水手们主要根据星星确定航线。

还有一组星星轻而易举就可以发现，方法是这样的：沿着指极星那条线向上，经过北极星，到达一个呈"W"形状的星座，这就是仙后座。如果你的房子什么的处在这样一个地方，那么在那里看到的北斗七星从来不会落下，仙后座也不会落下，它们都处于空中的某个位置。因为它们位于北极星相对的两侧，当北斗七星处于较高位置时，仙后座就处于较低位置，反之亦然。

» 南半球的人从这里开始

转到地球的南半球，在那里，只有在4月中旬半个小时内可以看到北斗七星，其他时间它可能完全消失在地平线以下。因此，我们需要其他东西来帮助我们继续凝望星空的旅程。要看到北斗七星（哪怕只是最短暂的时间），靠近南纬23° 附近的地方是南方能观测到它的极限位置，例如澳大利亚的阿利斯斯普林斯、巴西的圣保罗或者博茨瓦纳的哈博罗内。

在南半球的天空，我们所要寻找的是一个小星座，实际上也是被称为南十字座的最小星座。

当然，与其他任何事物一样，时光已经发挥它的威力，把今天呈现在我们面前的南十字座所处的天空做了很大改变，重新做了安排。例如，在公元2世纪的托勒密时代，南十字座的星星本来是它邻近的人马座的一部分。只是到了16世纪后期，随着现代的天文学家把南十字座安置到了他们自己的星图，南十字座才开始具有了自己的特点。

另一个关于名称的改变涉及南十字座边界内的一些东西，你可能看得到，也可能看不到。这就是，有一团黑暗的尘埃和气体遮蔽了它背后银河系的星星。这一团物质现在我们称为煤袋（Coal Sack），历史上它也被称为烟灰袋和黑麦哲伦星云。过去，它的形象是负面的，曾经被描述为“墨污点——那是通向无人区的入口，那里孤独难耐”。

南十字座和一些我们马上要见到的星座在南半球就相当于北斗七星和北极星两者加在一起的作用，因为它们同样可以用来帮助你在黑暗中找到你的路线。沿着各种各样假想的线条，你可以非常容易地找到天空的南极——群星看似都围绕着这一点转动。

但是很遗憾，当你找到这一点时，你会发现那里是一片黑暗。因为那里并没有相当于北极星的星星在欢迎你的到来，没有南方之星，或者你所谓的南极星。天文学家使用了能够避开天空中其他光线的庞大望远镜，这才找到几乎位于南极点的南极座 σ 星。它特别昏暗，一般很难找到，所以几乎没有什么用处。因此，南十字座和邻近的几个较为耀眼的星星就起着给南（天）极进行定位的作用，这让其他星座羡慕不已。

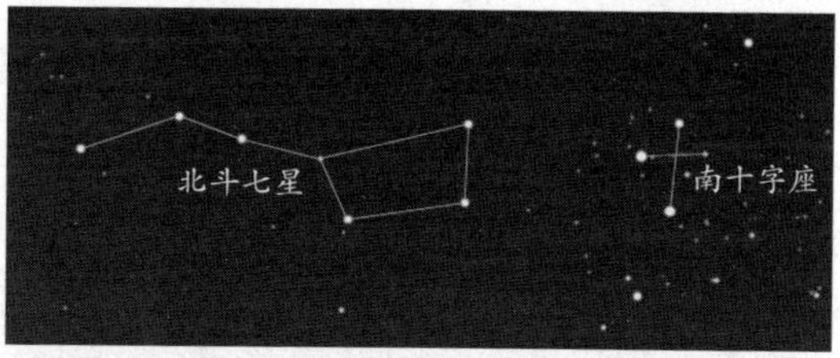

↗ 大熊座的北斗七星和南十字座之间的大小比较。

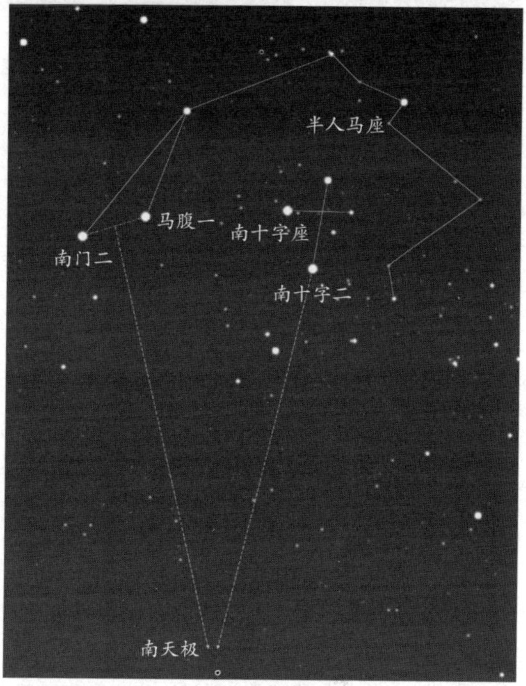

↗ 南十字转呀转，一圈又一圈。运用南十字座的“指极星”，再耍些小聪明，借助于半人马座的南门二和马腹一，你就能很容易地找到天空的南极点。

↗ 我们知道并喜爱北斗七星，但是它的外观要取决于我们生活在什么地方。在北半球，只要天一黑，你就可以看见它。然而，越往南走，你看到它的机会就越小。在南纬23°左右，只有在4月份的夜晚，它才出现在天空，并且很低，接近地平线。令人吃惊的是，它还是上下颠倒的！

随着地球自转和围绕着太阳公转，你会发现，由于时间和日期的不同，南十字座在天空所处的位置也不同。它在空中出现的最高点是在秋季和冬季的夜晚；在春季和夏季，它比较靠近地平线。

天体 （所列行星时间是它们距离地球最近时所需时间）	光线从地球出发或到达地球单程所需时间
月球	1.25秒
金星	2.3分钟
火星	4.35分钟
太阳	8.3分钟
冥王星	5.3小时
旅行者2号（2004年最远的宇宙探测器）	1天
半人马座比邻星（除太阳外距我们最近的恒星）	4.27年
天津四（天鹅座主星）	~2100年*

*“~”意思是近似于，该距离也可用于整个天鹅座本身。

在非洲北部海岸的加那利群岛，你可以瞥见南十字座中的几颗星星。但是如果你想看到它壮观的全貌，那么你就得往南走，到处于南纬 23° 一线的地方，如埃及的阿斯旺、中国的香港或者孟加拉国的达卡等。如果你所处的纬度在南纬 34° 以南，像澳大利亚的悉尼、乌拉圭的蒙得维的亚或者南非的开普敦，那么从理论上讲，南十字座永远不会落到地平线以下，尽管它仍可能擦着地平线。除非你再往南走，那样你就得乘船，因为陆地在那里已经到尽头了！

不管怎么说，我们这里所谈论的是关于“在哪里”的问题。接下来，我们谈谈天体有多大。

■ 走进黑暗

太空有多大？地球上遥远的距离已经令我们惊诧不已，更不用说要想象一下行星之间遥远的间隔了。你可以思考一番，这样做是值得的，可以看看你能想象多远的距离。拿我家来做个例子：我要从家里步行大约 1 千米到达蛋糕店。这是非常轻松愉快的漫步，需要花我 10 分钟时间。我能够在脑海中想象这一切。月球是太空中离我们最近的邻居，离我们的距离是我家到蛋糕店的 38.4 万倍。当然，这就意味着是 38.4 万千米。要步行到月球那里需要花我将近 9 年的时间，但是，就太空而言，月球却是离我们最近的唯一的邻居。

想象从地球到月球这么相对来说比较微小的距离，我们已经感到有些困难了。那么，对于更大的距离我们该怎么办？例如，从我家到太阳的距离非常巨大，是 1.5 亿千米——这个数据已经相当巨大，但是我们还没有离开太阳系。除了太阳，距离我们最近的恒星是比邻星，离我家大约是 40×10^{12} 千米那么远。再往太空深处走，我们可以看到仙女座星系，这是离我们较近的一个星系，但是却有 26×10^{18} 千米远！

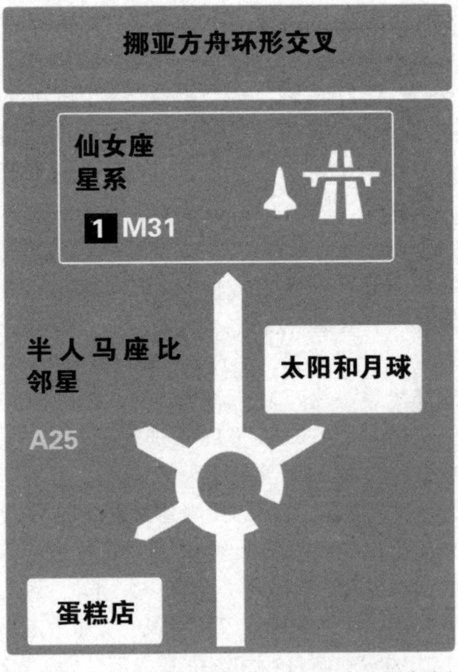

↗ 你的想象力可以把你带到太空超级高速公路的任何地方。这种情况说不定将来可以变成现实。

然而，跟宇宙空间距离的大小相比，这些巨大的数字只不过像一粒花生米那样微不足道。宇宙外空的空间还大着呢。

10^{18} 对你来说意味着什么？我们得承认，这一数字对我们来说并没有什么意义。我们计算从地球到月球的距离都有困难，那么对于这些 26 再乘上 10^{18} 的数字，我们将一筹莫展。

但是，希望还是有的。天文学家用另外的方法来测量非常巨大的空间距离，这一方法称为光年。1 光年就是光以每秒 30 万千米的飞快速度在 1 年时间所经过的距离。离我们最近的恒星是 40×10^{12} 千米，现在我们可以换算为 4.27 光年，这样就比较好掌握了。

即便如此，宇宙作为一个整体，整个时空的直径仍然大得出奇，具有137亿光年。如果你有一张非常大的纸，可以把它换算成千米看看到底有多大。

我们可以使用光速来衡量除一年时间之外的其他时间。上页有一张表格，里面满是大大小小的数据，可以让你大致了解太空有多么大。

总之，现在让我们暗自惊叹吧，想想我们所能看到的头顶上的“太空”究竟有多大。

■ 黑暗有多大

怎样知道你头顶上深邃的天空有多大？这要取决于你是在哪个半球。如果你能找到北斗七星或者南十字座，其实也很简单，但是你要知道它们在天空哪个方向，以及它们有多大。对星座的面积大小需要有个明确的概念，这对你非常有帮助。因此，要稍微花点儿时间来向你展示，在天空怎样度量事物。

让我们先从月球说起。大多数人会说，月球实际上要比它看起来大得多。如果我说，你伸直手臂张开手，其宽度就能轻易盖住月球，而且还有空余，那么你一定会感到惊奇。下一次月球出来的时候你可以试一试。

当然，你可以使用你的手掌、胳臂，或者也可以倒立使用双脚（要是你足够强壮的话）丈量空中不同数量的天体。从现在开始，对你非常有用的一点就是，你要知道，从地球看上去，北斗七星比你伸直手臂张开一只手的宽度稍微大一些。但是，空中也有很多非常微小的天体要看，因此，我们现在需要稍微从科学的角度来谈论一番。

你应该知道，如果我们想把任意一个圆划分成较小的单位，我们使用度，或者更准确地说我们使用角度360° 组成一个完整的圆。如果你把圆想象成一个时钟，那么，分针走完1圈转动了360° ，需要花费1个小时。

1° 是个非常小的度量单位，等于分针在钟面上运行10秒所对应的角度，小得几乎看不出来。但是，在太空很多天体都特别微小，我们需要使用非常小的单位来度量。于是，天文学家把1° 划分为60个小部分，每1个小部分又进一步划分为60个更小的部分。这些较小的部分的名称有时候可能把你弄糊涂了，因

↗ 2002年4月16日20时55分，月球和土星处于天空顶部，亮星毕宿五位于底部。这些天体看起来离我们一样远，但土星离我们的距离是月球离我们的距离的3 792倍，而毕宿五则是9.115亿倍。

→ 北斗七星看似仅比你张开的手掌稍微大一点儿。当然，这要取决于你的手有多大。

天体	角度大小近似值
北斗七星指极星至北极星的距离	28°
北斗七星的长度	24°
你伸直手臂张开的手掌（大致上）	22°
南十字座指极星之间的距离	6°
北斗七星指极星之间的距离	5°
你伸直手臂食指的宽度	1°
你伸直手臂小指的宽度	30′
太阳	30′
月球	30′
木卫三离木星的距离（木卫三是木星主要卫星中最亮的一颗）	6′
肉眼的分辨率（这意味着你的眼睛能够分辨出两个非常接近的天体，而不是把它们错认为是一个天体）	3′ 25″
金星面积的极大值	1′
月球上最大的陨石坑	1′
你能看见的单个最小天体（大约）	1′

↓ 看！你可以使用手的不同部位来衡量天空中不同天体的大小。

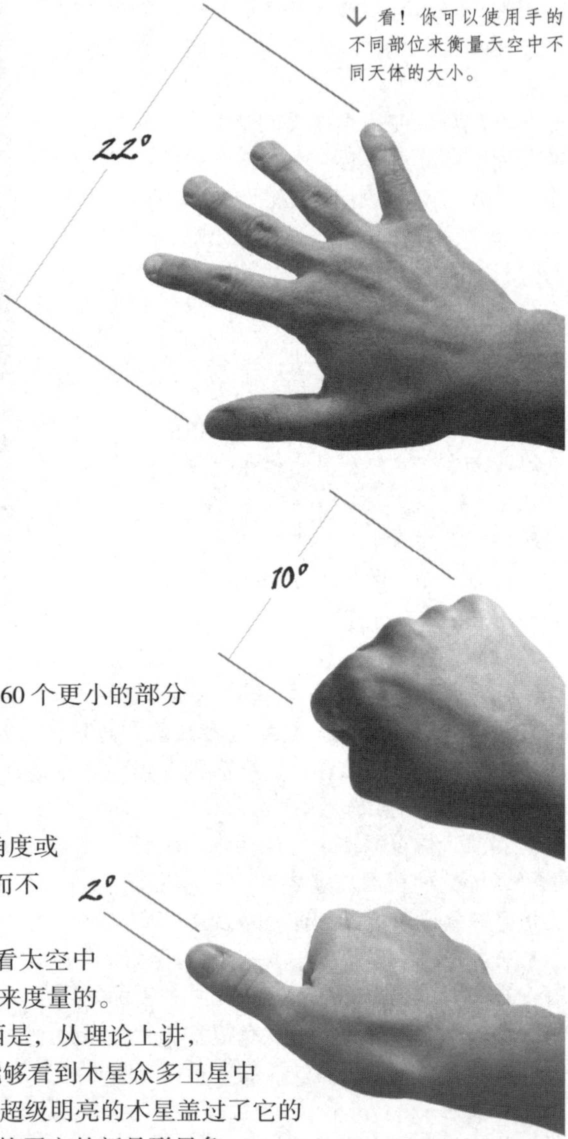

为 1 角度的 60 个小部分被称为角分，角分的 60 个更小的部分被称为角秒。

这些单位由下列符号表示：

° 度 ′ 分 ″ 秒

记住这一点：不论在哪里，如果你看到角度或者弧度，这样的度量单位都是有关角度的，而不是关于时间的，这样你就不会记混了。

有了这些关于度量的信息，让我们来看看太空中一些天体的大小，它们是用角度、角分和角秒来度量的。

从这张表格中我们可以看到的有趣的东西是，从理论上讲，只要用我们的肉眼朝天空眺望，我们就至少能够看到木星众多卫星中的一颗，以及金星的新月形星象。但实际上，超级明亮的木星盖过了它的卫星的微弱光亮，而金星耀眼的外表同样也遮掩了它的新月形星象。

■ 如何使用星图

你能在夜空中看到什么取决于一年的具体时间：由于地球围绕着太阳公转，在不同季节，星星的位置会有所改变。因此，我们后面马上将要谈到的星座被划分为春、夏、秋、冬 4 个季节的星空。有些星座常年都可以看到，但是只有在一年的某些特定时间，它们才能处于最佳观测阶段。

正如我们看到的北斗七星和南十字座一样，天空中还有几个星座的形状突出，因此比较容易辨认出来。它们构成了夜空中的“指示牌”，比较有用。这些星座可以被用来帮助我们找到各种各样的美丽星体，在以后的讲解中我会把它们给指出来。

根据你在地球上所居住的位置不同，星图也被划分为不同的部分。北半球和南半球的人们所看到的星图有所区别。如果你处在北半球（地图上赤道以上的部分），那么，你应该查看北半球星图；如果你是处于南半球，你该知道怎么做吧。因为绝大部分的陆地，还有绝大多数的人口都位

拉丁名称
Ursa Major
英语名称
The Great Bear
缩写
UMa
拉丁语所有格
Ursae Majoris

α 星
北斗一 /Dubhe
星等
1.79
恒星颜色
橙色

于北半球，那些星图看起来像你在朝南观看看到的。在北半球，你离赤道越近，就越能用得到南半球星图。对那些生活在赤道附近的幸运儿来说，整个天空都能看到，可以同时使用南北两半球的星图。

在介绍星座时包含左列信息。

首先你会发现，星座的名称是用原来的拉丁语，其次是对应的英语，然后是 3 个字母的缩写。这些缩写是辨认星座的国际通用做法，从而不需要使用拉丁语的全称。

拉丁语所有格意思是“星座的”或“属于……”。这在声音效果上非常重要，就好像你知道你所谈论的事物。比如:“噢，北河二。你肯定是指双子座的 α 星。”

α 星是所提到星座的主星，它并不一定就是最亮的，也并非所有星座都有 α 星。1603 年，德国天文学家约翰·巴耶把所有星座整理了一遍，把最亮的星星命名为 α 星，次亮的星星称为 β 星，然后是 γ 星、δ 星，等等。结果是，星图上的星星通常都用希腊字母标出，被称为巴耶字母。全部希腊字母如下。

专有名词比如北斗一通常只分配给那些比较明亮的星星。很多名称是阿拉伯语，间或也有一些希腊语和罗马语。你可以查看天秤座，看看宇宙中一些最有名的星星的名称。

星等也可称为“目视星等”，可以让你知道天空中出现的星星有多亮。希腊天文学家喜帕恰斯生活在大约公元前 2 世纪中叶，他制订了一套给星星亮度分级的体系：你用肉眼看到的最亮的是 1 等星，最暗的是 6 等星。我们过一会儿将要详细探讨亮度，你看，现在是不是有点儿复杂了。

星星的颜色向你表明了它是什么色彩的，同样也能告诉你它表面的温度有多高：温度最低的是红色，温度大约为 3000℃。热一点儿的是黄色，再热一些的是白色，最热的是蓝色，温度高达 4

希腊字母

α 阿尔法	ι 约塔	ρ 柔
β 贝塔	κ 卡帕	σ 西格马
γ 伽马	λ 拉姆达	τ 陶
δ 德尔塔	μ 谬	υ 宇普西隆
ε 艾普西隆	ν 纽	φ 斐
ς 泽塔	ξ 克西	χ 希
η 伊塔	ο 奥米克戎	ψ 普西
θ 西塔	π 派	ω 奥米伽

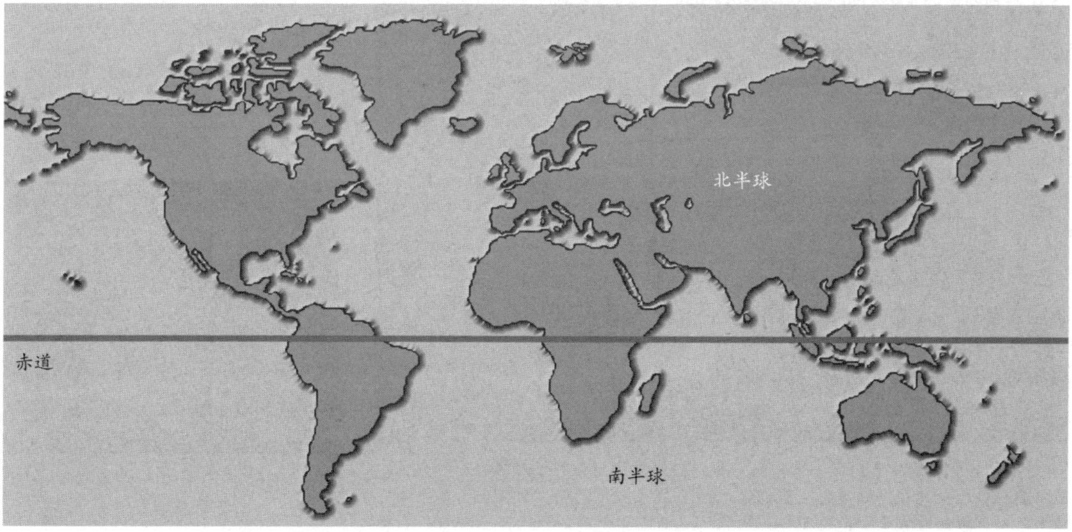

↗ 这是一幅世界地图，赤道把世界分为南北两个半球，你可以根据南北半球的不同，选择不同的季节性星图。你离赤道越近，你就越可以使用到对方半球星图的更多内容。例如，如果你住在挪威的某地，你只好使用北半球的星图。如果某年夏天你决定到意大利去度假，你就可以使用南半球星图的一半内容，那上面有很多迷人的星星看点。

万℃。不仅如此，它们还能够改变颜色！这样的情况通常发生在当星星用完了自己的所有燃料时，星体内部重力开始发挥作用，从而引发各种各样的恒星事件（如红巨星、超新星和黑洞的形成）。

■ 明亮还是昏暗

就星星而言，它离你越远，就显得越暗。这就像一支蜡烛，放在你旁边的桌子上比放在附近的山丘上看起来要亮得多。两处的蜡烛亮度是一样的，但是你需要考虑距离所起的作用。

那么，你跟前的一支蜡烛和附近山丘上的一堆大火又怎么样呢？它们可能看起来亮度是一样的，换句话说，它们拥有同样的视觉亮度。当然，如果你走近山丘，那堆火会显得越来越亮。因此，当我们谈到视觉亮度时，也就意味着从我们的视角来观测物体有多亮，而不管它们离我们有多远。

太空也是如此。当然，太空中不仅距离更远，而且星星和星系的真正亮度更是令人难以置信的。关于某一天体的真正亮度我们有一个术语，称为绝对星等。你可以说，山丘上的蜡烛和桌子上的蜡烛都有同样的1烛光的绝对亮度，但是跟前的蜡烛比山丘上的蜡烛拥有更强的视觉亮度。

天体	目视星等
	明亮的
太阳	–26.7
月球	–12.6
金星	–4.7
火星	–2.9
木星	–2.9
水星	–1.9
天狼星（夜空中最明亮的恒星）	–1.4
土星	–0.3
木卫三（木星的卫星）	4.6
小行星灶神星	5.3
天王星	5.5
肉眼看得见最暗的天体	6.0
海王星	7.7
冥王星	13.8
	暗弱的

说得更科学一些，我们在测量太空天体的亮度时，使用非常准确的目视星等或视星等。一些离我们较近的太空天体的目视星等列表如上。

正如图表中所显示的，在一个远离灯光污染并超级清澈的夜空下，你能看到最暗的天体是6等及6等以上。我们往回倒数到零，天体就变得越来越亮。然后，我们进入负数，可以看到最亮的天体。

关于星等的有趣的事实：据说人类能够区分出星等相差0.1的星体。试试看吧。

↗ 这些是你在本篇中将会遇见的一些星星，它们呈现出各种各样的大小和颜色。请看微小的巴纳德星，然后把它跟超级巨大的参宿四相比较。事实上，如果我们能把参宿四拿来放在太阳的位置上，它的“表面”将会延伸到木星的轨道！一颗星星呈现什么样子，首先取决于它由多少气体组成，以及它处于生命周期的什么阶段。天空拥有五颜六色的色彩，但是只有那些最明亮的星星才能看起来不显示出白色。因为它们非常明亮，足以触发我们眼睛感知颜色的那部分视网膜。

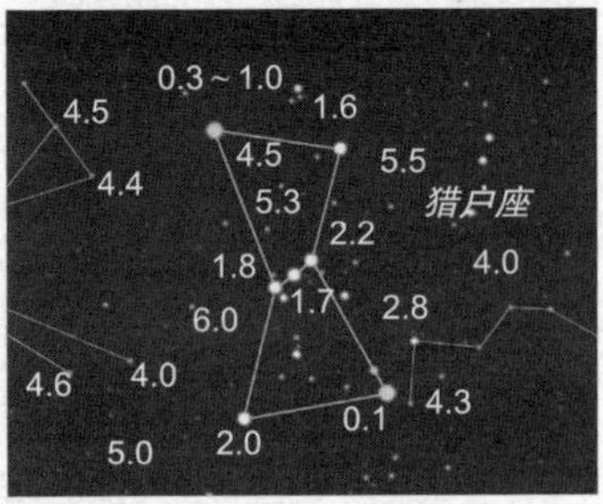

↗ 这是猎户座周围一些星星的亮度指南。试试看最暗你能看到几等星，这也可以表明你所在地天空的清澈程度。你可能会很吃惊，你那里竟然那么清澈，情况也可能相反。

星星距离地球远近各不相同，亮度也各有差异。这里列出的是11颗距离地球最近的星星（我把太阳也包括进来）以及10颗最亮的星座主星。表中目视星等可以让你知道这些天体在天空中看上去有多么明亮，前面也多有谈及。我敢肯定，你一定在全神贯注。

最近的恒星	距离（光年）	目视星等	所在星座
太阳	很近	−26.72	
比邻星	4.27	11.05	半人马座
南门二A	4.35	0.00	半人马座
南门二B	4.35	1.36	半人马座
巴纳德星	6.0	9.54	蛇夫座
伍尔夫359	7.8	13.45	狮子座
拉兰德21185	8.3	7.49	大熊座
天狼星A	8.6	−1.46	大犬座
天狼星B	8.6	8.44	大犬座
鲸鱼座UV A	8.7	12.56	鲸鱼座
鲸鱼座UV B	8.7	12.52	鲸鱼座

最亮的恒星	距离（光年）	目视星等	所在星座
天狼星	8.6	−1.46	大犬座
老人星	313	−0.72	船底座
大角星	37	−0.04	牧夫座
南门二A	4.35	0.00	半人马座
织女星	25	0.03	天琴座
五车二	42	0.08	御夫座
参宿七	773	0.12	猎户座
南河三	11	0.38	小犬座
水委一	144	0.46	波江座
参宿四	427	变化范围0.30～1.00	猎户座

■ 恒星的种类

恒星是夜空中闪耀的宝石。不管是大还是小，它们挂在太空，熠熠发光，直到有一天它们停止发光，开始做出糟糕的表现，就像黑洞。它们变得很糟糕，这是因为万有引力开始起支配作用，并且发挥到了极致：你可以把它想象成一个具有超级强力的真空吸尘器。你不能走得离它们太近，否则你的身体就会被压碎。另外，有的恒星由于内在的物理原因或外界的原因而使其亮度发生变化。这种恒星叫变星。这些现象可以反映出星体的年龄、大小。这些从远处看还算不错，但是离近看就糟了。你会被告诫说，不要靠近任何古老的星星。这和太阳形成明显的对照。

就我们所知，太阳是独立的，这是很罕见的现象，因为其他星星都多少有别的星体陪伴。那些星星被称为双星。你也许没有注意到这一现象，但是太空中有很多这样的星星家族。你怎样才能分辨出它们呢？稍微有点儿耐心，你就可以发现星星的一些奇闻逸事。

» 双星

什么是双星？简单地说，就是看起来好像一颗星，而实际上可能是两颗或者更多颗星星，它们在夜空中所处的位置非常靠近。这里有两种情况。

范例

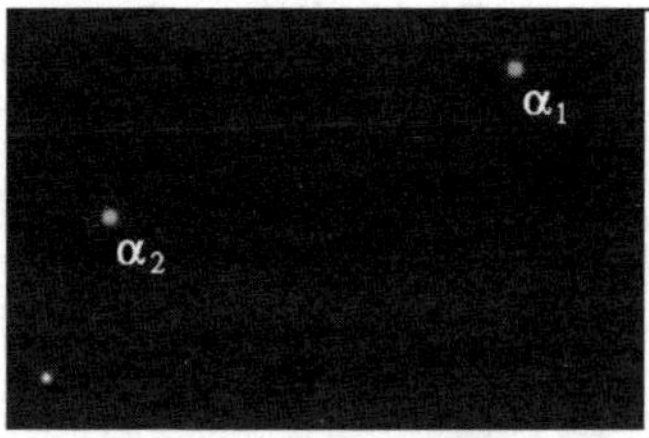

双星
牛宿二
摩羯座 α 星

星等 —— 星等：每颗恒星看上去的亮度
4.2 和 3.6

两星间距 —— 两星间距：双星之间相隔的距离
6′ 18″

光学双星：不论从哪方面说，两颗星之间都没有任何联系。只是因为我们视角的缘故，它们看起来非常接近。

双子星：它们跟我们的距离实际上是同样远，在万有引力的作用下，彼此互相环绕运转。

本篇中所有的双星都是以同样的基准按比例表示的。因此，你可以很容易得知它们之间的大小关系。

» 变星

什么是变星？变星是指随着时间的推移，星星的亮度有所变化。这里有几个原因：不稳定的古老恒星颤颤巍巍，忽而变大，忽而变小；或者，比较靠近的双子星彼此沿轨道运转，一个在前，一个在后。一些恒星甚至交换气体，由此产生大爆炸，形成新星。

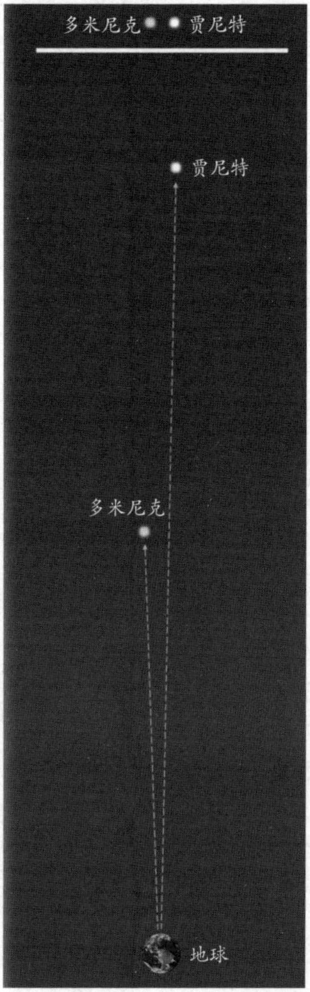

↗ 有些恒星看似靠得很近，但是事实上并非如此。它们看上去很近，是因为从地球看过去，它们碰巧接近同一个方向。比如这两颗星：多米尼克和贾尼特。图上方是你从你家后窗向外望见的情形，但是如果远离地球，你就会看到它们两个实际上相距很远。

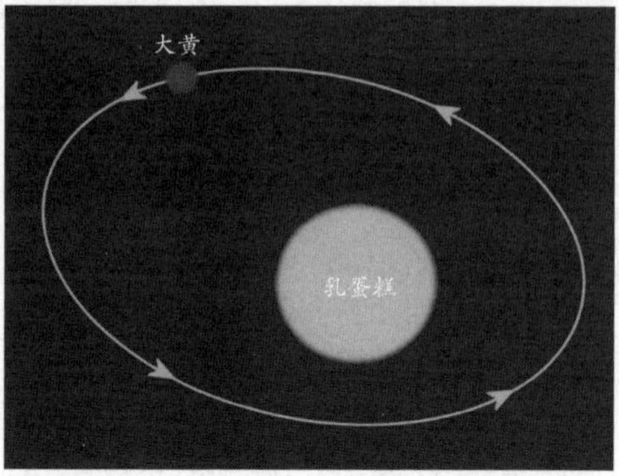

↗ 这里是一个双子星的例子，两颗星由于万有引力被困在了一起。双子星彼此环绕旋转一圈，有的可能需要数百年，有的可能只需几个小时。有时候，你可能会发现该系统中甚至有几颗恒星。比如，双子座α星（北河二）竟然有6颗恒星，因受制于万有引力，它们在轨道上环绕着彼此转动！

范例

变星
仙王座 δ 星

类型——类型：它是哪种类型的变星
大陵五型交食双星

星等范围——星等范围：该星的明暗变化范围
3.5 ~ 4.4

周期——周期：明暗变化的时间周期
5.3663 天

如果你想要观察星空中一直都处于变化的另一面，那么变星值得你多看两眼。

变星的类型是根据第一颗被确认为新的等级的恒星来确认的。下面这个表向你展示了几个例子，列举了一些变星的名称，以及它们做了些什么——有时候会产生爆炸性的后果。

记住：这些星星处于变化之中，因此它们的大气和内部结构会起伏不定。它们一旦失去了某些物质，就不能够再寻找回来。如果一颗恒星不能维持一定的热压使它在引力上处于稳定状态，那么它就有危险，星体演化是受物理法则所支配的。

■ 星空天体

夜空中布满了大量的深空天体，它们存在于离太阳系很远的地方，形状和颜色各异。在星图中，下列符号用来表示定位标记，

符号	含义
	**银河星团**：许多年轻的恒星聚集成的恒星集团
	**球状星团**：许多古老恒星聚集成的球形恒星集团
	**星云**：由恒星照亮的尘埃和气体形成的一团云状天体
	**星系**：许多恒星和星空天体组成的天体系统

变星类型 （这里有些非常动听的名称）	解　释
米拉	**长周期** 这是一颗古老的红巨星，它的亮度会发生不规则的周期性变化，有时候是几百天，有时候则长达数年。这是因为它的内部反应不稳定，从而引起自身发生脉冲式向内外放大或收缩。该名称来源于它是人们确认的第1颗变星。
造父变星	**规则周期** 这是另一类型的变星，由于自己的内部结构导致自身产生变化。但是，造父变星是一种极具规律的变星，它们向内脉动，其方式可以预测。如果你画一张图表，标出时间和亮度，就会得出它们在极其规律的周期时间内的起伏变化过程（像波浪那样）。要完成它们的变化周期，有些变星可能需要1天，其他的可能需要1个月或更长时间。
天琴座RR星	**短规则周期** 这是又一种因内部问题引起的变星。在这类变星里，星星的亮度可在几个小时内发生变化，而变化所持续的时间最长也不过1天左右。
仙后座γ星	**不规则周期** 这是一种喷射状的变星。由于它的大气层发生剧烈的变化，因此它变得忽明忽暗。
北冕座R星	**不可预测的反新星** 这是一种较为古老、像太阳一样的恒星，它的大气偶尔会因为烟尘而变成结块。当这种情况发生时，恒星慢慢变得暗淡，直到烟尘被“咳嗽”出去落向太空，它的亮度又重新恢复到正常的水平。
大陵五	**交食双星** 设想这样的情景：两颗恒星彼此环绕旋转。事实上，回想一下前面双星的内容，在那里，大黄和乳蛋糕看上去就是彼此从面前穿过。当我们观察这些“星食”的时候，它们的亮度有所改变。当两颗星分开的时候，我们看到光线从整个系统发出；但当它们运行到一起的时候，光线的亮度有所降低，这是因为较远的那颗星部分或全部被“食缺”了。大陵五型变星的周期是规则的，就是两颗星彼此环绕所需的时间。
北冕座T星	**再发新星** 同样是两颗环绕的恒星，但是这一次的情况是两颗星一大一小。小的那颗星从大的那颗那里撕扯过来一些“恒星物质”，到了一定程度就会发生爆炸。这时候，我们就能看见天空中异常明亮。在发生周期上，这类变星非常不规则。

标示一些用肉眼可以看到的宇宙中的奇迹。

让我详细叙述一下这些术语，使你知道它们到底是怎么回事……

↗ 猎户座四边形银河星团位于猎户座星云的心脏地带。

» 银河星团

我们见到的第一类恒星组群是银河星团。这些星团家族包含有小到几十个、大到几千个恒星，诞生于银河系的旋臂处。它们基本上都是新产生的恒星，一起运行，但是彼此间的引力最终会使它们分开，各自独立于夜空中。金牛座的昴宿星团和南十字座的宝盒星团就是较好的例子。

» 球状星团

第2类恒星组群是球状星团。这些星团要比银河星团大

↗ 天蝎座M80球状星团

↖ 猎户座星云（M42）是一个发射星云，我们将在后面提到。它已经闯入银河星团的竞技舞台。这是因为太空就是各种天体的大杂烩，天体之间都是紧密相关的。从根本上说，猎户座四边形星团（图中左侧）的某颗恒星为这个由尘埃与气体构成的神奇星云提供光源，照亮星云的绝大部分。

得多，由几百个到几千个甚至几百万个通常为红色的古老恒星组成。银河星团存在于银河系（并由此得名），而球状星团形成了一个光环围绕着自己。肉眼能看到的例子包括武仙座大星团和半人马座奥米伽球状星团。

■ 星云的种类

自古至今，观测者只要仰头凝望夜空，就可以看到恒星之间存在一些较小而且微弱，几乎像云朵一样的块状物。这些天体被称为星云，拉丁语的意思为“云”，源自于它们像烟云一样的外表。

没有人确切知道星云里面正在发生什么变化，所以人们对这些云状物的真正特性并不了解。当望远镜变得足够强大，人们发现有些星云实际上是星系，仙女座星云就属于这种情况，现在我们称之为仙女座星系。另外一些星云被证实是真正的星云，也就是由尘埃和气体组成的区域。这些星云被分为以下类别。

» 发射星云

这是最明亮的一类星云，它们发光是因为它们内部嵌有炽热的恒星，这些恒星发出的辐射使周围的气体受热发光。发射星云有的很大，事实上它们内部有大量的气体和尘埃，足以形成恒星和行星，因此是星星的滋生地。用肉眼最容易看到的一个发射星云是猎户座星云 M42。

» 反射星云

正如名称所显示的那样，这些“云彩”之所以看得见，只是因为它们反射附近恒星的光芒。恒星不能够使这些气体发光，是因为恒星温度比较低，没有那么大能量，结果是反射星云就暗淡得多。金牛座的昴宿星团周围有一个暗弱的星云围绕着，但是只有借助高倍望远镜才能看得见。

» 暗星云

气体和尘埃附近没有恒星就不发光，我们之所以能够看到它们，是因 为它们挡住了它们背后所有的东西。这一类别包括猎户座的马头星云（你需要借助望远镜），以及更大一些的位于南半球的南十字座煤袋星云，它用肉眼可以很容易看到。

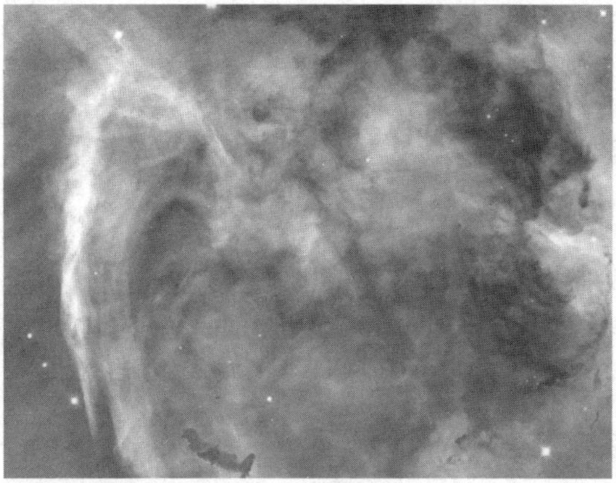

↗ **发射星云**
神奇的船底座艾塔发射星云，中间是黑暗的锁孔星云（左边）。

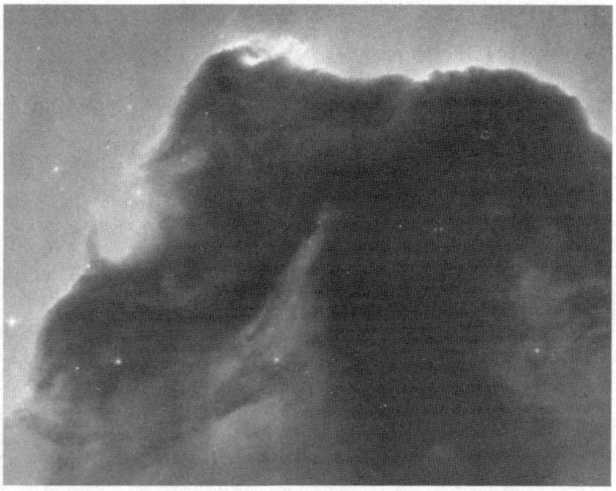

↗ **暗星云**
猎户座马头星云的部分。

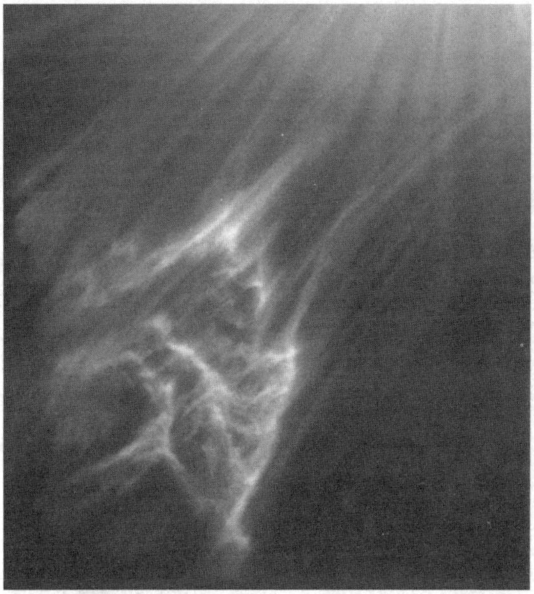

↗ **反射星云**
它就在你的背后！幽灵般的昴宿星团IC349反射星云。

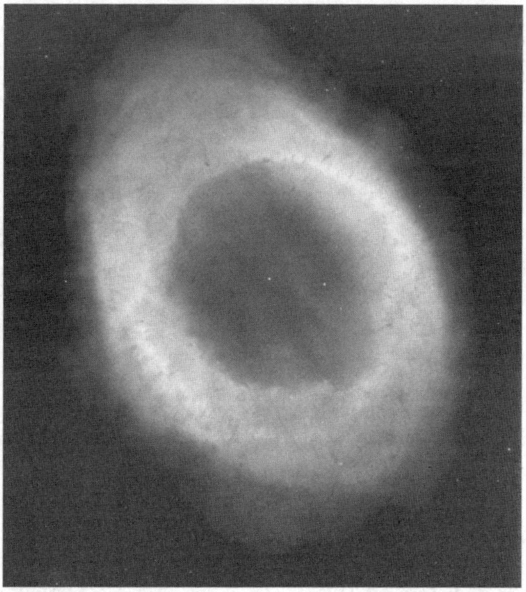

↗ **行星状星云**
令人惊叹的天琴座M57环状星云

» 行星状星云

一些恒星在生命的晚期喷发掉它们的外层，只剩下一颗较小的恒星，但是很热，能量充足。那些脱离的外层向外扩张，因从中心的恒星发出的辐射而发光，这一点有些像发射星云。透过望远镜看去，这层“外壳”看起来有点儿像行星，由此得名。天琴座的环状星云就是个典型的例子。

■ 星系的种类

除了银河系以外，还有各种各样的星系。它们有的圆，有的扁；有的胖，有的瘦；有的大，有的小；有些形状优美，有些奇形怪状。最终归结起来，星系可以被划分为几个基本的类型。

» 螺旋星系

这类星系中间鼓鼓的，有很多古老的恒星，从中间往外是巨大的旋臂，由比较年轻的恒星、尘埃和气体组成。我们生活在一个螺旋星系里，也就是众所周知的银河系。另一个是我们用肉眼能看到的最远天体，即仙女座大星系 M31，离我们 280 万光年那么远。

» 棒旋星系

这类星系类似螺旋星系，但它们的特征是拥有两条长棒子，从鼓起的中心向两侧外伸展。旋臂从每一根棒子末端向外延伸。有些理论认为，星系自身旋转会形成棒子，即随着恒星暂时排成一条线就出现这一现象。然后，自转会驱散这种特征。

» 椭圆星系

这类星系没有螺旋状结构，也没有多少尘埃和气体。它们有的大，有的小。事实上，它们可能是我们看到的最大星系。因为椭圆星系规模庞大，一些天文学家认为，它们可能是由螺旋星系碰撞而形成的;另一些人则认为,螺旋星系是从椭圆星系演变而来的。这就导致了很多天文台为此而争论不休。

» 不规则星系

这类星系通常既小又暗，也没有什么固定的形状。每一个星系都是恒星和气体的大杂烩，它们正在像人一样经历中年时的更年期危机。星系之间也可能发生碰撞，但不管是哪种情况，事实就摆在那里。

↗ **螺旋星系**
猎犬座NGC4414。

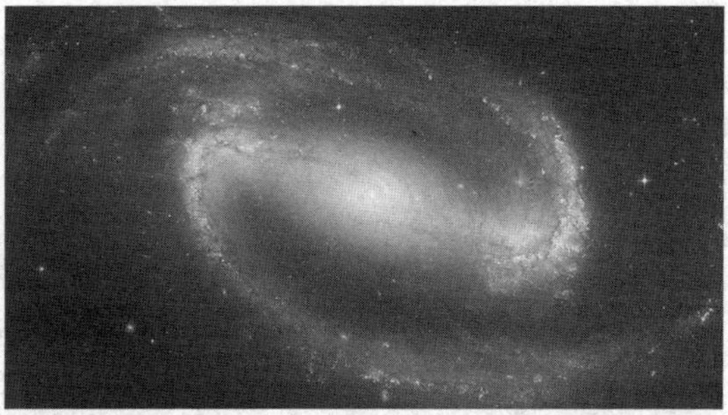

↗ **棒旋星系**
波江座NGC1300。

↗ **椭圆星系**
室女座椭圆星系M87。

↗ **不规则星系**
大熊座M82。

■ 星空天体分类

在星图上和本篇中你会发现，很多深空天体都有像M4和NGC664这样的名称。这些名称来源于不同的分类方法，它们是为了观察便利而在过去的很多世纪里逐步形成的。下面是我们所使用的分类方法的一个快速指南。

M是指梅西耶星云星团表（Messier Catalogue）。查尔斯·梅西耶在研究彗星时被“模糊”的星体搞得一塌糊涂，由此心生厌倦。因此，在1781年，他把大多数的星云、星系和星团都归结为一组。它们中很多用肉眼就可看到，还有很多使用双目镜就能看到。这可能是最著名的业余天文爱好者所使用的分类方法。

NGC是指星云星团新总表（New General Catalogue）。在梅西耶星云星团表发表100多年后，约翰·德雷耶发表了这一分类表，里面包含了几千个天体，其中有些非常昏暗。NGC包含了梅西耶的所有天体，因此猎户座星云M42也就是NGC1974。NGC后来有所扩展，称作新总表续编。

Mel是指梅洛特星云星团表（Melotte Catalogue）。这是由菲利贝尔·梅洛特编制的关于星团的分类表，于1915年发表，包含250个星系星团。梅洛特作为一位有造诣的天文学家，于1908年2月在位于伦敦的皇家格林尼治天文台发现了木卫八，这是（当时）木星的第8颗卫星。

Anton是指安东·范普鲁星云星团表（Anton Vamplew Catalogue）。这是安东·范普鲁关于9个被“遗忘”的星座的分类表，并附有一些关于它们的故事，来陪伴你对星空的探索旅程。这些稀奇古怪的构想来自于大约1750～1800年间“疯狂的星座创造时期”。当时，很多天文学家都在命名成组的星星，并把它们放进自己的星图里，而且非常随意。随着时光流逝，这些新命名的星座有的被人们遗忘了，有的被后来的天文学家所接受。在接下来的内容里你会看到，这些安东星云星团表的星座是不是值得写出来。

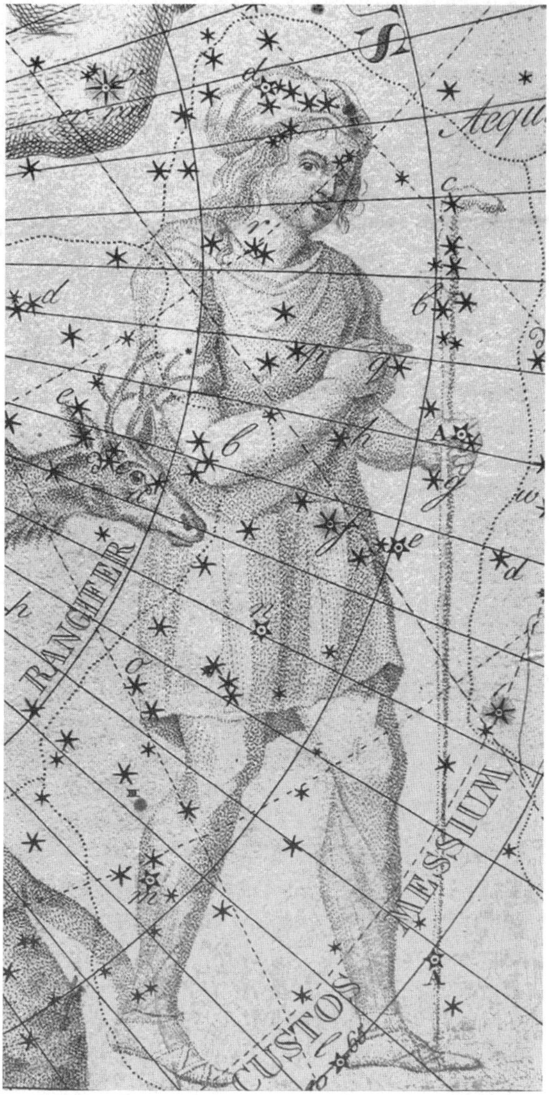

↗ 为了纪念查尔斯·梅西耶，天文学家约瑟夫·拉兰德设计了天空中的猎人座。在图的左侧，一头好奇的驯鹿试图闯进整个画面。很不幸，这头驯鹿和猎人只有短暂的时间思考他们围绕天极的旅行，不久以后，历史就把他们交付到了“废弃的星座”里保管起来。

夜空的伟大之处在于，那里有非常多的天体，我们只用肉眼就能看到，没有必要使用望远镜，甚至不需要借助双目镜。建议你首先对群星璀璨的天空有个大致了解，然后再开始深入观察。如果你手头没有望远镜，你可以用手指出来哪个是巨蟹座的鬼宿三，或者你说，“在那两颗星星之间是著名的富矿星云”，你的朋友肯定会大为震惊的。

接下来，我们要开始探讨星座了。不要慌张，做一下深呼吸，记住：罗马不是一天建成的。你不能指望一下子把什么都学会，群星璀璨的天空就在那里，它是用来欣赏和慢慢品味的。

深空天体

这里是星图上所表示出来的只用肉眼就能看见的深空天体的全部名单。

星座	深空天体	类型	星等	面积	距离（光年）
仙女座	M31	星系	4.8	3°	~280万
后发座	Mel 111	银河星团	2.7	4′ 30″	265
巨蟹座	M44	银河星团	3.7	1° 35′	577
大犬座	M41	银河星团	4.5	38′	2300
大犬座	Mel 65	银河星团	4.1	8′	5000
船底座	Mel 82	银河星团	3.8	30′	1300
船底座	NGC 3114	银河星团	4.2	35′	3000
船底座	IC 2581	银河星团	4.3	8′	2868
船底座	IC 2602	银河星团	1.9	50′	479
船底座	Mel 103	银河星团	3.0	55′	1 300
船底座	NGC 3372	星云	5.0	2°	1万
半人马座	NGC 5139	球状星团	3.6	36′	1.7万
半人马座	NGC 3766	银河星团	5.3	12′	5500
南十字座	NGC 4755	银河星团	4.2	10′	7600
天鹅座	M39	银河星团	4.6	32′	825
天鹅座	NGC 7000	星云	—	2°	1600
剑鱼座	LMC	不规则星系	0.4	9° 10′ ×2° 50′	17.9万
剑鱼座	NGC 2070	星云	5.0	40′ ×20′	17.9万
双子座	M35	银河星团	5.3	28′	2800
武仙座	M13	球状星团	5.7	23′	2.53万
猎户座	M42	星云	4.0	1°	1600
英仙座	NGC 869 & 884	银河星团	4.7	1°	7100
英仙座	NGC 1499	星云	5.0	2° 40′ ×40′	1000
英仙座	M34	银河星团	5.2	35′	1400
英仙座	Mel 20	银河星团	2.9	3°	600
船尾座	M47	银河星团	4.4	30′	1600
船尾座	NGC 2451	银河星团	2.8	50′	850
人马座	M8	星云	5.8	1° 30′ ×40′	5200
人马座	M22	球状星团	5.1	24′	1万
人马座	M24	恒星云	4.5	1° 30′	1万
天蝎座	M6	银河星团	4.2	20′	2000
天蝎座	M7	银河星团	3.3	1° 20′	800
天蝎座	NGC 6231	银河星团	2.5	15′	5900
盾牌座	M11	银河星团	5.8	14′	6000
金牛座	M45	银河星团	1.5	1° 50′	380
三角座	M33	星系	5.7	1°	~300万
杜鹃座	SMC	不规则星系	2.3	5° 19′ ×3° 25′	19.6万
杜鹃座	NGC 104	球状星团	4.0	30′	1.34万
船帆座	IC 2391	银河星团	2.5	50′	580
船帆座	NGC 2547	银河星团	4.7	20′	1950

安东星云星团表

这是一个分类表，这里搜集的是容易被忽视的星云星团，它们绝大部分都已被湮没在时光的迷雾中。

分类编号	星座	类型	英语名称	汉语名称
Anton 0	Vulpecula	银河星团	The Coathanger	衣钩座
Anton 1	Ophiuchus	旧星座	Taurus Poniatovii	波兰公牛座
Anton 2	Triangulum	旧星座	Triangulum Minor	小三角座
Anton 3	Aries	旧星座	Musca Borealis	北蝇座
Anton 4	Gemini/Auriga	旧星座	Telescopium Herschelii	望远镜座
Anton 5	Bootes	旧星座	Quadrans Muralis	象限仪座
Anton 6	Eridanus	旧星座	Sceptrum Brandenburgicum	勃兰登王笏座
Anton 7	Eridanus	旧星座	Psalterium Georgii	乔治国王竖琴座
Anton 8	Sagittarius	旧星座	Teabagus	茶袋座

星座的旧有名称

在历史上，星座不仅被翻来覆去地由人安排或是抛弃，其中有些的名称也被变来变去。这里列出一组星座，附有它们现在及以前的名称。一般来说，它们以前的名称更加华丽动听。

当前拉丁名称	原来拉丁名称	原来英语名称	设计者	汉语名称
Antlia	Antlia Pneumatica	The Pump	尼古拉斯·拉卡伊	唧筒座
Apus	Apus Indica	The Indian Bird	凯泽和霍特曼	天燕座
Columba	Columba Noae	Noah's Dove	皮特鲁斯·普兰修斯	天鸽座
Fornax	Fornax Chemica	The Chemical Furnace	尼古拉斯·拉卡伊	天炉座
Mensa	Mons Mensae	Table Mountain	尼古拉斯·拉卡伊	山案座
Norma	Quadra Euclidid	Euclid's Square	尼古拉斯·拉卡伊	矩尺座
Octans	Octans Hadleianus	Hadley's Octant	尼古拉斯·拉卡伊	南极座
Pictor	Equuleus Pictor	The Painter's Easel	尼古拉斯·拉卡伊	绘架座
Pyxis	Pyxis Nautica	The Sailor's Compass	尼古拉斯·拉卡伊	罗盘座
Reticulum	Reticulum Rhomboidalis	The Rhomboidal Net	艾萨克·哈布赖特	网罟座
Sculptor	Apparatus Sculptoris	The Sculptor's Apparatus	尼古拉斯·拉卡伊	玉夫座
Scutum	Scutum Sobiescianum	Sobieski's Shield	约翰·赫维留	盾牌座
Sextans	Sextans Uraniae	Urania's Sextant	约翰·赫维留	六分仪座
Volans	Piscis Volans	The Flying Fish	凯泽和霍特曼	飞鱼座
Vulpecula	Vulpecula cum Ansere	The Fox & Goose	约翰·赫维留	狐狸座

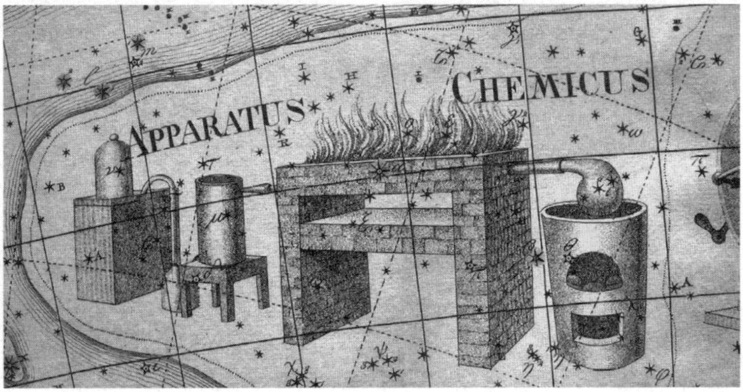

→ 图中是天炉座的画面表现，从中可以看出"过去好时光"的日子里，星座的名称要比现在灵活得多，也随和得多。看看这个设计多了不起。

从北半球观测到的星空

■ 1～3月的星空

冬季可能是一年之中星空真正明亮、闪烁与发光的时节。猎户座非常突出，很容易辨认，它的周围环绕着很多神奇的星星。明亮的星星能够刺激你的视网膜，感知到色彩，因此这是一年中最佳的观星季节。你会发现很多不同色彩的星星：头顶上是黄色的五车二，高高挂在南边的是红色的毕宿五。猎户座本身就给你展现了两颗彩色的星星，一颗是红色的参宿四，另一颗是蓝色的参宿七。当你凝望星空时，你会疑惑不解，希腊人是怎么只用两颗星就创造出了小犬座的呢。也许当时正有一条小狗撞上了希腊战车，因此这一星座的名称就诞生了。

星星看点

猎户座星云 M42
金牛座昴宿星团 M45
金牛座毕宿星团
象限仪座流星雨（高峰期处于1月3日前后）

银河星团
球状星团
星云
星系

←↓北半球冬季星空

» 猎户座

拉丁名称
Orion
英语名称
The Hunter
缩写
Ori
拉丁语所有格
Orionis

α 星
参宿四 /Betelgeuse
星等范围
0.3 ～ 1.0
恒星颜色
红色

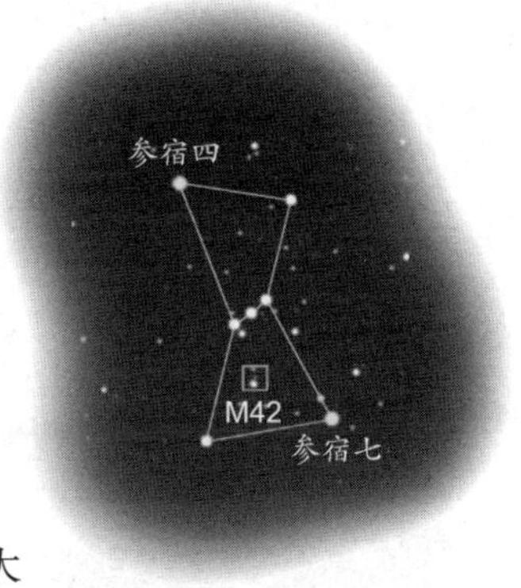

这是所有星座中最亮的一个，因为它比其他星座拥有更多较为明亮的星星。因此，在冬季的星空里它格外耀眼。它是一个古老的星座，有很多关于它的故事，其中包括天蝎座的故事。天蝎被派去刺杀猎户，这就是为什么它们最终被放在天空两侧的原因。

参宿七呈现为蓝白色，事实上，在大多数时间里，它比（广为误传的）主星参宿四更为明亮。参宿四实际上是一颗巨大的变星，大约每隔 6 年亮度会有所变化。

在参宿七和参宿四之间，你会看到，有 3 颗星星几乎排成一条直线，形成猎户的腰带。但是它们实际上根本没有任何联系，这样比较容易辨认的图案被称为星群（asterism）。这 3 颗星星从左至右分别是：参宿一、参宿二和参宿三。

位置：在北天星图中间的地方，我们可以发现猎户正在挥舞着他的大棒。

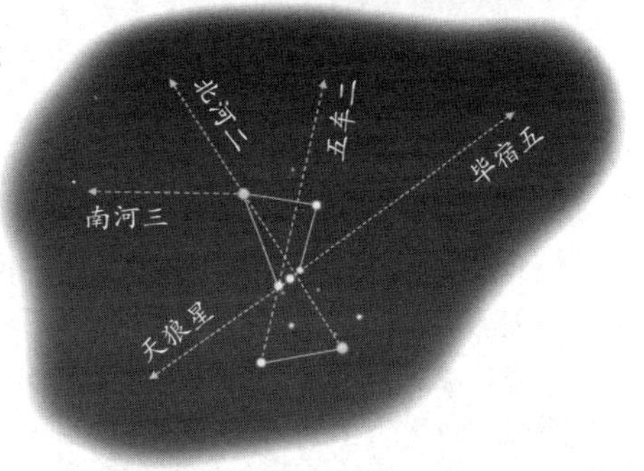

↗ 猎户座是北天冬季、南天夏季了不起的“指示牌”，指向附近许多明亮的星星。

猎户座星云是一块著名的模糊云状物，位于连成“腰带”的 3 颗星星的正下方，你用肉眼就能看见。它又被称为猎户之剑，是一个发光的发射星云，由其内部的星星（最显眼的猎户座 θ 星）“激发”所有的气体而形成。目前，大约有 1 000 颗星星诞生在这里，是一个真正的星星诞生地。

→ 这是于1981年1月10日用一架小型60毫米折射望远镜观测到的奇妙的猎户座星云。更强大的望远镜将会观测到这个特大的发光星云内部的更多结构。

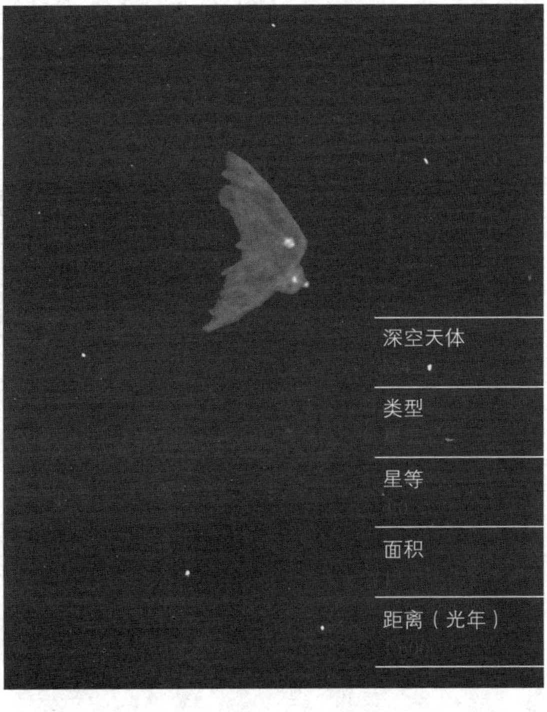

↗ 这是经典的猎户座星图。在夜空中，你可以非常清晰地看到猎户的狮子形盾牌，它是由6颗星星组成的一条曲线。有意思的是，这些星星的类别都带有希腊符号π，从上至下分别为π_1至π_6。

» 金牛座

拉丁名称	Taurus
英语名称	The Bull
缩写	Tau
拉丁语所有格	Tauri
α 星	毕宿五 /Aldebaran
星等	0.85
恒星颜色	橙色

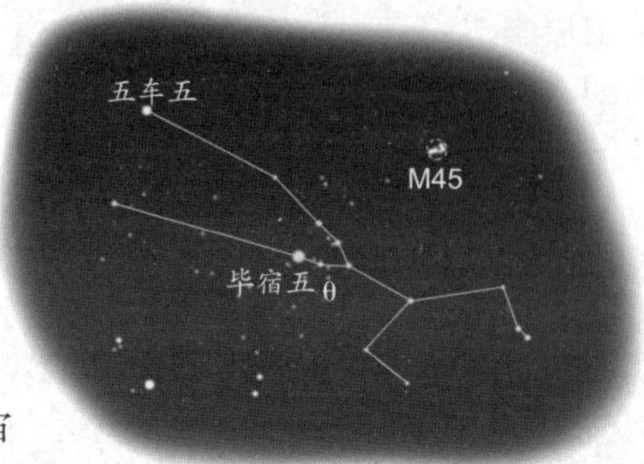

金牛座是一个极其古老的星座，可能是人们所设计出的最古老星座之一。对埃及人来说，金牛是指牛神奥西里斯。而希腊人关于这个星座的传说是这样的：在金牛把宙斯的情人、美丽的少女欧罗巴安全驮运至克里特岛之后，宙斯便把金牛放置在天空之中。如果你仔细观察实际的图案，会发现图案上只画出了牛的前半部分。这也很容易解释，因为金牛显然是一路游到克里特岛的，所以它的后半部分当然隐藏在水下，无法看到。凡事都有来由的。

值得玩味的是，尽管不同的早期文明之间没有任何关系，但它们竟然在天空中创造出了同一种动物。例如，亚马孙部落（相传曾居住在黑海边的女性民族）把 V 字形的金牛座毕宿星团也描绘成牛的头部形状，正如希腊人所做的那样。

夜空中，这个季节的宝石之一是金牛座红色的主星毕宿五（意为“花朵”），它是天空排名第 14 位的亮星。

位置：在北天星图上，金牛在猎户的右侧。

金牛座昴宿星团是天空的珍宝之一。你用肉眼能看到这个星团里的几颗星？有人凭其超级眼力曾经看到过 10 颗，并且还不是从非常暗黑的地方看到的。如果你看到的能够超过 30 颗，那么，用“我是示巴女王”（《圣经》中朝觐所罗门王以测其智慧的示巴女王。此处指具有非凡的智慧）这句话来形容你绝不为过。这个星团实际上包含数百颗恒星，使用双目镜或较低倍数的望远镜就可以看到它的壮观景象。昴宿星团正在穿越一个星云，这个星云通过反射恒星的光线而发光，但是这只有在照片上才能显示出来。

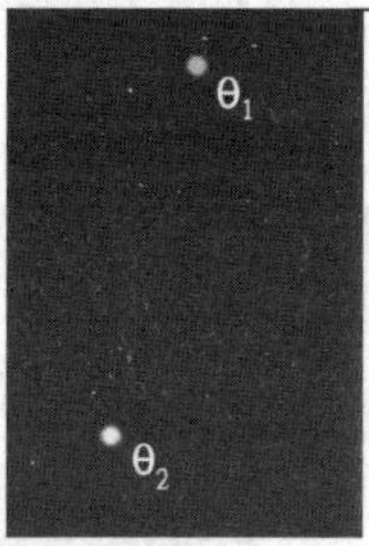

双星	金牛座 θ 星
星等	3.4 和 3.9
两星间距	5′ 37″
颜色	白色和黄色

深空天体	M45
类型	银河星团
星等	1.5
面积	1° 50′
距离（光年）	380

» 御夫座

拉丁名称
Auriga
英语名称
The Charioteer
缩写
Aur
拉丁语所有格
Aurigae

α 星
五车二 /Capella
星等
0.08
恒星颜色
黄色

古时候，希腊人把五车二当成了木卫五，它看起来既像一位年轻美丽的公主，又像一只山羊。眼神不好吗？拿山羊来说，故事是这样的：山羊帮助哺育还处在婴儿期的宙斯，然而有一天，宙斯无意中折断了山羊的一只角。人们总是喜欢大团圆，就把故事编成了这样：宙斯运用他作为神的魔法，把这只角变成了“丰饶之角”，里面装满其主人希望得到的任何东西，如脆饼、坚果、空心甜饼、水、茶、咖啡，等等。要是我能拥有这样一个羊角该多好啊！

在北纬 50° 以北的地方，例如英国、加拿大的温哥华和德国的法兰克福等地，五车二很容易变成为拱极星（circumpolar）。实际上，这里也有一对双星，有两颗大型的恒星彼此环绕。但是，你得用一个非常庞大的天文望远镜才能看到它们，非常之大。你可能会听到御夫说：“望远镜的另一端正在轨道上转动呢！”

位置：在北天星图上，御夫位于正中间偏上；在北天极星图上，它位于右下方。

↗ 御夫看起来有些焦急，怕他的马车丢失。关于山羊的神话证实了这一点。在这张设计图里，五车二（山羊）舒舒服服地依偎在御夫的臂弯里。请注意御夫左手里的两只小山羊，这是附近的两颗恒星，被称为“小羊羔”。

» 双子座

拉丁名称
Gemini
英语名称
The Twins
缩写
Gem
拉丁语所有格
Geminorium

α 星
北河二 /Castor
星等
1.58
恒星颜色
白色

冬季夜空的另一个明亮星座是双子座，为首的两颗星是双胞胎北河二（意为“武士”）与北河三（意为“拳击手”），他们是跟随伊阿宋寻找金羊毛的阿尔戈英雄。奇怪的是，北河三（β 星）反而比北河二（α 星）更亮一些。据说是因为在经过了很多世纪以后，北河二已经褪色了。

如果你透过望远镜来观察，会发现北河二实际上是一颗双星。但是，即便如此，眼见的也并不一定就是事实，在北河二系统里还有好几颗双星。总计共有 6 颗星星（3 对双星）彼此环绕着转动，周期从 9 天 ~ 1 万年不等！

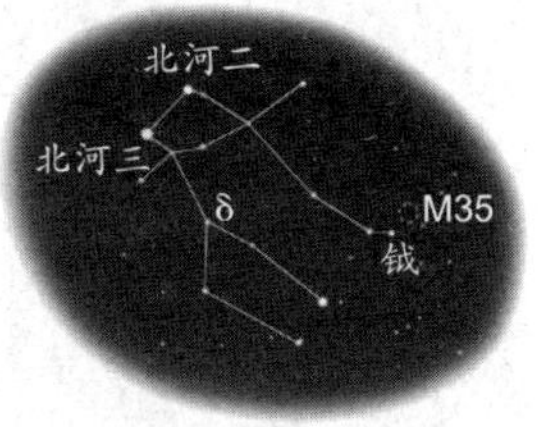

双子座 δ 星是一颗星等为 3.5 的白色星星，非常普通。我们给予它特别的关注，纯粹是历史的原因，正是在这个位置，人们于 1930 年发现了冥王星。

位置：在北天星图上，双子座位于左上方。

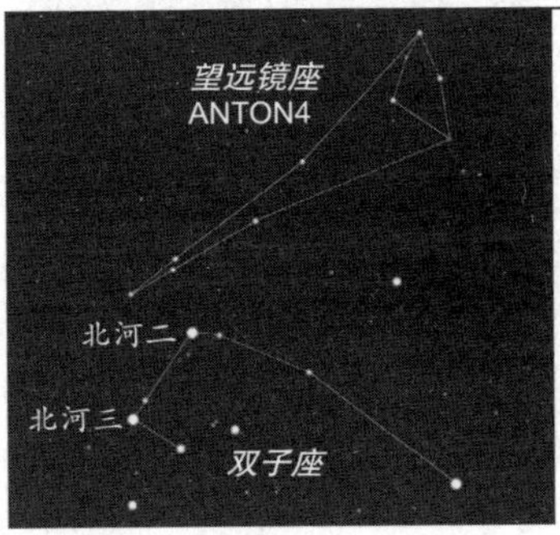

天体
ANTON4
类型
旧星座

← 望远镜座也被称为赫歇尔的望远镜，是艾比·赫尔于1781年命名的。

↗ 这个星团由大约200颗恒星组成，用肉眼只有在超清晰的夜晚才能看到。

深空天体
M35
类型
银河星团
星等
5.3
面积
28′
距离（光年）
2 800

■ 4～6月的星空

在春季，因为时令的关系，一个备受挤压的星座现在转到上面来了，这就是大熊座和它的星群北斗七星。我们对一年中的这个时期倍感亲切，因为在我们还是个小孩子的时候，第一次接触的很可能就是这些星座。你可以很容易找出牧夫座和狮子座，牧夫座的形状如巨大的“风筝”，狮子座就像一个“反写的问号”。你还可以很容易地认出天空中几颗明亮的星星：位于东南方向的大角星和角宿一，在它们右边有轩辕十四，在西方有北河二与北河三。

星星看点

使用北斗七星来找到大角星和五车二

大熊座开阳双星

后发座 Mel 111 星团

巨蟹座蜂巢星团或称鬼宿星团 M44

天琴座流星雨（高峰期处于 4 月 22 日前后）

银河星团

球状星团

星云

星系

←↓北半球春季星空

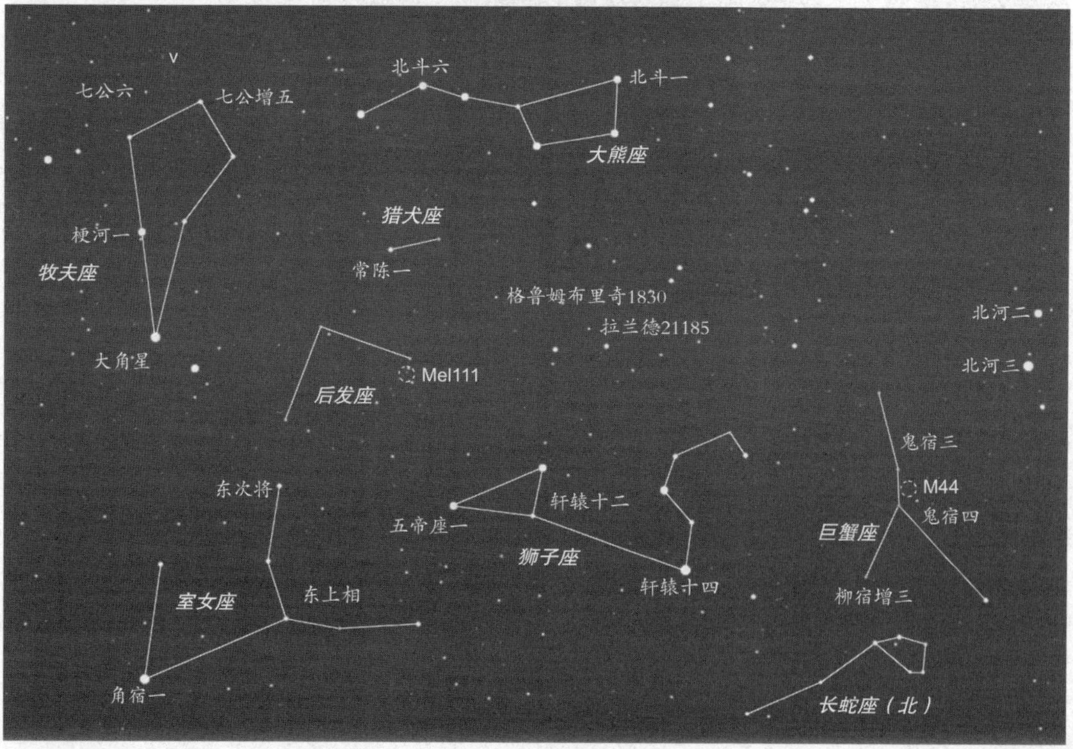

» 大熊座

拉丁名称
Ursa Major
英语名称
The Great Bear
缩写
UMa
拉丁语所有格
Ursae Majoris

α 星
北斗一 /Dubhe
星等
1.79
恒星颜色
橙色

为了帮助美丽的女仆卡利斯托摆脱她讨厌的女主人赫拉，宙斯把她变成了一只熊。在古希腊时代，赫拉是太空、宇宙和所有一切事物的头领，但是她有时爱发点儿小脾气。这个神话的寓意是：拥有一切并不能表示你就是一个善良的好人。这是人生一个重要的教训。

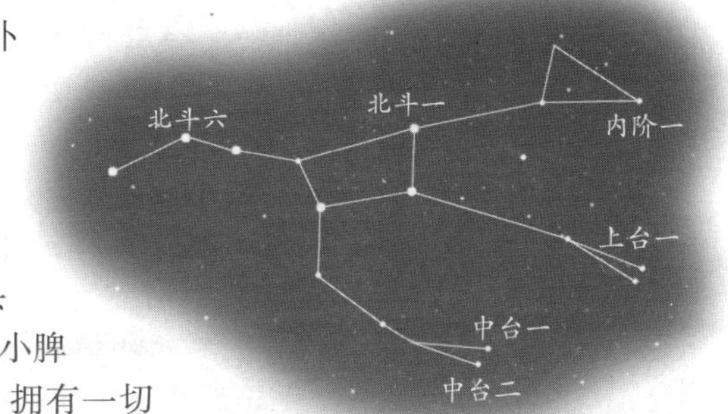

正如前面提到的，大熊座最著名的部分是一组 7 颗的星星，在英国被称为耕犁。但是，由于它那容易辨认的形状，它在世界各地有很多不同的称谓：在印度天文学里，我们发现它被称为七位圣贤；而在中国，它被称为北斗七星。

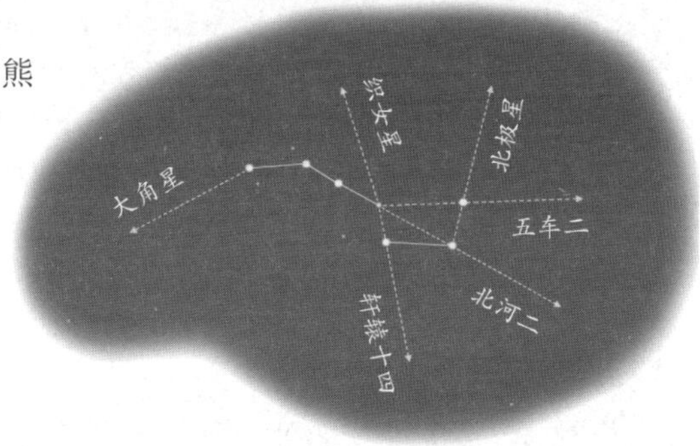

↗ 北斗七星是鼎鼎大名的观察星星的“标示牌”，试试看你都能到达哪里。

大熊座有几颗星星的名称非常迷人，它们围绕着整个星座在转动。拉兰德 21185 的星等为 7.5，每一年自行 4.8″。它离我们只有 8.3 光年，可能拥有它自己的“太阳系”和行星。然后是格鲁姆布里奇 1830，它离我们 29 光年，星等亮度为 6.4，每一年围绕天空轻快地自行 7″。如果我们把所有因素都考虑进去，格鲁姆布里奇 1830 每秒钟自行接近 350 千米！很遗憾，只用肉眼的话，这两颗星连一颗也看不见，但你还是可以凝望它们的大体方向，思索着，指点着。

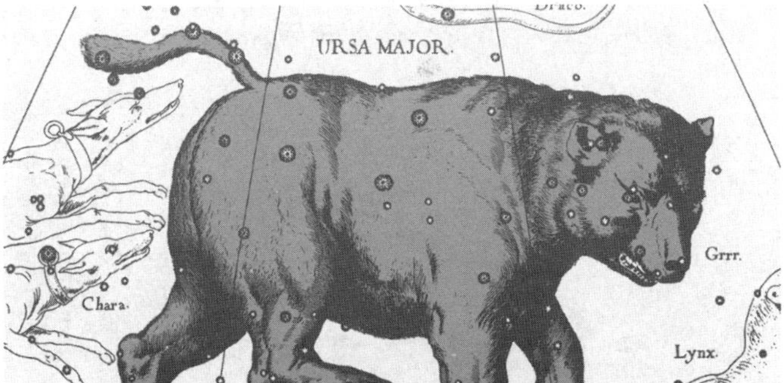

↗ 对于旧日的希腊设计者来说，大熊这个形象设计得还不错。这是说，如果你把那里的星星用笔连在一起，还真有些像一头熊，或多或少具有熊的相貌。仔细观察，你会看到著名的北斗七星就在熊的后腰和尾巴处。

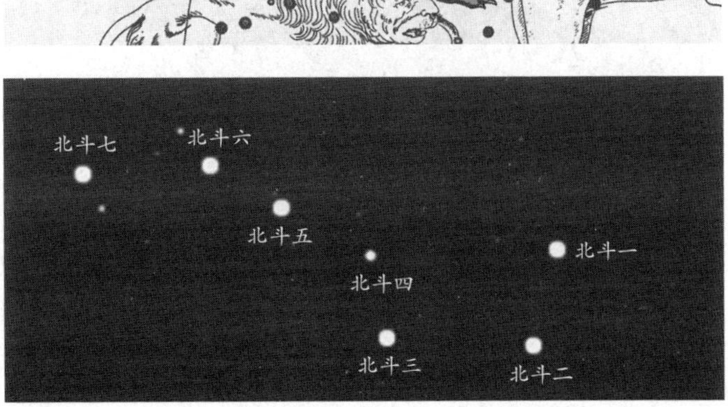

→ 如果你真想进入凝望星空的氛围，那么请记住：北斗七星的7颗星个个都有名字。如果你真想把它们印入脑海，现在就试着记记看。

» 小熊座

拉丁名称
Ursa Minor
英语名称
The Little Bear
缩写
UMi
拉丁语所有格
Ursae Minoris

α 星
北极星 /Polaris
星等
2.02
恒星颜色
黄色

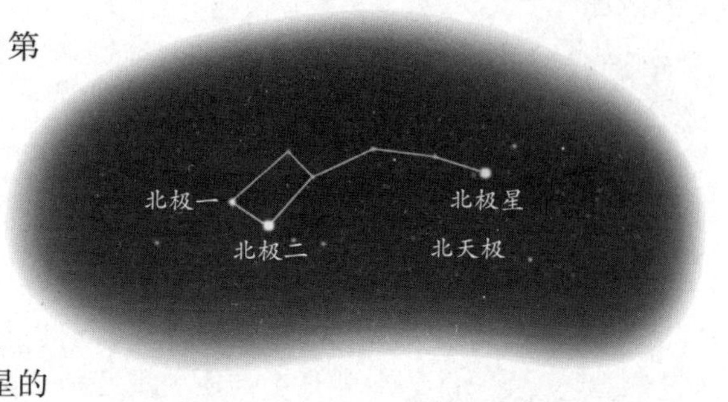

小熊座是由希腊第一位天文学家泰勒斯（Thales）在公元前 600 年前后描绘出的，它代表著名的大熊座卡利斯托的儿子阿尔克斯。它的主要几颗星组合在一起，成了北斗七星的微缩版，只是在它这里，那个把手更加弯曲。由于这个原因，很多外行的人常把北斗七星和小熊座的这几颗星混淆。但是，读完本篇之后，你就没有理由再把它们弄混了。北极二（β 星）和北极一（γ 星）被称为守卫星，因为它们是北极的守护神。

北极星是一颗久负盛名的星星。当然，我们把它称为北方之星或者极星，但是早期的希腊人把它称为“可爱的北方之光”，盎格鲁－撒克逊人称之为“船星”，并且早期的英国水手把它当做航海之星。这样不同的叫法还有很多很多，表明了历史上这颗星的重要性。

位置：在北天极星图上，小熊正围绕着北天极中心来回运行。

» 小熊座流星雨

小熊座流星雨一个非常缺乏观测的北半球流星雨，但是在过去的 60 多年里却至少有过两次大爆发，分别在 1945 年和 1986 年。其他的一些流量增长，在最近的 1988、1994 和 2000 年，也都有所报告。其他的类似现象可能由于天气原因或者观测者太少，已经被很轻易地错过了。对该流星雨可以采用所有的观测方法，因为它的群内流星中很多都是较亮的。

小熊座流星雨在 20 世纪 80 年代的前半部分没有给人们留下什么深刻印象。然而，1986 年 12 月 22 日欧洲的几名观测者却报告了令人惊异的现象。比利时的果宾报告 66.17MHz 上信号非常高，根据他的监听，23 日的信号比前后几天要高 3 倍。英国的斯潘丁则从目视方面证实了比利时人的结果，他在 22 日观测到 ZHR 达到 87+–29 的爆发。挪威的伽德在 22 日深夜也观测到了 ZHR 达到 64+–11 的剧烈活动，平均星等为 1.9，4 个小时内共出现 94 颗群内流星。他的同胞希恩则在 2 小时内看到了 75 颗流星，ZHR 达到 122+–17，平均星等 2.61。175 颗观测流星中，17.1% 留下余迹，66 颗亮于 2 等，51.5% 白色，33.3% 黄色，7.6% 红色，2.3% 绿色，5.3% 蓝色。

↗ 约翰·赫维留的《星图学》中描绘的小熊形象

» 天龙座

拉丁名称
Draco
英语名称
The Dragon
缩写
Dra
拉丁语所有格
Draconis

α 星
右枢 /Thuban
星等
3.7
恒星颜色
白色

这一组古老的星星可能是根据名叫拉冬的龙构想出来的，拉冬是金苹果园守卫金苹果的巨龙。天龙座位于大熊座和小熊座之间，相当暗弱，但是容易辨认。你可以以龙尾巴上的星星为起点，沿着龙的身体从北斗七星的上面经过，弯弯曲曲地来到它喷火的头部。

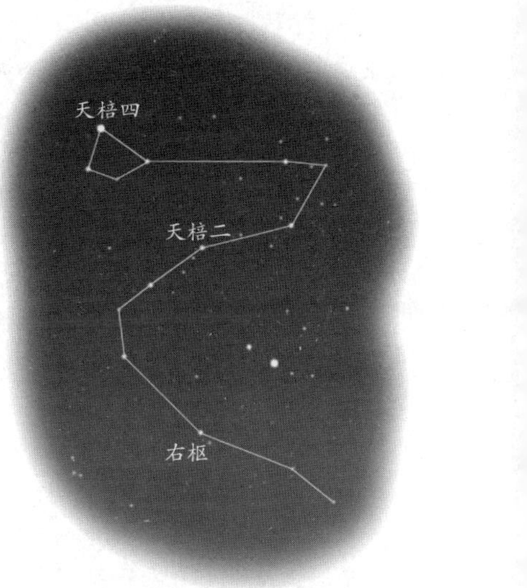

大约在 4000 年前，天龙座非常有名，那时候右枢是极星。现在，天龙座名气已经没有那么大了。

位置：天龙潜伏于北天极星图之中。

» 鹿豹座

拉丁名称
Camelopardalis
英语名称
The Giraffe
缩写
Cam
拉丁语所有格
Camelopardalis

α 星
—
星等
4.3
恒星颜色
蓝色

在北天极星图上有一块很大的空白，那里住着我们友善的长颈鹿。在 1614 年，雅各布斯·巴特舍斯把它描绘成一头骆驼，后来经过形象的改变，它最终变成了一只长颈鹿。对你来说，那里并没有什么值得注意的地方，即使你把几个点逐个连到一起，也根本难以创造出什么来。这样的星座拥有稀奇古怪的名字，可真是件丢脸的事——你可以把重音落在名字中间的字母“par”上试试看。

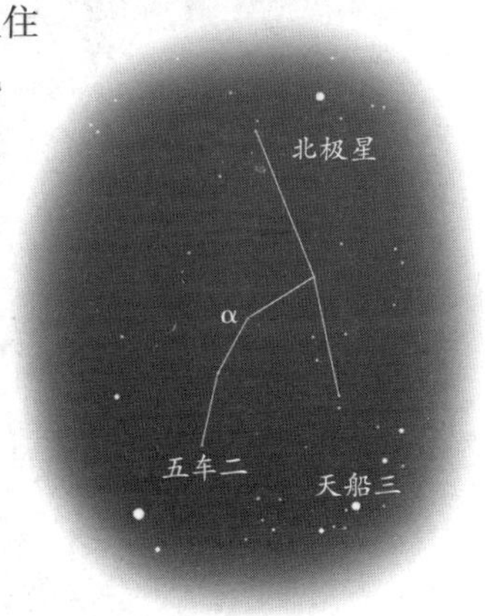

↗ 为了便于你的观察，图中把附近的一些星星标示出来了，否则还真不容易找到微弱的鹿豹座的位置。

更糟糕的是，它为首的那颗星竟然没有名字：好像雅各布斯是一个蹩脚的建筑师，工作没有完成就溜之大吉了。也许，如果他知道这个超级事实的话，他可能会考虑得更周全一点儿：鹿豹座 α 星在离我们 6900 光年的地方转动（光线来回一次各 3000 光年）。这也使得它成为你用肉眼看到的最远的星星之一。

» 牧夫座

拉丁名称
Bootes
英语名称
The Herdsman
缩写
Boo
拉丁语所有格
Bootis

α 星
大角星 /Arcturus
星等
－ 0.04
恒星颜色
金色

这就是牧夫，或者称为耕夫，他紧紧抓住他的猎犬，驱赶着大熊绕着天空转动。但说实在的，要么是我们漏看了什么东西，要么就是这位牧夫有点儿问题，因为他的形象把我们完全弄糊涂了，即使是在最具创意的时候也想象不出来他的样子。如果你把这些星星连在一起能产生出一个带着猎犬的人来，那就神了。事实上在北天星图中，这个星座主要的星星构成一滴倒过来的泪滴，或者像一只拉长了的风筝形状，明亮的大角星位于它的底端。

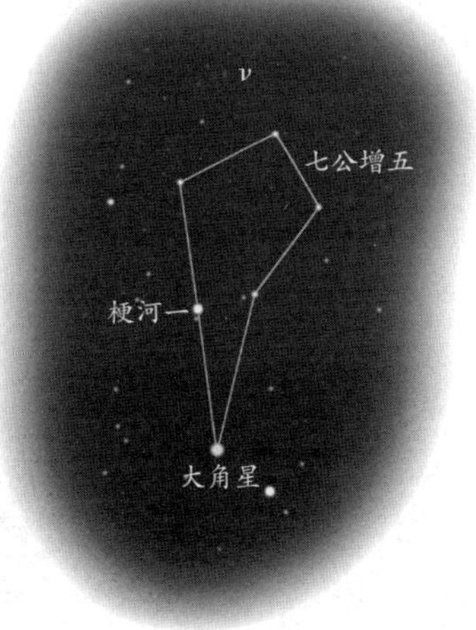

来自牧夫座的流星雨被称为“6月牧夫的孩子”，又被称做“庞斯—温尼克家的孩子”这样超级好听的名字。

位置：在北天星图上，牧夫正在左边放牧。

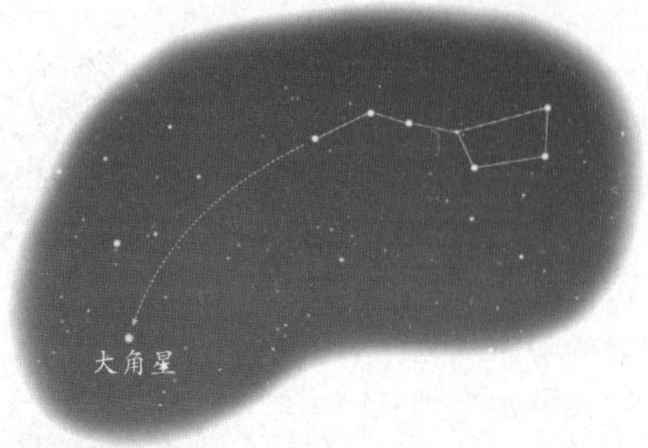

↗ 沿着北斗七星的扶手往下，经过一个稍微弯曲的弧形，你可以很容易找到大角星。希腊人把大角星看成是养熊的人，它是一颗飘荡不定的星。在1000多年的时间里，它移动的距离跟一个圆月的宽度大致相等。这是因为它离我们相对来说比较近，只有37光年。大角星也是天空中排名第4的亮星。总而言之，关于大角星的话题很多。

双星
牧夫座 ν 星

星等
5.0

两星间距
10′ 28″

颜色
深橙色和白色

天体
ANTON5

类型
旧星座

↗ 在天空这片暗淡的区域，从前是古老的象限仪座，这是1795年约瑟夫·拉兰德给起的名字。虽然它现在不存在了，但是人们还记得它，因为每年开始的时候，从这个区域都会出现流星雨——象限仪座流星雨。

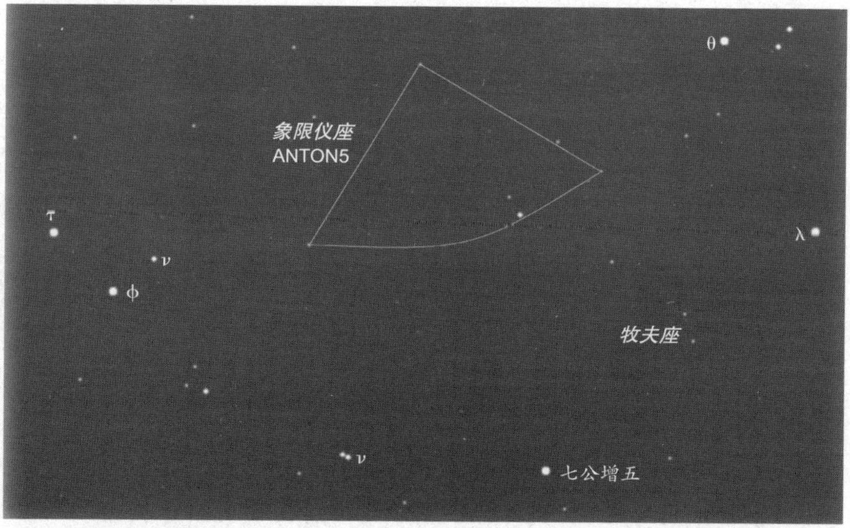

» 猎犬座

拉丁名称
Canes Venatici
英语名称
The Hunting Dogs
缩写
CVn
拉丁语所有格
Canum Venaticorum

α 星
常陈一 /Cor Caroli
星等
2.9
恒星颜色
白色

1690年，波兰天文学家赫维留把这个暗弱的星座添加到了天空，当时并没有人在意。它就位于北斗七星的下面，代表查拉和阿斯特利翁，也就是牧夫的两条猎犬。牧夫有些担心，害怕猎犬和熊打起来。

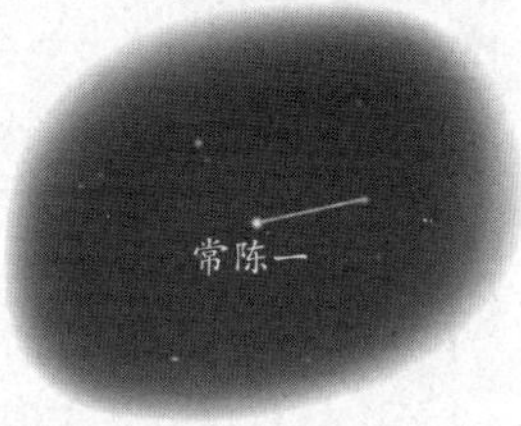

变星
La Superba
猎犬座 Y 星

星等范围
5.2 ~ 10

周期
251 天

↗ 这颗星被19世纪意大利之父塞奇命名为“傲慢”，因为它发出超强的红光。它的星等变化很大，观察它在刚好看不到的时候星等为几，重新出现的时候星等又为几，这将会很有趣。这也可说明你那里的天空有多清澈。

埃德蒙·哈雷把 a 星命名为常陈一，意思是“查理的心脏”，源自于查理二世。在他于 1660 年 5 月 29 日返回伦敦之前的那天晚上，这颗星格外耀眼。

位置：在北斗七星的扶手下方，你会找到这些猎犬。

在古代希腊文献中，猎犬座的星被描绘为牧夫扛的棒子。后来被阿拉伯人翻译为钩子，或牧人的带钩牧杖。再翻译到西欧文字误成了狗，最终被赫维留定成一个独立的星座。

猎犬座包含中国古代的星座“常陈”。《晋书·天文志》记载：“常陈七星如毕状，在帝座北，天子宿卫武贲之士，以设疆御。”

晴朗无月的夜晚，在猎犬座 α 星和大角连线的中点可以找到一颗非常黯淡的星，有时甚至得借助小望远镜才能看到。而在大型望远镜下观察，原来它并不是一颗星，竟是 20 多万颗星聚在一起的星团。猎犬座的这个大星团呈球形，直径达 40 光年，在天文学上叫做“球状星团”。在猎犬座北面有一漩涡星系，距离我们约 1400 万光年，即猎犬座星系。

猎犬座星系包含 5 个梅西耶天体。之一是螺旋星系即 M51，包含 NGC5194 和不规则星系 NGC 5195；后者正对地球，于 1845 年被 William Parsons 观测到，是第一个被认为有螺旋结构的星系。猎犬座还包括向日葵星系（M63 或 NGC5055），螺旋星系 M94 和螺旋星系 M106。M3(NGC5272) 是一个球状星团，直径 18&prime，6.3 等，可以用双筒望远镜看见。

猎犬座的常陈双星应该都是白色，但有些观测者宣称看见淡雅的色彩。经由光谱的研究，可能是因为较亮的一颗恒星有着不寻常的成分。M3 球状星团约为半个满月大。若想观测星团内的各个恒星，必须使用口径 10cm 以上的望远镜。M51 螺旋星系几乎正面对着地球，是天空中最有名的星系之一，也是最容易观测螺旋构造的星系。

↗ 赫维留《星图学》中设计的猎犬图案

» 后发座

拉丁名称
Coma Berenices
英语名称
Berenice's Hair
缩写
Com
拉丁语所有格
Comae Berenices

α 星
王冠 /Diadem
星等
4.3
恒星颜色
黄色

贝伦妮斯王后是埃及国王托勒密三世的妻子。在打了一场漂亮的胜仗之后，女神阿佛洛狄忒认为天空是放置这位王后头发的好地方。很显然，王后的头发是乌黑的，这也就是为什么后发座整个都很暗弱。尽管这个传说很古老，但是后发座的名称并不固定，直到 1601 年才由第谷 · 布拉赫确定下来。

位置：在北天星图上，后发座位于明亮的大角星的右侧。

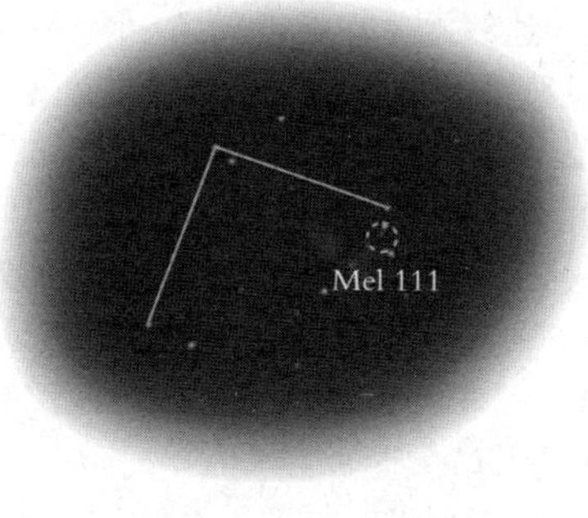

深空天体
Mel 111
类型
银河星团
星等
2.7
面积
4′ 30″
距离（光年）
265

← 后发星团大约有45颗星星，过去它们位于狮子的尾巴处，被看做是狮子尾巴模糊不清的毛发，现在则构成贝伦妮斯王后飘逸的秀发。

» 狮子座

拉丁名称
Leo
英语名称
The Lion
缩写
Leo
拉丁语所有格
Leonis

α 星
轩辕十四 /Regulus
星等
1.35
恒星颜色
白色

在希腊和罗马的传说中，狮子座是较早被定名的星座，代表在尼米亚森林里悠闲漫步的狮子。后来，身负 12 项艰巨任务的赫拉克勒斯杀死了它，经典的故事大体如此。与其他星座不同，狮子座可以说是与人们传说的十分相似：狮子头部就像一个巨大的反写的问号，左边是它的身体。

轩辕十四处在狮子头的底部，非常接近黄道（ecliptic），因此，它是月球和行星能够遮盖到的仅有的 4 颗亮星之一。天文学上的术语称这种现象为星掩（occultation）。

位置：在北天星图上，狮子座位于大熊座脚部的下方，构成一个独特的形状。

» 巨蟹座

拉丁名称
Cancer
英语名称
The Crab
缩写
Cnc
拉丁语所有格
Canceri

α 星
柳宿增三 /Acubens
星等
4.25
恒星颜色
白色

这是一个古老的星座，像个三明治一样夹在双子座和狮子座中间。这只螃蟹被九头怪蛇派去要干掉赫拉克勒斯，倒霉的是赫拉克勒斯踩在它身上，踩死了它。尽管它不是一个很亮的星座，也很不起眼，在视觉上也缺乏震撼效果，但是了不起的蜂巢星团弥补了它的这些不足。

位置：在北天星图上，位于狮子座的右边，暗弱的巨蟹趴在亮星组成的太空池塘里。

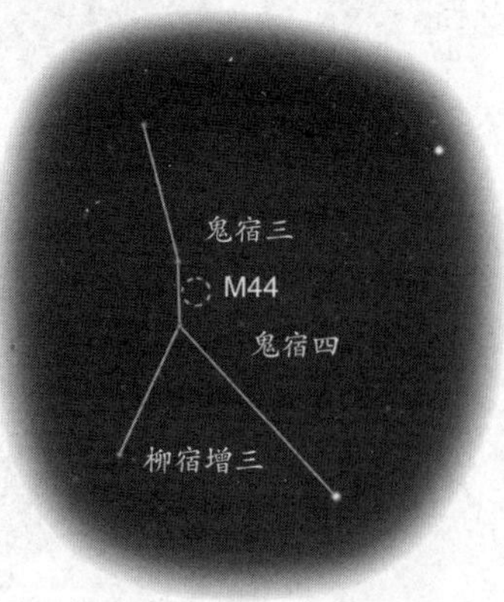

深空天体
M44
类型
银河星团
星等
3.7
面积
1° 35′
距离（光年）
577

← 蜂巢星团也称鬼宿星团，有几百颗恒星，其中很多是双星，因此我们看到的是“模糊”的一团。由于它比较亮，自古以来就被人们熟知。

← 这是透过一副较好的双目镜观测到的蜂巢星团的细部。

» 室女座

拉丁名称
Virgo
英语名称
The Maiden
缩写
Vir
拉丁语所有格
Virginis

α 星
角宿一 /Spica
星等
0.98
恒星颜色
浅蓝色－白色

这是一个古老的星座，与正义女神有关。很显然，她对人类那样对待地球感到有些不满，于是便离开她的肉体，到星星中间寻找幸福，成为了处女，或称室女（因此得名室女座）。谁会怪罪她呢？你也许会认为，室女座这个天空中第二大星座能在视觉上给我们提供很多东西。但除了那颗为首的亮星角宿一，它并没有带给我们什么。

东次将（ ε 星,意为“采收葡萄的人”）是一颗与喝的东西有关的星星：当它第一次升起时，标志着新的葡萄收获季节开始了。干杯！

位置：在北天星图上，室女正在左下方小憩呢。

← ↓ 想要找到角宿一，可以沿着从北斗七星到大角星的那条弧线继续下去。行星或月球偶尔会盖住或者说是掩住角宿一，因为它离黄道比较近。发生这种现象的其他亮星还有毕宿五（金牛座）、轩辕十四（狮子座）和心宿二（天蝎座）。

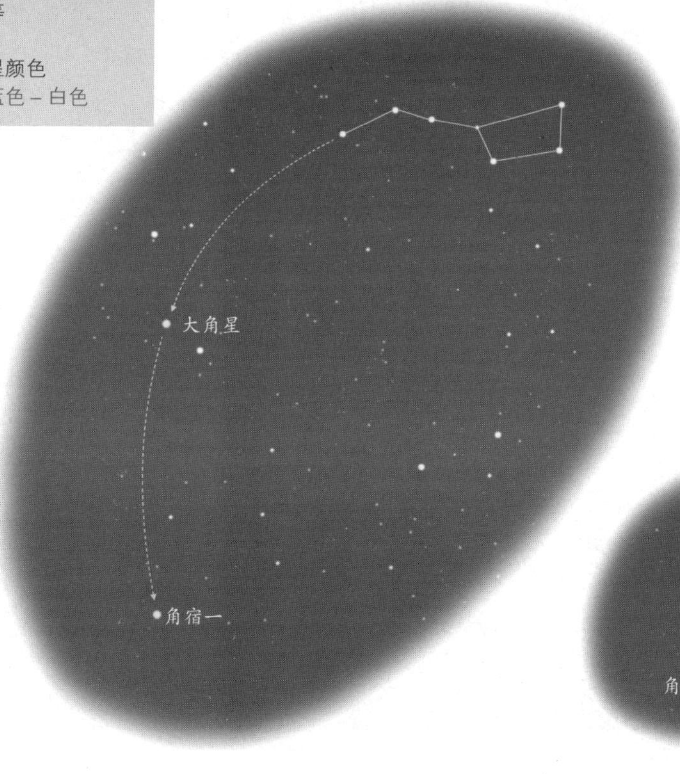

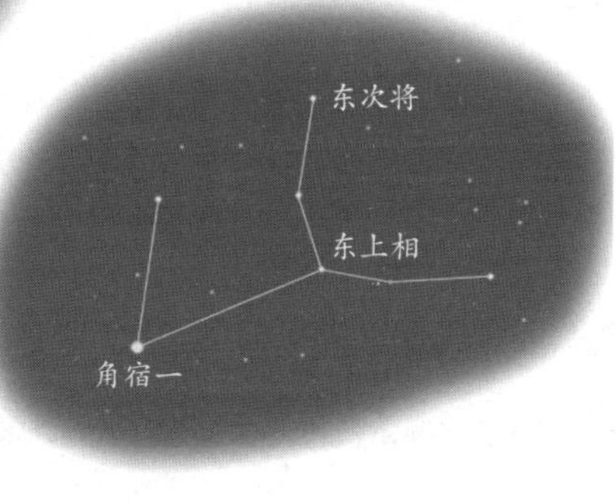

■ 7～9月的星空

在夏季期间，我们开始能看到银河从东方的地平线出现了。当然，在北半球我们会遇到一个问题：地球向太阳倾斜，这样太阳带给我们的白天较长，气候温暖宜人，但留给我们满天星斗的夜空的时间却很有限。在西边的天际是上一个季节残留下来的东西：明亮的大角星领导着牧夫座，它的左边是辉煌的曲线形星座北冕座，而南边的广大地带则由蛇夫座支配着。在东边的天际，夏季三角出现了（很奇怪，这一组在秋天更亮，更像是秋季的星座。就这么着吧）。

星星看点

武仙座大星团 M13
已经废弃不用的波兰公牛座
英仙座流星雨（高峰期处于8月12日前后）
双鱼座流星雨（两次高峰期，处于9月8日和21日前后）

银河星团
球状星团
星云
星系

←↓北半球夏季星空

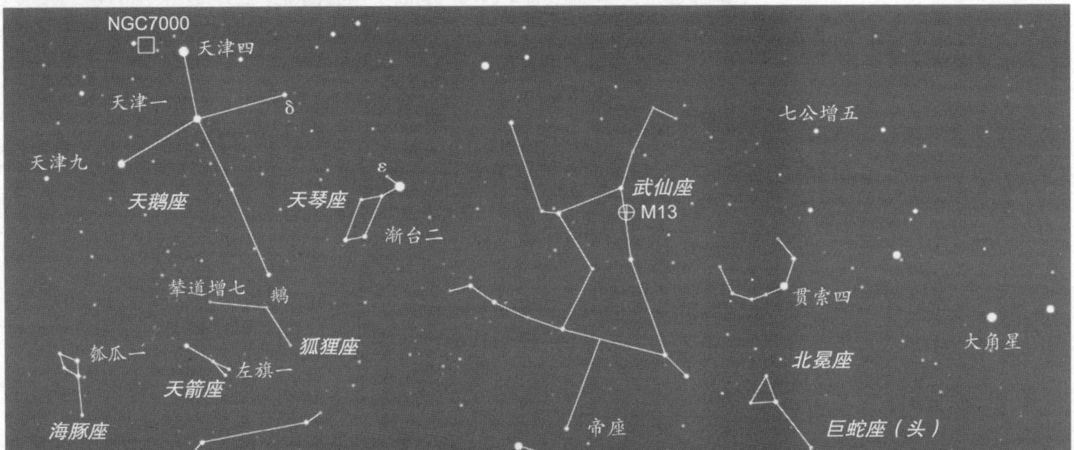

» 天鹅座

拉丁名称	Cygnus
英语名称	The Swan
缩写	Cyg
拉丁语所有格	Cygni
α 星	天津四 /Deneb
星等	1.25
恒星颜色	白色

天鹅座是古老的星座之一。根据其中一个故事，它代表宙斯。为了幽会他的情人——廷达瑞俄斯的妻子勒达，宙斯很聪明（至少他是这样认为的）地把自己化作一只天鹅，为的是不让别人认出来。我们知道，这个故事想向我们表明宙斯的躲避技巧，但是故事经不起时间的考验。

天鹅高傲地随着银河飞翔。银河是暗弱的奶白色带状物，是由几百万颗遥远的星星组成的，是整个银河系的一部分。在远离灯光污染的天空，你可以看见这条雾霭状的天河把自己最美的姿容展现给你。使用双目镜，你可以看到它里面含有星团、星云和各种各样神奇的东西。

天津四表示天鹅的尾巴，辇道增七是天鹅的头部，从天津九经过天津一到达天津二（δ 星），它们构成了天鹅展开的翅膀。这样你也就可以看出为什么天鹅座也称北十字座了。

位置：在北天星图上，这只幸福的天鹅位于左上角。

深空天体	M39
类型	银河星团
星等	4.6
面积	32′
距离（光年）	825

虽然迟至1764年才被收入梅西耶星云星团表，但是它非常明亮，早在古希腊时期亚里士多德就注意到了它。尽管我们这里看到的是夏季星空，但在北半球10～12月的星图中，它位于右上方。

深空天体	NGC 7000
类型	星云
面积	2°
距离（光年）	1 600

在远离灯光污染的真正漆黑的夜晚，北美星云据说可以被辨认出来。这块云状物位于银河的中心，因它明显的形状而得名。你能看见它吗？

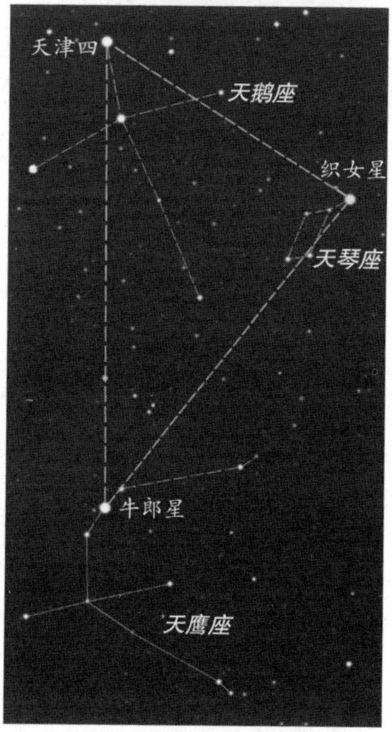

↗ 构成著名的夏季三角的3颗亮星：天津四（～2100光年）、织女星（25光年）和牛郎星（16光年）。

» 天琴座

拉丁名称	Lyra
英语名称	The Harp
缩写	Lyr
拉丁语所有格	Lyrae
α 星	织女星 /Vega
星等	0.03
恒星颜色	浅蓝色－白色

这是一个古老的星座，形状像一种乐器。这种乐器是众神的使者赫耳墨斯发明的，后来献给了他同父异母的兄弟音乐之神阿波罗。

织女星（α 星）是一颗相对来说离我们较近的恒星（距离为 27 光年），在 1.1 万年前一直占据极星的位置；它下一次还会担任同样的角色，时间大约在公元 14500 年。这主要是因为地球不停地旋转，慢慢地移动轴心，倾角将会达到 23.5° ，周期为 2.58 万年。北极点和南极点也在以同样的周期改变，因此北极星和南极星也就改变了。在北天星图上，织女星在我们能看到的亮星里排名第三，排在天狼星和大角星之后。1850 年，织女星成为第一颗被照相机拍到的星星。

位置：在我们北半球的星图上，天琴座是虽然很小但却很优秀的星座，位于天鹅座的右边，它为首的织女星是夏季三角里最明亮的一颗星。

双星
天琴座 ε 星

星等
5.0 和 5.0

两星间距
3.5′

颜色
黄色和橙色

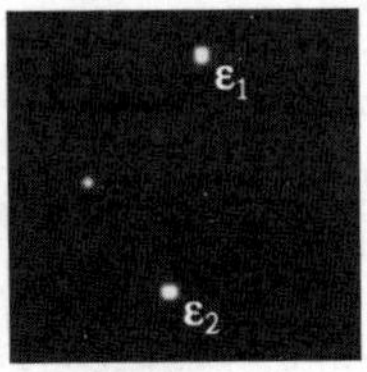

↗ 这一对双星值得我们看一看。ε_1和ε_2是一对光学双星，两者间距很宽，可以用来考验一下你的视力好不好。现在拿起你的望远镜，你可以看见天琴座ε_1和ε_2星又分别是货真价实的双星，各有两颗星星。这真是一座星星的富矿：1颗双星的价值却包含4颗星！

↗ 织女星在古埃及被称做“秃鹫星”。在1801年约翰·波德设计的这张星图上，我们可以十分清楚地看到这只秃鹫。

变星
渐台二
天琴座 β 星

星等范围
3.34 ~ 4.3

周期
12.9 天

这是一颗交食双星型变星，是天琴座β星中第1组这样的变星。两颗恒星互相环绕，彼此非常靠近，以至于引力把它们拉变了形：把它们弄成更像鸡蛋的形状，而不是圆形！

» 天鹰座

拉丁名称
Aquila
英语名称
The Eagle
缩写
Aql
拉丁语所有格
Aquilae

α 星
牛郎星 /Altair
星等
0.77
恒星颜色
白色

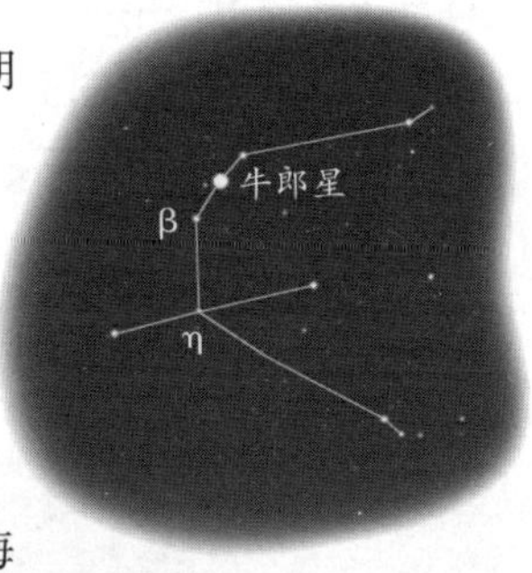

这是个古老的星座，代表宙斯的长羽毛的朋友，经常被描绘成拿着宙斯的闪电，这就是它的工作。漂亮的银河从天鹰的背后流过，使得漆黑的夜空中的这一区域很值得一看，尽管这里有些弯弯曲曲。至于说带头闪烁的牛郎星，它离我们只有大约16光年，是离我们最近的恒星之一。

天鹰座上方偏左的地方是一个较小的星座海豚座。除了它有着漂亮的外表，我提及它还因为它的亮星的名称：它的 α 星叫 Sualocin（瓠瓜一），而 β 星叫 Rotanev（瓠瓜四）。你把这两个词的拼写反过来就得到 Nicolaus Venator（尼古拉斯·范纳特），他是17到18世纪意大利天文学家朱塞普·皮亚齐的助手。

位置：在北天星图上，天鹰正在左下角向下飞翔。

→ 这就是天鹰。在美好的过去，它通常带着安提诺乌斯绕着天空旅行。正如你所看到的，安提诺乌斯不是一个小孩子了，最终，天鹰实在受够了，便把他丢下不管了。安提诺乌斯从星图中消失了，再也没有在星座俱乐部出现过。

变星
天鹰座 η 星

星等范围
3.5 ~ 4.3

周期
7.176 天

这是一颗造父变星。你可以看到附近的天鹰座β星以星等3.7的亮度发着光，可以拿它来做个很好的参照。

» 狐狸座

拉丁名称
Vulpecula
英语名称
The Fox
缩写
Vul
拉丁语所有格
Vulpeculae

α 星
鹅 /Anser
星等
4.44
恒星颜色
橙色

天体	ANTON 0
类型	银河星团
星等	3.6
面积	1°

赫维留把这个小星座命名为狐狸和鹅座。现在鹅消失了，也许是被狐狸吃掉了。不管故事是怎样的，总之它并不是一个突出的星座，但是却有一个了不起的天体有待发现。

位置：在我们的星图上，狐狸潜伏在天鹅的下方。也许，在吃了那只鹅以后，狐狸肯定又在觊觎天鹅的美味吧。

↗ 出现在赫维留的《星图学》上的整个星座原来是要表明，无论是狐狸还是鹅都愉快地在天空游荡。

↓ 衣钩座又称CR399或布罗基星团。它由10颗主要的星星组成，从天文角度看形状奇妙，由此得名。它还真像个衣钩呢！在暗夜的天空，你用肉眼只能看到那里是模糊的一团，你真该使用双目镜来好好观察一下。

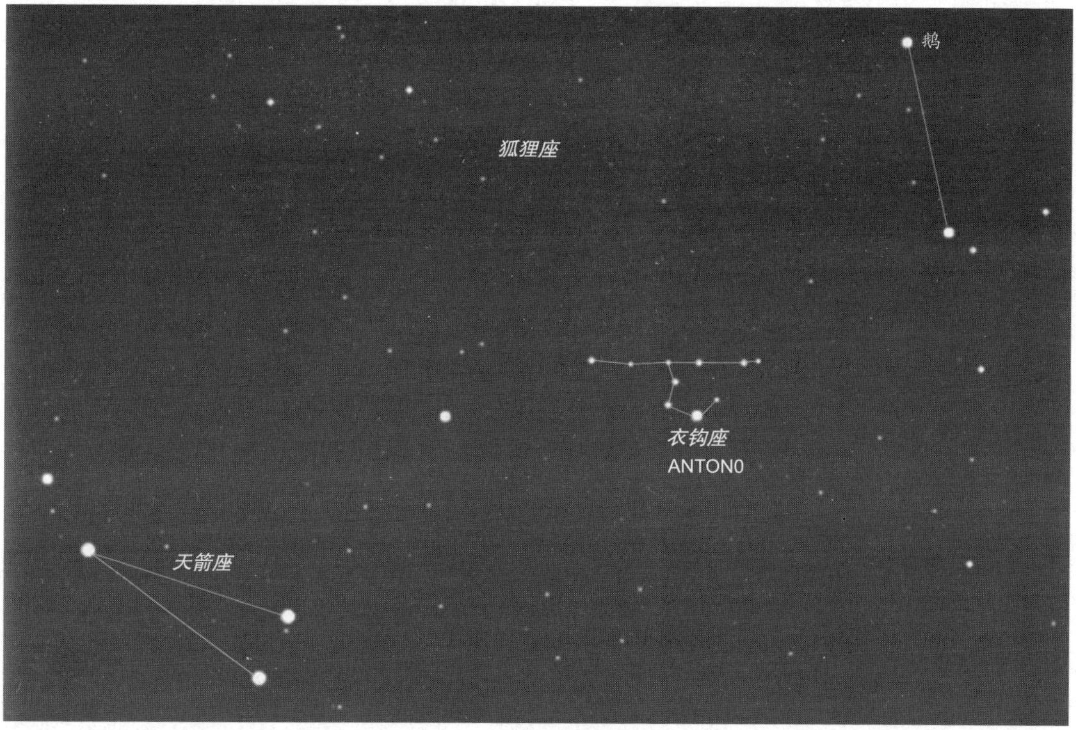

» 武仙座

拉丁名称
Hercules
英语名称
Hercules
缩写
Her
拉丁语所有格
Herculis

α 星
帝座 /Rasalgethi
星等范围
3.0 ~ 4.0
恒星颜色
红色

这是一个古老的星座，代表世界上力气最大的人。在他完成了 12 项据说是不可能做到的“苦役”之后，在天空中他被安排了一个位置。他是一个厚脸皮的家伙，就在美丽的天鹅右边，由 4 颗星组成一个不规则四边形，非常容易记住。

位置：把它的几个点连在一起，形状就像一个人单腿着地在跳莫里斯舞（英国传统民间舞蹈）。在北天星图上，我们可以发现武仙座位于中间偏上一点。

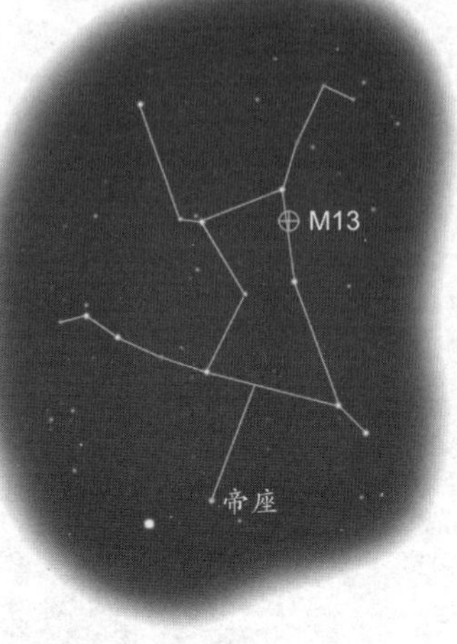

深空天体
M13

类型
球状星团

星等
5.7

面积
23′

距离（光年）
2.53 万

武仙座大星团是北半球最大的球状星团。观察它的最佳位置是从一个黑暗的地方，而它的面积为10′ 的时候，用肉眼相当容易就能看到。

变星
帝座
武仙座 α 星

星等范围
3.0 ~ 4.0

周期
~ 3 个月

帝座不仅是颗变星，还是颗双星。帝座的伴星星等为5.4，两星间距为5″，这就意味着你得用望远镜才能看到它们。

» 蛇夫座

拉丁名称
Ophiuchus
英语名称
The Serpent Bearer
缩写
Oph
拉丁语所有格
Ophiuchi

α 星
侯 /Rasalhague
星等
2.08
恒星颜色
白色

蛇夫座来源于希腊，有关它的身份和故事已经随着时光的流逝而遗失了。蛇夫可能是指阿斯克勒庇俄斯，他是希腊神话里的医神。他无论走到哪里，总是带着一根手杖，上面盘着一条蛇。在他手里的这条蛇，向右伸展成为巨蛇座的蛇头，向左伸展形成蛇尾。

在一些旧星图上，蛇夫座被写成持蛇者座，这对一个蛇夫来说真是恰如其分。

位置：在北天星图中间的下方，蛇夫正紧紧抓住巨蛇。

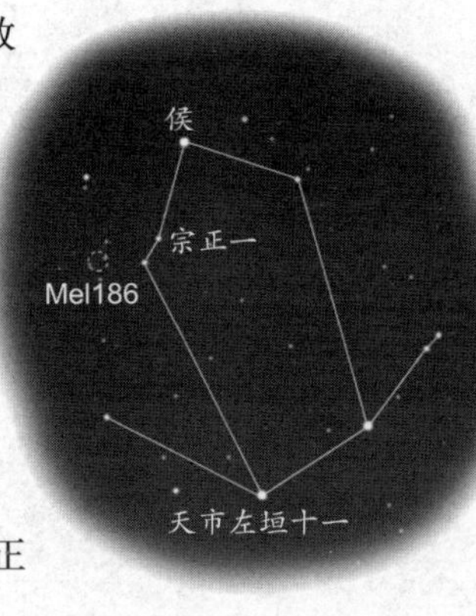

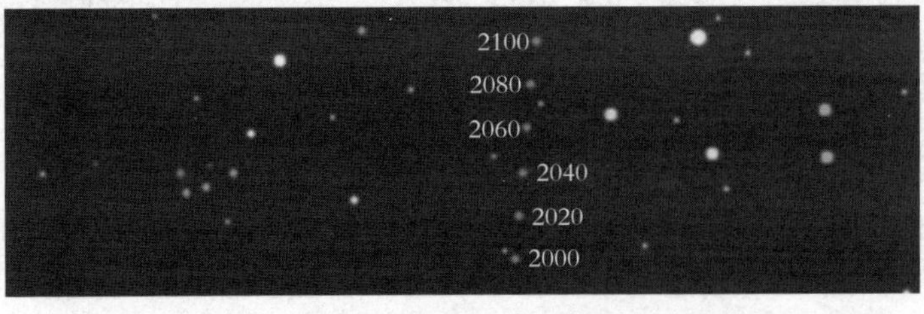

↙ 巴纳德星是根据它的发现者爱德华·巴纳德命名的，它是离我们第三近的恒星，只有6光年。巴纳德星实际上偏离了它的位置，在所有恒星中，它的自行幅度是最大的，每年自行10.25″，真是令人难以置信。遗憾的是，它实在太暗弱了，即便距离我们这么近，它的星等也才达到9.5。

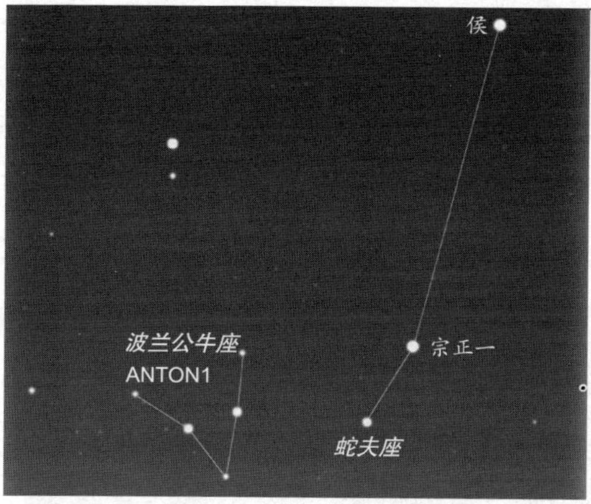

天体 ANTON 1	
类型 旧星座	

← 围绕Mel186银河星团转动的是波兰公牛座，现在这一名称已经废弃不用了。1777年，艾比·波泽布特为了纪念波兰国王斯坦尼斯洛斯·庞尼阿托维而创立。之所以如此命名，是因为由几颗恒星组成的V字形看起来就像金牛座毕宿星团的翻版，只是要小一些、暗一些。还有呢，在这里我们还能发现巴纳德星。

» 盾牌座

拉丁名称
Scutum
英语名称
The Shield
缩写
Sct
拉丁语所有格
Scuti

α 星
索别斯基 /Sobieski
星等
4.0
恒星颜色
黄色

这个星座是赫维留于 1690 年创立的，定名为索别斯基的盾牌，是为了纪念波兰国王扬·索别斯基的战功。噢，赫维留的天文台被火烧掉之后，这位国王还帮助过他呢。

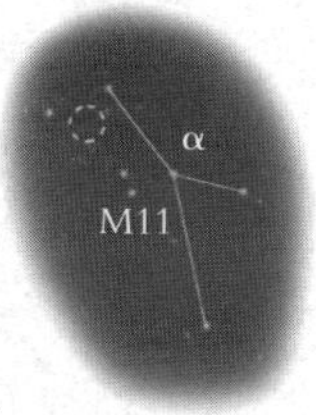

盾牌座 α 星实际上并没有名字，所以这里就给它指派个名称，叫做“索别斯基”，为的是纪念这个星座原先的全称。这种做法也有过先例，你可以看一看狐狸座以及它的 α 星鹅。

位置:在北天星图上，位于天鹰右下方的盾牌正在保护星图的底部。

盾牌座亮于 5.5 等的恒星有 9 颗，其中两颗最亮的星为 4 等星。每年 7 月 1 日子夜，盾牌座的中心经过上中天。在北纬 74 度以南的广大地区可看到完整的盾牌座；在北纬 84 度以北的地区则看不到该星座。

» 盾牌座星图

盾牌座中最有名的星是盾牌座 δ 星，中文名“天弁二”。它是一类短周期脉动变星的典型，即常说的盾牌 δ 型变星，盾牌座 δ 星的亮度极大时为 4.6 等，极小时为 4.79 等，光变周期为 0.193769 天，即 4 时 39 分 1.7 秒。其光谱型为 A ~ F 型，在赫罗图上位于造父变星不稳定带。光变曲线形状变化很大，同船帆座 AI 型变星相近，但变幅小于 0.3 个星等。最初，人们把一切周期短于 0.21 天的 A 、F 型脉动变星都称作盾牌 δ 型变星 (又称矮造父变星)，后来只把光变幅小于 0.3 个星等的短周期脉动变星称作盾牌 δ 型变星。

深空天体 M11	
类型 银河星团	
星等 5.8	
面积 14′	
距离 (光年) 6 000	

野鸭星团需要在真正漆黑的天空才能看到，因此，我希望你所处的位置不至于太过“肮脏”。它是由高特弗里德·科奇于1681年发现的。

盾牌座中有一些星云、星团，最著名的是 M11 (NGC6705) 疏散星团，是德国天文学家基希于 1681 年首先发现的。英国一位天文学家认为它好像一只飞翔的野鸭，因此又称野鸭星团。它是已知最致密的疏散星团，其中大约有 500 颗恒星，距离地球 5500 光年，视亮度为 6.3 等，视直径为 12.5 角分，线直径约 18 光年。由于星团的恒星比较密集，用小口径的望远镜看有点像星云，只有 30 厘米口径以上的望远镜才可以将 M11 里的恒星分解开来。它位于天鹅座 λ 星与盾牌座 α 星之间，用双筒望远镜很容易找到。

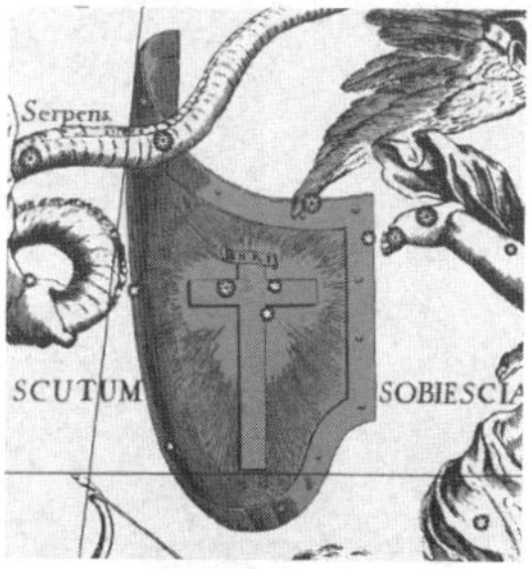

↗ 这里我们可以看到盾牌壮观的全貌，此图出自约翰·赫维留的《星图学》。

■ 10～12月的星空 ■

有些从事天文研究的人一到秋季就度假去了，他们宣称秋季是星座沉寂的时节。的确，从北半球向南望去，天空这么大块区域里的星星都很微弱。但是，在我们头顶上，有仙后座、英仙座和银河。还有，在西南方有名称怪异的由3颗恒星构成的夏季三角，秋季是它的最佳观测时间！当然，亮星倒是没有多少，但是我们却可以在空中发现很多废弃不用的星座，以及一颗有趣的变星和一些很好看的深空天体。再者说，经过了短促的夏天夜晚，总算又可以重新回来好好地眺望星空，大家一定都会感到松了一口气。

星星看点

仙女座星系 M31
英仙座剑柄星团
夏季三角
飞马座四方形
猎户座流星雨（高峰期处于10月21日前后）
双子座流星雨（高峰期处于12月14日前后）

银河星团
球状星团
星云
星系

←↓北半球秋季星空

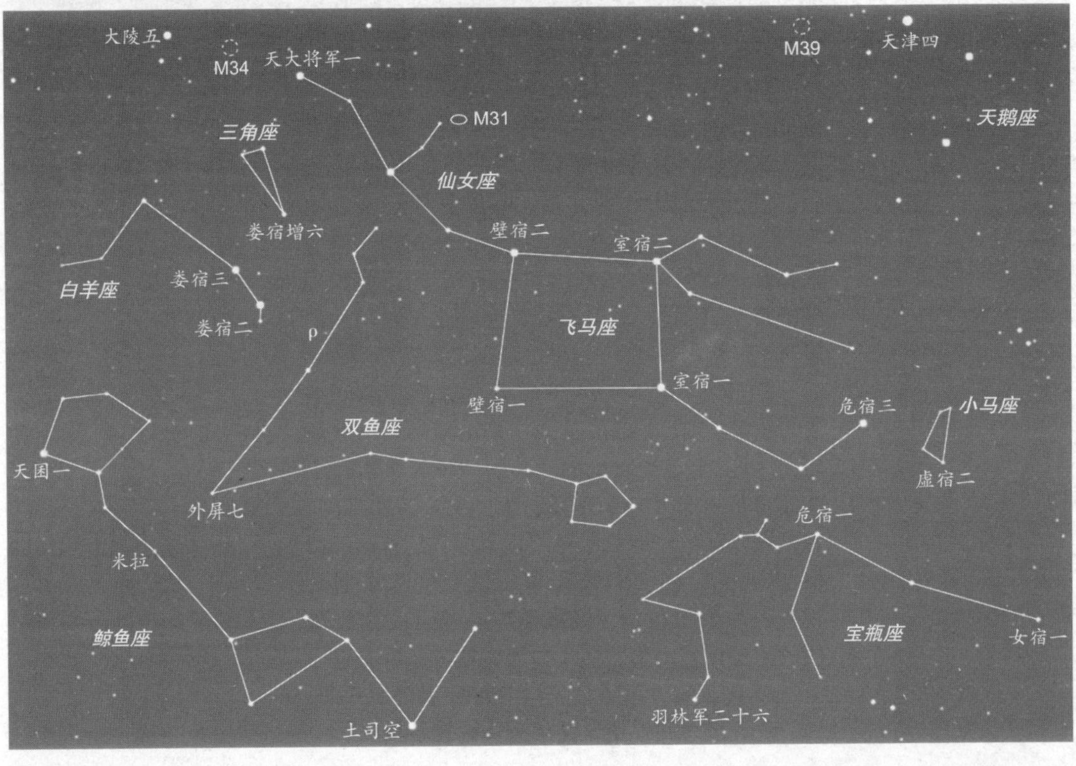

» 仙后座

拉丁名称	Cassiopeia
英语名称	The Ethiopian Queen
缩写	Cas
拉丁语所有格	Cassiopeiae
α 星	王良四 /Schedar
星等	2.2
恒星颜色	黄色

在希腊神话里，卡西俄帕亚是一位口无遮拦的埃塞俄比亚王后，这给她的女儿安德罗米达招来很多麻烦。以她的名字命名的星座很容易被找到，因为它的那几颗亮星在空中组成一个“W”形状。因为仙后座坐落于北极的附近，所以北半球的大部分地区常年都可以看到它。

仙后座的两颗恒星策（γ 星）和王良四（α 星）可以被用来当做指示棒，就像北斗七星的指极星，顺着它们可以找到飞马座四方形。

位置：在北天极星图上，王后正坐在她的丈夫克普斯身旁。

变星	策 仙后座 γ 星
星等范围	1.6 ~ 3.0
周期	~ 0.7 天

↑ 这颗不稳定的星星能够快速改变亮度，因此，每次观察时都值得你留意它。这是一颗不规则周期变星的例子。

» 英仙座

拉丁名称	Perseus
英语名称	Perseus
缩写	Per
拉丁语所有格	Persei
α 星	天船三 /Mirfak
星等	1.8
恒星颜色	黄色

珀尔修斯是宙斯和达那厄的儿子，就是他砍掉了女怪美杜莎的头，也就是恒星大陵五。然后，他穿着长有翅膀的飞鞋前去把安德罗米达从海怪手中解救了出来。那天，可真够他忙的。银河正好从英仙座中间穿过，对那些位于天空比较暗黑的地方的人来说，能看得比较清楚。

位置：在北天极星图上，你可以找到我们的这位英雄。

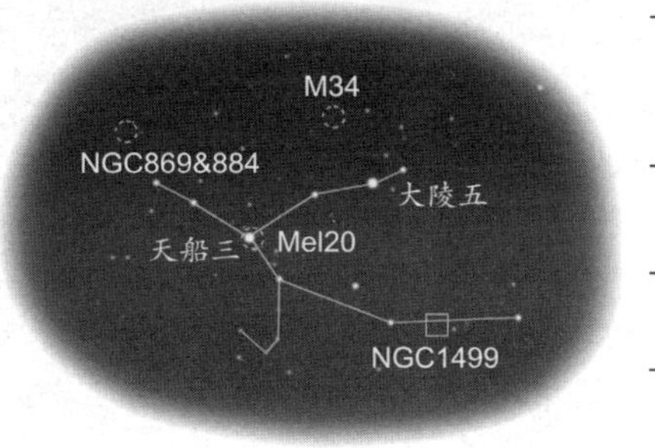

变星	大陵五 英仙座 β 星
星等范围	2.1 ~ 3.4
周期	2.87 天

← 这是一颗交食双星型变星，在整个晚上都可以观察到它的亮度变化，这也是为什么它被叫做“眨眼的魔鬼”。它的星等最低值持续为10个小时。它是被发现的第2颗双子星，在1667年由赫米尼亚诺·蒙坦雷发现。

深空天体	NGC 869 & 884	NGC 1499	M34	Mel 20
类型	银河星团	星云	银河星团	银河星团
星等	4.3 和 4.4	5.0	5.2	2.9
面积	分别为 30′	2° 40′ ×40′	35′	3°
距离（光年）	7100 和 7400	1000	1400	600

NGC 869 & 884：这个所谓的剑柄由非常奇妙的两个银河星团组成，星等分别为4.3和4.4。它们的直径都是30′，又在一起，当然是个了不起的大发现。你用肉眼就可以看到它们。

NGC 1499：加利福尼亚星云用肉眼刚好能看见。如果你使用高倍望远镜，可以看到它的形状就像美国西海岸的加利福尼亚州。这个星云位于冬季的北天星图上，在北天极星图上也能找到。

M34：这个银河星团确实难以看到。也许在漆黑的夜晚能看到。

Mel 20：英仙座α星移动星团，听起来激动人心，不是吗？它的名字有没有泄漏出它的位置？这是一个散乱的星星家族，以英仙座α星为中心，因此很容易被找到。

» 仙王座

拉丁名称
Cepheus
英语名称
The Ethiopian King
缩写
Cep
拉丁语所有格
Cephei

α 星
天钩五 /Alderamin
星等
2.44
恒星颜色
白色

克普斯是埃塞俄比亚的国王、卡西俄帕亚的丈夫、安德罗米达的父亲。令人难以置信的是，它竟然并不怎么明亮（我说的是星星，不是说他作为一个国王不聪明）。因为它接近银河系，它里面有好几个银河星团和缥缈的星云值得我们一看。

位置：在北天极星图上，仙王高高在上，位于靠近顶部的地方，正等着有谁能奉上一杯茶呢。

变星
仙王座 δ 星

星等范围
3.5 ~ 4.4

周期
5.3663 天

变星
仙王座 μ 星

星等范围
3.43 ~ 5.1

周期
~ 730 天

↗ 这是一颗黄色星星，它的有趣之处就在于它的变化有严格的周期。它是造父变星家族第1颗这样的星星。造父变星是一类全新的变星家族，其星星的星等非常有规律地按照一定的周期而产生变化。

威廉·赫歇耳给它命名为石榴石星，因为它具有密集的深红色。

» 飞马座

拉丁名称
Pegasus
英语名称
The Winged Horse
缩写
Peg
拉丁语所有格
Pegasi

α 星
室宿一 /Markab
星等
2.49
恒星颜色
白色

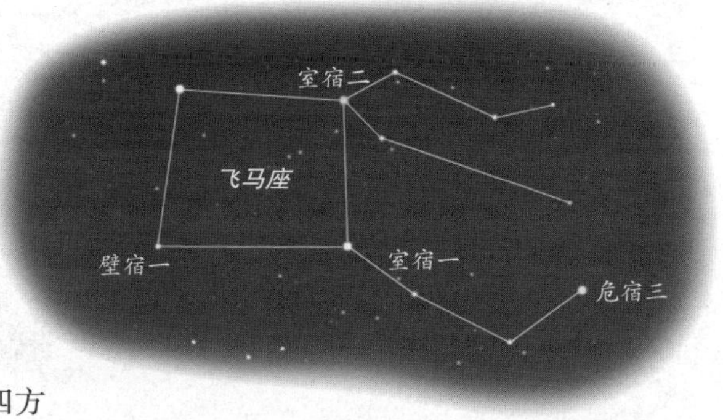

这是一匹长着翅膀的马。在珀尔修斯把美杜莎的头颅砍掉以后，从她的血泊中诞生出飞马。飞马座的四方形是秋季星空的一个界标。现在，这里有一件怪事：当这个四方形不再是一个四方形时，你还能这样称呼这个星座吗？让我 们看一家专门负责 天空的机构，关于天空的所有东西都在里面，这家机构就是国际天文学联合会（IAU）。他们给小行星命名，计算轨道，以及处理关于星星的常见问题。在 1923 年，不知出于什么显而易见的原因，他们运用智慧，把四方形左上角的那颗星壁宿二拿了去，给安到仙女座了。这颗星自那时到今天还称为仙女座 α 星，也就是说，它是属于仙女座的。没办法，我们只好接受这既成的事实。

你可以看出这实际上是个四方形，在这里面你能看到多少星星，也就表明你那里的天空清澈度如何。如果一个也看不到，那么就表明你那里的天空太不干净了！

位置：四方形的飞马正在北天星图的正中间飞奔呢。

← 从北半球看，飞马座是为数不多的几个以上下颠倒形象出现的图案。它右下方的小马是小马座，小马正卧在邻近的马厩呢。

» 小马座

拉丁名称
Equuleus
英语名称
The Little Horse
缩写
Equ
拉丁语所有格
Equulii

α 星
虚宿二 /Kitalpha
星等
3.9
恒星颜色
黄色

这是一个很小的古老星座，最早来源于希腊。关于它的故事是这样的：这匹小马是卡斯特送给赫尔墨斯的礼物，可能是为了庆贺他的生日。赫尔墨斯想给它取名为垂格，但是别人建议他不要用那个名字。

这个星座虽排名第二小，但是在历史上非常出名，因为在 7 世纪早期，那里发生过著名的“大白天”流星雨。当时的僧侣们为此写的诗歌表明，流星雨是多么壮观。

伊奎拉斯是匹小马，
它的流星雨令人羡慕惊诧。
它们在那里飞奔，有的飞快，有的缓慢，
老天爷，巨大火球一样的阵雨纷纷落下！

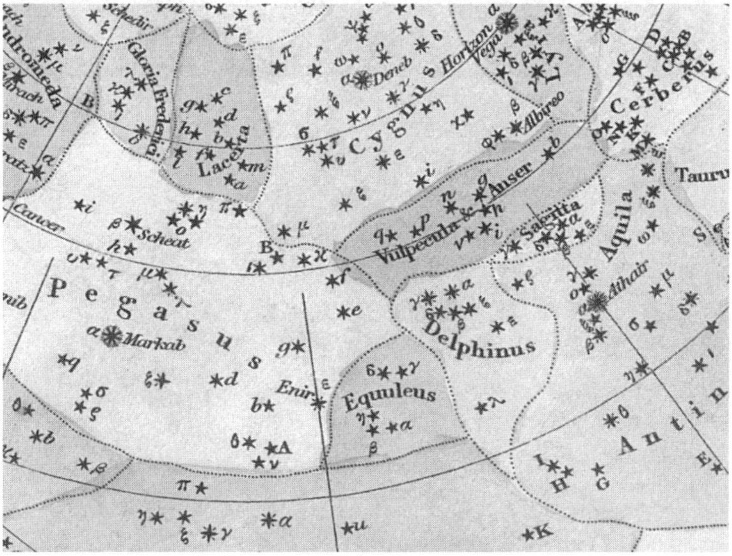

很遗憾，小马座流星雨现在已经差不多绝迹了。但是，如果你很走运，在 2 月 6 日小马座流星雨处于高峰的时候，你也许能瞟见这个奇怪的绿色流星雨。

位置：在北天星图上，小马正在右手边的天空幸福地嚼着块糖呢。

← 这里展示的是19世纪早期的星图。那时在小马座的周围有4个星座，现在它们都不存在了。你能找到它们吗？

» 仙女座

拉丁名称
Andromeda
英语名称
Andromeda
缩写
And
拉丁语所有格
Andromedae

α 星
壁宿二 /Apheratz
星等
2.06
恒星颜色
白色

安德罗米达是克普斯的女儿，因为她那爱吹牛的母亲卡西俄帕亚夸耀她长得漂亮，她被锁在岩石上，准备奉献给海怪。令人欣慰的是，在这紧急关头，珀尔修斯提着美杜莎的人头飞奔过来，把海怪变成了石头。他们结了婚，从此幸福地生活在一起。现在，请回到现实……

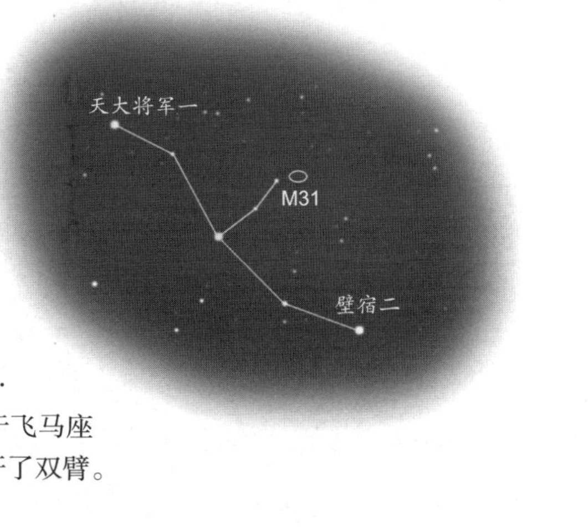

位置：在北天星图上，位于飞马座的左上角，安德罗米达公主张开了双臂。

↗ 这是像科幻小说一样的情景，当然只是为了更生动。仙女座实际上并没有这样明亮，月球也不可能离它那么近（除非月球的轨道发生了大灾难：“火星人”入侵，附近有个黑洞，或者其他貌似合理的解释）。这里的示意图只是为了向你表明，与月球相比，整个仙女座星系的真正面积有多么庞大。

» 三角座

拉丁名称
Triangulum
英语名称
The Triangle
缩写
Tri
拉丁语所有格
Trianguli

α 星
娄宿增六 / Rasalmothallah
星等
3.41
恒星颜色
白色

这是由 3 颗星星组成的古老星座。你用 3 颗星还能组成别的形状吗？希腊人把它称为“费迪南德的三角洲”，因为它看起来就像大写字母德尔塔。最初这个星座被称为大三角星座，后来，T. 米诺先生把它改成现在这个名字。

朱塞普·皮亚齐于 1801 年 1 月 1 日在这个星座发现了第 1 颗小行星。它最初被称做 Ceres Ferdinandea，是以谷物女神和西西里岛（皮亚齐的天文台位于该岛上）国王的名字合起来命名的，不久它的名字缩短为 Ceres（谷神星），并一直沿用到今天。

位置：在北天星图上，三角座位于左上方。

深空天体
M33
类型
星系
星等
5.7
面积
1°
距离（光年）
300 万

目击者声称，在极其清澈的夜空，他们看见过这个风车星系。如果M33真能看到，它可是肉眼能看到的最远的天体。总之，这个天体真是一大奇观。

天体
ANTON 2
类型
旧星座

→ 这个废弃不用的小三角座由主星座三角座下面的3颗较暗的星星组成。赫维留使这组暗弱的星星名声大振，它出现在好几个不同版本的星图上，后来就退回到暗处去了。你可以看出一个问题：300年前，很多著名的天文学家都热衷于制作星图，所以那时充满了包含各式各样星座的星图。天空本来就很有限，所以一些不那么令人感兴趣的星座就被人们抛弃了。让我们看看它吧，虽然它并不那么动人心弦。

» 白羊座

拉丁名称
Aries
英语名称
The Ram
缩写
Ari
拉丁语所有格
Arietis

α 星
娄宿三 /Hamal
星等
2.0
恒星颜色
黄色 – 橙色

当设计者决定把这个星座描绘成一只羊的时候，他们真可谓富有非凡的“想象力”。在希腊神话里，这个星座与金羊毛的故事有关，就是伊阿宋和他的阿尔戈英雄们到处寻找的金羊毛。

娄宿三这个名称源自阿拉伯语，意思是绵羊的头。

位置：在北天星图上，白羊正在西方遥远的草地上啃食着青草。

» 双鱼座

拉丁名称
Pisces
英语名称
The Fishes
缩写
Psc
拉丁语所有格
Piscium

α 星
外屏七 /Alrescha
星等
3.79
恒星颜色
白色

这是一个古罗马星座，可能是指维纳斯和她的儿子丘比特。他们把自己变做两条鱼，为的是从海怪堤丰身边游走（他们忍受不了他那难喝的茶水）。

位置：在北天星图中间偏左的地方，两条鱼正在那里游动。

双鱼座的最佳观测时间为 11 月的 21:00。双鱼座最容易辨认的是两个双鱼座小环，特别是紧贴飞马座南面由双鱼座 β、γ、θ、ι、χ、λ 等恒星组成的双鱼座小环。另一个双鱼座小环位于飞马座东面，由双鱼座 σ、τ、υ、φ、χ 等恒星组成。

这个星座有一个梅西耶天体：M74，位于双鱼座最亮星右更二附近。在天球上，黄道与天赤道存在两个交点，其中黄道由西向东从天赤道的南面穿到天赤道的北面所形成的那个交点，在天文学上称之为“春分点”，这个点在天文学上有着极为重要的意义。而目前,这个重要的“春分点”就在双鱼座内。双鱼座的相邻星座包括三角座、仙女座、飞马座、宝瓶座、鲸鱼座、白羊座。

在中国古代传统里，双鱼座天区包括壁宿的霹雳、云雨、土公，奎宿的奎、外屏和娄宿的右更等星官。

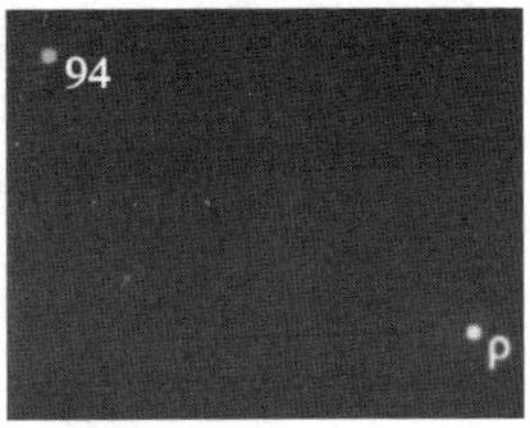

双星
双鱼座 ρ 星和 94 星

星等
5.3 和 5.6

两星间距
7′ 27″

颜色
浅黄色和金黄色

» 宝瓶座

拉丁名称
Aquarius
英语名称
The Water Bearer
缩写
Aqr
拉丁语所有格
Aquarii

α 星
危宿一 /Sadalmelik
星等
3.0
恒星颜色
黄色

这是一个非常古老的星座，可以追溯到古巴比伦时代，它的形状被看成是一个人正在从瓶子里往外倒水。这一点可能与雨季有某种关系，这是因为当宝瓶座在天空中出现得最为壮观的时候，恰好是雨季。天空的这一部分都与水有关，处于宝瓶的控制之中。

位置：在北天星图上，宝瓶的水正在往外流，把星图右下角弄得到处都是。

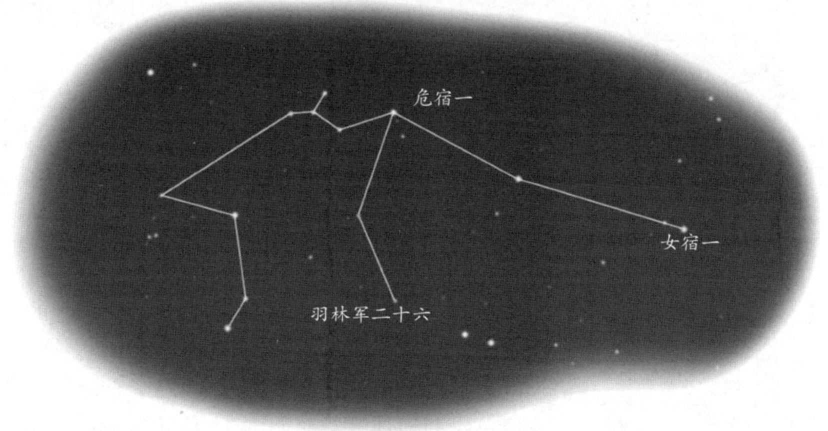

» 鲸鱼座

拉丁名称
Cetus
英语名称
The Whale
缩写
Cet
拉丁语所有格
Ceti

α 星
困一 /Menkar
星等
2.54
恒星颜色
红色

这个古老的星座是珀尔修斯、安德罗米达传说的组成部分。鲸鱼塞特斯就是那个被波塞冬派去咬噬安德罗米达的妖怪。鲸鱼座也被称为“海怪”，是天空中的第 4 大星座，包含所发现的第 1 颗该种类型的变星米拉。

位置：在北天星图上，鲸鱼正在左下方休息呢。

变星
米拉
鲸鱼座 o 星

星等范围
2.0 ~ 10.1

周期
331.96 天

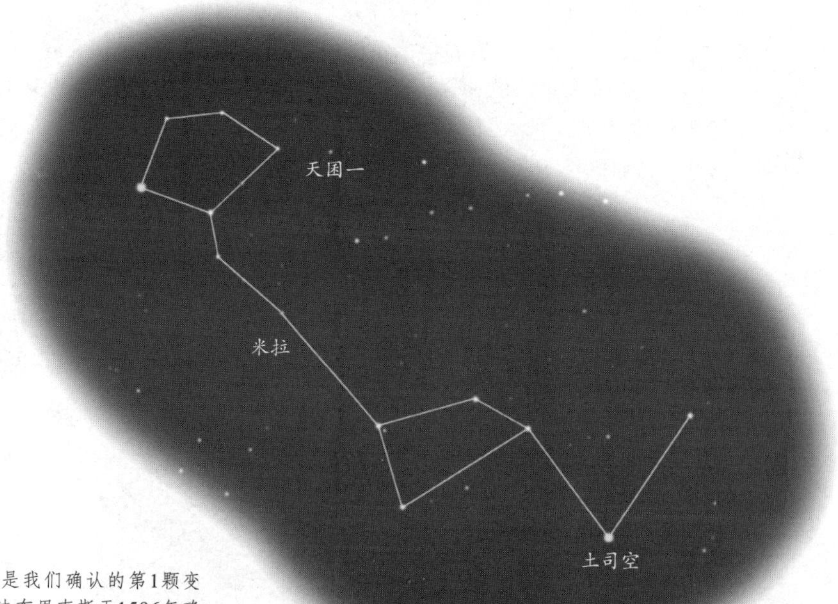

↗ 除了是新星外，米拉还是我们确认的第1颗变星，由荷兰天文学家大卫·法布里克斯于1596年确认。因此，其他的长期变星也被称为米拉型变星。随着米拉亮度的不断变化，它的颜色也随之改变。

从南半球观测到的星空

■ 1～3月的星空

在我们的头顶上方（可能稍微偏北一些），几颗明亮的星星参宿七、天狼星、水委一和老人星构成了南天夏季大曲线（GSSC）。但愿它永远被人们记住。在它的左边是银河，这时候并不是观赏银河的最佳时节，看不清那著名的乳白状颜色。我们现在是从银河朝外看，看到的只是空无一物的太空；若从外边朝银河里面看，那样才会看到银河里面充满了构成银河的所有恒星、气体和尘埃。

大小麦哲伦星云就在我的所谓星群的下方。猎户座高高挂在上空，然后是参宿七，接下来还有波江座。那是一个很长的流淌着的星座，沿线下去你可以找到明亮的水委一。

星星看点

大麦哲伦星云
夜空中最明亮的星星天狼星
南天夏季大曲线
半人马座 α 星流星雨（高峰期处于2月8日前后）
猎户座星云 M42

银河星团
球状星团
星云
星系

←↓南半球夏季星空

» 大犬座

拉丁名称
Canis Major
英语名称
The Great Dog
缩写
CMa
拉丁语所有格
Canis Majoris

α 星
天狼星 /Sirius
星等
－ 1.46
恒星颜色
白色

在这里我们可以看到天狼星，它是天空中除太阳之外最亮的恒星。它之所以有着晶莹闪亮的外表，是因为它离我们相对较近，只有 8.6 光年。

再靠近观看，我们可以发现，天狼星在它那个宇宙角落并不是孤单一人，它是个双子星系统。天狼星的伴星非常小，只相当于地球直径的 3 倍多一点儿。因为它的大小和位置,使得它被称为“幼犬”，但是不识趣的天文学家却把它叫做天狼星 B，这哪里有小狗的影子？从严格意义上讲，它不是一颗普通的恒星，而是一个神秘的天体，被称为白矮星。白矮星是类似太阳一样的恒星经过喷发剩下的残余物。它们炽热、紧密，并且发光。假以时日，白矮星最终会冷却下来，变成黑矮星——一个结实、冰冷的球体，在宇宙的荒原上到处流浪，直到生命的终结。目前，天狼星和它的“幼犬”正在幸福地彼此环绕着，周期大约是 50 年。

埃及人把天狼星称为 Sothis，意思为尼罗河之星。这是因为，如果天狼星在日出之前出现，那么尼罗河季节性的泛滥就该来临了。

希腊人很为他们设计的大犬形象自豪，这是因为狗的忠诚和友好。当你把所有的星星准确地组合到一起时，一条忠诚的狗就出现了。

天狼星是大犬座 α 星，是全天最亮的恒星。天狼星是由甲、乙两星组成的目视双星。甲星是全天第一亮星，属于主星序的蓝矮星。乙星一般称天狼伴星，是白矮星，质量比太阳稍大，而半径比地球还小，它的物质主要处于简并态，平均密度约 3.8×10^6 克 / 立方厘米。甲乙两星轨道周期为 50.090 ± 0.056 年，轨道偏心率为 0.5923 ± 0.0019。天狼星与我们的距离为 8.65 ± 0.09 光年。天狼星是否是密近双星，与天狼双星的演化有关。古代曾经记载天狼星是红色的，这为我们提供了研究线索。1975 年发现了来自天狼星的 X 射线，有人认为这可能是乙星的几乎纯氢的大气深层的热辐射，有人则认为这可能是由甲星或乙星高温星冕产生的，至今仍在继续研究。据 1980 年资料，高能天文台 2 号卫星分别测得甲星和乙星的 0.15 ~ 3.0 千电子伏波段 X 射线，得知乙星的 X 射线比甲星强得多。

位置：在南天星图上，整个大犬座位于左上方。

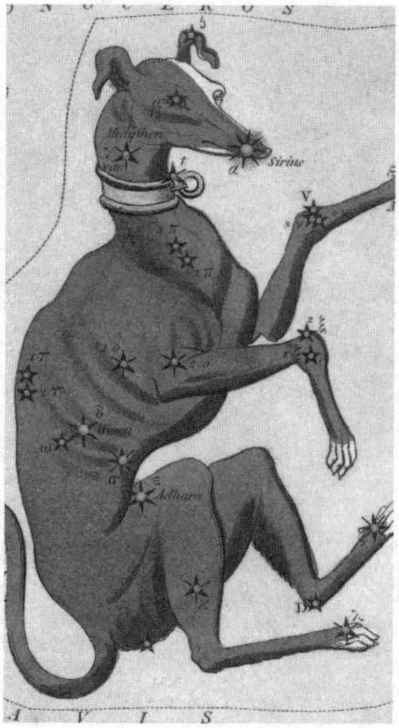

← 好大的一条狗！

深空天体	M41
类型	银河星团
星等	4.5
面积	38″
距离（光年）	2300

事实上，这是一个由100颗不同颜色的恒星组成的快乐家庭。

深空天体	Mel 65
类型	银河星团
星等	4.1
面积	8′
距离（光年）	5000

这个星团由大约60颗恒星组成，称为大犬座 τ 星团。如果你愿意，也可以把它叫做NGC 2362。

» 船尾座

拉丁名称
Puppis
英语名称
The Stern
缩写
Pup
拉丁语所有格
Puppis

ξ 星
弧矢增二十二/Naos
星等
2.25
恒星颜色
浅蓝色

这是从以前的南船座上拆掉的几颗星星组成的一个星座。南船座也就是阿尔戈英雄乘坐的那条船。完整的南船座是一条做工精良的船，在无数个风雨交加的夜晚载着星星航行，因此它值得在星空中占有一席之地。后来，来了一个法国的天文学家尼古拉斯·拉卡伊，他做了一件非常“卑鄙”的事，就是把这艘船分成了3个星座，也就是我们今天所熟知的船尾座、船底座和船帆座。在以前，没有人掌管天空，你可以为所欲为，想做什么就做什么，但你的设计最终会不会被人接受那是另外一回事。但是，这一次，这个“海盗尼克”（尼古拉斯的绰号）得逞了。

这幅图是原来那只“船”最靠北侧的部分，虽然它看起来并不怎么像船尾，但是它那几颗十分明亮的星星还是很容易被辨认出来的。

虽然船尾座的恒星不亮，但它有5个较明亮的疏散星团。这个星座还有在4.4等到4.9等之间变化的食双星——船尾座V。在这个星座中的四个疏散星团中，距地球最远的是M46，是5700光年，大小与满月差不多。其次是NGC2274，有4200光年之遥，但恒星比星座中任何一个星团都要密集，以至于必须用小型望远镜才能区分它们。M46东边不到3度的地方还有个疏散星团，是M47，但这个星团距地球只有1600光年，且非常暗淡，M93比它还要暗淡。星座中最亮的星团非NGC2451莫属，它最亮的恒星是3.6等的黄色超巨星——船尾座c（弧矢三）。

位置：在南天星图上，船尾座处于中间偏左的位置。

深空天体
M47
类型
银河星团
星等
4.4
面积
30′
距离（光年）
1600

↗ 这个大约由50颗恒星组成的星团看起来就像一团浓烟，你只有在非常漆黑的夜空才能看到它。

深空天体
NGC 2451
类型
银河星团
星等
2.8
面积
50′
距离（光年）
850

你轻易就能看到它。但是，伟大的天文学家查尔斯·梅西耶和威廉·赫歇尔竟然找不到它！它大约包括40颗恒星。

» 剑鱼座

拉丁名称	Dorado
英语名称	The Goldfish
缩写	Dor
拉丁语所有格	Doradus
α 星	Bole
星等	3.3
恒星颜色	浅蓝色

这个星座是由友善的航海家弗雷德里克·霍特曼和彼得·凯泽设计的。剑鱼座之所以出名，是因为它包含了大麦哲伦星云的一部分，一个比银河系小的卫星星系。

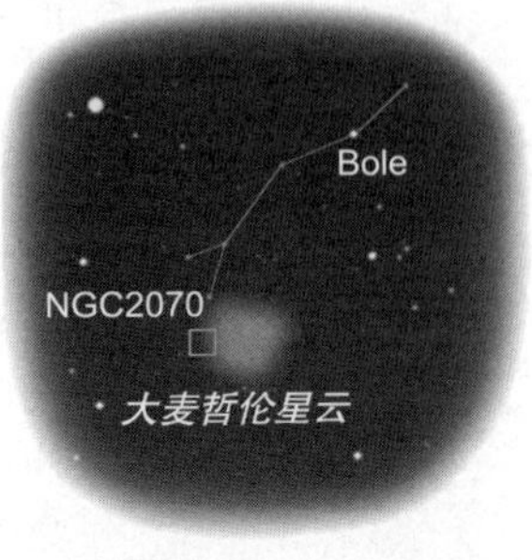

深空天体	大麦哲伦星云
类型	不规则星系
星等	0.4
面积	9° 10′ ×2° 50′
距离（光年）	17.9 万

大麦哲伦星云的面积是银河系的四分之一，看起来就好像是从银河系撕下的一大块，被扔在那里漂浮着。

历史已经模糊了“剑鱼”这个称号的由来。如果我们能够回到过去，亲自问一问弗雷德里克或彼得，到底是什么海洋动物给他们带来了那样的灵感，他们也许会说是剑鱼，或者最有可能说实际上是马希–马希鱼。

大小麦哲伦星云是以 16 世纪葡萄牙著名航海家麦哲伦的名字命名的。1519 年 9 月 20 日，麦哲伦在西班牙国王的支持下，率领一支 200 多人的船队，从西班牙的一个港口出发，开始了人类历史上第一次环绕地球的航行。1520 年 10 月份，麦哲伦带领船队沿巴西海岸南下时，每天晚上抬头就能看到天顶附近有两个视面积很大的、十分明亮的云雾状天体。麦哲伦注意到这两个非同一般的天体，并把它们详细地记录在自己的航海日记中。麦哲伦本人后来航行到菲律宾时被一个小岛上的土著居民杀害了，但是他的 18 名部下在历经了千难万险、经过几乎整整 3 年之后，终于在 1522 年 9 月 6 日回到了西班牙，完成了这次环绕地球航行的壮举。为了纪念麦哲伦的伟大功绩，后人就用他的名字命名了南天这两个最醒目的云雾状天体，称之为大麦哲伦星云和小麦哲伦星云，因为当时人们还不知道它们实际上是两个河外星系。

蜘蛛星云是一个位于我们的邻居星系——大麦哲伦星云中的巨大发射星云，其大小超过 1000 光年。在这个宇宙级蜘蛛的中心，有一个由大质量恒星组成的、编号为 R136 的年轻星团，它发出的强烈辐射和吹出的猛烈星风使得星云发光，并形成了蜘蛛腿状的细丝。这幅让人印象深刻的镶嵌彩色图像，是由美洲天文台的施密特望远镜拍摄的，在图中可以看到星云中还有其他的年轻星团。蜘蛛星云地带的“居民”周围还有一些暗云、向外蔓延的一缕缕丝状气体、致密的发射星云、邻近的球形超新星遗迹，还有环绕着热星的著名的超级气泡区域，它们也同样引人注目。

位置：在南天星图上，那模糊的一团就是剑鱼。

» 网罟座

拉丁名称	Reticulum
英语名称	The Net
缩写	Ret
拉丁语所有格	Reticuli
α 星	网罟座 α 星 / α Ret
星等	3.4
恒星颜色	黄色

17 世纪时，斯特拉斯堡的艾萨克·哈布赖特把这个星座的几颗星放在了一起。刚开始它是一个菱形，但是这一形象并不那么令人满意，于是就有人对它“修修补补”，发挥想象力，把它看成是一种仪器，叫做标线片。天文学家把这种仪器安装在望远镜里，帮助他们测量恒星的方位。

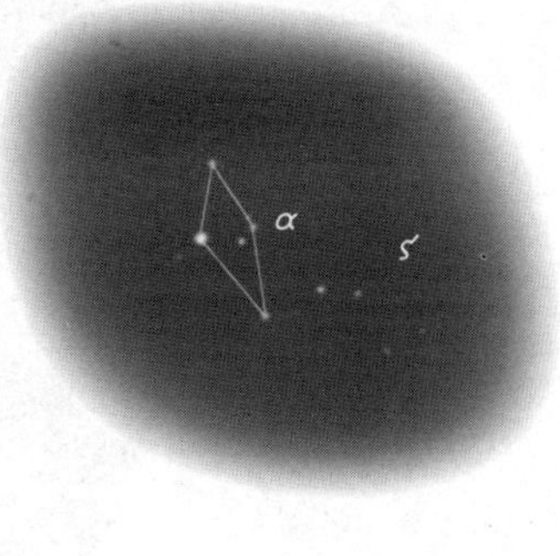

位置：在南天星图上，网罟座就在那一团模糊的星云的右上方。

■ 4~6月的星空

能不能看到壮观的银河，这要看你在南方的什么地方（越靠南越好）。一年中的这个时候银河高高地飞跨在我们的头顶上空。这一雄伟壮观的彩带上点缀着一些非常精彩明亮的星星，它们位于半人马座、南十字座、船底座、船帆座和大犬座。与此同时，大麦哲伦星云和小麦哲伦星云像浓烟一样，远远地在南边的天空中飘荡。如果你非常富于想象力，何不再加上4个星座，它们组成了原来那艘巨大壮观的阿尔戈英雄船（南船座）：船底座、船帆座、船尾座和罗盘座。在北边有长蛇座，它并不特别明亮，但令人吃惊的是，它长长的鳞状身子占据了很大一片天空。

星星看点

煤袋暗星云

宝盒星团 NGC4755

船底座艾塔星云 NGC3372

半人马座奥米伽球状星团 NGC5139

宝瓶座 η 星流星雨

银河星团
球状星团
星云
星系

←↓南半球秋季星空

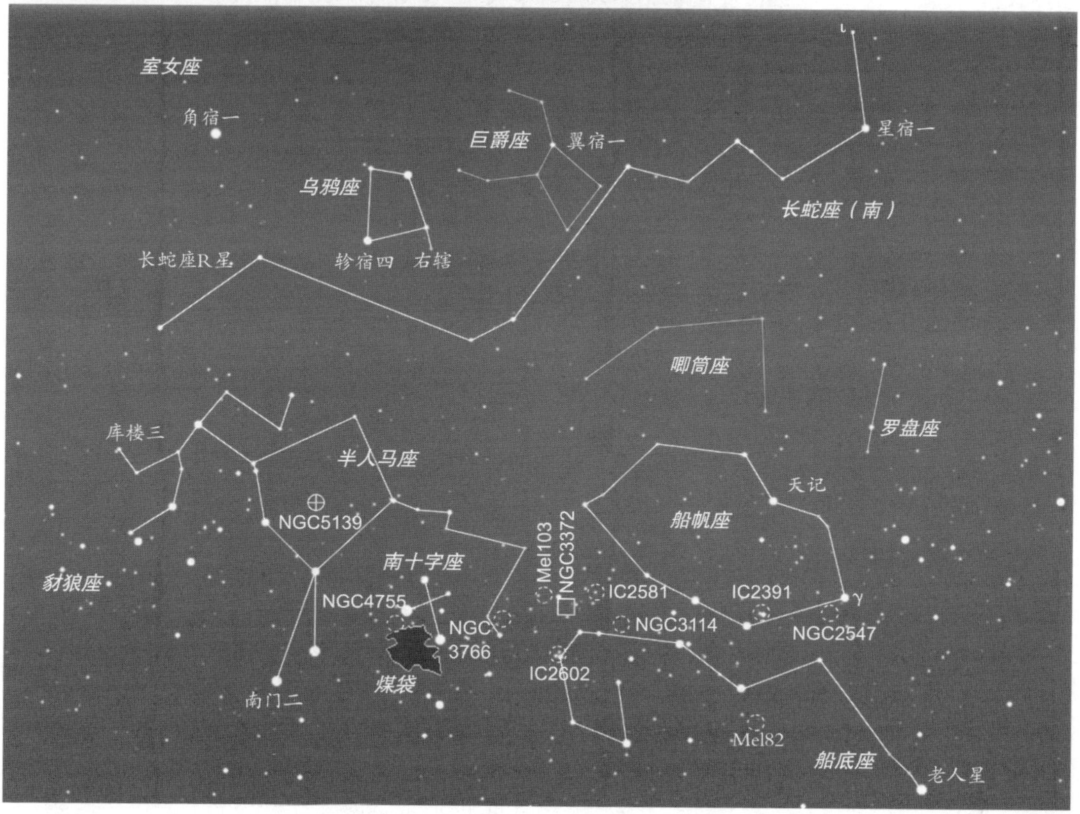

» 长蛇座

拉丁名称
Hydra
英语名称
The Water Snake
缩写
Hya
拉丁语所有格
Hydrae

α 星
星宿一 /Alphard
星等
2.0
恒星颜色
橙色

这是一个恐怖的九头怪蛇，最终死在了赫拉克勒斯手里，结束了其肮脏的一生。长蛇座是最大的星座，它特别长，与 14 个星座接壤，还没有哪一个星座能与这么多星座为邻。它的主星是星宿一，意思是“蛇的心脏”。

位置：在北天星图上，长蛇的头部位于狮子座的下方，它其余的部分都位于南天星图上。

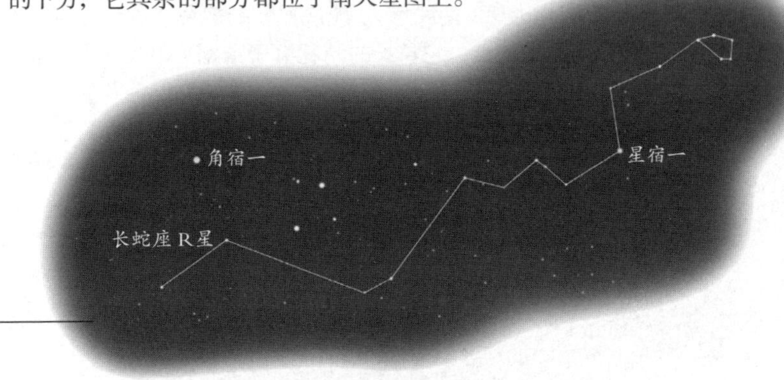

变星
长蛇座 R 星

星等范围
4.5 ~ 9.5

周期
389 天

这是一颗米拉型变星。

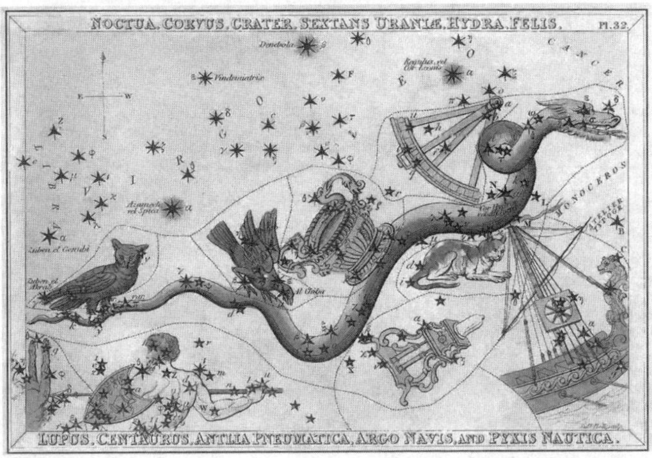

→ 可以肯定的是，长蛇不是个讨人喜欢的动物。请看它要对付哪些东西：1个大杯，1个六分仪，1只乌鸦，还有1只猫头鹰。这些东西都压在它的背上，而它想要的只不过是水塘里一块安静的水域，这个水塘当然是由星星组成的。

» 半人马座

拉丁名称
Centaurus
英语名称
The Centaur
缩写
Cen
拉丁语所有格
Centauri

α 星
南门二 /
Rigel Kentaurus
星等
– 0.01
恒星颜色
黄色

凡是遇到赫拉克勒斯的人，没有几个有好日子过的，就连他的邻居也不例外。半人马就是这样的情况，他叫喀戎，被我们的英雄赫拉克勒斯的箭给误杀了。在神话里，半人马被认为身上会发出难闻的气味，不怎么讨人喜欢，不适合做人类的朋友。但喀戎还是值得我们美言几句：他幽默风趣，非常具有学者风度，教过很多希腊英雄。

在非常靠近半人马座南门二（意为“半人马的脚”）的地方，有一颗很小、很微弱的星星比邻星，它是除太阳之外离我们最近的恒星，只有 4.25 光年。有些人认为，在由 3 颗星组成的半人马座南门二系统中，比邻星是我们一个最小的远亲。这里所谓的遥远是指，比邻星离我们的距离可能相当于冥王星到太阳距离的 250 倍。

位置：在南天星图中间偏左下的地方，这位非凡的半人马正准备给那些想上他课的人讲课呢。

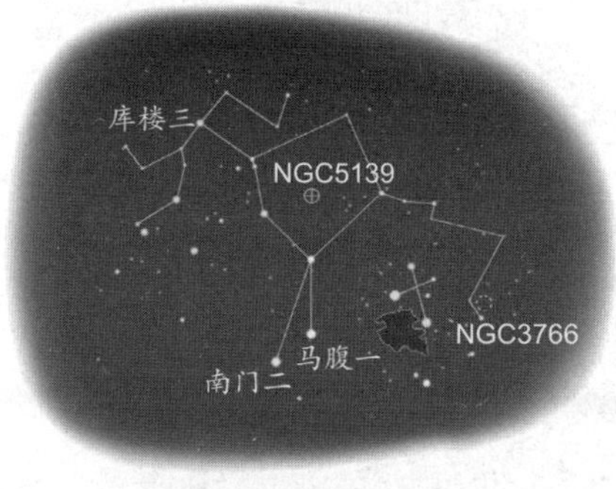

深空天体 NGC 5139	这是半人马座奥米伽星团。“那是颗恒星啊！”你会这样说。一颗恒星怎么就变成了天空中最漂亮的球状星团呢？这是因为在望远镜还没有发明出来以前，人们搞不清楚这个神秘天体的真正属性，它看起来就像一颗恒星。
类型 球状星团	
星等 3.65	
面积 36′	
距离（光年） 1.7 万	

深空天体 NGC 3766	18世纪50年代早些时候，拉卡伊先生在南非转悠了一圈后发现了这个星团。当时，它被称为“万人迷”。现在，如果你用双目镜观看，它依然多彩、迷人。
类型 银河星团	
星等 5.3	
面积 12′	
距离（光年） 5 500	

» 南十字座

拉丁名称
Crux
英语名称
The Southern Cross
缩写
Cru
拉丁语所有格
Crucis

α 星
南十字二 /Acrux
星等
0.9
恒星颜色
浅蓝色

“噢，那 4 颗星星就够了。”约翰·巴耶说。他从邻近的半人马座拿过来几颗星星，组建了南十字座。然后，他把这个最小的星座编进了他那本关于星星的书《测天图》（Uranometria，1603 年出版）。自那时起，这个星座就像个十字架一样被“固定”下来。

就像北半球的北斗七星一样，南十字的形状很容易辨认，所以很多不同文化的人们都熟悉它。在一些土著传说中，人们把它描绘成两只美冠鹦鹉坐在橡胶树上。而在非洲南部，人们把它与隔壁的半人马座的两颗亮星连在一起，构成一头长颈鹿的形象。

如果让我来给星座打分，标准是它们美丽壮观的程度，能让你“哇噢、哇噢”地惊叹不已，那么南十字座会得分很高。那里有非常多的事情正在发生，像银河、煤袋（星云）、宝盒（星团）、尘埃、气体、恒星和恒星星团，等等。对我来说，最明亮而且超级壮观的 5 个星座应该是这样的（排序不分先后）：南十字座、半人马座、船底座、人马座和天蝎座。它们都非常值得在南半球星空中占有一席之地。

位置：在南天星图上，南十字座依偎在半人马的下方，靠近南天极那块黑暗的区域。

↗ 在南十字座周围繁华的区域，明亮的银河从我们的视线中穿过。

↗ 对过去的水手们来说，南十字座非常有用，以至于这个容易辨认的星座被画上了澳大利亚、新西兰、巴布亚新几内亚和萨摩亚等国的国旗。

深空天体	NGC 4755
类型	银河星团
星等	4.2
面积	10′
距离（光年）	7 600

↗ 宝盒星团作为一个组合真是一个“瑰宝”，它里面的恒星闪闪发光，就像一盒五彩斑斓的宝石，有蓝色、红色、白色等各种各样的颜色。它坐落在南十字座κ星的周围，就在煤袋暗星云的右侧，它们是邻居。

↓ 这里是上一页图片的中心部分，一些奇妙的深空天体都已被标示出来。半人马座的α和β两颗亮星位于图的左边。

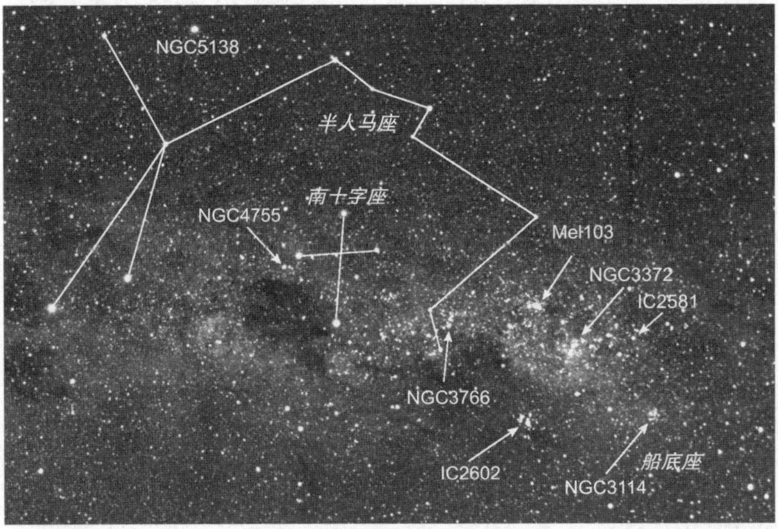

深空天体	煤袋
类型	暗星云
星等	6
面积	30″ ×5°
距离（光年）	550

这是由尘埃和气体组成的云团，挡住了它背后的恒星发出的光芒。煤袋可能是离我们最近的暗星云。

» 船帆座

拉丁名称	Vela
英语名称	The Sails
缩写	Vel
拉丁语所有格	Velorum
γ 星	船帆座 γ 星 / γ Vel
星等	1.8
恒星颜色	浅蓝色

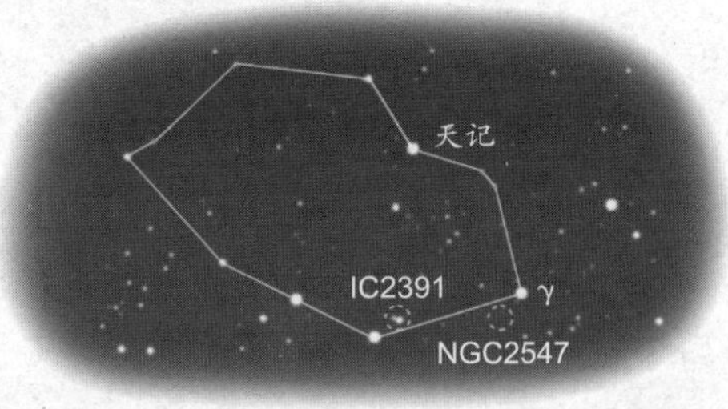

如果你读过关于船尾座的故事，你就知道这是怎么回事了。南船座是一条做工精良的帆船，在神话里，伊阿宋带着他的阿尔戈英雄们乘坐它航行于世界各处。他们飘过了7个大海，吱吱嘎嘎作响的帆船仍然毫无损伤。直到有一天，在那个“星球大战”的时代，绘制星图的“海盗”尼克·拉卡伊把它拆成了3块。这件事发生在18、19世纪之间，那时候星图设计者们希望他们命名的星座哪怕至少有一个能被承认，载入太空史册就好。这一次，尼克算是走运，而他周围的很多人被逼得“走跳板”（被海盗逼迫走上伸出船边缘的木板而被淹死），跳进“星座历史”黑暗污浊的海水中丧了命。

就南船座而言，据说在漆黑、寂静的夜晚，你能听到帆船的桁端吱吱嘎嘎，那是帆船最后破裂的声音。因为这次天上的"沉船"事件,船帆座没有 α 星或 β 星,而是由无名的船帆座 γ 星牵引——如果你把它大声说出来，听起来就像个魔咒一样。

关于银河有趣的事实是银河从船帆座穿流而过。这没什么呀，你也许会这么认为。但是，本来银河是环绕着整个天空的，却恰恰在这个位置断开了。在银河的这一河段有一条由黑暗的尘埃和气体组成的带状物，把银河彻底截成两段。

位置：在南天星图中间偏右下方的地方，船帆正在风中飘扬。

↗ 南船座分成的3块现在分别是船帆座、船尾座和船底座。罗盘座通常也被包含进去，但它并不是原来那艘船的一部分。此图就是那艘鼓帆远航的船，载于赫维留的《星图学》。

深空天体	NGC 2547
类型	银河星团
星等	4.7
面积	20′
距离（光年）	1950

这个漂亮的星团由大约50颗恒星组成，是由拉卡伊发现的。把帆船拆散的事就是他干的。

深空天体	IC 2391
类型	银河星团
星等	2.5
面积	50′
距离（光年）	580

这个由大约30颗恒星组成的家庭围绕着船帆座转动。

拉丁名称 Carina 英语名称 The Keel 缩写 Car 拉丁语所有格 Carinae
α 星 老人星 /Canopus 星等 － 0.72 恒星颜色 浅黄色

» 船底座

船底座是古老的大星座南船座的一部分。关于帆船完整的故事参见船帆座的内容：在一个风雨交加的乌黑夜晚，当这艘船驶入了“黑胡子海盗”尼克·拉卡伊的路线，被拆散开来，变成了 3 个新的星座。

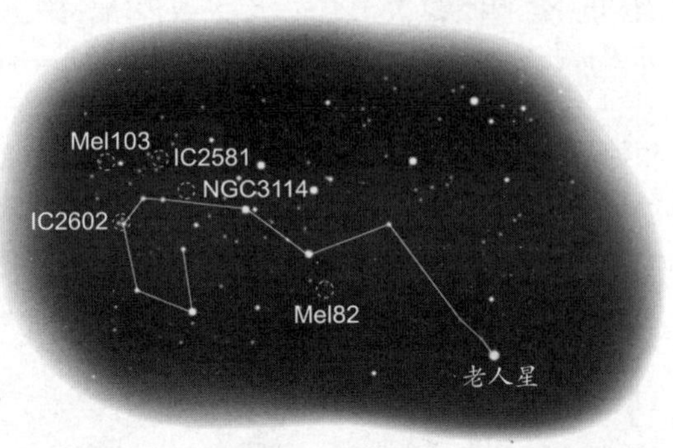

老人星是夜空中第二亮的星星，仅次于大犬座的天狼星。关于老人星名称的来源，就像很多古老的星星一样，已经淹没在神秘莫测的夜空中了。它有可能来源于埃及人给它起的名字，叫做“金色的大地”，因为它有着浅黄的颜色。在这里不说它是黄色，是因为对黄色这个词持保留态度，因为好像有一些书里说它是浅白—蓝色！好好地观察一下，自己决定吧。

位置：在南天星图的右下方，船底正在那里飘浮着。

→ 南十字座这个最小的星座，它有4颗亮星非常接近半人马座的α、β这两颗亮星。但是船底座和船帆座的4颗星只是按大致的相似模式排列，因此它们被亲切地称为“伪十字”。有些人开始不知道，现在明白了：这4颗星的组合既不如真实的南十字座明亮，又没有那两颗亮星做邻居。

深空天体	Mel 82	NGC 3114	IC 2602	Mel 103	NGC 3372
类型	银河星团	银河星团	银河星团	银河星团	星云
星等	3.8	4.2	1.9	3.0	5.0
面积	30′	35′	50′	55′	2°
距离（光年）	1300	3000	479	1300	1 万
	这个明亮的星团又被称为NGC2516，由大约100颗恒星组成。	据说这个星团有171颗恒星。为什么这个数字如此精确，目前依然是个谜。	我在这里本该使用梅洛特命名法把它叫做Mel102，因为这个精美的星团被亲切地称为南昴宿星团。	这个由恒星组成的星团也被称为NGC3532，靠近船底座艾塔星云（NGC3372）。它坐落于银河系非常繁华的地段，因此你最好带上双目镜，那里的景色看上去真的很迷人。	船底座艾塔星云是银河系产生恒星的伟大区域。我们所发现的最大恒星之一船底座艾塔星就是在这里诞生的。这就是星云名字的由来。

■ 7~9月的星空

随着银河在我们头顶上空呈现从北向南流淌，它的全盛时期到来了。天空中有那么多的天体可以观看，你都不知道该从哪个地方开始！人马座的茶壶和天蝎座的尾巴引领了这块星团密布的地盘，银河系缥缈的奶白色恒星在或明或暗的尘埃与气体组成的星云中蜿蜒曲折，与它们交相辉映。我们需要一个真正漆黑的夜空，这样才能尽情欣赏星光灿烂的壮丽景象。不够完美的是星空比较空旷，只有北落师门和水委一照亮了南方的天空，角宿一垂落在西方的天空。

星星看点

银河
人马座恒星云 M24
天蝎座桌形星团 NGC6231
天秤座主星氐宿一
人马座双星天渊二和天渊一
宝瓶座 δ 星流星雨（两次高峰期，处于7月29日和8月8日前后）

银河星团
球状星团
星云
星系

←↓南半球冬季星空

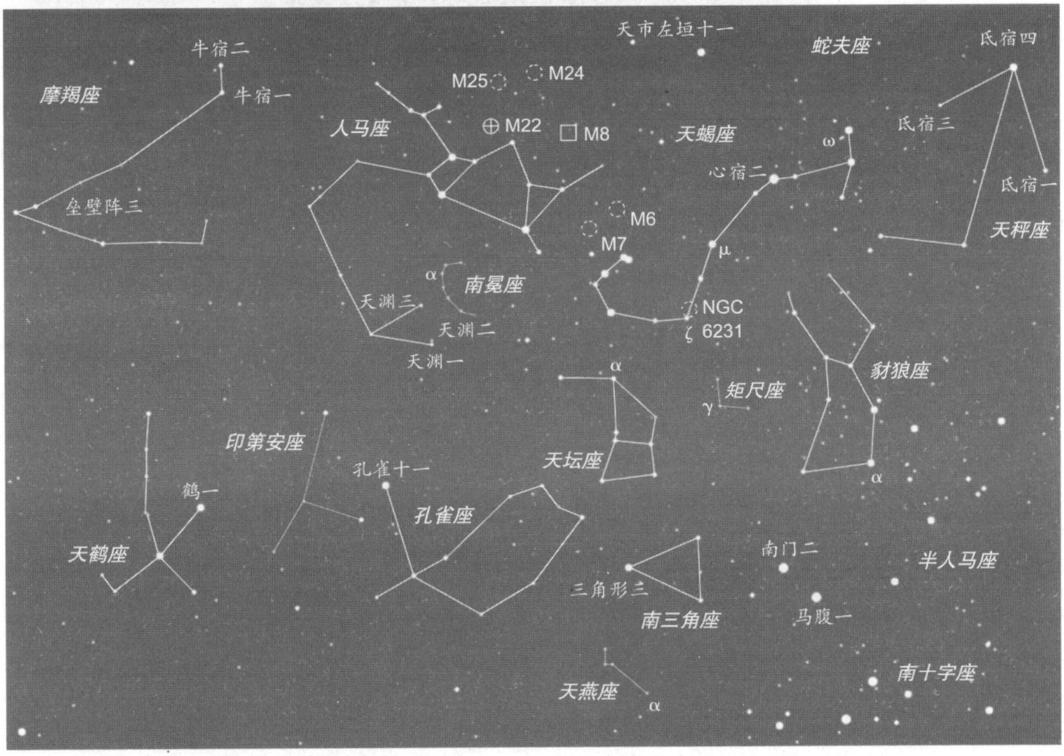

» 摩羯座

拉丁名称
Capricornus
英语名称
The Sea-Goat
缩写
Cap
拉丁语所有格
Capricornus

α 星
牛宿二 /Algedi
星等
3.6
恒星颜色
黄色

这是个非常古老的星座，也许来自于东方的半羊半鱼形象，现在我们总算有两种动物结合在一起的星座了。根据可靠的希腊来源，这个形象指的是潘。为了躲避海怪堤丰，他潜入尼罗河里，后来就变得有点儿鱼的形状，但是很显然，只有弄湿的那一小部分变成了鱼形。这样就清楚多了。

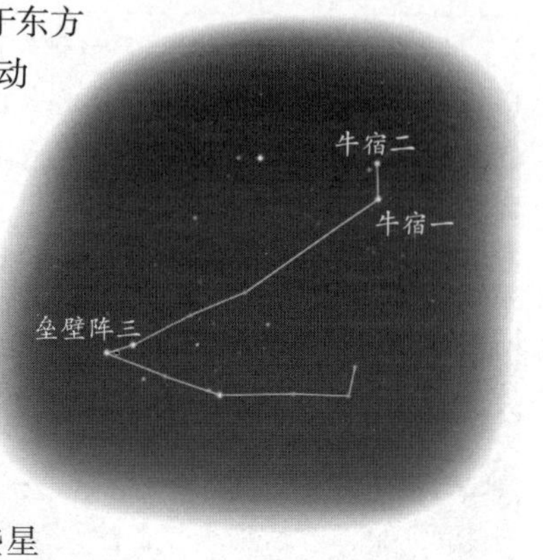

看看摩羯座周围的天空，你会发现那里就是水乡：有宝瓶座、双鱼座、鲸鱼座和南鱼座。古时候，一年中这些星座出现时跟下雨和洪水泛滥有联系，现在也是一样。

惊奇的事实：摩羯座是黄道十二宫图里最小的一个。

位置：在南天星图的左上方，这只会水的食草动物正在那里游动。

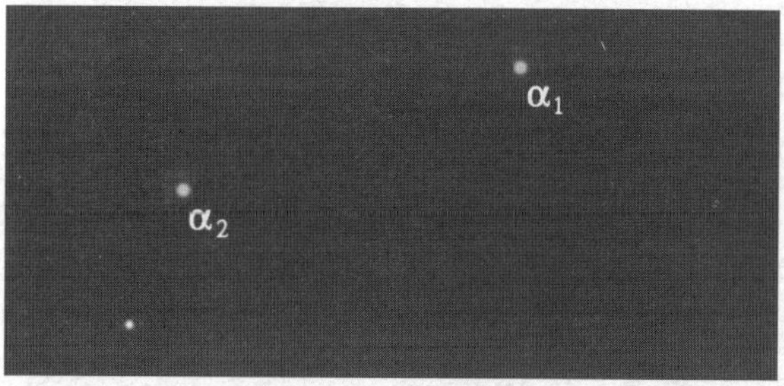

双星
牛宿二
摩羯座 α 星

星等
4.2 和 3.6

两星间距
6′ 18″

颜色
都是金黄色（而不是金鱼色）

↓ 这只半羊半鱼动物的双眼有些色迷迷（英语中山羊含有“色鬼”之意）的，一直盯着人看。

» 天秤座

拉丁名称
Libra
英语名称
The Scales
缩写
Lib
拉丁语所有格
Librae

α 星
氐宿一 /
Zubenelgenubi
星等
2.75
恒星颜色
白色

在古罗马时代以前，天空中并没有天秤座，它们本来是天蝎座的爪子。那么，这又是怎么回事呢？在那个没有同情心的世界，罗马人把天蝎的爪子砍了下来，做成了一副精美的秤盘，就这么简单。罗马人也没有得到什么报应，等到有人注意到这一点的时候，已经过去1 500年了。

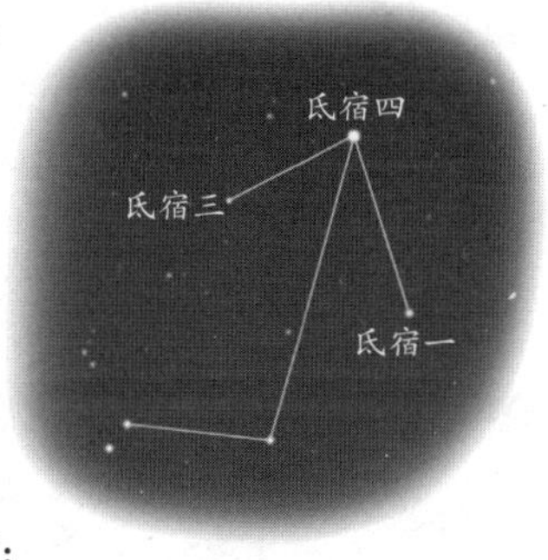

这个星座并没有什么惊人之处，但它还是值得一提，只是因为它那几颗星星的名字很神奇：氐宿一、氐宿四、氐宿三和氐宿增一。

很显然，氐宿四（β 星）是你能看到的颜色最绿的星星。

位置：在南天星图上，天秤座位于右上方。

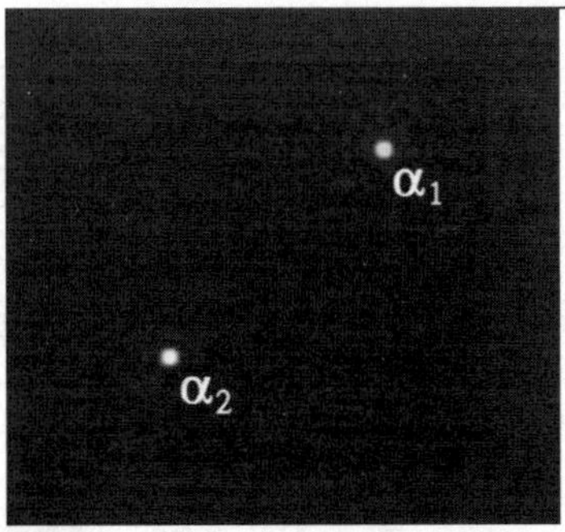

双星
氐宿一 天秤座 α 星
星等 2.8 和 5.2
两星间距 3′ 51″
颜色 浅蓝色和白色

变星
氐宿增一 天秤座 δ 星
星等范围 4.9 ~ 5.9
周期 2.327 天

↓ 这就是天秤座。它主星的名字叫氐宿一，意思是“天蝎南边的那只爪子”。这也表明，在遥远的过去，天秤座是天蝎座的一部分。

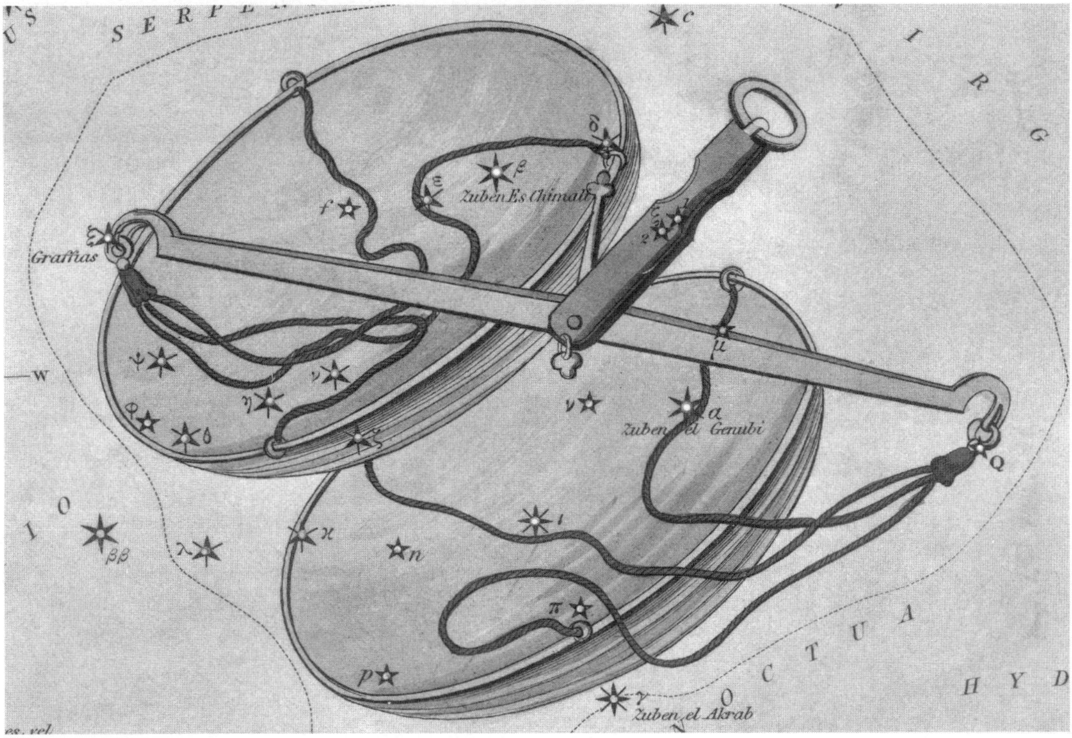

» 天蝎座

拉丁名称
Scorpius
英语名称
The Scorpion
缩写
Sco
拉丁语所有格
Scorpii

α 星
心宿二 /Antares
星等
0.96
恒星颜色
红色

小心，猎户！阿波罗派了这个可恶的蜇人的家伙来对付你了！这就是为什么猎户座和天蝎座被放在天空正对着的两端，这样猎户就没有麻烦了。

尽管从中北纬度你也能看到那颗明亮的心宿二，但除非你尽量往南走，否则你就看不到天蝎座的壮丽景色。它的整个 S 型曲线只有在低于北纬 40° 的地方才能看到，即下列城市以南：西班牙马德里、意大利那不勒斯、美国纽约和盐湖城、土耳其安卡拉，以及中国北京。

从前，天蝎曾经有过漂亮的爪子，后来被罗马人砍掉了，做成一个“新”的天秤座。

位置：在南天星图上，天蝎座位于中间偏右上方。

深空天体
M7
类型
银河星团
星等
3.3
面积
1° 20′
距离（光年）
800

在公元130年，托勒密曾描述过这个星团，此后它也被称为托勒密星团。它可能是星座中最美的深空天体，看看它的面积，是月球的两倍还多！

深空天体
M6
类型
银河星团
星等
4.2
面积
20′
距离（光年）
2000

这个精美的蝴蝶星团大约由80颗恒星组成。

双星
天蝎座 μ 星
星等
3.0 和 3.6
两星间距
5′ 30″

双星
天蝎座 ζ 星
星等
3.6 和 4.9
两星间距
6′ 30″

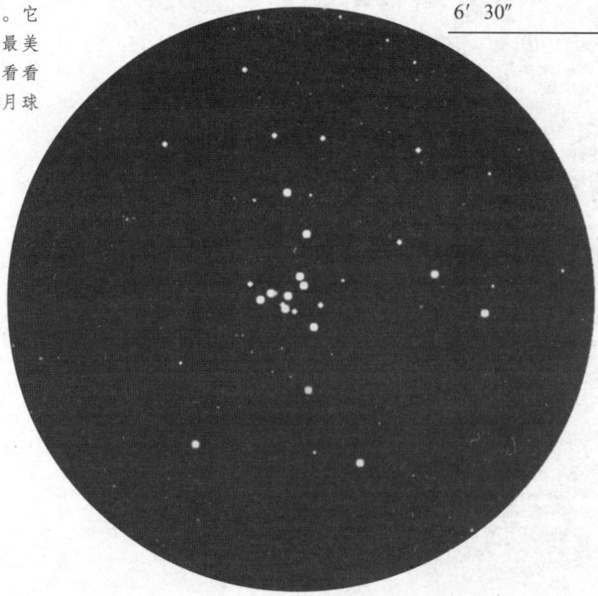

深空天体
NGC 6231
类型
银河星团
星等
2.5
面积
15′
距离（光年）
5900

这个银河星团也被称为桌形星团，是天空的精彩部分。

» 人马座

拉丁名称	Sagittarius
英语名称	The Archer
缩写	Sgr
拉丁语所有格	Sagitarii
α 星	天渊三 /Rukbat
星等	3.97
恒星颜色	浅蓝 – 白色

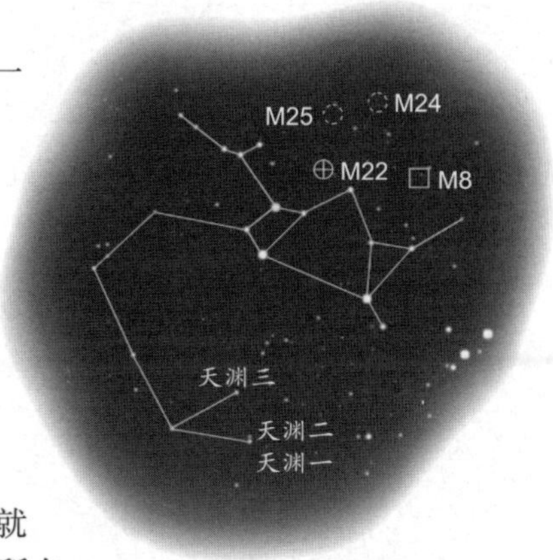

他是个射手，本来应该是背着一张弓，但是看起来却像个茶壶，哪里有弓的影子？把那里的几颗星星连在一起，你肯定看到的是能泡茶用的东西。

这个星座好像是不同文明的混合物，里面可能有苏美尔人和希腊人的影响，而名称则是由罗马人命名的。眺望这一部分的星空，实际上你就是直接看到了银河系的心脏。这就意味着这整个区域是银河系的精华所在，布满了各式各样的星云、星团和尘云，你可以在下面的列表和图片中看到。

位置：在南天星图上部的中间，你会找到射手，他还带着弓箭呢。

深空天体	M8
类型	星云
星等	5.8
面积	1° 30′ ×40′
距离（光年）	5 200

泻湖星云是由勒·让蒂尔于1747年记录下来的。它非常暗淡，在很清爽的夜晚才勉强可以看到。它的名称来自于一块蜿蜒曲折地穿过它、由尘埃构成的泻湖状黑暗地带，透过望远镜可以看见。

深空天体	M22
类型	球状星团
星等	5.1
面积	24′
距离（光年）	1 万

这个天体可能是由亚伯拉罕·伊勒早在1665年第一次记录下来的。事实上，它可能是我们确认的第一个球状星团。它和M13一样，值得被人关注。

深空天体	M24
类型	恒星云
星等	4.5
面积	1° 30′
距离（光年）	1 万

人马座恒星云是一个模糊的发光星体，比朦朦胧胧的银河稍微明亮一点儿。它的直径是月球的3倍，当然它的面积也相当大。

双星	天渊二和天渊一 人马座 β_1 星和 β_2 星
星等	4.0 和 4.3
两星间距	28.3′
颜色	浅蓝色和白色

这里没有这两颗星的图片，纯粹是因为它们相隔太远，这一页纸根本标示不出来！这两颗星相距极其遥远，在主星图上已经清清楚楚地标明在那里了。

← 在非常黑暗清晰的夜空，银河系的这个中心区域确实非常迷人，令人难忘。

天体	ANTON 8
类型	旧星座

← ↑ 悬浮在人马座茶壶上空的是已经飞起的茶袋座。

» 南三角座

拉丁名称
Triangulum Australe
英语名称
The Southern Triangle
缩写
TrA
拉丁语所有格
Trianguli Australis

α 星
三角形三 /Atria
星等
1.9
恒星颜色
橙色

给你 3 颗星星，你能组成什么图案？16 世纪荷兰航海家弗雷德里克·霍特曼和彼得·凯泽没费多大劲儿就做出来了一个……三角形！但是，这个星座可能要古老得多，因为它的星星很容易辨认，比与之相对应的北半球三角座要容易辨认得多。

位置：在南天星图中间偏右下方，这个三角形正在变几何魔术。

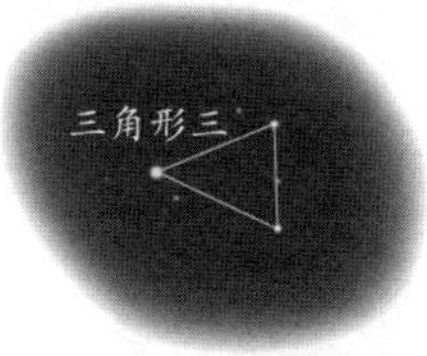

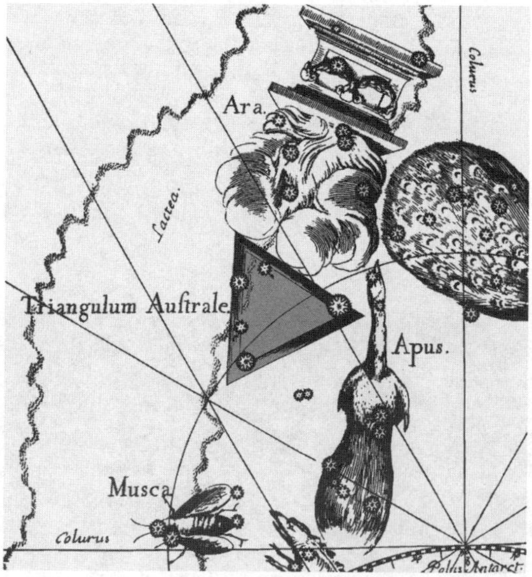

← 出现在赫维留的《星图学》上的南三角座，它临近天燕座和天坛座。

» 南冕座

拉丁名称
Corona Australis
英语名称
The Southern Crown
缩写
CrA
拉丁语所有格
Coronae Australis

α 星
南冕座 α 星 / α CrA
星等
4.1
恒星颜色
白色

这是希腊人设计的星座，描绘的是坐落在它隔壁的人马座的王冠。因此，在较早一些时候，罗马人把这个南半球曲线形的组合叫做人马座的王冠。银河流经这一区域，使它变得越发有趣。

位置：在人马座的“茶壶”下面找一找这个南冕座。

■ 10~12月的星空

在这个时期，随着地球绕着太阳公转，把人马座和天蝎座带到了天空的西边，我们失去了银河最明亮的部分。暗夜的天空中，北落师门高高地挂在中间偏上的地方，放肆的水委一在下面靠左一点儿的地方停留（当然，这要根据何时何地而定）。向东方看去，几个嬉皮笑脸的明亮家伙出现了：先是老人星，稍后是天狼星。除此之外，天空相当安宁。噢，还有壮丽的麦哲伦星云，随着我们进入12月份，它们达到了最辉煌的阶段。顺便问一声，你注意到没有，在一年的这个时节，有多少种鸟类星座在那里忽闪着翅膀到处飞翔呢？

星星看点

小麦哲伦星云
追寻整个波江座的轨迹
鲸鱼座著名的变星米拉
猎户座流星雨（高峰期处于10月21日前后）
大麦哲伦星云

银河星团
球状星团
星云
星系

←↓南半球春季星空

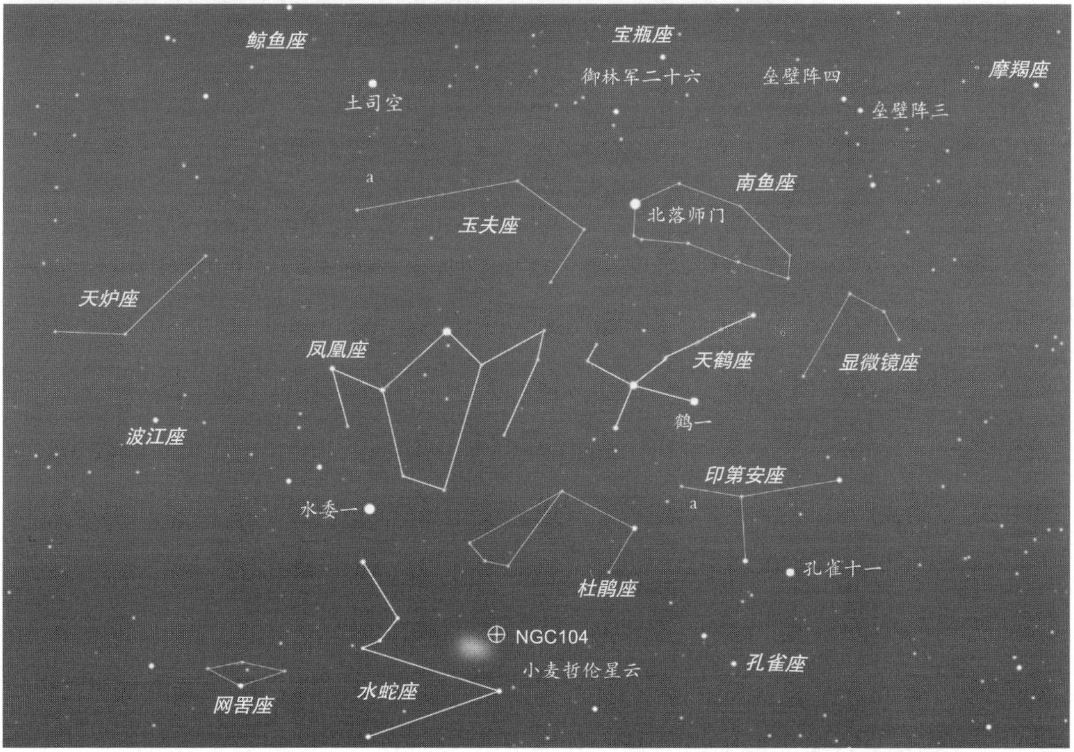

» 波江座

拉丁名称
Eridanus
英语名称
The River
缩写
Eri
拉丁语所有格
Eridani

α 星
水委一 /Achernar
星等
0.5
恒星颜色
浅蓝色

这条波江流经天空的很大区域，是一个古老的星座。这条河可能是太阳神的儿子法厄同创建的，目的无非是要把幼发拉底河与尼罗河连接起来。顺着这条河蜿蜒曲折往下走，你可以找到水委一，阿拉伯语意思为“河流的尽头”。一旦你找到了它（如果你向南走得足够远），你就看到了夜空中排名第 9 位的亮星。

波江座 ε 星是离我们第三近的恒星（排在南门二和天狼星之后），只有 10.7 光年。它可能也有行星，说不定还有人在行星上居住呢。

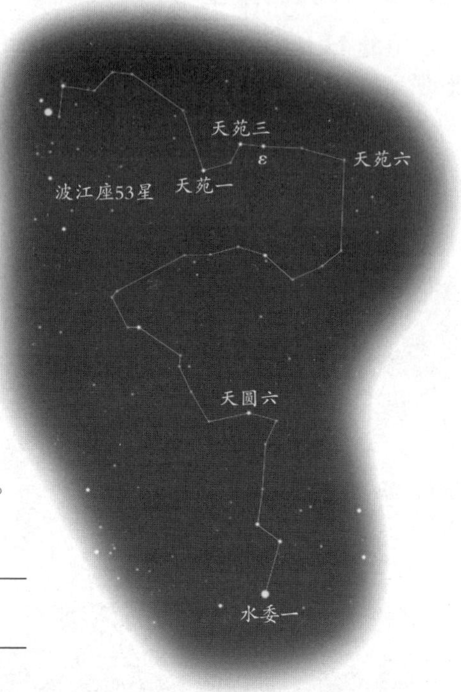

位置：在 1 ~ 3 月的南天星图上，波江的源头就在猎户座的亮星参宿七的右边不远处。

天体	类型
ANTON 6	旧星座
ANTON 7	旧星座

在以勃兰登王笏座这样精彩的名称命名了这个星座之后，波江座53星也被称为权杖。

天空右上角（如果你住在南半球，应该是左下角）有另一个被遗忘的星座，叫做乔治国王竖琴座。这个星座消失是因为发生了一次事故。由于粗心，那个竖琴被遗忘在了波江的河岸上，在一个暴风雨的夜晚，它被冲进了时光的河流之中。

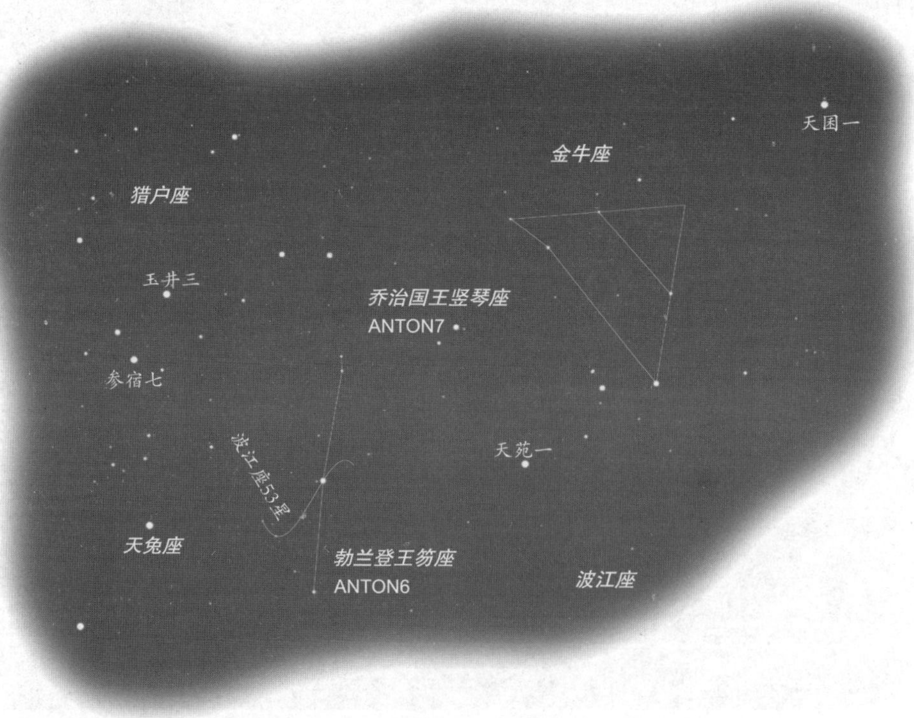

» 南极座

拉丁名称
Octans
英语名称
The Octant
缩写
Oct
拉丁语所有格
Octantis

α 星
南极座 α 星 / α Oct
星等
5.15
恒星颜色
黄色

在 1751 年前后，尼古拉斯·拉卡伊从南天极周围找了几颗暗得几乎看不到的星星，组建了这个星座。他设计出了这个航海仪器八分仪的星座，而它根本不可能被水手用来为他们指明航向。为什么他要这样设计，这将永远是个秘密，只有那个“疯子”尼克自己知道。目前我们发现的离南天极最近的恒星是南极座 σ 星，它的星等是 5.45，还配不上称为南极星。

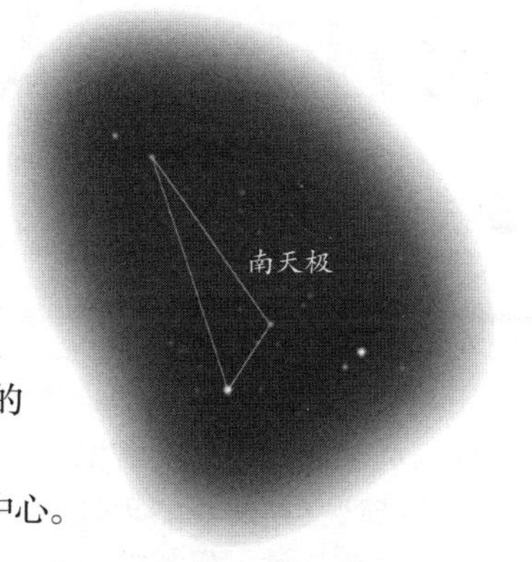

位置：南极座当然位于南天极星图的中心。

» 杜鹃座

拉丁名称
Tucana
英语名称
The Toucan
缩写
Tuc
拉丁语所有格
Tucanae

α 星
杜鹃座 α 星 / α Tuc
星等
2.9
恒星颜色
橙色

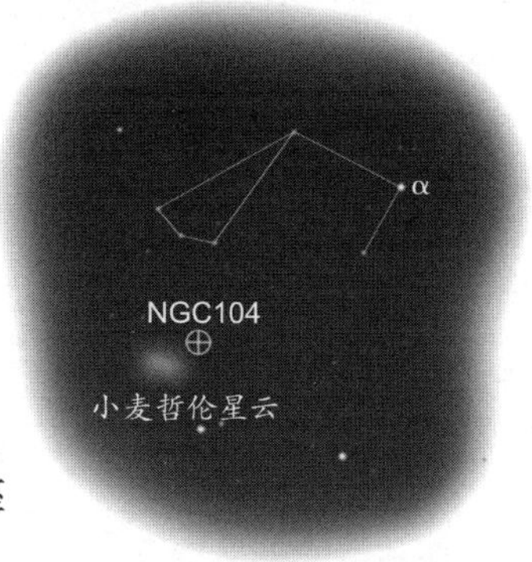

弗雷德里克·霍特曼和彼得·凯泽设计了这只鸟，而圣艾尔摩之火（传说在浓雾弥漫的海面上会出现成对的被称为圣艾尔摩之火的火球为船员指引方向）就在南天海洋的某个地方奔突忽闪着，给我们带来晴朗清澈的夜空。噢，那时候设计星图真容易啊。他们的朋友约翰·巴耶把这个星座放在了自己的《测天图》里。

杜鹃座内在波江座的水委一和南天极的中点上有著名的小麦哲伦星云，它是和大麦哲伦星云（剑鱼座）一起由麦哲伦发现的。它也是我们银河系的伴星系，直径 22000 光年，距离太阳系 19 万光年。 银河系和大小麦哲伦星云一起组成了一个三重星系。这里所说的“杜鹃”，指的是生活在南美洲的一种嘴巴巨大、羽毛艳丽的鸟，1603 年，德国天文学家巴耶尔为了纪念这种鸟的发现而命名了这个星座。

在我们银河系中有 200 多个球状星团绕着银河中心运转，杜鹃座 47 是第二亮的球状星团（仅次于半人马座的 ω 星团）。杜鹃座 47 所发出来的光要走 2 万年才会到达地球。观测表明，杜鹃座 47 中包含了至少 20 颗毫秒脉冲星。杜鹃座中亮于 5.5 等的恒星有 15 颗，其中的最亮星是 α 星，其视星等为 2.86 等，是颗巨星，距离为 130 光年。杜鹃座 β 星是双星，两颗星的视星等为 3.9 等。双子星的角距为 27.1″ 。

位置：在南天星图的底部，那模糊的一团就是杜鹃栖息在那里。

深空天体
小麦哲伦星云

类型
不规则星系

星等
2.3

面积
5° 19′ ×3° 25′

距离（光年）
19.6 万

小麦哲伦星云（SMC）又被称为NGC292，自古就被人们熟知，但在1519年麦哲伦环游世界之后，它才名声大振。

深空天体
NGC 104

类型
球状星团

星等
4.0

面积
30′

距离（光年）
1.34 万

古代天文学家们曾认为这是一颗恒星，后来发明了望远镜，才认定这是一个巨大的模糊星团。

月球、太阳和行星

■ 走近月球

拉丁语	英语	汉语
Sinus Aestuum	Bay of Heats	暑湾
Mare Anguis	Serpent Sea	蛇海
Mare Australe	Southern Sea	南海
Mare Cognitum	Sea of Thoughts	知海
Mare Crisium	Sea of Crisis	危海
Palus Epidemiarum	Marsh of Epidemics	流行病沼
Mare Foecunditatis	Sea of Fertility	丰富海
Mare Frigoris	Sea of Cold	冷海
Mare Humboldtianum	Humboldt's Sea	洪堡海
Mare Humorum	Sea of Humours	湿海
Mare Imbrium	Sea of Showers	雨海
Mare Insularum	Sea of Isles	岛海
Sinus Iridum	Bay of Rainbows	虹湾
Mare Marginis	Marginal Sea	边缘海
Sinus Medii	Central Bay	中央湾
Lacus Mortis	Lake of Death	死湖
Mare Moscoviense	Moscow Sea	莫斯科海
Palus Nebularum	Marsh of Mists	雾沼
Mare Nectaris	Sea of Nectar	酒海
Mare Nubium	Sea of Clouds	云海
Mare Orientale	Eastern Sea	东海
Oceanus Procellarum	Ocean of Storms	风暴洋
Palus Putredinis	Marsh of Decay	凋沼
Sinus Roris	Bay of Dews	露湾
Mare Serenitatis	Sea of Serenity	澄海
Mare Smythii	Smith's Sea	史密斯海
Palus Somnii	Marsh of Sleep	睡沼
Lacus Somniorum	Lake of the Dreamers	梦湖
Mare Spumans	Sea of Foam	泡沫海
Mare Tranquilitatis	Sea of Tranquillity	静海
Mare Undarum	Sea of Waves	浪海
Mare Vaporum	Sea of Vapours	汽海

观察月球，你会看到它上面有一些明暗不同的成片区域。古代的天文学家把那些黑暗的区域当成是海洋，把明亮的区域当成陆地。即使我们现在知道事实并非如此，但那些海洋的名称和水一样的特征仍然沿用至今，从表中可以看出来。

月球的历史可以追溯到大约46亿年前地球形成时期。关于月球形成最流行的理论是这样的：一个很大的天体撞击到地球上，击毁了地球的一些地方，碎片与这个天体夹杂在一起飘入太空，所有那些岩石状的物质在地球的周围形成一个圆环。在相当短的时间内，也许只有1年，这些岩石状的物质便凑到了一起，形成了月球。

你有没有感到很奇怪，为什么月球上有那么多陨石坑，而地球上却没有多少呢？这就需要我们从早期的太阳系里寻找答案。在那遥远的过去，很多天体在太空中到处乱飞，一会儿飞到这里，一会儿飞到那里。只要有东西挡住它们的去路，它们就朝那些东西撞上去。地球也不能幸免，被撞得不轻，但由于地球上大气、水和大陆漂移等作用，使地球上早期的陨石坑几乎被抹平不见了。月球则不然，它没有大气，因为它太小了，吸附不了多少大气。因此，所有月球上的东西都完好地保存着原来的状态，包括陨石坑以及其他东西。

» 月球地图的绘制

月球上的海洋是在月球与别的天体碰撞最厉害的时期形成的。那时候，月球表面被撞开了口子，使得它内部的熔岩物质流了出来，形成了这些广大的熔岩湖一样的黑暗景象。如果你要去月球，这些“海洋”是你着陆的好地点，因为它们都是些较为平坦的地方。你会发现，在20世纪60年代后期到70年代，“阿波罗号”宇宙飞船绝大多数时候都是在这些地方着陆的。

陨石坑主要是由彗星和小行星撞击月球形成的。就像你往池塘里扔一块石子会产生涟漪一样，月球的岩石也会向外飞溅，但是它们不同于水，它们很快就会凝固，于是给我们留下了陨石坑，实际上也就是一些凝固的涟漪。

1836年，英国天文学家弗朗西斯·贝利通过描绘并分析“贝利珠”现象得出结论：月球表面存在大型山脉。日食发生时，贝利注意到，尽管月球遮住了太阳，但是在月球边缘却存在一些明亮的小点，如同一串晶盈透亮的水珠，这就是“贝利珠”现象。贝利正确解释了这一现象的成因，即太阳光线穿过月球表面高山之间的峡谷时，产生了“贝利珠”。

↑ 月面地形图

1839年，法国绘画及摄影艺术先驱者路易斯·达盖尔使用银板照相法拍摄月球照片。随后，美籍英裔科学家约翰·德雷珀利用银板照相法正式拍摄了几组月球照片。随着科技的进步，更快更好的照相用感光乳液问世，使得拍摄月球更容易。不过在19世纪末之前，根据观测手工绘制月球地表细节图的工作一直没有停止过，这其中包括德国天文学家威廉·罗曼绘制的月球地图，以及于1878年出版的由德国天文学家约翰·施密特绘制的月球地图等。20世纪，科学家们才可以近距离拍摄月球。1945年，美国国家信号公司使用雷达反射绘制月球地图，而更细节化的照片则分别由20世纪50年代前苏联发射的“月球探测器号”以及20世纪60年代美国太空总署发射的“月神号”探测仪发回地球。

↗ 你能看见明暗区域合起来构成的“月球人”吗？

» 月球的运行

月球围绕地球公转1周的时间与它自转1周的时间相等，这被称为同步自转。土卫六环绕土星，海卫一环绕海王星，木卫一、木卫二、木卫三和木卫四环绕木星旋转，它们都是同步自转。同步自转意味着我们只能看到月球的一面，也就是“近月面”。

我们对“远月面”是什么样子一无所知，直到1959年，前苏联的太空探测器“探月3号”拍到月球背面的照片。那些照片显示，月球的背面同样布满了陨石坑，也没有真正的海洋。

不过，前面所述也并非十分准确。因为月球运行时会有被称为“天平动”的抖动，这样就使我们能够看到的月球表面只比一半稍微大一点儿。

另一个关于月球的词汇是朔望月。它是指月相重复出现需要的时间，也就是从一个满月到下一个

↗ 现在请看这张盈凸月的精彩图片。

↓ 月球围绕地球逆时针公转（从北极上空看过去），每隔29.5天月相完成1个周期。在这幅图中，太阳位于左方，持续照亮月球表面的一半，但是我们看到照亮的这一半有多大取决于月球在它轨道上的位置。里面一圈白色的月球是围绕地球公转所在的不同位置，外面一圈带标志的浅棕色月球表明了它此时的月相。

满月，或者从一个新月到下一个新月所经历的时间。这个时间是 29.5 天，称做太阴月。如果你看到一个满月，那么下次的满月将会在 29.5 天之后出现。阴月和一个日历月是大约相同的时间，这绝非是个巧合。这也就是月份这个词的来历，它的本意应该是月的时间。

» 观测月球

学习有关月球的知识跟学习星座知识的过程相同。如果你慢慢来，你就能轻而易举地找到门路。

前面的月面图可以帮助你辨认月球上明亮和黑暗的区域，这些你只需抬头看一下就能看到。但是，和所有的观测一样，如果你多观察两眼，月球就会向你展示更多的细节：由于古代撞击而产生的明亮光线遍布月球，使得月球表面呈现出斑驳的形状。还有就是陨石坑，其中有 3 个比较著名：哥白尼、阿里斯塔克和开普勒。它们非常突出，是因为它们都坐落在黑暗的风暴洋的明亮区域的中心。

观察刚刚提到的那些特征的时间是在满月前后，但娥眉月、半月和凸月的月相也呈现出有趣的景象。（凸月是指半月和满月之间的月相。）请特别关注阳光照亮的部分和黑暗部分之间的界

限，这条线被称为晨昏线。

正是这条晨昏线，我们有时候能够见证太阳照亮了其两侧的月球特征。这样就使得我们的眼睛能够看到若隐若现的山峦、陨石坑、山脊和山谷，这些都撩人心魄。有时候我们看到的整条晨昏线的样子是像锯齿那样参差不齐，这就表明月球表面是崎岖不平的。还有，因为月球不停地绕着地球公转，它的月相也就在不断发生变化。

同样地，晨昏线也就不断地展示出月球上不同的明亮和阴影部分。如果你不相信，可以自己去看一看。

月球在大白天也可以很容易看到，只是因为明亮的蓝天，它才显得不那么突出。

↗ 月球上明暗相交的地方非常有趣，值得观看。它能揭示出月球表面的特征，看上去经常是“锯齿状”的。

事实上，有一个因素造成出现在黎明的天空中的亏月没那么明亮，就是月球表面的那些黑暗“海洋”区域。

根据你在地球居住位置的不同，月球看上去很不一样，不仅是它在天空中的形状，而且它的运动都不一样。

拿晚上出现的盈月来说，这是由于地球反照形成的正对着的月相：明亮的部分是由太阳照亮的，其余部分是由地球反照的。这就是在同一时间从地球的不同地点看到不同的月相的原因。因此，如果你对此还不太习惯，那么月球看上去就好像很怪异。

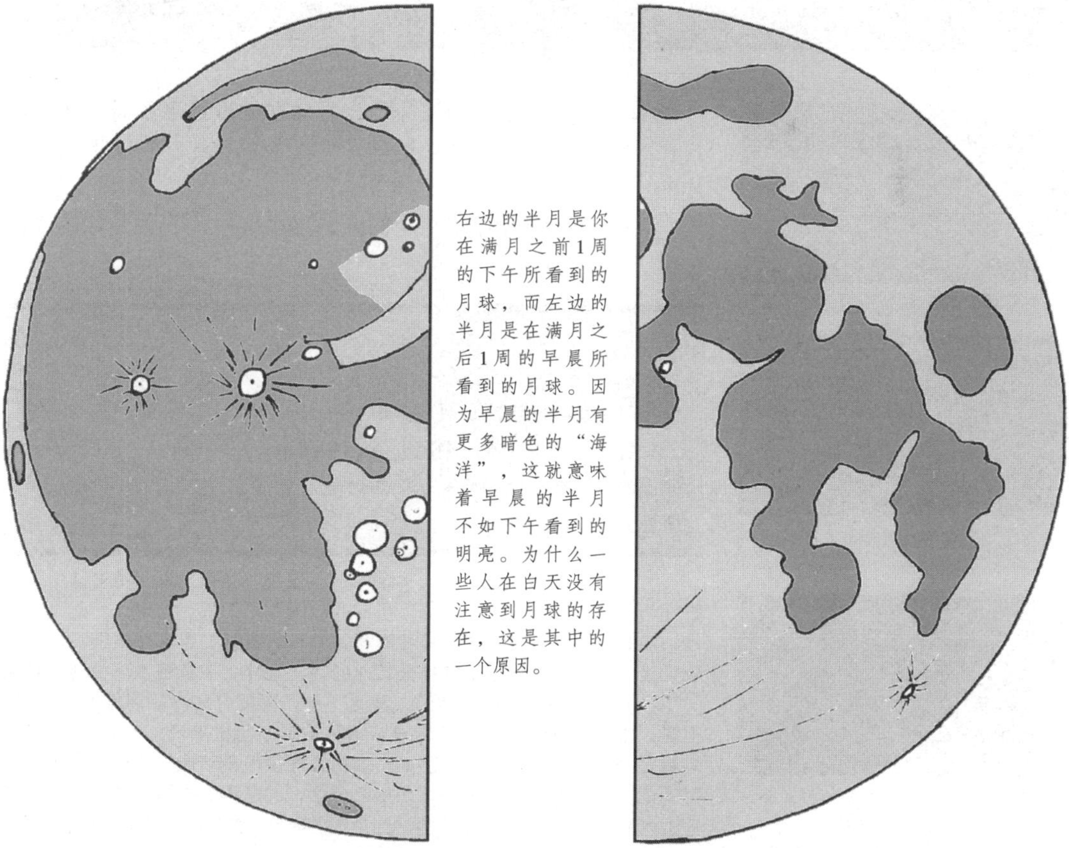

右边的半月是你在满月之前1周的下午所看到的月球，而左边的半月是在满月之后1周的早晨所看到的月球。因为早晨的半月有更多暗色的“海洋”，这就意味着早晨的半月不如下午看到的明亮。为什么一些人在白天没有注意到月球的存在，这是其中的一个原因。

↗ 这是早晨的亏凸月。

↗ 这是北半球中纬度地区看到的娥眉月。

↗ 赤道地区看到的同一个月球是这个样子的。

↗ 南半球中纬度地区看到的同一个月球是这个样子的。

有一种荒诞不经的说法是，月球在贴近地平线时要比高高挂在空中时大一些。这只是个光学错觉，当然，它看上去是那样的。

对于那些对月球感兴趣的人，这里有一些有关月球的基本数据。

直径	3475.5千米
与地球平均距离	38.44万千米
恒星月（意思是它围绕自己的轴心转动一周所需时间）	27.32天*
太阴月（意思是它的月相每重现一次的时间）	29.53天
轨道速度（意思是它绕地球转动的速度）	3680千米/小时
质量	73.5×10^{21}千克

*注意，恒星月的长度与太阴月的长度并不相等，即月球自转一周的时间与从一个满月到下一个满月所需的时间并不相等。如果你对此不感兴趣，没关系，请跳过这里，接着阅读月食和日食。如果你感兴趣，你只需要记住一点，即月球在绕地球公转的同时，地球也在绕着太阳公转。想象一下，假如地球在自己的轨道上静止不动，恒星月和太阴月就会相等了。但是，地球在围绕着太阳公转时，相对于其他恒星来说，太阳也在运动。这就是为什么在黄道十二宫图上，太阳会慢慢地移动位置。在大约1个月时间内，太阳在黄道上移动几乎十二分之一的路程。这样的话，月球还得追上太阳，要做到这一点，它需要两天多的时间，因此就造成了上述的不同。

■ 月食和日食

» 月食

月全食只是月食的 3 种形式之一。另外两种是月偏食和半影月食，但是无论从哪一方面来说，它们都没有月全食那么激动人心。一个完整的月全食只有在满月的时候才会发生，此外还需要太阳、地球和月球在太空完全处于一条直线上。站在地球的北极向上望，我们可以看到月球有怎样的变化。

下图中，被太阳完全照亮的月球从位置 1 开始运行到地球的阴影里。然后经过几个小时的行程，月球运行到了太阳正对面的天空，在那里地球把太阳照在月球上的光线完全遮挡住了。通常这种情况发生在满月的时候，不过承蒙这 3 个天体的好意，它们现在已经站成了笔直的一排。

↗ 2001年1月9日20时18分的月全食。月全食是一种奇异的景象：这颗红色的天体坐落在满天星斗的空中，看起来就像是一颗外星球飞来地球做客。在这张照片中，你可以看出来周围有轻度的灯光污染。如果你离开街灯和城市越远，天空将会变得更暗、更清晰。

你也许会注意到，月球的左侧在这期间逐渐变暗，在到达位置 2 的时候，月食就到了全食阶段。但奇怪的是，此刻月球经常是呈现出浅红色、橙色和棕色混杂在一起的颜色，很少完全是黑色。这是因为太阳光还是能间接地照到它身上：地球的大气层过滤了太阳的其他颜色，只让其中红色的光线穿过，从而微弱地照到月球上。

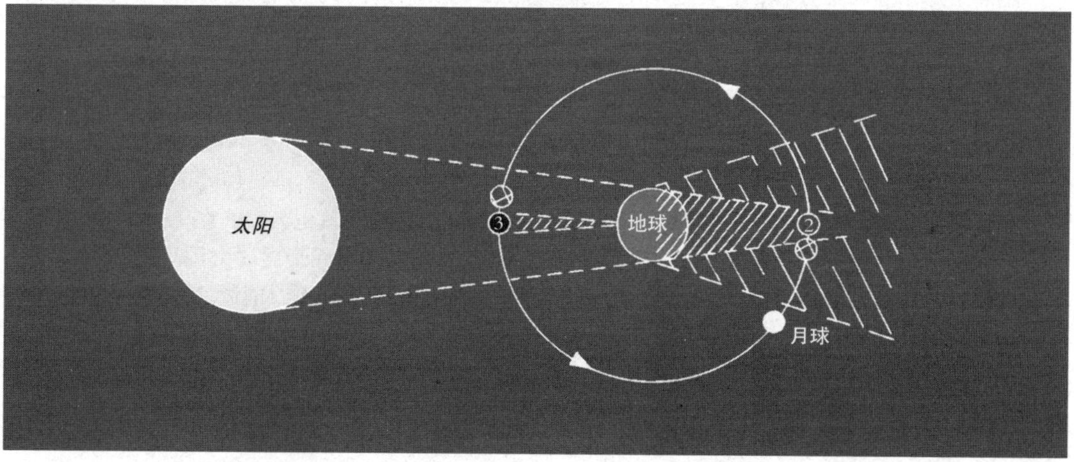

↗ 这张月食和日食图并非绝对精确，只是示其大意。要使月食或日食发生，需要具备太阳、地球和月球出现在特定位置。当在位置1时，没有月食或日食发生。只有三者运行到一条直线时，我们才会看到月食或日食。因为在这个时候，地球的影子可能会落到月球上（发生月食，月球处在位置2），或者月球的影子可能会落在地球上（发生日食，月球处在位置3）。

在大多数的月份，月球在地球的阴影上方或是下方运动，因此不是每个满月之时都发生月食。但一般来说，每年至少总有一两次这 3 个天体排成一行的时候。

» 观测月食的超级提示

随着进入月食阶段，月球逐渐变得昏暗，天空自然也就变暗了。你可能还没有意识到，满月的亮光把蓝天冲刷成模糊的一片，只有那些比较明亮的星星才可以看到。在月全食期间，月球变暗就意味着那些较暗的星星也能露出脸来，因此我们就会看到天空中有种怪异的景象 :（通常是）一个暗红的月球被一些闪烁的小星星围绕着。你自己去看一看，就会明白这是什么意思。

月食全食阶段可能会持续 1 个小时到 1 个半小时，因此这是个缓慢的过程。你不需要什么特殊的设备，如果你的房子正对着月食发生的方向，你甚至都不用出门！你只需要出神地凝望着窗外，就像被施了魔法一样，这也是一种奢侈的享受。

» 日食

如果一只猫走在阳光灿烂的大街上，然后走进一座大厦的阴影处，你可以说，猫看到太阳正在被大厦“吞食”掉。比大厦大得多的天体也会发生同样的事情，比如说月球，当然月球的阴影要大得多。实际上，月球阴影的直径接近 3500 千米。这种情况发生在太阳、月球和地球排成笔直的一条线的时候，如上页那张超级月食和日食图中显示的，新月运行到位置 3 的时候。

↗ 1984年5月30日黄昏时分出现的日偏食

因为月球比太阳要小得多，所以产生的阴影实际上是一个圆锥形状（注意图中也有所标示）。当月球在它的公转轨道上运行且离地球足够近的时候，我们发现它的阴影的圆锥顶点刚好到达地球。此时此地就会产生一个完全的日食，或称为日全食。因此，这种类型的日食只有在地球的某些区域才能看到。

随着月球沿着轨道公转，它在地球上的阴影以大约 3200 千米 / 小时的速度运行（这是非常粗略的估计，因为阴影的速度在不断变化 : 地球表面凸凹不平，照到地球上的阴影运动的速度也就或快或慢）。图中的区域是被全食完全覆盖的路径，如果你站在这条路径里，就可以看到日全食。如果你站在这条线以北或以南的地方，那么你只能看到日偏食，也就是太阳只有一部分被遮住。

当然，太阳、月球和地球三者排成一条直线可以形成日食，但是并不一定也能刚好让月球阴影的圆锥顶点落在地球上。这样的话，我们所能看到的最好情形也就只是日偏食了。

日环食是由月球公转轨道的椭圆性引起的。由于月球沿着椭圆轨道公转，在 1 个月的时间里，它有时候离我们较近，有时候较远。当它离我们足够远的时候，看起来要比太阳小得多。如果这时候太阳、月球和地球碰巧排成一条直线，那么月球就不能够完全遮住太阳，我们可以看到太阳光像一个圆环围绕着月球，这就是日环食。

和月食一样，日食也并非每个月都会发生，主要是基于这样的事实 : 月球围绕地球公转的轨道和地球围绕太阳公转的轨道之间有所倾斜，倾角为 5° 。这就意味着，在新月期间，月球的阴影通常从地球的上方或下方经过。

但是，每年至少会有两次，三者处于同一直线上。那时月球阴影的一部分可以垂落在地球表面，在地球的某些地方我们可以看到日偏食、日环食或日全食。

» 观测日食

第 1 次接触：这是月球开始在太阳前面运动的时刻。你将会看到，月球正慢慢地、一点点地把太阳“咬掉”。

变暗的天空：大约有半个小时的时间，你可能不去理会其他的东西，只注意日食正在发生。因为光线变暗是逐渐发生的，太阳这个大圆盘非常明亮，足以与不断吞食它的月球相抗衡。

树木：尽量找棵树，透过树叶观察斑驳的阳光。通常树叶的针孔效应会把阳光投射到地面上，形成无数的圆圈。在日食期间，这些斑驳的光影会变为成百上千的娥眉状。

恒星和行星：在全食之前天空可能非常暗，那些比较明亮的恒星和行星就会映入眼帘。

植物和动物：小鸟纷纷飞回它们的巢穴，夜行性的动物可能会跑出来。你可以听到有猫头鹰在叫，看到有些花儿开始把花瓣闭合上。气温也会下降，到全食的时刻，甚至可能会寒气逼人。

第 2 次接触：就是它！全食的时刻到了。这时候你需要眼疾手快，因为此刻有很多事情同时发生。你也许会目睹月球从西边的天空飞速穿越大气层把阴影投向你，而与此同时，正在消失的太阳的最后一部分只有透过月球表面起伏的山峦和谷地才能勉强看得见——这一效应我们称之为“贝利珠”。就全食而言，你只有 1 秒 ~ 7 分 30 秒的时间来欣赏这一壮美的景观。只有在全食的时候，我们才可以看到太阳的外层大气，也就是日冕。这是一种珍珠白的精巧构造，是由从太阳发出的日冕射线构成的。然后，经过非常短暂的时间，这一切都结束了……

↗ 第1次接触：月球慢慢地运行到太阳的前面。

↗ 全食：奇迹持续2分30秒。

↗ 第3次接触：“钻石环”效应宣告全食阶段结束。

第 3 次接触：这是人人鼓掌欢呼的时刻。太阳从月球背后偷偷地露出脸来窥探，刚才还乱哄哄的一片现在恢复了平静。因为在全食期间你的眼睛逐渐适应了黑暗，现在重新出现的太阳光就显得格外刺眼，再加上月球周围的发光，这些合在一起称为“钻石环”效应。在接下来的 1 小时 20 分钟时间里，日食过程就好像刚才的一切倒过来重新播放一样，然后一切都慢慢地复归正常。

第 4 次接触：月球“咬”了太阳最后一下后就松开了口，太阳又重新变成了“完整”的大圆盘。

只有在日全食的情形下，你才能看到所有这 4 次接触。在日偏食的时候，在从第 1 次到第 4 次接触的过程中，太阳被月球遮挡的程度会有不同的变化。

» 安全观测日食

只有在全食那短暂的几秒或几分钟时间里，你才可以用肉眼直接观看太阳而不会受到伤害。如果没有专门的预防措施，你千万不能直接用肉眼观看任何日偏食，那是很危险的。在日全食发生的偏食阶段，即使太阳有 99% 的部分都被月球遮挡，那剩下的 1% 娥眉状部分的太阳光线仍然

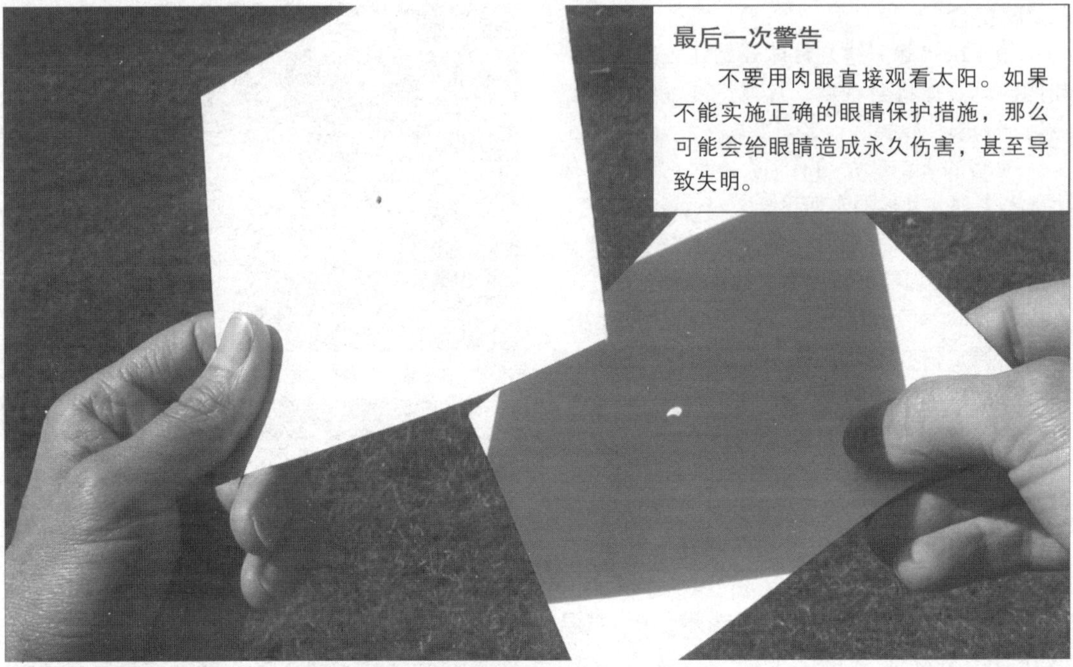

最后一次警告

不要用肉眼直接观看太阳。如果不能实施正确的眼睛保护措施，那么可能会给眼睛造成永久伤害，甚至导致失明。

相当刺眼。如果没有适当的措施保护眼睛，不能直接对着太阳观看。

关于观看日食，还要破除一个很危险的迷信说法，不要通过观看水塘中的倒影来观看日食。在水中，太阳光只是稍微有些暗，但仍能给你的眼睛造成足够的伤害。

你可以买一副日食观测器，这样就能够清除所有危险的辐射和 99.9% 的光线。如果你决定要使用日食观测器，则要确认它上面有正规的认证标志，而且没有丝毫损坏。有些专家建议，不论什么情况你都不应当观看太阳，但就你而言，仍需要具备一些常识。有些人认为，哪怕是瞟一眼太阳都可能给眼睛带来无法弥补的伤害。

» 针孔观测日食步骤指南

最简单、最安全地观测日偏食或日环食（或日全食的偏食阶段）不需要什么复杂的设备，只要两张卡片就行了。在其中一张卡片上扎个小孔，让太阳光从小孔穿过照在另外那张卡片上。就这么简单！当日食发生的时候，小孔会把月球在太阳前面经过的图像投影在卡片上。记住：不要用眼睛透过小孔去看太阳。如果你发现成像效果不太理想，则尽量把小孔弄圆一些，或者尝试着把小孔稍微弄大一些或小一些。运用你的智慧，首先应把针孔扎小一点儿！

■ 八大行星

我们知道，围绕太阳旋转的有 8 颗行星：水星、金星、地球和火星相对来说比较小，为岩石构造；而木星、土星、天王星和海王星要大得多，由气体构成。

我们知道在离太阳更远的地方肯定还有更多的天体，它们可能比冥王星要大得多。2003 年 11 月 14 日，我们发现了一个新的冰冷世界，名字叫做赛德娜，当时有一段时间它是行星的可能候选者。很遗憾，经过仔细计算，结果证实这颗星只有冥王星的一半大小，因此它被划归为“较小的行星”或称“小行星”。但是，我仍信心百倍，相信随着望远镜和探测方法的改进，将来肯定能在太阳系再找到一颗行星。

这一组神奇的行星是怎样形成的？在大约 50 亿年前的太空里，我们会看到犹如暴风骤雨的景象。在引力的作用下，一大块由尘埃和气体组成的云状物（太阳星云）的一部分凝结在一起，随着它们的运行，产生出非常大的热量和能量。这些结块的其中一块后来变成了太阳。这个“结块”的一个奇异现象是，你给它增加物质，它的引力就变得更强。因此，随着太阳逐渐形成，它的引力也在不断增强。这就意味着，一个由尘埃物质组成的大圆盘也正在形成，它后来演变成那些行星。

大约 47 亿年前，当这个结块的温度达到了 1000 万摄氏度（这是个神奇的温度点，到达这一点的话，可以引爆原子反应堆），太阳最终开始了它为期 100 亿年的生命周期，产生出辐射冲击波，在快乐成长的行星圆盘中爆炸个不停。附着在圆盘周围较轻的气体被新形成的太阳吹得更远，这就是为什么我们发现那些气体巨人都处于太阳系的外层。那些较重的坚硬物质能够经受住爆炸的冲击，它们呆在原来的位置，由此形成太阳系岩石状的内层行星。

↗ 把八大行星放在一起，由此你能够真切地看到它们的大小差异。不难看出，木星是这些行星里面个头最大的，你可以把1300个地球塞进木星里面。在木星之后，土星非常突出，因为它有太阳系最精美的行星光环。与它的光环相比，木星、天王星和海王星的光环简直不值一提。

综合起来考虑，太阳现在正处于它生命的中间阶段。因此，我们还剩下只有 50 亿年的时间，在此期间，太阳会逐渐膨胀变成一个红色巨人，把地球烤得又焦、又脆、又干。在此之前，我们要赶紧制造出宇宙飞船，尽快找到一个新家。

要想看太阳系各个行星怎样搭配得浑然一体，其中一个最好的办法就是比较它们与太阳的距离以及它们与地球的距离的关系。地球距太阳的平均距离被称为 1 天文单位（AU）。现在来比较一下我们的邻居：水星为 0.39AU，金星 0.7AU，火星为 1.5AU，木

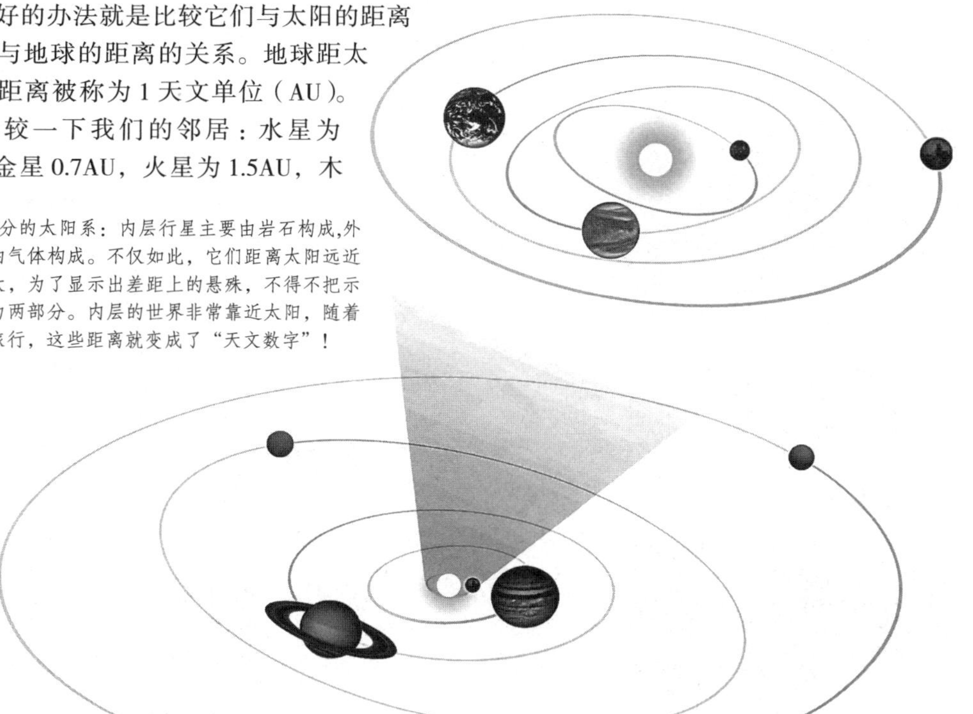

→ 分成两部分的太阳系：内层行星主要由岩石构成，外层行星主要由气体构成。不仅如此，它们距离太阳远近差别也非常大，为了显示出差距上的悬殊，不得不把示意图劈开分为两部分。内层的世界非常靠近太阳，随着我们向外层旅行，这些距离就变成了“天文数字”！

星为 5.2AU，土星为 9.5AU，天王星为 19.2AU，海王星为 30.1AU。请注意，内层行星的数字相对接近地球 1AU 的数值，而越往太阳系外层，数值差别就越大。随着我们向太阳系外层走去，会发生下述 3 件事情：①太阳看上去显得越小，意味着每颗行星得到太阳的热量也就越来越少。②同理，离太阳越远，太阳光线也就越少，等你到达海王星的时候，太阳看起来就像一颗较为明亮的星星。③离太阳越远，行星受到太阳的引力就越小，它们公转的速度也就越慢。当然，外层行星围绕太阳的公转轨道更大，它们要走的路程也更远，就像跑道的外圈和内圈那样。因此，我们发现，水星环绕太阳公转一周只需要 88 天，而海王星却要 165 年！

让我们暂时忘掉太阳系。天文单位也可以用来代替光年，这样可以更好地弄清楚离我们最近的恒星比邻星究竟有多远。我们发现，它的距离为 268 710AU。你能想象出那有多远吗？

» 水星

这个太阳系最靠内的行星公转速度最快，比地球公转的速度快 4 倍。来自太阳的高温不允许水星存在任何大气层，没有了这个调控体系的存在，水星白天温度可高达 400℃，而在晚上温度会一下子降到－170℃。要是那样的话，你的身体受得了吗？要么被烤得焦脆，要么被冻成碎片？水星可不是个宜居的度假胜地。

直径	4878千米
与太阳平均距离	5790万千米
公转周期（1水星年）	88天
自转周期（1水星天）	58天15小时30分
等级	最小
外观	非常近似月球——灰色，有大量陨石坑

水星是一个相当小的行星，我们常用“难以捉摸”来描绘它。我们很难找到它，因为它离太阳最近，从来也不会高出黎明或黄昏的地平线。信不信由你，甚至有些天文学家也没看到过水星！但是，如果你知道在哪里，确切地说知道在什么时候观看它，那么还是能够相当容易地看到它的。由于太空中存在各种各样的倾角，因此，观看水星的最佳时间是在北半球春季（南半球秋季）的夜空，或者北半球秋季（南半球春季）黎明的天空。

↘ 2001年5月24日21时。在这张拍摄于马霍卡岛阿尔库迪亚（西班牙东部城市）的照片上，水星位于月球之上。

↓ 2003年5月7日8时30分。水星偶尔会穿越太阳的大圆盘，即凌日。要观测这种现象，需要使用非常安全的观测方法（就像观测日食那样）。在这幅图片上，左下方的小污点是一颗太阳黑子（太阳表面温度较低的地方），而中间稍上那颗孤零零的黑点就是水星。它们看上去好像处于同样远的位置，但实际上水星离太阳有将近5 800万千米的距离。由此，你可以想象太空有多么辽阔。

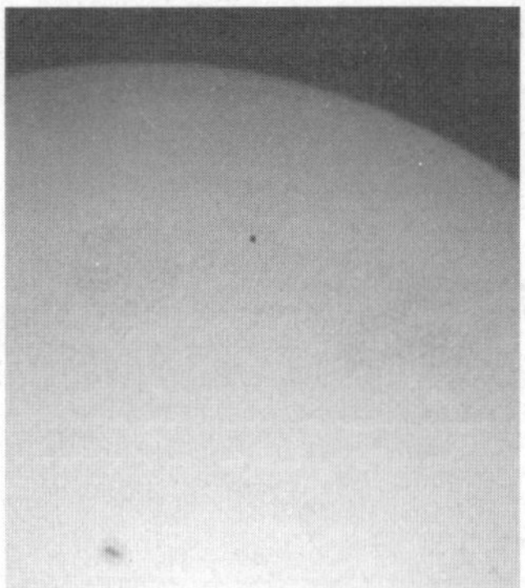

↓ 这是1974年3月“水手10号”探测器第一次飞越水星时拍摄的，是由18张图片拼成的水星图片。

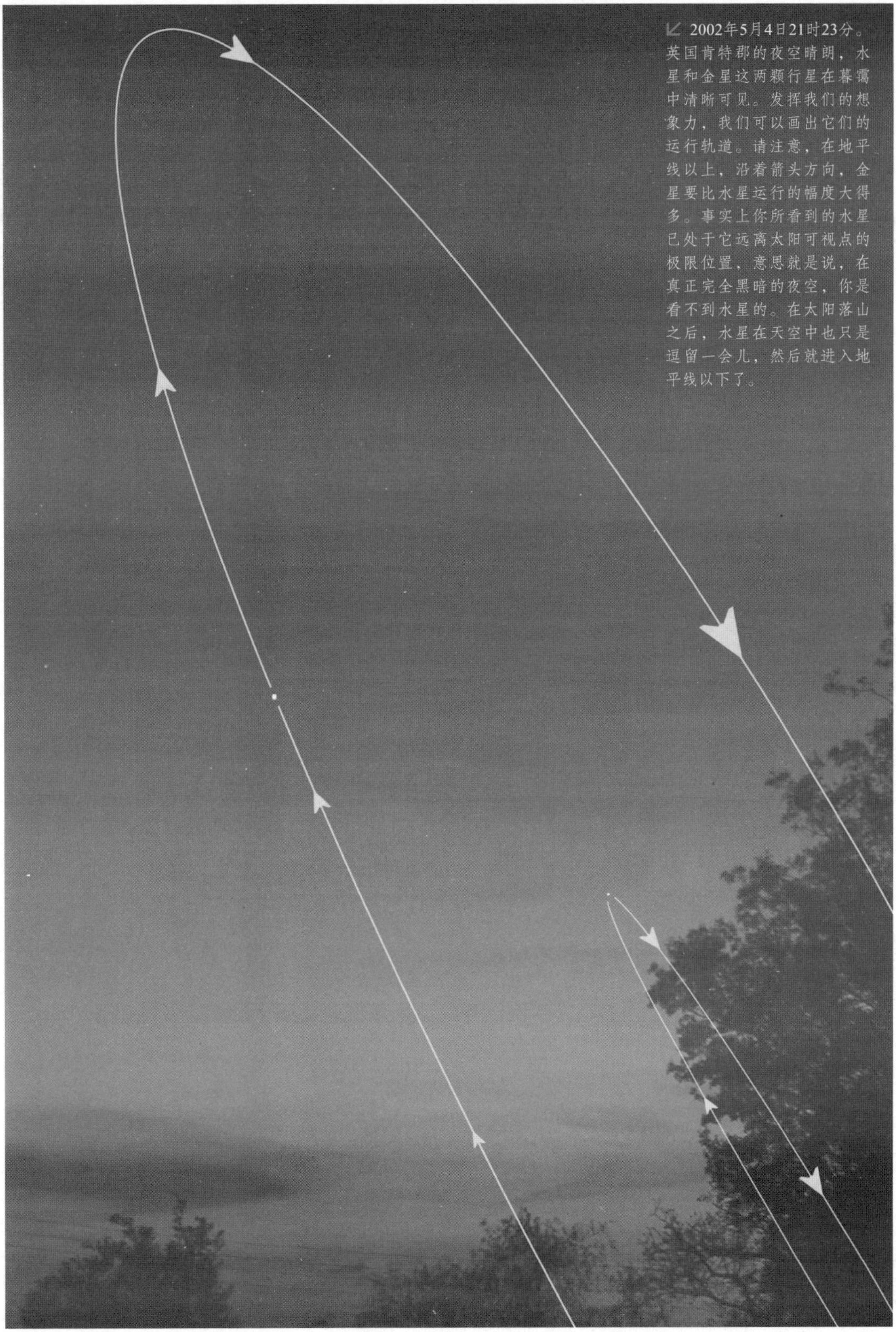

↙ 2002年5月4日21时23分。英国肯特郡的夜空晴朗，水星和金星这两颗行星在暮霭中清晰可见。发挥我们的想象力，我们可以画出它们的运行轨道。请注意，在地平线以上，沿着箭头方向，金星要比水星运行的幅度大得多。事实上你所看到的水星已处于它远离太阳可视点的极限位置，意思就是说，在真正完全黑暗的夜空，你是看不到水星的。在太阳落山之后，水星在天空中也只是逗留一会儿，然后就进入地平线以下了。

» 金星

这颗离太阳第二近的行星围绕太阳公转比自转要用更少的时间，意思就是，金星上的一天要比它的一年时间还长！金星比其他任何行星离地球都要近，只有4050万千米，刚好是月球到地球距离的100倍。

直径	12104千米
与太阳平均距离	1.082亿千米
公转周期（1金星年）	224.7天
自转周期（1金星天）	243天零 30分
等级	体积第6位
外观	就像多云的天气

金星可能是天空中除太阳和月球之外第3明亮的天体。这就意味着，有时候我们在大白天也能看到它，而在夜晚它也有可能像月球那样投下阴影。金星之所以这样明亮是因为它表面覆盖着毛茸茸的白色云朵，这些云朵是由可以致人死亡的二氧化碳组成的，能够把照在它身上的65%的阳光反射出去；再一个原因就是，金星比其他任何行星离地球都要近。无怪乎古人把金星称为长庚星（晚星）或启明星（晨星），当然，这取决于人们能够什么时候看到它。但是，只要人们能看到它，它自然是当之无愧的。

在极少数情况下,我们可以看到(要做好防护措施）金星正在从太阳面前经过。这种所谓的“凌日”（transit）现象每隔100多年才结对发生一次。上一次的凌日现象发生于2004年6月8日，这一对的后一次会出现在2012年6月6日。如果你错过了这次,那么你就只好等到2117年11月11日了!

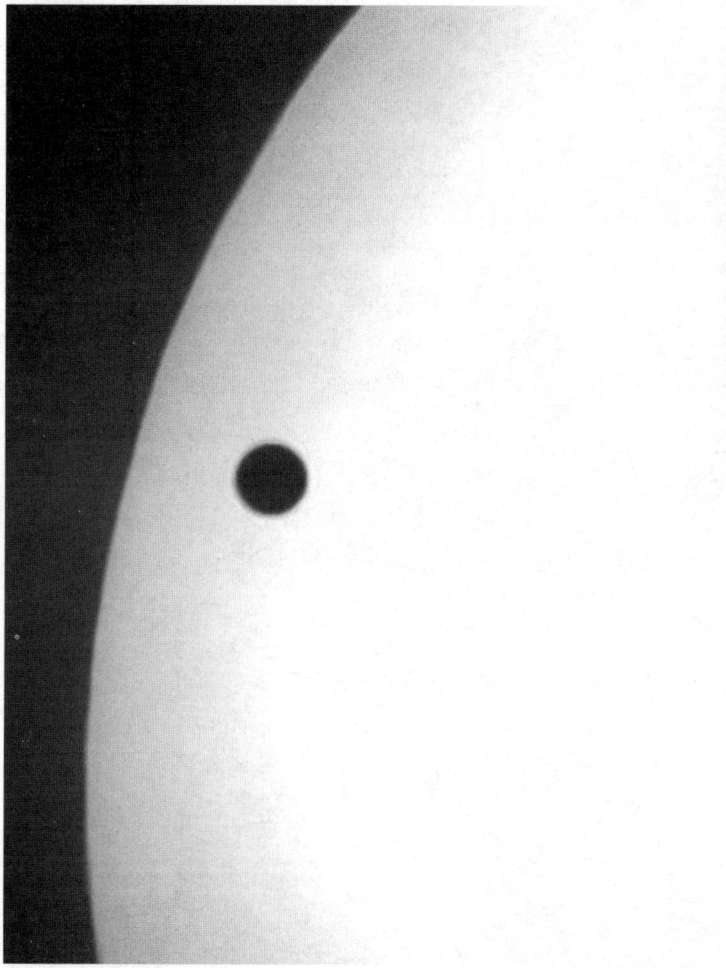

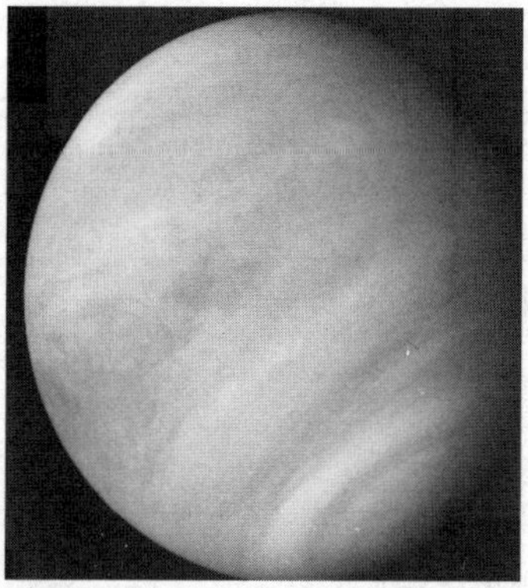

↗ 早在1973年2月，“水手10号”探测器在飞往水星的途中，抓拍到了这张云雾笼罩金星的图片。事实上，这是探测器首次使用一种新的技术，这种技术被叫做“引力助移”，现在它已经广泛应用于所有深空天体的探测。

← 2004年6月8日星期二。在过去的121.5年间，这是我们第1次看见金星飞越太阳。历史上，这是观测金星凌日最多的一次。与一年前水星凌日的那个微小雀斑相比，这次金星在太阳上映出的斑点大得令人目瞪口呆。正如有人评论的那样：“好像是谁一拳在太阳上打出一个大窟窿。”

↑ 2000年12月28日16时57分。金星和月球出现在傍晚的天空，真是好看，尤其是此时的金星最为明亮。

← 2000年12月29日16时50分。图片里是我们两个最近的邻居月球和金星，是在上面一张图片过后第2天拍摄的。从图片中可以清晰地看出月球每天都在移动。第3天晚上，娥眉月出现的位置较为靠上，位于金星的左方。

我们的行星围绕太阳公转，两者之间的距离需要你步行 2123 年或者驾车以 90 千米 / 小时的速度行驶 193 年。我们有一颗天然的卫星也就是月球，它正非常缓慢地按照螺旋轨道离我们而去，速度为每 2.8 万年 1.5 千米。这就意味着，将来它会看起来更小，直到有一天日全食不再形成，因为那时月球已不够大，不能完全遮盖住太阳的大圆盘。如果没有火箭的话，将来那一天可真是个不幸的日子。

直径	12756千米
与太阳平均距离	1.496亿千米
公转周期（1地球年）	365.25天
自转周期（1地球天）	23小时56分4秒
等级	体积第5位
外观	70%被水覆盖，因此是个蔚蓝的世界

地球的大气层大约 78% 是氮气，氧气占 21%。

← 1972年12月7日"阿波罗17号"拍到的地球。这是我们第1次从太空中看到地球的南极。（左图）

← 从月球轨道拍摄到的凸地相。（右图）

↑ 到目前为止，只有27人亲眼目睹过地相（图片中为半地相），也就是说，只有这么多人曾经到过月球。这张图片来自"阿波罗10号"名叫查理·布朗的指挥舱，是一个名叫史努比的月球着陆器在1969年5月处于月球轨道时拍摄的。但可能的情况是，在20世纪70年代早期，美国国家航空航天局可能执行过几次秘密的登月任务。这就意味着有更多的人登上过月球，目睹了地相这一神奇的现象。地球沿着独特的轨道绕太阳公转：如果我们离太阳过近，就会感到太热；如果离太阳过远，就会太冷。这是一条所谓的"宜居地带"，意味着我们拥有适宜的大气层和液态水，所有这一切都有利于生命的诞生。

» 火星

直径	6787千米
与太阳平均距离	2.279亿千米
公转周期（1火星年）	686.9天
自转周期（1火星天）	24小时37分23秒
等级	体积第7位
外观	红锈色

火星曾给我们带来无限的遐思，这里有很多原因：火星具有非常鲜艳的红色，天文学家在火星表面标示出了运河状条纹，H.G. 威尔斯写过《星际大战》，还有近年来人们在研究、寻找火星上“消失”的海洋。

1994 年有一项广为报道的研究，内容是说在南极发现了一颗陨石，名字非常好听，叫做 ALH84001。根据一些人的观点，这颗陨石来自于火星，上面带有变成化石的细菌生物。但是，自那时候起,其他一些报道则对这种所谓的火星生物“证据”表示了怀疑。随着现在对火星探险活动的展开，将来有一天我们终将会知道真相，看看我们这个红色的行星邻居上面到底有没有生命存在。

火星有一层薄薄的大气，在火星表面，气流卷起红锈色的火星尘埃，它们被吹浮起来就像沙尘暴一样。

火星可以运行得离地球比较近，距地球 5570 万千米，也可能离开很远，为 4 亿千米。这里同样也需要考虑到火星公转轨道的椭圆性。在 2003 年 8 月 27 日那天，火星运行到离我们最近，这可是近 6 万年以来的第一次！这使得它看上去是极为明亮的天体。通常而言，每过 18 个月左右，地球就会赶上并超过火星，此时这个红色的世界就变成了天空中第二明亮的行星（排在金星之后）。

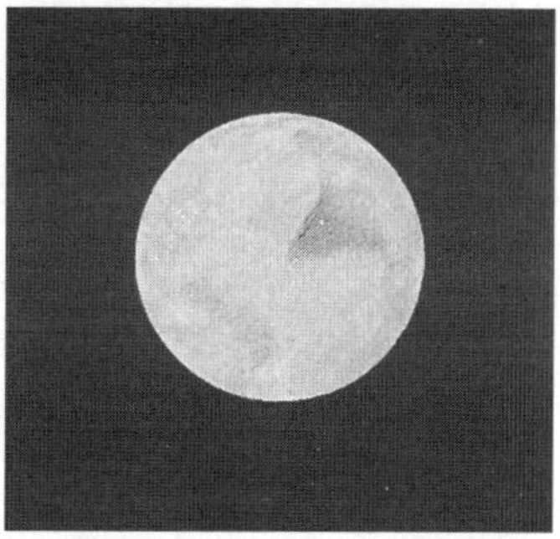

↗ 这是一张火星的图片，图中较暗的V字形轮廓是大流沙。当火星与地球在各自公转轨道运行得比较靠近时，这一火星地貌特征清晰可见。

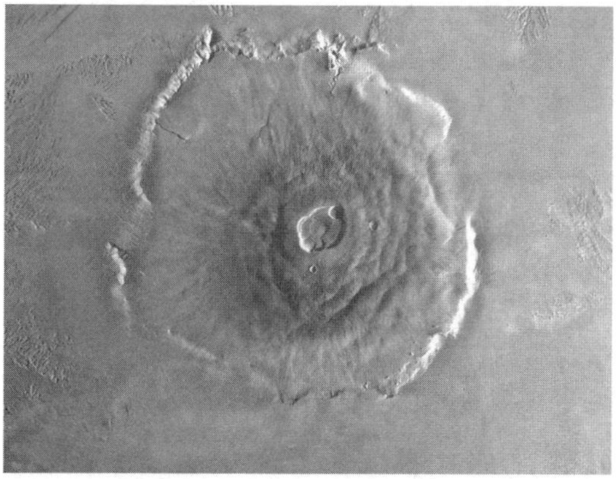

↗ 奥林匹斯山是火星上巨大的火山，高为25千米，底部直径600千米。那里并非一个安静的世界，最近的迹象表明，它有低度活动存在。

↗ 在1980年火星夏季期间，“海盗号”执行探测火星的使命。图中显示的是从2500千米高空看到的火星的球形全貌。

» 小行星

在火星与木星的公转轨道之间有很多太空岩石，它们被称为小行星，这就是主小行星带。有关它们形成的一个理论认为，这里之所以没能形成一颗行星，是因为受到附近木星强大引力的影响。

谷神星是这个主要地带最大的小行星，直径为 940 千米，也是 1801 年人们发现的第 1 颗小行星。随后发现了智神星、婚神星，以及最亮的小行星灶神星。在这些小行星中，有些是以地球上的普通人名来命名的，如希尔达、阿尔伯特和索拉；有些甚至是以摇滚歌星的名字命名的，包括恩雅、克莱普顿、泽帕和雅尔。

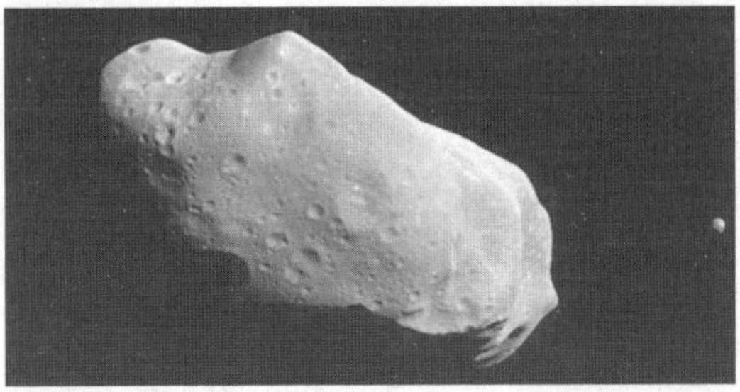

↗ 这张图片捕获的是小行星艾达。1993年8月28日星期六，“伽利略号”探测器在飞往木星的途中抓拍到这张图片。这颗小行星体积是56千米×42千米×21千米。我们首次发现它拥有卫星，这颗卫星名叫戴克泰，是一颗1.4千米见方的圆形鹅卵石。

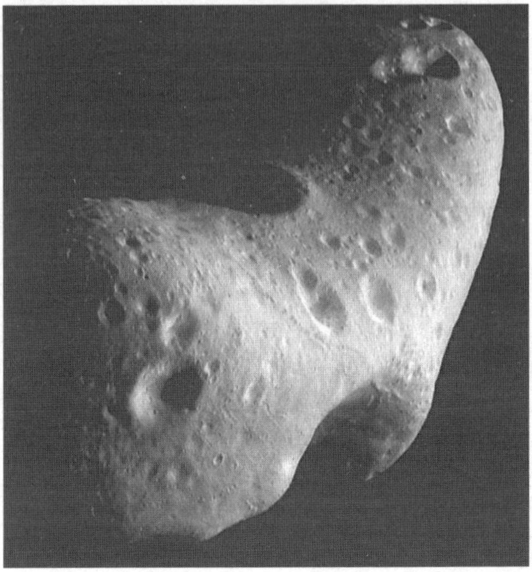

→ 爱神星是一颗形状奇怪的小行星，体积为33千米×13千米×13千米。在2001年2月12日星期一，这颗小行星迎来了历史上第一个来自地球的访客——NEAR。NEAR探测器环绕轨道近距离研究爱神星，一年多之后在它上面着陆。

有一颗小行星你经常可以用肉眼看到，即灶神星。它看起来就像一颗暗弱的星星，因此你需要在比较清澈的夜晚才能看到它，但这也是挑战。

» 木星

木星是太阳系最大的行星，也是第一颗气体巨人。谁知道木星有多少颗卫星？它那巨大的引力意味着它可能有几百颗卫星！它的绝大多数卫星都极其微小，因此我们不可能搞清其真实的数量。木星还有著名的大红斑，这是一个已经持续了300年的木星风暴。木星大红斑很大，能够把两个地球装到里面去。

直径	14.28万千米
与太阳平均距离	7.783亿千米
公转周期（1木星年）	11.86地球年
自转周期（1木星天）	9小时50分30秒
等级	大个子，排名第1位
外观	太大了

木星非常大，能够反射很多太阳光，因此，有时候它看上去确实是一颗很亮的星星。你需要使用望远镜才能观测到木星著名的大气带和大红斑，只需要简易的双目镜就能看到4个小点点，它们是木星的4颗主要卫星。

↗ 1979年6月29日，“旅行者2号”探测器从900万千米的高空拍摄到的木星图片。

↗ 1979年2月期间，“旅行者1号”探测器拍摄到的木星大红斑的近距离图片。图片中显示了大红斑风暴的复杂细节。

» 土星

人们把第二大行星的称号送给土星这颗带有光环的行星！实际上，所有这4颗气体行星木星、土星、天王星和海王星都带有光环。正是光环使得土星比较明亮，而且它有好多个光环。土星因为是由气体构成的，所以极其轻飘。如果有个足够大的浴缸，而且里面能灌满足量的水，你会发现，土星在里面会漂浮起来！

直径	12万千米
与太阳平均距离	14.27亿千米
公转周期（1土星年）	29.46地球年
自转周期（1土星天）	10小时14分
等级	排名第2位
外观	也许算是这些行星中最漂亮的

土星的光环是由冰冷的岩石微粒构成的。这些微粒有的小到像沙粒，有的大如一栋房子，它们就像一颗颗小小的卫星绕着土星转动。

同木星一样，土星也是个相当大的天体。当土星与地球同时处于适当的位置时，它看起来非常明亮。你需要一架望远镜来观测土星的光环和卫星，因为双目镜不够强大。

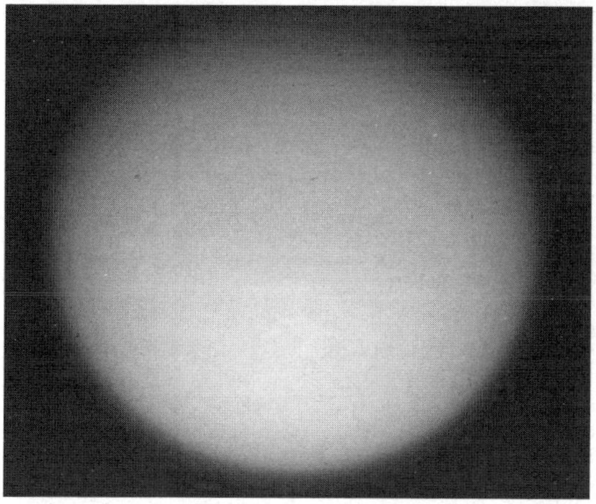

↗ 这是土卫六，土星最大的卫星，是2005年2月15日“卡西尼号”探测器从距离22.9万千米的远处拍摄到的图片。这大体上是你从探测器窗口看到的景象：一个由化学烟雾笼罩的微小世界。

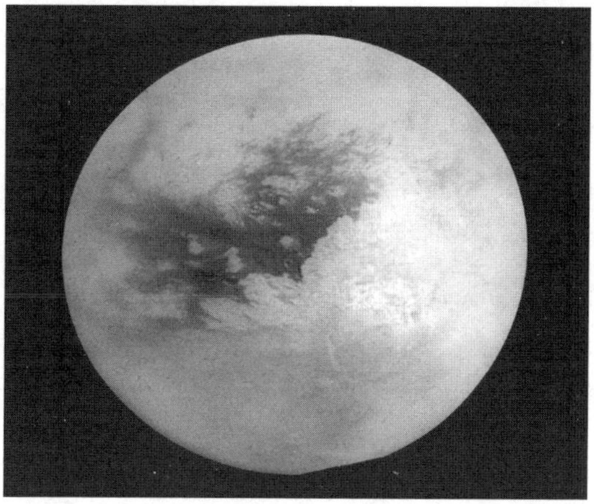

↗ 现在通过特殊的电脑技术处理，我们可以除掉前一张图片里的烟雾，揭示出以前未曾见过的土卫六表面。事实上，这张图片是由“卡西尼号”探测器拍摄的16张图片拼合而成的。

↗ 这张神奇的土星图片是由126张黏接在一起的图片合成的。2004年10月6日，“卡西尼号”探测器花了两个多小时才完成这些图片的拍摄。

» 天王星

这颗行星是人们第一次使用望远镜发现的。荣誉应当归功于威廉·赫歇耳，是他在 1781 年 3 月 13 日发现的。虽然此前很多人都看到过这颗星星，但是没有人知道它究竟是什么天体。为了纪念英国国王乔治三世，赫歇耳最初把这个新天体命名为“乔治亚行星”，但是人们最终接受了“天王星”（Uranus，最早的至上神和天的化身，大地女神的儿子和配偶，提坦神的父亲）这个更为经典的名字。天王星最独特的地方在于它的轴心非常倾斜，以至于整个行星看起来好像在打转，就如同一个圆球在地面上沿途滚动。

当天王星处于最亮的时候，星等为 5.5，肉眼刚好可以看见。这的确具有挑战性，即便对那些能在超级清澈、漆黑的夜空观测的人们来说，也颇不容易。

直径	51 118千米
与太阳平均距离	28.71亿千米
公转周期（1天王星年）	84.01地球年
自转周期（1天王星天）	17小时55分
等级	第3位
外观	只不过是了无生气、浅绿色的一团模糊

↗ 1986年1月25日，当“旅行者2号”探测器动身飞往海王星的时候，最后一次拍摄到的天王星图片。这张天王星图片比天王星被太阳光全部照亮时要有趣得多，因为它全亮时是呈蓝色或绿色的球体，毫无特色。

» 海王星

海王星是 4 个气体球形“巨人”中最后和最小的一个，但即便如此，它还是要比地球大 54 倍。由于海王星离地球非常遥远，所以它是一个暗弱的世界，孤零零地呆在太阳系冰冷的边缘。因此，直到 1846 年人们才认定它，这也就毫不奇怪了，尽管伽利略可能曾在 1612 年观测过它。

因为海王星离太阳非常远，因此你需要使用双目镜才能找到它，它的星等只有 7.7。

直径	49 528千米
与太阳平均距离	44.97亿千米
公转周期（1海王星年）	164.79地球年
自转周期（1海王星天）	19小时10分
等级	第4位
外观	蓝色

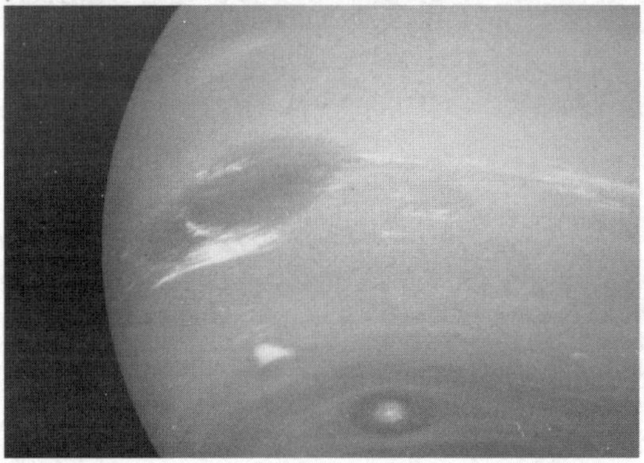

← 这张海王星的图片是“旅行者2号”探测器于1989年8月24日拍到的。

■ 行星和星期

水星、金星、火星、木星和土星在古代就为人们所熟知，这是因为人们使用肉眼就能够看到它们。再加上太阳和月球，这样总计共有7个天体在太空中运行，而且长期以来它们看上去也没有什么变化。人们还相信，诸神都生活在“上天”那里。因此，“7”就成了一个非常重要的数字，我们的一周7天确实也就是这样得来的。

一些文明地区例如希腊等，那里的人们大都使用7天作为一个星期。很多西欧国家更进了一步，他们把行星与星期结合在一起，以行星的名字来命名这7天。

本页下面的表格向我们表明，每一天的名称和在古代天空中运行的那些天体之间的联系。这其中尽管有一些变化，但它还是比较清楚地表明了这些名称的来源。

月球的法语是 la lune，西班牙语是 la luna，这两个名称非常接近拉丁语名称。威尔士语名称很特别，表明它在历史上受到过罗马人占领不列颠的影响，更特别的是，它和拉丁语根本没有什么直接联系。

↗ 1999年2月20日18时30分。拍摄月球的图像需要过度曝光，为的是让邻近的土星以及下面的木星和金星显现在夜空中。毫不奇怪的是，古代文明都把历法建立在观测天象的基础上，他们观测到不断变化的天空中各种天体循环往复出现，尤其是太阳和月球。

有种经典的安排方式把地球排除在外，当然，我们的行星被认为是宇宙的中心。这种安排的顺序是：月球、水星、金星、太阳、火星、木星，然后是土星。这一点从我们一周7天的跳跃性也可以看得出来：从星期一（月球）跳过一天到星期三（原型是水星）。继续这样隔一天地跳跃下去，你会得到刚才给你的那个顺序。

英语星期	英语星期代表的神	对应的罗马神（行星名）	希腊神	拉丁语	法语	西班牙语	威尔士语	汉语
Saturday	Saturn	Saturn	Kronos	Saturnus	Samedi	Sábado	Dydd Sadwm	土曜日/星期六
Sunday	Sun	Sun	Helios	Sol	Dimanche	Domingo	Dydd Sul	日曜日/星期日
Monday	Moon	Moon	Selene	Luna	Lundi	Lunes	Dydd Llun	月曜日/星期一
Tuesday	*Tiw*	Mars	Ares	Mars	Mardi	Martes	Dydd Mawrth	火曜日/星期二
Wednesday	*Woden*	Mercury	Hermes	Mercurius	Mercredi	Miércoles	Dydd Mercher	水曜日/星期三
Thursday	*Thor*	Jupiter	Zeus	Iuppiter	Jeudi	Jueves	Dydd Iau	木曜日/星期四
Friday	*Freya*	Venus	Aphrodite	Venus	Vendredi	Viernes	Dydd Gwener	金曜日/星期五

提醒：在表中，斜体词的星期是英语中与太阳系没有明显联系的星期。这包括星期二至星期五，这4天是以古斯堪的纳维亚诸神的名称命名的。但是，再往深里挖掘，我们会发现，这些神都是与古罗马的行星神一致的。举个例子，Freya（弗雷娅）是古斯堪的纳维亚的爱神，在英语中，星期五就是根据她的名字命名的；而在法语和西班牙语中，同样是星期五这天，它的名称取自与Freya相对应的古罗马爱神Venus（维纳斯）。

■ 银　河

在北半球 8 ～ 12 月，或者在南半球 4 ～ 9 月，如果你在晚上遥望夜空，会看到一条由星光构成的微弱的带状物横跨天空，这就是银河。这段时期是观察银河的最佳时期。

银河这一名称来源于古希腊。正如我们所知道的那样，古希腊人相信地球固定在宇宙的中心，太阳、月球和行星都围绕着地球转动。在这些东西背后是一个水晶圆球，星星就附着在圆球上面。故事是这样的：有一天夜晚，朱庇特的妻子朱诺和另外一个可能是当班的人，把朱诺的牛奶弄洒了，溅落在这个布满星星的圆球上——银河就是这样形成的。

后来，直到（可能是）伽利略第一次透过望远镜观察到，这个“模糊的带子”实际上并不是牛奶，而是成千上万颗星星。天文学家威廉·赫歇耳准确地计算出这些星星构成一个大圆盘的形状，而我们就在其中。从我们所处的位置沿着这个圆盘的平面向外看出去，我们周围属于这个圆盘的星星组成了微弱的银河带。你可以想象一下，有很多和你一样高的人坐在田野里，而你坐在正中间，因此，每个人的头部（代表星星）看起来或多或少就像一条直线围绕着你——所有人的头部都处于同一平面上。

因此，我们在夜晚看到的所有这些星星，包括银河，只是一个巨大圆盘形状的星星岛屿的一个极小部分，我们称其为银河系，也就是我们在整个宇宙中的家园。

自银河系被赫歇耳发现之后，人们一直没有停止过对银河系的探索，至今已把银河系的空间范围扩大了约 10 倍。不过，在赫歇耳之后一个多世纪的时间里，人们对银河系结构、轮廓的研究并没有取得太大的进展。直到 1914 年，在美国威尔逊天文台工作的天文学家沙普利才在这方面取得了重大的突破。

当时威尔逊天文台有世界上最大的反射式天文望远镜，即“胡克望远镜”，其口径为 2.54 米。沙普利用它探寻球状星团，并且以一种被称为“造父变星”的脉动变星作为研究对象。

沙普利先后对大约 100 个球状星团进行了观测。他的统计显示，人马座以内有 1/3 的球状星团；以人马座为中心的半个天球分布了 90% 以上的球状星团。沙普利根据这一结果推测，在银河系内，球状星团与恒星一样对称分布。但如果太阳是银河系的中心，那么，地球上人们看到的天空中的球状星团就应该是对称分布，可是观测结果并不与之一致。沙普利猜想可能存在另一种可能，即太阳实际上处于远离银河系中心的地方，这样，地球上人们看到的球状星团才呈现出不对称分布的现象。

沙普利依据上述想法，大胆地把太阳放在偏离银河系中心的地方，那么由球状星团组成的天体系统的中心就是银河系的中心，此中心距太阳约 15000 秒差距(1 秒差距等于 3.26 光年)，位于人马座方向。

射电天文学（运用那些巨大的碟形望远镜）发现了银河系的螺旋状结构：从银河系上面往下看，它就像一个旋转的转轮烟火。当然，银河系旋转得没有转轮烟火那样快：银河系自转一周把我们重新带到目前的位置需要花 2.25 亿

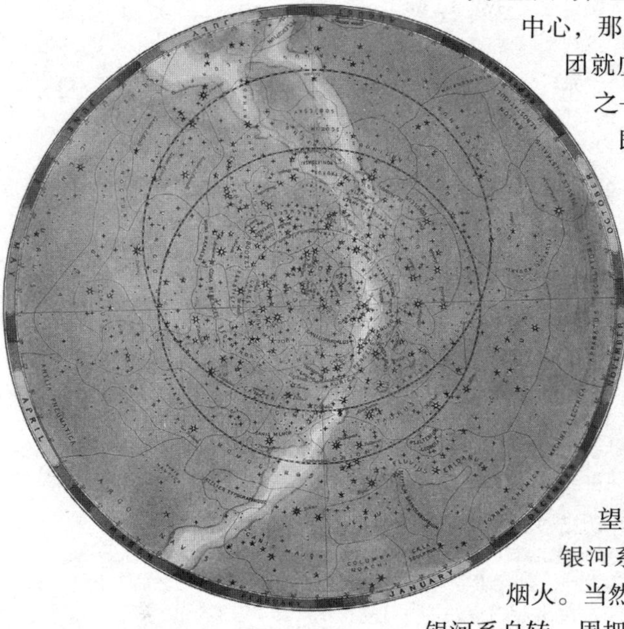

↗ 19世纪设计的北天星图所描绘的银河

↗ 我们看到的NGC4013是边缘向前的螺旋。假如我们能够径直飞进这个星系，将会看到这个带子上绝大部分恒星和尘埃都是围绕着我们的。与此完全相同的是，银河穿过夜空时看起来就像一条带子。

年——用天文学的术语来说，这被称做一个宇宙年。算了，这个转轮烟火表演可不怎么精彩，但你要知道，有很多东西都在跟着自转——有2000亿颗星星绵延长达10万光年。

脑海里记住转轮烟火的形象，我们可以想象一下，每个由众多星星组成的螺旋都从中心向外发散。每一个螺旋被称为一个星系旋臂，各自包含几百万颗星星以及大量的尘埃和气体。太阳和地球都位于所谓的猎户座支旋臂（或称“猎户的马刺”。众所周知，有时候我们也不能十分肯定，猎户座支旋臂究竟算是银河系名副其实的一条支臂，还是从银河系脱落掉的部分）的边缘地带，离银河系中心大约3万光年。

从我们所在的银河系家园向外看去，如果我们朝人马座和天蝎座方向遥望，会望见银河系的其余部分显得更为明亮；如果我们沿着银河系的平面朝猎户的马刺方向遥望，就会看到它显得更为暗淡。

■ 观测卫星和国际空间站

↗ 国际空间站的图片，2001年7月由“亚特兰蒂斯号”由航天飞机执行STS-104任务时拍摄。

右图是一只鸟还是一架飞机？都不是，这是一个国际空间站（ISS）。这种缓慢成长中的太空机器在夜空中看上去就像一颗星星，在几分钟之内，从西向东慢慢地游荡。

自从1998年11月20日第一个这样的东西上天以后，我们就能够看见这样的站点了，它被称为国际空间站。这就是俄罗斯的“曙光号”太空舱。自那时以来，我们又给它添加了很多部件。每一个部件都使得国际空间站更加明亮，因此更容易看见。

那么，什么时候你能够目睹这个空间站？在这个了不起

↗ 2000年2月17日18时57分，在右侧，“亚特兰蒂斯号”航天飞机在国际空间站的前方运行。

的现代化时代，你可以在便捷的网络上找到你需要的任何东西。美国国家航空航天局和其他机构都设有网址，你可以在那里输入你居住的地点，然后就会弹出适合你观测的精确时间和方位。

你所需要知道的唯一有用的事情是，弄清楚你观测位置的方向。知道太阳从天空的东边升起，在西方落下，这是个不错的开始。

当航天器与国际空间站对接的时候，它首先要接近空间站。你可以观看到这一操作过程，空中这两个飞舞的小亮点一天天地彼此靠近。然后，某天晚上，这两个点合二为一，根据具体情况，它们会再次“分开”，相隔一段距离。

但是，我们可以观看的不止这些，还有很多其他卫星在星空飞舞。你也许以为你看到的可能是飞机而不是卫星，但是没有飞机的声音也没有飞机闪烁的灯光，那么就只剩下一个可能：你看到的确实是卫星。卫星看似运行得很慢，这一点也颇能蒙蔽你的眼睛，其实绝大多数的卫星在以每小时 2.7 万千米的速度环绕地球运行，它们处在离地面有好几百千米的高空。根据这些参数，它们每 90 分钟环绕地球公转一周。

我们首先说到国际空间站，然后又谈到卫星，这是因为而且正是因为卫星反射太阳光线。当然，没有光线的时候，卫星也就没有光线可以反射。当卫星进入地球阴影处的时候，就会发生这样的情况。因此，你可能会想到，一个天体围绕地球转动到某个位置突然消失不见了，或者不知道什么时候、什么地点它又突然出现了，的确如此。

那么，你认为只有在夜晚才能看见卫星吗？不是的！有一种被称为铱星的奇妙航天器，它在白天晴朗的蓝天上空也能被看见。你一定会惊奇，它们为什么那么“耀眼”，那是因为它们的太阳能电池板就像一面完美的镜子（而面积只有一扇门大小），把太阳光向下反射到正好你所在的位置。如果你想要观测铱星闪耀的详细内容，切记一点，首先要弄清能够看到铱星预定出现的地点，然后你务必要处在该地点方圆 2 ~ 3 千米的范围之内，否则你将什么也看不到——太空真的就是这样精确。

这里是你能够看到的环绕地球的天体的一个小样本，只是想让你大致了解一下它们飞行得有多高。

由于国际空间站公转轨道的特性，假如你生活在北纬 70° 以北或南纬 70° 以南的地方，那么很遗憾，你将无法看到它。

天体	高度（千米）	
	极小值	极大值
哈勃太空望远镜	580	596
国际空间站	382	393
Cosmos 1143	404	406
Cosmos 2369	830	851

■彗 星

在太空深处存在着某种东西，它正在向太阳系内层飞来。最初它运行得很慢，但是后来速度一点点增加，终于有一天它那燃烧着的轨迹从天空中划过，使得我们这个渺小行星上的人们能够目睹它的身影。

这种东西就是彗星。事实上，天空中有许许多多的彗星，它们是数量最多的天体之一，而且不可预测，在太空中飞来飞去。海尔－波普彗星是近年来最漂亮的彗星，在 1997 年 4 ～ 5 月的夜空中清晰可见。

当然，最著名的是哈雷彗星，是以 17 世纪英国天文学家埃德蒙·哈雷爵士的名字命名的。在世界各地的历史上，没有哪颗彗星能像哈雷彗星那样得到那么多人的瞩目，关于它的最早纪录是在公元前 467 年。也许它最为我们熟知的一次回归发生在黑斯廷斯之战期间。那时，它的图案被编织进了巴约挂毯，以此纪念 1066 年诺曼底公爵威廉征服英国事件。

彗星是天空的定期访问者，历史上各种文明都有关于彗星的记载，但是即使当时最伟大的思想家也不知道它们究竟是什么东西。在古希腊，亚里士多德宣称它们是从地面流出并被带到天空的干热物质。它们遇热就会着火，快速燃烧就会变成流星，慢速燃烧就会变成彗星。但是，从严格意义来说，他这话一点儿也不准确。差不多过了 2000 年，伽利略的理论也好不到哪里去：他认为，彗星是太阳光在地球大气中折射引起的。

要想找到正确的出发点，我们还得回到埃德蒙·哈雷那里去找答案。1678 年哈雷看到过一颗彗星，此后他开始对彗星发生了兴趣，并尽其所能找遍世界各地所有关于出现过彗星的记录。艾萨克·牛顿爵士关于万有引力的定律——就是牛顿与苹果的那个故事——刚刚发表，哈雷就运用这些定律进行探索。不久，他发现某些彗星看似拥有同一条轨道，而且它们被看到的日期相隔 76 年。这些分别被观测到的彗星有没有可能实际上是同一颗彗星呢？哈雷认为就是如此，他预言这同一颗彗星将会在 1758 年重新出现。果真如此，其后也是这样，历史就是这样被他们言中了。

从哈雷的工作我们懂得，有些彗星就像行星那样沿着各自的轨道运行。但是，直到 20 世纪 50 年代，我们才最终知道了彗星是由什么构成的。当时的天文学家弗雷德·惠普尔提出了一个理论，

↗ 一个真正神奇的景象：这是早在1997年4月拍摄到的海尔－波普彗星。

↗ 欧洲中世纪描绘的彗星形象经常都是刀剑的形状，这是因为它们通常被认为是带来厄运的使者。但是，忘掉那些不愉快的东西吧，毕竟它们只不过是“长毛”的星星！

↗ 1456年在君士坦丁堡上空出现的大彗星

↑ 1744年带有6条尾巴的明亮彗星

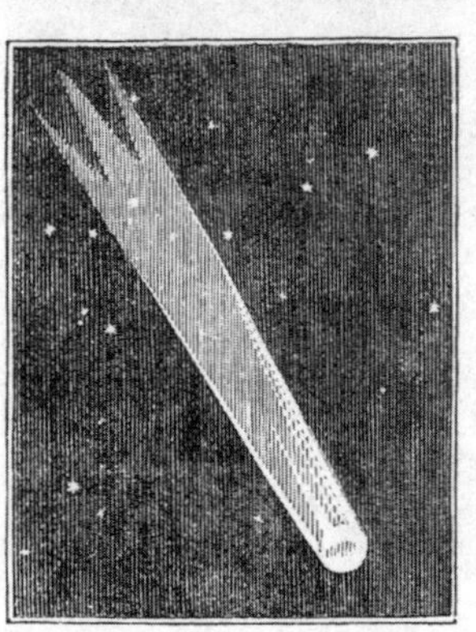

← 19世纪哈雷彗星的蚀刻画

他认为，彗核（彗星的核心）只不过是一个直径大约10千米的“脏雪球”。这一理论并没有被普遍接受，但1986年哈雷彗星的回归彻底把这一问题弄清楚了。我们派出了一大批航天器从各种各样的距离去拦截哈雷彗星，最接近它的一艘航天器是欧洲航天局的“乔托号”太空探测器。1986年3月14日，“乔托号”探测器从距彗核仅600千米的地方驶过，它的发现证实了雪球理论。

但是，哈雷彗星看上去更像一个表面凸凹不平的巨大土豆，而不是我们原先预想的圆球形。

随着彗星雪球接近太阳，离彗核较远的雪球外层的冰开始蒸发，剥落了构成彗发的尘埃。彗发是由气体组成的光环，形成彗星明亮的头部。我们可以看到太阳光把这个光环推进至彗星充满尘埃的尾部。更加微弱的是彗星蓝色的尾部，彗尾由气体或称等离子体构成，是由太阳风的磁场引起的。来自太阳的等离子体以每秒400 ~ 720千米的速度飞速流动。

据说，彗星是太阳系形成过程中的残存物。当太阳最初成形的时候，它把所有较轻的物质都吹拂开去，一直吹拂到冥王星轨道以外非常遥远的地方，形成一个称为欧特云的光环。这样，我们又有了一个理论。在那里存在着1000多亿颗彗星，每一颗都在等着万有引力的触发，一旦被触发，彗星就会朝着太阳方向落去。旅程中速度加快，达到每小时150万千米的时候，彗星就在太阳周围像鞭子一样抽打太阳；此后可能是由于再次受到万有引力的影响，它就会变成一颗周期性彗星，在固定的日期重返天空。另一方面，彗星也可能会飞回太空深处，重新加入到它在欧特云的朋友中间。

■流　星

太阳系拥有行星、卫星、小行星、人造卫星以及空间站，可真是个热闹的地方。再者，还有前面刚刚提到的那些彗星，它们带有非常细小的微粒。虽然这些微粒只相当于沙粒大小，但是它们能在夜空中产生出最壮观的景象。如果这些微粒碰巧飞来跟地球的大气来个短兵相接，就会燃烧殆尽，结果我们会看到它们燃烧留下的遗迹在天空中像彩带一样划过。这种现象被称为流星。

很多人想必都曾经在看到一颗流星后许下了一个愿望，因为他们相信流星是一种比较罕见的天文现象。事实上，这些细小的微粒每时每刻都在撞击着地球的大气。太空中有很多这种物质飞驰而过，因此如果你凝望一下清澈的夜空，不论时间长短，你都会有所收获，可以看到流星。

这些细小的微粒在太空中飞舞的时候被称为流星体。它们撞击到地球大气的外层，然后转变成流星，速度高达每秒 74 千米。我们所看到的流星轨迹位于我们头顶上方 80 ~ 160 千米之间，持续时间通常不到 1 秒钟。

那么，你指望每天晚上可以看到多少颗流星？在清澈的夜空并且较低的地平线以上，平均数字是每小时 5 颗。之所以说每时每刻都有很多微小的颗粒撞击大气层，是因为实际上每天高达 1 亿颗，但它们绝大部分都太小，不能变成看得见的流星。当然，也有很多是在白天发生的，那时候你基本上是没有机会看到它们的。

一些这样的流星痕迹是由微粒引起的，这些微粒漫无目的地在太空中飞舞，有的飞到地球上来，“嘭”的一声响，一颗流星诞生了。我们给这些东西取名叫做偶现流星，因为我们无法预测它们什么时候在哪里出现。但是，也有一些成群结队的微粒，它们在太空围绕太阳公转，每年都要定期光顾我们，我们能够预测它们，它们被称为流星雨。

在流星雨发生期间，我们看到流星的数量每小时都在大量增加。这些流星雨看上去好像是出自天空中同一个地点，这一地点被称为辐射点。简单地说，每一群流星雨的名称都取自于它的辐射点所处的星座名称。例如，4 月份天琴座有一个辐射点，那么这群流星雨就被称为天琴座流星雨。

总而言之，如果你知道流星雨什么时候出现，以及它们将在什么地方出现，那么你就可以看到更多的流星。真是太方便了！

说到流星雨，我们自然会联想到彗星。这是因为，随着彗星从太空飞过，它们会遗留下一些残骸绕太阳公转，这些残骸就是流星体。当地球公转到这些残骸中间时就会产生流星雨。我们需要动用观测人员在不同的地点观测，并使用雷达计算出这些流星的轨道，以防止它们撞击地球。结果就是，因为这些流星的运行轨道与周期彗星相似，因此有力地证明了流星体是在这类彗星的衰变过程中产生的。

历史上最强有力的证据来自于 1966 年 11 月 17 日的狮子座流星雨（来自狮子座），当在高峰期的时候，每分钟有 2000 多颗流星出现。这个流星群与坦普尔—塔特尔彗星有关，这颗彗星每 33 年绕太阳公转一周。最近一次它飞越我们是在 1998 年 2 月，当时只有使用双目镜才勉强看得见。在它那里，流星体都被串成一串，挤在紧贴着彗星轨道的一角，这就是为什么它每 33 年才绽放一次。狮

↗ 2002年8月12日，一颗孤独的流星进入大气层，然后在上空大约80千米的地方蒸发了。

人们注意到的最早的流星暴之一是1799年的狮子座流星雨。这幅雕版画描绘的是在格陵兰岛看到的景象。

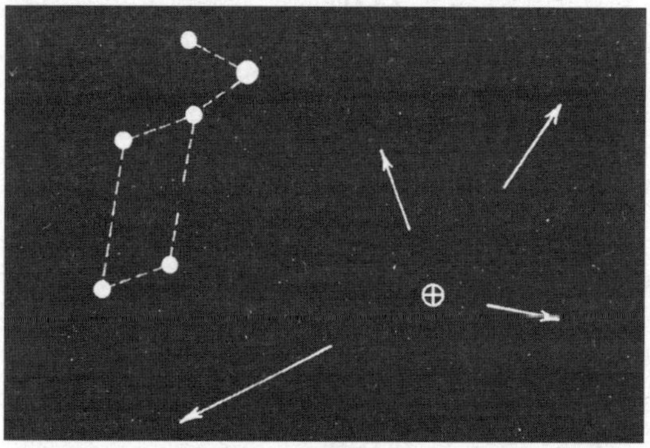

如果你观看流星雨，流星看似都是从某一特定区域发射出来的，那么该区域被称做辐射点。实际上，很少有流星从这一区域出现，但如果你逆着流星的轨迹寻根求源，就会找到这个地方。

1833年的狮子座流星暴把一个观测者吓得直喊："世界着火了！"

子座流星雨在1999年11月复归的那一次，人们都怀着极大的兴趣进行观测。有记录显示，当时的流星暴高达每小时5000颗。但很遗憾，在英国可不是这样，当时英国正覆盖着厚厚的云层，这在英国可是稀松平常的事。在接下来的年份，人们看到数量更多的狮子座流星雨，但是还没有哪一次能接近1966年的水平。的确，蚀刻画上显示的景象是历史上早期流星雨的壮观景象。

» 观测流星步骤指南

1. 做好准备，出门（当然要在恰当的时候）多穿些衣服，注意保暖。如果你是在花园里观测，白天光线好的时候，找一块视野最开阔并且远离街灯的地方，支好一把便携帆布躺椅，晚上你就可以直接坐上去观测了。便携帆布躺椅也非常有助于支撑你的脖子。对于所有的天文活动而言，最好使用蒙有红色过滤纸的手电筒，因为这样不会影响到你已经适应黑暗的眼睛。

2. 准备一个长颈瓶，里面装些温水，水不要太热，不然你看到的流星数量会激增，变得不可信。邀请两三个朋友，你们肯定会度过一个美好的夜晚。

3. 现在，如果你想做一个流星雨观测，并使观测对他人有用的话，那么你需要做一份观测报告，可以使用如下面例子中所列的详细信息。确保你出门的时候带上足够的钢笔或铅笔，因为在黑暗中这些笔在使用的时候往往容易掉到地上，然后在很小的黑洞里立刻消失，再也寻找不到了。还要确保你有一个走时准确的钟表，只有在正确的时机才能观测到流星。当然，因为你已经深入阅读了本书，给每一颗流星准确地定位，所以找到它们对你来说想必是小菜一碟。

观测流星雨的超级提示

就观测单颗流星而言，月球可能非常令人头痛。月球越亮，天空被它的反射光冲洗得越厉害，所以更多的“流星”被月光压了下去，无法看见。因此，在你费尽力气准备观测流星之前，应首先弄清楚当晚月球的情况。

祝你好运：从现在开始，每隔1个小时你最好至少许5个愿望。如果你非常走运，最好许100个愿望。

有趣的宇宙谜题

宇宙是怎样起源的？

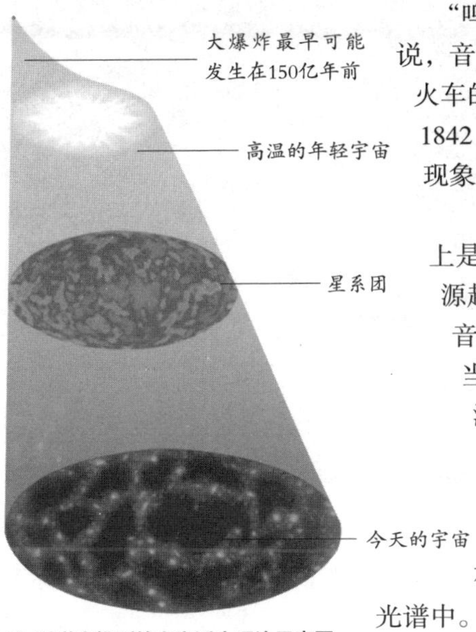

↗ 科学家推测的宇宙诞生理论示意图

"呜……"火车进站了，司机拉响了汽笛。汽笛声对司机来说，音调是固定的。但是站台上候车的旅客却听到了 2 种音调：火车的汽笛声先是升高，火车从身边驶过时，音调却又降低了。1842 年，奥地利物理学家多普勒解开了这一自然之谜。这一现象被称为"多普勒效应"。它引发了宇宙大爆炸理论的研究。

为什么会有"多普勒效应"呢？多普勒解释说声音实际上是一系列的声波，它是通过空气来进行传播的。声波在声源趋近时被压缩，音调相应地升高；相反，随着声波舒展远去，音调也随之降低。多普勒证实，光波也存在"多普勒效应"。当光源与观测者反方向运动，光源的光波发生谱线红移，波长变长；相反，当光源向着观测者运动时，谱线就向紫端位移，光波也随之变短。

美国天文学家哈勃在 20 世纪 20 年代末观测时注意到，除了距离我们最近的星系外，星系在天空中的分布是均匀的，但是谱线红移现象几乎发生在所有星系的光谱中。哈勃认为如果多普勒效应引起了这种星系谱线红移，那么就意味着星系在远离地球。

几乎同时，另一位科学家哈马逊也在进行相同的研究。他想得到那些更遥远的河外星系的光谱。这些星系更加暗弱，哈马逊表现了极大的耐心和非凡的才能。他先从成千颗闪烁的恒星中选出所要考察的暗弱星系，使其像刚好落在光谱仪的狭缝上。他的工作时间是从深夜到凌晨，在这期间，他要不停地调整望远镜，几乎每几分钟一次，有的时候还需要接连几夜对准同一星系观察，这样辛勤的观测工作，哈马逊进行了 28 年之久。终于，哈勃和哈马逊在 1931 年联名发表文章，用扩充的观测资料进一步肯定了"哈勃定律"。

哈勃定律揭示了宇宙在不断地膨胀。但是，1929 年刚公布哈勃定律时，哈勃和哈马逊非常谨慎，他们采用星系视退行这一名称。

其实，早在 1917 年，荷兰天文学家德西特就证明，由 1915 年发表的爱因斯坦广义相对论可以得出这样一项推论：宇宙的某种基本结构可能在膨胀，而且这种膨胀速度是恒定的。但是，那

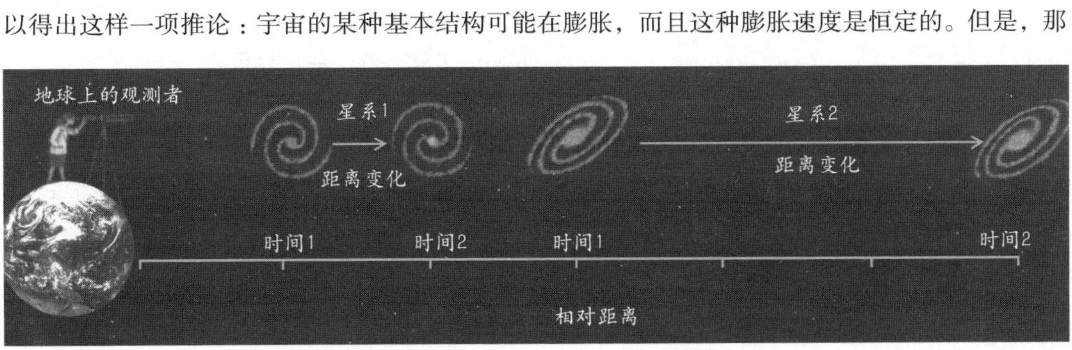

↗ 哈勃定律：星系越远，它逃逸得越快

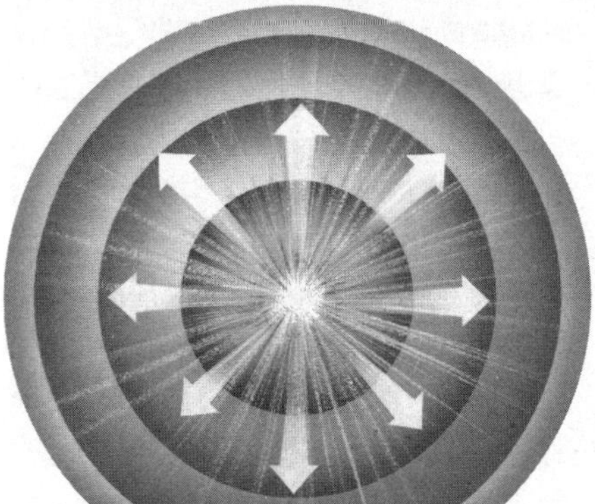

↗ **创世大爆炸示意图**

约150亿年前，宇宙经过一次巨大的爆炸，即"创世大爆炸"，开始了它膨胀和变化的过程，而这种膨胀和变化至今仍在继续进行着。经过千百万年之久逐渐形成了星系、恒星以及我们今天所知道的宇宙。

时还没有充分证据证明这一说法，对德西特的这种宇宙膨胀理论，科学家们大都持不屑一顾的态度，认为是无稽之谈。

后来，比利时天体物理学家勒梅特根据弗里德曼宇宙模型，把哈勃观测到的现象解释为宇宙爆炸的结果，宇宙膨胀的概念才又一次被提出来。勒梅特还从一个特殊的端点开始考虑膨胀，他进一步提出宇宙的起源是一个"原初原子"，也就是我们现在所熟知的"宇宙蛋"。这一说法引起了英国著名的科学家爱丁顿的注意，他提醒科学家们注意勒梅特的文章，这时，人们才注意到宇宙膨胀论。

美籍俄国学者伽莫夫继承并大大地发展了勒梅特"宇宙蛋"的思想。1948 年 4 月，他联合天体物理学家阿尔弗和贝特共同署名发表了一篇关于宇宙起源的重要文章。

他们在文章中谈到，河外星系既然一直在彼此远离，那么，它们过去就必然比现在靠得近，全部星系在更久远的时候靠得更近；可以推测，极早期宇宙应当是非常致密的，那时，宇宙极其地热，而且物质的密度非常大；文章甚至说宇宙最初是一团"原始火球"，它发出的辐射在发生爆炸后随着宇宙的膨胀而冷却下来。文章描述了原初宇宙"浑汤"中的基本粒子是如何从氢经过质子和中子的核聚变，又是如何演化成为氦原子的等。

伽莫夫认为当时大爆炸产生的尘埃就是今天人们在地球上和宇宙中发现的原子。通过精确的分析和理论计算表明，在 150 亿 ~ 200 亿年以前，大爆炸发生了。根据有关计算还得出，宇宙大爆炸之后，一般有 5 ~ 10 开的残余辐射温度。

现在，"宇宙大爆炸"学说已被科学界普遍接受。

■ 恒星的生命历程是怎样的？

在晴朗无月的夜晚，当你抬头仰望天空，你会看到成千上万的恒星排列成各种形状，或者说是星座。这些恒星发出的光线经过长途跋涉到达地球。那么，恒星是什么呢？它们距离我们有多远？恒星都是一样的吗？它们周围还有其他行星吗？

恒星是巨大且发光的热气球，气体大多为氧气和氦气。有些恒星离我们很近，而另一些离我们则非常遥远。有些恒星是独自挂在天上，另一些则有自己的伙伴（双星），还有一些是拥有数千颗甚至数百万颗恒星的星群中的一分子。并非所有的恒星都是相同的，它们在大小、温度、颜色和亮度等方面差异很大。

» 恒星的特征

恒星有很多特征，可以通过研究恒星发出的光线进行测定。这些特征包括以下几点。

◇ 温度和光谱。

◇ 亮度、光度和辐射。

◇ 质量和运动。

■ 温度和光谱

有些恒星温度极高，而另一些则温度较低。我们可以通过恒星发出的光线的颜色来判断恒星的温度。如果你注意观察过炭火烧烤，你应该知道发红光的炭火比发白热光的温度低。恒星也是一样，蓝色或白色的恒星比黄色的恒星温度高，而黄色的恒星又比红色的恒星温度高。如果你观察一下恒星发出的最强烈的颜色（或波长），你可以推测出它的温度。通过恒星的光谱，你可以了解恒星内部的化学元素，因为不同的元素，比如氧、氦、碳和钙，吸收光线的波长不同。

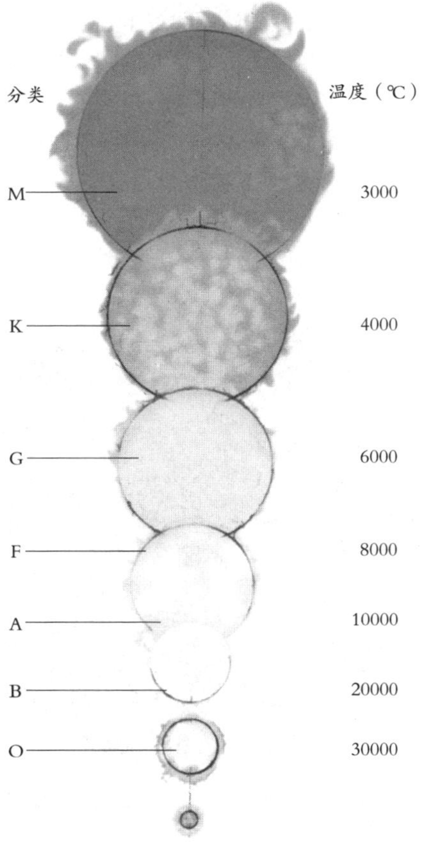

■ 亮度、光度和辐射

当你遥望夜空，你会发现一些恒星比另一些要亮。有两个因素决定了一颗恒星的亮度。

◇ 光度：在一定时间内释放的能量总量。

◇ 距离：与我们距离有多远。

探照灯要比小手电筒发出的光线更强。也就是说，探照灯亮度更高。不过，如果探照灯距离你有 8 千米，它就显得没那么亮了，因为随着距离的递增，光的亮度会随之减少。离你 8 千米远的探照灯看起来和离你 15 厘米远的小手电筒一样亮。恒星也是一样的道理。

天文学家可以通过在望远镜的一端安装光度计或 CCD（电荷耦合器件），来计算一颗恒星的亮度。如果掌握了一颗恒星的亮度和与它的距离，人们就可以算出这颗恒星的光度 [光度＝亮度 ×12.57×（距离）^{2}]。

同时，亮度也与恒星的大小有关。恒星越大，释放的能量越多，也就越亮。从炭火烧烤炉里你也可以看到类似的情况。在温度相同的情况下，3 块发红的炭块比 1 块发红的炭块释放的能量多。同样，如果两颗恒星温度相同而大小各异，则较大的那颗恒星比较小的那颗更亮。

■ 质量和运动

1924 年，天文学家 A.S. 埃丁顿指出，恒星的光度和质量有关。恒星的质量越大，就会越亮。

我们周围恒星的运动与太阳系有关。一些恒星与我们做相背运动，而另一些则做相向运动。恒星的运动影响了它们发出的光线的波长，这就像当消防车从我们身旁驶过，高音汽笛的声音变小一样。这种现象就是多普勒效应。通过测量恒星的光谱，并将其与标准光度灯的光谱进行比较，科学家就可以测出多普勒频移量。多普勒频移量指出了恒星在与我们做相关运动时的速度。如果一颗恒星的光谱移向蓝端，表示这颗恒星正在朝我们的方向运动；而如果光谱移向红端，则表示它与我们做相背运动。同样，如果一颗恒星绕着自身的轴进行旋转，可以通过光谱的多普勒频移量计算出它旋转的速度。

» 恒星的寿命

如前所述，恒星是体积巨大而且充满气体的球体。在星系的恒星间存在着由灰尘和气体（大多为氢气）组成的体积巨大而温度很低的云层，这些云层会形成新的恒星。

通常，某种重力干扰，比如附近经过的恒星或一颗超新星爆炸所发出的震荡波，都会对云层产生影响，从而使其发生变化。具体过程如下。

（1）这种干扰使云层内部结块。

（2）块状物内部发生坍缩，在重力的作用下，吸入气体。

（3）坍缩的块状物压缩变热。

（4）坍缩的块状物开始旋转，变成扁平的圆盘。

（5）这个圆盘继续以更快的速度旋转，吸入更多的气体和灰尘，然后变热。

（6）大约 100 万年后，在圆盘的中心形成了一个体积很小、温度很高（1500℃）、结构密实的内核。这个内核就是原恒星。

（7）更多的气体和灰尘进入圆盘内部，它们的能量转移到原恒星上，原恒星的温度变得更高。

（8）当原恒星的温度达到大约 700 万℃时，氢气开始发生聚变，生成氦气并释放出能量。

（9）由于重力所造成的坍缩比核聚变施加的外力更大，在数百万年的时间里，物质继续落入年轻的恒星内部。因此，原恒星的内部温度仍在继续升高。

（10）如果足够的质量（0.1 个太阳质量或更大）坍缩后进入原恒星中，同时原恒星的温度足够高，可以持续进行聚变，原恒星就会以“双极流”的喷射方式释放出大量的气体。如果质量不够大，恒星就不会形成，这个块状物就会变成一颗棕矮星。

（11）双极流吹走了年轻恒星上的气体和灰尘。这些气体和灰尘中的一部分可能会在以后形成行星。

由于氢聚变产生的向外的压力与重力产生的向内的拉力相互抵消，年轻的恒星此时非常稳定。

达到稳定状态的恒星与太阳的结构相同。

◇ 内核：核聚变反应的发生地。

◇ 辐射层：在这个区域，光子把内核的能量带走。

◇ 对流层：在这个区域，对流气流把能量带到表面。

太阳或比太阳体积更小的恒星的球层都是按照上述的顺序分布的。那些体积比太阳大几倍的恒星的对流层深入到了内核和辐射层的外层。那些介于太阳和巨大恒星之间的中等体积的恒星可能只有辐射层。

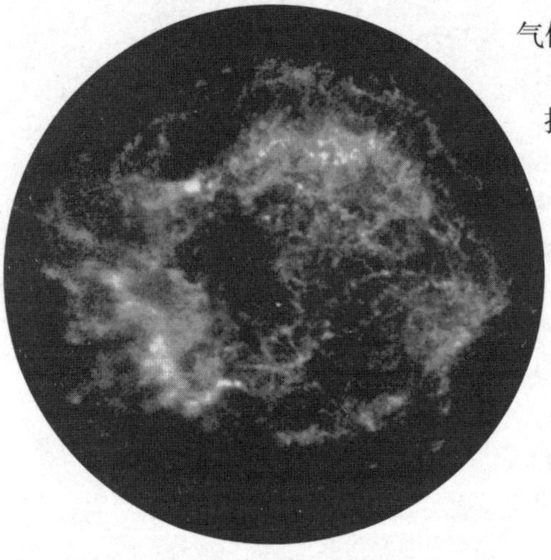

↗ 仙后座A星的X光图像。仙后座A星是由320年前一颗超新星的残骸形成的。

» **主星序阶段**

恒星在其青壮年时代（主星序阶段）通过氢聚变形成氦来进行燃烧。大恒星比小恒星的内核温度高。因此，大恒星的内核中氢燃烧的速度快，而小恒星的燃烧速度慢。主星序阶段的持续时间长短取决于氢耗尽的快慢，体积较大的恒星寿命较短。（作为一颗中等大小的恒星，太阳会燃烧约 100 亿年。）当内核的氢耗尽后，恒星会发生什么变化取决于恒星的质量。

» **恒星的死亡**

当一颗恒星形成几十亿年后就会死亡。不过，恒星死亡的方式取决于恒星的类型。

视差

如何计算地球与一颗恒星的距离是一个有趣的问题。三角测量，通常也叫“视差”，是天文学家在估测恒星距离时常用的两种方法之一。

地球绕太阳运行轨道的直径约为3亿千米。天文学家在某一天观察一颗恒星，6个月之后再看这颗恒星，恒星的观察视角就会有所不同。运用一点三角学的知识，就会知道角度不同会产生距离。通过这种方法，可以计算出与地球距离在约400光年以内的恒星的距离。

当一颗恒星如太阳耗尽了内核的氢燃料后，就会在重力的作用下开始收缩。不过，有些氢聚变发生在上层区域。当内核收缩时，温度会升高，上层区域也会随之变热并开始膨胀。外层区域膨胀时，恒星的半径会变大，恒星会成为一个红色的巨大物体。此后的某个时刻，当内核温度足够高时，氦发生聚变形成碳。当氦燃料耗尽时，内核会膨胀并冷却。上层区域扩大并喷射出物质，这些物质会在即将死亡的恒星周围聚集形成行星状星云。最后，内核会冷却形成白矮星，最终变成黑矮星。整个过程会持续几十亿年。对于体积大于太阳的恒星，过程又有所不同。

当内核的氢耗尽后，体积大于太阳的恒星就开始发生氦聚变，生成碳。不过，当碳耗尽后，由于这颗恒星的质量足够大，可以使碳聚变成为更重的元素如氧、氖、硅、镁、硫和铁。当内核里充满铁元素后，它就不再燃烧了。恒星由于其自身的重力发生收缩，铁质的内核温度升高。内核结构非常紧密，内核中的质子和电子混合形成中子。在不到 1 秒的时间内，铁质内核（与地球大小相近）就会收缩成为一个半径约为 10 千米的中子核。恒星的外层向内落在中子核上，进一步挤压中子核。当内核温度升高到几十亿度，就会爆炸形成超新星，将大量的能量和物质释放到太空中。超新星发出的震荡波会促使其他星际云层形成新的恒星。根据原来恒星质量的不同，内核的残余部分会形成中子星或黑洞。

■ 怎样通过黑洞周围的物体来探测黑洞？

你可能从电视里播放的天文学节目中或从杂志的文章中了解过黑洞。自从 1915 年爱因斯坦在“广义相对论”中预言了黑洞的存在后，我们就没有停止过对这些奇异的物体进行想象。

恒星是巨大而令人惊异的聚变反应器。由于恒星体积庞大且由气体组成，因此强大的重力场总是试图使恒星发生坍缩。在内核发生的聚变反应就像一个巨大的热核弹，总是试图使恒星发生爆炸。重力作用与爆炸作用之间的平衡决定了恒星的体积。

当一颗体积庞大的恒星死亡后，剩余的部分就是黑洞。通常，一颗体积庞大的恒星的内核至少是太阳质量的 3 倍。

当恒星死亡后，由于发生核聚变的能源已经耗尽，所以核聚变就会停止。同时，恒星的重力将物质向内推，挤压内核。内核压缩后，温度升高，最终爆炸形成超新星。在爆炸中，物质和辐射会被抛入太空。剩余的部分就是高度压缩、体积极大的内核。

由于内核重力极大，它就会沉入时空，从我们的视野中消失，在时空中形成一个洞。这就是为什么这种物体被称为“黑洞”的原因。原来那颗星的内核现在变成黑洞的中心，被称为“奇点”。黑洞的开口处叫做“视界”。

你可以把视界当做黑洞的洞口。物体一旦从视界经过，就会永远消失。而在视界中，一切事件（时空中的点）都停止了，任何物体甚至包括光都无法逃出黑洞。黑洞可以分为两种类型。

史瓦西黑洞是最简单的黑洞，它的内核不发生旋转。这类黑洞只有一个奇点和一个视界。

克尔黑洞可能是最常见的黑洞。由于形成黑洞的恒星当时正在旋转，所以这类黑洞也进行旋转。当旋转的恒星坍缩后，内核继续旋转，在黑洞中也是如此。克尔黑洞有以下组成部分。

◇奇点：坍缩后的内核。

◇视界：黑洞的开口处。

◇能层：视界附近扭曲空间中的鸡蛋状区域（黑洞在旋转过程中“拖动”其周边区域，使之发生变形）。

◇静态极限：能层与正常区域的分界处。

如果一个物体进入了能层，它就可以在黑洞的旋转运动中获取能量，从而被黑洞抛射出去。但是，如果它穿过了视界，就会被黑洞吸进去，永远无法逃离。在黑洞里究竟发生着什么我们一无所知，甚至我们最新的物理理论在奇点附近区域也不适用。

尽管我们无法看到黑洞，但我们还是能够或可能对黑洞的 3 个属性进行测量。

◇质量。

◇电荷。

◇旋转速率（角动量）。

目前，我们仅可以依靠黑洞周围物体的运动来测量黑洞的质量。如果黑洞有一个伙伴（另一颗恒星或物质圆盘），也许就可以测量出黑洞周围物质的旋转半径或轨道速度。可以通过旋转运动定律或改进后的开普勒行星运动第三定律（$P^2=Ka^3$）来计算黑洞的质量。

» 如何探测黑洞

尽管无法看见黑洞，但我们可以通过观测黑洞对其周围物体的影响来探测或猜测黑洞的存在。可以对以下的影响进行监测。

◇根据以黑洞为运动轨道或螺旋进入黑洞内核的物体，来推测黑洞的质量。

◇引力透镜效应。

◇发出的辐射。

■ 质量

许多黑洞周围都有其他物体，通过观察这些物体的活动，可以探测黑洞的存在。然后，再对这些周围物体的运动进行测量，来计算黑洞的质量。

我们需要寻找的是这样一颗恒星或一个气盘，它的活动状况显示出周围似乎存在一个质量巨大的物体。比如，一颗可见星或一个气盘来回摆动或发生旋转，却看不出导致运动的原因，那么看不见的原因就可能是由大于 3 个太阳质量（换句话说就是，一个物体由于过于庞大，不可能是中子星）的庞大物体引起的，或者说这些运动可能是由黑洞引起的。然后，我们就可以通过观察黑洞在可见物体上产生的影响来推测黑洞的质量。

比如，在星系 NGC4261 的内核，有一个棕色螺旋状的圆盘正在旋转。这个圆盘的体积和太阳系类似，但却比太阳重 12 亿倍。这个圆盘的质量如此巨大，表明这个圆盘内部可能存在着一个黑洞。

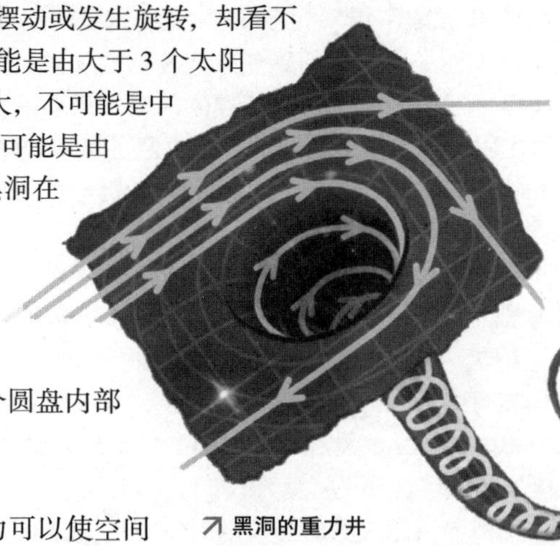

↗ 黑洞的重力井

■ 引力透镜效应

爱因斯坦的“广义相对论”认为，重力可以使空间发生弯曲。这一看法后来在一次日食中得到了证实。人们分别在这次日食发生前、发生过程中以及发生后，对一颗恒星的位置进行了测量。在太阳重力的作用下，光线发生弯曲，因此这颗恒星的位置发生了变化。因此，如果在地球与一个遥远的物体之间存在一个重力极大的物体（比如一个星系或黑洞），那么从这个遥远物体发出的光线就会发生弯曲，光线就会集中成点，就像透镜的原理一样。

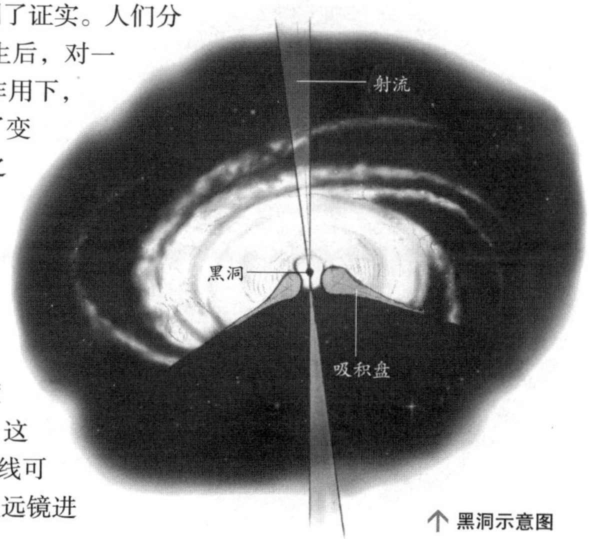

黑洞示意图

■ 发出的辐射

当物质从伴星落入黑洞时，物质的温度就会升高到几百万度，运动速度也会变快。这些温度极高的物质会发射出 X 射线，这种射线可以通过 X 射线望远镜如钱德拉 X 射线太空望远镜进行探测。

天鹅座 X–1 星是一个强大的 X 射线源，被认为是一个不错的候选黑洞。人们相信，来自伴星 HDE226868 的恒星风可以把物质吹到黑洞区域周围的吸积盘（一个盘状的物质区域）上。当这一物质落入黑洞内时，就会发射出 X 射线。

除X射线外，黑洞还能将物体高速抛射出去，形成射流。据观察，许多星系都存在这种射流现象。目前，我们认为这些星系的中心存在着一些特大体积的黑洞（几十亿个太阳质量），这些黑洞能够产生射流和强大的射电辐射。

黑洞并非宇宙的吸尘器，记住这一点非常重要，并不是什么东西都会被吸入黑洞。尽管我们看不到黑洞，但间接的证据表明它们的确存在。人们常把黑洞与时间旅行、虫洞联系在一起，使黑洞成为宇宙中一道永远令人着迷的风景线。

■ 人类是怎样探测小行星的？

也许你曾经听说过未来可能会发生小行星撞击地球的事件，就像电影《世界末日》描述的那样。单从电影的名字上，就可以感觉到那一幕发生时的惨状。人们为什么会有这样的担心呢？

绕着太阳运动的小行星有几万颗，它们大多数集中在火星与木星运行轨道之间的小行星带上。不过，有些脱离轨道的小行星有时距离地球很近，因此人们担心它们会与我们的星球相撞。而且，地球上也有许多明显的碗状凹陷处（月球上也是如此），这表明巨大物体撞击地球已经由来已久了。

最著名的小行星是 6500 万年前撞击地球的那颗。据称，这颗小行星把大量的湿气和灰尘抛入大气层中，结果导致阳光被阻断，地球温度降低，恐龙灭绝。这么说来，的确让人担心。那么，究竟什么是小行星呢？

» 什么是小行星

小行星是以环绕太阳为运行轨道、多岩石的小星体，一般在火星和木星的轨道之间运行。已知的小行星数量超过 2 万颗，它们的形状不规则，大小各异，半径范围从 1 ~ 320 千米。谷神星是最大的小行星，半径为 457 千米。通过测量小行星们亮度的波动，可以知道它们的旋转周期为 3 ~ 30 天。

除了体积、形状和旋转之外，我们对小行星所知甚少。由于小行星不足以对火星和木星的重力造成干扰，因此要估计它们的质量十分困难。不过，谷神星的质量据估计约为 1.2 × 1021 千克。通过借助望远镜光谱学对小行星反射的光线的光谱进行分析，可以对小行星做如下分类。

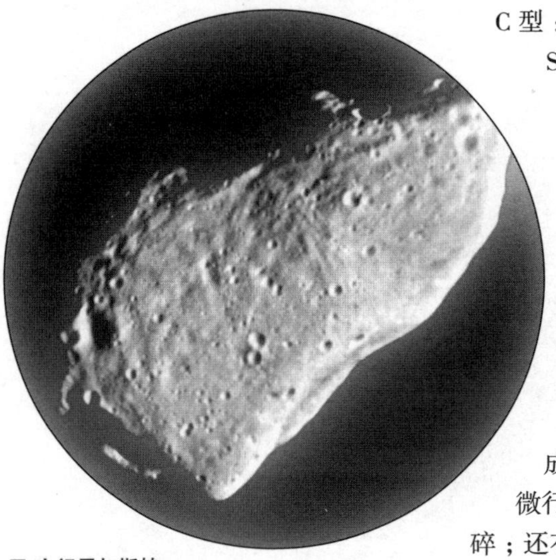
↗ 小行星加斯帕

C 型：暗弱，可能含有碳（碳质）。

S 型：亮度为 C 型的两倍，这些行星含有镍、铁和镁。

M 型：和铁陨星类似，这些行星含有镍和铁。

P 型和 D 型：亮度低，微红色。

除了铁、镍和镁之外，科学家们认为一些小行星上还存在水、氧、金和铂。

小行星可能有两种不同的来源。

◇早期太阳系原始的、基本未发生变化的物质（C 型小行星）。

◇太阳系中不同行星撞击后的剩余物。

科学家们认为小行星是在火星与木星之间形成的微行星（太阳系早期物质）的残留物。一部分微行星开始形成行星，但最终被木星巨大的重力所粉碎；还有些没有开始形成行星（原因未知）。关于小行星仍有许多未知的问题，尽管情况一直发生着改变，但我们永远不可能对小行星进行深入研究。

» NEAR（近地小行星交会）探测器

NEAR 是第一个以太阳系的一小部分为运行轨道的宇宙飞船。它发射于 1996 年 2 月，1997 年 6 月运行至小行星“马蒂尔德”附近，距其表面 1212 千米。之后，它继续运行，从 2000 年 2 月开始了以爱神星（433 号小行星）为最终目的地的旅行。

爱神星是已知最大的小行星之一，是古斯塔夫·威特和奥古斯特·卡洛斯在 1898 年发现的。爱神星的体积是 33 千米 ×13 千米 ×13 千米，呈土豆状。它每 5 个小时自转一次，同时以 1.5AU（约为 2.25 亿千米）的轨道绕太阳转动。它是 S 型小行星。

NEAR 绕着爱神星转动了大约一年时间，与其表面最近距离为 6 千米，最远距离为 500 千米。在这段时间里，NEAR 对爱神星的重力进行了测量，并拍摄了照片，同时对其表面制图和化学测量。在轨道中运行一年之后，NEAR 降落到爱神星的表面。

» NEAR 降落到爱神星

值得称道的是，NASA（美国国家航空和航天局）进行了另一项里程碑式的太空探索：2001 年 2 月 12 日，人类历史上宇宙飞船第一次降落到了一颗小行星的表面。在绕着爱神星运行了一年后，NEAR 的燃料几乎耗尽。NEAR 在设计时就只是让它绕着小行星转动，并最终在其表面坠落（由于 NEAR 并没有设计着陆的功能，因此它并没有配备着陆支架）。不过，科学家决定让 NEAR 尝试着陆而不是自由坠落。在着陆过程中，科学家尝试着对宇宙飞船进行复杂操作，并指示它对小行星表面进行近距离拍摄。通过这些照片，科学家们可以看到爱神星上直径为 10 厘米的物体。

↗ 进行飞行前准备的NEAR

科学家对 NEAR 下达指令，使其减慢在圆形轨道上的运行速度，在靠近小行星表面时，执行一系列的制动转向。着陆场地是在小行星中间马鞍形的区域。当 NEAR 接近小行星表面时，它把拍摄于 120 ~ 500 米范围内的爱神星的照片传回地球。

爱神星重力很小，逃逸速度仅为 35 千米 / 小时（地球的逃逸速度为 4 万千米 / 小时），不过它能够确保 NEAR 不发生逃逸。NEAR 安全着陆，并仍能将无线电信息传回地球。

NEAR 为科学家提供了一个近距离观察小行星的绝佳机会。在人类探索太空的进程中，小行星可能会成为一个令人难以置信的资源。如果你热衷阅读科幻小说，你就会发现许多充满奇妙幻想的故事都讲述了把月球变为居住地的主题。目前，要把月球变为居住地的最大障碍是如何解决建筑材料的问题。与地球相比，小行星能够更好地提供这些材料。

早期的证据表明，距离地球较近的小行星上埋藏着价值数万亿美元的矿石和金属。小行星与我们的距离相对较近，因此许多科学家认为在小行星上采矿非常可行。一些国际组织正在进行规划，准备去开采这些天然的太空资源。

■ 彗星为什么会拖着长“尾巴”？

从我们开始注意扫过夜空的独特的长尾巴那天起，彗星就一直吸引着我们的视线。彗星尤其令天文学家们着迷。彗星代表了宇宙辉煌的过去，从它们身上，我们能更多地了解宇宙的形成。

彗星是太阳系的小小成员，直径通常为几千米。天文学家弗雷德·惠普尔把彗星描述为“脏雪球”。一般认为彗星组成成分如下。

◇灰尘。

◇冰块（由水、氨、甲烷、二氧化碳构成）。

◇一些含碳的（有机）物质（如焦油）。

◇由岩石构成的中心（对于某些彗星而言）。

科学家相信彗星是由太阳系最早期的物质形成的。在太阳形成初期，它将一些较轻的物质如气体和灰尘吹入太空。这些物质中的一部分（多为气体）压缩形成外部行星（木星、土星、天王星和海王星）；另一些则仍然留在轨道上，集中在远离太阳的两个区域内，这两个区域如下。

> **知识档案**
>
> 当彗星经过太阳系内部时，它们可能会在其经过的巨大物体的重力作用下变成碎片。彗星苏梅克－列维9就在木星的重力作用下碎裂成20个碎块，这些碎块与木星发生冲撞，成为有记载的历史上最令人叹为观止的星际间相互作用的例子之一。
>
> 2000年，当彗星林尼尔经过太阳附近时，在太阳的重力作用下变成了碎片。

◇欧特云：距离太阳约 5 万 AU 的一个区域。（AU 代表天文单位；1AU 是指从地球到太阳的平均距离，即 1.5 亿千米。）

◇柯伊伯带：位于冥王星轨道以外、太阳系平面内的一个区域。

» 彗星的轨迹

一般认为，彗星在欧特云或柯伊伯带中绕着太阳转动。当另一颗星星经过太阳系时，它的重力推动欧特云或柯伊伯带运动，这使得彗星在其椭圆轨道内朝着太阳的方向运动，其中太阳位于椭圆轨道的一个焦点。彗星的轨道可能为短期轨道（小于 200 年，比如哈雷彗星）或长期轨道（大于 200 年，比如海尔·波普彗星）。

当彗星在距太阳 6AU 的区域内，冰块开始由固态直接变为气态。当冰块升华时，气体和灰尘粒子与太阳做相背运动，形成彗尾。

» 彗星的组成部分

当彗星接近太阳时，温度升高。在升温过程中，我们可以观察到彗星的几个组成部分。

◇彗核。

◇彗发。

◇氢气囊。

↗ 哈雷彗星

◇尘尾。

◇离子尾。

彗核是彗星主要的固态部分。彗核的直径通常为1 ~ 10千米，有时也可达到100千米。

彗发是由彗核周围的蒸发气体（水蒸气、氨和二氧化碳）及灰尘形成的气团。彗发是在彗星温度升高时形成的，通常比彗核大1000倍。彗发的体积甚至可以像木星或土星一样大（直径为10万千米）。彗发和彗核组成彗头。

彗发周围有一层看不见的氢气层，叫做氢气囊；氢可能来自于水分子。由于氢气囊在太阳风的作用下发生变形，因此它的形状通常不规则。随着彗星离太阳越来越近，气囊也变得越来越大。

彗星的尘尾通常与太阳做相背运动。尘尾由从彗核蒸发的小的（1微米）尘埃粒组成，在阳光的压力作用下被迫远离彗星。尘尾是彗星中最容易被我们看到的一个部分，因为它可以反射太阳光而且很长，大约几百万千米。由于彗星在轨道上运行的速度与尘埃远离彗星的运动速度相同，因此尘尾常常是弯曲的，就像从正在移动的水龙带喷嘴里射出的水会发生弯曲一样。

彗星通常还有第二条彗尾即离子尾。离子尾是由被太阳风从彗核处吹走的、带电的空气分子组成的。有时候，当彗星穿过太阳磁场方向发生颠倒的边界处时，离子尾会消失片刻，然后再重新出现。

» 关于彗星的传说

人类对彗星不仅充满了迷恋，同时也充满了恐惧。经证实，彗星的彗尾不止一个，关于彗星的故事也不止一个。数量众多的民间传说和神话故事都与这一天外奇观有关。在人类历史上出现的许多文明中，彗星一直都被视为灾难的前兆。人们相信，彗星是毁灭、灾难甚至死亡的来源，或至少与这些不幸有关。

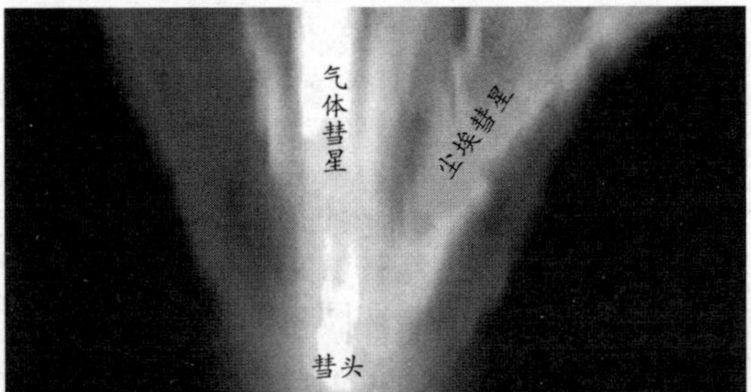

↗ 彗星有一个由冰块、尘埃和石块组成的核心，由核心蒸发出来的物质形成的气体称为彗尾。

巴约挂毯的一部分画面描述了一个最著名的例子来说明彗星是巨变的前兆。据报道称，在公元1066年，黑斯廷斯战役即将爆发前，哈雷彗星被发现。当时，许多人都认为彗星的发现与诺曼征服有直接关联。事实上，记载了诺曼征服的巴约挂毯上，的确有一幅画面描绘了一群人仰望彗星的情景。

另外，人们还把皇室的兴衰存亡与这些天文景观联系在一起。在出现了彗星的年份，总有许多名人离世，其中包括恺撒。同时，令人惊异的是，哈雷彗星同时见证了著名作家马克·吐温的诞生和辞世。

知识链接

美国国家航空和航天局已经发射了“星尘号”探测器赴彗星怀尔德2号执行采集彗星物质样本任务。探测器将飞入该彗星的彗尾，使用安装在探测器金属板上的气凝胶（一种特制的胶）来采集粒子。这些粒子已于2006年被送回地球。通过对这些粒子进行研究，科学家希望对彗星以及早期太阳系的构成做进一步的了解。

» 观察彗星

其实，许多彗星是被业余天文爱好者发现的。要寻找彗星，你必须要做到以下几点。

◇去一个几乎没有灯光的地方。

◇了解彗星的外观（尽可能多地观察彗星）以及弄清楚什么不是彗星（经常观察遥远天空中的其他物体，因为它们看起来也是小小的、模糊的一团）。

◇使用双目镜或望远镜（低放大倍数，20 ～ 40 倍）。

◇在日出前向东望大约 30 分钟或在日落后向西望大约 20 分钟，因为彗星的尘尾会反射逐渐消逝的光线，所以进行这样的观察经常会发现彗星的踪迹。

◇经常从地平线附近低低地扫望天空。

上述观察需要定力、时间和耐心。平均来看，要发现一颗新的彗星，观测者通常要花费几百小时的观测时间。彗星通常以发现者的名字来命名，因此许多人都认为自己的努力很值得。

■ 哈勃太空望远镜是怎样观测宇宙的？

如果你透过望远镜观察宇宙，你能很清晰地看到一颗遥远的恒星或一块星云。借助望远镜，你可以看到几十亿光年以外的地方，可以看到几十亿年前所发生的事情。天文学家们正是借助 HST（哈勃太空望远镜）做到这一点的！

如果要借助地面望远镜来观看遥远的恒星，最大的问题是恒星发出的光线必须穿过大气层。地球的大气层除了云层和天气状况外，还充满了各种物质：灰尘、正在上升的暖气流、正在下降的冷气流以及水蒸气，这些物质都会阻挡视线。在这些因素的作用下，恒星的图像可能会模糊不清，降低了地面望远镜的准确度。天文望远镜则可以很好地解决这些问题。

知识链接

在HST上安装了两块太阳能电池帆板，从设计上看非常便于更换。这两块帆板很像两块巨大的便携式投影屏，它们被安装在固定的外框中。如有需要，这些帆板可以轻松被卷起运走，与便携式投影系统的屏幕非常相似。

» 在 HST 内部

和其他望远镜一样，HST 的一端也有一个带有开口的镜筒。镜筒的镜子可以把光线汇集到它的“眼睛”所在的焦距处。HST 的“眼睛”是由几个不同的仪器组成的。事实上，正是有了这些仪器，HST 才成为如此神奇的天文学工具。同时，HST 也是一艘宇宙飞船。因此，它拥有动力系统，可以在轨道上运行。在我们研究这艘宇宙飞船的系统之前，让我们先来看看 HST 的功能。

■ 光学镜

光线通过镜筒的开口处进入 HST，从第一个镜面跳到第二个镜面。第二个镜面通过第一个镜面的中心孔把光线反射出去，落到第一个镜面后面的焦点上。体积更小的半反射半透明的光学镜把光线从焦点处散射到各种科学仪器上。

HST 的镜片（和大多数大型望远镜一样）由特殊的低膨胀玻璃制成，这种玻璃在温度变化下膨胀和收缩的程度不大。这种玻璃表面涂有纯铝（厚度为 8.3 纳米）和氟化镁（厚度为 25 纳米），可以反射可见光、红外线和紫外线。主镜重 828 千克，副镜重 12.3 千克。

■ 科学仪器

通过观察一个天体不同的波长或光谱，我们可以了解该天体的许多特征和属性。通过 HST 上安装的各种仪器，我们可以看到所有长度的波长。每种仪器都是通过 CCD（电荷耦合器件）而并非摄影胶片来捕捉光线的。CCD 检测到的光线会变成数字信号，储存到机载电脑中，再传回地球。数字数据经过转化，就成为我们在新闻和杂志上看到的神奇照片

↗ HST在空中工作的情景

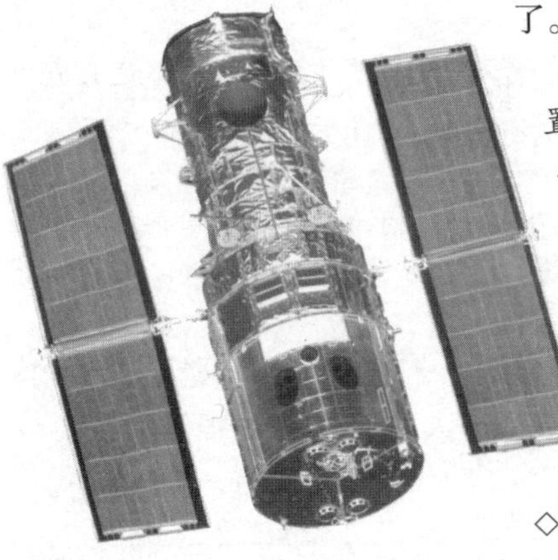

↗ HST

了。下面让我们来了解一下这些仪器。

◇ WFPC2（宽视场行星照相机 2）：HST 的主要感光装置，即主照相机。WFPC2 通过 4 个 CCD 来捕捉光线：3 个排成 L 形状的、低分辨率的宽视场 CCD 芯片，1 个装在 L 形结构内部的、高分辨率的行星照相机 CCD 芯片。这 4 个 CCD 芯片同时面向目标物体，目标物体的图像就会出现在适合的 CCD 芯片上（芯片可能是高分辨率的，也可能是低分辨率的）。这部照相机可以分辨可见光和紫外线。WFPC2 可以通过不同的滤光器来拍摄照片，从而使色彩非常自然。

◇ NICMOS（近红外线照相机和多目标分光仪）：星际气体和灰尘会阻挡可见光。不过，我们还是有可能从隐藏在灰尘和气体中的物体上看到红外线或热量。为了对这种红外线进行观测，HST 的 NICMOS 配备了 3 种感光照相机。

由于 NICMOS 的传感器对热量十分敏感，因此必须被保存在 -196℃的热水瓶状的大瓶子中。

最初，NICMOS 是由重量为 140 千克的固态氮块进行冷却的；而现在，它由一台作用类似冰箱的仪器进行有效冷却。

◇ STIS（太空望远镜成像光谱仪）：这是观察天体光线的工具，但是你能说出天体的组成吗？来自恒星或其他天体的颜色或光谱，就是这个天体的化学指纹。特殊的颜色告诉我们一个天体呈现的元素，而强烈的各种颜色则告诉我们天体有多少种元素。所以识别天体颜色——光的特殊波长，STIS 分离进入的光线的颜色，就像棱镜制造彩虹一样。

在加起来的化学成分中，光谱可以告诉我们一个天体的温度和运动。

◇ FOC（暗天体照相机）：HST 是如何对一个物体进行放大的呢？为了放大物体，HST 配备了 FOC，这是一种高分辨率的照相机。FOC 通过 3 个步骤来放大图像或增加图像的对比度，还对可见光和紫外线都很敏感。

举个例子，当把 FOC 对准参宿四（位于猎户座肩部的一颗深红色的恒星）时，它可以拍摄到该颗恒星的表面。这是人类第一次拍摄到除太阳外的其他星体的表面。从这一图像上，科学家推断在参宿四表面上有一个温度极高的点，该点的温度比这颗星表面的其他区域高 1800℃。

◇ FGS（精密制导传感器）：这些传感器的作用是控制望远镜指向，对恒星的位置、双子星的间距、恒星的直径进行细致准确的测量。在 HST 中装有 3 个这样的 FGS，其中有 2 个被用来控制望远镜的指向，使其始终对准目标，以便在靠近目标的区域内寻找导航星。当传感器发现导航星后，它就会锁定目标，同时将信息传回 HST 导航系统，以确保导航星始终处

↗ 这幅图像是根据HST的3个不同指向合成的。

知识档案

HST有一个用来在太空中安装光学镜、各种设备和宇宙飞船系统的桁架。在HST上用来安装光学镜的桁架由石墨环氧树脂制成，与网球拍和高尔夫球棍的材料相同。桁架长5.3米，宽2.9米，重114千克。用来安装光学镜和科学仪器的镜筒由铝制成，周围还装有多层绝缘体。有了绝缘层的保护，望远镜在阳光区和阴影区之间运动时就不会产生极端的温度变化。

于 HST 的观测范围内。由于行星在公转时会使其母星发生颤动，因此在探测行星时进行天体测量是十分重要的。

下面，让我们再来看看 HST 的宇宙飞船系统。

» 宇宙飞船系统

我们之前提到，HST 也是一艘宇宙飞船。因此，它必须具备能量，能够与地面进行通讯以及改变它的姿态（方位）。

HST 上的所有仪器和电脑都需要电能。这些电能来自于两块巨大的太阳能电池帆板，每块帆板长和宽分别为 7.6 米和 2.45 米。这两块太阳能电池帆板能够提供 3000 瓦的电量，相当于 75 个 40 瓦的灯泡加起来的耗电量。当 HST 位于地球的阴影区时，所需电能是由 6 个镍氢电池来提供的，它们储存的电量相当于 20 个车载电池的电量总和。当 HST 再次转向阳光的一面，太阳能电池帆板就会重新充电。

知识档案

HST的两台主电脑安装在科学仪器间上方的镜筒附近。一台电脑负责与地面对话，以便传送数据和接收指令。另一台电脑则负责操控HST，同时也兼有多项清洁和整理功能。同时，HST上还装有紧急情况下使用的备用电脑。

HST上配备的每个仪器还装有内嵌式的微处理器，作用是转动滤光轮、控制遮光器、收集数据以及与主电脑进行对话。

■ 通讯

HST 必须能够与地面的控制人员进行对话，以便将得到的数据传回地面，同时接受下一个任务的指示。HST 利用一组被称为“TDRSS”（跟踪与数据中继卫星系统）的中继卫星与地面进行通讯，这套系统同时也被国际空间站所使用。

HST 接收了来自物体的光，并将其转化为数字数据。随后，这些数据先被传送到在轨道上运行的 TDRSS，再传送至位于新墨西哥州白沙市的地面接收站。白沙接收站的工作人员再将这些数据传送到美国国家航空和航天局的戈达德航天控制中心，HST 控制台就位于该中心。随后，来自附近马里兰州巴尔的摩空间望远镜科学研究所的科学家们将对这些数据进行分析。在大多数情况下，工作人员会在预计观测时段之前向 HST 发出指令，必要时也有可能发出实时指令。

↗ HST进行仪器升级。

■ 操控

HST 在拍摄照片时必须完全对准目标，通常它都要用几个小时（甚至几天）的时间来聚集足够的光线。要知道，HST 每 97 分钟绕地球运行一圈，因此，让 HST 始终对准目标就像我们站在一艘沿海岸快速行驶、在波浪中翻滚的船的甲板上，始终盯着岸上的一个小物体看一样。为了始终对准目标，HST 上装备了 3 个系统。

◇陀螺仪：感应大小运动。

◇反作用轮：用来转动望远镜。

◇ FGS：感应微动。

↗ 天文学家在HST上安装新的动力控制单元。

陀螺仪记录着 HST 的整个运动过程。它就像一个指南针，能够感应 HST 的运动，告知飞行电脑 HST 偏离了目标。随后，飞行电脑会计算出 HST 需要运行多少距离以及朝哪个方向运行，才能重新对准目标。然后，飞行电脑就会通过反作用轮来转动望远镜。

HST 无法像大多数卫星那样使用火箭发动机或气体推进器，因为废气会在望远镜附近悬浮，遮挡住周围的视线。与这些卫星不同，HST 上安装的是分别指向 3 个运动方向（x 轴 /y 轴 /z 轴或纵轴 / 横轴 / 立轴）的反作用轮。这些反作用轮是飞轮。当

HST需要运动时，飞行电脑就会对一个或多个飞轮发出指令，告知其旋转方向、速度以及作用力的提供者。根据牛顿第三运动定律——有作用力就必然有反作用力，且两者大小相等，HST朝着与飞轮相反方向旋转，直至到达目标。

前面提过，FGS通过寻找导航星，来使望远镜始终对准目标。3个传感器中的2个在其各自的视野中发现目标附近的导航星。发现之后，它们锁定导航星，并将信息传给飞行电脑，从而使导航星始终处于其视野范围内。FGS比陀螺仪的灵敏度更高。尽管HST要在轨道上进行运动，有了FGS和陀螺仪，它就可以在数小时内始终对准目标。

尽管早期的HST并不尽如人意，但现在的它却表现出色，获得了多项科学数据并拍摄了许多美丽的照片。但是，HST并不能永久存在下去。人类已经在开发新的天文望远镜，该望远镜被称为“NGST”（新一代的太空望远镜）。这种望远镜将比HST灵敏度更高，能从更远的物体上拍摄更美丽的照片。由HST开创的光学天文望远镜时代致力于对天文学进行变革，正如或更有甚于伽利略在很早以前使用第一架望远镜所做的努力。

■ 为什么国际空间站能成为太空探索的基地？

在科幻小说和空间探索发展的早期阶段，人类就对空间站充满幻想。梦想家们把空间站想象成轨道上的前哨基地，就像18、19世纪美国西部开发时所建立的堡垒和前哨。国际空间站是人类为了保持在太空中的永久存在而做出的最新也是规模最大的努力。

↗ 1999年拍摄的国际空间站

对于有些人而言，空间站是在地球无法复制的环境中进行尖端科学试验的场所。而另一些人则把空间站当成了做生意的场所，一些独特的物质（晶体、半导体和药物）在空间站制造比在地球上制造出来的形状更好。还有一些人把空间站看做去行星和恒星探险的出发点，或者是旅游景区，甚至是缓解地球人口过多问题的新兴城市或聚居地。

1998年，国际空间站在轨装配拉开序幕。它最终建成后将包括超过100个舱，需要进行44次太空飞行才能将各种部件送入轨道。装配和维护国际空间站需要进行160次太空行走，总耗时为1920个工时。装配和维护工作计划在2010年完成，预期使用寿命为10年，计划总投资为350亿～370亿美元。建成后，国际空间站可容纳7名宇航员。它将由以下部件组成。

◇“曙光号”控制舱：该控制舱包含推进（两个火箭发动机）、命令和控制系统。

◇节点：这些节点连接着空间站的主要部分。

◇“星辰号”服务舱：该服务舱包括为空间站早期工作人员提供的生活和生命保障区、用于接待“进步号”货运飞船的对接口、用于姿态控制和再推进的火箭发动机。

◇科学实验室：空间站将拥有6个实验室，内有科学仪器和将装备运至外层平台的机械臂。

◇实验舱：研究微重力、生命科学、地球科学和空间科学的便利场所。

◇桁架：桁架是一个长长的塔状构架，用来组装各种舱、装备以及系统设备。

◇移动服务系统：这一机械系统会沿桁架运动，装有远程臂，可进行装配和维护工作。

◇运输车：为了进行紧急疏散，空间站将配备“联盟号”太空舱和一辆人员返回车（X-38）。

◇电力系统：空间站通过太阳能电池帆板和相关设备来生产、储存、管理和分配电能。

» 国际空间站如何工作

为了维持一个人类能永久进行生活和工作的环境，国际空间站必须能够提供：生命保障、推进、通讯和跟踪、导航、电能、电脑、再补给以及紧急逃生路线。

» 国际空间站的使用

在大多数情况下，国际空间站被用来在微重力的独特环境下进行科学实验。国际空间站比“和平号”空间站大4倍，航天飞机只能在轨道上停留3周，而国际空间站在轨道上停留的时间则要长得多。来自各国政府、企业和教育机构的代表都可以利用国际空间站的各种设施。可以进行的实验类型包括以下几种。

◇微重力科学。

◇生命科学。

◇地球科学。

◇空间科学。

◇工程研究和发展。

◇商业产品开发。

> **知识档案**
>
> 1973年，美国将它的第一个也是唯一的空间站“天空实验室1号”送入轨道。在发射的过程中，空间站受到严重的损坏：一个重要的陨石防护罩和两块主太阳能电池帆板中的一块被撕裂，另一块没能完全张开。这就意味着空间站几乎丧失了全部的电力，内部温度也上升到52℃。第一批工作人员在此后10天被送入太空，去修复受损的空间站。宇航员们将完好的那块太阳能电池帆板展开，设立了一个伞状的太阳防护罩以使空间站降温。完成空间站的修复之后，在该小组之后又有两个小组参与其中，他们总共在空间站上生活了112天，进行了大量的科学和生物医学的研究。

■ 微重力科学

重力影响着地球上的物质运动。举例来说，重力改变了原子聚合形成晶体的方法。在微重力的环境下，可以形成近乎完美的晶体。利用这些晶体，可以制造出更有效地治疗疾病的药物，或制造出可以提高电脑运行速度的性能更优越的微处理器。

重力的另一个作用是它可以在火苗中形成对流气流，从而导致火焰燃烧不稳定。这样，想要对燃烧进行研究就非常困难。但是，在微重力的环境下，火苗的燃烧就变得简单、稳定而缓慢；这样的火苗使燃烧过程研究变得简单多了。这样的研究可以使人们更好地理解燃烧的过程，从而设计出更好用的火炉或更有效地减少环境污染。

国际空间站将建立最先进的实验室来研究微重力对上述过程的影响。

■ 生命科学

我们都知道，生命是在重力作用下的世界逐渐进化的。我们身体的形状和轮廓都受到了重力的影响，我们依靠骨骼来平衡重力。我们的感官可以告诉我们上下方向，因为我们可以感知重力。但重力究竟是怎样影响生物的呢？国际空间站使我们有机会在失重条件下去研究植物和动物。举例来说，当植物的种子发芽时，植物的根部向下生长，嫩芽或叶子向上生长（这叫做“向重力性”）；幼嫩的植物总是能通过某种方式感知重力。那么，如果种子是在微重力的环境下生长，情况又会如何呢？国际空间站将会对此进行实验研究。

如果长期处于失重的环境中，会导致我们的骨骼缺钙，肌肉组织缺乏，全身供血不足。失重对我们产生的影响和衰老类似（肌肉力量不断变小，即骨质疏松症），因此处于失重环境中也可以使我们加深对衰老过程的认识。如果我们能够想出减小微重力影响的对策，我们也可能会想出办法来阻止因衰老而产生的身体变化。国际空间站将能提供宇宙飞船所无法提供的长期处于微重力下的环境。

↗ 展开太阳能电池帆板的国际空间站

国际空间站的起源

1984年，美国总统罗纳德·里根建议美国应该与其他国家合作，建造一个永久性的可居住的空间站。根据里根的设想，一个空间站必须要得到政府和工业界的支持，而美国最终也促成了与14个国家（加拿大、日本、巴西以及欧洲航天局所辖的英国、法国、德国、比利时、意大利、荷兰、丹麦、挪威、西班牙、瑞士、瑞典）的合作。在国际空间站实施期间以及前苏联解体之后，美国于1993年邀请俄罗斯加入到国际空间站项目，这就使参与国家总数升至16个。

在国际空间站，我们可以对与地球生态系统类似的生态生命保障系统进行测试。我们可以在太空中大量种植植物，来获得氧气、去除二氧化碳，同时提供食物。当科学家们计划进行长途的太空旅行时，比如前往火星或木星，在国际空间站收集信息就变得非常重要了。

■ 地球科学

国际空间站的运行轨道将把地球表面75%的面积纳入观测范围。宇航员们通过使用空间站的相关仪器，可以进行如下工作。

◇气候和天气状况研究。

◇地质学研究。

◇收集大气质量的相关信息。

◇将植被、土地使用情况和矿产资源分布情况制图。

◇对河流、湖泊和海洋的清洁状况进行监控。

从这些研究中获得的数据将有助于我们理解地球生物圈的运作过程，以及怎样做才能将人类对生物圈的影响降到最低。

■ 空间科学

国际空间站将成为一个在地球大气层上方进行轨道运动的平台。和哈勃天文望远镜一样，透过国际空间站的望远镜，可以在不受地球大气层干扰的情况下，清晰地看到太阳、恒星和行星。利用国际空间站配备的仪器，可以寻找其他恒星周围的行星，也可以在遥远的星系寻找宇宙起源的线索。与哈勃天文望远镜相比，国际空间站上的所有设备可以更加轻松地进行修理和更换。

■ 工程研究和开发

国际空间站中多数工程研究和开发项目都致力于研究空间环境对物质的影响，以及开发太空探索的新技术。未来将进行研究的项目如下。

◇用来搭建太空建筑物的新的建筑技术。

◇新的太空技术，包括太阳能电池和太阳能存储。

◇新的卫星和宇宙飞船通讯系统。

◇可供未来宇宙飞船使用的先进的生命保障系统。

在国际空间站建设前，美国国家航空和航天局发射了一颗名为“LDEF”（长期暴露实验装置）的卫星，以此来研究太空环境（大气层上方的原子氧、宇宙光和微流星体）产生的影响。研究物质被放置在卫星的外部。在轨道中运行了几年之后，该卫星被航天飞机召回，返回地球并用于研究。

这种类型的实验在国际空间站里进行要容易得多。在国际空间站，物质会被放置在开放的平台上，在数年的时间里长期处于太空环境中。这些研究物质可以比在卫星上更容易地替换以便进行分析。在这些实验中获得的信息可以帮助科学家设计出性能更加优越的物质，从而使卫星可以在太空环境中停留更长的时间。

■ 商业产品开发

前面提到，在空间站可以制造出性能更好的晶体，这些晶体可用来制造更有效的药物、提取原油用的催化剂以及半

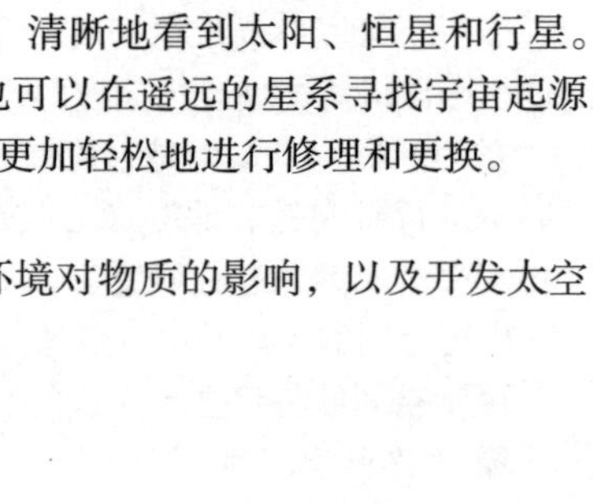

↗ 2003年的国际空间站数字透视图

导体。国际空间站也将会开放实验室来制造这些产品，同时为这些产品提供比在航天飞机上长得多的轨道时间。

» 空间站的未来

人类对空间站的开发才刚刚起步。与“礼炮号”空间站、天空实验室和“和平号”空间站相比，国际空间站已经取得了巨大的进步，但是要实现科幻小说家们所描绘的大型空间站或聚居地，我们还有很长一段路要走。迄今为止，还没有一个空间站处于重力的环境下，这有以下两个原因。

（1）我们希望在一个无重力的环境下，对重力的作用进行研究。

（2）我们目前的技术无法做到使大型建筑，如太空站，发生旋转来产生人造重力。

未来，居住着大量人口的太空聚居地将有基本的人造重力。

由于国际空间站处于地球的低轨道上，因此需要定期地再推进。不过，未来的空间站将有可能利用在地球和月球之间存在的两个拉格朗日点，即 L–4 和 L–5。在这些点上地球和月球的重力正好抵消，这样，位于这些点上的物体既不会被拉向地球也不会被拉向月球。轨道将非常稳定，无须再推进的过程。成立于 20 多年前的 L5 协会，致力于实现把空间站送入这些点的理想。随着我们在国际空间站上积累经验的增多，我们将会建造更大更好的空间站，帮助我们更舒适地在太空中工作和生活，梦想也许很快就会成为现实。

■ 宇航员在太空中失重的原因是什么？

你可能看过这样的图片，宇航员们飘浮在航天飞机、国际空间站或“和平号”空间站中。失重的状态看起来似乎很滑稽，其实非常痛苦。最初，你会感到恶心、头晕或者失去方向感。你的头部和鼻窦发胀，腿部皱缩。如果待的时间更长，则会出现肌肉无力、骨骼变脆。如果你正在进行长途太空航行，比如前往火星，这些身体反应带来的后果将会很严重。

↗ 失重状态下的宇航员

假设此刻你正穿着宇航服，躺在航天飞机的驾驶舱里。你已经在椅子上躺了几个小时，而飞行员和工作人员正在为飞行前的发射做着最后的准备。通常，当你直立站立时，血液就会在重力作用下向下流动，集中在腿部血管。但你平躺时，血液就会流到全身各个部位，由于你抬起了脚，因此血液会顺利流向头部。你可能感觉头部稍微有些缺氧，就像你晚上睡觉时感觉到的那样。

火箭发动机点火，你能感觉到加速度。航天飞机升空时的作用力把你重新推入座椅中。当航天飞机的重力加速度增至一般重力的 3 倍时（某些过山车在运动过程中可短暂达到这种状态），你就会感觉到沉重的压力。你的胸口受压，可能还会出现呼吸困难。大约 8 分半钟之后，你就会进入外太空，体验一种完全不同的感觉:失重。

> **体液损耗**
>
> 对抗体液损耗的设备被称为“LBNP”（下体负压），该训练器能在你的腰部下方施加一种类似吸尘器一样的吸力，来防止体液向下流到腿部。这种训练器可以装在健身器械如跑步机上。你可以每天花30分钟的时间使用LBNP进行锻炼，从而使体内的循环系统保持接近在地球时的状态。
>
> 同时，在返回地球前夕，你可以饮用大量的水或电解质溶液来补充缺失的水分。这样做可以使你避免在站立或走出机舱时发生晕厥。

» 体验失重

失重，更准确的说法是微重力。你不可能完全失重，因为地球的重力会把你和其他一切物体吸引在轨道上的航天飞机内。实际上，除非你正在快速地水平移动（8 千米 / 秒），否则你就会处于一种自由落体状态，这和从飞机上跳下时的感觉很像。当你降落时，你不会碰到地面，因为地面会发生弯曲而远离你。这种情况就像：当你站在体重计上，体重计会测出你的体重，原因是重力对你和体重计都施加了向下的压力。由于体重计是放在地面上的，它就会向你施加同等的向上的作用力，这种作用力就是你的体重。但是，如果你站在一台体重计上跳下悬崖，你和体重计都会受到相同的重力而落下。你没有向体重计施加压力，体重计也就不能反作用于你。因此，体重计上就会显示“0”。

由于航天飞机和它里面的所有物体都以相同的速度下降，这些物体就会飘浮不定。如果你长着长发，你的头发就会飘到你的脸上。如果你想把一杯水倒掉，倒出的水会形成一个大的、球形水滴，这个水滴可以分解成若干个小水滴。如果你把食物和糖果推向嘴的方向，它们就会慢慢地飘到你的嘴里。当你坐在椅子上，你丝毫感觉不到自己是坐着，因为你的身体不会向下压着椅子。如果你不抓住什么东西，你就会处于飘浮状态。如果你不靠着一面墙、抓着一个手柄或蹬着一个脚蹬，你就无法变换位置，因为你没有可以借力的东西。正是出于这种考虑，NASA（美国国家航空和航天局）在航天飞机的机舱里设置了很多约束物、手柄和脚蹬。

↗ 在航天飞机外的宇航员

» 在失重状态下的感觉

大多数人第一次处于失重环境中，都会出现不良反应：恶心、失去方向感、头疼、无食欲以及消化不良。

同时，在失重环境中待得时间越久，肌肉和骨骼就会越无力。这些感觉是由身体不同的器官产生的变化引起的。让我们进一步来看看身体在微重力环境中都会产生哪些变化。

■ 宇航病

你所感觉到的恶心和失去方向感的症状，就像当你开车撞到路面上的东西或当你坐着过山车向下落的时候，胃里会翻江倒海一样，只是这种感觉会持续好几天。这种病症被称为“宇航病”或“航天运动病”，是由于大脑从眼睛接收的信息与内耳的前庭器官产生的信息之间发生紊乱造成的。眼睛可以分辨机舱内的上下方向。不过，前庭器官却是依靠向下的重力作用来分辨运动的上下方向，而在微重力的环境下，前庭器官就无法辨别方向了。因此，眼睛传递给大脑的信息是你正在从上向下运动，而大脑却没有收到任何来自前庭器官的反馈信息。此时，大脑就会出现紊乱，产生恶心和失去方向感的症状，这些症状又会导致呕吐和食欲不振。不过，几天之后，大脑就会适应这种只依靠视觉信号来辨别方向的状况，你就会感觉好多了。NASA 配发了药用胶布来帮助宇航员克服恶心的症状，直到他们的身体完全适应。

■ 脸部水肿和鸟状腿

在失重环境中，你会感到脸部肿胀、鼻窦堵塞，这可能会导致头疼和航天运动病。当你在地球上弯腰以及用手或头做倒立时，也会有这种感觉，因为此时血液都涌向了头部。

在地球上，重力推动血液下行，大量的血会集中在腿部血管。而在微重力环境中，血液会从腿部流向胸部和头部。这时你就会脸部水肿，鼻窦发胀。血液的流向变化也会使你的腿部皱缩。

当血液流向胸部时，心脏就会变大，每次心跳就会挤压出更多的血。血液流量增大，肾

如何在地球上模拟失重

可以通过以下方法来使用人或动物为标本，在地球上模仿和研究失重环境。

⋆头向下倾斜：让一个人躺在床上，头部向下倾斜，与水平面约成5°。这种方法模仿了在失重环境中，头部体液减少的情况。同时，承重的骨骼和肌肉也不会被使用，变得无力或萎缩，就像宇航员在失重环境中发生的状况一样。

⋆浸泡在游泳池中：将研究对象放入加热的游泳池水中，浸泡一段时间。水的浮力会改变体液的流动方向，缓解承重骨骼和肌肉受到的压力，与失重环境中发生的状况类似。

⋆KC-135“呕吐彗星”：驾驶一架飞机进行爬高－下降飞行数次，在每次飞行的最高点可达到短暂的失重状态。NASA将这种方法运用在宇航员的训练中，也可供学生研究课题时使用。

也就会形成更多的尿液，就像你喝了一大杯水后出现的状况一样。随着血液和体液的增加，脑垂体分泌的抗利尿激素就会减少，这样你就不会感觉很渴。因此，你的饮水量就比在地球时要少。总之，这两种因素会帮助你去掉胸部和头部多余的体液，这样几天之后，你身体里的水分就会少于在地球上时的水分。尽管你的头部还是感觉轻微缺氧，鼻窦也仍有轻微堵塞，过几天后这些症状都会有所减轻。当你返回地球后，重力会使这些体液重新从头部流回腿部，因此当你站起来的时候会感觉晕眩。不过，随着饮水量的增加，几天之后，你身体里的体液就会恢复到正常状态。

肌肉和骨骼的损伤

NASA和俄罗斯宇航局指出，在太空中最低限度减少肌肉和骨骼损伤的最佳方法是经常进行锻炼。这样可以强健肌肉，避免老化。在骨骼上施加重量可以营造出一种和地球上类似的感觉。在失重的环境下，应该通过各种器械（跑步机、划船练习架、自行车）每天至少锻炼两个小时。在锻炼中必须将身体绑在运动器械上，通常要使用增加压力的绑带如弹力绳，把自己固定在机器上。

人们需要进行更多的研究，才能找出失重条件下身体发生变化的相应对策。这项研究必须同时在地面和外太空进行，同时使用人和动物作为实验对象。研究结果将有助于改善宇航员的健康状况，为未来的太空探索比如前往火星铺平道路。

■ 航天贫血症

肾把多余的体液排出去，同时会减少红血球生成素（一种通过骨髓分子刺激红血球产生的激素）的分泌。随着红血球的减少，血浆量也相应减少，这样血球密度（血液中红血球的比例）就和地球上的一样。当你返回地球时，红血球生成素的数量将会增多，红血球的数量也会相应增多。

■ 肌肉无力

当你处于失重环境中，你的身体会保持胎势：身体微弯，手臂和腿保持半蜷曲状态。处于这种姿势时，许多肌肉都不会被使用，特别是那些使我们可以站立和保持某种姿势的肌肉（反重力肌肉）。

随着你在太空停留时间的增加，你的肌肉也会发生变化。肌肉的重量会减轻，形成鸟状腿。肌肉纤维也会由慢肌纤维变为快肌纤维。你的身体不再需要慢肌耐力纤维，比如那些站立时用到的纤维。相反，当你要把自己快速推离空间站表面，就需要更多的快肌纤维。你在太空停留的时间越长，肌肉重量减少得就越多。肌肉重量的减轻会使你的身体变得虚弱，当你要从事长时间的太空飞行或重返地球的重力环境时，很多问题就会随之产生。

■ 骨质疏松

在地球上，你的骨骼支撑着整个身体的重量。在你的身体中，一些骨骼细胞沉积形成新的矿物质层，而另一些细胞则会以相同的速度消耗这些矿物质层，因此骨骼的大小和重量就会保持平衡。而在失重环境中，你的骨骼无须支撑身体，因此你所有的骨骼，特别是臀部、大腿和腰部的承重骨骼就比在地球上使用的次数要少多了。在这些骨骼中，骨骼细胞沉积形成新骨骼层的速度减慢，而其他骨骼细胞消耗骨骼的速度却保持不变。这样一来，只要你还继续待在失重环境中，你的骨骼大小和重量就会以每月约1%的速度继续减少。当你重返地球的重力环境时，骨骼重量的变化会导致骨骼无力甚至折断。目前还不清楚骨骼损耗在什么范围内可以在重返地球后进行修复，但不可能100%地修复。

综上所述，在一段较长的时间内，人体会以很多有趣的方式适应失重的环境，不过有些方式并不总是那么好。人们进行了大量的实验，提出了很多构想，试图寻找不同的适应方式，以避免长时间的太空飞行导致的上述种种问题。

■ 怎样寻找系外行星？

直到1991年，太阳还是当时已知的唯一一颗带有行星的恒星。当天文学家亚历克斯·沃尔兹森发现室女座的一颗脉冲星周围有两颗行星后，事情发生了改变。自从这一发现以来，在其他恒星周围已经发现了超过50颗的行星。这些行星被称为“系外行星”。那么，科学家究竟是如何寻找并最终发现这些行星的呢？

人类具有超凡的创造力。每个夜晚，有几千个也可能是几万个天文学家使用小型工具，有时可能只是一架望远镜遥望星空。因此，他们花费大量的时间想出各种不同的方法来使用这些工具。通过使用有限的工具，就能够找到距离我们几万亿千米以外的像行星那么小的物体，这真是一件了不起的壮举。

» 行星是什么

除地球之外，太阳系还有另外的 7 颗行星。那么，行星究竟是什么呢？行星的定义是：围绕恒星转动的、以表面反射恒星的光而发亮的巨大星体。行星在质量、构成、与恒星的距离方面差异很大。太阳系的行星可以分为 3 类。

◇类地行星：水星、金星、地球和火星。这些行星都由岩石构成，离太阳较近。

◇类木行星：木星、土星、天王星和海王星。这些行星质量巨大，是地球质量的几百倍。它们都有浓密的大气层，主要成分是氢，其次是氦、氨和甲烷。这些气体可能覆盖着由岩石构成的内核。

◇其他天体：彗星、小行星以及柯伊伯带中的天体。这些天体由岩石和冰块混合物构成。

太阳系中的行星是由构成太阳的旋转气体和灰尘圆盘形成的。早期太阳系中的氢和灰尘落入圆盘中心，形成原太阳，气体和灰尘被加热到可持续进行核聚变的温度。同时，圆盘外侧会形成更小的灰尘和气体块，它们被称为微行星。当原太阳被“点燃”时，它把灰尘和气体吹离它的附近。微行星结合形成行星。科学家相信其他太阳系曾经或正在以同样的方式形成。

» 寻找系外行星

由于恒星的光线十分耀眼，恒星反射的光线常常淹没其中，因此，要在其他恒星周围寻找行星十分困难。这个过程就像在探照灯前观看蜡烛的烛光一样。目前，探测系外行星的唯一方法是测量这些行星对其母星的影响。行星影响母星的方式有两种：当行星绕着恒星转动时，会对恒星产生一定的拉力；当行星运动到恒星和我们的视线之间（恒星光线被遮挡的部分）时，会使恒星发出的光变暗。我们在地球上可以通过以下 3 种方法测量行星运动对恒星产生的影响。

◇天体测量学：测量恒星在天空中的准确位置。

◇多普勒光谱学：测量恒星光线的波长分布。

◇光度学：测量恒星光线的强度和亮度。

■ 天体测量学

行星由于其自身重力的牵引力，会对恒星产生一定的拉力，使恒星运动轨道发生颤动。通过细致精确地测量恒星的位置，我们可以探测到这种极其微弱的颤动。我们掌握了颤动周期（最高点到最高点或最低点到最低点的时间）后，就可以计算行星轨道的周期、行星轨道的距离或半径和行星的质量。

■ 多普勒光谱学

当行星绕着恒星转动时，会使恒星离地球（我们的观测点）的距离时远时近。这会使恒星光线的光谱产生变化。

当恒星向着地球运动时，光波变短，移向光谱的蓝端（波长较短）；而当恒星远离地球时，光波伸长，移向光谱的红端（波长较长）。恒星光线的光谱发生的这种变化被称为“多普勒频移”。通过长期观测恒星的光谱，我们就可以探测出这种能证明行星存在的频移。我们也可以

> **适合生存的区域**
>
> 如果太阳系外存在生命，那么一定是在这些系外行星上。恒星发出的光为绕着它转动的行星带来温暖，并提供了生命存在所需要的能量。除了能量之外，生命似乎还需要某种液态溶剂来繁衍。在地球上，这种溶剂是水，但其他溶剂（如氨、甲烷、氟化氢）也可能是适合的选择。具备了这个条件后，似乎行星与恒星之间还必须存在一定的距离，才能使这种溶剂保持液态。如果行星离恒星过近，溶剂将会蒸发；而如果距离过远，溶剂则会结冰。在太阳周围，适合生存的区域看来是介于金星和火星轨道之间的区域。

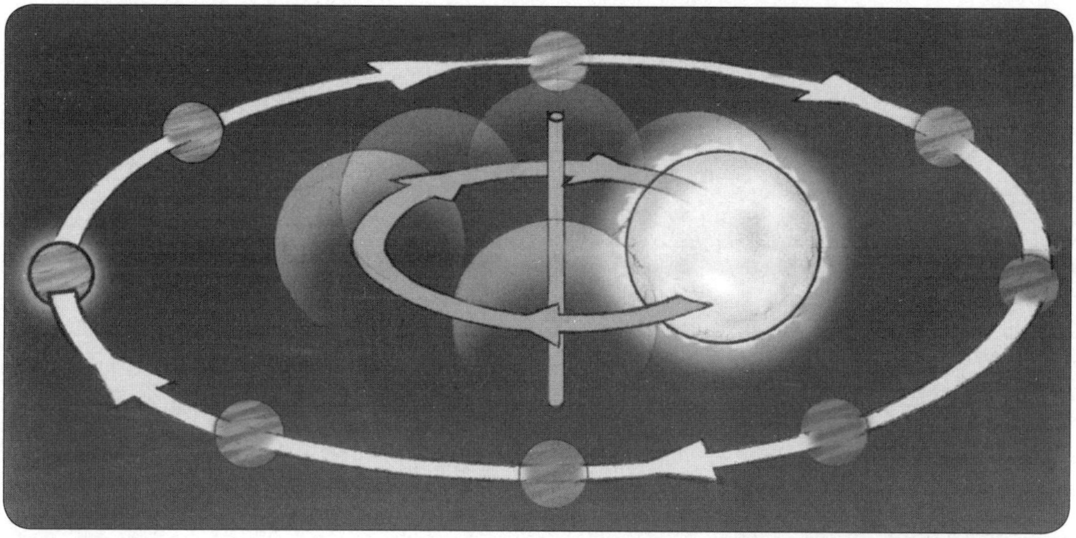

↗ 光谱旋转示意图

通过多普勒频移的方法测量恒星运动的径向速度，即恒星与我们做相向和相背运动时的速度。

从理论上说，我们可以通过径向速度来推断行星的大小。质量大的行星比质量小的行星重力作用大，对恒星产生的拉力也更大，恒星产生的径向速度也更大。如果我们用径向速度和时间来制表，可以得到一个正弦曲线。根据周期和行星的质量，可以计算出行星到恒星的距离——行星的轨道半径。根据曲线的振幅，可以计算出行星的质量。

■ 光度学

如果系外行星的轨道与地球看上去在一条直线上，就表示行星即将从恒星与地球之间通过。当行星从恒星前通过时，会遮挡一部分恒星的光线，恒星就会显得有点暗（亮度减弱2%～5%）。当行星转到恒星后面时，恒星就恢复了平时的亮度。如果我们长期坚持测量恒星光线的强度，我们就可以探测其亮度的变化，这也是行星或行星群可能存在的标志。

» 未来的行星探测

NASA（美国国家航空和航天局）的局长丹尼尔·戈尔丁为NASA确立了一个重要目标：寻找与地球相似的、围绕其他恒星转动的行星。NASA计划发射一系列被称为“TPF”（类地行星发现者号）的望远镜，以实现这一目标。TPF由4个光学望远镜和1台合成仪器组成，每个望远镜都可以探测目标恒星发出的光

知识档案

1995年7月，来自日内瓦大学的两名天文学家迪迪尔·奎洛兹和米歇尔·麦耶，在飞马座一颗普通恒星周围发现了第一条行星轨道。他们使用的是光谱学的方法。来自旧金山州立大学的天文学家格夫·马尔西和保罗·巴特勒肯定了飞马座“51号”星的存在。此后，马尔西和巴特勒通过光谱学方法在其他恒星周围又发现了多颗行星。截至2000年5月，科学家共发现了超过50颗的系外行星。所有探测行星的方法趋向于发现大型行星，体积从木星体积的一半到木星体积的几倍。这些行星的运行轨道通常都在距母星3AU的范围内。

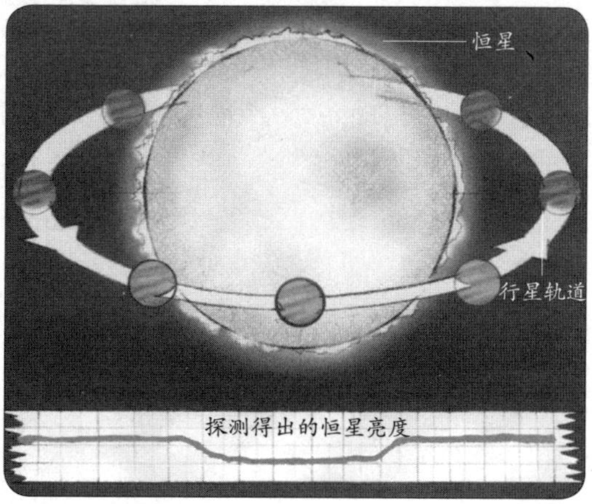

↗ 光度学探测示意图

线。它可以利用“零信号干涉测量法”技术来合成光线，去掉恒星发出的光线。NASA 最新开发的精确飞行方法可以使这组仪器保持一定的排列形式。

当恒星的光线被去掉后，就可以对行星光线的光谱进行分析，检测行星大气层的物质是否与地球上的物质类似。

↗ 大洋洲土著居民壁画中的神秘文字及人物装扮也被认为与外星人有关联。

TPF 目前仍处于研制阶段，预计将在未来 10 年内发射。一旦投入使用，这组天文望远镜系统将掀起一场行星探索和宇宙生命探索的革命。

■ UFO之谜

UFO 是英文“Unidentified Flying Object”（不明飞行物）的缩写。据称它们是由包括地球上可能存在的非人类在内的非地球人类生命体制造出来的一种宇航乘具，我们通常称之为“飞碟”。

1878 年 1 月，人们在美国首次发现不明飞行物。当时美国 150 家报纸同时登载了一条新闻：得克萨斯州农民 J · 马丁声称看到空中有一个圆形物体。

此后关于不明飞行物的记载一直不断。

1947 年 6 月 24 日，美国几乎所有的报纸都报道美国爱达荷州的一名企业家肯尼斯 · 阿诺德发现 9 个圆形物体以一种奇特的跳跃方式在空中高速前进。阿诺德告诉记者：“它们像是碟盘一类的器具，速度高达每小时 1200 英里（约为 1920 千米），转眼消逝在白云悠悠的晴空中……”这一事件引发了一次世界性的飞碟热。阿诺德贴切的比喻使“飞

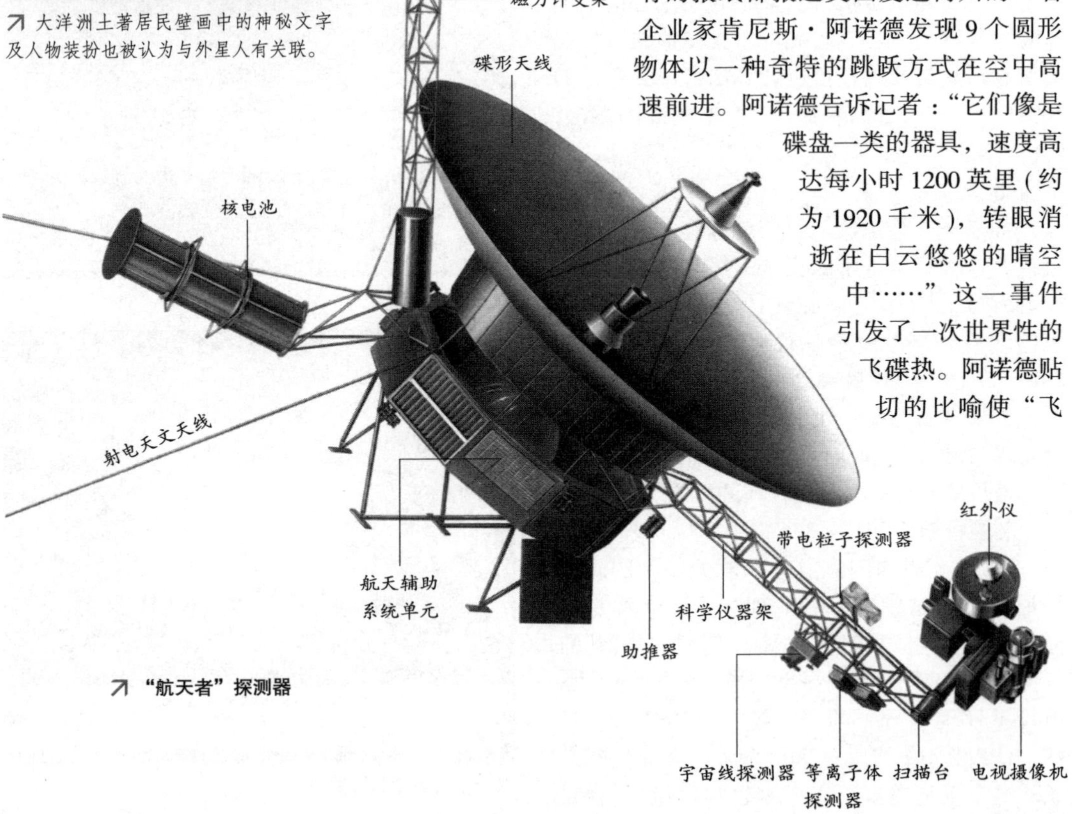

↗ “航天者”探测器

↗ 科幻世界中的飞碟所依据的形象，与发现于世界各地的不明飞行物相类似。

碟”一词很快流传开来。

1956年10月8日，一个UFO突然出现在日本冲绳岛附近。这时在附近恰好有一架进行实弹打靶的西方盟国的战斗机，炮手反应迅速，立即向它开炮。然而，战斗机碎成残片，机毁人亡，而UFO未见丝毫损伤。

1966年8月的一天，在美国西部某导弹基地附近滞留了一艘UFO。这回，在对它拍完录像之后，该基地几乎所有的导弹发射装置都对准了UFO。然而，奇怪的事发生了：基地所有的装置都同时瘫痪，其中一套最先进的装置顷刻间“熔为一堆废铁”！科学家们认为，击中装置的射线可能是一种类似于高脉冲的东西，否则，先进的导弹发射装置不可能变成废铁。

20世纪七八十年代以后，有关发现飞碟的报道纷至沓来，整个世界为之疯狂。由于每次飞碟均从北方飞来，因此美国和西欧一度认为飞碟和前苏联研制的“秘密武器”有关。

现代科学技术还无法解释飞碟的这些异常特征。当代地球人的科学技术还达不到这种令人惊叹的水平。是谁制造和控制它们的呢？答案似乎只有一个：有比地球人具有更高智能的生物存在，它们制造并控制着飞碟。

越来越多的目击报告涌向军方、天文台和传媒，政府也不得不正视飞碟问题。

1967年到1972年间“闯入”英国境内的UFO事件高达1631起，英国国防部对此进行调查研究，得出的结论是：绝大部分UFO是飞行器碎片、高空气球、陨石、大气现象和飞机，真正的不明飞行物只有极少数。

与此同时，在美国空军的协助下，美国政府授权的哥诺兰大学，组成了一个以爱德华·U·康顿博士为首的调查委员会，对1948年以来美国空军搜集到的12618起UFO报告进行调查。他们用了18个月进行分析鉴别，发表了长达2400页、重达9磅的《不明飞行物的科学研究》。这份报告宣称：“UFO问题对国家安全并无妨碍，不应予以重视。”

很多科学家否认UFO的存在，他们认为大多数目击报告中的不明飞行物只不过是人们对极光、幻日、幻月、海市蜃楼、流云、地震光等已知现象的误认。有人认为UFO产生于个人或一群人的大脑之中，也许与人类大脑中某个未知领域之间存在某种联系，属于一种心理现象。

↗ 美国飞碟协会的创始人格林。他自称曾亲自见过友好的外星人并与他们建有心灵传感关系。

↗ 国外科幻杂志封面，飞碟被绘制成可以悬浮于空中的巨盘。

持肯定态度的科学家则认为不明飞行物正在被越来越多的事例所证实，属于一种真实现象。他们还一针见血地指出，我们不能轻易否认UFO现象的存在，UFO现象在许多方面的确与已知的基本科学规律不符，现代科学家如果不能正视它的存在就会引起理论上的困难。然而，也并非所有持肯定态度的专家都支持“外星说”，有许多UFO专家表示不应该认为相信UFO存在就意味着相信它来自外星球，因为这只是根据其飞行性能、电磁性质以及目击者的印象推断出来的假设，不能确定其可靠性。

1978年11月27日，第33届联大特别政治委员会第47次会议一致通过了“各有关成员国采取必要的立场，以便协助有关国家进行对包括不明飞行物在内的外星生命的科学研究和调查，并把目击案例、研究情况和这些活动的成果报告秘书长”等内容的会议纲要。自此，UFO研究不再局限于各国政府和民间机构。但是由于UFO并无一个检验的标准，也不是每个人都能看到的，所以迄今为止尚未形成一种绝对权威的看法。

← 出现在美国得克萨斯州某农场上空的不明飞行物，这是人类首次发现UFO，引发了世界性的飞碟热。

↓ 1980年英格兰西部出现的倒塌的麦田怪相，在这之前经常有人说在空中看见不明飞行物。

动物探秘

迷人的鸟类天地

■ 大型企鹅的极地生存策略

皇企鹅繁殖时面临的是鸟类所可能遭遇的最寒冷恶劣的气候条件：一望无际的冰封的南极海冰，平均气温为 -20℃，平均风速为 25 千米 / 小时，有时甚至可达 75 千米 / 小时。每年南半球的秋季（3 ~ 4 月），皇企鹅在南极大陆沿海那些坚固可靠的海冰上形成繁殖群居地，为此，它们可能需要在冰上行走 100 千米以上才能到达繁殖点。求偶期过后，每只雌鸟在 5 月产下 1 枚很大的卵，然后由雄鸟在接下来的 64 天里孵化，这段时间雌鸟回到海里。雏鸟孵化后，由双亲共同抚养，为期 150 天，从冬末至春季。这样，雏鸟在海冰再次出现之前的夏季便可以独立生活。

这样的繁殖安排容易让人产生两方面的疑问：其一，皇企鹅为何要在一年中最恶劣的季节里抚育后代？其二，皇企鹅是如何在严冬中生存的？

第一个问题的答案似乎是：倘若皇企鹅在南极的夏季（仅有 4 个月）进行繁殖，那么当冬季来临时，它们漫长的繁殖周期还没来得及结束。而且若那样的话，雏鸟在暮春换羽时体重只长到成鸟的 60%，这个比例对任何换羽的企鹅而言，无疑都是最低的，因此幼鸟的死亡率会很高。当然，成鸟是每年都可以繁殖的。

皇企鹅在恶劣条件下的生存之道，表现为生理上和行为上的高度适应性，从根本上而言，这都是为了将热量散失和能量消耗降到最低限度。皇企鹅的体形使它们的表面积与体积之比相对较低，同时它们的鳍状肢和喙与身体的比例要比其他所有的企鹅种类低 25%。它们的“血管热交换系统”极度发达，其分布的广泛程度为其他企鹅的 2 倍，从而进一步减少了热量散失。血液流往足部和鳍状肢的血管与血液流回内脏的静脉紧紧相邻，这样，回流的血液便可以被保温，而往外

↗ 4只身上被冰覆盖的皇企鹅聚集在一起取暖。当许多鸟拥挤在一起抵御严寒时，整个群体内部的温度可以达到35° C。这种重要的集群本能使皇企鹅成为唯一不具领地性的企鹅种类。

↗ 约有19.5万对皇企鹅形成35个繁殖群，在南极冰架上繁殖。在严酷的环境中，皇企鹅除了要忍受接二连三的暴风雪，还必须始终应对从南极高原吹下来的下降风——这让它们更觉得寒冷刺骨。

流的血液则被冷却，从而将热量的散失降至最低。皇企鹅还在鼻孔中回收热量，即在吸入的冷空气和呼出的热空气之间进行热量交换，从而可以将呼出的热量保留约 80%。此外，它们身上长有多层高密度的长羽毛，能够完全盖住它们的腿部，为它们提供了一流的保温设施。

由于冬季冰川一望无垠，海面就变得很遥远，因此觅食非常困难。于是，皇企鹅待在巢内的新陈代谢速度就减缓，漫长的禁食期也势在必行——雄企鹅可达 115 天，雌企鹅为 64 天。皇企鹅庞大的体型令它们可以贮存充足的后备脂肪，来应对这段食物短缺期。

不过，皇企鹅最重要的适应性表现为“集群”。它们尽可能地不活动，一大群一大群地聚在一起，多的可达 5000 只皇企鹅挤在一块，密度达到每平方米 10 只。如此一来，无论是成鸟抑或雏鸟，个体的热量散失都可以减少 25% ~ 50%。集群作为一个整体会缓慢地沿顺风方向移动，而其内部也存在着有规律的移动：位于迎风面的皇企鹅沿着集群的侧面前移，然后成为集群的中心，直至再次位于队伍的后面。这样就没有个体一直处于集群的边缘。这种流动方式对皇企鹅来说之所以可行，完全是因为它们具有足部带卵移动的能力，在脚上的卵（以及随后的雏鸟）由袋状的腹部皮肤褶皱层所遮盖和保暖。皇企鹅适于群居的另一个重要特征表现为，它们几乎不会做出任何具有攻击性的行为。

另一种大型企鹅王企鹅则进化出了一种截然不同的方法来解决在短暂的夏季进行繁殖的难题。它们通常每 3 年中利用一年成功繁殖一次，而其他 2 年很少繁殖成功。它们有 2 次主要的产卵期，分别在 11 ~ 12 月和 2 ~ 3 月，这期间会产下单个很大的卵。双亲共同承担孵卵和守护的任务，一旦雏鸟孵化（约 54 天后），便实行轮流照顾，一般每隔数天换一次班。在任何一个王企鹅的繁殖群居地，大部分时期内都既有换羽的成鸟、待孵的卵，也有生长发育中的雏鸟。

因卵产于 11 ~ 12 月，所以到次年 4 月，雏鸟的体重已发育至成鸟的 80%，然后在冬季再得到一些间断性的喂养（因为冬季要经历 2 个月左右的禁食期，雏鸟总的体重会减轻近 40%）。9 月，雏鸟恢复有规律的进食，一直持续至 12 月雏鸟离开亲鸟为止。然后成鸟必须换羽，直到次年的二三月才能再次产卵。这时产下的卵孵出的雏鸟在冬季来临时还很小，并且要到次年 1 ~ 2 月才能长全羽毛。事实上，这个阶段孵出的雏鸟很多都会死亡。

↗ 待在亲鸟的脚上，由一层温暖的皮肤褶皱保护，这对于雏鸟的生存至关重要。那些跌落到冰上的雏鸟在外界环境中数分钟内便会死亡。

■ 鹳的求偶行为研究

求偶对任何一种鸟而言都至关重要，鹳的庞大体型则使它们的求偶炫耀更引人注目。鹳的种类虽然多样，但仪式化的行为和姿势就如同它们喙的形状和羽毛图案那样具有可重复性和一致性。

白鹳的求偶炫耀在数个世纪前就已为世人所熟知，在13世纪的书稿中就有详细阐述。至今，在它们所营巢的村庄，当地人对这种行为可谓再熟悉不过了。白鹳的求偶炫耀即大家所熟悉的“抬头—低头”行为，而在大部分鹳类中都可以发现类似的

← 鹳具有多种求偶炫耀行为以及富有攻击性的炫耀行为，并且种类之间各不相同。1.黄嘴鹳在做“喙响示威”的后期动作；2.彩鹮鹳在“炫耀梳羽”，图中位于前面的雄鸟正在假装梳羽；3.一只非洲秃鹳在受到地面上的人从巢下方的侵扰时做出“焦虑性腾空”的反应；4.一只雄黄嘴鹳在它新交的伴侣接近巢时做出“抬头—低头”的炫耀行为；5.一只雄钳嘴鹳在未来的巢址处做“炫耀摇摆”；6.一只雄白腹鹳在潜在的配偶靠近时“摇头弯腰”；7.白鹳在做“抬头—低头”炫耀行为中的一个“触背式”动作。

↑ 一对鞍嘴鹳在南非的克鲁格国家公园内展示求偶炫耀行为——“振翅冲刺”，即挥动双翅涉过一片浅水域。

版本。

“抬头—低头”作为鹳最具代表性的求偶行为，在某些种类中也是最惹人注目的行为。它犹如一种问候，当一方回到巢中之际，另一方会以程式化的特定方式先抬起头，再将头低下。这一行为虽然在所有鹳类中都可以看到，但具体的模式种类之间各异。头部动作通常同时伴有各种声音，如普通鹳类的喙会发出格格作响的声音，而声音的长短强弱也是依种类而定。白鹳的喙发出的声音响亮，具有回音效果，可持续 10 秒钟甚至更长时间，而黑鹳则很少发出格格作响的声音。这种差别也表明了这 2 个种虽同属一科，但亲缘关系并不是非常密切。同样，白鹳也有别于抬头—低头时伴以鸣啭的其他普通鹳类。

抬头—低头行为在钳嘴鹳和鹮鹳类中为最基本的动作，整个过程主要包括抬头、张喙，并在头和喙放下时发出嘶嘶的尖锐鸣声。不过具体细节在种鹮鹳中也各不相同。如黑头鹮鹳在整个炫耀行为中喙自始至终都不发出格格作响的声音，黄嘴鹮鹳会发出 1 ~ 2 次这样的声音，彩鹮鹳会发出 2 ~ 3 次，白鹮鹳则会发出多次响声。

抬头－低头炫耀行为中的细节差异体现了具有密切亲缘关系的种类之间存在的重要区别——这在其他时候往往很难发现。秃鹳类的抬头－低头行为一般包括喙伸至垂直并伴以哞叫声和尖叫声。分布范围不重叠的非洲秃鹳和大秃鹳外形很相似，然而它们的炫耀行为却不一样：非洲秃鹳先是向上甩头至喙接近垂直，并伴以尖叫声，然后垂下来发出响亮的格格声；大秃鹳则是在喙朝上时发出格格作响声。在这种旨在建立配偶关系的重要行为上存在差异，说明即使它们的分布区域重合，相互之间也不会发生交配繁殖，自然应当视为不同的种类。

黑颈鹳和鞍嘴鹳由于配偶关系稳固持久，所以较少炫耀。黑颈鹳之间的问候颇为壮观：双翅全张，快速挥动，同时喙发出格格作响声，但头并不抬起。此外，这 2 种鹳以及裸颈鹳都会在觅食地进行引人注目的炫耀性“振翅冲刺”，即用力拍动翅膀在水面猛冲。

普通鹳类同于鹳类的另一个特点是，只有普通鹳类会做弯腰摇头动作，即雄鸟在巢中弯下身同时将头左右摇动，仿佛在说“不”。事实上，这很可能也是一种炫耀信息，作为其他鸟接近巢时发出的一种告。

鹳类则具有以下 3 种独特的炫耀行为：飞圈，即一只刚刚接受了雌鸟的雄鸟会离巢绕巢飞行一圈后回巢；张喙，即保持上下颌张开；炫耀式梳羽，即雄鸟假装用喙对翅膀上的羽毛进行梳理。钳嘴鹳的炫行为与鹮鹳极为相似，尤其是基本的抬头－低头动作以及交配喙响行为（在交配过程中雄鸟用喙去敲击雌鸟的喙同时上下颌发出格格作响的声音）。正是基于这种相似性，钳嘴鹳和鹮鹳被认为较之于其他鹳类，其相互之间的亲缘关系更为密切。另外，钳嘴鹳也有一种与众不同的炫耀行为——“炫耀摇摆”，即炫耀的雄鸟将头弯下，置于两腿间，然后轮流将身体的重心从一只脚换到另一只脚。

比较行为学的研究发现，种类之间的相同点和不同点都会表明一种体系关系，揭示出鸟类生物学许多潜在的层面。即便如此，有关鸟类行为的各种细微环节、其进化根源、在现实生活中的重要性以及地理变异等很多东西都还有待进一步去发现。

■ 鹮和鹭的触觉觅食技巧

鹮和琵鹭几乎都依靠触觉来觅食。鹮类用它们的长喙探食，琵鹭则用它们扁平的喙在水中来回摆动。虽然触觉觅食也出现在其他鸟类中，如岸禽类和鹳类，但对鹮科而言乃是一种具有根本意义的进化特征和生态特征。根据触觉觅食模式的不同，鹮分化为两大类，这在鹮科的进化史上无疑是一个根本性的转折点。

当然，在适当的时候，鹮和琵鹭也都能够发挥视觉的作用。它们的视线往往聚向喙尖。它们利用视觉来决定在何处觅食，包括将喙置于何处。陆栖的鹮类会捕食它们看到的猎物，但即使在这种情况下，它们通常也会先用喙探测一下来进行定位。而到了真正捕食的时候，则完全是依靠喙来触到猎物。

喙上布满触觉细胞，使它们在碰到潜在的猎物时能够迅速作出反应。喙像钳子那样猛地戳住猎物，并用喙梁支撑猎物身体。然后头部向前一伸，将猎物送入嘴里或者直接吞进食道。大的猎物可能需要刺咬数口才能吞下，有些种类则会通过用喙戳和咬将猎物撕碎。

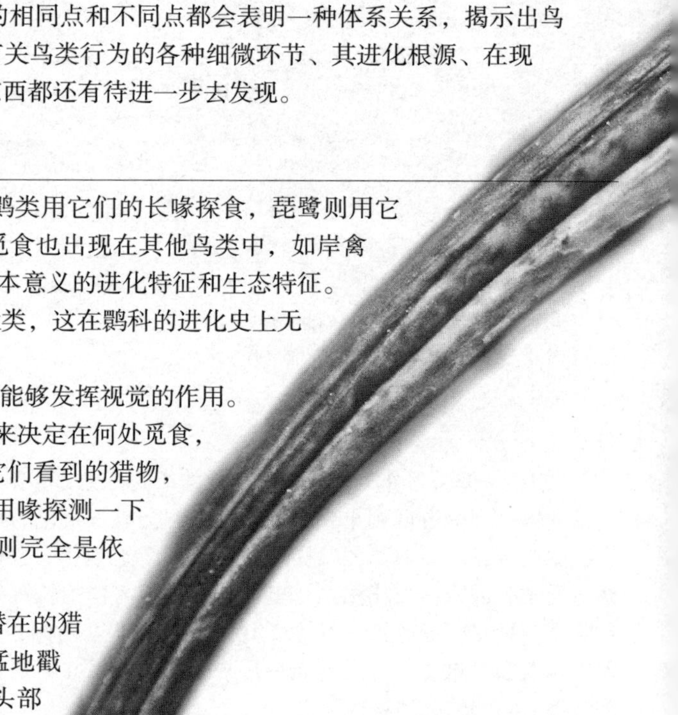

↘ 美洲红鹮的喙弯曲、细长、优美，实为在泥滩探食或在红树的支柱根周围寻觅蟹和软体动物的理想工具。食物决定了这种鸟的鲜艳色彩——猎物体内的一种色素（胡萝卜素）经过合成形成了美洲红鹮的这种颜色。

在浅水域，鹮会将喙尖伸到水底或水下的植被中。水栖的鹮类往往喙相对较长，可以伸得更深。此外，鹮也会在水底或露出水面的软泥中、垃圾堆或草丛中探食——事实上会在任何可以伸入的地方探食。

陆栖的鹮类沿地面或植物覆盖面戳啄探食。它们的喙相对较短，在干地上觅食比水栖类的长喙更有效。即便如此，事实上所有的鹮，无论在地面还是水中探食、啄食，都非常擅长。经常可以看到，许多鹮类，包括基本为水栖的鹮类，在草原和草地上将喙伸入表土里探食。

↗ 在经常觅食的沼泽地或红树林，粉红琵鹭通过触觉来探测食物——用它们那刮铲形的喙在浅水和淤泥中来回掠过。在摆动过程中，喙半张，几乎与水面垂直。

由于采取非视觉觅食，鹮的食物范围很宽泛，基本上涵盖了它们在所选择的觅食地能够遇到和捕到的所有食物。典型的猎物为行动缓慢的种类，水中主要为生活在水底附近的种类，陆地上则为洞穴种类或见于草丛和表土层的种类，诸如昆虫、甲壳类、螺和其他无脊椎动物便成为它们的主食。鱼也包括在内，但通常只在数量密集时更容易被捕获。

琵鹭通过将它们的喙在水中摆动来发挥触觉的作用。超大的表面积使喙接触猎物的可能性大大增加，并且也有助于接下来的捕食。琵鹭倾向于在流水中或沿着泥土和沉淀物的表面来摆动喙，它们比鹮类更容易捉到小鱼，此外它们也食蟹、对虾和其他底栖类动物。因此，较之于鹮类，琵鹭的触觉觅食技巧可以让它们捕获更多的鱼类。

虽然用喙探食和头部摆动分别为鹮类和琵鹭类主要的觅食手段，但值得注意的是，鹮类有时也会将它们的喙来回摆动，而琵鹭偶尔也会探食。两种技巧都能使用，说明在该科的进化史上，这两种触觉行为在早期都得到了发展。

雏鸟在孵化时喙很细，看上去并无特殊之处。然而，在发育阶段，喙的形态会迅速发生变化。触觉觅食并不是一种一蹴而就的技巧，雏鸟似乎必须经过学习才能熟练掌握，因此当雏鸟还在出生地时便开始练习。这些种类的雏鸟要比其他种类晚成熟一至数年，原因可能就在于它们需要学习如何以及在何处才能有效觅食。但一旦习得触觉觅食技巧，便可用于许多情况下，能在从浅水域至半干旱山区的多种栖息地觅食——科种类的多样性和分布的世界性即为明证。

■ 艰难的繁殖赛跑

飞行的力量使长途迁徙的候鸟得以自由地进行大范围转移，在世界各地相距很远的地方进行短暂的栖息，从而获得丰富的季节性食物供应——虽然这些地方从潜在意义上而言并不适合栖息，食物供应仅限于某段很短的时期。这一点在50多个繁殖于北极的食草型雁的种群身上体现得再明显不过。每年短暂的夏季过后，它们便从北极的繁殖地出发，南下北美洲、欧洲和亚洲，寻找气候相对暖和、不下雪的栖息地。

↗ **白颊黑雁的迁徙路线**

它们的过冬地位于苏格兰和英格兰的交界处，夏季繁殖地位于北纬80°的斯瓦尔巴特群岛上。北上时，雁中途在挪威逗留，摄取多汁的新生草，进行食物储备，这对于随后的成功繁殖至关重要。南下时，熊岛是重要的中转站。另一个独立的种群迁徙至格陵兰岛。

然而要实现这样的长途飞行，就必须保持内脏结构的简化。羊不会飞自有其原因：它的瘤胃和复杂的消化系统能够高效地处理劣质的纤维草料，但却过于沉重，无法在空中携带数千千米。相反，食草型雁的内脏进化得短小、简单，食物流通迅速。它们善于寻觅和挑选优质的绿色植物做食物，例如，仅挑那些植物的叶尖，这最容易消化。

因此，通过选择优质食物和保持高速消化，雁弥补了自身消化功能的不足。在北半球的春天，草新长出的绿色嫩芽富含容易消化的可溶性蛋白质和碳水化合物，但结构性纤维含量低，不利于内脏对营养成分的吸收。因此当这些芽的细胞壁得到一定程度的强化，但又在叶尚未长得很长之前，乃是雁类最理想的食物。雁从过冬地北上返回繁殖地时，正好赶上一路都是春天，冰雪消融，万物复苏。事实上，有一些种群，如格陵兰岛西部的白额雁种群，可以持续跟随当地海拔梯度的解冻模式走上坡路，结果整个夏季都可以一直沐浴在春天里——从山下往山上，太阳辐射的热量依次将生长中的鲜嫩植被从冰雪覆盖中释放出来。

尽早返回繁殖地，争取最有利的繁殖条件，这无疑是一项艰苦的赛跑。对大部分在北极繁殖的雁的研究表明，最早产卵的雁拥有最大的窝卵数和最高的孵化成功率，并且能养活大部分后代。

↗ 秋季，一群雪雁南下迁徙至墨西哥湾的过冬地。

↗ 每逢夏季，雪雁在北美洲的北极地区或西伯利亚最东端的群居地进行繁殖。窝卵数4～8枚不等，卵产于有绒毛衬垫的巢中。

由此可见，先到先产卵具有许多优势。然而，这场赛跑并非简单地冲向终点而已。北极地区的气候状况变化无常：这一年雁到来时可能天气温和、食物供应充足，而下一年同一时间到来时却可能是一片冰天雪地。

迁徙的雁在体内储存脂肪和蛋白质用以维持长途飞行，因为这期间它们没有机会觅食。越来越多的研究表明，这些储备也用于雌鸟产卵以及维持它和随后到达的雄鸟的生存。人们运用同位素研究——在雪雁的食物和组织中加入易于识别的化学元素，结果发现雌鸟利用它们体内的营养储备，辅以在极地繁殖地及其附近获得的食物来产卵，并度过孵卵期。在北极高纬度地区繁殖的雁类，如黑雁和大雪雁，一度被人们认为在抵达营巢地后很快就营巢繁殖，如今却发现它们在到达后会花 1 ～ 3 周时间用以觅食，补充雌鸟体内的营养储备，为产卵孵卵做准备。这期间，雌鸟的卵泡迅速发育，雌鸟根据它体内的营养储备情况和繁殖地食物的供应情况来调整它用于产卵的资源分配。倘若抵达繁殖地时恰逢大雪封山，融化又遥遥无期，那么雁便会放弃这场赛跑，完全不做繁殖尝试，其卵泡会重新被吸收。

倘若雁赶在暮春到达繁殖地，它们或许可以等条件得到改善时，依据自身的营养储备调整产卵的日期和窝卵数。但实际情况往往会始料不及。在北美一些小雪雁的群居地，雌鸟在产下首枚卵之前可能无法从繁殖点周围补充到必要的食物，很大程度上只依赖于体内的储存。如果储存不足或者窝卵数太多，雌鸟就不可能在孵化过程中利用短暂的休息间期来补充足够的营养成分，于是只能放弃——人们甚至观察到有些雌鸟就活活饿死在孵卵的巢中。而要是赶在一个气候条件很好的春天，那么先行到达的雌鸟就会成功地早早产下一大窝卵，在这场赛跑中率先冲往终点线。

然而，即使接下来成功躲过了北极的狐狸、贼鸥、乌鸦和其他许多潜在掠食者对卵的威胁，这场赛跑仍然还没有完全获胜，原因便是雏鸟的孵化。虽然 24 小时的极昼天气使植物大量生长，觅食时间也大为延长，但雏鸟在会飞前因天气恶劣和被捕食而造成的死亡率依然很高。而变幻莫测的天气以及来自同类的竞争可能意味着，一些雏鸟缺乏足够的资格站在初次飞往南方过冬地的起跑线上。研究表明，在苏格兰的索尔威湾过冬地，秋季从斯瓦尔巴特群岛繁殖地飞来的白颊黑雁幼鸟中，体重者明显多于体轻者，原因很可能便是前者储存了充足的能量，能够维持返回之行。对于雁的亲鸟而言，只有当它们带着一窝完整的孩子到达过冬地，这场繁殖赛跑才算宣告结束。

■ 杀虫剂对食肉鸟的影响

能够杀死生物的有毒化学制剂（生物杀灭剂），尤其是可以杀死对人类有害的真菌、植物和动物的化学制剂（杀虫剂），自 20 世纪 50 年代研制成功以来得到了广泛的使用。其中，廉价而高效的有机氯杀虫剂对野生动物特别是食肉鸟的危害最大。除了急性发作的毒性，这些化学制剂还有 3 种危险的慢性特性：其一，它们性能稳定持久，可在环境中存在很多年；其二，它们可溶于并积累在动物体内的脂肪中，可从猎物传给捕猎者，于是，在食物链中，越往上，这些化学制剂的浓度越高，结果作为最高端的猛禽类，便最有可能积存了大量这种物质；其三，这些化学制剂即使量很少，也会破坏繁殖机制，使后代数量减少。

人们发现，但凡对其有所研究的鸟类对有机氯杀虫剂都普遍缺乏抵抗力，而影响最大的当数食鸟猛禽，尤其是美国东部和西欧的游隼以及部分鹰类（如纹腹鹰、库氏鹰和雀鹰）。此外，一些食鱼种类的数量也因有机氯杀虫剂而下降，包括北美的鹗、白头海雕以及北欧的白尾鹞。

DDT 曾是使用最广的有机氯杀虫剂，事实上直接吸收它对鸟类而言毒性并不是特别大，关键是它的主要降解物 DDE 能够明显改变卵壳的结构，从而影响到胚胎的存活。受感染的卵壳会变薄，在孵化期间就很容易破碎，或者会干扰胚胎与外界的气体交换。这 2 种情况，再加上胚胎的直接中毒，会使孵雏成功率下降到低于成鸟死亡率的水平，即出生的雏鸟数不足以补充死去的成鸟数，于是总体数量就会减少，甚至导致灭绝。

不同种类的鸟受 DDE 的危害程度有所不同，食肉鸟面临的威胁特别大，原因是它们体内积存的 DDE 比其他鸟多，而当 DDE 含量达到一定水平后，卵壳变薄的程度会更严重。鹭和鹈鹕类受 DDE 的影响相对也比较大，而猎禽类和鸣禽类，即通常的猎物类，则相对比较安全。

而毒性更强的有机氯杀虫剂衍生物（如从艾氏剂和狄氏剂派生出来的 HEOD 系列）会直接将成鸟置于死地，导致其数量立即下降。

这些化学制剂常用以保护农作物的种子不被昆虫摄取，然而，一些种子会被某些小鸟食入，而后者日后可能会成为猛禽类的猎物。HEOD 系列是 20 世纪 60 年代末游隼和雀鹰在英国大部分地区绝迹的罪魁祸首。因有机氯杀虫剂中毒而导致的死亡通常是慢性的，因为当体内脂肪为提供能量而分解释放时，这些储存在脂肪中的化学物质只会影响其他更敏感的组织。受感染的鸟会在食物匮乏期（如冬季或迁徙途中）死于杀虫剂，而这些杀虫剂很有可能是以前从某些遥远的地方摄入后日积月累下来的。

由于有机氯杀虫剂可长期存在于迁徙动物的体内以及空气和水中，因此往往会大范围扩散，从而有可能影响到远离使用杀虫剂地区的群体。因此，即便在不使用杀虫剂地区繁殖的食肉鸟也未必就能免于感染。

冬季，它们有可能迁徙至使用杀虫剂的地区，如在北极高纬度地区营巢的游隼南下迁徙至拉丁美洲，然后就有可能在那里的过冬地沾染上 DDT。

在有机氯杀虫剂被限用的地区，大部分鸟类的数量和分布范围都得到了恢复，如游隼在美国的种群以及毛里求斯隼。然而，DDT 在土壤中的残留物存在的时间非常长，也许在未来的数十年里都是一大隐患，尤其是没有一种鸟能像它们捕食的许多昆虫那样对这些化学物质产生抵抗力。在欧洲和北美，有机氯杀虫剂的使用在 20 世纪 60 年代达到最高潮，然后在接下来的数年间纷纷被禁用。而在发展中国家的使用至今仍很普遍，当地的猛禽如南非的地中海隼、非洲海雕及印度的兀鹫等都显示出被感染或数量下降的迹象。虽然对环境影响较小的新型杀虫剂已经面世，但大部分都比原有的有机氯杀虫剂昂贵。

同时，许多其他工业污染物的出现也影响到野生生物的生存。在非洲，用以杀死食种鸟的有机磷酸酯常常将猛禽类也置于死地。多氯联苯，或简称 PCBs，在发展中国家仍广泛使用。至于重金属，如铅、汞、镉等，如果猎物血液中含量很高也会导致猛禽死亡。从长远意义而言，慎用那些会影响环境的化学物质，对于鸟类的生存具有至关重要的意义。

↗ 作为食物链的最高端，食肉鸟(如图中的游隼)自然摄入了积累在猎物脂肪中的杀虫剂。不过，杀虫剂带来的危害更多的是破坏繁殖机制。尤其是DDT会使卵壳变薄，导致卵经常会在孵化期间破碎（如右上图）。

■ 大自然的“清洁工”

兀鹫的各个种类在营巢和觅食习性上各不相同。群居性最突出的是大型的兀鹫，如欧亚大陆的西域兀鹫、非洲北部的黑白兀鹫和非洲南部的南非兀鹫。它们营巢于悬崖上，繁殖群的数量可达100对以上，巢之间仅相隔数米。目前最大的兀鹫群居地之一在东非的高尔大峭壁，那里有1000多对黑白兀鹫，分为几个繁殖群，其生存很大程度上有赖于塞伦盖蒂平原上的大型猎物。这些食大堆腐肉的鸟对移栖动物的依赖性很强，因此为了觅得食物常常需要飞行很远的距离，最远离开群居地可达150千米，以至于每次觅食之行都要耗费一天以上的时间。

大型兀鹫的觅食本领异常突出。在著名的克里米亚战争（1854年）中，大批兀鹫蜂拥至战场，迫使部队专门组成兀鹫射击班来保护伤患。兀鹫发现单具尸体的能力和迅速集结的能力，使人们怀疑它们拥有超强的嗅觉，甚至具有“心灵感应”——如一些非洲土著人便认为兀鹫是梦见了食物所在的地方。而事实上，大型兀鹫并不像某些美洲鹫那样利用嗅觉来帮助寻找腐肉，它们依靠的是视觉，主要通过观察空中邻近鸟类的活动来间接地寻找食物。

当一只兀鹫发现一具尸体后，便开始向下盘旋。邻近的兀鹫注意到这一行为后，就会朝那个方向飞去。而它们的行为又被附近其他的兀鹫观察到，于是，短短数分钟内，兀鹫便从四面八方聚集到一起。倘若周围有树木，它们会暂时栖息一下，但一旦有几只先飞落到尸体边上，那么其他所有的兀鹫会立即一拥而上。一只小型的动物如羚羊，在20分钟内就会所剩无几。兀鹫在进食时相互之间会展开争夺，强悍的兀鹫会将嗉囊填得满满的，以至于飞起来都有困难。

高效的觅食能力使大型兀鹫成为出色的食腐者。而它们的不足之处在于夜间无法行动，同时也不足以与大型的哺乳类食肉动物相抗衡，后者能轻松地将它们从尸体边驱逐。此外，群体觅食的习性使它们在腐肉被人投毒时很容易出现大规模的伤亡。

↘ 非洲大草原上常见的一幕——一大群白背兀鹫争抢腐肉

在东非的部分地区，有时可看到这样的现象发生在同样规模但体型稍大的黑白兀鹫身上。

其他类似的兀鹫种类如非洲和亚洲的白背兀鹫，也完全以食腐为生，也会大批聚在尸体周围。不过，它们更多地依赖于留栖动物而非移栖动物，因而觅食不需要飞行很远的距离。它们营巢于树上，较之在悬崖营巢的大型兀鹫，繁殖群相对较小，也更为分散，少数情况下甚至只是单对配偶营巢。它们的体重也比大型兀鹫轻，天一亮便早早地起飞活动。

另外有几种兀鹫，包括欧洲的黑兀鹫和皱脸秃鹫，其行为在某些方面颇似雕。它们的配偶单独营巢，巢间隔很远，各自维护巢周围的大片巢域。它们并不完全食大型腐肉，也会食小型的食物，包括活的猎物。它们觅食时不会做长途飞行，所以很少见到在同一具尸体边上有好几对这种兀鹫。

↗ 非洲最大的兀鹫是皱脸秃鹫，出没于撒哈拉和厄立特里亚西北部至南非开普省的干旱地带。这种鸟几乎完全靠食腐为生，但也有过猎食红鹳的成鸟和幼鸟的记录。

虽然可能会有数种兀鹫同时聚集在同一堆腐肉边上，但它们的进食方式不同，摄取的部位也不同。在南欧，西域兀鹫主要食质软的肉，大型黑兀鹫更多的是食从骨头上掉落下来的肉和皮，小型的白兀鹫则啄食残留在骨头上的碎肉，而胡兀鹫啃骨头。并且，只有西域兀鹫完全依赖于大型的腐肉，别的种类会兼食其他食物。

胡兀鹫和白兀鹫这两个种类由于体型小，支配力不及大型的兀鹫，因此食量普遍偏小。此外，它们也发展出特化的食腐技巧。栖息于欧亚大陆和非洲山区的胡兀鹫，平时的食物中有70% ~ 90%为骨头，有时，它们也会食壳很硬的龟。为了摄取骨髓（或龟肉）以及更容易地吞下大的骨头，它们会飞到高处然后将骨头（或龟壳）摔到地上摔碎。此外，胡兀鹫的舌头具槽口，特别适于从骨头中吸食骨髓。见于南欧、中东、印度及非洲大部分地区的白兀鹫以其特化的食卵技巧而出名。它们是极少数能将石块作为工具使用的鸟类之一——用石块在遗弃的鸵鸟蛋上砸个洞，然后用喙将洞啄大，最后将喙伸进卵膜里。

■ 对孔雀炫耀行为的研究

蓝孔雀的炫耀行为举世闻名，乃是雍容华贵的象征。这种鸟会在它们高傲的蓝颈后面展开一道巨大的扇形屏，由近 200 枚色彩缤纷的羽毛组成，上面装饰着许多闪闪发光的“眼睛”。自古以来，孔雀与人类就一直有着密切关系，在许多印度寺庙和欧洲公园里都是一道亮丽的风景线。然而，直到不久前，人们对孔雀求偶跳舞的细节问题还知之甚少，对它们那道豪华屏的意义更是几乎一无所知。(那已不能称为尾巴，而是许多变大的尾覆羽)

孔雀一年内大部分时间成小群或与家庭成员一起生活。然而，在繁殖期，它们变得独来独往，且非常好斗。每只雄性成鸟会回到它在以前的繁殖期所曾占据的地方，重树它的领域权。为了表明自己的存在，它会威胁入侵者，并发出响亮的鸣叫声。领域很小，面积为 0.05 ~ 0.5 公顷，以森林和灌木丛中的空旷地为中心。这些领域往往紧挨在一起，因此雄孔雀们很清楚它们相互之间距离很近。偶尔，某只涉世不深的雄鸟会挑战它资深的邻居，于是一场旷日持久的暴力斗争便会随之而来。斗争双方神经高度紧张地围着对方转，寻找着机会，然后突然跳起来用爪和距猛击对方。如果势均力敌，那么这场战斗有可能会持续一整天甚至更长时间，而其他孔雀则像人们观看拳击比赛那样在边上兴致勃勃地旁观。不过很少会出现斗得头破血流的场面，胜利者常常是更富有耐心和毅力的一方，它最终会将对手驱逐走。

孔雀在领域内有 1 ~ 4 个特定的炫耀点，在那里跳著名的“孔雀舞”。这些地点均为精心挑选，最典型的是一种由灌木、树木或墙壁所围起来的“龛”结构，长宽不超过 3 米。在英国的一个公园里，一只雄孔雀竟使用一个露天剧场的舞台来作为它的炫耀地！

雄孔雀在这些地点附近耐心等待，直至看见一只或数只雌孔雀过来，它便走到炫耀点，然后彬彬有礼地转过身背对着雌孔雀，簌簌有声地缓缓抖开它那巨大的屏，让每只“眼睛”都“睁开”。接下来，它开始有节奏地上下摆动翅膀。随着雌孔雀走近，它会保持让屏无修饰的背面总是面向它们。而雌孔雀则是出了名的对雄孔雀华丽的炫耀无动于衷，到这个阶段为止，它们来到这个地方似乎更多的是出于巧合，而非有意为之。

当雌孔雀进入“龛”后，雄孔雀会快速扇动翅膀朝着雌孔雀后退，而后者则避开它走到炫耀地的中心位置。这显然正是雄孔雀一直所期待的。于是，它猛然转过身来面向雌孔雀，翅膀停止扇动，而是将屏前倾，几乎可以将雌孔雀覆盖。同时，整个屏一阵阵地快速抖动，产生一种清脆响亮的沙沙声。雌孔雀的反应通常是一动不动地站着，于是雄

↘ 1.在求偶过程中，雄孔雀朝着雌鸟后退，然后突然转身；2.向雌鸟展示众多闪烁的“眼睛”，有时，雄孔雀在转过来面对雌鸟的那一刻，会突然发出一声闷叫，然后迅速向前试图抓住雌鸟；3.雌鸟通常会闪开；4.雌鸟偶尔也会犹豫或蜷伏，于是交配随之发生。

↘ 作为繁殖的前奏，雄孔雀先建立小型的领地。为此，它们会发出响亮尖锐的鸣叫声，一方面是警告其他雄性不要入侵，另一方面是吸引潜在的性伴侣。

↖ 雄孔雀炫耀时会展开一道由近200枚装饰华丽的尾覆羽组成的扇形屏，堪称整个动物王国中最壮观的炫耀之一。

孔雀转过身继续扇动它的翅膀。有时，雌孔雀会快步绕到雄孔雀的面前，然后当它抖翅时，会兴奋地重新跑到它后面。这一行为会反复好几次。

查尔斯·达尔文意识到孔雀的屏是一个进化上的谜。既然这一装饰物纯粹是多余的累赘，为何对雌鸟仍有吸引力？对于这个问题，生物学家罗纳德·费希尔给予了巧妙的回答。他认为雌鸟选择最华丽的雄鸟是为了它们的“儿子”可以继承父亲的魅力。换言之，这是一种从众行为。倘若某只雌鸟表现出与众不同的品味，那么它便会冒后代缺乏吸引力的风险，被其他雌鸟鄙视为进化倒退。因此，雌孔雀将雄孔雀绚丽的尾羽作为魅力标准而选择最华丽的雄性。另有一种理论认为，雄孔雀尾羽的绚丽程度与年龄成正比，即最漂亮的是年龄最大的，从而体现了它们的生存能力。所以，这种理论认为华丽的雄鸟必定是优良品种。

那么在实际中，雌鸟又是如何选择配偶的呢？答案存在于雄孔雀尾羽的一大特征里。雌鸟在一群炫耀的雄鸟中间走动，对其中几只会回过头来再进行观察，大部分情况下最后会与眼斑最多的雄鸟进行交配。如果是一群雌鸟，那么都会与同一只雄鸟交配。因为眼斑随年龄而增长，因此雌鸟选择的不仅是打扮最“奢侈”的雄鸟，同时也是最富有经验的生存者。

■ 教鹤如何迁徙

许多鹤虽然生存受到了严重威胁，但它们对人类采取的保护和管理措施能够积极配合。为了保证它们的生存，人们在动物园和专门的鹤类研究中心进行濒危种的人工饲养。目前对人工饲养群的管理相当顺利，鹤非常合作。在美国马里兰州的帕塔克森特野生动物研究中心，人们通过从每窝产有 2 卵的野生鹤的巢中取出 1 卵，从而建立起一个美洲鹤的人工饲养群。现在，人工繁殖的美洲鹤正被用于在佛罗里达州和威斯康星州建立新的野生鹤种群。此外，威斯康星州的国际鹤基金会、加拿大的卡尔加里动物园以及美国的数个动物园也都成立了美洲鹤的人工饲养群。

1976 ~ 1988 年间，人们还将人工繁殖的美洲鹤的卵和所收集的野生美洲鹤的卵放入爱达荷

↗ 在引导幼鹤跟随飞行器的训练过程中，“印象强化”是一个重要组成部分。训练者使用木偶鹤头将自己装扮成亲鸟，同时确保飞行器始终能被幼鸟看到和听到。此外，还会播放自然栖息地的幼鹤鸣叫的录音。

州的沙丘鹤巢中。结果，沙丘鹤抚养了许多美洲鹤，其中有77只和它们一起南下迁徙至新墨西哥州的过冬地。尽管较之于沙丘鹤，美洲鹤更习惯于水栖生活，但这一稀有种类在那里还是学会了在沙丘鹤海拔相对较高的生存环境中觅食。它们还记住了其“养父母”的迁徙路线，并且在每年的春秋季节沿这一路线往返。不过，令人意想不到的是，这期间还发生了不同种之间结偶的现象。一只雄美洲鹤与一只雌沙丘鹤结成配偶，并在雄鸟失踪前产下了一“混血儿”。

↗ 在人工饲养设备中孵卵，需要付出大量的心血，才能保证成功地强化雏鹤的印象。为模拟野生环境，卵每天要被翻动3次，在这过程中还要播放飞行器发动机运转的录音。雏鹤一孵化见到的第一样东西便是一个鹤头的布偶。

通过国际鹤基金会对人工饲养的鹤交叉抚育的研究以及在爱达荷州所做的实验，人们发现雏鹤甚至会记住养鸟的性别。于是，动物行为学家罗伯特·霍尔韦奇博士发明了一种值得关注的抚养方法，名为“隔离抚养”，即人工饲养的鹤始终看不到人，也听不到人的声音。它们被置于精心安排好的孵化模式中，那里有的是录音的鹤鸣声、酷似鹤头和鹤颈的手套布偶、同类的成鸟邻居以及穿着“鹤服”的人。“鹤服”是一件颜色适宜的大外套，将人的身形隐匿起来。此外，头部的面罩使人能够观察到鹤的一举一动，但鹤却看不见人的任何特征。霍尔韦奇博士将这一方法首先用于沙丘鹤的研究，结果表明隔离抚养的鹤能够迅速融入野生的鹤群中，和它们一起迁徙，并且在春季回到出生地。

为建立一个非迁徙的美洲鹤种群——类似于20世纪40年代在路易斯安那州灭绝的那一个种群，1993年以来人们在佛罗里达州开展了一项放飞行动。200多只在各个人工繁殖中心通过养鸟抚养或隔离抚养方式长大的美洲鹤被放生到佛罗里达州的中南部。它们中有许多结成了配偶。2000年，其中一对孵出了2只雏鸟并抚育了1只，但那只幼鹤在羽翼几乎长满时不幸被一只北美大山猫所害。不过，尽管大山猫的掠食构成了对佛罗里达州鹤类生存的最大威胁，但目前那里仍有97只。而且佛罗里达的干旱气候结束后，许多成对的美洲鹤有望在此进行繁殖，从而建立起一个自力更生的非迁徙种群。

为了教鹤学会沿着新的迁徙路线飞行，人们想出了2种办法。第一种办法是在野生鹤开始迁徙之前，将人工繁殖的鹤放生到它们的某个群体中。这样，放生的鹤就记住了野生鹤的迁徙路线。第二种办法是教“隔离抚养”的人工饲养鹤跟随超轻型的飞行器飞行。在这些鹤出生后，人们马上给它们营造条件，等它们会飞后就开始训练其随飞行器飞行，最后通过一系列的短途飞行将长大的鹤引领到既定的过冬地。

在离开乔装打扮的养育员、着“鹤服”的飞行员以及超轻型飞行器后，这些鹤就留在过冬地，一直待到次年春天，然后，在没有人类帮助的情况下，飞回抚养地。人工饲养的沙丘鹤已经完成了数次这样的迁徙，而美洲鹤和沙丘鹤的混合群体也成功实现了一次迁徙。最近一次迁徙完成于2002年11月，当时飞行员引导16只美洲鹤“新手”从威斯康星州飞往佛罗里达西海岸的中部，一共历时49天，行程约1940千米。

↗ 一群美洲鹤跟在它们的“亲鸟”（一架超轻型飞行器）后面编队飞行，开始了秋季南下迁徙之旅。飞机驾驶员则向这些鹤播放联络鸣声的录音。

■ 鸽子是如何导航的?

许多鸟倘若被风吹离航向或被放至某个遥远的地方，它们会展现出一种返巢本领。关于它们是如何做到这一点的，人们对数种鸟类进行了研究，但大部分集中在鸽子身上，因为原鸽的家养品种不但易于饲养，而且对实验条件适应能力强。

原鸽的返巢本领最初为古埃及人所用，他们把原鸽作为信使这一传统一直持续到电报和无线电时代的到来。而即使随后出现了新的通信手段，信鸽仍为人们所用，二战期间正是它们传递的信息挽救了许多士兵和飞行员的生命。今天，鸽子的导航能力主要用于鸽赛运动。

对于某只被放至别处的动物来说，成功地返回原处需要既有正确把握方向的能力（即相当于拥有一个指南针），又有清楚究竟往哪个方面前进的能力（即相当于拥有一幅地图）。目前已有大量的实验证据显示了鸟类（以及其他动物）在返巢或长途迁徙时是如何导航的。但人们了解相对较少的是，它们一开始是如何成功定位所处位置在巢的哪个方向的？

↗ 研究鸽子内部时钟机制的科学家将鸽子置于人工光线条件下，使实验的拂晓时间早于或晚于实际的天亮时间。结果，放飞的鸽子失去了方向感，沿着错误的方向飞行。但如果人工条件与实际日出保持一致，那么它就会沿正确的路线飞行。

当鸟在巢附近时，可利用当地的地标作为线索，距离略远后，离巢 10 ~ 20 千米为能利用熟悉地标进行导航的最大范围，到了 80 千米时，需要借助其他的导航线索，在这个范围，鸟的定位能力似乎大大下降。不过从这个距离返巢通常还是可以成功，但比较耗时，鸟似乎有点盲目地四处飞行，直至看到所熟悉的地标。

关于导航所用到的因素，大部分证据通过如下方法获得：将鸟放入笼中，只给它们提供有限的线索（如只让它们看到夜空的一部分）；人为改变它们的位置感（如安上镜子）；将它们置于受控的实验条件下（如人工提前或推迟对它们而言的天亮或天黑时间）。

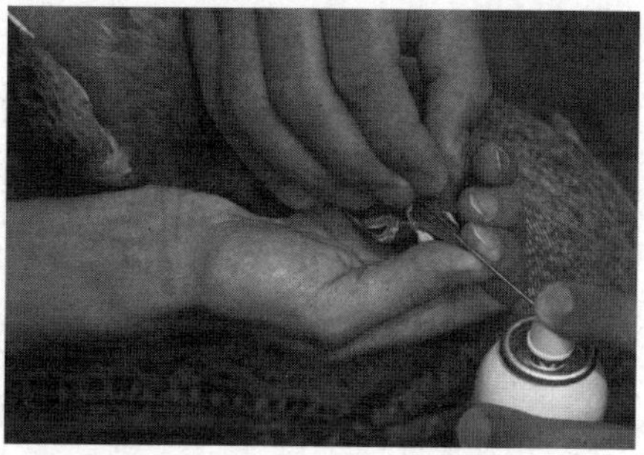

↗ 研究原鸽导航能力的科学家向鸽子嘴里喷射一种麻醉物质，以削弱它用以导航的嗅觉线索。

在昼间，太阳很明显是决定方向的首选。鸽子有一种内部时钟机制，使它们可以利用太阳在天上飞行。夜间，它们通过类似的方法来利用月亮，并且还能利用星座，其中最重要的是北半球的北斗星。然而，当所有这些视觉线索都被遮蔽时，人们通过雷达跟踪发现，它们仍然能够利用地磁场正确把握方向，但它们通过什么方式认识和利用地磁场则依旧是个谜。至今尚未发现鸽子体内有哪个器官具有此功能，只是发现头骨和颈部肌肉的许多地方有含铁丰富的物质。

保持一个固定的方向相对容易，而定位所处位置在巢的具体方位则要困难得多。鸽子被放到一个它之前不曾到达过的地方后，一般会先绕几圈，然后再沿着基本正确的方向出发。它这么做似乎是在先弄清楚自己身处何方，再决定该飞往何处。

大致而言，对于这种本领的解释，目前有 3 种假设。一种假设认为鸽子利用太阳的位置来确定飞行的方向。这种方法的前提是它们能够记住在营巢地太阳位于地平线以上的高度，并且自身具有精确的生物钟。然而,那些改变鸽子时钟机制的实验表明,受影响的只是“指南针”,而不包括“地图”。

第二种假设认为，磁场在地球的各个地方均不相同，这可能为鸽子所用，尽管没有人知道如何利用。但将磁性较小的磁铁附于鸽子身上后，发现干扰的仍只是“指南针”，而对“地图”几乎没有任何影响。

第三种假设认为，鸽子通过嗅觉找到回巢之路。在这方面一个有名的例子便是，鲑鱼在海上生活数年后能够利用出生地河流的气味返回原地进行繁殖。在实验中，嗅觉受到削弱或面临某种强烈气味（如将某种气味物质涂抹于喙上）的鸽子其导航能力表现得弱于正常的鸽子。然而，这些发现虽可说明嗅觉在它们的导航中扮演着一定的角色，却无法证明它们是全凭嗅觉来完成远距离的返巢的。

总之，大量这方面的实验产生了诸多存在冲突的结果，而且发现其中有许多实验无法在不同的实验室条件下重复。唯一可接受的结论是，鸟类借助多种不同的线索来实现导航和定位，有些线索有待于进一步发现。

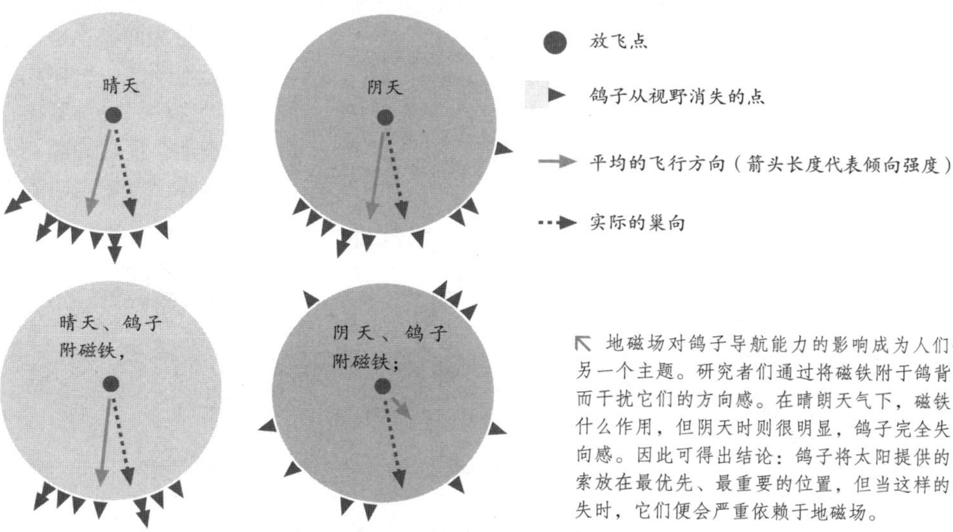

↖ 地磁场对鸽子导航能力的影响成为人们研究的另一个主题。研究者们通过将磁铁附于鸽背上，从而干扰它们的方向感。在晴朗天气下，磁铁几乎没什么作用，但阴天时则很明显，鸽子完全失去了方向感。因此可得出结论：鸽子将太阳提供的导航线索放在最优先、最重要的位置，但当这样的线索缺失时，它们便会严重依赖于地磁场。

■ 为什么说猫头鹰长了一张夜晚的脸？

↗ 鸮不但具有敏锐的视觉，同时还能将头部转动270°，如图中所示的这只棕鸺鹠。

人人都能认出鸮（猫头鹰），因为它们的样子与众不同。而这种独特性又集中在它们的脸部：圆圆的面盘，镶嵌着一对大大的、位于正面的眼睛。事实上，这样的特征是它们对夜行生活方式的适应。

鸮是通化的掠食者，它们的特化不表现为以某种特定的猎物为食，而是体现于在黑暗中觅食，由此带来的变化造就了它们独一无二的外表。

鸮具有异常敏锐的听觉和视觉，因此需要"特大号"的头骨来容纳比其他鸟都大的耳孔和眼睛。最大的鸮仅重4千克，但眼睛却和成人的眼睛一般大小。

那么这双前置的大眼睛有何优势呢？眼睛大，瞳孔就大，于是有更多的光线照到视网膜（位于内眼球的感光层）上。灰林鸮的眼睛聚光能力是鸽子眼睛的100倍，视网膜成像很大，从而可以通过视觉敏锐地锁定潜在猎物。

鸮的眼睛为管状而非球状，位于脸部的正面，以容下晶状体和角膜。之所以成管状是因为眼周围有一圈被称为巩膜环的骨质环。不过，管状的眼睛视野较窄，且基本上不能转动，这使得鸮的视野范围只有110°，而人有180°，鸽子则达到340°。为弥补这一不足，鸮拥有灵活自如的颈，可以使它们将头转向后直接朝后看。眼睛位于脸的正面可以获得双眼视觉，即双眼从不同角度看到同一片区域，这有助于更好地判断距离。

尽管鸮在夜间的视力比昼行性鸟强不少，但通常认为鸮眼的夜视力远胜于人眼以及在亮光中视力很差的观点是不正确的。灰林鸮具有色视觉，在白天的视力与鸽子一样出色，而在黑暗中的视力仅比人眼强两三倍。事实上生活在高纬度地区的鸮，如雪鸮，需要出色的昼视觉，因为它们一年内将近有半年都在极昼中捕猎。

鸮在夜间能够成功地捕猎，原因在于它们不仅具有敏锐的视觉，同样还拥有超常的听觉。鸮对高频率的声音尤为敏感，如干树叶的沙沙声。在全黑环境下所做的实验表明，有些种类甚至仅凭小型啮齿动物在笼底活动时发出的声响，就能准确地锁定并捕获它们。

鸮独特的面盘也是这种特化的听力本领的一种体现。构成面盘轮廓的一排排紧挨在一起的硬羽毛会反射高频音（这些高频音在面盘转动时方才进

↓ 鸮的眼和耳都极为灵敏。它们的眼（图1）有别于一般哺乳动物的眼（图2）：瞳孔和晶状体相对更大，视网膜更接近晶状体并与晶状体等距。视网膜的杆状体（只感应黑白两色）比例高，而视锥细胞（产生色视觉）相对较少，这使鸮的眼睛善于在光线十分暗淡的情况下发挥作用。此外，还有一种为眼球提供营养成分的结构梳膜。图3中，鸮的视野并不宽，只有110°，但其中有70°的范围具有出色的立体视觉，这种管状视觉可使鸮异常精确地判断猎物的距离。

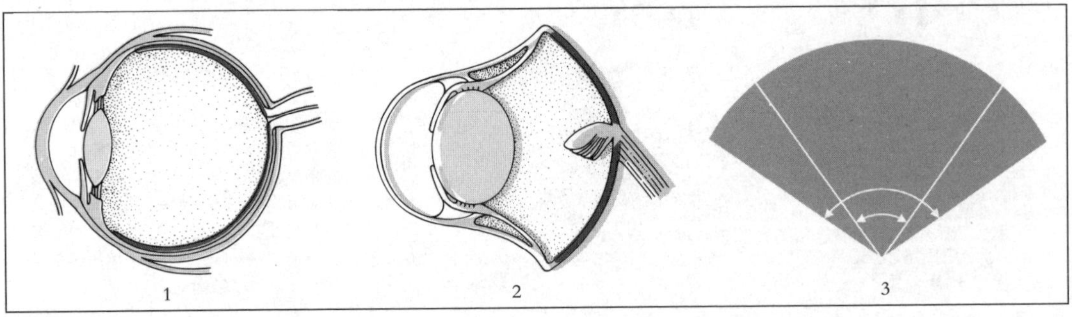

↗ 一只短耳鸮的正面全图，突出体现了像盘一样的脸部纹路（面盘）和用以搜索猎物的又大又圆的眼睛。

入耳中），其用途类似于人类大大的肉质外耳。

鸮的头骨特别宽，有助于声音的定位，它使得从一侧传来的声音在这一侧的耳朵听来更响，并且接收略早。鸮在水平方向对声音的定位能力是猫的 4 倍，但当鸮捕食位于上方的猎物时，为了精确锁定猎物的位置就需要在垂直方向对声音进行定位。仓鸮便具有这方面的出色本领，无论是水平方向还是垂直方向，误差都只有 1° ~ 2° 。这是非常了不起的，因为 1° 相当于距离为手臂长时，误差只有小指宽度那般大小。

鸮之所以拥有这样敏锐的听觉，是因为它们可以活动鼓膜来改变耳孔的大小和形状，从而使 2 只耳朵接收到不同的声音。在一些高度夜行性种类（如鬼鸮和棕榈鬼鸮）中，耳孔本身在头骨的位置就不对称。

为了能够听到猎物的动静，同时又不打草惊蛇，鸮的另一项技能便是悄无声息地飞行。它们从头到趾都覆盖着密密麻麻的柔软绒羽，使其轮廓呈圆形，看上去比实际的要大。长耳鸮全身覆有 1 万多枚羽毛。

大部分鸮的翼羽不像其他鸟那样有坚硬的饰羽，而是在成凹形的翅膀前缘具柔软的缘羽，以此来缓冲气流。再加上相对于翼表面积而言显得极为轻巧的体重，这使得鸮可以神不知鬼不觉地飞向猎物。渔鸮不具有这样的特征，因为它们的猎物（鱼）听不到它们接近时的声音。

与鹰一样，鸮的腿相对较短，并覆羽至趾，也许是有助于热调节，也可能是为了避免被猎物咬到。特殊的种类有穴小鸮（腿明显较长）和渔鸮（腿裸露，脚像鹗一样脚底带刺用以抓捕光滑的鱼）。鸮还有一个奇特之处，即外趾可以翻转，既能向前又能向后，从而拓宽了脚的捕捉面，提高了攫食的效率。

■ 夜鹰繁殖与月运周期

夜鹰几乎只在黄昏至黎明这段时间里活动，因此很难对其进行研究。除了具有很大的眼睛用以提高夜视力外，夜鹰还有一种特殊的结构——脉络膜层，由极细微的油点组成，可增强视网膜的感光能力。当人用手电筒照射观察时，会看到夜鹰的眼睛闪闪发光，原因便是这种脉络膜层的存在。

如今已知夜鹰主要或完全依赖视觉来发现猎物（飞虫）。研究表明，它们并不能进行回声定位，也没有听觉及其他感觉方面的特异功能。此外，它们也并不利用红外线或紫外线。由于视觉必须借助一部分光，这样，问题就变成了夜鹰究竟需要多少光才能看清和捕捉飞虫？

很显然，在没有月亮的夜晚，仅靠星光对夜鹰的捕猎来说是不够的。自然学家们很久以前就注意到，夜鹰的鸣叫和鸣啭很多都集中出现在傍晚时分和天亮前，而在午夜它们很少活动。然而，那时人们并不清楚夜鹰的觅食行为遵循着一种相似的模式，即在子夜会出现间歇期。并且当时的观察都是在月光很好的情况下进行，而在月亮较圆时夜鹰的觅食行为往往在天黑后还会持续很长时间。

只有在发明可附在鸟身上的微型无线电发射机后，对夜鹰觅食行为模式的深入研究才得以开展。采取这种新技术的研究很快就确认了美洲夜鹰（“飞捕型”觅食者）、北美小夜鹰（“突袭型”觅食者）和欧亚夜鹰（两种觅食手段兼备）在漆黑夜晚的午夜均停止觅食。事实上，美洲夜鹰只在傍晚和黎明时分觅食很短的时间，其他两种也主要在夜间的漆黑期前后觅食。不过，在月圆的夜晚，情况会有所不同，北美小夜鹰和欧亚夜鹰都会觅食更长的时间。

对北美小夜鹰所食猎物的研究表明，这种鸟主要捕食5毫米以上的大昆虫，并且（和其他夜鹰一样）通过借助视觉发现昆虫在上空形成的黑色轮廓来锁定猎物。而在漆黑的午夜，尽管它们选择的目标是大型昆虫，并且自身具有脉络膜层和其他视觉适应性特征，缺乏足够的光线仍会使它们无法看清猎物，从而无法向上发起突袭。

因此，在没有月亮的夜晚，夜鹰的觅食时间非常短，很可能仅为黄昏和拂晓时分各不到1小时的时间。天黑后的飞虫远多于白天，因此即使只在傍晚和黎明有限地捕食这些成群的猎物，也足以使夜鹰的这种觅食习性能够继续保持下去。由于觅食时间短，所以夜鹰经常在这些时候全面出击将肚子填得饱饱的。不过，在满月前后无云的夜晚，它们会有更多的时间来进行夜间觅食。

← 视网膜上用以提高夜视力的脉络膜层对光线的反射使眼睛闪闪发光，从而暴露了这只欧亚夜鹰的行踪。它在一根枯枝上等待出击捕食昆虫。

1985 ~ 1986 年，对北美三声夜鹰和津巴布韦非洲夜鹰的研究发现，这两种鸟的具体产卵时机与月相有关。当然，它们总体的繁殖时机选择在昆虫最繁盛的时期，这与季节性气候变化有关，一般出现在暮春和初夏。然而，研究人员发现具体的产卵日期则更多地出现在满月后那几天，而非新月那几天。

夜鹰的繁殖与满月（及由此带来的最佳觅食时机）保持一致具有多种益处：即将产卵的雌鸟可以觅得更多的食物，在体内形成卵的过程中更好地补充营养；一个月后（又逢满月）有更多的机会为雏鸟觅食；再一个月后，飞羽长齐的幼鸟可以有更长的时间开始自己捕食。这些益处在三声夜鹰身上业已得到了某种程度的证实，因为研究人员发现这种鸟的成鸟在月夜给雏鸟喂食比漆黑的夜晚频繁。

相比之下，对欧亚夜鹰的研究则似乎并没有发现这种鸟的产卵时间与月相之间存在一定的关系，原因可能是北方短暂的夏季需要它们迅速繁殖。但对开始于 6 月的第 2 窝卵的研究发现证实产卵时间与月运周期存在某种关联——同样也是大部分在满月产卵。

↗ 一只繁殖期的旗翅夜鹰雄鸟在夜间捕食时正飞向一只蛾。这一非洲种类长有引人注目的“旗”——内侧的次级飞羽，为繁殖体羽的一部分。当它们北上至撒哈拉越冬时便会脱去这些羽毛。

↗ 对于非洲南部的非洲夜鹰的繁殖行为与月运周期存在关联，人们已形成共识。这种鸟的雏鸟往往在行将满月前孵化。

■ 啄木鸟个体间的交流机制

啄木鸟有一套丰富、高效的交流机制，由多种视觉和听觉信号组成，包括竖起冠羽、拍打或展开翅膀、摆动头部或整个身体、屈身和鞠躬、发出威胁鸣声或联络鸣声、用喙在树干和树枝上敲击等。像其他许多动物一样，啄木鸟也是利用这些“语言”来表达自己的“心情”，由此对配偶、竞争者和群居成员产生影响。在啄木鸟中，长于“察言观色”以辨别对方心情很重要，因它们常常富有攻击性。这并不足为奇，因为大部分啄木鸟拥有的个体领域或配偶领域中包含了栖息地、觅食地、“砧板”（专门处理食物的地方）和贮藏处等至关重要的资源。当雄鸟和雌鸟拥有不同的觅食领域时，它们在求偶的初期通常会维护各自的觅食领域，甚至连日后的配偶也不许进入。

啄木鸟在求偶的许多方面都表现出强烈的攻击性。雄鸟之间会为了资源丰富的领域而展开争斗，雌鸟也会竞相争夺最佳的领域和配偶。雄鸟还会抵制某只雌鸟进入它的领域。而所有这些行为都离不开频繁的交流。

一个有趣的例子是黑啄木鸟的雄性对手之间会进行仪式化的示威较量：刚开始用“叽呀”的鸣声互相威胁，然后一起飞到树的根部，试图将对方往树上赶，不时地将头转来转去，用喙指指点点，仿佛在命令对方。这样做时，它们红色的冠羽得到了突出的炫耀。接下来，双方摆出静观其变的姿态，等上数分钟又重复一次此前的动作。这样一场较量可能会持续一个多小时，直至一方认输。倘若一只雄鸟遇上一只雌鸟，也会以类似的方式向对方示威。但雄鸟的攻击性会逐渐减弱，原因可能是雌鸟头顶的红色区域相对较小并且动作幅度不够大，抑制了雄鸟的攻击性。在这种示威行为中，鸣声为和缓的“咪儿”声。

通过转头来炫耀头部的结构模式存在于许多啄木鸟种类中，如地啄木鸟属和绿啄木鸟属的种类，多种吸汁啄木鸟、三趾啄木鸟和北美黑啄木鸟。而在北扑翅中尤为引人注目，除了炫耀头部（雄鸟的头上有一条胡须状的条纹）外，还会张开翅膀、展开尾羽翩翩起舞。倘若人为地在雌鸟头上涂上这样一条斑纹，那么它也会被视为雄鸟，激起其他鸟强烈的攻击欲望。

啄木鸟会发出传播距离很远的多音节鸣声，向配偶和邻居表明它们的存在。在那些雌雄鸟不在一起觅食的种类中，如阿拉伯啄木鸟，雄鸟发出鸣声后会立即得到回应，仿佛雌鸟是为了让雄鸟放心，它那边一切正常。其他种类在发出一连串响亮的鸣声时还常常会在树之间或树顶做炫耀飞行，以此

↖ 啄木鸟具有多种互动形式，有些是友好的，有些则富有攻击性。1.在领域界线上两只雌鸟之间发生的冲突：一只长嘴啄木鸟向两边摆动身体，以此来威胁对手，而入侵者的反应则是静立不动；2.一对红腹啄木鸟做出同步行为：雄鸟在树洞里面用喙敲击，它的配偶则在外面击木；3.一只绒啄木鸟在具有攻击性地转动它的头部，炫耀它的翅膀；4.作为以巢穴为中心的高度仪式化行为的一部分，黄腹吸汁啄木鸟的雌雄鸟轮流凿洞，当配偶接班时，雄鸟（右）不仅会击木，而且会跳起鞠躬舞，同时伴以“喹克”的鸣声。

↗ 在哥伦比亚，两只雌朱冠啄木鸟正为领域之争而发生口舌。频繁地发出各种声音及进行炫耀构成了典型的啄木鸟群居行为。

↗ 橡树啄木鸟是美洲西海岸一种为人熟知的啄木鸟，它有一个独特的习性，即在树皮上啄出大小合适的孔来储存橡果，作为过冬时的粮食储备。

吸引异性；在求偶高峰期，还可用以炫耀自己的树上有洞穴。

在许多啄木鸟种类中，击木是最重要、最普遍的宣布领域拥有权的方式，另外也可以表明它们未来的巢址所在。而其他大部分种类会将击木与声音信号联合使用，形成每个种类各自独特的模式。在黑啄木鸟中，一长串的击木声（在2.5秒钟内击43下）作为远距离交流的信号，具有很强的吸引力；而和缓且持续时间短的击木动作用于近距离交流，常常是表明洞穴的入口在哪里。当一只雌鸟跟随一只雄鸟来到洞穴时，或者相反，当雄鸟接近一只在做巢展示的雌鸟时，主动的一方会做一连串的击木动作来表明洞口的位置，另一方被吸引到洞口，然后它会发出威胁鸣声将展示方驱赶至一边，这样它就可以自由地察看巢穴了。有时，察看方会觉得洞穴不合适，那它就会离开，寻找另一棵树，在那里发现新的巢址后努力吸引潜在的配偶前往，但往往需要数日后才会实现这一目标。在少数种类中，如中斑啄木鸟，击木现象很少见，基本上由一长串奇怪的鸣声所替代。

对大多数啄木鸟来说，求偶"语言"的基本编排（在某种意义上即为"语法"）是一致的，依次为：敲击（较重的击木动作）、通过鸣声和特殊的飞行来引导异性、敲击、轻击、轻叩（很轻的击木动作）、察看洞穴、同意选择做巢。此外，对巢址的拓掘工作也是重要的一环，而交配一般发生在洞穴附近。

红腹啄木鸟将击木这一过程高度仪式化，雌雄鸟会演绎完美的"击木双簧"。在刚开始凿穴时，它们在树干上靠在一起击木；而当巢穴完工后，一方在洞内击木，另一方在洞外击木。接下来，在孵卵和育雏期间，配偶轮换时也借助击木进行某种交流，有一个典型的仪式：接班的一方会发出特定的鸣声，通常为细微的嘀咕声或柔和而拖长的声音。巢内的一方则轻击巢壁，表明它已做好交接准备，然后离巢让配偶接班。这样的声音交流也会出现在交配前。而在交接仪式中偶尔也存在不和谐的成分，如巢内的一方不愿离开，这时配偶就会使用威胁鸣声和行为强迫其离开。然而，尽管啄木鸟表面上看起来充满攻击性和敌对性，但它们却是最忠诚的鸟之一，雄鸟几乎从来都无需担心自己会"戴绿帽子"，配偶会相伴终生。

倘若雌鸟在雏鸟孵化后死亡，雄鸟会单独抚育一窝雏。虽然它最初的反应（除了不忘给雏鸟喂食外）通常是猛烈地击木，不过，这种复燃的求偶行为很快就会平息下来，它在领域内会变得很安静，一心喂养后代。

啄木鸟如果在繁殖期初未能找到配偶，那么它们（当然主要为雄鸟）会不断地击木和鸣叫，直到繁殖期结束。有时，这种努力会让它们最终吸引来异性，然后结成配偶，待到育雏时已是暮春时节。群居性较强的啄木鸟种类，即雏鸟与亲鸟待在一起的时间很长的种类或者全年都成群生活的种类，往往比独居种类更喧嚣嘈杂，特别是在它们聚集到一起时或进入栖息处时。

■ 喜欢贮藏食物的鸦科鸟类

在有详细野外研究的鸦科种类中，绝大部分都会贮藏食物。它们一般使用的是垃圾堆或植被下面的小洞，但也会利用地面上方的树或建筑物作为贮藏处。这些鸟常常会特意耙松地洞上面的物质来遮掩贮藏的食物，或者走一小段距离去找来石头、树叶等东西置于洞上面。幼鸦会经常藏匿一些石子、树枝和其他不可食的物体，其方式与贮藏食物一模一样，可能是为以后藏真正的食物打基础。许多人工饲养的渡鸦类、鹊类和蓝鸦类个体似乎具有一种藏匿食物和其他东西的冲动。

这种特意储备食物以备日后所用的现象，其普及程度在各个种类之间各不相同。有些鸦，如星鸦和蓝头鸦，高度特化为贮藏和找回食物（主要为树的种子和坚果）。对于这些种类而言，贮藏食物具有极端重要的意义，这使它们能够在那些严冬季节会出现食物匮乏的地区生存下去。灰噪鸦栖息于美国和加拿大北部的针叶林里，那里冬季的食物供应十分稀少，而四处覆盖的大雪使这种鸟不可能将食物藏于地下以待日后找回，于是它们用唾液腺（特别大）的分泌物将云杉种子等食物粘在树叶上。每个冬季，上述种类的鸦会贮藏数以万计的种子，并且每枚种子通常藏于不同的地方。

↖ 鸦的代表种类

1.秃鼻乌鸦，这一欧亚种类以其繁殖群庞大而著称；2.渡鸦，鸦科中体型最大的成员，由于遭枪击和中毒，如今这种鸟在人口稠密的地区已不常见；3.松鸦，见于从英国至日本的温带林地中；4.一只冠蓝鸦衔着一枚橡果，这是它最喜爱的食物；5.一只喜鹊衔着一枚浆果。

在不存在有食物严重短缺之忧的种类中，食物的贮藏和取回现象则不普遍，如英格兰的鹊类和寒鸦类。但当地过剩的食物仍会被贮藏起来。曾有报道描述，一些极度饥饿的渡鸦和乌鸦在突然面对丰盛的食物时，会先想方设法藏起一大部分食物，然后才开始食用。这种行为在有其他种类竞争食物时显得格外有意义。它们会迅速将可得的食物收集起来，藏在竞争者发现不了的地方，然后才开始不紧不慢地享用剩下的食物。喜爱的食物一般会先食之，其他的食物则储存起来以备后用。

鸦科鸟类通过记忆在日后找回贮藏的食物。实验表明，最依赖于贮藏食物的种类对位置的记忆力最突出。鸦科鸟类不但能够记住成千上万个不同的位置，而且还能记住在具体的某个地点放了何种东西以及于何时放入。它们会最先找回易腐食物和喜爱的食物。那些最常藏匿食物的种类其脑内负责空间记忆的区域（海马状突起）比其他种类的大。鸦科鸟类记住每一个位置似乎不是借助该位置的地貌（那会随时间而改变），而是与局部地标之间的方位。以太阳为参照，贮藏处与地标的方位关系具有重要作用。鸦科鸟类似乎有一种与太阳有关的方位感，不仅用以记住贮藏处，也见于局部迁移和长途迁徙中根据太阳来定向。

↗ 一只喜鹊在准备贮藏一枚橡果以防日后食物短缺。这种鸟通常将偏爱的食物先食用，然后将其他食物储存起来留待日后食用。

鸦科鸟类对所藏食物的记忆力固然惊人，但也并非总是准确无误。有些藏匿的坚果和种子没有被找回，结果发芽生长，相当于被这些星鸦或蓝鸦散布或“种植”了。因此，由鸦科鸟类引起的种子散布是许多树实现扩散的重要途径。

群居种类的鸦如秃鼻乌鸦则很难将食物藏于其他群体成员不会发现的地方，因为其他成员会注意它们藏匿食物的一举一动，然后试图将食物窃走。这种群居生活的负面性有可能影响到鸦的学习能力。北美星鸦非常善于藏匿食物，独居或结成小的家庭单元生活；灰胸丛鸦不善贮藏，生活在高度结构化的群体中。然而实验研究表明，尽管北美星鸦对自己所贮藏的食物位置记忆力更突出，但灰胸丛鸦对它们看见其他鸟将食物藏于何处的记忆力更为出色。

■ 对大山雀的研究

大山雀有可能是世界上被人类研究得最详尽的野生鸟类。第一个认识到大山雀的价值的人是荷兰的 H. 沃尔达，他于 1912 年开始详细记录这种鸟的繁殖数量。1951 年，H.N. 克鲁伊夫将他的许多记录结果连同新的发现加以整理后发表问世，这部经典之作引发了对大山雀的研究热。

在从爱尔兰至日本的诸多欧亚地区，大山雀都十分常见。除了在极度严寒地带，这种鸟通常为留鸟。在野生界，它们营巢于树洞中，但也会欣然接受人工巢箱。事实上，很多时候它们似乎更钟情于巢箱而非自然巢址，以至于在某个区域会出现所有大山雀都营巢于巢箱内的现象。这使它们成为一种非常便于人类研究的鸟（其次为青山雀）。

大山雀的食物很丰富。尽管以昆虫为主，但当冬季昆虫变得稀少时它们会迅速转为食种子和坚果。大山雀的喙强而有力，能够撬开榛子之类的大种子，这是大部分小型山雀所不及的。在非繁殖期，大山雀经常加入由其他山雀种类及其他鸟类组成的小型混合觅食群，它们会留意其他鸟在何处觅食以及觅何种食物，只要有一只鸟发现一种新的食源，它们会随即改变觅食方式，将这种新的食物纳入自己的食谱中。

大山雀一般生活在林地中，它们在阔叶落叶林中的密度约为每公顷一对，在针叶林中的密度约为每 2 ~ 5 公顷一对。长期研究表明，虽然大山雀的繁殖配偶数量保持相对稳定，但不同的年份之间呈现波动起伏。其中最重要的影响因素是山毛榉结果与否。山毛榉树倾向于隔两年（或更长时间）大规模结一次果，于是在山毛榉结果的那个冬季，大山雀的繁殖数量会增长，而不结果的年份数量便减少。北部地区的大山雀在无山毛榉果实的年份有可能大规模南下，但在结果丰富的年份一般就留在繁殖地，前往花园喂鸟装置的频率大大下降。有些人由此以为那一年大山雀的数量减少了，其实恰恰相反。

大山雀在暮冬和早春建立领域，它们会先占据最佳地带，使后来者只能栖息于边缘地带，有些配偶甚至得不到领域。这一点可通过实验来表明：将已建立领域的配偶人为移走，空缺的领域通常在一天内便由新的主人占领。后来者占据的领域大小基本与原领域一致，除非有些相邻领域的占据者趁该领域短暂空缺之际进行扩张。倘若在空缺的领域内播放大山雀鸣啭的录音，迁入者会误以为该区域仍被占据着，因此会出现占领延后的现象。当成鸟有后代后，领域行为便不复存在，因为那时它们忙于觅食，根本无暇来维护领域。

在中欧，大山雀于 4 月中上旬开始筑巢。雌鸟产卵时，雄鸟为其供应食物。每枚卵的重量约为雌鸟体重的 10%，而它有可能产 10 枚卵，因此在 10 ~ 14

↗ 灰头山雀对喂鸟装置中的板油和未去壳的向日葵籽尤为感兴趣。这种鸟栖息于树洞中或雪中的鼠穴里，夜间会轻度蛰伏，天亮时恢复正常体温。

天的产卵期间，雌鸟除了保持自身正常体重所需的食物外还要额外补充大量食物。同时，它还要尽可能早地产下卵，因为在繁殖期初期孵化的雏鸟生存的环境优于后出生的雏鸟。然而，雌鸟对食物的巨大需求量决定了它不可能在对于雏鸟而言为最佳时机的时期产卵，相反，它必须等到它自己能获得充足食物的时候才开始产卵。这一点在下面的事实中得到印证：在雌鸟即将产卵前能够获得大量食物的地方，大山雀的产卵早于附近那些不能获得足够食物的地区。在花园繁殖的大山雀产卵也往往早于林地中的大山雀，原因可能便是因为人们为它们提供了大量的食物从而使它们能够这么做。

在欧洲的许多地方，大山雀现在的繁殖期出现得比 20 世纪 70 年代早。全球变暖导致树木比过去更早地长出叶子，毛虫出现得也就比以前早，因此大山雀必须早繁殖才能把握最佳时机喂养后代。

↗ 在严冬，当种子和坚果等天然食物匮乏时，大山雀便会光顾人们为方便它们觅食而在花园里放置的喂鸟装置。

经过 13 ~ 14 天的孵卵后，雏鸟出生。此时，亲鸟双方必须加倍努力来抚养一大群饥饿的后代。在最初的几天里，雌鸟可能需要用身体孵着雏鸟给它们保暖，但一旦雏鸟长到四五天后，双亲几乎整个白天都在巢外觅食，然后不断地将食物送回巢。从树上觅得的毛虫是主要的食物来源。假如毛虫数量众多，亲鸟合起来将食物送回巢中的速度可以达到平均每分钟一条毛虫。在雏鸟留巢期间，亲鸟最多一天觅食长达 16 个小时，回巢喂雏次数高达 1000 次。而即便如此，它们的雏鸟仍嫌不够，不停地乞食。

大窝的雏鸟离巢时的体重比小窝的雏鸟离巢时的体重轻，表明前者没有获得充足的食物来长足体重。这一点具有重要意义，因为体重长足的雏鸟有更大的可能性存活到下个繁殖期。而这些雏鸟较高的存活率不仅是因为它们留巢时获得的营养相对较充分，而且是因为这些最重的雏鸟（以及最早离巢的雏鸟）在随后的觅食群中会居于支配地位，当发生食物纷争时更容易将弱小的雏鸟淘汰出局。许多山雀种类每年只育 1 窝雏，但大山雀在第 1 窝雏离巢时倘若食物条件允许会育第 2 窝。

↗ 在落叶林繁殖的大山雀往往严重依赖于某一种昆虫来喂雏或自己进食。在春天的橡树林，毛虫为它们的生存提供了充足的食源。

一大窝雏中真正能存活下来的寥寥无几。大约产下的 10 枚卵中只有 1 枚或者说 6 只刚离巢的雏鸟只有 1 只会存活下来成为繁殖的成鸟。只有约一半的成鸟能够在冬季幸存下来并在随后的夏季进行繁殖。因此，平均而言，每对配偶只有一方会活下来繁殖，1 窝卵中仅有 1 枚能够长成 1 只繁殖的成鸟。在中欧，平均 1000 只第一次长为成鸟过冬的大山雀中，可能仅有 1 只会活上 10 年。

在落叶林繁殖的大山雀往往严重依赖于某一种昆虫来喂雏或自己进食。在春天的橡树林，毛虫为它们的生存提供了充足的食源。

照片故事

PHOTO STORY

园丁鸟——鸟类世界的艺术家

▲ 大亭鸟是园丁鸟科中最大的种类。这种澳大利亚鸟浑身羽色暗淡（只有冠例外，为醒目的淡紫色），善于筑林荫道类型的求偶亭。图中的这只大亭鸟偏爱白色，用蜗牛壳和碎瓶来装饰它的亭。

▲ ▶ 伊里安查亚的褐色园丁鸟所筑的求偶亭无疑是迄今为止鸟类构筑的最复杂精致的结构。形状似茅屋，编织于小树苗之间，褐色园丁鸟对其精心呵护，会使用多年。这种其貌不扬的小鸟为了装饰和布置求偶亭会找来成堆的鲜花或其他各种各样的东西，如绳子、罐头盖、浆果、菌类植物等。

◂ 色彩鲜艳的澳大利亚种类黄头辉亭鸟则以细树枝编织一个相对简单的求偶亭。

▴ 一只金亭鸟在建它的“双五月柱”求偶亭。这种鸟所筑的塔状结构可达 2 米高。

▴ 缎蓝园丁鸟也建林荫道求偶亭。这种鸟的典型特点是对蓝色的物体情有独钟，并且表现出明显的性二态。图中，雌鸟在亭中等候，而熠熠生辉的雄鸟（该鸟的名字便从雄鸟的羽色得来）衔来羽毛。此外，缎蓝园丁鸟还会以植物汁和唾液的混合物做涂料给林荫道的内壁“粉刷”。

昆虫世界里的秘密

■ 昆虫飞行的动力

任何人若被困在摇蚊群中，就能切实感受到昆虫飞行的能力；那些倍受困扰的人在为老是打不着恼人的青蝇而丧气之余，也许会纳闷这些虫子的飞行特技真是令人难以捉摸，居然能头朝下地停在天花板上。

毫无疑问，大多数昆虫成年后的生活几乎都在飞行中度过。在三维世界中，飞行能使它们保持高度的活跃性和主动性，以便开拓用其他方式无法到达的栖息地，包括岛屿。昆虫的飞行能力早在距今 3.54 亿 ~ 2.95 亿年前的石炭纪就进化出来。一种理论认为，早期的大型昆虫依靠体侧的延伸部分滑行，随后进化为盘旋，以达到更有效的控制，最后发展为振翼。另一种理论则认为，小型昆虫的翅膀是由那些通过不断拍打实现某些功能的部分进化而来的，比如用于气体交换的鳃或用于性信号的胸腔的延伸部分。飞行可能是通过运用肌肉偶然发生的，因为起作用的肌肉在缨尾目中不会飞的衣鱼体内也有大体相似的部分。

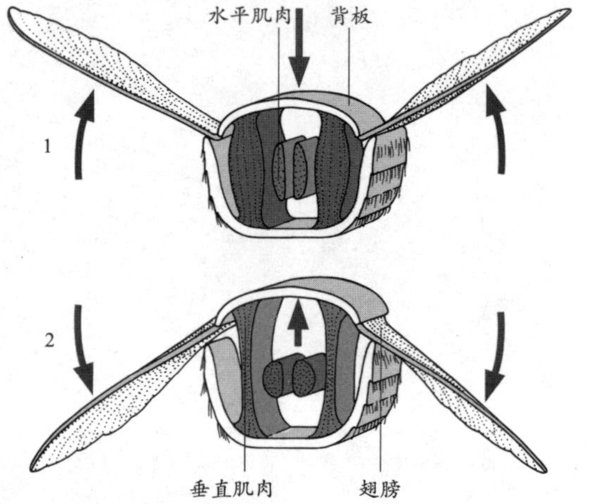

↗ 新翅类昆虫的振翼模式

1.翅向上拍时，其背腹部肌肉将背板垂直向下拉，翅膀随之升起，胸腔被拉长，使水平肌肉扩张。2. 当肌肉收缩时，背板升高，把翅膀向下推。某些昆虫就通过这种利用肌肉改变翅膀的倾斜度或振幅来间接辅助飞行。

在昆虫朝更高速度和更强控制力的飞行方式的进化过程中，有几个发展趋势。由于较少的褶皱或凹槽能给翅膀提供纵向的坚硬度，那些最初呈网状的翅膀脉络逐渐简化。一对单一的振翼结构被进化出来的形式包括：身体一侧的两只翅膀长在一起，或通过缩小其中一对翅膀的尺寸来形成防护甲片（如蠼螋和甲虫），或形成其他名为平衡棒的平衡器官（如双翅目蝇类）。产生动力的肌肉变得与控制肌肉迥然不同，而最初这两种功能是由同种肌肉实现的（如蜻蜓）。此外，身体也逐渐朝着更短更厚的方向发展，随之而来的是其内在稳定性的降低和控制能力的显著增强。最后，

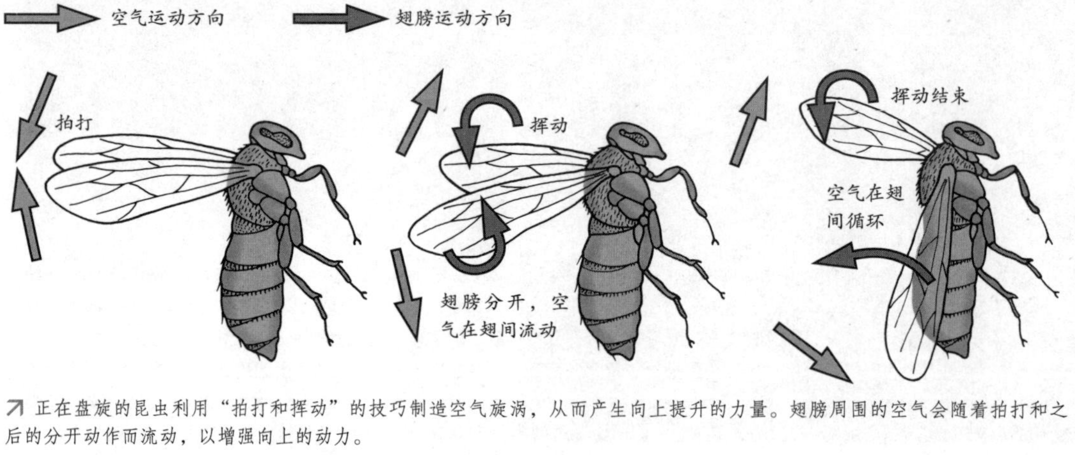

↗ 正在盘旋的昆虫利用“拍打和挥动”的技巧制造空气旋涡，从而产生向上提升的力量。翅膀周围的空气会随着拍打和之后的分开动作而流动，以增强向上的动力。

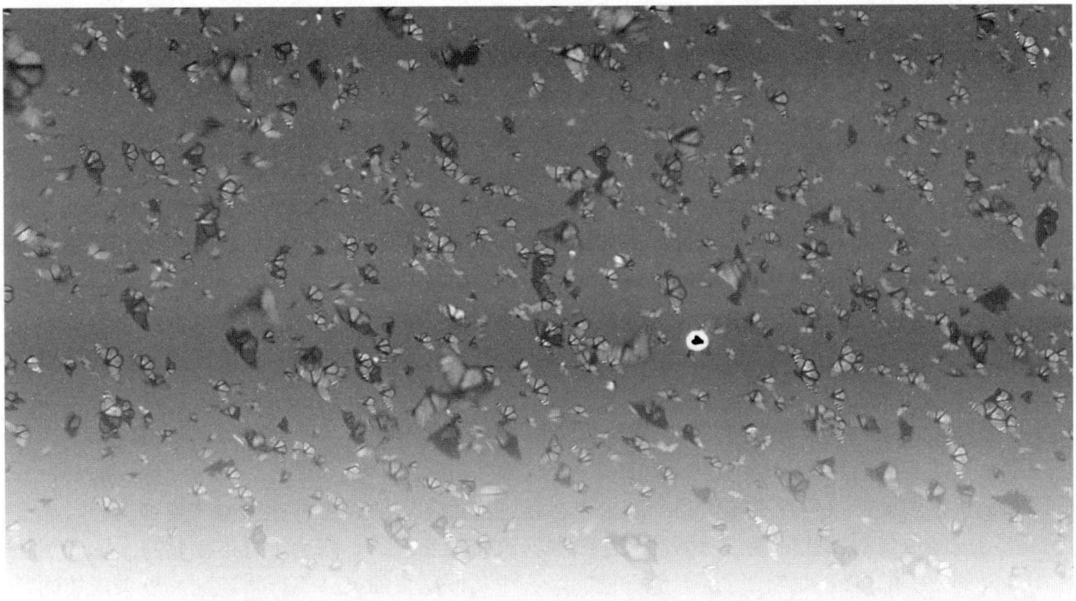

↗ 一群君主斑蝶从墨西哥冬天的大地飞入天空。这一物种以其迁徙能力强而著称，一些君主斑蝶能从墨西哥远飞至加拿大。

飞行的成功极大地归功于一种专门的翼肌肉的进化，这种肌肉收缩的频率比其他肌肉高得多，如部分小的蝇类，其频率能高达每秒1000次。

翅膀振动的形式十分复杂。翅膀向下拍时，其前缘向下倾斜；翅膀向上拍时则向上倾斜。对蝇类而言，在每次振翼后会自动盘旋翅膀，但是盘旋的程度可被小的肌肉所调整。除最低等的以外，大多数昆虫飞行的动力都通过作用于骨片（胸部表皮外骨骼的片状物）上的肌肉间接得来。

翅膀的振动受到如下几种结构支持：首先是具有弹性的关节，构成这种关节的蛋白名为节肢弹性蛋白，这种关节能使翅膀在振翼达到最顶处和最底处时反弹；其次是缘自于掣爪机制的弹性，这种机制能使翅膀在中位附近（类似于灯开关）不稳定；再次，是肌肉本身的弹性。通过提高翅膀盘旋的次数和振翼的频率，均能使动力提升。飞行的方向通常靠改变一侧的振幅或盘旋来控制，还可利用长的腹部或步足作为方向舵来辅助实现，例如蚱蜢。

有些昆虫可以原地盘旋，像直升机那样通过身体近乎垂直状和翅膀向上拍打时的翻转来实现。有的昆虫在其翅膀扇到最高处时同时拍打，然后从前缘处分开翅膀，使空气如漩涡状流通，从而产生举升力。蜻蜓、食蚜蝇及黄蜂盘旋时身体呈水平状，利用浅浅的振翼盘旋于空中——其空气动力学原理尚未被完全掌握。

就行程所需要的能量消耗而言，飞行的能耗比较少，可能少于爬行或奔跑。然而单位时间内的能耗却相当高，特别是当它们背负重物盘旋空中的时候（如黄蜂带着猎物），或当它们以超高速飞行时，有些昆虫速度可以高达每秒20米，能量消耗可达150焦/千克，因此飞行肌肉要有非常有效的供氧系统——在血淋巴中有高浓度的碳水化合物，利用激素也能推动养分在体内循环。这样一来，足够的能量供给就得到了保证。

飞行中高频的能量消耗会产生相当可观的热量，这些热量对小型昆虫来说极易散失，但对大型昆虫而言却容易聚集。飞行肌肉已适应了在高达40℃的温度中工作，许多昆虫必须先晒太阳或振颤翅膀来预热，才能顺利起飞。大黄蜂有一套更为完善的机制，它们是热血生物，其起飞所需的临界温度可以通过某种化学作用产生热量而达到。当它们在寒冷的早晨开始起飞时，这一作用就显得格外重要了。

飞行时，为了避免过热，有的昆虫能将热血从胸腔分流到腹部——腹部就像汽车的散热器一样工作。而那些缺少这种机制的昆虫，它们的飞行只能被限制在诸如夜间这样比较凉爽的时间进行。蝴蝶、蜻蜓和蚱蜢这样白天活动的飞虫，依靠翅膀振翼间隙的滑行来节约能耗并防止身体过热，它们的后翅有延展的后叶能支持这种滑行。

飞行昆虫必须具有可操控性的机制以抵消翻转、倾斜或摇摆的倾向。帮助维持这种稳定性的感觉器官包括复眼、单眼以及存在于触角、头、翅、腹部尖端的尾毛等处的机械性刺激受器。许多钟形感受器位于飞虫平衡棒上，这种平衡棒能像回转仪一样记录运动偏差。介壳虫和捻翅目昆虫在其退化的前翅上也有相似的机制。

因此，昆虫翅膀的进化是彼此制约的结果。翅膀的重量必须轻得足以保持其内在负荷在肌肉的可承受范围之内，同时还必须有足够的强度，不仅能对抗空气的阻力，还能支撑身体和其他额外负重——猎物或花粉。它们的翅膀必须兼具结构强度和灵活性。昆虫飞行的机制及其相关的生理学原理十分协调，而推动这种复杂、功能化的整体向前发展的动力则应归功于自然选择。

许多昆虫目都有不会飞的种类，其中很少是完全不能飞的，比如跳蚤。飞行在成虫前的发育阶段和成虫时期的能量消耗都非常高，如果不存在这方面的需要，这种能力很快就被摒弃。失去飞行能力的昆虫包括那些演变成水栖的、能钻洞且身体能变形的、寄生于脊椎动物身上的和居住在小岛上的——那里的风使飞行行为变得很危险。对其他昆虫而言，飞行可能被局限于成体的某一特定阶段，在此阶段以后，其飞行肌肉可能萎缩，翅膀退化（如白蚁）。此外，由于季节的变化，有的昆虫某几代会飞，而其他几代则不会，如一些水虫和蚜虫。

■ 昆虫个体间的信息传递

信息素是同种昆虫个体间用来交流的自然化学物质，也叫化学信息素。化学交流在生命进化的早期就已出现，信息素对几乎所有动物来说都很重要，但仅在昆虫中出现了显著的进化，且能被昆虫们准确理解。

昆虫间化学信号的用途很广，从吸引异性进行交配（性信息素）、引起团体内其他成员的注意（聚集信息素）、危险警告（警戒信息素）、产卵后做标记（标记信息素）到留下跟踪信号（踪迹信息素）等。一旦这种种信息素被启动，或称“释放”，都会立即得到接收者的回应。除此之外，还有“引物信息素”，能作用于接收者的生理功能，使之产生缓慢和深远的变化，比如从此进入成虫期。

昆虫的信息素是数种常见化学物质的混合体，不同种类使用的信息素各成分的比例也不同，精确在几个百分点内。美洲蟑螂使用的性信息素——蜚蠊酮，其化学结构既独特又复杂，是一个罕有的例子。

经过不断进化，昆虫信息素系统已变得非常精确和协调，各种成分合成为具有高纯度的化学物质。更有甚者，同种分子排列成不同的几何结构（异构体）后，会导致几乎完全不同的行为模式。也就是说，不管是触角还是中枢神经系统，对这些信息素的辨别都已精确到分子级别。

信息素由自然界中存在的化学物质演变为昆虫的交流功能，通常表现为分子结构（很多套分子结构更为常见），并且为相关的功能服务。例如，蚂蚁和蜜蜂用来作为警报信息素的很多种化学物质，与它们体内用来抵御敌人的化学物很相似，也许是从后者变化来的。当蚂蚁的巢穴受到攻击时，空气中会充满这种用

↗ 一只刚经过变态的特殊的雌性白蚁在摆一种专门的“召唤”姿态，同时活跃地拍打它的翅膀，以散布一种吸引雄性的信息素。

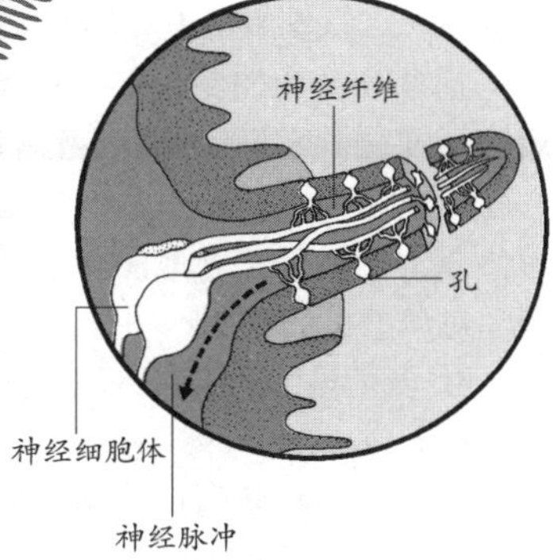

← 有些雄性大型天蚕蛾的触角生有很均匀美丽的分支，就像图中这只来自东南亚的乌桕大蚕蛾一样，触角的表面积因此而增大许多，其功能也随之增强。触角的嗅觉感受器（上图）能侦测到信息素——化学物通过感受器表面的孔渗透进薄薄的体壁，触角上的表皮突起和纤毛则包含了很多感觉神经纤维，用于将神经脉冲传输给中枢神经系统。

于警报的化学物质。如果巢穴中其他的蚂蚁能回应这种警报并筑起更佳的防御工事，那么这种化学物质此后就会成为蚂蚁的警报信息素。

大多数种类的昆虫，都把从食物中得来的化合物合成信息素，如热带蜜蜂的某些种类，雄性会从某种花里面收集性信息素，且非此不能吸引到异性。北美虎蛾毛虫从它的寄主（一种有毒素的乳草属植物）体内吸取并储存防御性毒素，雄性会把部分这种毒素转化为信息素，雌性在选择雄性交尾时会利用这种信息素，即选择最毒的雄性（雄性会在交尾时把这种毒素输入雌性体内，然后它会利用这种毒素保护它的卵），因为雄性信息素的浓度说明了它的保护性毒素的强度。

信息素的特性由功能决定。警报信息素需要被迅速散布出去，然后浓度降低直到警报解除，因此需要由较小、挥发性较强的分子组成。性信息素也需要一定的挥发性，但相比警戒信息素，分子要大得多也重得多。蚂蚁会使用存留期较短的、挥发性强的化学物质作为标记信息素来注明寻找较易消耗的食物的临时路线；存留期较长的、不易挥发的化合物则用来指明几乎永久性存在的“高速公路”。

雄性的蛾会在一个明显的逆风处用性信息素“召唤”同类的异性，并确定异性的方位——即使这个异性对象可能离着几千米远。雄性用它们的触角（类似昆虫的“鼻子”）去探测信息素，然后要相互竞争着以便第一个到达雌性身边，这种竞争导致它们的触角百万年以来进行了非同寻常的进化，结果便是触角上覆盖着数千根对信息素敏感的纤毛，可以感觉到随风而来的、难以察觉的极小量信息素。纤毛中的神经细胞再将信号传送给灵敏的大脑——大脑的大部分都被用来对这些信息素做出回应。当雄性辨别出了正确的信息素，会对接收到的信号以毫秒为单位连续不断地回应，如果信号丢失，它会利用身体左右摇摆呈“Z”字形逆风飞翔来帮助它找到雌性。

昆虫的行为都是典型的老套路，或者像编排好的一成不变的程序。每天晚上，雌性的蛾以 1 ~ 2

小时1次的频率释放信息素，雄性则在很短的时间内作出回应。两性之间的这种行为差不多是同步的，但其中一个常常受到外界刺激的影响，比如温度和光线。如果雄蛾遇到的信息素在合适的回应期之外，那么即使信息素的浓度正合适，这只雄蛾也不会回答。

那些社会化的昆虫如蚂蚁、蜜蜂和黄蜂利用信息素协调它们复杂社会性行为的几乎每个方面。典型的白蚁们（它们更像蟑螂而不是膜翅目昆虫）就是独立地演化出了非常相似的行为和对信息素的利用。

↗ 有些昆虫通过植物间接获取它们的信息素。图中这只秘鲁的兵蝶正在吃一株天芥菜的残余物。天芥菜是吡咯里西啶类生物碱的最佳来源。

社会化昆虫使用的许多信息素被远距离探测到的方式与雌蛾发现性信息素的方式相同，但有一类重要的信息素——同类辨认的那种——是通过互相碰触探测到的，即一只蚂蚁用触角轻轻拍打另一只蚂蚁。这种接触信息素像一层特殊的外套一样沾在虫子的体表上。这样的化学暗示通常用来辨认同伴的交尾巢穴，这对属于同种类的不同群体经常因为磕碰而打架的成员来说是必要的步骤。

用于同类辨认的信息素，部分由个体自身发出，部分来自于该群体其他成员的分泌物。社会性昆虫生命周期的所有不同阶段都能通过信息素辨认出来，如不同龄的幼虫、成虫和幼虫、性别，都能被群体内的所有成员辨识。

复杂的行为，如50万只盲眼行军蚁席卷南美雨林的觅食行为，可能是其中几只回应行踪信息素而引起的，而这一群体信息素的释放和对信息素的跟踪只是某种遵循一套简单规则的机械模仿。类似的，尽管体型微小且没有视觉，白蚁却能利用这种对信息素的回应建造起复杂的、高达十几米的城堡。

在不同的环境中，同样的信息素起着吸引和排斥两种不同的效果。比如，蜂后颚部的信息素会作为吸引交配的性信息素释放。但在这只蜂后一生中的大部分时间里，这种信息素又排斥作用于工蜂，告诉它的臣民：它状态很好并正在产卵。只要蜂后的信息素出现，工蜂们就会保持不育

↗ 通过释放并跟随“行踪信息素”，特立尼达盲眼行军蚁能够在极窄的路径上穿过雨林。途中的沟沟坎坎会由蚂蚁们用身体搭成“桥”越过。

的状态且不会产卵，但一旦工蜂发现蜂后不再产生这种信息素了（比如它死了），它们会立刻从幼虫中挑选出一个新蜂后。更有趣的是，蜂后的信息素是由工蜂们嘴对嘴地传递的。

此外，把四处游荡的个别蝗虫纳入到群体生活中来，或组织一次蝗灾，都少不了信息素这个角色。

» 盗用和行骗

在昆虫的世界中，由于通过信息素交流不仅非常有效而且很重要，许多动物和植物都进化出了破译信息素的方法。出于行骗和宣传的目的，信息素有可能被盗用，或者被假冒。

信息素的传播有可能被敌人或寄生生物“空中拦截”。例如，有些树皮甲虫利用集合信息素吸引足够的同类以攻克树木的防线，然而，有些对树皮甲虫非常敏感的敌人，对它们的信息素也同样敏感，于是树皮甲虫们集合的同时，敌人会使它们陷入危险的境地。

信息素同样有可能被用来行骗。有些兰花依赖一种“性格孤僻”的蜜蜂或黄蜂来为它授粉，而这种兰花看起来和闻起来都活像一只携带同样信息素的雌性同类。雄蜜蜂受骗，努力想和这朵花交尾，于是花粉就沾到它身体上。当这只雄蜜蜂再次落到另一朵兰花上的时候，花粉也就被传递过去了。

某些爱光顾蚁巢的“客人”，如甲虫和某种著名的灰蝶科蝴蝶，也会利用信息素行骗，它们会秘密收集蚂蚁的气味，或者，更高级一点，会自己合成蚂蚁的化学“签名”，以此欺骗蚁巢的卫兵。一旦进入蚁巢，它们就寄生在里面，甚至吃掉蚂蚁幼虫。同样的，南美盗蜂会用信息素有意制造混乱以获取它们的食物，即大量释放一种无刺蜜蜂使用的警报信息素，引起一团混乱后，这些盗蜂就从容地进入无刺蜜蜂的蜂巢，盗走蜂蜜和花粉。

» 对信息素的利用

信息素可被有效地用于控制有害昆虫的习性。利用信息素诱饵设下陷阱，不仅可用来侦察和监测有害昆虫的种群数量，也能更好地掌握控制的尺度。这种技术已经被广泛用在专吃存粮的甲虫身上，如从中美洲引入的席卷了非洲地区的大谷蠹。同样，一种蜜蜂信息素也被用来侦测非洲蜜蜂在美国的分布。在农田，可以先用信息素将害虫引诱出来，再间隔性地用传统的杀虫剂喷雾扑杀。

合成信息素可直接阻止雄性和雌性害虫相遇，以此降低它们的繁殖率。这种办法已经有效用于控制美国、埃及和巴基斯坦棉田里的红棉铃虫的数量。阻挠交配的方法在控制番茄蛲虫的数量上也取得了巨大的成功，且不会杀害它们在自然界的天敌，如蜘蛛和寄生虫。因此，信息素为环保、高效地控制害虫提供了值得振奋的新手段。

照片故事
PHOTO STORY

拟态：用伪装进行防御

▶ 就像有毒的昆虫用毒素进行自卫一样，无毒的昆虫则演化出模仿的本领来保护自己，且模仿的行为在昆虫界普遍存在。显著的例子是，来自南美的一种螽斯，会惟妙惟肖地模仿正在觅食的大型黄蜂的外形和动作，包括黄蜂摇颤、腹部弧线向下和翅膀部分抬起的姿态。

▼ 来自欧洲的黄蜂甲虫是一种令人心悦诚服的伪装者，它能模仿一种毛茸茸的熊蜂类大黄蜂。飞行的时候还会发出响亮的很像蜜蜂的嗡嗡声，并公然地在花朵上进食。

▶ 在透翅蛾的家族中，那些有着透明翅膀的蛾模仿黄蜂（不管是群居型还是寄生型的）的行为可谓多种多样。图中这只来自南非的蛾正在伪装成一种黄蜂。这种蛾在白天很活跃，行动时会断断续续地摇颤身体。

▲ 各种不同的热带直翅类昆虫，如螳螂、纺织娘、蟋蟀，它们的一龄幼虫都是模仿蚂蚁的高手。图中是非洲螳螂蚂蚁般的幼虫，出生后聚集在卵囊周围。它们如蚂蚁般的伪装通常会持续到二龄，在三龄时消失，因为此时身体在不断长大，形态也变了。

▲ 来自南美的一种角蝉，其前胸背板向后延伸出一块精致的角状物，使得这种虫身体前后颠倒着伪装成一只张嘴坐着发呆的蚂蚁。这种“蚂蚁”在它们的敌人看来不仅非常难吃，而且自卫时又咬又刺，还会喷出蚁酸。

▶ 蜘蛛也经常露一手伪装的把戏，它们甚至也会把身体前后颠倒着装成蚂蚁。图中是一只东南亚的跳蛛，与伪装时静止不动的角蝉不同，这种蜘蛛会不停动来动去，肚子上下甩动，一对吐丝器活像触角，这使它看起来很像在觅食时探路的蚂蚁。

■ 能改变生存状态的沙漠蝗虫

独居和群居两种独特的生活方式，每一种都与当时的环境条件紧密联系，这使沙漠蝗虫呈现个性化的一面。当美味的绿色植物生长繁盛的时候，它们习惯独来独往，凡是有植被的地方，必定能发现它们的踪迹。在这种独居时期，生长中的若虫都是绿色的，与其所处的环境相匹配，长大后也会过着独处的生活。然而，当干旱来临，植被变得像大地上一块块棕色的补丁的时候，若虫通过蜕皮，会变化出较鲜艳的具有警示性的体色。同时，它们会聚集起来，使种群的密度戏剧性地变大。

↗ 沙漠蝗群会毁坏庄稼。一个蝗群一次可能造成16.7万吨谷物的损失，这些谷物足够100万人吃1年。

这些变化与它们身体的化学变化密切相关：独居性和绿色组合在一起的时候，若虫通过这种与环境相呼应的外表来躲避天敌——蜥蜴、鸟类；当群居和警戒色组合在一起的时候，若虫们还会从有毒的植物中吸收毒素，使它们对所有敌人来说，味道都很差。此外，群居反映了这样一个事实，就是：数量越多它们越安全。当大家都换上了差不多的有黑色、黄色和橙色斑纹的外衣时，被捕食的几率会相对较少，因为敌人们会很快把这些颜色同极不愉快的食用经历联系在一起。

如果天气变了，植被在雨后又欣欣向荣地生长着，蝗虫们又会把体色和习性变回去，它们的一生中这种变化经常发生。如果干旱持续的话，若虫会保持群居状态，其成虫期也会具有群居的习性。然后这些恐怖的蝗虫会集结成群，四处飞行寻找食物。

沙漠蝗虫一旦形成群体，个体常常多达50亿只，能一下扫光1000平方千米的植被。这里面诱因很多。因此，人们要么去理解导致蝗灾形成的因素并找到对环境友好的解决方法，要么只能用昆虫灭杀剂浇透非洲和中东的大片地区以改变环境。

牛津大学的科学家们近期确认了很多引起生活状态变化的因素。独居的雌性蝗虫，如果近期变化为群居的生活方式，其后代就是群居性的。而如果独居的雌性蝗虫和群居的雄性交尾，那么它的后代也会是群居性的。尽管还不清楚雌性在求偶和交尾时如何获得来自种群密度间接的影响，但根据已了解到的，在它把群居习性传递给它的后代的过程中，信息素起了关键性的作用。

雌性蝗虫会在它挖好的洞穴中放入30 ~ 100粒卵，然后用附属腺体分泌出来的一种多泡的分泌物把卵包裹住。分泌物干燥后，就会变成保护卵的外壳，能避免水分流失。营群居生活，或最近才改为群居的雌性蝗虫，其附属腺体产生的信息素会一起进入卵鞘中，并使孵化的若虫感应到。但没有证据表明那些一直独居的蝗虫也会制造相应的“独居化”信息素。

处于孵卵阶段前一小会儿的雌性成虫或生长中的雌性幼虫，在后腿节上的触觉传感器受到其他蝗虫的推挤时，就会“知道”自己身处群体中。雌性蝗虫这种群体的感觉会经验性地增加，并通过用不断敲打腿节的方式使之完全孤立地保留下来。雌性这种方法的刺激，会产下携带有群居化信息素的卵荚。这大概就能解释为什么独居的雌性蝗虫在倾盆大雨中，附肢因受到雨点密集的敲打后会暂时性地改为群居。

沙漠蝗虫引人注目的生活方式的改变，反映了生存状态与不断变化的环境之间的联系。昆虫都会努力以最佳的方式适应环境，这只是许许多多的例子中的一个。

■ 用作生物“武器”的甲虫

不管是有意的还是偶然的，每当有某种外来植物品种进入某一地区的时候，通常都缺少抑制这一物种的自然控制手段。免疫性使得外来植物品种有机会大量繁衍并使当地的生态系统不堪重负。为了抵抗这些入侵者，甲虫被越来越多地得到利用。

原产于南美的水蕨已被人为地传入非洲、亚洲和澳大利亚。不管它被传入哪个地区，都会通过稻田、湖泊、河流和灌溉渠道大范围蔓延开来。1972 年，有一两棵被带进巴布亚新几内亚，而到了 1980 年，这些草本植物就像密集的草垫一样覆盖了 250 平方千米的面积，估计其总量达 200 万吨。人们于是开始研究有哪些当地的昆虫会以这种草为食，最后在巴西发现了一种象鼻虫。当蕨类植物给人们造成烦恼的时候，这种甲虫就成了非常有效的控制媒介：成年象鼻虫以蕨类植物的芽为食，而幼虫则喜食根和根状茎。最后的结果就是这些植物种群的数量迅速降至原来的 1%。巴布亚新几内亚的生物控制工程因此取得了非常好的效果，人们又得以回到原先那些因为野草霸占而不得不离弃的村庄里。

凤眼蓝据说是这世界上生长速度最快的植物之一。人们最初在巴西境内一条河流中发现它们，并为其美丽的花朵而倾倒。此后，这种植物被引种进 53 个国家的河道内，并迅速占领河道的水面，不仅遮住了光线，还破坏了现有的生态系统，造成鱼群的死亡。1989 年它来到乌干达的维多利亚湖后，其密度让小船都无法在其中通过，数千渔民陷入失业状态。因鳄鱼的攻击造成的死亡率也在上升，就是由于这些植物为鳄鱼提供了非常好的掩护。后来人们从南美引进两种象鼻虫来对付这种植物：成年的象鼻虫以它们的叶片为食，而幼虫则会钻进茎部，最终导致植株死亡。但不幸的是，凤眼蓝已在当地扎下强大的根基，这些象鼻虫没法跟上它们生长的步伐。

如今，凤眼蓝已占领了非洲最大的湖泊之一——马拉维湖。它们的横行已成为制约当地经济发展的主要问题，但能对付它们的化学武器既昂贵而又收效不大。人们于是引进一批凤眼蓝甲虫，在当地培育出数千只后投放到湖中。与化学制剂相比，生物控制方法见效的过程要慢，但看起来却是唯一可长期使用的安全手段。

然而，意外总会发生，引进一种非本土的昆虫品种有可能会带来一系列的新问题。甲虫们不一定就能按人们的意愿只对付目标植物，它们很有可能会把注意力转移至当地的其他植物品种上。1969 年，美国引进的一种象鼻虫就出现过这样的情况。当时这种象鼻虫是为了对付一种外来的、给畜牧业乡村造成麻烦的蓟草而引进的，但如今它们也会侵袭至少 4 种本土的蓟草，弄不好最后会把这些蓟草一扫而光。此外，这种象鼻虫还会与美国本土其他的昆虫争夺食源，有可能使后者在美国绝迹。人们也不清楚这种连锁反应会蔓延多远，或是否还会有其他的生物受到影响。

同样，20 世纪 80 年代在美国，七星瓢虫被投放到小麦田中去对付那些俄罗斯小麦蚜虫。但现在，人们开始担心这些七星瓢虫会扩散至那些它们没到过的区域，并与当地的瓢虫争食。

虽然甲虫们不会飞，但它们仍能四处蔓延。在法国，人们开发了一项培育不会飞的瓢虫的技术——暴露在辐射光线下的亚洲瓢虫，再经过诱导基因突变的化学物的处理后，就成为不会飞的变种，进而可以大量培育。在对付害虫方面，它们与其他有翅的瓢虫同样有效，在美国被广泛用于保护瓜田。但是，尽管没有翅膀，这些变种瓢虫仍然扩散到了其他地区，并成为当地的优势物种。

↗ 图中这种有须象鼻虫是马达加斯加雨林中一种又大又奇怪的种类。跟所有象鼻虫一样，它以植物为食。当这种象鼻虫把经济作物当做取食的目标时，是对农场主们的直接挑战。而同时，许多雨林中的甲虫也会因林地和牧场的栖息地受到破坏而受到威胁。

↗ 七星瓢虫幼虫是贪婪的食蚜虫者，能用来进行有效的生物控制，20世纪80年代的美国曾使用过。然而时至今日，由于它们的过度繁殖，已威胁到本土的其他昆虫。

照片故事
PHOTO STORY

在妈妈的看护下长大

▶ 雌性斑花椿象在它寄居的植物上选了一根小嫩枝安置它的卵，这些卵排成的形状好似给这根枝条戴了一个宽宽的项圈。然后，椿象妈妈会趴在这些卵的上面给它们担任警卫直到卵孵化。这个用卵排成的项圈对椿象妈妈来说太大（总共有 100 粒左右），但它还是尽力给予这些暴露在外的卵以有效的保护，因为它们大有可能受到寄生蜂的侵袭，所以母亲的保护是很必要的。

▼ 当卵开始孵化，母亲会退到一旁，免得自己的身体阻挡了子女的孵化。大约一天以后，这些体型微小的若虫会爬到附近的树叶上开始进食——标志着母亲会离它们而去。

▶ 末龄若虫体被金属光泽的蓝色和红色，与早期的黑红体色不一样。在成长的整个过程中，它们总是你挨我、我挨你地凑成一群，以强化它们“警戒制服”的效果，降低被捕食的风险。

▲ 在最后蜕皮成为成虫的时候，末龄若虫会摊开附肢，用跗节上的爪紧紧抓住叶子。与其他椿象不同的是，一开始它不会采取那种头朝下的姿势。最初，成虫体表的橙色还很淡，但瞬间就会变深。

◀ 某些斑花椿象妈妈对子女长时间的照拂看来似乎不是很有必要，比如图中这种椿象在它生命的任何阶段都穿着极鲜艳的“警戒色”外套。因此这些二龄若虫所要面对的风险似乎很小。

■ 蚊蝇传播的疾病

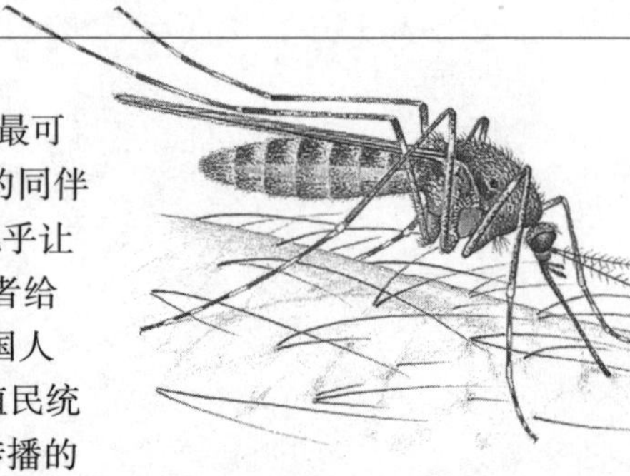

↗ 带蚊是世界上最大的蚊子之一，体长达8毫米（不包括喙和触角）。这种蚊子因其腹部和附肢上独特的白色带状花纹而得名。

蚊蝇传播的疾病在人类历史上造成的恶劣影响很明显。对于人类来说，长着两只翅膀的蚊蝇被列入最可恶的昆虫之中。例如，在克里斯托弗·哥伦布和他的同伴们把蚊传播的天花带到海地后，50 年内，这种疾病几乎让当地的约 500 万人全部丧命。在 17 世纪，欧洲殖民者给新大陆的居民带去了相当多的致命性疾病，以致英国人居然顽固地认为这证明上帝赋予了他们对当地进行殖民统治的权利！尽管杀虫剂和药物在不断升级，但蚊蝇传播的疾病仍在持续不断地影响着许多人类社区的组织和分布。

蚊蝇以 3 种主要的形式危害人类的健康。首先，它们担当着显而易见的致病生物体的传播者的角色。家蝇和蓝丽蝇在粪便或腐烂的有机物上进食和繁殖后，会污染我们的食品。大量的细菌和原生动物传染物，都是通过这种途径传播的——据统计，在发展中国家，每年都有上百万的婴幼儿死于重症腹泻引起的脱水。

蚊类因吸血而污染的口器形成了一个“飞针”型传播方式。因此，蚊子会把肝炎血清病毒传播给它叮咬过的人。马蝇和蚊子还会把伪鼠疫（兔热病）杆状菌传播给人类，这种病一般只会通过虱子在啮齿动物中传播。当人类被这种方式间接地带入动物疾病循环的过程中时，这种疾病就被称为“人畜共患病”。

其次，蝇会通过蝇蛆病影响人类和动物（尤其是家畜），这种情况下，蝇蛆以皮下活的组织为食。如热带美洲的人马蝇和非洲的盾波蝇，因其幼虫进食而造成的伤口会为传染病大开方便之门。

第三种，也是最重要的影响，即随同致病生物体的生物性传染而出现。在生物性传染中，病原体具有复杂的发育周期，它们部分时间在蚊蝇体内度过，部分时间则在人类受害者体内度过。疟疾就是其中最普遍和传播最广的一例，有 30 多种疟蚊携带这种病菌，其中最具影响力的当属非洲冈比亚按蚊。疟疾的致病生物体为 4 种疟原虫，均属于单细胞原生动物，其中最具危险性的恶性疟原虫在泛热带地区均有分布。

人类在广阔的阵线上进行着抗疟疾战争。杀虫剂可以对付蚊成虫和水栖幼虫，进入人体内的疟原虫可用药物消灭，驱虫剂和蚊帐也可用来保护自己。但根除疟原虫的尝试仅在疟疾发病区的边缘温暖地带取得了成功。尽管有无数的控制计划和国际组织如（世界卫生组织）的努力，但每年仍会发生超过 1.2 亿的疟疾门诊病例，其中死亡人数超过 100 万。

尽管某些地区不稳定的地方政策也是造成上述情形的原因之一，但根除疟疾的失败大部分还是因为疟蚊和疟原虫已经对昆虫学者和医生们大量使用的化学武器产生了抗药性。疟原虫能快速改变外皮化学性质的本领使人们无法研制出相应的疫苗。最近，人工培养寄生虫的研究与遗传工程学相结合，多少为这

1

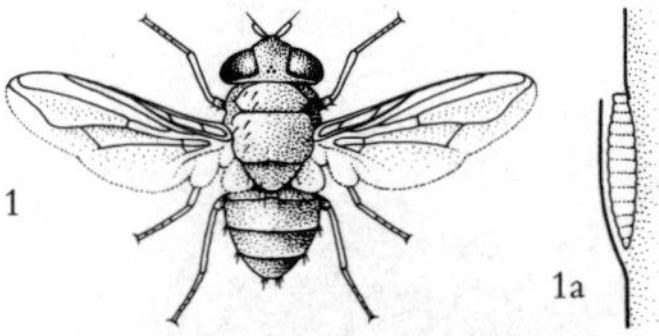

1a

2

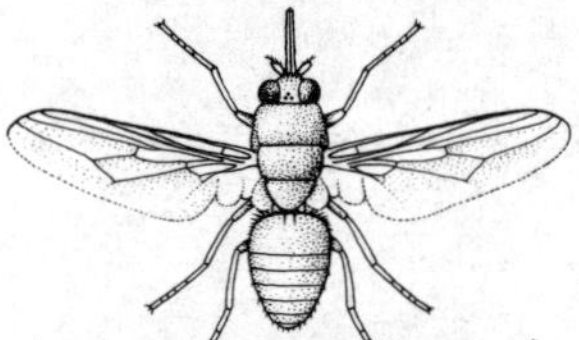

3

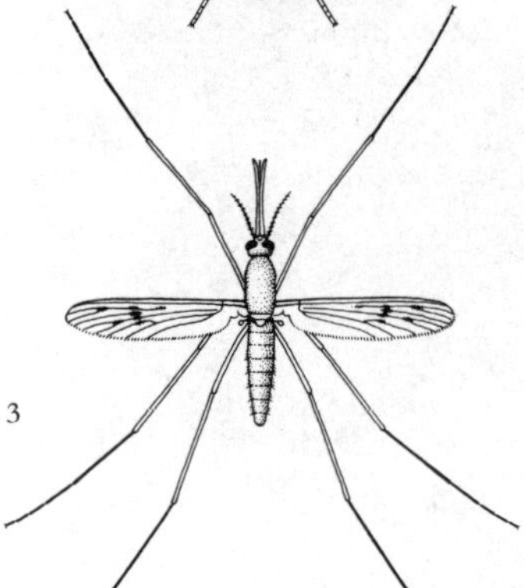

↗ 有3种类型的双翅类蝇会给其他动物带来疾病：1.盾波蝇幼虫（图1a）钻进皮肤里后会留下伤口。2.采采蝇会把导致昏睡病的原生动物传播给人类。3.吸血的疟蚊会导致疟疾。

方面的突破提供了一些希望。

完全消灭疟蚊目前被认为是一个不可能实现的梦想。当前人们力求用综合控制的方法去对抗疟疾，即适时审慎地使用杀虫剂与药物治疗及对高危人群的监控相结合，使疟疾的发病率控制在可接受的水平。这个水平是指发病率大幅降低，并尽可能控制因反复发热而日渐虚弱的病人数，减低由此产生的经济损失。

如果人类某一天真的成功消灭了疟疾，也会有别的问题产生，如昏睡病——一种由血液中的原生物锥体虫引起的仅见于非洲的疾病——通过5种采采蝇传播。这种病也在家畜身上有发现，属于大群野生放养动物中的地方性疾病，并对人类产生严重影响。因这种病从野生动物传播至家畜中来，使得非洲许多地区已无法再饲养家畜。在殖民时代，由于所有人都被强迫返回非发病区，致使昏睡病传播开来。

对昏睡病的控制可以通过大范围屠杀作为其宿主的野生动物实现。另有一种方法已在小范围中得到应用，即清除那些为采采蝇提供专属栖息地的植被。但这两种方法都会对环境产生恶劣的影响，而且最终也会影响到人类。

↗ 彩色电子显微照片显示了马蝇放大了90倍的头部。马蝇是全球性的主要害虫。雌性马蝇通过刺吸式口器（红色部分）吸血，被它们叮过的伤口很疼，而且它们会引起数种经血液传播的疾病。

此外，即使采采蝇和昏睡病全都被消灭了，也会有其他问题产生。比如，越来越多的家畜会使得它们与野生动物争夺食源，而过度放牧则使土地荒漠化的可能性逐渐加大。 在许多国家，野生动物从旅游者那里赚来可观的收入，如果它们被大量宰杀的话，那么这部分收入也就泡汤了。蚊蝇传播的这些严重疾病给人类带来了压力和迫在眉睫的难题，但即使这些都得到了解决，在将来仍会有新的问题对我们发出挑战。

■ 毛虫的防御措施

毛虫很脆弱 ，它们几乎全都行动缓慢，而且常暴露在外，对鸟类和其他敌人来说，其又圆又胖的身体是很容易到手的一小顿美餐。因此，毫不奇怪，毛虫们拥有多种防御本领。

许多小型毛虫把自己藏在植物的根、茎、虫瘿、种子和其他组织中，间接地以这种方式保护自己。有些大型种类也同样从它们选择的居所中得到庇护。例如，蝙蝠蛾科的幽灵蛾毛虫住在树干或树根里；木蠹蛾（蠹蛾科）的幼虫会钻进树干中去。

“结草虫”（蓑蛾科）会做一个让幼虫（通常与无翅的雌性成虫在一起）生活的壳。壳用丝做成，幼虫会把它粘到沙砾、小树枝或叶子上去。有些体型较大的种类，如非洲一种蛾的毛虫，做的壳非常坚硬，你很难把它撕开，脆弱的幼虫能在里面得到很好的保护。巢蛾科的很多种毛虫用自己吐出的丝织成又大又厚的网，然后大伙一起躲在里面。

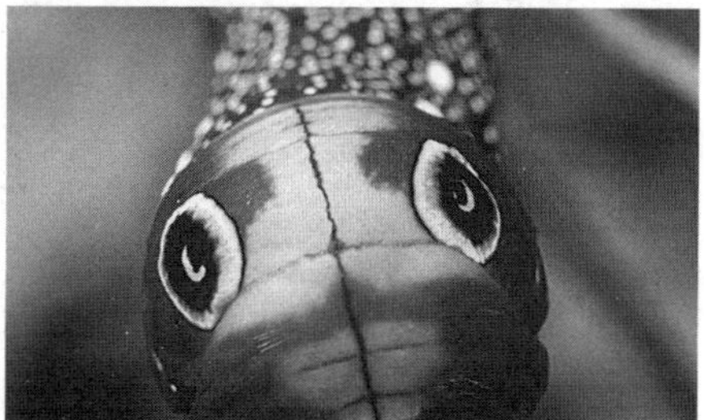

↗ 受到惊扰的时候，许多天蛾的毛虫（天蛾科）会露出显眼的眼状花纹，并开始左右摆动“头部”。这种演示使它看起来很像一条蛇，大概用来恐吓并阻止那些稍小的且比较胆小的捕食者。

在所有动物中，伪装是一种很普遍的防御手段，鳞翅目昆虫也不例外。最非凡的那些例子出现在尺蛾总科的毛虫中，它们中的许多与所取食植物的小枝惊人的相似，它们用后抱握器抱紧树枝，并使身体保持静止，完美地伪装成一根小枝。

其他有些毛虫像鸟粪，如燕尾蝶的一种，在其幼虫阶段的早期，黑色的身体正中会出现一块白斑。刚孵化不久的桤木蛾也使用这种伪装策略。

有些昆虫用视觉警报器保护自己。身体上有“眼点”的大象天蛾幼虫一旦受惊，会把脑袋缩进去，然后突然把“眼点”露出来。有迹象显示，这种行为会把捕食者吓得立刻丢掉猎物逃之夭夭。

某种毛虫会把让人讨厌的气味和“闪动的”色彩结合在一起。欧洲的黑带二尾舟蛾毛虫不仅会摆出一个吓唬人的姿势，还会从胸腺中喷出强烈的刺激物（蚁酸）；此外，它们的腹部末端的“尾巴”附近能伸出一对亮红色的须，并且能舞动，据说这种方法能阻止寄生性的膜翅目昆虫靠近它们。

那些长有毒性纤毛的毛虫，大概也明白这些毛会引起讨厌的皮疹。有时候这种症状来得又急又猛，对人有不利影响。招致不良反应的纤毛被称为螯毛，主要有两种：一种是基部长有毒腺，向入侵者喷射毒液的；另一种无毒，但是有刺，如捕食者碰触到会有刺痛感。据说，一只末龄的黄尾蛾毛虫身上就长有200万根螯毛，这种蛾属于毒蛾科，该科成员以其长有螯毛的幼虫而著称。委内瑞拉皇蛾毛虫会喷出一种强力的抗凝血剂，可导致严重出血。

刺蛾科的“蛞蝓”虫常常体被一簇簇尖锐的、针一般的刺，这种刺还常常武装着毒素化合物。“蛞蝓”这一名字既指它们短厚而宽的外形，也指它们波浪般起伏或滑行的动作。如果不小心碰到它们身上的刺，会引起剧烈的疼痛和肿胀。刺蛾毛虫一般为绿色，但也常有鲜艳的色彩点缀，大概是起警告捕食者的作用。

如果捕食者尚没有学着把特殊的颜色和不愉快的经历联系到一起，那么它们的猎物即使有毒或味道难吃，在捕食者认识到这种联系之前，也会有性命不保的可能。因此许多幼虫都体被警戒

↘ 图中是许多将亮红的色彩、一排具保护性的刺以及纤毛相结合的毛虫，如果被它们刺到的话，会造成被刺者长时间的疼痛。为了增添一层保护，这种毛虫常常聚在一起，就像图中这些大蚕蛾科的毛虫一样。

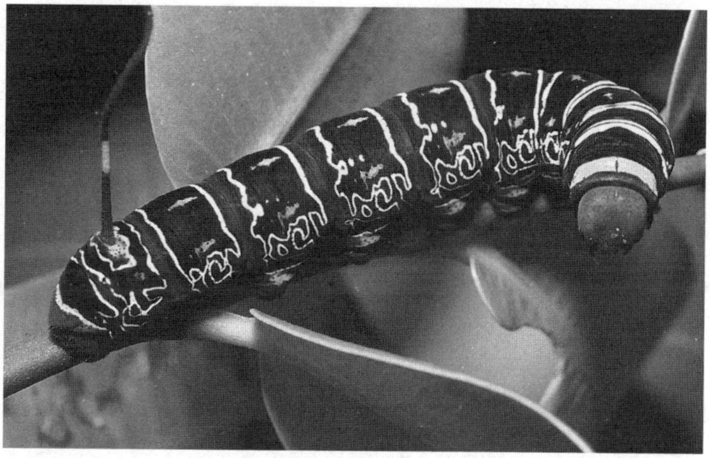

↗ 这只环绕着白色涂鸦般花纹的巴西天蛾毛虫非常有效地利用了黑白相间的色彩作为“警戒色”。

色，比如身体组织内含有氰化物的地榆蛾毛虫为黑黄相间的体色，而这两种颜色是自然界中最为常见的警戒色。

关于蝴蝶，在斑蝶亚科（王斑蝶就属于此类）中占绝大多数的黑黄相间的毛虫，会从它们的食物（如马利筋属植物）中获取并储存心脏毒素，并一直保留到成虫时期。

燕尾蝶的毛虫在胸部长有一个叉形的突起（丫腺），当这个腺体被翻转过来时，会释放出一种辛辣的气味，据说这专门用来对付那些寄生性的昆虫。

■ 蝴蝶为何如此色彩斑斓?

蝴蝶和蛾的翅膀具有鲜艳夺目的颜色，极少有其他动物能与之媲美。该群体中的每个种类都有自己独特的彩色图案，有的甚至不止一种，且不同的群体和性别也表现出不同的图案组合。事实上，这些颜色即使它们死后也不会褪去，这使得鳞翅类动物成为能够被深入研究的一个群体。蝴蝶的收集可以追溯到16世纪初瑞士动物学家康拉德·杰斯特纳建立动物学博物馆的时候。现存的最古老标本是1702年捕捉的云粉蝶，它完好的保存状态给人留下深刻的印象。这意味着这类昆虫风干后基本可以完整地保留它们固有的颜色。

这些颜色和图案提供了两种指示信息。一是展示给同类的，或者用于雄性之间的竞争，或者是给潜在的伴侣留下深刻的印象。并且，人类仅能够看到光谱中的靛兰到红色段，而鳞翅目及其他的一些昆虫种类却可以看到紫外光部分，由此它们可以分辨出人的视力所不能及的颜色。

↗ 马达加斯加的一种珍蝶展示了由色素产生的鲜艳橙色。这一种类采取化学防御手段，明亮的外表是展示给潜在的敌人看的。

二是为了展示给将鳞翅目昆虫当做攻击和食用对象的群体。作为目标群体，它们的颜色和图案传递出一种信息，即自己是很难吃的食物。另一方面，这也能为它们提供伪装，使它们逃过脊椎动物的捕杀。

鳞翅目昆虫鳞片颜色稳定的秘密在于这些鳞片上有永久性的色素，或者是具有能产生干涉色的精微表面结构。这种色彩的持久性和蜻蜓等昆虫色彩的短暂性形成了鲜明对比——后者死后，其色彩马上消失。最普遍的一种是黑色素，它使昆虫身上产生黑色，这种色素来自于昆虫体内释放的化学物，能够硬化蜕皮后的皮肤或表皮，和人体黑头发和黑皮肤的色素是一样的。其他的色素来自于幼虫的食物或者幼虫本身。

植物色素——一种十分普遍的色彩来源，被鳞翅目毛虫吸收后会一直保留到成虫期。类胡萝卜素——红、黄、橙色的植物色素——是蝴蝶和蛾身上最常见的色素，和黑色素混合后产生棕色以及更深的渐变色；花朵中的叶黄素产生亮黄色；花朵中的花青素产生蓝色、紫色、深红色，并给翅膀的鳞片提供相同的颜色。最后，青草可以提供大量的黄酮类色素，能够产生从乳白到黄色的颜色。这些色素被食草的幼虫利用，如欧洲石纹蝶，当暴露在氨中时它可以由浅白色变成亮黄色。这种颜色的暂时改变是其与黄酮素的化学反应产生的。

体内制造的色素来自于氨基酸这种构成蛋白质的物质，也普遍存在于鳞翅目昆虫中。蛱蝶科中常见的棕色和红色由眼色素产生。次一类产生色素的群体是粉蝶科中很普遍的蝶呤，能制造出白色和黄色。

这些基本的色素还能够用来产生虚幻的颜色：橙色尖翅蝶底面的绿色斑纹是以黑色鳞片为背景叠加黄色鳞片而产生的——同样的光学原理也用于打印设备和计算机屏幕上，这些光学设备输出图像时，每个像素有不同的色调。类似的，黑色的鳞片边缘对应灰白的眼点会增强翅膀图案的效果，甚至能在一个平面的翅膀上产生生动的三维立体像。

有一些蝴蝶翅膀包含的颜色和图案是人眼看不见的，由此推断可能某些潜在的捕猎者也看不见。这类图案能反射脊椎动物看不见的紫外光，而昆虫的眼睛却能够看见，这就使得同种类的昆虫能直接沟通而不会给其他脊椎类捕猎者留下任何线索。许多黄色或者白色的粉蝶有着独特的紫外光图案，使得它们能够很好地分辨彼此的性别。

所有颜色中最引人注目的是众多鳞翅类家族所拥有的闪光的蓝色、紫罗兰色和红色。这些颜色在被液体弄湿了之后会消失，而液体一旦蒸发之后，颜色又重新出现。这些都是结构色，是由鳞片表面上一些精微的凸起和外表皮下面很细密的一层共同产生的。这些结构产生闪光的颜色，并会随着视角的变化而变化。豆粉蝶鳞片的凸起和表皮下的那一层结合，与照射在它们上面的光

↗ 巴西蚬蝶身上闪烁的蓝光源自其结构，是由鳞片表面精微的凸起产生的。

↗ 蝴蝶是昆虫世界的表现艺术家。图中这只来自马达加斯加的皇家蓝采蝶身上那豪华的报装具有结构化的特点，是特殊形状的鳞片光反射的结果。

↗ 图中是热带蛾翅膀上独特的交叠鳞片。翅鳞片是特化的纤毛，也是蛾和蝴蝶翅膀上彩色花纹的成因。

线进行干涉，产生出以蓝色和紫外光为主的反射图案。压缩光盘利用了与此相似的原理——光盘上的光线从微小的槽和凸起折射出来，产生色彩。每种蝴蝶在色彩上都有细微的不同，这是由它们鳞片结构上微小的差异决定的。这种电光般的颜色对我们来说很显眼——在低飞的飞机上也可以看见飞翔的雄性大闪蝶。反射光在紫外光里很丰富，大闪蝶的眼睛对紫外光波长非常敏感，这类蝴蝶可能会把镜子中的蓝色当成是频闪观测仪的强烈闪光。

翅膀颜色的一个鲜为人知的作用是可以通过晒太阳来调节体温。暗色能比灰白色更有效地吸收来自太阳辐射的热量，蝴蝶就是利用这一点在起飞前加速热身的。豆粉蝶中的云黄蝶和某些白粉蝶，其翅膀上图案的黑色素的数量会随着季节、经度、纬度的变化而改变。温度越低，图案的黑色越多，由此，昆虫的移动力得到了提高。

这种对温度调节的效果来自于产生黑色素的化学过程。在寒冷的环境下，外表皮的变硬过程减慢，因此产生出比在温暖环境中更多的黑色素。

将不同种类的蝶蛹暴露在寒冷的环境中时会产生很多不同的黑色图案，生动地验证了颜色变化与温度的关系。然而自然界的事物通常并不是表面上所看的那样，至少有一种黑色翅膀的热带蝴蝶虽然看起来翅膀是黑色的，却是通过鳞片的色素来避免过热，因为黑色的翅膀实际上是不吸收红外线的。

照片故事
PHOTO STORY

用泥土和纸筑巢

▸ 为了保护自己的后代，陶蜂亚科中独居的陶蜂成为胡蜂科中的建筑大师。图中这只以色列沙漠里的雌性陶蜂正在以高度的精确性将一个轻巧的向外展开的壶口加盖在筑在石头上的巢穴上。它利用前肢和上颚将一块球形的泥巴“滴”到准确的位置上，同时用触角测量直径。

▾ 有些陶蜂收集干燥的建筑材料，然后用嗉囊的唾液将材料混在一起。其他，像南非的陆蜾蠃为了做好工程的准备工作，会跑到池塘或水坑的边缘去找小泥球。

◂ 许多种类的陶蜂，雌性会用泥土做一批蜂房，然后将蜂房一个挨一个排在一起。一旦第一个蜂房完工，它就会出发去找毛虫，找到后用刺将毛虫麻痹。当蜂房中存有数只这样的猎物后，它会产下 1 枚卵，用泥土将蜂房封闭。此后，它接着开始做第二个相邻的蜂房，并重复之前的步骤，直到 4 ~ 6 个蜂房排成一列。蜂房中的卵孵化后，幼虫就以其中储存的猎物为食。

◀ ▼ 有些黄蜂是高度发达的社会性昆虫，如下图欧洲普通黄胡蜂是一只已度过冬天且已受精的蜂后。它正在独自努力在这个春天建造一个新的巢穴。那些蜂房中的，是胖乎乎的幼虫。在夏末，这个巢穴的体积会变得非常可观，如左图，内层蜂房中住着幼虫，受到一层宽敞的纸质外壳的保护，其结构如鳞片状，就像图中显示的那样。

▲ 大部分群居的黄蜂（胡蜂科），巢穴是用“纸”（即将木质纤维混以唾液）做的。这种巢穴通常没有外层，蜂房暴露在外。图中这些巴西的阳伞蜂为夜行性昆虫，白天都聚集在巢中。

▶ 群居型黄蜂的巢穴具有各种不同的外形和尺寸。来自秘鲁的胡蜂的巢穴，各自独立的蜂房一个接一个地连成一串“细绳”，从岩石或屋顶下垂下来。

■ 蜂类给人类的宝贵礼物

对那些彼此依赖的地球生命来说，作为授粉员的蜜蜂是地球上的关键物种之一：从赤道雨林到北美的沙漠地带和中东地区，从地中海附近长有繁茂的花朵的疏灌木丛到英国乡村的灌木树篱，我们视觉所见的世界上的各种不同的栖息地都有来自植物和授粉的蜜蜂之间的相互关联及由此形成的网络的作用。

当我们的祖先离开他们的森林栖息地去开拓东非的热带稀树大草原时，他们发现，以蜜蜂和植物间互相依存的进化关系为基础的生态系统使得原始狩猎的生活方式具有了实现的可能。这一事实已超越了理论上的阐释：今天，我们每一口的食物中，有 1/3 依赖于蜜蜂的授粉服务。

像我们人类一样，显花植物也分两性，其中大部分种类是自花不育的，要结果实并繁衍下去的话，它们必须要得到同种类的其他个体上的花粉（雄细胞）。基于这一点，它们需要第三方作为授粉的媒介。许多植物种类，如针叶树、橡树、草本植物，可以简单地通过风授粉。这些植物简单开放的花朵能产生数亿颗又轻又干燥的花粉粒，能轻易地被风带起来在空气中传播。但是，大部分植物都是依靠昆虫来为它们授粉的，而这其中的大部分又是专门吸引蜜蜂来授粉的。

植物产生的花粉的数量总是多过于它们实际繁衍的需要，那些富含蛋白质的额外的花粉对蜜蜂来说非常具有吸引力。作为奖赏，显花植物还会提供花蜜，这是一种含高热量的糖分混合物，是蜜蜂的“高能燃油”。花朵鲜艳的色彩在我们看来是如此迷人，有时还带有花香，其实二者都是为了吸引蜜蜂前来的一种策略。

新西兰农场主的经历戏剧性地说明了蜜蜂作为授粉员的重要经济价值。19 世纪的定居者开始大量饲养绵羊和乳牛，同时种植车轴草作为饲料。然而，新西兰本土的蜜蜂种群非常稀少，而且都是一些低等的、短舌头的种类，无法为车轴草授粉，结果 19 世纪的大部分时期中，新西兰不得不每年进口数百吨的车轴草种子。到了 20 世纪的 80 年代，有人建议从英国引进 4 种长舌头的熊蜂来完成为当地的车轴草授粉的任务，于是在此后的 5 年中，新西兰不仅不用再每年进口车轴草种子，而且成为车轴草的净出口国。

在全世界，约有 150 个农作物品种大部分或全部依赖蜜蜂授粉。仅在北美，这些农作物的年产值就达到近 19 亿美元。其中有些授粉是由驯养后的蜜蜂群完成的。实际上，蜜蜂授粉是一种理想的授粉方式：一旦某个地方有需要，那些可以四处活动的养蜂人就可以把蜂箱搬到目的地去，数量庞大的蜂群便开始施展它们的才华，为农场提供授粉服务。农场主们向养蜂人支付授粉的报酬，养蜂人也同时在蜂蜜和蜂蜡上获得了丰收，形成共赢的局面。

↗ 美国的商业养蜂人将它们的蜂箱租给农场主们授粉用。每年有超过110万个蜂群被租用，为近50种农作物授粉。图中是一位养蜂人正将他的蜂箱运到一个樱桃园里去。运输的时间会选在樱桃树正发芽的时候。

尽管蜜蜂由于能制造蜂蜜、蜂蜡和蜂胶而具有极高的经济价值，但每年的蜂蜜的产值据估计仅仅占那些由它们授粉的农作物的产值的 1/5。在北美，指望蜜蜂来授粉的面积中，真正能得到蜜蜂的服务的实际上只有 1/3。北美的大部分庄稼只能依赖蜜蜂和本土蜂群偶发的授粉服务，这种可能产生严重后果的情况在世界上许多其他

↗ 像图中这只油菜花上的意大利蜜蜂一样，在通过协助花卉繁衍来维持生态系统方面，蜜蜂起着至关重要的作用。它们会像图中一样，把沾满全身的金色花粉粒从一株植物传到另一株植物上去。蜜蜂得到的回报是能为它们补充能量的花蜜，以及富含蛋白质的过剩的花粉。

农业地区差不多都同样存在。很明显，对于本土的蜂群以及如何驯养它们成为庄稼授粉员，我们还有很多知识需要了解。

来自北美和西欧部分地区的有力的证据说明，那些重大的农业和生境的破坏或分割现象对野生蜂群具有不利的影响。例如，英国本土的 254 种蜜蜂中，现在已有 25% 被列入当地濒危动物红皮书的名单中；在欧洲中部的部分地区，情况甚至更加严重，500 多种中有 45% 被列入当地的濒危物种名单中。这意味着每年我们都在和地球打赌，即随着生境和农业的破坏，以及因此带来的筑巢地点和花卉品种的减少，我们仍然期望下一个季节蜜蜂能为我们提供授粉服务。

» 蜜蜂种群受到的威胁

现在，有另一个非常重要的理由促使我们应该保护那些将来有可能经驯养而成为授粉员的野生蜜蜂，即对付那些在全世界危害蜜蜂种群的瓦螨。这种螨只攻击蜜蜂，养蜂人可以将提高蜂箱的清洁度和用专门的杀虫剂（除螨剂）这两种办法来对抗螨害。但是这得耗去养蜂人大量的金钱购买昂贵的杀虫剂，还要动用大量的人力。在英国，过去的 10 ~ 15 年中，有 40% ~ 45% 的养蜂人已经放弃了他们的养蜂生计。类似的情况也出现在欧洲和北美的许多地区。此外，就在最近，已经出现了瓦螨对杀虫剂出现耐药性的情况。

当瓦螨使得寻找蜜蜂的替代物授粉变得非常紧迫的时候，也有一个逐渐成形的认识是：不管怎样，对于某些特殊的作物来说，采蜜蜜蜂并不永远是最佳的授粉员。一个典型的例子是，苜蓿作为一种重要的牧草，在北美和南美广泛种植。这种植物属于豆科，具有一种弹性授粉机制：压在较低（龙骨瓣）的花瓣上的一只蜜蜂的体重会“绊住”有花粉的雄性花蕊束，花蕊的柱头会把

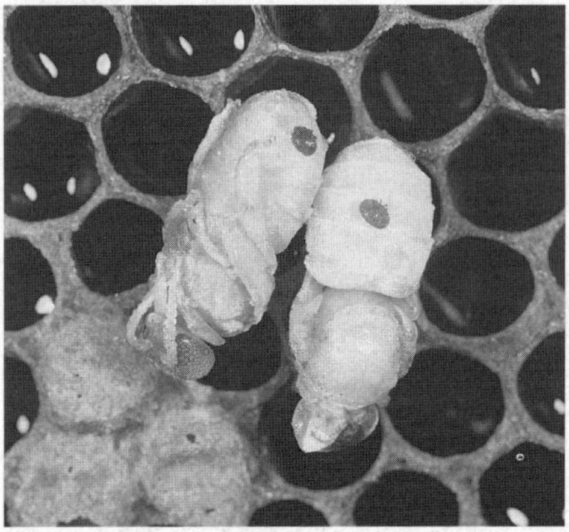

↗ 瓦螨给养蜂业带来了重大的冲击，它们危害着全世界的蜜蜂群。瓦螨是幼年和成年蜜蜂的体外寄生虫。这张图中显示的是瓦螨正在侵害两只处于蛹期的雄蜂。

一些花粉弹到蜜蜂的腹部，当蜜蜂来到另一朵苜蓿花上时，花粉就沾到雌蕊的柱头上，而蜜蜂本身也得到更多的花粉。但，蜜蜂在这种植物中的表现很差，要么把花彼此分开而不是让它们凑到一起，要么就是直接从侧面的花瓣钻进蜜管，却碰也不碰花朵本身——这样一来就起不到授粉的作用。

因此，采蜜蜜蜂对苜蓿来说不是好授粉员。而其他种类的蜜蜂却是这种重要作物的优秀授粉员，其中最棒的莫过于苜蓿切叶蜂。与那种采蜜蜜蜂不同的是，切叶蜂不会被苜蓿的花难倒。跟苜蓿一样，切叶蜂也并不是北美本土的品种，而是来自欧亚大陆的干平原和半沙漠地区，他们的巢穴是现成的死木头或植物茎秆，几乎是很偶然地于20世纪30年代被带到北美的。

切叶蜂这个名称的由来，是因为这种蜂的雌性会把一片片树叶裁剪为合适的尺寸做成蜂房，再把一个个蜂房粘成一排。大部分切叶蜂都是独居性的，营群居生活的较少，能欣然地住进人工的蜂巢中。在北美，大量繁殖的这种蜂的批发交易额可达数百万美元：每年，在切叶蜂羽化之前，也就是苜蓿开花之前，载满成千上万只切叶蜂的木板或木箱会被运往苜蓿田地。这种欧亚大陆本土的切叶蜂似乎是最专业的苜蓿授粉员，它们收集花粉的器官是长在腹部底面的、有密集硬纤毛的刷子，当它们来到苜蓿花上时，花粉自动就会粘上去。

» 对驯养授粉员的需求

切叶蜂的成功使美国的昆虫学家和农业专家开始探索发展其他野生蜂作为驯养授粉员的课题，而且现今有几种已被积极研究并推广驯养。一个成功的例子是蓝色果园石巢蜂，与切叶蜂一样，它是一种独居型的蜂，但只要木板上那些孔的尺寸合适，很容易就能吸引它们进去。之所以叫它们石巢蜂，是因为这种蜂用泥土而不是用树叶将一个个蜂房隔开。

对果园里的果类，尤其是苹果和樱桃来说，石巢蜂是出色的授粉员。实际上，石巢蜂成为水果的驯养授粉员的潜力是如此巨大，以至于美国农业部的研究员们开始搜寻世界上其他相关的种类。他们从西班牙引进角壁蜂来为加利福尼亚的杏授粉，还从日本引进角额壁蜂为苹果授粉。另一种美国本土的斑艳蜂，人们正考虑驯养它们来为加利福利亚的高灌木蓝莓授粉。

欧洲的研究成果显示，除了角壁蜂外，红壁蜂也是苹果的高效授粉员。这种蜂在英国分布很广，

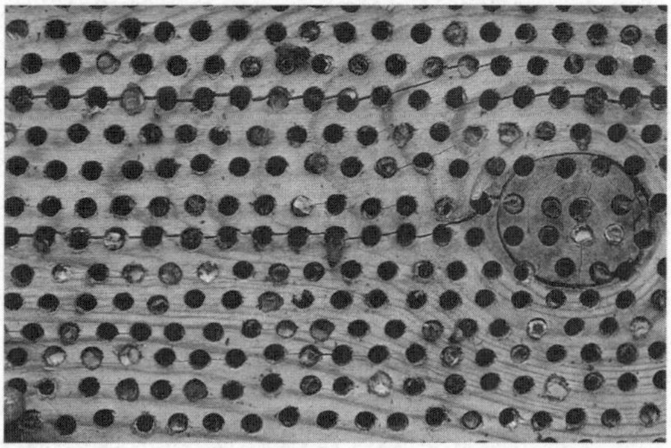

↗ 在美国犹他州，雌性的苜蓿切叶蜂（左）住在农民们为它们提供的木质蜂巢中，为了使巢穴完整，农民们会用树叶把蜂房封起来。而右图中的红石巢蜂则是用泥封闭蜂房。这种蜂很乐意住在人工巢穴中，如果有人想得到这种蜂高效率的授粉服务，这个办法很有用。

很常见，适合种植园主们使用的人工蜂巢很容易就能将它们引来。对儿童和宠物来说，所有的壁蜂种类既温顺又安全，除非有人粗暴地抓它们，否则它们不会螫人。

作为果类授粉员被研究的所有壁蜂种类都具有某些共同的特征，这些特征使它们在授粉方面比采蜜蜜蜂更为高效。首先，当采蜜蜜蜂在某种温度状况下休息的时候，它们却依然能飞行，而且在某一给定的温度条件下，壁蜂每分钟造访的花朵数量更多。在觅食的时候，壁蜂对很多种不同的树种感兴趣，因而增加了异花传粉的几率。其次，壁蜂的雌性用腹部浓密的硬毛花粉刷运送干燥的花粉，而且对如何修饰自己不太在行；相反，采蜜蜜蜂的花粉刷长在后肢上，花粉常常被花蜜打湿，而且采蜜蜜蜂很会修饰自己。因此，从身体结构和习性上来看，壁蜂将松散的花粉从一朵果类花朵运送到另一朵上去的机会比采蜜蜜蜂要大得多。最后，壁蜂种类基本上只运输花粉——石巢蜂不储存花蜜，只顾闷头扒寻花粉，而采蜜蜜蜂对收集大量花蜜也非常感兴趣，常常直接从果类花朵的侧面钻进蜜管中去，很少去接触载有花粉的花粉囊。

↗ 在英国，驯养蜜蜂的蜂箱很常见。出于需要，通常让蜜蜂住在活动蜂房中，如若不然，那就意味着会打开蜂箱收获蜂蜜。

研究显示，约 500 只雌性红壁蜂就能胜任 1 公顷的苹果园（商业所需密度）的授粉任务，而换成采蜜蜜蜂的话，同样的面积需要 6 万 ~ 8 万只。也就是说，一只雌性红壁蜂的工作量就抵得上 120 ~ 160 只蜜蜂的工作量。

基于以上的所有这些理由还有很多其他原因，都表明我们应该保护本土的蜂群，并不断提高对它们的自然史和习性的认识。

■ 对蛛网的研究

结网蜘蛛一生的时间几乎都与其吐出的丝线联系在一起。蜘蛛一出生就能织网——甚至不用上一堂课，它们天生就是技艺精湛的技师。蜘蛛们总是不停地进行复杂的运算，比如网要覆盖多大的面积，自己能吐多少丝，丝在哪几个点上固定，以及许多其他问题。实际上，蜘蛛具有一项令人印象深刻的本领，即根据周围环境灵活地运用织网的技艺。比如，尽管织一个网用三个点固定就行，但是如果有更多的固定点可用的话，蜘蛛们也会很乐意使用。如果某处的网不能捕获足够的猎物，它们就会考虑搬家。最让人吃惊的是，拥有这些本领的绝大部分蜘蛛都没有视觉，它们所能依靠的只有触觉而已。

蜘蛛的吐丝器里吐出来的丝又细又坚韧。外形像有许多小套管的莲蓬头的吐丝器最多有 6 个，且每个吐丝器都与一个专门的丝腺相连。蜘蛛的腹部最多会有 7 个丝腺，从每一个丝腺中吐出来的丝都有不同的用途。受惊的蜘蛛通常会吊在一根牵引丝上像石头一样落下去，等到危险过去后，又利用牵引丝爬回来。

圆蛛拥有所有类型的丝腺。而捕猎蜘蛛由于不织网，通常只有 4 个：壶状腺，提供牵引丝和干燥的用于蛛网主要架构的丝；梨状腺，提供两根丝之间的横向黏合细丝（附着盘）；葡萄状腺，提供精液网用丝和包裹猎物的包扎带，以及装饰蛛网的隐带用丝（羊毛状的）；柱状腺（成年的雄

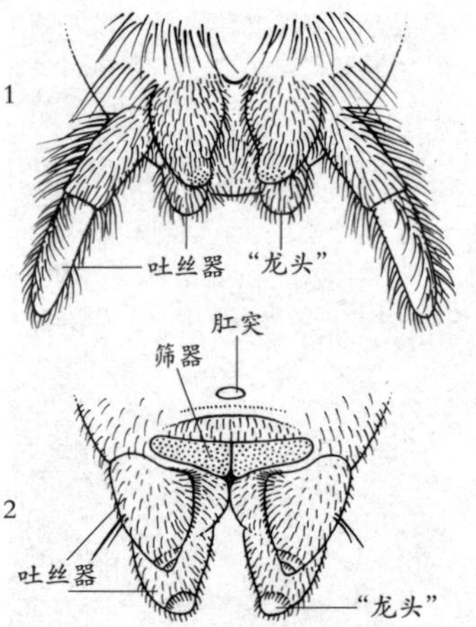

↗ 吐丝的口实际上是长在吐丝器上的一个微小的“龙头”。1.正如漏斗蛛科的成员一样，蜘蛛一般有3对吐丝器。2.筛器蛛的第一对吐丝器特化为一块筛状的区域，即筛器，上面共有4万个能吐出极细极韧的蛛丝的“龙头”。

蛛没有这种腺），提供卵茧用丝。圆蛛除了这些之外，还有鞭状腺，能吐出黏性的螺旋状丝，通常这种丝被集合在一起用来粘住什么东西。球蛛科的缠网编织蛛也有鞭状腺。

所有不同类型的蛛丝中，金圆蛛的牵引丝被确认是已知的天然纤维中最强韧的——是家蚕丝的 2 倍，弹性超过尼龙，强度超过同直径的钢丝。典型的金圆蛛的丝的直径约为 0.003 毫米，约是家蚕丝的 1/10。蛛丝据说是不溶于水的纤维蛋白，但实际上能吸收部分水而变膨胀（与尼龙和家蚕丝不同），因此蛛丝会受降雨的影响。一只吃得饱饱的金圆蛛能连续不断地吐出 700 米长的蛛丝。

蜘蛛腹部的丝腺中，丝以液态存在。蛛丝并不是像牙膏那样被挤出体外的，而是靠微风，或是当蜘蛛从某个附着点上落下来时附肢扯出来的。然后丝变成固体并从溶解态转变为不溶解态，并不是因为空气风干而造成的，而是因为牵扯动作使得纤维的适应性起了变化。比如水蜘蛛能在水下结网，就证明了蛛丝并不是因为空气而变干燥的。

暗蛛科成员如筛器蛛有一个额外的吐丝器官，称为筛器，能吐出世界上最细的蛛丝。筛器位于吐丝器的前面，外形像个有许多水龙头的小圆盘。蜘蛛用后肢上的刷子将丝梳出来，使其变得特别干燥，像羊毛一样。这种丝用来绑住昆虫的附足最好不过了，而且都不用黏合。

» 织一个圆形网

圆形网也许是最容易辨认的蛛网。观察蛛网的建造过程通常需要运气和耐心，尤其是开始的阶段，工程常常会受到干扰而长时间地暂停。开始编织蛛网的时候，蜘蛛会挑一个比较突出的位置，借着微风的力量飘出一根极细的丝线。接着蜘蛛会静静地等待，好像钓鱼一样，直到这第一根丝（跨越线）粘到附近的某个物体上。知道丝固定住了以后，它会将其拉紧，然后顺着跨越线爬过去，同时将多根丝束在一起造一条更坚韧的丝线——桥线。接着，它将另一根丝线系在桥线的中点，然后拉着它垂直下落，将它缚在下面的某个固定点上。收紧这根丝后，一个“Y”字形的结构就出现了，为建造中的圆形网提供了最初的 3 个半径，3 个半径相连的那个点，就是网的圆心。

下一步就是继续引出更多的从圆心到圆周的半径线，数量为 10 ~ 80 条不等，视种类而定，圆周的轮廓已由结构线决定了。通常，蜘蛛会用自己的附肢丈量半径线之间的角度，这个角度非常一致——花园蛛所织的网，24 ~ 30 根半径线之间的角度均为 12°。此外，蛛网的下半圆中所包含的半径线比上半圆多，这就意味着下半圆的结构力被更多的半径线分担了，因此每根线上所承受的压力相对较小。

当蜘蛛忙于布置半径线的时候，一个绕着

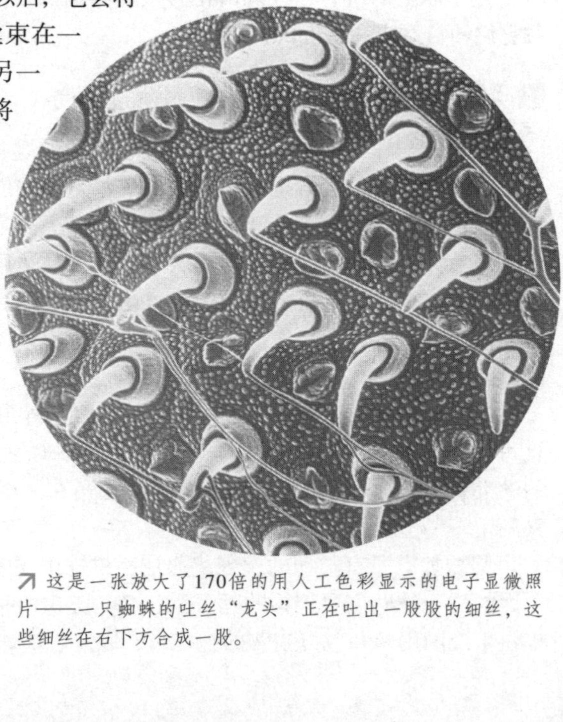

↗ 这是一张放大了170倍的用人工色彩显示的电子显微照片——一只蜘蛛的吐丝“龙头”正在吐出一股股的细丝，这些细丝在右下方合成一股。

圆心的复杂网络结构就逐步显现出来了。当网完成以后，它会趴下来，用围绕圆心的 3 ~ 4 根圆圈形的线（加强区）将圆心附近加固。加强区中，一根临时的螺旋形线朝向圆周边缘展开，作为一根无黏性的导线将各半径线系在一起，一直用到当永久性的、黏性的螺旋线出现——蜘蛛返回圆心后会开始这项操作，同时剪断那根临时的螺旋线。当蜘蛛的某一个前肢触到下一根半径线时，第四肢会从吐丝器中扯出一根黏性的丝线，这根丝线被轻轻拍在半径线上，然后蜘蛛用力地拽它，于是这根线断成一串黏性的珠子。螺旋线会在接近圆心前中断，留下一块地方（自由区域）方便蜘蛛从网的一侧躲避到另一侧。

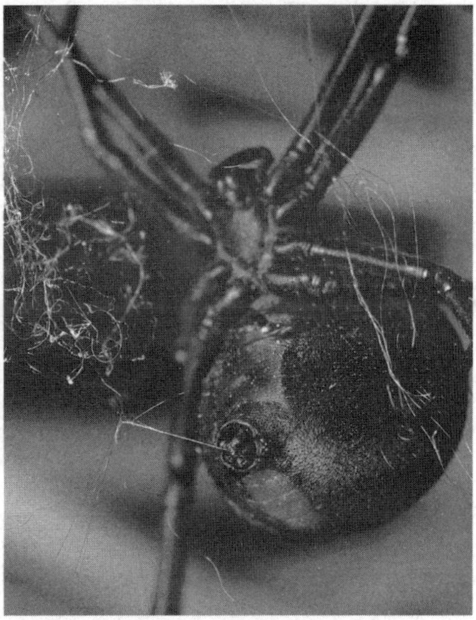

↗ 一只黑寡妇蜘蛛正在织网。我们能看见从吐丝器正往外吐丝。吐丝器是腹部底部一串短短的、手指状的附器。

整个工程所需的时间约 1 小时，而那根黏性的螺旋线是整个工程中最耗时间的一步。对一只典型的花园蛛来说，所用的丝线的总长度在 20 ~ 60 米之间。一只蜘蛛吐出 36 米长的细丝要进行 700 次粘连，爬行的总旅程为 54 米。当所有的丝线固定好，蛛网完工的时候，蜘蛛就会趴在网的圆心处，或者退到附近的某个地方去。但即使退到一旁，它仍会通过缚在前肢上的一根“信号线”保持与蛛网的联系。

蛛网的设计是以能捕捉昆虫为基础的，一张蛛网能捕捉的昆虫多达 250 只。蛛网的效果受很多因素的影响，如地点和离地面的高度（很多昆虫会从网下面通过）、将突然撞击的动力吸收掉的能力、所使用线的黏性，以及网线的密度。

» 蛛网的发展

由于蛛网非常易碎，无法形成化石，因此我们只能从理论上来猜测蛛网进化的历史——主要还是根据我们目前能观察到的。毋庸置疑的是，蜘蛛和昆虫之间总存在某种演化竞赛，比如，为了躲避地面上的蜘蛛，昆虫长出了翅膀，而蜘蛛却又学会了织网来捕捉飞行的昆虫。许多 4 亿 ~ 3 亿年前的早期的蜘蛛主要居住在洞中，并用丝线为自己织一个隐蔽的处所，它们可能利用伸出去的绊脚线来探测昆虫。这种简单的“管”网，在存活的某些科中仍有发现，被认为是蛛网的一种原型。

↗ 最近发现，乌干达的雄性山猫蜘蛛（猫蛛科）会旋转吊在牵引线上的雌性蜘蛛，并在交尾前用丝线做成的“新娘面纱”将其裹起来。

球蛛科蜘蛛所织的网相当厚实，且纠结在一起，是一种更加复杂的设计，在灌木丛或房屋的角落里经常被发现。十字形的丝线具有理想的抗压能力，并用黏性的物质固定起来，在一个中心纠结的网向上和向下伸出，下面吊着圆形身体的蜘蛛。经过的昆虫如果撞到与物体表面联结的蛛丝上，会发现自己立刻被粘住了，并随着蛛丝的收紧，被提到蛛网中。这个时候越挣扎就会被蛛丝缠得越紧，蜘蛛

↗ 这是一张由四星圆蛛结好的网。织网时，蜘蛛通盘考虑到结构力学，在承重高的地方用更强韧和更粗的线。

还会朝这只倒霉的猎物身上吐更多的黏性丝线，最后，蜘蛛会朝最近的昆虫附肢上咬一口来结束这一切。

比管状和纠结状蛛网的进化更复杂的形式可以在皿蛛科蜘蛛（钱蛛）所织的像吊床一样的网上看出来。这样的蛛网中，中间那团纠结网成了一种区别性的折片，当水平的那片网转换成垂直的片时，首个球形就出现了，这种蛛网是最经济有效的捕捉空中猎物的工具。

蛛网的设计必须在织网工程所花的时间、精力与捕猎效率间形成一种平衡。例如干燥、羊毛般的、多孔的丝就很经济，因为它能很好地承受风吹雨打，而且不需要频繁的维护。另一方面，黏性的丝能捕捉更多的猎物，但是一旦被弄湿或沾满灰尘后就失去原来的效果了，蛛网的主人因此不得不每天对蛛网进行重建。这项工作常常放在黎明前进行，以减少暴露给天敌的时间。事实上，有些热带的圆蛛从每次的倾盆大雨后开始，一天重建蛛网的次数达 5 次。旧的蛛网被卷起来吃掉以便保证蛋白质的摄入，因此重建工作不

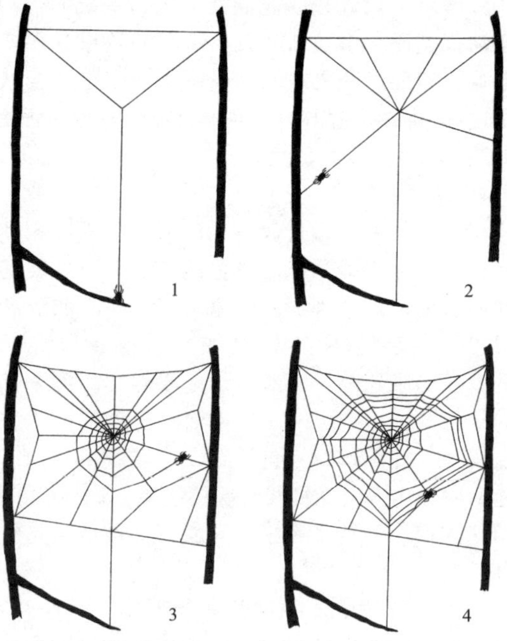

↗ 1.为了织一张圆形的网，蜘蛛必须首先拉一根桥线，然后从桥线上向下引一根丝线形成“Y”字形。2.“Y”字形的中心形成网的圆心，各半径线即从这个圆心伸出。3.一旦基本的架构建立起来，并通过固定的丝线巩固之后，蜘蛛就会吐出一根临时的、无黏性的螺旋丝线。4.最后一阶段始于蜘蛛返回圆心的时候，它会剪断那根临时的螺旋丝线，取而代之以一根有黏性的丝线。

会像看起来那样造成营养的过分消耗。毁掉旧的网也是对盗窃寄生者的无声抗击——有些未经“邀请”的小蜘蛛会跑去吃别的蛛网上的猎物。当蜘蛛卷起有很多小昆虫和花粉粒的旧网时，它无疑是得到了一份营养大礼包。

去斑蛛属（圆蛛科）的蜘蛛所织的那种巨大的有如圆屋顶一般的网显示了许多有趣的特征。这类蜘蛛会织一张水平的、细密的网，上下都有脚手架一样的结构，比较罕有的一点是它没有黏性。这种结实的、半永久性的结构常常成为许多盗窃寄生者的寄居之地。相比那些同样大小、有黏性的圆形蛛网，这种蛛网捕捉昆虫的效果没有那么好，而对昆虫来说更显眼，很容易逃避。但这种蛛网不需要太多的维护，而且最主要的优点是，即使是热带的倾盆大雨对它也没有太大的影响，可以网住那些雨后大量出动的蛾子和其他昆虫。

↗ 这是变异圆蛛科岛艾蛛织的网，亮白色的螺旋隐带构成了蛛网的核心。对鸟类来说，这些加粗的带状线条使蛛网变得非常显眼。

两只草地漏斗网蛛（漏斗蛛科）正在“漏斗口”交尾。当雄蜘蛛要向期望中的配偶宣告它的到来时，会在对方的大张网上敲出“电码”信息。

照片故事

PHOTO STORY

螨：与人类零距离

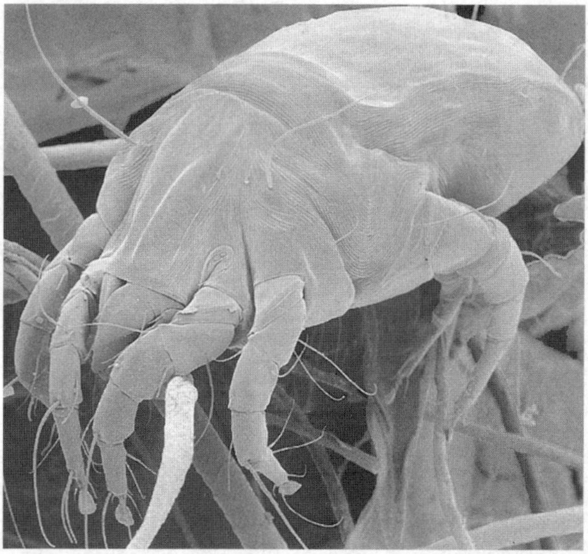

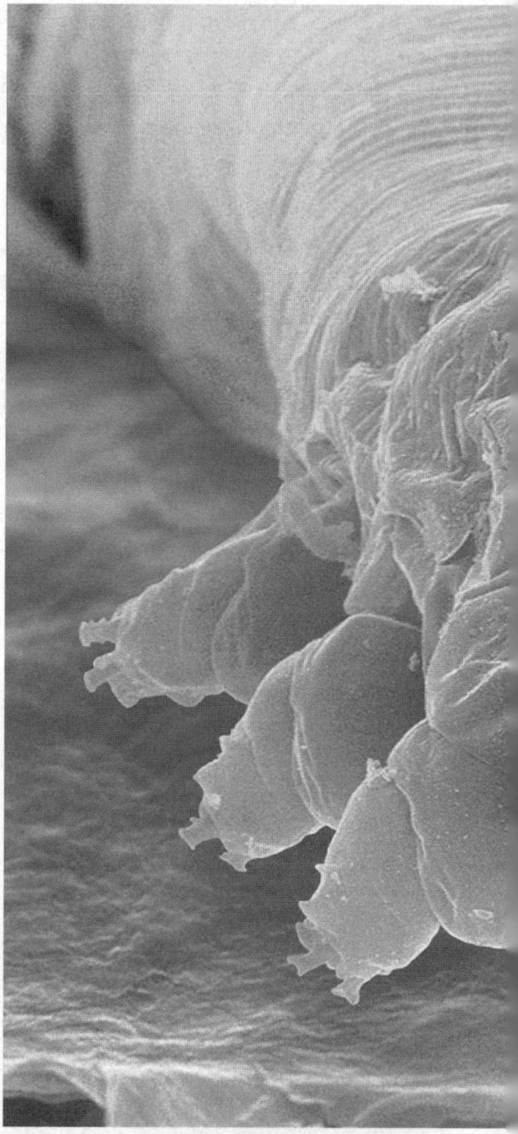

▲ 人类的房屋和身体是多种节肢动物的居所，螨（蜱螨亚纲）是其中最主要的一类。这张电子显微照片显示的是放大了 250 倍的家居尘螨。它其实只有约 0.3 毫米大。每一座房屋中都有上百万只尘螨，遍布于地毯、家具和床具中。

▼ 尘螨用它们的触须和口器吃碎屑。这张图片显示的是真空吸尘器里的尘土中的一只尘螨。它们会吃掉人类的死皮细胞（这是它们的主食），以多种方式起着对我们有益的作用。但它们的排泄颗粒会导致人类的过敏反应，引起哮喘和皮炎。

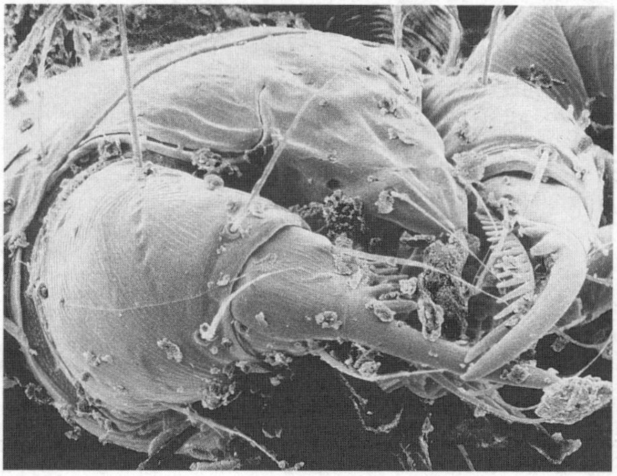

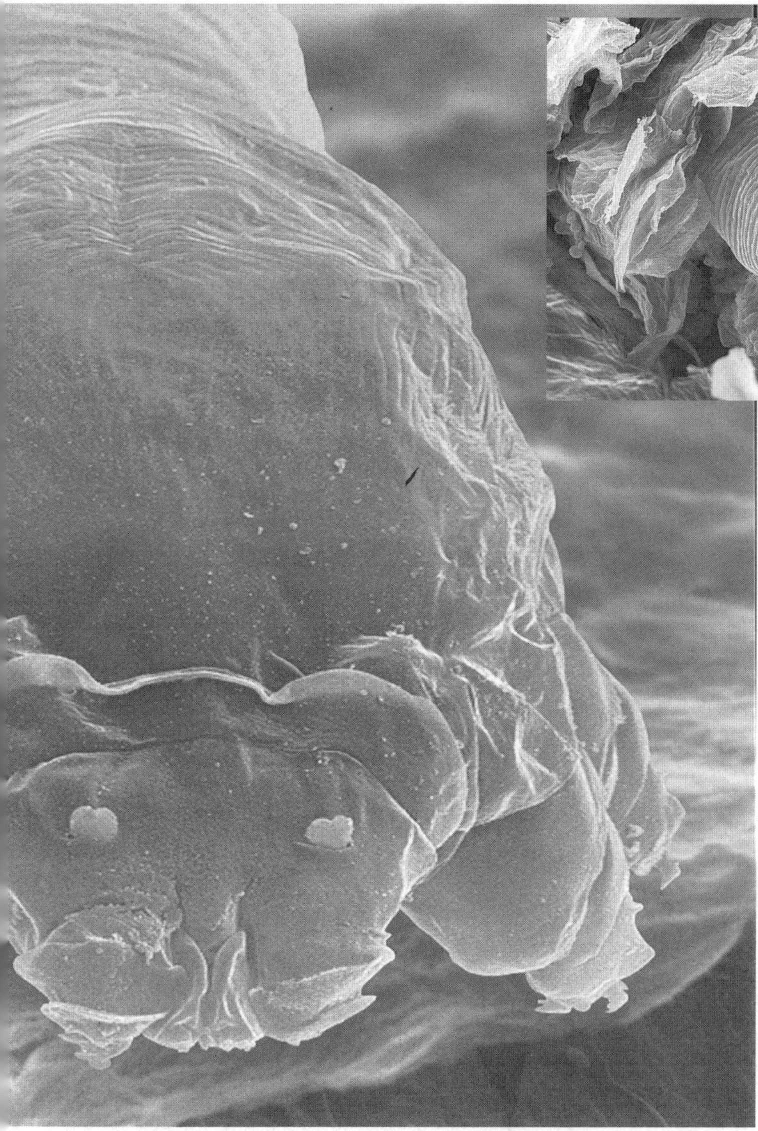

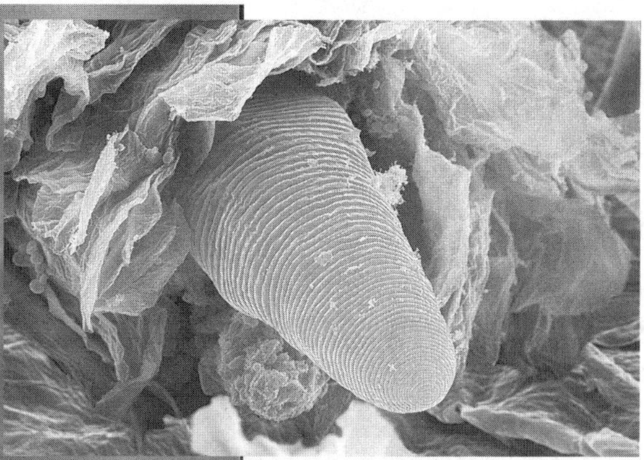

▲ 这只从毛囊中露出尾部的毛囊形螨，体被优雅的环状纹。可活动的成年螨总是头部先爬进自己的新居所中，不能掉头，因此很少再出来。进食的时候，它们用自己的针状口器刺破上皮细胞，然后以皮脂腺分泌的油性物质为食。

▼ 毛螨在皮肤上爬行的速度约为每小时 1 厘米，且这种旅行通常选在夜间。对它们的人类宿主来说，螨群带来的影响随着年龄的增长而增长：20 岁左右的年轻人受影响的占 25%，而 90 岁以上的人群受影响的几近 100%。

▲ 有两种蠕形螨住在人体上：毛囊形螨住在毛囊里，皮脂蠕形螨住在皮脂腺附近。这两种都是人体主要的无害伴侣。这张毛囊形螨的照片放大了 3000 倍，它只有 6 只附足，而不是像一般的成年螨那样的 8 只。

◀ 四只螨的头部从一个开裂的囊中伸出来。通常它们会选择面部作为栖息地，尤其是前额、脸颊和眉毛。雌性产卵数可达 25 枚。发育成熟后，螨会离开去交配，然后找一个新鲜的毛囊产卵。它们的寿命只有 14 ~ 15 天。

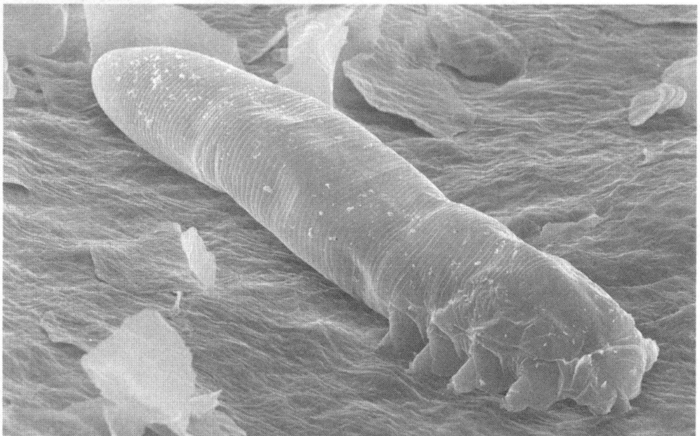

神秘的水下王国

■ 鱼类的隐蔽策略

鱼类在捕食或躲避敌人时，有许多掩饰自己的方法，它们有时甚至会假扮成其他物种的食物，以便更好地捕捉那些物种。

其中最简单的掩饰手法可能是反向隐蔽，鲨鱼就是如此。这些动物的背部颜色深于腹部，从下面往上看时，显得全身颜色均匀，与天空融为一体，因此当它们接近猎物时不会被发现。

好几个物种都具有与背景融为一体的能力或有保护色。大菱鲆和孔雀鲆这样的比目鱼在海底等待猎物时，都能主动变色，它们的色素细胞能使其迅速变为与周围环境相似的颜色。

叶海龙则是被动地改变身体的形状和颜色以掩藏自己，这种保护色十分有效。它们的身体形如碎段，与栖息地的杂草丛融为一体，不论是敌人还是猎物，都不会将它们视做鱼类。另一些物种的隐蔽策略虽不及叶海龙这样引人注目，但却也行之有效，它们将身体埋入基质的洞穴中，仅将具有很强的掩护色或与岩石几乎一样的头部露在基质外。毒鲉就是后者的典型代表物种，它们的身体甚至也与周围的岩石十分相似，上边布满了斑驳的藻类。就连潜水员一不小心都容易碰到毒鲉，并被其可怕的强力毒刺所扎。

某些鱼类具有超强的模仿能力。琵琶鱼（鱼物种）能用“钓竿和线”——肉茎和貌似其目标猎物所喜爱的食物的诱饵（譬如蠕虫）来钓鱼，因此也得名“垂钓鱼”。它们这种令人叫绝的身体结构是由其第一背鳍的棘刺发育而来的，在不用时还能折叠起来。

↗ 叶海龙的身体形如海藻，它们所栖息的礁石环境能有效地为其提供掩护。

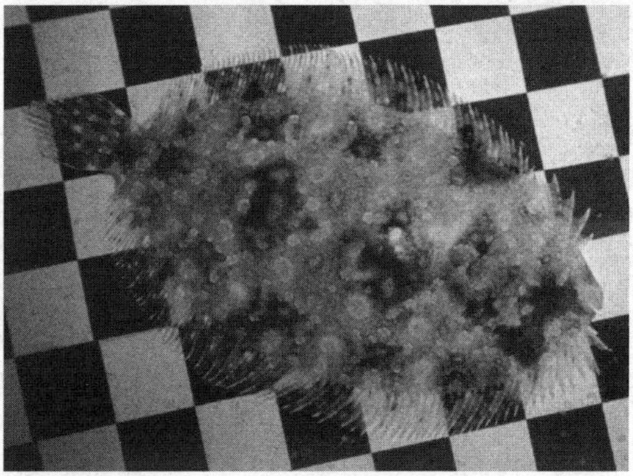

↗ 肉食性孔雀鲆能将自身颜色变得与基质相似，从而不会引起猎物的警觉。在试验中，它们惊人的模仿能力使其甚至能模拟出背景棋盘的图案。

■ 鳗鱼的“身世”之谜

鳗鱼中最为人所熟知的便是欧洲鳗鱼（鳗鲡科），尽管鳗鲡科是唯一一个几乎终生栖息在淡水中的物种科，但欧洲鳗鱼生命史的特性却足以代表其他鳗鱼科物种，这绝不仅仅只因为几个世纪以来，人们对鳗鱼的生殖繁衍仍然存在许多疑点。

早在古希腊罗马时期，鳗鱼就是重要的食物来源，亚里士多德和普林尼就曾描写到，大鳗鱼游入海洋，而小鳗鱼则从海洋游至淡水中。其他淡水鱼类在繁殖季初期产下卵或精子，而鳗鱼却并非如此，因此人们断定鳗鱼是“异类”，由此产生的揣测不胜枚举。亚里士多德认为新生鳗鱼来自于“地球的内部”，而普林尼则认为它们是由鳗鱼成鱼的皮肤被岩石刮蹭下来的碎片发育而来的。在他们之后的各种推测更加不着边际，譬如，18 世纪流行的说法是鳗鱼系由马尾中的毛变化而来，19 世纪时人们又将小甲虫视为鳗鱼的源头。而最终所发现的真相，几乎如同侦探小说的结局一般，出乎所有人的意料。

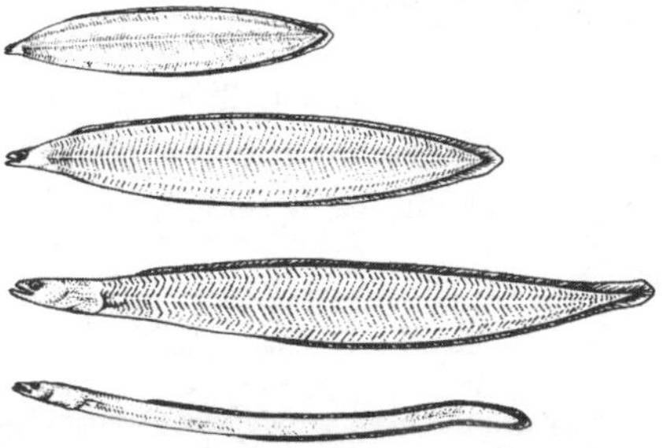

↗ 图为通体透明的鳗鱼柳叶鳗幼鱼，它形如柳叶，在变形为成鱼前会逐渐收缩。

过去几个世纪中，人们曾经捕获及食用了数以百万计的鳗鱼，而直到 1777 年，才由博洛尼亚的蒙蒂尼教授首次确认鳗鱼发育中的卵巢。1788 年，斯帕兰扎尼对蒙蒂尼的发现提出质疑，他认为科马基奥湖中出产的 1.52 亿条鳗鱼从来都不曾具有这种卵巢结构，但遗憾的是，斯帕兰扎尼忽略了一点，即鳗鱼能游至海洋，甚至能在潮湿的夜间穿越陆地。1874 年，在波兰，人们在一条鳗鱼身上发现了无可争议的睾丸器官。但直至 1897 年，人们才在墨西拿海峡捕获到第一条性成熟的雌性鳗鱼。至此，所谓的甲虫神秘演变说终于告一段落。可以确定的是，鳗鱼一定是在海洋中产卵的，但究竟在哪里呢？当鳗鱼重新出现在海岸附近的水域中时，已经长约 15 厘米，为什么人类从未捕捉到更小的鳗鱼呢？

其实早在 1763 年这个问题就有了答案，只是当时的人们尚未意识到这一点。提出这个答案的动物学家西奥多·格诺威尔斯用图画描绘出一种类似柳叶的透明鱼，并称之为柳叶鳗。133 年后（1896 年），格拉西和卡兰多西奥（发现性成熟的雌性鳗鱼的 2 个生物学家）捕捉了 2 条柳叶鳗并将其养殖在水族箱中。他们在靠近海岸处捕捉的这两条柳叶鳗正处于变形期，因此它们在水族箱内的变形过程至少揭示了鳗鱼繁殖的部分秘密。

此后人们就开始积极寻找柳叶鳗和鳗鱼的繁殖场。约翰尼斯·斯米特依照体型减小的顺序追踪柳叶鳗的个体，最后他发现这些柳叶鳗中最小的个体体长 1 厘米，来自于北纬 20° ~ 30°，西经 48° ~ 65° 的大西洋西部——藻海。

在随后的许多研究成果的支持下，如今我们已然知晓欧洲鳗鱼的繁殖期可能开始于 2 月末，直至 5 月或 6 月，位于水下约 180 米的中等深度（经过 6400 千米的迁徙后，成鱼眼睛变大了），水温则约为 20℃，藻海就是少数几个在 180 米深度还能保持这个温度的水域之一。鳗鲡属在全世界有 16 个物种，都在较深的温暖水域中繁殖，但只有欧洲鳗鱼和美洲鳗鱼 2 个物种在藻海繁殖。然而，人们还从未在藻海捕获到任何鳗鱼成鱼，也没有在该地区搜寻到鳗鱼卵的踪迹。

↘ 鳗鱼在柳叶鳗幼鱼与成鱼阶段之间，还必须经过一个身体形状虽然改变但仍保持透明的时期，即“玻璃鳗”，它与紧随其后发育而成的鳗线都能烹饪为佳肴。

■ 能离开水的鱼

地球上人类的存在说明了这样一个事实，即自3.5亿年前的泥盆纪开始，就有部分古代鱼类脱离水，逐渐适应陆地环境，经过不断进化……其结果之一就是产生了人。如今，部分硬骨鱼也能脱离水生活一段或长或短的时间，尽管这并不意味着它们变化的最终结果必然如其先祖的进化结果那么惊人。

需要指出的是，鱼类所具有的能呼吸空气的能力并不等同于能脱离水生活的能力，这里，仅讨论能主动离开水生活的鱼类。一般说来，鱼类离开水活动的能力也可划分为不同程度：从能暂时掠过水面以躲避敌人追捕的小鱼，到能离开水生活十分钟的太平洋海鳗，乃至其他能在陆地上生活更长时间的鱼类。

↗ 弹涂鱼用“拐杖”来移动——它们将胸鳍转向前，用腹鳍支持身体的重量，然后用胸鳍向下、向后挤压，从而使自己的身体向上、向前运动。

离开水的鱼类会面临怎样的问题呢？一般说来有如下几个，包括：呼吸、温度控制、视像、干燥和运动（排序不分先后）。

离开水的鱼类所面临的首要问题便是，它们精细的鳃丝由于没有水中浮力的支持，不再彼此分开而是合于一体，因此其呼吸面积也随之减小，有时还会发生鳃的干涸。因此，它们必然具有其他呼吸方式，或有能保护鳃不会干涸的方法。通常，这些鱼类具有能将吸入的空气存贮起来的囊，这种囊或腔有潮湿的内层，并布满了丰富的血管。也有一些特例，例如智利鲶鱼生命中的相当一部分时间都在水外度过，它们的吸盘前端有一层由腹鳍形成的、布有血管的皮肤，当它们需要氧气时，身体前端就会离开岩石，使这块皮肤暴露在空气中。包括攀鲈在内的迷鳃鱼亚目的迷鳃鱼或斗鱼，以及与之毫无关联的包括胡鲶在内的胡鲶科物种所采用的呼吸方式则更为“正统”：它们的鳃室上还有小囊，囊内层的皮肤旋绕延伸，使表面积增大。电鳗能在陆地上度过一小段时间，它们

会用自己的鳃呼吸空气；而能在陆地上度过大部分生命时间的弹涂鱼则可用皮肤呼吸。

陆地上的鱼类还要面临如何保持身体凉爽的问题，许多“半陆生”的鱼类都栖息在热带地区，这个问题就显得更加严峻。智利鲶鱼虽然生活在寒冷的气候中，但它们仍然具有保持身体的清凉的方法:其肌肉运动不会产生热量。正如人们所描述的那样，此物种在离开水后，能保持休眠状态，以至于很难确定它们是不是已经死亡。它们也能栖息在海滨,因为那里的海浪会不时溅到它们身上。

智利鲶鱼在陆地上能待的时间长短主要取决于当时的天气状况。多云时，它们能在陆地上生活约 2 天，体内水分仅流失 10%；而人工养殖的数据显示，流失约 25% 的水分才会致其死亡。在野外死亡的智利鲶鱼体内的水分几乎很少流失，但太阳的照射会使其身体的温度高达约 24℃，这对它们来说简直是致命的。智利鲶鱼成鱼不会通过吸盘前布满血管的皮肤连续呼吸，而是将空气存储在嘴和咽内，通过它们潮湿的内层与之交换气体。

鱼类到了陆地上必须具备能视物的能力，而在没有产生任何适应性变化之前它们都是近视的。为了适应陆地上的视物需要，它们可能产生两种物理反应：改变晶状体的形状，和（或）虽保持晶状体呈球形，但同时改变角膜的形状。弹涂鱼同时具有上述适应性改变，因此它们视力极佳，甚至能捕捉到飞行中的昆虫。

眼睛是十分脆弱精细的器官，因此陆地上的鱼类必须悉心保护自己的眼睛。弹涂鱼用一层清澈的厚皮肤来保护眼睛不会受到物理伤害。为保持眼睛的润滑（鱼类没有泪腺），它们还不断使眼球在潮湿的眼眶中旋转。胡鲶在陆地上无法看见 2 米开外的物体，它们用一层位于其身体外部轮廓之内的清澈的厚皮肤来保护眼睛，也就是指，这层皮肤不会从头部的一侧凸出去。由于陆地上的环境比水中更明亮，为了使视网膜适应这种多余的强光，部分鱼类（特别是那些鱼物种）能产生一层有色层，等同于鱼类的太阳镜。

鳗鱼及鳗形鱼在陆地上的运动就如同游泳一般，例如，胡鲶物种以胸鳍刺为支撑，依靠身体的扭动或游泳般的波动在陆地上移动。非洲的尖齿胡子鲶或北美鲶鱼在干涸的池中掘穴，并在夜间从洞穴中出来觅食。关于它们的迁徙记录曾有 1000 多个，人们推测它们可能是用触须（腮须）来彼此联系的。胡鲶原产自东南亚，被引入佛罗里达并在那里繁衍开来。不足为奇的是，当这些时常迁徙的胡鲶在道路上“行走”偶尔被路人看见时，定会在当地引起许多骚动和不安。

↙ 成熟的欧洲鳗鱼在迁徙回海洋的过程中，如果有必要就会从潮湿的陆地上穿过。

■ 红大马哈鱼惊人的远程洄游

栖息于太平洋西北部的红大马哈鱼的生命史足以代表其他溯河产卵的物种——那些大部分时间栖息在海洋，但需返回淡水流域产卵并最终在淡水中死去的鱼类物种。红大马哈鱼比其他鲑鱼洄游的距离远得多,其迁徙距离能达1600千米,实在令人叹为观止。

从春季直至夏末，大量红大马哈鱼成群逆流而上，历尽千辛万苦返回其最初被孵化出来的地方。它们沿阿拉斯加和加拿大的不列颠哥伦比亚省境内的河流而上，途中遇到无数障碍物和诸如急流及瀑布这类的险境。

↗ 红大马哈鱼秋季所产的卵，其孵化会持续整个冬季。它们被保护在沙砾之下，上面通常还覆盖着数英尺厚的雪和冰。在被排出约1个月之后，卵中就开始发育出眼睛了。这些鱼类在从卵至仔鱼的阶段尤其脆弱。

它们出众的“归乡”能力主要依赖其记忆力和嗅觉，其出生流域周遭的石块、土壤、植物和其他因素所产生的综合化学物质能被它们的成鱼记住，它们正是据此洄游而上的。

在自然环境中，鱼类的洄游方向偶尔也会有些偏差，一旦它们发现更适宜栖息的地点时，其分布范围便得以扩展了。

在洄游时，雄性一般先行，而产卵场则由雌性选，雄性在产卵场向雌性展开热烈的求偶攻势。在发育成熟的过程中，红大马哈鱼体内的激素变化剧烈，使其体色也有所改变（头部变为绿色，背部变为深红色），雄性的颌变长，形如钩状，被称为钩颌。（大马哈鱼属的全部7个太平洋鲑鱼物种和红大马哈鱼都具有明显的钩颌，即“带钩的颌”）

雌性积极地摆动自己的尾巴，在产卵场中的合适基质上挖出一个长达3米、深30厘米的巢或产卵所。雌性红大马哈鱼能产卵2500 ~ 7500个，具体数量依据成鱼的体型不同而异。一对成鱼横靠在一起产卵时，它们的身体剧烈抖动，颌张开。雄性红大马哈鱼往卵上喷射出包含了精子的

↗ 图为冬末孵化出来的初孵仔鱼，它们小小的身体上附着大的卵黄囊，初孵仔鱼就是从卵黄囊中获取营养物质的。橙色的卵黄囊内含蛋白质、碳水化合物、维生素和矿物质，这些物质之间的配比十分均衡。

↗ 加拿大不列颠哥伦比亚省内亚当斯河的理想产卵环境中，每年都有迁徙回来的大群红大马哈鱼，它们头呈绿色，身体呈红色，十分醒目。奇数年的洄游群比偶数年的洄游群要大得多。

乳状液体（精液），使其受精，雌性随即用沙砾覆盖在受精卵上，对其进行保护，直至受精卵被孵化出来。它们的每次产卵约持续 5 分钟，整个产卵周期约为 2 周，其间成鱼会在河床的深洞中稍作休息。每次产卵期后，它们的产卵所会被填满，需要挖掘出新的产卵所。由于红大马哈鱼在洄游的旅途上耗尽气力，又为掘巢和护卵殚精竭虑，因此在其产卵完成约 1 周后它们就会死去。

在孵化后，新生的红大马哈鱼在其出生的淡水或邻近湖泊中经过 1 年左右的发育成为仔鱼，然后便顺流而下回到海洋中，成为幼鲑或幼鱼。它们一旦进入太平洋便迅速分布至海中央及阿留申群岛南部，在那里它们经过 2 ~ 4 年的时间发育成熟，此时其肉质呈特有的橘红色，深受太平洋西北部沿岸渔民的青睐。在其生命的第四年夏天，这些成鱼又会游向内陆的大河河口，重复其生命循环。

红大马哈鱼是所有太平洋物种中最具经济价值的一种，原住民及其他渔民多用围网和刺网捕捉红大马哈鱼。它们脂肪含量高（这些脂肪是存储起来以备长途迁徙之用的），因此肉质特别丰润，口感上佳。

■ 能发光并利用光的鱼类

人类作为陆生动物，在醒着的时候就已经习惯于光亮，因此对那种必须面对无休止黑暗的生活方式毫无感知。然而如果没有发光生物体的话，在大洋深处的生活就是在无边的黑暗中。请不要把这种生物发光和磷光或荧光混为一谈，所谓磷光或荧光是通过“激发”或“刺激”晶体，由非活性物质所产生的光，而生物发光却是在活着的生物体内由物质之间的化学反应所产生的光，这种物质通常是指虫荧光素和荧光素酶这类化合物。陆地上也有生物发光现象，最好的例子便是在夜空中闪光的萤火虫，或是在森林里的地面上发光的真菌。而淡水鱼类却没有这种生物发光现象。就生物发光强度和多样性而言，都以海生物种为最。

在现存的 2 万余个鱼类物种中，有 1000 ~ 1500 个物种能进行生物发光，其中包括 6 种生活在海洋中部和海洋底部的鲨鱼，以及近 190 种海生硬骨鱼，不过尚未发现七鳃鳗、盲鳗和肺鱼具有这种功能。这种现象最常见于灯笼鱼（灯笼鱼科）、圆罩鱼（钻光鱼科）以及几种有须龙鱼（巨口鱼科）

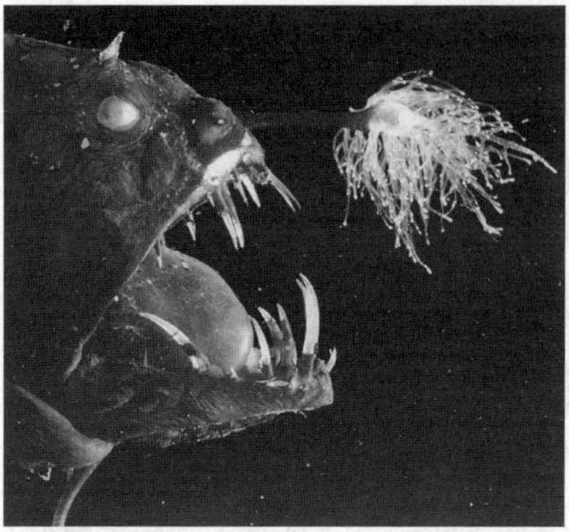

↗ 树须鮟鱇科的印度须角鮟鱇（树须鮟鱇属）物种正伸出发光的诱饵，以等待猎物上钩。

的几个亚科（譬如无鳞黑龙鱼亚科、柔骨鱼亚科或松颌鱼、蝰鱼亚科），还有平头鱼、管肩鱼（管肩鱼科）和琵琶鱼。几个浅水和底栖物种科中也有能产生生物光的物种，它们易于被人们捕获并进行研究，因此人们对它们的生活习性与生理特征了解得较为清楚，这其中便包括马鱼、狗腰鲷或三角仔（鲷科）、灯眼鱼（灯颊鲷科）、松果鱼（松球鱼科）、蟾鱼（蟾鱼科）以及数种天竺鲷（天竺鲷科）。

它们的发光源及其相关化学机制可简单分为2类。第一类是那些拥有能自发光的发光器官的物种，这些器官通常是排列成行的特殊结构，由高度发达的晶状体、反射器和有色屏组成。皮肤上的发光器官能通过发光（产生光的）细胞产生光亮，并通过晶状体和角膜状表皮（透明的皮肤组织）将光亮反射出去。平鳍蟾鱼的腹部有800多个发光器官，能产生柔和的光亮，有时甚至能发出强光，它们能慢慢调整（调节）光的强度，使之与投射在沙质水底的月光融为一体。

第二类是那些拥有发光细菌共生体的物种，这类共生体是指能与其鱼类宿主和谐相处的细菌。这些细菌生存于宿主的复杂器官中，依靠宿主的营养而生，同时为宿主产生更为明亮的光。鱼类不能控制这种外来（在外部产生）光亮的强度，也不能对细菌发出的光进行调整。针对这一不利之处，鱼类宿主便进化出一些十分有趣的机制，譬如有的鱼类有盖结构，当细菌发出的光成为宿主的阻碍或宿主不需要这些光时，就能用盖将其掩盖住。

那么鱼类的生物发光又有什么作用呢？对于大多数深海鱼类来说，这其实是一种反照明的伪装方式。在清澈的热带水域里，即使是在1000米的深度，灯笼鱼都会被自上而下的光照得清清楚楚，从而会被向上觅食的捕食者发现。但由于灯笼鱼身体下侧的几排发光器官能发出微光，就能抵消它们的投影，从而使灯笼鱼如同“消失”了一般。灯笼鱼身体其他部位的发光器官则可彰显其物种和性别。奇巨口鱼、巨口鱼和柔骨鱼的大型眼底发光器官（位于眼睛之下的器官）能发出红光，它们还有对红色十分敏感的视网膜，因此能像“红外线夜视镜”一样来捕食那些只能看见蓝绿色光的猎物。生物发光在深海中的作用还包括诱惑猎物，譬如很多无鳞黑龙鱼长长的发光颌须，以及琵琶鱼由背部第一根背鳍刺发育而成的发光饵（诱饵）。此外，生物发光还可负责掩护，人们推测平头鱼以及

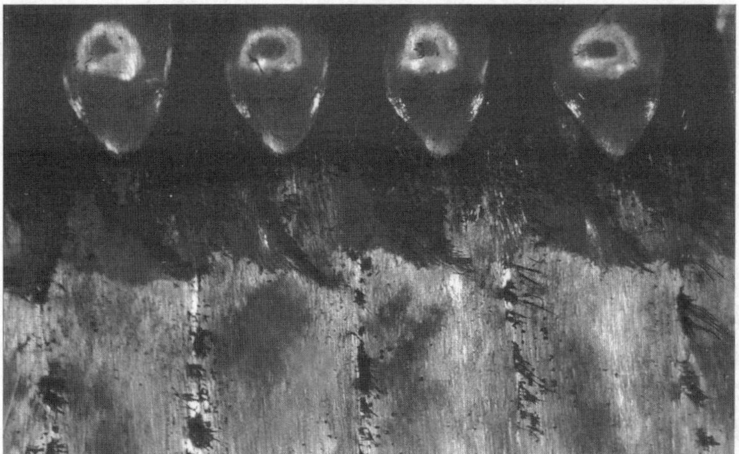

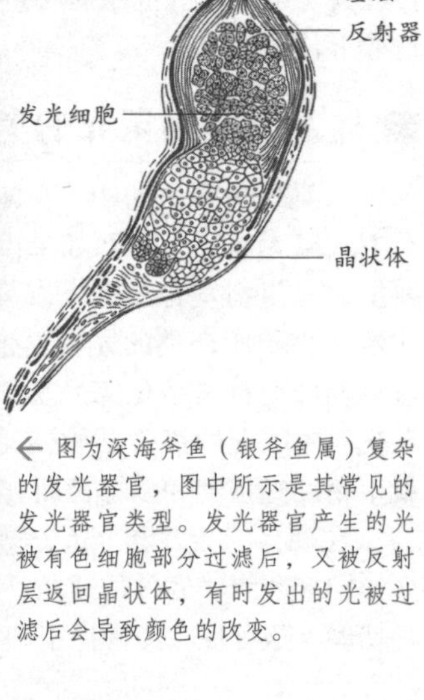

← 图为深海斧鱼（银斧鱼属）复杂的发光器官，图中所示是其常见的发光器官类型。发光器官产生的光被有色细胞部分过滤后，又被反射层返回晶状体，有时发出的光被过滤后会导致颜色的改变。

某些长尾鳕或鼠尾鳕（鼠尾鳕科）能像乌贼和章鱼一样，对敌人喷出一团发光的雾并借机逃逸。

由于有了配备潜水装备的夜间水底观测者以及各水族馆收集和管理能力的提升，人们对浅水鱼类的生物发光特性才有了更深的了解。松果鱼（日本松球鱼和澳洲光颌松球鱼）栖息在浅水中，它们显然是利用其嘴和颌中的发光器官来诱捕夜间活动的甲壳类动物。利用生物发光的完美典范是色盲的灯眼鱼，这种栖息在礁石附近的黑色小鱼眼睛下都有许多发光器官，所发出的强光 30 米开外都能看到。在夜晚的微光中，它们从深海游至礁石边觅食，待到天亮时分又躲入礁石深处的凹槽里。它们的生物光有多种用途，能用于觅食、吸引猎物、个体交流以及躲避敌人。灯眼鱼能开合发光器官上的黑色眼皮状结构，或能将整个发光器官在黑囊中旋转，从而产生持续的闪光。灯眼鱼所发出的光是迄今为止发现的最强的。

以上关于生物发光的简单介绍反映了人们对夜间海洋中生命的了解是何等有限。随着人类深入到夜间深海能力的增强，必定能发现更多与生物发光有关的奇特行为模式，届时人类的知识必会得到极大的扩展。

■ 性寄生的角鮟鱇鱼

在那些最奇怪和迷人的动物中，栖息在大洋约 300 米深处的深海角鮟鱇鱼与其他现存生物体在很多方面都有显著的差异，其中最惊人的一点是，其物种呈现一种极强的两性二态性，还具有独特的繁殖模式：矮小的雄性能暂时性或永久性附着在相对巨大的雌性身上。其中部分角鮟鱇物种的雄性成鱼体型小得惊人，例如，树须鱼科的部分物种在成熟时仅长 8 ~ 10 毫米，是“世界最小的脊椎动物”头衔的强有力竞争者。另一方面，部分物种的雌性却又十分巨大：奇鮟鱇和大角鮟鱇的雌性标本体长可达 30 ~ 40 厘米；疏刺鮟鱇属雌性的体长记录是 46.5 厘米；角鮟鱇的雌性则可长至至少 77 厘米，这也是迄今所知的最大的角鮟鱇物种。

↗ 变形的琵琶鱼被包裹在保护性凝胶状皮肤中，图为雌性琵琶鱼，它们的吻触手（钓具）位于其眼睛之上。

角鮟鱇鱼的雄性不仅体型比雌性小，而且没有钓具。但大部分物种的雄性却具有十分显著的大眼和相对巨大的鼻孔。人们推测，在一片漆黑的深海，雄性通过一双大眼，以及通过雌性散发出的该物种独有的气味来寻找雌性。雄性幼鱼发育为成鱼后，其普通的颌齿会脱落，并由长在颚前端的一组钳状小齿所取代，这些钳状齿能助其迅速抓住期望的交配对象。一旦发现心仪的异性，雄性琵琶鱼就会一口咬住雌性的身体——一般都在雌性的腹部，也可能在其他任何部位，如头部、嘴唇、鱼鳍，甚至会咬住雌性钓具尖端的生物发光钓饵。大多数角鮟鱇鱼的雄性仅在雌性的身体上附着一小段时间，一旦产卵完成后就会离开并开始寻找下一个雌性。不过，少数类群（已确认的 11 个角鮟鱇物种中的 4 科：茎角鮟鱇科、角鮟鱇科、新角鮟鱇科和树须鱼科，仅指这 4 科中的区区 8 个属）雄性的附着会使两者的组织结合在一起，最终它们的循环系统也融为一体，这样雄性就永久地依赖雌性的血液所传送的营养物质而活，而雌性则成为一种自我受精的雌雄同体物种。这就是所谓的“性寄生”，这种世界上独一无二的繁殖方式只为深海鮟鱇鱼的少数几个类群所有。通常一个雌性个体仅有一个附着的雄性，但有些雌性身上会附着两三个雄性，极少数情况下甚至会有多达七八个雄性附着其上。

最早捕获深海角鮟鱇鱼的记录是在 1833 年，当时这条被冲到格陵兰岛西南海岸的大型雌性深海角鮟鱇鱼已经被鸟吃了一半并已深度腐化了。直到 1837 年，丹麦动物学家约翰尼斯·莱哈德才正式将之描述为多指鞭冠鮟鱇。虽然在随后的几十年间人们获得了数百个它们的标本，但并没有人对其进行深入的研究，甚至没有生物学家发现它们都是雌性的。关于雄性究竟在哪里的问题

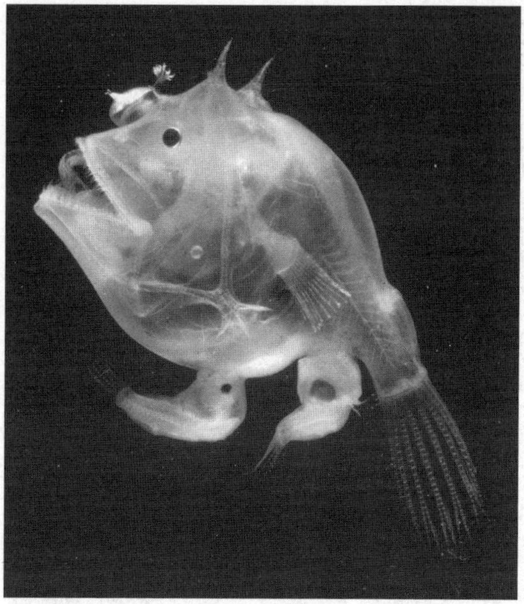

↗ 在雌性的召唤下，2条寄生雄性将自身与雌性角鮟鱇融为一体。

可能要到下个世纪才会被提出并解决吧。

1922 年，冰岛鱼类生物学家本贾尼·萨姆森在研究一个丹麦科研船丹娜号在“环绕地球”的深海探险之旅所获的标本时，震惊地发现 2 条小鱼用它们的长吻附着在体型较大的雌性深海琵琶鱼的肚皮上，这种琵琶鱼其实是霍氏角鮟鱇。萨姆森并没有认出这两条小鱼就是矮小的雄性角鮟鱇，因而将其描述为同一个物种的幼鱼。仅仅 3 年之后，当英国研究员查尔斯·塔特·雷根解剖了附着在另一条雌性霍氏角鮟鱇身上的小鱼后发现，它其实是一个寄生的雄性个体，萨姆森的观点便被更正过来。雷根写道：这条雄性鱼“不过是附在雌性个体上的一个附属物，完全依靠雌性来获得营养，……这种配偶联合体是如此完整而又完美，能确保其生殖腺同步发育成熟，不难想象雌性可能具有控制雄性精液释放的能力，以确保其释放时机正好符合雌性卵受精的需要”。

角鮟鱇鱼的性寄生如今已是一种科学常识，但人们对这种奇特的繁殖模式的认知还存在许多盲点，例如人们尚未研究其性寄生实现的生理机制，这一研究十分有趣，对生物医疗研究也可能具有潜在的重要意义。此外人们面临的另 2 个特别重要的问题就是：随着其循环系统的融合，雌性的体液会冲淡雄性的体液，那么雄性如何调整精子产生所必需的内分泌控制呢？在雄性和雌性组织结合时，它们又是如何压制正常的免疫反应的呢？这些问题及其他许多相关问题还有待将来的研究者去探讨解决。

■ 寻找“古老的四腿鱼”

生物学中普遍认为没有生物学的记载并不意味着物种的真正绝种，腔棘鱼就是一个很好的例证。

1938 年一个炎热的夏天，古森特号船的船长尼润将船停靠在了南非东伦敦港口。那时，玛罗丽·考特内·拉蒂莫是东伦敦博物馆的馆长，到达此地的船长们习惯性地把她接到船靠岸的码头进行巡视，以便她收集一些鱼类标本放在博物馆中进行展示。1938 年 12 月 22 日上午 10 点 30 分，尼润船长打电话告诉她给她带来了一些鱼类标本。鱼网中是一条巨大的蓝色的鱼，长着像四肢一样的鱼鳍和一条她以前从未见过的三叶尾鳍。几经努力，终于有一位出租车司机愿意把她和这条 1.5 米长、油滑发臭的“战利品”送到博物馆。在翻阅了许多参考文献后，她最初认为这条鱼是一条“发酵的肺鱼”。

她感觉到这件事情非常重要，于是试图和位于格拉汉姆斯顿镇的罗得斯大学的鱼类研究者史密斯博士（他的名字将永远和这条鱼联系起来）取得联系。当时正值南非的夏至，气温很高，该如何保存这个重要的科学发现呢？当地的停尸房拒绝将这个鱼标本贮存在冷藏室内，最终，在当地的动物标本剥制师 R. 森楚先生承诺将鱼做处理后，停尸房才愿意接纳。他用布将这条鱼包裹起来，将其浸泡在福尔马林溶液中。

1938 年 12 月 26 日，仍然没有得到史密斯博士的回复。试验表明福尔马林并没有渗入到鱼的身体内部，其内部器官正在逐渐腐烂。实用主义的人主张将即将腐烂掉的部分扔掉，没有腐烂的部分自然会保留下来的。

1939年1月3日，史密斯博士发出了一份电报，上面写到：骨骼和腮，即最重要的部分要保留下来。但搜寻当地的垃圾堆都没有找到扔掉的器官。现在出现了两个麻烦。最初拍摄的有关这条鱼的照片已经被弄坏了，当时博物馆的保管人并不认为这条鱼很重要，命令将鱼皮像以前一样制成标本。2月16日，史密斯到了。他愤怒地看着这张制成标本的鱼皮，说道："我一直认为，在某一地点，或是其他某一原因下，自然界中的原始鱼类将会出现。"

为了纪念玛罗丽·考特内·拉蒂莫的发现和鱼的捕捉地库鲁模纳河，他将这条鱼命名为腔棘鱼。

为什么在如此长的时间内人们都不知道这种带有明显多刺鱼鳞的鱼的存在呢？大大的眼睛和潜伏性食肉动物外形使它看上去好像并不生活在东伦敦港附近。除了捕捉到的这一活标本，在这条鱼被捕获的地方一定还会存在更多相同的鱼，但是到底在哪里呢？

捕捞活动艰辛而又刺激，历经14年，做了大量的工作，甚至都启用了南非总统的私人飞机。所有的工作细节都显示在J.L.B.史密斯关于"古老的四腿鱼"的著作——《腔棘鱼的传说》(伦敦：朗曼出版社，格林路，1956年)中，另外还有基斯·汤姆斯所著的书名类似的著作——《活化石：腔棘鱼的传说》(哈钦森·雷底斯出版社，1991年)。

就在1952年圣诞节前，史密斯接到了在科摩罗群岛的依瑞特·罕特船长的电报。电报中写道：刚接到的转发电报说有5条注射了福尔马林的腔棘鱼的标本捕杀于20号，藻德济。

虽然这个发现让科学界感到兴奋，然而科摩罗群岛(藻德济岛位于其中)的居民们却不以为然。他们非常熟悉这种鱼，管它叫蒂迈鱼(指"禁忌"，和其难吃有关)，认为捕捉它们毫无意义，尽管这种鱼身上粗糙的鱼鳞可以用来给破旧的自行车轮胎补胎。

随后所有腔棘鱼都是在科摩罗群岛海域附近发现的，这使得在许多年间这片海域成为腔棘鱼的唯一已知分布地。随后，在1997年9月，迈克和生物学家阿瑞纳·艾德曼在印度尼西亚苏拉威西岛(距科摩罗群岛大约10000千米)度蜜月时，在该海域中遇到了一种鱼，这极大更新了腔棘鱼的传说，打破了认为地球上只有科摩罗群岛是腔棘鱼的分布地的专断说法。

苏拉威西岛发现的鱼确切地说也是腔棘鱼，只是外形稍有不同。10个月之后，当其活的标本

↙ 腔棘鱼的发现是动物学历史上的又一重大事件。玛罗丽·考特内·拉蒂莫仔细地勾勒出腔棘鱼的轮廓，并指出这便是她于1938年在东伦敦码头周围发现的腔棘鱼。14年之后，即1952年，第一个完整的腔棘鱼标本的长期搜寻工作告一段落，J.L.B.史密斯(前左二)和依瑞特·罕特(前左三)自豪地展示着他们在科摩罗群岛中的藻德济岛发现的腔棘鱼。

↗ 阿瑞纳·艾德曼正在与拉蒂莫鱼游泳。苏拉威西岛的渔民曾在很长时间里一直把本土的腔棘鱼认为是若加哈·劳特鱼，或者“海洋之王。”

搁浅后确认了这一事实。这些腔棘鱼颜色有别于科摩罗群岛发现的腔棘鱼（闪着金色斑点的褐色，而不是闪着粉白斑点的蓝色）。DNA 试验证实了这一点，于是新发现的腔棘鱼被命名为拉蒂莫鱼。

2000 年 10 月 28 日，潜水员耶西·卡亚在索德瓦那海湾，即远离南非夸祖鲁－纳塔尔海岸北部的海洋保护区，在 104 米的海域深度处发现了 3 条腔棘鱼。1 个月之后，在同一区域又发现了 3 种新的腔棘鱼的身影。这些发现说明腔棘鱼的分布与以前所推测的不同，它们可能广泛分布在整个印度洋区域。

潜入到 104 米这样的深度是非常危险的，整个行动以其中的一个潜水员发生危险而中止，他浮出水面后就停止呼吸了，再也没有恢复意识。

■ 暗色斑纹海豚的一天

身体光滑呈流线型的海豚正在跳跃玩耍，它们像膨胀的弹力橡胶一样，活跃于阿根廷南部远海岸的戈尔夫圣乔斯海域。当潜水员潜入凉爽的水中时，一个由 15 只海豚组成的群落便围绕着他们轮番腾跃，离潜水员只有一臂之遥，对这些来自另一世界的陌生人丝毫没有恐惧之感。

这些就是暗色斑纹海豚，它们顽皮的行为表明它们刚刚完成了进食与社交，否则情况会大不相同，因为暗色斑纹海豚在饥饿或疲劳时，不会与人类嬉戏玩耍。

季节变迁以及一天中的时间变化也会影响它们的行为。这些胖胖的小型海豚会在夏日的午后捕食南部的凤尾鱼，夜间则会由 6 ~ 15 只海豚组成小群落，在离海岸不超过 1 千米远的地方度过。当危险来临——大型鲨鱼或虎鲸逼近时，它们则会向近海岸撤退，在翻滚的海浪中躲藏起来。

早晨，海豚群会连成一线，开始向 2 ~ 10 千米之外的较深海域游动，一只海豚与另一只海豚

↗ 海豚可能会通过图中这种跃出水面的行为来沐浴或展示其性别魅力，但有时跃出水面仅仅是为了嬉戏玩耍。如此优美的展示使海豚给人类留下了深刻的印象。

↗ **一组排列紧密的暗色斑纹海豚**

当搜寻凤尾鱼时，海豚群会各自分散开，以利用其回声定位的能力，横扫最大化的海域。

之间相距 10 米或更远一些，这样 15 只海豚就会覆盖 150 米或更为宽广的一片海域。它们采用回声定位的方法寻找食物，因为较为分散，所以它们能够横扫大片海域。当海豚组发现一群凤尾鱼时，小组成员们会下潜，在鱼群周围及其下方游动，使鱼群更为紧密地聚集于海面处。

聚集于凤尾鱼上方进食的海鸟，以及绕着鱼群外围跳跃的海豚，能告诉 10 千米之外的人类观察员这里一场盛宴正在进行。在这一距离之内的其他小群落的海豚，也会看到这些，并迅速赶来。

新近赶来的海豚群落会立即加入到捕猎活动中去。加入的海豚越多，围圈、聚集猎物到海面越行之有效。5 ~ 10 只海豚无法有效聚集猎物，所以很快就会放弃，但曾观察到由 50 只海豚所组成的群落，平均进食时间为 27 分钟。下午 3 点左右，有 300 只之多的海豚群落（通常会分散为 20 ~ 30 个小型群落，总覆盖面积约为 1 300 平方千米）会聚集在一起进食 2 ~ 3 个小时。在这种大型群落中会有很多社交活动，以及频繁发生的性行为，尤其是当进食接近尾声时。聚集到大型群落中，能够使个体成员拥有更大的配偶选择范围，因此会避免近亲交配的问题。雄性与雌性都会与一个以上的配偶进行交配，但是，雌性对于配偶的选择会十分挑剔。

海豚一定要等到休息与进食结束之后才会进行嬉戏玩耍，但嬉戏仍是必不可少的一项活动。对于海豚而言，为了成功有效地躲避掠食者、捕食猎物、聚集猎物，它们必须熟悉彼此，并且能够进行有效沟通，而社交活动有助于它们实现这一目标。当进食结束时，它们会以已经有所变化的小型群落的形式一起游动，成员间会用鳍肢彼此触碰、爱抚，腹部贴着腹部游动，或用鼻子戳彼此的侧面或腹部。此时，海豚已经准备好靠近船只，乘着船只航行时产生的冲击波，在水中与潜水员同游。

晚间，这个大型群落会再次分解成许多个小型群落，它们会停留在靠近海岸的地方休息，此时会再次突变为静止的状态。虽然在一些小型群落之间，每天都会有个体成员的变动，但也有一些海豚组合在以后的日子中仍会一同游动。事实上，据观察，很多暗色斑纹海豚会待在一起长达

12 年之久。

夏季的某些时候以及冬季的大部分时候都没有凤尾鱼，因此，暗色斑纹海豚会组成小型群落捕食鱿鱼和生活在海底的鱼类，这主要在晚上进行。因为这类猎物不会以大群的形式出现，所以进食的海豚会待在小型群落中，且心情郁闷。冬季与饥饿使海豚不再欢蹦乱跳，但夏季时，海豚的生活会非常轻松惬意，处于兴奋状态。

■ 海豚如何保持联络？

在海豚群附近放置一个水下测音器，你将会听到多种滴答声、哨声、叫喊声。海豚是高级有声哺乳动物之一，它们拥有发展完善的回声定位系统，可以产生高频的滴答声，也可以进行声音交流，主要利用声音的声调来进行。

对于这个种群而言，声音联络的重要性可以通过动物的生理特性及其生活介质的物理特性来加以说明。大部分海豚是高度社会化的动物，它们与许多不同个体相互影响，协调彼此的行为，同时维持着长期的关系。它们也会花费大量时间高速地游动，不过尽管生活环境广阔、平坦，但透光率差，它们的视觉范围只有数十米或者更小，因此在这里，声音比其他任何形式的能量都能更加行之有效地传播。维持社会组织形式对其生存至关重要，为此，海豚需要进行远距离通讯，而声音则是唯一有效地实现这一目的的手段。

海豚叫声中最有特点的是波段较窄的哨声。除少数未知其社会组织形式的近海岸种群外，所有的海豚都会发出哨声。某些海豚发出的哨声会区别于其他海豚个体，其频率模式独特，以一种特殊的方式在频段间跌宕起伏。这些哨声被称为“主哨声”，作为个体识别的信号。

↗ 图中一头雌性宽吻海豚和它的幼崽正潜入红海进行捕食。人们通常所见到的这种海豚都是人工喂养的，它们是一种非常聪明的动物，可以迅速地完成复杂的任务,有人甚至声称曾经看到宽吻海豚用尾巴将鱼弹到海滩上然后再重新找回它们。

当彼此处于视线范围之外时，海豚想要联系组内其他成员就会发出主哨声，它的主要功能是联络呼叫。海豚擅长模仿声音，这种能力相对于其他哺乳动物而言非同寻常。海豚能够模仿组内其他个体发出的主哨声，也许这是为了引起其注意而采用的一种手段。海豚在 2 岁时形成自己独有的主哨声，随后会固定沿用。雄性海豚会模仿自己母亲的哨声，以防止乱伦。

人类也许已经能够对几个海豚种群进行个体或群体的声音识别，这在生物学中有其重大意义。例如:小海豚的社会组织结构会展现出复杂的分合重组，每天随着团队的组合变化，根据以往经验，培养出个体识别能力以及区别对待能力就显得尤为重要。大型海豚（例如虎鲸）群落的社会组织结构则截然不同，它们生活的社会组群极为稳定，整个团队或集群有其独特的发声法，即每个集群都有其独一无二的语调（一种特别的呼叫指令系统），而集群间语调的相似度通常会反映出它们之间血缘关系的远近以及它们共度时间的长短程度。

有关野生环境下海豚如何利用声音进行交流，我们知之甚少，但是，我们已经可以识别出某些种群为了协作捕食所采用的特殊呼叫，而且了解到海豚组群在不同活动情况下会采用不同的发声法。

在人工饲养池，海豚已经学会了多种仿真语言。存有争议的是，某些研究显示它们能利用语法规则来理解新句子，这种能力表明它们可能已经进化出了一种供野外交流的复杂的通讯体系。

海豚通讯的另一点引人入胜之处在于：它们似乎可以“窃听”到其他海豚的回声定位呼叫。至少，海豚应该能够在其听力范围之内（可以延伸到 1 千米之距或者更远）听到其他个体成员成功捕食的情况。近期对被捕获的海豚的研究表明，在较短的范围之内，海豚其实可以“分析”来自于其他海豚用于回声定位的滴答声所产生的回声，以收发分置的形式利用声呐。海豚也会通过非发声手段制造声响，例如用尾鳍拍水或跳跃之后落入水中。

尽管这种动物毫无疑问地用听觉作为其主要感官，但是其他感官，例如视觉、触觉、味觉也都非常重要。比如：视觉有助于近距离的协作，也可以用来分辨许多海豚头部与侧腹部的粗条纹以及色彩。人工喂养及野生环境下海豚所特有的身体姿势及动作，诸如威胁与顺从这些重要的行为状态，也都已经能够被识别。虽然海豚没有嗅觉，但是它们能从自己以及同伴所游过的海水中分辨出化学分泌物的味道。尿液与粪便分解出的化学物质也许是其成功地交流繁殖与进食情况的一个重要途径。

↗ 聪明且喜欢群居生活的海豚已经发展出了复杂的听觉信号，以使个体之间在水下世界保持联络。在水中，声音是远距离通讯的最好媒介。

照片故事 PHOTO STORY

海豚的出生

▶ 在意大利的海豚馆，一只怀孕的宽吻海豚在游泳，再过一个小时小海豚就要出生了。像所有鲸类一样，海豚的怀孕期很长，宽吻海豚的孕期是 12 ~ 14 个月。海豚一胎只有不到 1% 的几率生出双胞胎，而且很难养活，现还没有成功养活双胞胎的记录。在冰凉的欧洲海域，宽吻海豚只在仲夏产崽，而在温暖的海域一年四季都可以。

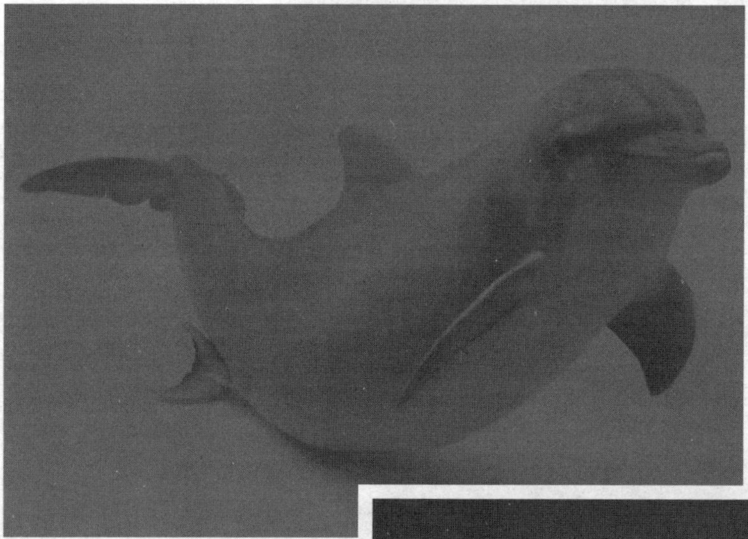

◀ 分娩前半小时，小海豚已经开始露出母海豚的身体，母海豚也停止了游泳，在水池底部休息。在野生环境中，海豚会选择温暖的浅水海岸作为理想的产崽地，现场还会有一只或更多的雌海豚“帮忙”，它们可以保护母海豚不受掠食者袭击。分娩结束后，它们还会帮忙把小海豚“举”到水面，以及喂养小海豚。

▶ 小海豚出生的时候先是露出尾巴，母海豚会用力地收缩肌肉将幼崽向后“推”出来。幼崽和母海豚由一条短的脐带相连，脐带并不牢固，在幼崽出生后会自动断掉。尾部先出的出生方式在陆地哺乳动物当中很罕见，但是对鲸类是有好处的，因为这种出生方式可以把幼崽暴露在没有空气的海水中的时间减到最短。关于这种尾部先出的出生方式还有很多传说。一些航海家声称这是小海豚为了受到保护而“游”回母海豚的子宫，而另一些人认为小海豚的尾巴先出来是为了练习游泳。

▲ 小海豚在出生后数秒钟内会径直游向水面去呼吸第一口空气。即便如此，母海豚也会在中途帮助小海豚，它会用嘴或者鳍状肢向上轻轻地推小海豚。虽然刚开始小海豚游起来还摇摇晃晃的，但是大约半小时之后它就熟练了。

▶ 出生后两个小时，小海豚正在吃奶。母海豚的两个乳头位于生殖裂口的两边，乳汁里面富含脂肪。哺乳期总共要持续 18 ~ 20 个月，不过小海豚 6 个月大的时候就可以吃固体食物了。小海豚要待在母海豚身边 3 ~ 6 年的时间，其中雌性小海豚大约 5 ~ 14 岁性成熟，雄性要 9 ~ 13 岁。两年之后母海豚才会生出下一胎。

◀ 分娩之后数秒钟，随着脐带的拉紧和断开，小海豚就可以自由活动了。一股血流和羊水布满了母海豚的身后。刚出生的小海豚体长 100 ~ 135 厘米，体重 10 ~ 20 千克，大约只有母海豚体重的 10%。

■ 虎鲸的狩猎策略

岩岬周围潮流涌动，20 只虎鲸并肩排成一排，互相间隔 50 米，迎着潮流慢慢地靠近岬边。这些鲸在水面下方慢慢地游动，只是偶尔浮上来呼吸空气，并用长长的椭圆型鳍状肢和尾鳍拍打水面。在水下，拍打声听起来就像是消了音的枪声。之后是一声长而颤抖的哨声，随后又被像是来自印度集市的号角发出的雁叫般的声音打断，然后它们就开始井然有序地汇集到猎物那里了。它们的猎物是数千只一群的太平洋粉红色大马哈鱼，这些大马哈鱼正被赶向岩石和咆哮的水流之间。在数分钟之内这些鲸就有效地困住了这群鱼，然后它们开始在外围一条接一条地吞下这些每条重达 3 千克的鱼。后来这些鲸似乎对狩猎失去了兴趣，开始在水中懒洋洋地打滚，有的时候则会偷偷“跳”起来向四周看看，看着那些岬边的载满大马哈鱼的渔船。随着另一声水下的哨声和雁叫般的声音，所有的鲸又同时潜入水中，5 分钟后重新出现在岬的另一边。它们结成紧密的群体逆流而去，渐渐远离了渔船。这些虎鲸保持着紧密的阵形，经过 2 个小时安静的慢游，来到了另一个岩岬，又上演了另一场协作狩猎的“好戏”。

虎鲸是海豚科体型最大的成员。成年雄性虎鲸长达 9 米，背上有标志性的背鳍，竖直的背鳍高达 2 米，是所有鲸中背鳍最大的。雌性虎鲸稍微小一些，背鳍一般约 70 厘米高。由于后天损伤和遗传的影响，不同的虎鲸背鳍形状不一。

虎鲸背部的颜色为明显的黑色，腹部为白色，眼睛上方有一块白斑，背鳍的后下方有一块灰色的鞍状斑纹。由于它们背鳍的形状和鞍状图案多种多样，我们在世界的任何地区都可以识别和研究每一个虎鲸的个体，再加上 DNA 的证据，我们就可以深入地了解虎鲸的水下世界了。

虎鲸群由母鲸和它的后代组成，这些后代会世世代代地生活在一起。鲸群里面的成年雄性一般只是群体其他成员的“儿子、兄弟或叔叔”，并不是人们以前认为的那种“一雌多雄”的关系。虎鲸会到自己家族或母系以外的群体去交配。由于这些家族群体会长期聚集在一起，再加上猎物的分布也在变化，结果就形成了捕食特定类型猎物的专门化的群体或生态型。

虎鲸能吃许多种猎物，但是它们的群体一般主要捕食当地丰产的猎物。这会影响到捕猎形式

↖ 一群虎鲸汇聚到一群太平洋大马哈鱼群旁，用水下的声音交流和有效的合作将它们驱赶到一起。当虎鲸将这些大马哈鱼困在海岸和鲸群之间后，就会一条接一条地把大马哈鱼吃掉，直到吃饱为止。

的变动，也能改变群体的最佳规模，甚至是虎鲸自己的身体形态。所谓的北美洲的“短驻”虎鲸，主要吃海豹和其他海洋哺乳动物。它们以小群的形式活动（平均 3 头），但是常常单独捕猎，体型比前面提到的专吃大马哈鱼的“常驻”虎鲸要大。在挪威，吃鲱鱼的虎鲸常常形成巨大的群体一起觅食，其中的许多鲸群会一起协作，将成千上万的鲱鱼团团围住；而在阿根廷海滨单独捕食幼海豹的虎鲸又是另一个生态型了。

雌性虎鲸通常在十几岁时达到性成熟，它们能够活 50 ~ 100 岁。雄性成熟得晚一些，死得也早一些。一头成年雌性能够每 3 年生 1 胎幼崽，直到大约 40 岁才停止生育。怀孕期要持续 15 ~ 17 个月，照料幼崽也要将近 1 年。雌性在生育期内大约能够生下 5 个能存活的幼崽，但显然不是所有幼崽都能活到成年。过了 40 岁以后，雌鲸就会承担起群体内幼鲸的“保姆”和“教师”的社会角色。

有一些虎鲸群会为了追踪猎物而迁移数百千米，而另一些虎鲸群却常年生

← 在美国华盛顿州太平洋沿海的圣胡安群岛，一群虎鲸正浮在岸边的水面上。这种群体通常由母鲸和它的后代组成，而在图中显眼的位置有一个很高的背鳍，说明当中有一头成年雄性，它可能是其他鲸的“兄弟”或“叔叔”。

活在食物丰富的地方。作为顶级的掠食动物，虎鲸的数量不多，但是由于好多群虎鲸聚集在一些常年或季节性食物丰富的地方，会给人一种错觉，认为它们的数量相当多。

在当今世界，处于食物链顶端有一个明显的劣势，就是污染物会在猎物体内聚集，最终影响到掠食者。在北美洲西北部的太平洋，“常驻”和“短驻”虎鲸体内都发现了世界上含量水平最高的多氯联苯，这会导致其生育率的降低和种群生存能力的下降。

■ 对大翅鲸“歌声”的新发现

20 世纪 90 年代，人们对鲸类的科学研究取得了有目共睹的重大进展，尤其是对大翅鲸，应用新科技将这种巨兽的有趣行为分成 3 个主要方面进行研究：DNA 信息分析，卫星追踪，深海声音监控。

↗ 大多数关于大翅鲸的记录，都是在近海岸的小船上做出的，但是它们的“歌声”也能够被深海的声音监测系统阵列追踪到。研究表明，鲸类会在宽广的海洋中“歌唱”，它们的“歌声”可以在很远的距离之外被听到。

日益复杂的基因分析科技在几个不同的研究领域中造成了深远的影响。基于对种群的广泛研究，这项科技既可以用于测定其组织结构，也可以用于评定其在进化过程之中不同种群间长期特殊行为方式的结果。就狭义而言，DNA 分析可以确定鲸类的性别及其“父母子女”之间的关系。在 20 世纪 90 年代早期，生物学家通过照片识别以及活组织切片检查，识别了北大西洋数千只大翅鲸，占其整个种群的绝大多数。从这些样本中，可以准确知道哪些幼崽为哪些雄性的后代。以前，大翅鲸的父子关系一直处于未知与臆测之中，因为没有科学家得到观察大翅鲸交配的第一手资料。

基因研究的一条独特线索已被确认，加深了我们对大翅鲸迁移模式的认知，这都要归功于线粒体 DNA 的取样。线粒体是微小的能量处理组织，在身体细胞内部进行。它们存在于卵子而非精子中，因此只能通过母体遗传给后代，而绝非通过雄性遗传下来。线粒体包含着 DNA，而来自不同进食区的鲸类，其线粒体 DNA 有明显的区别，足以表明亚种群间的基因流动较低。核 DNA 既可以从父体内遗传，也可以从母体内遗传，没有显示出与进食区明确的相关性。因此，基因分析从其母体对进食区的执著的观测结果中得到确认，但是当观测数据受到 10 年或 20 年的时间跨度的限制时，基因数据则表明这种方式已经主导了数千年。结果十分令人吃惊，因为同一片热带繁殖区的大翅鲸，仅随同其母亲迁移过 1 次。基因数据表明，即便如此，在它们的余生之中，每年都会继续游动几千千米到达同一片进食区。

现代的卫星跟踪技术，为测绘大翅鲸几千千米的海洋之旅做出了无与伦比的贡献。在鲸类身上安装电子标签，不仅使科学家们能够长期远程跟踪鲸类的迁移路线，而且使他们能够搜集到诸如潜水方式这种独特的信息。标签也提供了在同一进食区和繁殖区内移动的大量数据。

在 20 世纪 90 年代，超级大国之间关系的剧变也为研究者对大翅鲸的追踪推波助澜。冷战期间，美国海军在很多海洋盆地中秘密地安装了扩展的水听器阵列，以跟踪苏联潜水艇。这些听力装置收集到的数据被控制中心遥测，即可远程监控声源。这个系统被称之为“SOSUS”（声音监测系统），这个系统于 20 世纪 90 年代被解密，并为生物学家所使用。通过该系统的帮助，在几百千米之外即可采集到大翅鲸和其他鲸类所发出的声音。

这些多样的研究方法都是为了远程监控须鲸每年的迁移周期。迁移影响了大翅鲸从最基本的生物性开始的其生活及其行为的方方面面。事实上体型较大的鲸都会选择年度周期性迁移。夏季时，大翅鲸会集中进食，随后，在一年中的剩余时间里，它们必须依靠其能量储备，迁移几千千米去繁育后代。大型鲸类不仅能够储备较多的能量，而且能够更高效地进行远程游动，它们在进行体温调节时，新陈代谢损耗也较低。雌性在怀孕期和哺乳期额外的能量需求表明它们必须要储备更多的能量，这也就需要成年雌性比成年雄性长得更大。

在数月的禁食期之后还有哺乳的能力，这在哺乳动物之中非常罕见，这也是须鲸繁殖周期的独有特征。怀孕的雌性迁移时，要怀着幼崽禁食。在热带海域生产之后，它们必须靠消耗自身的能量储备给幼崽哺乳长达半年之久，直到来年夏季返回进食区。为了保证在 1 年之内断奶，并长到 8 ~ 9 米长，幼崽这段时间成长迅速。

研究的另外两个兴趣点，是进食和交配，也都与迁移周期密切相关。在北大西洋，大翅鲸会返回诸如冰岛或挪威近海这类离散的进食区，但在每个进食区之中，大翅鲸会根据猎物的分布情况来调整自身的分布情况。数年来，鲸类的自然分布数据表明：来自不同进食区的大翅鲸会在热带繁殖区进行混种，随后会迁移回到各自母亲的进食区。

冬季，大翅鲸迁移到热带水域进行交配与生产。雌性大翅鲸会选择岛屿的避风处或较浅的海岸处这种平静的、受到保护的水域，而雄性则会聚集在这些区域周围，与雌性进行交配。交配战略之一是：直接与另一只雄性竞争接近雌性的权利。当一只雄性大翅鲸守卫着一只雌性时，它会尽力阻止其他竞争对手靠近雌性，而当另一只雄性靠近时，“战争”就打响了。这种激烈的战争通常最多会持续数个小时，在这段时间中，挑战者与护卫者会互换角色数次。胜利者似乎不会与雌性待太长的时间，因为据观察，就在第二天，这只雌性又与其他的雄性待在了一起。当在进食区时，除了母亲与幼崽的组合之外，其他个体成员之间的组合很少见。对同一雌性连续生产的幼崽进行基因分析，表明不同的繁殖季节，雌性与不同的雄性进行交配。

交配的另一个战略是“歌唱”。在交配季节，较大的雄性会以连续不间断的方式，重复较长、较复杂的“歌声”，每首持续 10 分钟左右。它们可以连续歌唱超过 24 个小时。通过对“歌声”进

↘ 一头大翅鲸令人震撼的“突跃”，展示了它的两条鳍肢之一（这是所有鲸类物种之中最长的），同时在它返回水中时水花四溅。

↗ 图为一头雌性大翅鲸及其幼崽。现代的基因分析技术证明，后代都会返回到其母亲的进食区。

行分析，表明它们所发出的声音顺序是按照等级模式组合在一起的。每首歌都以特殊的顺序重复一系列旋律，而旋律则由重复次数多变的乐句组成。

在单一的种群之中，大多数雄性所唱的歌都极其相似。然而，歌声会随着时间的推移而逐渐发生变化，所以，不同年代的歌声，彼此之间相差甚远，而且，在10年的歌声记录之中都没有共同的声音。通常而言，不同的大翅鲸种群所唱出的歌声是不同的，但生物学家们在来自澳大利亚东海岸的长期歌声研究中心，发现了一个违背这条规则的有趣的例外情况。据记载：有一年，几只大翅鲸唱了一首完全不同于其他大翅鲸的歌，听起来很像来自澳大利亚西海岸海域的鲸类的歌声，似乎是由于1只或2只西海岸的大翅鲸迁移到了东边。这是一种罕见但却并非不存在的现象。西海岸的歌声逐渐取得了主导地位，并在两年之内取代了原来东海岸的歌声。逐渐演变的歌声以及迅速学会新歌，这两个情况都表明雄性大翅鲸学会了它们所唱歌曲的详细声波结构。不同种群的鲸类所唱的歌不同，与其说是因为基因不同，还不如说是因为它们所模仿的是它们所听到的。换句话说，即大翅鲸的歌声是一种文化形式。

一旦其他声音加入，正在歌唱的大翅鲸就会停止唱歌。据观察，当歌唱者接近雌性时，就会发生交配行为(例如滚动和拍打鳍肢)。然而，当另一只雄性出现时，就会引发一场战斗，战斗过后，只要2只大翅鲸再次分开，原来的歌唱者或加入者将会继续歌唱。这些情况表明雄性通过唱歌来吸引雌性，而其他雄性则会与歌唱者竞争。大翅鲸似乎不会为了领地而争斗，相同区域中的鲸类每日相片识别试验研究结果表明，它们很少会发生争斗，而是继续向洋流处游动。很多陆地动物都会捍卫某个独特的地理位置，而比起某个独特的地理位置，大翅鲸则更愿意通过相互尊重获得更多的协助。

■ 儒艮的进食策略

当一个人漫游于澳大利亚北部的潮间带海草“牧场”时，很可能会注意到一条条植被尽失的长长的蜿蜒曲折的犁沟，这些都是儒艮进食后留下的痕迹。这种大型的海洋哺乳动物会根除所有的海草植物，包括其根与茎。儒艮偏爱纤细、柔嫩、纤维少的海草，还要营养丰富且容易消化。儒艮食草的模拟试验表明，它们的进食既改变了海草群落中的种类构成，又改变了营养质量，使海草变得纤维量更低、含氮量更高。从作用上看，儒艮就好似农民在培育其农作物一般。如果当地的儒艮都灭绝了，那么儒艮栖息地的海草牧场的情况将会恶化。

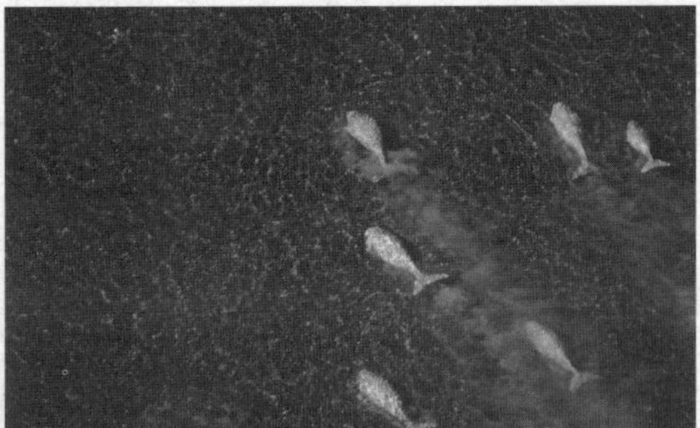

↗ 环绕着澳大利亚北部的浅水区域，海草生长繁茂，丰富的食物供给吸引了大量的儒艮。儒艮食草时，会搅起海底的沉积物，当从空中俯瞰时，这些稳重的海洋食草动物就如同缓慢穿行于庄稼地之中的收割机一样。

在儒艮生活的大部分区域，我们对它们的了解仅仅是通过偶然碰见、儒艮意外溺死以及渔民的轶事报道。但是，在澳大利亚境内，深入细致的高空俯拍拍摄到了更为全面的儒艮分布图片，据目前所知，拍摄范围已从昆士兰州莫顿湾的东海岸扩展到了澳大利亚西部的鲨鱼湾周围。这组图片显示出，在澳大利亚北部的近海岸水域，儒艮是数量最多的海洋哺乳动物，有 8.5 万只左右。而且，这个数字可能只是保守估计，因为某些适宜的栖息地并没有被拍到，而且在浑浊的水中还有无法看到的儒艮，这些都没有统计入内。换句话说，澳大利亚近海是儒艮最后的据点。

我们用卫星发射器跟踪着 60 多只儒艮个体成员。多数儒艮都会在海草床的附近停留，并随着潮汐而变化。在潮汐带范围大的地点，儒艮只能在水深至少达到 1 米时，才能进入近海岸的进食区。在潮汐变化小的区域，或在潮水下长有水草的区域，儒艮通常都可以在不做较大移动的情况下进食。但是，在潮汐幅度大的区域，儒艮会向较为温暖的水域做季节性的迁移。为了在莫顿湾过冬，很多儒艮通常会完成 15 ～ 40 千米的往返旅行，从海湾内的进食区到达平均水温高 5℃的海洋水域。儒艮有时也会在鲨鱼湾旅行，从东部到达水温较高的西部。某些旅行距离很远，例如在大堡礁地区和卡奔塔利亚湾。据观测，几只儒艮仅在几日之内，就完成了 100 ～ 600 千米的旅行，而这些旅行大部分都是往返旅行。关于这种长途旅行有一个似是而非的解释：这是儒艮在检查其生活区域中海草牧场的生长情况。很多海草牧场在形成之后，不知为何原因，会迅速地消失。有时，数百千米的海草会在暴风雨或洪水过后便消失得无影无踪。

儒艮的寿命很长，繁殖率低，繁殖周期长，因此它们对每个后代的付出都很多。根据其长牙上的年轮来看，估计最老的儒艮辞世时高达 73 岁。雌性儒艮 10 ～ 17 岁时生产，生产的间隔周期为 3 ～ 7 年不等。妊娠期是 13 个月左右，幼崽（绝大部分都是独生子）的哺乳期至少为 18 个月。儒艮出生之后，很快就开始食用海草，它们在哺乳期生长迅速。对种群的模拟试验表明：儒艮的年增长率不超过 5%。这使得儒艮极易受到本地捕猎者过度捕杀或被捕鱼用具缠住而意外溺死的影响。所以，儒艮在全球的保护状况被定为易危级。

↘ 一只儒艮为了寻找食用海草，正在巡游太平洋的浅水区。儒艮比海牛灵巧，通过尾巴的形状，可以很容易地将其同海牛区分开来：海牛的尾部呈圆形或扇形，而儒艮的尾部形状则呈V形。

有趣的繁殖求偶策略

■ 蝾螈的求偶与交配

绝大多数蝾螈表现出一种非正统的交配模式：受精在体内进行，精子在雌体生殖器官中与卵子结合，但是雄体没有可以把精子射入雌体体内的阴茎，取而代之的是，精子通过一个被称为精囊的圆锥状的囊转入雌体体内。精囊由两部分构成，即一个宽阔的凝胶状基部及覆盖在其上面的填满精子的帽状物。在陆地上交配的蝾螈种群中，这个基部非常稳固。相比之下，在所有水中交配的蝾螈种群中，这个基部就是一个柔软的充满液体的囊。无论是在地面还是水塘底部，精囊基部都起支撑精帽的作用，雌体的泄殖孔能够在那里获取精子。这个基部是由朝向雄体泄殖孔开口的各种腺体的分泌物组成的，雄体的泄殖孔在繁殖季节会明显变得非常肿胀。

精子的转移涉及到复杂而精妙的行为模式。在许多种蝾螈中，雄体抓住雌体，并与雌体紧紧抱成一团，这个过程被称为抱合。对于依靠哪些肢部来完成这个动作，种类各异。在抱合过程中，肢部和尾巴可以进行不同的组合。在蝾螈种群中，如欧洲火蝾螈以及科西嘉岛、撒丁岛和比利牛斯山中的山蝾螈，整个交配过程中抱合都存在，精囊直接传递给雌体。另一些

↗ 蝾螈的性刺激方式。1a.双带蝾螈（一种产于北美的半水栖种类），雄体有向外凸出的牙齿。1b.雄体先用其下颏腺体分泌出来的黏液盖住雌体的皮肤后，再用凸出的牙齿把雌体的皮肤割破。2.乔氏蝾螈（来自北美东部的林地陆栖种类），雄体引导雌体交配，雄体不断地拍击下颏下方的一个腺体，再用这个腺体与雌体的口鼻部相对。3.红腹蝾螈（来自北美西部的水栖种类），雄体用前后肢紧抓住雌体，并用它下颏下部的腺体摩擦雌体的鼻孔。4.光滑欧冠螈，雄体扇动它的尾部激起水浪，通过水浪把它皮肤上大量腺体分泌出的气味传到雌体鼻子中。

↗ 三种蝾螈的抱合。1.火蝾螈（欧洲陆栖种类），雄体从雌体身体下方紧抱住雌体，雄体排出一个精囊在地上，接着轻弹它的身体和尾巴到一侧，这样雌体的泄殖孔可以碰到精囊。2.一种欧洲水栖溪蝾螈，雄体用它的尾部抓住雌体，精囊从雄体的泄殖孔直接转移到雌体的泄殖孔中。3.红斑蝾螈（一种北美水栖种类），雄体用其有力的后肢紧抱住雌体的颈部，利用这种姿势，雄体将其脸颊上的大的腺体在雌体鼻子上摩擦。

种类，如北美红斑蝾螈和红腹蝾螈，雄体一开始会抱住雌体，但是在精囊传递前会马上放开雌体。

在光滑欧冠螈和北美林地螈这些种群中没有出现抱合现象，雌体在交配的所有阶段都可以自由活动。

因为雌性蝾螈能自由活动，所以它们能自由选择那些仅靠抱合的蝾螈不能完成的交配方式。在欧洲蝾螈的种群中，雌体会选择那些具有最显眼的外表和行为的雄体进行交配。在有尾两栖动物中，雄性欧洲蝾螈在繁殖季节会沿着背部长出一个硕大的脊，并呈现出显眼的色彩图案，这是独一无二的特征。雌体对长有大脊的雄体更为青睐。

抱合具有两个功能：当雄体紧抱住雌体时，雄体可以利用其各种腺体的分泌物来刺激雌体，同时还可以阻止其他试图接近并与雌体交配的雄体。对于那些在交配中可以自由活动的种类的雌体来说，雄性必须在雌体表现出特定的行为之前发出刺激。雄性蝾螈拥有多个为达到交配目的而制造分泌物的腺体，并通过各种方式把这些分泌物作用于雌体身上。雄性欧洲蝾螈的腹部会产生一个巨大的腺体，这个腺体的开口朝向它们的泄殖孔，这个腺体在求偶过程中会分泌出一种外激素，这种外激素是雄体通过快速拍打尾部所产生的水浪带到雌体的口鼻处的。一些雄性蝾螈用下颏下方的腺体摩擦雌体的头部和身体，以此分泌出交配激素。它们也用其特殊的牙齿来刮擦雌体的皮肤，这样外激素就能够进入到雌体的血流中。

与不同种类在交配最初阶段所表现出的行为多样化相反，许多种类在传递精囊过程中的行为是非常相似的：雄体爬到雌体前面，接着停下来，颤动其尾巴，雌体触碰雄体的尾巴，雄体则排下一个精囊作为对其的反应。接着雄体从精囊处爬开，以弓形的方式移动，朝着它先前的方向以一个合适的角度占据一个位置。雄体接着停下来阻止跟随其后的雌体，并防止雌体移动太远。雌体再一次轻推雄体的尾巴，并且此时已经将其泄殖孔直接对在精囊之上，精子团被雌体的泄殖孔唇吸取，只留下精囊壁。

这个过程具有很多先天上的缺陷，在许多蝾螈种类中，许多精囊都没被雌体发现，所以都被浪费掉了。为了弥补这个损失，雄体会产出大量的精囊，而且在交配的过程中，这个精妙的传递过程通常会重复进行。

交配过后，精子被储存在雌体独特的受精囊中，直到雌体准备好产下卵为止。精子储存表明交配和产卵可以分开进行。许多雌性蝾螈把它们的受精卵置于安全的场所，如地下深处。欧洲蝾螈费力地将每个卵用树叶包裹起来，这种遮盖物可以使这些卵免受来自捕食者和紫外线辐射的伤害。

■ 弱势雄性的选择性交配策略

动物王国中已经很多次进化出了选择性的交配策略，一般包括特化的形态、生理机能以及行为机制，这使得不止一种雄性类型能在繁殖过程中获得成功。在爬行动物中，记录得最详尽的例子是关于有鳞目动物（蜥蜴和蛇）的交配方式。与通过防御策略来获取资源或交配的种类相反，具有选择性策略的交配系统使得处于劣势的雄性有可能得到交配机会并产下后代。选择性交配策略已深深吸引了生物学家。所有雄性的自身条件并不平等，它们运用计谋竞争，以求顺利完成交配，所以这种策略一定会吸引住任何一个生物学家的注意。不同的交配策略拥有各式各样的术语：“偷食者”、“优势雄性”、“附属者”、“横刀夺爱”、“挖墙脚”以及“伪装雌体者”，这些都是被采用的基本策略。

选择性交配系统中的遗传和环境决定因种类不同而各异。在一些种类的种群中，只有那些交配成功性不大的个体想要采用新的行为模式来增大它们的繁殖概率，所以才会使用这种选择性策略。在这种情况下，这些策略是环境所决定的，以提高弱势雄性交配的成功率。在另一些情况下，选择性策略也可能是基因所决定的。采用相应策略进行交配的个体，有助于保持其生存的连续性和单独种群在形态和行为上的多态性。

选择性交配策略中的 3 个例子突出了变化中的生态环境。在这些环境中，交配策略不断进化并被保留。在交配季节中，雄海鬣蜥分别确立了自己的领地，体型较大的雄体在竞争上占有优势，拥有最好的领地，并获取了最多的交配权。因此，每年新生的大部分海鬣蜥都是小部分雄性的后代。然而，体型小且没有领地的海鬣蜥也试图与雌体进行交配。在交配过程中，雄体射精过程大约为 3 分钟，由于体型更大的雄体的侵扰，体型较小的个体很少能持续完成这个过程。解决的办法就是一种选择性策略：较小的雄体预射精后将精液储存在半阴茎囊中，一直等到出现交配的机会。在这种情况下，即使它们的交配持续时间很短，较弱的雄体也可以将精液迅速转移到任何一只遇到的雌性体内。这种策略弥补了它们在竞争上的劣势，提高了繁殖成功率。

选择性交配策略也在没有领地的种类中使用。在普通侧斑美洲鬣蜥种群中，大多数雄体保卫食物丰富的领地，在这片领地上也生活着一只或更多的雌体，在繁殖季节中，雄体就可以与这些雌体进行交配。这个种类的某些种群中的雄体在生理机能、体色以及对领地开发程度上各不相同。喉部呈橙色的雄体是一夫多妻的个体，它们拥有大片的领地并有很多雌性交配对象。喉部呈蓝色的雄体是交配对象的卫兵，它们也拥有领地，却只能与少数雌体交配，并且在交配后还要守护着它们。最后是喉部为黄色的“偷食者”，它们没有领地并且还要伪装成雌性的样子，这样才能进入其他雄性的领地并与这些被雄性占有的雌性交配。自然界中存在这种系统的部分原因与“石头—布—剪刀”游戏相似，每一类型的雄性都有胜过其他雄体的优势，但是又有相对第三方的劣势。偷食的黄色雄体在与拥有领地且占有很多配偶的橙色雄体的竞争中尤为成功，但是它面对作为交配卫兵的有蓝色喉部的雄体时，成功的可能性就小得多——守护雌体的蓝色雄体可以成功阻止偷食的雄体，但是对更具侵略性的橙色雄体来说，它们就处于下风。因此，没有哪个单独的交配策略是绝对成功的，3种类型的雄体都能繁殖成功。

偷食是一个高风险的策略，因为这种策略通常会使弱势雄体与体型较大或更具竞争性的雄体离得非常近。在选择性交配策略中，一个经常出现的策略就是模仿雌体，这种策略可以降低其被发现的可能性，而且能逃避与优势雄性之间的争斗。这种策略在红边束带蛇种群中被体现得淋漓尽致。在每一个初春时节，成千上万条马尼托巴湖束带蛇聚集在一起繁殖。在这个集群中，雄蛇的数量超过雌蛇的数量，因此雄蛇之间的竞争是非常激烈的，10 ~ 100条雄蛇同时向一条雌蛇发出求偶信息，并在接纳它们的雌蛇上绕成一个“交配球”。在这个系统中，一小部分雄蛇，即科学家称之为“伪装雌蛇”的雄蛇释放出一种信息素，把自己伪装成雌蛇来吸引其他的雄蛇。由于受到这种信号的迷惑，正常的雄蛇会对这些伪装的雌蛇进行毫无效果的交配行为；此外，由于它们把这些伪装的雌蛇当做了真正的雌蛇，在这些伪装的雌蛇进行求偶过程中，真正的雄蛇并不会去阻止这些行为的发生。因此伪装的雌蛇在这个求偶群体中具有明显的优势。在这个竞争激烈的交配过程中，它们与雌蛇交配的机会比其他一般的雄蛇要多得多，表现在它们具有繁殖上的优势和凭借这种像雌蛇的信息素而比其他雄蛇多出的选择性优势。

只有当个体的遗传显性特征各不相同时，性别选择才会起作用，并会导致不同的繁殖成功率。上述3个例子显示出，看起来最“好”的雄体并不一定是胜利者。不管是基因决定的，还是环境决定的，选择性交配策略的成功都有助于维持种群中物种的多样性。

↗ 加拉帕戈斯群岛上的海鬣蜥是一种确立领地的种类，大量的雄体在每个繁殖季节中集聚在一个求爱场所，相互竞争以吸引雌体。虽然体型最大、给雌体留下印象最深的雄体（它们一般在繁殖季节呈红色或蓝色）交配机会最多，但是体型较小的雄体也可以采用预射精的策略来增加交配机会。

照片故事
PHOTO STORY

从蝌蚪到蛙

▲ 欧洲普通蛙正在抱合，雄蛙在交配过程中紧紧抱住雌蛙。受精过程在体外完成：雌蛙排出数百枚卵，雄蛙将精子覆盖在卵上。这对配偶准备将卵产在另一对配偶早期产下卵的地方。当许多对配偶都这样做的时候，就会形成一个卵堆，这个卵堆的内部温度要比外面环境中水的温度高一些，能加速胚胎的生长发育。

▲ 大多数种类的蝌蚪都是食草性动物，靠食用肉眼看不到的藻类为生，但是如果有机会的话，它们偶尔也会吃动物尸体或快死的动物，比如图中的蚯蚓。在这个阶段，蝌蚪长有圆形且发育良好的身体，这为消化植物所需的长且盘成团状的肠提供了足够的空间。此时，发育中的后肢也开始出现。

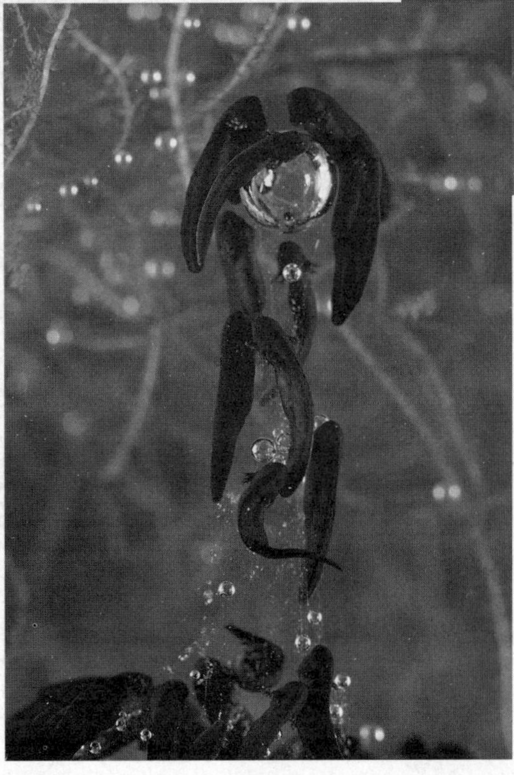

▶ 新孵出来的蝌蚪成群地聚集在气泡周围。它们在这个阶段长有羽状外腮；它们通过剩余的卵黄提供的营养为生，并只是偶尔运动一下，搅动身边的水流以释放水中的氧气。由皮肤中黑色素产生的黑色保护着它们发育中的内脏不受紫外线的辐射。

▲ 蝌蚪后肢的发育比前肢要早，后肢长在一个被称做鳃盖的膜状皱褶中。后肢变得更大时，就会穿透这层保护盖，当蝌蚪拍动它那大而有力的尾巴前进时，后肢就悬在身体后部。

▼ 当前肢也发育成熟时，蝌蚪就能从水里出来了，此时它的尾巴已经变小。在这个阶段，它们极易受到气候及捕食者的影响和伤害。当蝌蚪找寻可以避祸的潮湿安全的地方时，残留的尾巴会阻碍蝌蚪此时的行动。

◀ 完成变态的幼蛙失去了它们的尾巴。尾巴完全被身体吸收，此时它们完全依靠后肢来跳跃前进。新变态的蛙是肉食性动物，它们通过大而有警惕性的眼睛捕食昆虫和其他动物。

■ 无微不至的亲代照料

亲代照料指的是亲代一方或双方的行为，它们尽可能地努力，以提高受精卵或后代的成活率。这种努力包括亲代增加捕食行为，或减少自身进食，或者付出相当长的一段时间来照顾一窝卵或一群后代，因而无力再生育更多的后代。与此对应的是，亲代通过这种照顾来增加后代成活率的好处必须要大于亲代所付出的努力，否则，亲代照料就不能得以进化。

在两栖动物中，亲代照料已进化了很长时间，但在各个种类间却并不相同。大约一半的蚓螈种类要产卵，并且雌性与卵守在一起，直到孵化成功。在蝾螈中，已经得知所有科都会出现由雄性或雌性照料卵的情况，但仅包含了大概 1/4 的种类。迄今为止，两栖动物中蛙类亲代照料的形式最为繁多，其覆盖了大约 2/3 的科，但不到 1/10 的种类。

两栖动物的亲代照料与其不断增长的陆栖性有关。在溪流和水塘中成窝的受精卵和软体幼体经常成为各种捕食者的猎物，但是在陆地上，它们存活的概率就要大得多。特别是如果有亲代一方或双方的照顾，情况更是如此。当然也有例外，在一些完全水栖的物种，如大鲵和负子蟾，也显示出亲代照料行为。

在所有属于脊椎动物的动物中，两栖动物是具有最多样性的繁殖方式的种类，并且具有所有可以想象出的亲代照料方式。很大程度上，这种多样性体现了不同种类在产下的后代数量与投入照顾的精力大小之间所表现出的不同的交易性。

由于雌性产生的配子（卵子）比雄性少得多，所以雌性通常比雄性要花费更多的时间和非常大的精力来照顾后代。但是在两栖动物中也有一些令人困惑的例外，在最常见的现今存活的大多数蝾螈科成员以及蛙类中，几乎全部是体外受精，卵被置于雄性领地中，并受雄性保护。这是最常见的亲代照料，可以减少卵被捕食及卵脱水的情况发生。有时候，雄性会同时守护几个雌性产下的卵。在最分化的种群中，无肺蝾螈以及产卵的蚓螈都是体内受精。在一些蛙中，则由雌性在陆地上或水中守护它们的卵。

动物极少由其父亲照顾，但是在脊椎动物中，鱼类和两栖动物类由双亲照料后代的现象则非常普遍。这种情况可能是由于受精是在体外发生所导致的，雄性能确定哪些卵是受过精的，因此

↘ 在南美口育蛙中，可以发现一种两栖动物亲代养育中最特殊的形式——雄蛙把需要孵化的卵含在声囊中，并让其在那里发育。图中，一个达尔文蛙已经吐出两只小蛙了。

它们繁殖的成功率可以通过这种照料而得到提高。或者仅仅因为雄性必须在体外受精，所以它们有机会来照顾后代——对于体内受精的种类来说，交配和产卵的时间间隔通常达1个月或数个月之久，所以由雄性照料就不是一个可行的选择。

已观察到两栖动物有许多种形式的亲代照料模式，照料的持续时间可能不长，但是亲代，比如雌性仍然会冒着危险尽全力来积存受精卵。欧洲蝾螈的一些种类中，雌性细心地用水生植物的叶片包裹住每一粒受精卵，从而保护发育中的胚胎，使其不被捕食，并降低紫外线对卵产生的负面影响。在许多种类中，一方或亲代双方会延长照顾的时间。一些完全水栖蝾螈种类中，不论雌性或雄性照料卵群，都分别通过腮的快速运动以及身体的摇摆来增加卵群周围的气体交换。有时候，泥螈甚至把卵产在鲵鱼的巢中，这是巢穴防御的一种寄生策略，而关于这种策略还需要进一步的研究。一些陆地巢穴育种青蛙，如波多黎各科奎鹧鸪蛙，将雄性皮肤的水分以水合作用的形式直接转移给胚胎。另外一些巢居照料种类则通过秘密释放杀菌物质来保护卵，使其不受病原体如真菌的侵袭。其他一些蝾螈和蛙类，双亲会守住巢穴，反击入侵者——可能是同类成员也可能是其他捕食者。在对新几内亚岛微型树蛙的野外试验中，当守卫巢穴的雄性被移开时，节肢动物就会攻击其巢穴并吃掉巢中的卵。

两栖动物中其他所有形式的亲代养育，在蛙类中都受到限制，比如存在于很多水生和陆生种类中的孵化行为。在南美水生苏里南蟾中，雄体会在翻一个筋斗的过程中给放在雌体背上的卵受精。每个卵在单独的囊中发育，蝌蚪的尾巴富含毛细血管，其作用与胎盘的作用一样。根据种类的不同，幼体是以蝌蚪或完全变态的幼体形式出现的。

树蛙树蟾类中大约有65个种类（均为新热带区种类）的雌性将卵粘在背上。有4科不是将卵粘在背上，分别是树蟾科、雨蟾科、芬蛙科，它们将卵放在敞开的囊中，幼体在那里发育成幼蛙。还有一个种类——球囊蛙有一个育儿袋一样的口袋或在泄殖腔上方敞开的袋状物，卵受精后，被放置在这些袋状物中，使得胚胎能在湿润的环境中逐渐发育。根据种类的不同，幼体以蝌蚪或幼蛙形式出现。

最奇特的蛙类孵卵方式也许是澳大利亚胃育溪蛙的：雌蛙吞下20个受精卵，受精卵在其胃里发育，

↗ 暗斑钝口螈（钝口螈科）生活在美国东部，在9～12月，根据栖息地海拔不同，其在一个巢穴中可以产40～230只卵。雌螈蜷着身子围着它的卵，保护着它们，等待着秋雨或冬雨的降临，以孵化卵。

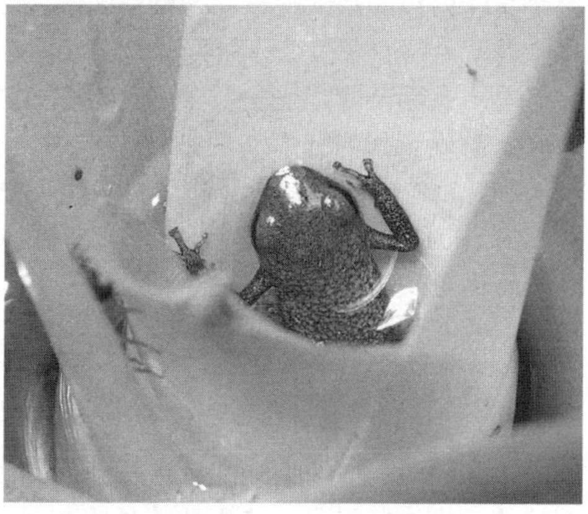

↗ 在哥斯达黎加的雨林中，草莓箭毒蛙进化出一种巧妙的方法来确保生长发育中的幼体的安全。4～6只的卵为一窝，被放在雨林里的树叶中。卵孵化后，雌体将其带到充满水的高树裂缝中，或带到凤梨科植物上的水注里。在这些微型水域栖息地里，蝌蚪定时食用有营养的卵，从而长成幼蛙。

↗ 南非牛蛙的掘土游动行为被很好地记录下来。在炎热的夏天，当这个种类在雨季后变得活跃起来时，雄性牛蛙会在一片水域间挖掘出一个水道，使蝌蚪在浅池干涸前逃离此地。该水道长度可超过15米。

然后再把蝌蚪或幼蛙“呕吐出来”。在这段时间内，亲代不进食，实际上这是因为消化系统释放的一种类激素物质受到抑制，这种物质是隐藏在幼体口腔黏液的一种前列腺素，它能降低盐酸分泌以及肠道蠕动频率。

许多蛙类亲代的一方通过随身携带卵或蝌蚪，使它们不受极端温度、干燥、捕食以及寄生行为的侵害。在欧洲的产婆蟾中，雄性将一串串的卵（有时不止是一个雌体所产出的）缠绕在后腿上，并不时地带着这些卵回到水中以保持卵的湿润。当卵要孵化时，雄体就带着它们回到水中。在澳大利亚袋蛙中，蝌蚪钻入雄体腹部两侧的袋状物中，不久就以幼蛙的形式出现。在口育蛙这个只包括两种南美洲青蛙的科中，雄体将 20 个幼体放入其声囊中，当幼体变大时，它的声囊会拉长至整个身体的长度。试验表明，雄体实际上还为发育的胚胎提供营养。雄蛙能够同时从几个不同的雌蛙处带走卵。在另一些种类中，雄蛙只是从陆地巢穴到水里时把蝌蚪放在声囊中。

在一些新热带毒蛙种群中，塞舌尔蛙以及新西兰哈氏滑跖蟾的卵被置于陆地上，孵化后，蝌蚪设法游到亲代的背上从而被带进水中。这个过程可能持续几天，这个任务有的由雄蛙来完成，有的则是由雌体完成，还有的是由亲代双方共同完成。

母体为其蝌蚪储备营养卵（未受精的或已受精的）是一种特殊的亲代照料形式。在蛙类中，这种行为至少已进化了 6 次，但是，只有当蝌蚪在充满水、很少或者没有食物的坑洞(凤梨腋中、树洞、或者竹节)中生长发育时，才会出现这种情况。

叶毒蛙属中的一些有毒蛙种类，它们的母体会把蝌蚪放在生长着林下叶层药草或地上凤梨科植物的水洼中，但是每个水洼都不会超过 1 个蝌蚪，雌体每隔 1 ~ 8 天返回检查产卵处，并且产下一小窝蝌蚪赖以为生的卵，再重新回到水中。没有这些卵的话，蝌蚪就会死掉。蝌蚪把头部放在雌体的排泄口附近，并摆动其身体和尾巴，以示意它们的存在。蝌蚪的进食过程是通过咬破这些卵的胶质外壳并吸食卵黄完成的。在巴西的一个单配对种类中，雌性和雄性分别扮演着重要的角色：雄体单独把蝌蚪从储存卵的地点转移到充满水的树洞中；雌雄蛙平均每 5 天交配一次，交配行为显然能刺激雌蛙排卵。雄体接着会把雌体带到放置蝌蚪的树洞中，在那里雌蛙产下 1 个或

2 个有营养的卵供蝌蚪食用。

与上述蛙毫无关联的翡翠蛙和马达加斯加攀爬彩蛙也会发生非常相似的行为，其后代生活在水洼中(树洞或折断的竹节中)并开始孵化。在交配期，雄蛙带着雌蛙到一个水洼，它们在那里进行交配并产下 1 个卵。雄蛙守护着水洼，同时雌蛙返回水中并只产下一颗营养卵。新热带蛙和马达加斯加蛙在生活方式和口部形态方面的趋同性非常明显。

孵化后，蛙也会长时间与蝌蚪待在一起，保护和照料幼体。在一些种群中，亲代蹲在蝌蚪群内或蝌蚪群附近，并对骚扰蝌蚪的动物发起攻击。在巴拿马一种有细长脚趾的蛙中，一群蝌蚪跟随着母亲沿着充满水的沟渠移动，这是因为母体不断地向蝌蚪方向抽吸运动，进而产生表层波浪，而蝌蚪的这种移动就是对波浪的一种回应。在非洲猪鼻蛙(肩蛙属)中，雌蛙在和雄蛙进行抱合时，就在水塘的底部挖掘出一个地下育儿室，雄体给这些卵受精，蝌蚪在 1 周后孵化出来，水塘灌满水后，雌蛙就浮出水面，并把蝌蚪带入开阔的水域中。有时雌体会在水塘外部挖掘出一个滑道，使蝌蚪紧紧地游在其后，这样雌蛙就能带领蝌蚪到水域中去。

■ 加州海狮的繁殖策略

在加州海狮的繁殖地内，即使是海滩上冒起的会急速破裂的水泡也能见证雄海狮为保护领地而不断巡逻的努力，就像本页下图显示的那样。由于马戏团和海洋水族馆里常有海狮表演，所以人们对它们很熟悉。但即使在这些地方，雄性海狮也有各自的领地，并会发出大声的吼叫，以警告企图入侵者。

加州海狮现在主要分布在北太平洋的东部海域，从加拿大不列颠哥伦比亚省的太平洋沿岸向南经过美国加利福尼亚海域，到墨西哥下加利福尼亚半岛海域；另外还有一个与之分隔的亚种分布于南美厄瓜多尔的加拉帕戈斯群岛海域。雄性加州海狮体型比雌性大，在繁殖季节总要在繁殖地占据一片领地。每一只雄海狮都想与尽可能多的雌海狮交配，一只成功的雄海狮必须成功保护住自己在海滩上的小片领地，防止其他雄海狮的侵入，这样才能获得尽可能多的交配权。因此，在建立领地的那段时间里，雄海狮之间经常会爆发激烈的冲突，一旦领地建立之后，这种激烈的

↗ 雄性加州海狮在占有领地期间，常常进行间接的挑衅性的“表演”。一旦它们建立领地后，就常常会在领地边界上进行一套仪式化的展示，但并不进行真正的战斗，以便尽可能地节省体能。这套仪式化的展示尽管对每只雄海狮来说各有不同，但基本上会遵循如下步骤：1.领地相邻的两只雄海狮都靠近共同的边界时，它们会首先晃动头部并大声吼叫；2.接下来会斜视对方，并冷不丁地冲向对方；3.更频繁地晃动头部并发出更多的吼叫声。在互相冲击时，它们的前鳍肢会尽量远离对方的口部，以免被咬伤。不过它们胸部的皮肤很厚，能够经得住一系列的撞击。

↗ 这是一只新出生的海狮幼崽。在拥挤的繁殖地，雄性海狮之间尽管很少发生真正的战斗，但一旦发生，小海狮往往成为受害者，极有可能被踩死。

冲突就会迅速退减到仪式化的在领地边界上的"示威"行动。这些"示威"表演包括大声吼叫、晃动头部、斜视对手、突然冲向对手的鳍肢等等。"示威表演"最多发生在领地边界线上，因此这可以表明海滩繁殖地上每只雄海狮的领地状况。

在繁殖季节，占据领地的雄海狮是不吃东西的，因此，仪式化的"示威"能力和本身体型的大小是长时间占有领地的两个最重要因素。对于一只雄海狮来说，要想留下尽可能多的后代，就必须在领地上坚持尽可能长的时间，仪式化的示威活动必须尽可能少地耗费体能（因为还可能爆发真正的冲突，那时必须要有足够的体能）。如果雄海狮的块头大的话，不但能在真正的冲突中占据有利的形势，而且能够事先在体内储存更多的脂肪，降低能量的消耗速度。海狮体内形成的一层脂肪，起着很重要的作用，不但使海狮能够在冰冷的海水中生活，而且是雄海狮占有领地期间的唯一能量来源。

对雄海狮来说，另一个重要的生育策略就是占有领地时机的选择。从理论上来讲，雄海狮应该在大多数处于生育期的雌海狮出现前就占好领地。平均来讲，每只占有领地的雄海狮可获得与16只雌海狮的交配权，每两只雌海狮能成功生育一个幼崽。繁殖地位于白令海的北海狗群里，雌海狗分娩后大约5天就会再次交配，因此雄海狗必须在雌海狗到来之前就建立领地。但是对于加州海狮来说，雌海狮在分娩21天后才会再次交配，间隔期比较长，使得雄海狮不必在雌海狮到来之前就建立领地（因为那样的话，意味着占有领地的时间更长，会消耗更多的能量，平均来讲雄海狮占有领地时间只有27天），实际上，雄海狮只是在第一批幼崽出生后才忙于建立领地。随着幼崽出生高峰期的到来，雄海狮也越来越多地来到繁殖地，并建立领地——繁殖地上领地最多的时候是幼崽出生高峰期，大约5个星期。

天气状况也是影响海狮繁殖策略的一个因素。在繁殖季节，气温常常超过30℃，这对于新出生的幼崽来说是很合适的，因为它们对自身体温的调节能力还不很完善，气温低于这个度数对它们来说就有些冷了。但是这个气温对于那些占有领地的成年雄海狮来说，却是一个不利的因素。所有的海狮在陆地上的时候，调节自身体温的能力都很有限，30多度的气温对于成年雄海狮来说

↙ 两只雄性加州海狮在水底的领地边界上相遇了。通常情况下，这样的相遇只会有示威性的"表演"，而不会发生真正的"战斗"。

↗ 在美国西部海岸的一块繁殖地内，一群雌海狮聚集在一只占有领地的雄海狮周围。平均来讲，雄海狮占有领地的时间为27天，在这段时间里，它们要与尽可能多的雌海狮交配。

又太热了，长时间暴露在30℃以上的海滩上它们会受不了，因此，必须到水里进行降温。然而，雄海狮去水中降温的时候，很可能会失去自己的领地，怎么办呢？有经验的雄海狮总是把它们的领地建在靠水的地方，至少一部分领地必须接近水。在持续的高温下，一块不能直接进入水里的领地是无法守护住的。

有的时候，雄海狮的大部分领地都在水里，这种情况常出现在繁殖地位于陡峭的海边悬崖上的海狮身上，因为那里只有很小的海滩，不足以使雌海狮在海滩上分娩。在这种情况下，雄海狮的大部分领地都在水下，它们会在水中巡游，在水下吼叫，来保卫自己的领地，这比领地大部分在陆地上占有优势，可以节省能量。有一点可以肯定，雄海狮为了有更多的后代，会充分利用各种有利条件，尽可能地挖掘它们的潜能，以便获得更多的交配权。

■ 在生育后代上的“投资策略”

与其他所有的食肉目动物相同，鳍足目 3 个科——真海豹类（海豹科）、有耳海豹类（海狮科）和海象科——的物种，要确保把自己的基因传下去，就必须把自己捕食的猎物转化成乳汁，喂给下一代。虽然鳍足目是哺乳动物中寿命比较长的一类，但是它们的繁殖率却很低，雌兽一年只能产下 1 只幼崽。另外，它们必须离开水体去繁殖，要么在陆地上，要么在冰面上，这些地方常常远离它们的觅食区。这种繁殖地和觅食区的分隔是决定不同物种繁殖方式变化的唯一重要因素，而且同一物种间还有多种繁殖方式。例如，少数几种真海豹（其中包括港海豹）在繁殖季节的觅食方式与有耳海豹更为接近，而与其他真海豹不同。不管采取什么策略，鳍足目中的雌兽都必须把它们在觅食季节所储存在体内的养料分配给它们的幼崽，不管它们在每个季节中储存的食物量相同与否，它们与幼崽的交换都注定是不平等的。

母兽对幼崽的“投资”是巨大的，不仅通过乳汁的形式把自己的能量转给幼崽，也要为保护它们而付出很大的能量——不仅要保护幼崽不被其他成年同类伤害，还要保护幼崽不被其他的掠食动物捕食。几乎所有鳍足目动物的每一个种群都是在同一时期生育幼崽，这得益于它们有延迟着床期，使得每年幼崽几乎在同一时间出生。真海豹在哺乳期间，母兽基本不进食，只靠繁殖期

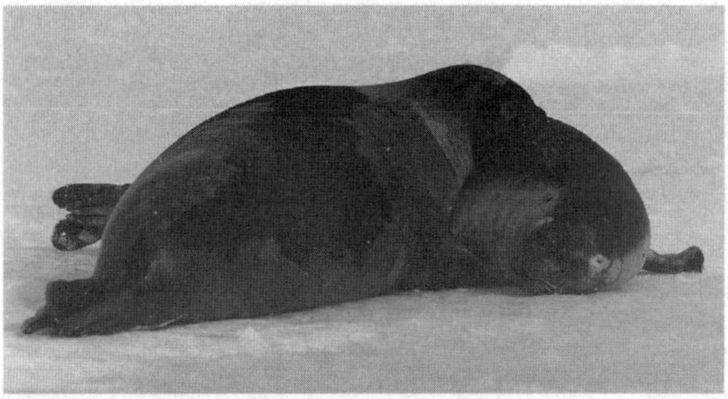

↗ 由于有延迟着床期，雌性琴海豹的怀孕期持续将近一年。而它们的哺乳期不超过2个星期，在幼崽完全断奶前，母海豹会再次进行交配。

前储存在体内的脂肪维持生命，而有耳海豹的母兽在哺乳期间还另外觅食，因此，有人总结出一个易记的格言，说“真海豹只出不进，有耳海豹有出有进”。这种差别很好理解，因为真海豹的体型比较大，可以在体内储存更多的脂肪，而有耳海豹体型比较小，在体内储存的脂肪也少，因此，需要另外的食物补充。

尽管如此，体型也仍然是母兽付出代价的一个关键因素。雌性真海豹一般比雌性有耳海豹体型大一些，中等的真海豹体重 220 千克，而中等的有耳海豹体重只有 40 ~ 50 千克。而且最为重要的是，真海豹事实上可以采取禁食的策略，通常在相对比较短的哺乳期内（同时也是母兽能量消耗巨大的时期）不再进食，如冠海豹的哺乳期只有短短的 4 天，完全可以不进食。真海豹的幼崽长得也更快（冠海豹幼崽 4 天后体重就能达到出生时候的 2 倍），并且断奶也比较突然。为了完成这种超快的发育速度，乳汁中含有的脂肪质高达 60%。

与真海豹相反，有耳海豹的禁食期有 5 ~ 12 天，在这些天里，母兽靠以前储存在体内的脂肪维持，一旦过了这几天之后，它们就去海中觅食，往返于觅食地和繁殖地之间。它们的哺乳期也相对比较长，从 4 个月（如加州海狮）到 24 个月（如加岛海狗和南美海狗）不等。有耳海豹的幼崽比起它们的真海豹“亲戚”来说，长得实在有点儿慢，断奶的时候体重只有母海豹的 30%，而真海豹幼崽断奶的时候体重则能达到母海豹的 40%。我们对海象照料幼崽的情况现在还了解得较少，但是知道小海象总是随从母海象一块儿在海中觅食，还常常在海水中吃奶。

在大多数的鳍足目种类中，同类之间成年雌性的体型差异很大，最大者往往是最小者的两倍。一只母兽的付出（用自己体内储存的能量来养育一个幼崽）和它的收获（通过这些付出而导致自身基因的传递）之间的关系是复杂的，尤其是在各个母兽本身的体型大小很不相同的情况下就变得更为复杂，因为如果要把幼崽养育成大致相同的体型，一只体型比较大的母兽耗费的能量与自身相比相对较少，而体型较小的母兽耗费的能量与自身相比相对较大。这种“种内”的不同也同样可以推论到“种间”，因种类间体型很不相同，使得这种生育行为也更为复杂。

然而，我们有一个办法来计算母兽生殖所付出的成本，可以根据母兽所降低的生育能力和减少的寿命来间接计算母兽生殖的成本。例如，如果一只雌性加岛海狗一直与幼崽待在一起，直到第二个繁殖季节，这会极大地降低第二年的怀孕几率（降到只有 45%，如果断奶后就让幼崽离开，则第二年的怀孕几率为 90%）。对于一只雌性南极海狗来说，以前的怀孕状况与

↓ 这是一只雌性琴海豹，正在给它的幼崽喂奶。在分娩之前，雌性琴海豹在体内储存大量的脂肪，因此身体变得像气球一样圆，它就是靠储存在体内的脂肪度过10～12天的哺乳期的。在这短暂的哺乳期结束后，幼崽的体重能够达到出生时的两倍，而此期间，母琴海豹是根本不进食的。真海豹基本上都是采用这种哺育幼崽的方式，一旦哺乳期结束后，幼崽和母海豹的进一步联系都非常少，这一点与有耳海豹不同。

↗ 一只雌性南非海狗正慵懒地躺在一块礁石上，给一个体型已经长得相当大的幼崽喂奶。这种典型的有耳海豹的哺乳期长达12个月，少数南非海狗幼崽在出生后的第二年甚至第三年还跟在母海狗身旁，还在吃奶。

它们以后的寿命和生育能力有很大的相关性，如果以前怀孕并产下幼崽的次数很多，它们的寿命就会缩短，以后的生育能力就会下降。例如，从未生过幼崽的雌性南极海狗活到15岁的几率是每年都生育一次的雌性的3倍，上一年生育幼崽后，第二年就会有48%不能再次怀孕，换句话说，雌性为生殖所付出的是寿命减少和生殖力下降的巨大代价。在真海豹中，如果一只雌性威德尔海豹头一年产下一崽，那么第二年产崽的几率就会减小5%，也就是说，它们付出了生殖力降低的代价。

这些付出和成本在不同的环境下会有所不同，我们可以举生活在美国加州外海的两个种群的北象海豹的例子来说明。在新年岛上繁殖的北象海豹数量比较多，那里的繁殖地显得很拥挤，雌性3岁或4岁的时候就生育第一胎，但是早期生育的幼崽的成活率只是年龄大一些时候生育的幼崽成活率的一半；在法拉隆群岛繁殖的北象海豹的种群密度比较低，也没有证据显示年轻的母象海豹生育的幼崽成活率降低，但法拉隆群岛上的雌性北象海豹在较早生育第一胎后，下一年生育幼崽的可能性会很低，反之，如果它们越往后推迟生育第一胎的年龄，接下来的繁殖能力就越强。

在苏格兰北罗纳地区海岸附近生活的灰海豹中，母海豹如果在某一年养育幼崽的时候付出了比往常平均更多的成本，那么第二年它就会隔过去不再生育。

实际上根据上述分析，有些研究人员认为，在同一种海豹中，体型大小不同的两类雌性很可能采取了不同的生育策略：一个极端是雌性生长发育速度快，开始生育的年龄也早，繁殖的次数也多，但是它们的寿命比较短；另一个极端是雌性开始生育的年龄比较晚，生育幼崽的频率也比较低，但是它们自身的寿命更长。我们还需要根据两者后代的成活率来研究到底哪一种生育策略的回报更高。

■ 橄榄狒狒两性之间的“友谊”

生活在非洲东部的橄榄狒狒是社会化程度非常高的灵长类动物，它们生活在活动领域达到40平方千米的大型群体中。这种群体包含30～150个成员，所有成员总是待在一起，觅食、睡觉和游戏的时候就像一个整体。雌性之间、雌性与幼崽、雌性与成年雄性建立的长久“友谊”构成了其群体的核心。

↗ 在肯尼亚的马赛马拉国家公园内，一只带着幼崽的雌性橄榄狒狒正在享受梳毛的乐趣。雌性通常会为其他母狒狒梳毛，以获得触摸幼崽的机会。

雌性橄榄狒狒和它们成年的雌性后代通常会维持紧密的联结，而成年雄性则会相继离开出生的群体，并加入其他不同的群体当中。这种母系家族之间的关联，构成了一个扩展到三代以上、包括一些旁系家族的社会关系网络。在这种家族群体中，每个成年雌性的等级都排在其母亲之下。当在白天休息时，它们经常聚集到该家族最年长的雌性周围休息和梳毛（抓虱子，整理皮毛等）。在晚上，家族的成员通常会挤在一起睡觉，当其中一个成员受到其他狒狒威胁的时候，它们会互相支援。虽然雌性也会为食物和地位竞争，但它们极少进行激烈的打斗，通常通过顺从的姿态，如表示害怕的咧嘴和扬起尾巴，来展示自己的身份。如果雌性之间发生了争斗，通常会随后和解，和解的方式一般为互相发出咕哝声，更少见的方式还有互相触摸和拥抱。

一只新迁入的雄性由于对新群体的成员不熟悉，它必须设法进入这个密集的“亲戚”和伙伴的网络。开始的时候，它一般会与没有养育后代的成年雌性建立关系。它会紧跟在该雌性的后面，同时咂着嘴并发出咕哝声，当获得该雌性注意的时候就做出表示“到我这来”的友好脸形——这是一种很独特的表情，做出这种表情的狒狒耳朵会向后贴着头骨，眼睛也会变小——如果雌性同意的话，它就会为该雌性梳毛。经过几个月以后，它可能会成功地与该雌性建立稳定的联结。如果是这样，它们的关系就起到了类似通行证的作用，使得该雄性把它与群体之间的联结逐渐延伸至那个雌性的伙伴和“亲戚”中。即使通过了这个初始阶段，新来的雄性也必须维持对雌性的友善。雄性和雌性的联结并不立即关系到性行为，虽然雌性在发情期时会与许多不同的雄性交配和互动，但是它们成年生活当中的大部分时间都是在怀孕或养育后代中度过的，这个时候它们是不会进行

交配的。

这种雄性和雌性之间的特殊关系或者“友谊”在每一个得到详细研究的狒狒群体中都有记录。在肯尼亚一个大型的橄榄狒狒群体中，35 只怀孕或养育后代的雌性大部分都会与 18 只雄性当中的 1 ~ 3 只成年雄性建立伙伴关系（在狒狒当中，最常见的成年雄雌性别比为 1:2）。在寻找草、球茎、根、树叶和果实的时候，有 3/4 的狒狒会在避免与其他成年雄性近距离相遇的情况下，保持在距“伙伴”5 米的范围以内。除此之外，几乎所有存在于非发情期雌性和雄性之间的友善互动都是发生在“朋友”之间的，其中有 98% 都是梳毛行为。

因为雌性的体重只有雄性的一半左右，而且缺少长长的、剃刀一样的犬齿，所以它是无法抵抗雄性对幼崽的攻击的。据观察，对于狒狒的 3 个亚种来说，新来的雄狒狒都会杀死幼崽。不过，播放南非大狒狒叫声的野外实验表明，雄性对雌性伙伴发出的求救声十分敏感，特别是当雌性养育着幼崽以及它的叫声伴随着一只新来的雄性攻击性的叫声录音时。雄性不太可能注意到非伙伴的母狒狒的叫声，所以对于雌性来说，和雄性的“友谊”就意味着它的后代的生存。

雄性能够从“友谊”当中得到什么一直不太明显。通常，该雄性是雌性发情时和它交配的对象，所以在这种情况下，雄性是会保护自己的孩子的。如果该雄性这次不是幼崽的父亲，它可能希望下次能够成为孩子的父亲，因为平均来讲，雄性伙伴与雌性形成配偶关系的机会是非伙伴的两倍。虽然在某些狒狒种群当中，雄性统治者获得了 80% 的使雌性受孕的机会，但是在橄榄狒狒的群体当中，低等级的常驻雄性比新来的统治者多了两倍的机会使发情期的雌性怀孕。

个体的个性特征是决定谁和谁配对的重要因素，因此毫不奇怪，不同伙伴间的伙伴关系是有很大差异的。某些伙伴会花很长时间待在一起，却很少接触，而另一些伙伴会频繁地相互梳毛，碰见之后就会拥抱，夜间也会挤在一起。在一生的不同阶段，随着狒狒的成熟，伙伴关系也会发生变化。有些会解散——雌性可能会在一系列与雄性的相遇当中建立新的伙伴关系；雄性也可能获得统治地位并抛弃年轻时的伙伴，与具有影响力的雌性建立新的伙伴关系。但是许多伙伴关系会持续多年，因为它们已经习惯于舒适而悠闲的亲密关系了。总的来说，与雌性和幼崽频繁互动的雄性更有可能在一个群体中生活许多年。

狒狒常被描述为高度竞争的一种动物，但那只是它们天性的一方面。自然选择也同样偏爱它们发展亲密和长久伙伴关系的能力。事实上，人类和其他灵长类动物都有这种能力，这说明了该能力是我们祖先的基本能力之一，也是进化过程中流传下来的基本财富之一。

↙ 当橄榄狒狒休息的时候，它们的群体会分成一些更小的有亲缘关系的亚群体。

■ 猴类和猿类中的“杀婴行为”

动物王国中最引人注目的攻击行为之一就是“杀婴行为”，即同类杀死还未独立的幼崽。“杀婴行为”很普遍，甚至人类也曾经存在着某种程度的“杀婴行为”，无论是在狩猎采集时期还是农耕时期，不过现在这样的行为已经很少见了。

对动物“杀婴行为”的描述可以追溯到古希腊时代，但直到20世纪60年代，关于非人类的灵长类（南亚的长鼻猴）的“杀婴行为”才被记录下来。长鼻猴生活的群体通常由一只生育期的雄性、几只成年雌性和它们各个年龄段的后代组成，其中包括需要照料的幼崽。现有的雄性统治者会周期性地死亡或被群体中的其他单身雄性取代，然后，取代它的雄性就会试图杀死群体内的部分幼崽。

从那以后，人们在许多灵长类动物当中都发现了“杀婴行为”，包括几种狐猴、吼猴、叶猴、长尾猴、狒狒，以及山地大猩猩和黑猩猩。“杀婴行为”通常发生在雄性身上，在新来的雄性进入群体之时最有可能发生。在红吼猴、山地大猩猩和南非大狒狒这样的灵长类当中，“杀婴行为”是幼崽死亡的主要因素，占到了25%～38%。

“杀婴行为”及其发生的原因一直都是极具争议的话题。一种观点认为，“杀婴行为”是一种异常行为，它一般是由过度拥挤或其他反常的情况造成的——这就是社会反常假说。然而，对于长鼻猴来说,“杀婴行为”一般都在雄性统治者更替以后发生,即使在种群的密度已经很低的情况下。

一种新的解释考虑了雌性灵长类生物学特征的一个重要方面。哺乳和养育幼崽会长时期地抑制雌性的排卵，因此怀孕或带幼崽的母猴是不能够怀上新来雄性的后代的。雄性通常只有很少的机会繁殖，因为其他雄性总是想要篡夺它们的统治权。“杀婴行为”是一种策略，它能够使雌性更快地回到可受孕的状态，这比等到它们的幼崽断奶要快多了。比如对于南非大狒狒来说，雌性从生下幼崽到怀上下一胎，中间要间隔18个月，但如果幼崽死掉了，母狒狒通常会在5个月之内再次怀孕。雄性除掉非亲生的后代之后也会获得其他的一些好处，比如说减少食物竞争，但这似乎不是主要的动机，因为雄性很少攻击刚断奶的幼崽和先前本地雄性已经独立的后代。

另一种观点声称，雄性的更替过程中会发生攻击行为，而“杀婴行为”只是攻击行为的意外副作用。该论点认为，在一只新的雄性为建立统治权而发起的攻击行为中，幼崽更容易成为攻击对象并受到致命的伤害。然而，从尼泊尔拉姆那嘉地区长鼻猴的粪便中提取的DNA证明，“杀婴”的雄性并不是毫无规律地杀掉幼崽，它们专门以其他雄性的幼崽为目标。但现在还需要进行更多的遗传性研究来考察“杀婴”的灵长类动物是否会与雌性生下自己的幼崽。

根据资料记录，灵长类的“杀婴行为”主要发生在单雄性的群体当中，但最近的研究发现该行为在多雄性的背景下也时有发生。例如，南非大狒狒的社会群体包括3～10只成年雄性、20多只成年雌性以及许多年轻狒狒。当一只新来的雄性取得群体统治地位后，它就会试图杀死来之前这里的幼崽，然后与恢复排卵的母狒狒交配。大约有1/3～1/2的新进统治者会以这种方

↗ 在南非大狒狒群体中，“杀婴”事件发生得相当频繁，因为雄性的领导权改变得很快。图中一只成年狒狒正将一只死亡的幼崽带走。

↗ 在达到成熟以前，雄性长鼻猴会离开或被赶出出生的群体，然后加入到其他没有血缘关系的雄性群体中。它们观察着那些处于繁殖期的群体，并试图篡夺统治权。

式“杀婴”。

这些证据表明，雄性狒狒的“杀婴行为”是一种适应性的繁殖策略。然而，对于生活在东非的橄榄狒狒来说，该行为要少见一些。导致这种差异的原因还不清楚，但有一个因素似乎是最重要的：南非大狒狒的雄性统治者大概只有短短7个月的统治时间，而橄榄狒狒的统治地位能够维持1～4年。因此，后者有更长的时间使雌性怀孕，而前者必须迅速地拥有自己的后代。正是这个原因，雄性才会杀死“他人”的幼崽，从而增加自己繁殖的机会。

然而，在另一种多雄性的黑猩猩社会群体中，“杀婴行为”仍然是一个复杂的谜。没有一种假设能够单独清楚地解释黑猩猩“杀婴”的模式。上述的三种假设都适用，除此之外还有一个可能性就是，幼崽可能会被用做食物。在一些观察案例中，雄性会杀掉邻近群体的幼崽，但是它并不能得到明显的繁殖优势，因为幼崽的母亲不会迁移到“杀婴”雄性的群体当中。在已报道的人类案例当中也是这样，杀死婴儿的行为似乎与男人的繁殖竞争毫无关系。杀掉婴儿的决定通常是由婴儿的母亲或父亲做出的，这就意味着父母对生育的控制可能才是根本的原因。即便是发生在继父继母身上的杀婴虐待行为——正如文艺作品或民间传说所描绘的那样——也更可能是因为他们不愿意为别人的后代投入资源，而不是想通过除掉小孩来获得直接的性交优势。

↗ 这是雌性银色乌叶猴及其幼崽。成年者身上有粗浓杂乱的银色毛发，但幼崽有更显著的橘色胎毛，这些胎毛到它们3个月大时才会褪去。

据观察表明，存在于雌性和雄性之间的社会

联结能够阻止“杀婴行为”。当一只雌性南非大狒狒产崽以后，它通常会在群体内挑出一只特定的成年雄性与之建立“伙伴关系”。它会紧紧地靠近选定的那只雄性，不断地尾随其后，更多地为雄性梳毛,并只允许其触摸幼崽。养育后代的母狒狒为什么会与一只雄性建立这种联系？至少对于南非大狒狒来说，它们是为了防止“杀婴”，因为其雄性伙伴与群体其他成员相比更有可能保护其幼崽。除此以外，当有雄性伙伴插手帮助的时候，新进的雄性统治者发起的“杀婴行为”更有可能失败。比如最近的一项研究发现，在雄性伙伴直接介入的所有案例当中，新进统治者发起的攻击都未能伤害到幼崽，而雄性伙伴不在场的案例当中，受到攻击的幼崽有2/3受到了严重的或致命的伤害。

这些雄性伙伴是否是它们所保护的幼崽的父亲，现在还不清楚，但是只要获得遗传学数据，这些问题无疑会变得清晰。如果它们不是，那么它们的“友好”行为可能会增加将来与雌性伙伴生育后代的机会。

虽然“杀婴行为”看上去是一种负面和“反社会”的行为，但它最终能够促进表面上积极的社会关系以及雌性与雄性之间的“伙伴联结”的进化。这种可能性甚至在解释人类和其祖先的“杀婴行为”时也是有效的。

■ 长臂猿在“歌声”上的较量

长臂猿的“歌曲”较量是亚洲热带森林中最壮观的景象之一。它们中的雄性和雌性都会在森林的顶篷表演复杂的“歌曲”，“歌声”在数千米以外都能听见。“歌曲”的较量在性别上具有高度的二态性，雄性和雌性的“歌曲”十分不同，而且“歌曲”的作用也不相同。

雄性长臂猿的“独唱”始于日出之前，在拂晓时接近尾声。“独唱”的开端是一系列柔和而简单的颤音，在随后的20～40分钟逐渐发展成为越来越响亮、越来越复杂而“精美”的歌曲。对于黑手长臂猿来说，较量的“终曲”是开始“歌曲”的两倍长，而且包含了几乎两倍多的音符（“终曲”为3.5秒和7.6个音符，而“开始曲”为1.8秒和4.2个音符）；克氏长臂猿的复杂歌曲甚至可称做“颤音歌曲”。

雌性长臂猿通常要等到上午才开始“唱歌”，它们的“歌曲”比较短，变化也比较少，只持续10～20分钟。雌性仅仅是一遍又一遍地重复同一首“歌曲”，但除了重复，它们的表演还是给人们留下了深刻的印象:被称做“高鸣”的叫声由6～80个音符组成，持续约7～30秒。最出色的高鸣声也许是克氏长臂猿发出的，此声音“可能是任何野生陆生哺乳动物中最优美的音乐”。

↗ 一只雌性克氏长臂猿跳到半空中，用它那具有震撼力的高鸣声警告“别人”远离它的领地。它也会沿着树枝直立地奔跑，并和其他家庭成员一起撕扯树叶并摇晃树枝，以增强警告的效果。

雄性则在还没“起床”时就开始“唱歌”了。这种黎明前的“合唱”在它们出现在离地30米高的树上之前就开始了；虽然它们的“曲目”非常多，但是它们的“演唱风格”却相对统一。另一方面，长臂猿中的雌性是“戏剧女王”。它们白天的时候在大树上进行表演，其中涉及到激烈的身体动作和在树枝之间的来回摆荡。在高鸣声逐渐增强的时候，表演也达到了高潮，这个时候枯枝烂叶会纷纷落到森林的地面上。通过它们的“歌声”我们不仅可以区分长臂猿的性别和种类，还能区分具体是哪一只长臂猿在“唱歌”。雌性的高鸣不仅音符数量和持续时间不同，而且音符的范围也不一样。

长臂猿为什么要“唱歌”呢？这似乎主要是为了提醒其他同类自己的存在和方位。虽然人们曾经认为雄性“唱歌”是为了保卫它们及其配偶的进食领地，现在看来，实际上是为了保护雌性不受到单身雄性的注意。有配偶的雄性“唱歌”更加频繁——每2～4天一次——因为其他许多个体将会威胁到它们的“夫妻关系”，而在雄性稀少的地区，由于竞争性不强，它们根本不“唱歌”。

雄性长臂猿“唱歌”并不是没有代价的。在寒冷的冬天或者果实缺少富含能量的糖分时，它们就“唱”得少一点。除此之外，没有配偶的雄性仅仅依靠“听歌”来评估竞争对手的实力。

雌性的“歌声”与自己领地受到威胁的程度有很大的关系，比如说邻近的雌性想要从它的领地内偷走有价值的果实时。因此，雌性“唱歌”似乎是为了表明自己的存在以阻止偷窃者。雌性一般1～3天唱一次，但是入侵者两周才出现一次的时候，它们会降低到2～5天一次。相比之下，当它们每两天就受到一次威胁的时候，它们天天都“唱”。

辨认对手的压力等级对于长臂猿很关键。如果入侵者是邻居，那么它们可能在附近有自己的领地，这次过来只是暂时寻找食物。当有外来的长臂猿过来寻找领地时，它们之间才可能进行激烈的打斗（伴随着受伤的危险）。

↑ 一对银长臂猿在一起领地争端中正冲着它们的邻居吼叫。爪哇的种类不会进行“二重唱”，实际上，那里的雄性银长臂猿根本不“唱歌”。

在许多种类的长臂猿中，雄性都会配合雌性“创作”复杂的“二重奏”。这种雄性的“歌曲”可称做“尾声”。在“二重奏”之中，雌性和雄性的协调与同步性程度会越练越高，所以“二重奏”的质量通常表明了这对“夫妻”共同生活的时间。

某些权威人士认为“二重奏”的演唱可以帮助建立和维持“夫妻”关系，然而事实并不是这样，因为某些种类（例如克氏长臂猿和银长臂猿）即使拥有亲密的“夫妻”关系，它们通常也不进行“二重奏”。现在看来，在那些频繁遭到入侵的领地，“二重奏”是为了公开表明它们的“夫妻”关系，通过加入配偶的“二重奏”，雄性表明了自己的存在，也支援了它的配偶。这可能有助于减少领地冲突带来的危险，以及在冲突发生时防止冲突升级。

↗ 雌性马鹿也通过角斗决定它们的等级地位。有统治权的雌鹿有权使用主要的进食地点，这对生产出强壮的后代是很重要的。

↗ 在发情期，拥有配偶的雄马鹿必须打败它的雄性挑战者。一场吼叫比赛就是一场战斗的先兆，但有时一只雄鹿也会独自吼叫以宣示自己的统治地位。

■ 马鹿对性别比例的控制

平均而言，雌性哺乳动物一般生下相同数量的雄性及雌性后代，对每一个母亲而言，这个策略都有着进化性的意义。然而，一个母亲生产出更多雄性后代或是相反的情况也是存在的。这种操纵性别比例的潜在好处很好地体现在了对马鹿研究的显著结论中。

一只雌性马鹿在其 10 ~ 11 年的一生中会生产一些后代，在生育期内通常 1 年 1 只。对于雄性马鹿而言，生命犹如一场博彩——有的有几十个后代，而有的一个也没有。在苏格兰西部沿海的鲁姆岛上，一只成功的雄鹿最多可以有 53 个后代。相比之下，9% 的雄鹿只有 2 个后代，19% 的只有 1 个后代，而 35% 的雄鹿一直到死 1 个后代也没有。更糟的是，有将近一半的幼崽在还没进入成年期前就死去了。造成这种偏差的原因是马鹿实行“一雄多雌”制，即成功的雄性马鹿保护着一群雌性马鹿以防止其他雄性的窥伺。

一只雄性马鹿在交配竞争中的能力取决于它的“质量”，即它的体质和鹿角的大小，它的打斗技巧，它的吼叫能力，以及它的妥善处理问题和保护雌性的能力——不仅仅是为冬天的来临准备食物的潜力。因而，只有当一头雌鹿肯定它能产下一个高质量的雄性后代时它才会生产雄性，因为与其冒着危险生一个竞争力低的雄性后代，还不如生产雌性后代——雌性即使体质不好也能有自己的后代。当然，任何动物当前一代的所有个体都是其亲代的成功产物，一只低质的雄性后代也许意味着其母系血统的进化式终结。当后代在相对困难的环境下生存时，生产出低质的雄性后代意味着母鹿的基因会渐渐消亡，而产生雌性后代时基因则会延续。

另一个影响马鹿后代“质量”的因素就是母马鹿在鹿群中的等级地位。雌性马鹿是群居动物，大的鹿群有着严格的等级制度，其中处于统治地位的个体与非统治地位的个体存在着明显的差异。处于统治地位的雌鹿平均体重要比处于附属地位者重 7%，它们的下一代活过第一年的概率也要高出 14%，并且更有机会成为新的统治者。一般认为，如果雌鹿在种群中占有优势，那么其后代也更有希望在残酷的交配竞争中获胜，所以，这样的雌性适合生育雄性后代。类似的，如果雌鹿处于附属地位，那么其后代会比较娇小瘦弱，它也就更适合生育雌性后代。

值得一提的是，对在鲁姆岛的马鹿的长期研究证实了上述观点。最有统治权的雌鹿生育的后代中约有 65% 是雄性，相反，最弱势的雌鹿其后代中仅有 35% 为雄性。尽管确切的原因并不明确，但是人们认为这可能与母鹿体内的激素水平有关。

然而事情远比上面说的要复杂，其他的一些显然没有进化益处的因素也对马鹿幼崽的性别比例有影响。例如母鹿在怀孕期间若环境压力过大，它们就可能流产，而且似乎雄性胎儿更容易发生流产，所以比较高的环境压力对应着比较低的雄性出生率。在鲁姆岛，种群密度的增大或是冬季降水量超过平均水平的 1.25 倍都会导致来年春季出生的幼鹿中雄性比例大约减少 3%。在恶劣的环境中，处于统治地位和附属地位的母鹿产下的幼崽的性别比例则变得没有什么区别，这暗示着上文描述的适应性机制的发挥需要一个好的环境条件。为什么雄性更容易在幼体时期死去目前仍然是一个谜，同样，在整个系统中还存在另一个明显的疑问：雌鹿到底是怎样确定“胎儿”的性别的？

■ 黇鹿群集展示的交配体系

从受精的那一刻开始，雌性哺乳动物就注定比雄性对下一代付出更多。雌性总是在照顾幼崽，而雄性很少对其尽到父亲应尽的职责。也许，进化过程中为雄性设计的最奇怪的表现它们价值的场所是“求偶场”——进行性展示的场所，在这里雄性之间会展开竞争并赢得与雌性交配的权利。与保护领地以赢得配偶或是保护雌性本身不同，雄性在“求偶场”中保护的仅仅是小小的交配领地，这样的领地除了包含它们自己之外，只有很少或没有其他的资源。这种“求偶场”一般能聚集起高达 100 头的规模。在这里，不同的雄性会保护隔离的小片领地并满怀期待地想得到发情期雌性的青睐。

群集展示的交配体系在哺乳动物中很少见，主要在非洲羚羊中出现。20 世纪 80 年代，人们进行了 10 年的研究，在欧洲黇鹿的一些种群中也发现了这种交配方式，从而揭开了这种交配体系发生的环境及原因。

↗ 黇鹿在“求偶场”中交配。雄鹿在18个月大的时候就可以交配了，然而，直到它们至少4岁的时候才能实际获得交配机会。

在有蹄类动物中，群集展示的交配体系在种类间存在很大的差异性。这个情况在黇鹿中尤其明显，雄性展现了极具弹性的求偶战略，不论是在种群内还是种群间。最成功的雄性会占有发情期的雌性并将它们归为一个数目多达 50 头的群体，与它们交配并不许其他雄性“染指”。另外的雄鹿会保护隔离开的交配用的领地，领地大小不一，从几平方米到几平方千米不等，这些领地里包含了雌鹿所需要的宝贵资源。这些雄鹿会利用声音和嗅觉展示来吸引雌性。当然，一个极端就是领地集合到一起，形成“求偶场”。

处于“求偶场”的雄性黇鹿会保护自己那不超过几平方米的被踩踏得寸草不生的求偶领地，一个典型的鹿“求偶场”会有 10 ~ 20 头成年的雄鹿，多达 50 头雄鹿的大的“求偶场”也曾经发现过。从人类的角度看，群集展示的交配体系是疯狂的，雄性会不顾一切地去吸引并保有在它们求偶领地内的雌性。

对这种奇特行为的最好解释，就是它与种群密度之间存在联系。黇鹿与其他的有蹄类动物一样，种群密度的上升总是与雄鹿发情期时领地争夺激烈程度的上升密不可分。当种群密度低于每平方千米 10 头成年雄鹿时，雄鹿会去搜寻雌性或者保护自己随时可能出走的“妻妾”。当种群密度增加时，它们就会去保护自己独立的领地。在密度大于每平方千米 40 头成年雄鹿时，它们就会聚集在一起，以群集展示的形式保护领地。在一些种群中，不断增大的种群密度已经导致了从独立领地到“求偶场”的转移。

为什么雄黇鹿会保护在“求偶场”的领地呢？在“求偶场”中的雄性，争斗非常频繁，一天常常会达到 10 次，而且常导致严重的受伤甚至死亡。雄鹿都会为了在“求偶场”中赢得一小片领地不顾一切地竞争，这意味着在这种体制下“求偶场”领地的占有期是很短暂的，经常只有两三天。然而，“求偶场”却是渴望交配的雄鹿碰运气的好地方。一头在“求偶场”中取得胜利的雄鹿往往比相同种群里远离“求偶场”的雄鹿个体要多出 4 倍的交配机会，这对它们短暂的占有“求偶场”领地期是足够的补偿。在群集展示最激烈的种群里，超过 80% 的交配都发生在“求偶场”中而不是单独的领地或流动的“妻妾”群中。这是因为雌性个体——尤其是处于发情期的雌性个体往往

↘ 一对雄黇鹿在“求偶场”中争斗。一头雄鹿至多只能保持它们在“求偶场”中的胜利十几天，有时甚至仅有几个小时。

前往“求偶场”并待在那里，雄性在“求偶场”中也比在孤立的单个领地更容易留住发情的雌性。因为雌性在被干扰时有流向邻近领地的倾向，而加入“求偶场”的雌性常常在领地间游荡而不是离开，因而“求偶场”中的雄性比选择其他求偶方式的个体有更多的机会交配。

如果说雄黇鹿在“求偶场”中交配是因为在这里能吸引和留住异性，那么另一个有趣的问题就摆在了我们面前：是什么让发情期的雌性也要在“求偶场”中交配呢？许多研究者指出了基因驱动的可能性：雌性是为了选择能够带来更高的后代存活率的雄性，或者选择那些更有吸引力的雄性。支持“优秀基因假设”的证据如下：在“求偶场”里，大部分的雌性会与最有竞争力的雄性交配。对于黇鹿“求偶场”的研究表明，雌鹿对于雄鹿的选择基于它们的体型、发声频率以及它们在“求偶场”中所占据的中心地区，雌鹿可以根据这些“线索”选出最优秀的雄鹿。

然而,即使雌鹿确实从“求偶场”交配中获得了遗传上的好处,但这并不意味着形成“求偶场”的最初原因就是对交配对象的选择。另一种看法认为，雌性从“求偶场”交配中获得的直接利益要么是增加了交配几率要么是减少了被捕食的风险。实验证明，雌鹿对与一群雌鹿生活的雄鹿比对单独生活的雄鹿更有兴趣——但是这种偏好仅限于处于发情期的雌鹿，不发情的雌鹿并未表现出来——因此雌鹿会通过加入“求偶场”来寻求更好的保护。加上给雌鹿带来的寻找性伙伴的便利，或许可以解释这个特殊的现象。

■ 一生只繁殖一次的肥足袋小鼠

很多哺乳动物要长到年龄很大的时候才交配，因此勇于“个人牺牲”的奖项应该授给那些一生只繁殖一次的哺乳动物，因为它们会消耗自身而增强其繁殖能力。大多数哺乳动物会小心翼翼地开始繁殖，极少在一开始就产下个数最多的一窝和最胖大的幼崽，然后繁殖力再随着年龄的增大而增强。然而对某些特定的种类来说，一些个体会“把所有的蛋放在一个篮子里”，如冬天存活下来的一只雪鼬在其死去之前常常只能产下 1 窝幼崽。对这些种类而言，所有的雌性同时进入发情期(一年只有 1 次),这之后雄性死去,有的时候仅仅是在三四天的时间里就全部死去——实际上，所有的雄性甚至能在雌性排卵之前就全部死去。雌性继续生活并哺育它们的幼崽，而且通常在只抚养完 1 胎之后就死去。

如果生物体在其整个生命周期中只进行一次繁殖，那么它们就被称为“终生一胎”，这种繁殖策略是奇怪而又少见的。真正的终生一胎现象好像在负鼠身上至少进化了 2 次，而在袋鼬科动物之间至少进化了 5 次，对其他哺乳动物及鸟类而言，却一次也没有。有此方面进化的种类包括从得到很好研究的肥足袋小鼠——体重仅 20 克——到漂亮的袋小鼠，再到跟猫一般大小的小袋鼬。

“终生一胎”现象仅仅发生在气候具有可预测性以及高

↗ 对每胎多达10只幼崽进行抚养，给母肥足袋小鼠造成了极大的压力。为了保证产出足够的乳汁喂养它的后代，繁殖周期是较固定的，这样哺乳期与猎物最丰富的时间段便相一致，以保证在那个时段它能吃得很好。

度季节性的环境中，而且这对于小型有袋动物的令其苦恼的低繁殖率有其"合乎情理"的原因。最著名的"终生一胎"的有袋动物是褐肥足袋小鼠，其有一个仅4周的怀孕期，在其怀孕的末期，会产下每只体重仅有16毫克的幼崽。幼崽被安置在浅浅的育儿袋中，在那里它们可以附着在乳头上继续发育。再经过5周的哺乳之后，它们会长到大约1厘米长。直到14周或者14周以上，它们才断奶。

因为雌性有能力给多达10只的幼崽哺乳——它在哺乳期的新陈代谢率能达到10 ~ 12倍于基础代谢率（这是哺乳动物中的一项纪录），因此，雌性的繁殖是定时的，以保证哺乳期能够与昆虫与蜘蛛类猎物最丰足可食的时间段相一致。这样，雌性必须在冬季受孕，即使这个时候只有很少的食物可吃。但是雄性却要集合到雌性会来交配的特定的树上，经受更长时间的煎熬和考验。在这短短的发情期里，可能会有多达20只的雄性集合到某个树洞里，在那里接受雌性的"拜访"。

雄性面临一个三重的困境。它们必须在冬季交配，并且是在一个距离其巢区1千米远的公用窝巢里进行，而且如果它们在这个时候非要进食，那么它们将会错过对其来讲至关重要的雌性的到访。这样看来，雄性做出死亡选择也就不难理解。面对外部挑战或者使它们紧张的刺激时，雄性通过一种极端的形式表达了它们解决所有哺乳动物都要面对的挑战时做出的反应。这种反应包括分泌皮质类固醇，其中皮质醇是对哺乳动物最有效的。皮质醇会抑制食欲，并提高糖质新生（蛋白质到糖的转化过程，能够用来支持身体度过难关）。然而，这种应对重压的反应是一柄双刃剑。

除了带来好处之外，皮质醇还抑制免疫力及对炎症的反应，使受重压的动物处于更易患病的巨大危险之中。对大多数生物体而言，最终会通过绑定皮质类固醇的球蛋白（它使一些皮质醇降低活性）及借助脑中的否定性的生物反馈（这使皮质醇停止产生）得以避免。终生一胎的有袋动物，则以一种自杀式的手法，在繁殖季节刚刚开始的时候就以激进的方式减少了起绑定作用的球蛋白水平，并关闭了否定性的生物反馈。结果，雄性可以通过内部消耗来维持身体运转，但却使自己付出了以最悲惨的方式死去的代价。造成死亡的最一般的原因是肠胃溃疡造成的大量出血，但是一旦免疫系统失效，在平常情况下不会产生影响的寄生虫或者其他微生物也经常能够成为致死因素。雌性在雄性死去之后继续活下去，它们需要继续存活16个月以成功地给其第二窝幼崽断奶，而它们一般很难做到这一点。

应对交配压力的这种自相矛盾的解决方法，在其他不得不在不利的环境中进行交配的生物体的进化过程中也有，例如淡水鳗鱼要迁移到海水中去繁殖，大马哈鱼生活在海洋中却要到淡水中去产卵。它们运用同样的激素系统来支持它们的迁移，而它们也付出了相似的代价。

这些小型有袋动物的稀奇古怪的生命历程，在其自身意义上有着迷人的魅惑，其极端简单的种群结构，也为研究其他影响整个哺乳动物社会的那些问题提供了一个独特的视角。对很多哺乳动物来讲，年轻雄性分散开去，而年轻雌性仍然待在它们出生的那个地方，这种行为曾经被归结为父兽与子兽之间对交配权的竞争，但需要另有一种说法对这种终生一胎的有袋动物的雄性的分散做出解释。在离开出生地的分散上，极端地倾向于雄性离开，雌性断奶后会继续跟母兽生活在一起，但是所有的雄性都离开了，有时要走上好几千米到达一个新的巢区。对这些种类来讲，这是在父兽于子兽出生前很久就已经死去了的情况下发生的，这就很难用为避免“父子”争夺交配权来解释了。

↙ 一只雌性肥足袋小鼠回到它位于一棵树的中空部的巢中8周大的幼崽们之间。幼崽身体裸露而又无自立能力，它们将依靠母袋小鼠的乳汁生活，直到它们14周或者14周以上断奶之后才能自主生活。

照片故事
PHOTO STORY

育儿袋中的生活

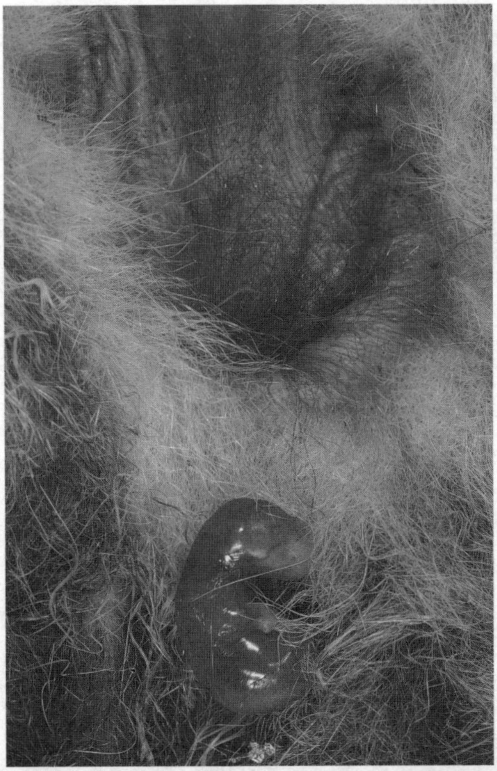

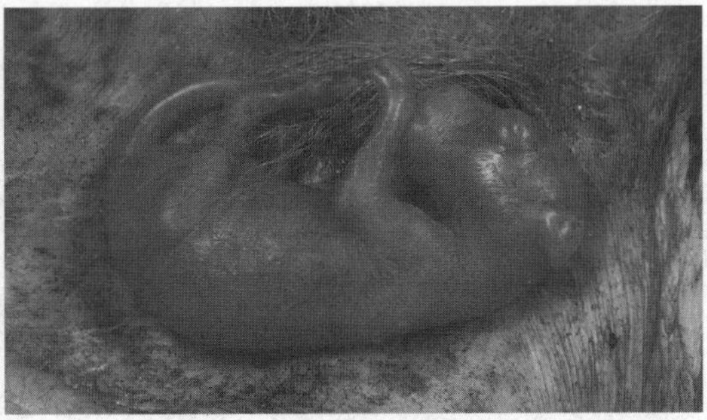

◀ ▲ 所有的袋鼠科动物具有一个共同的特征，即它们出生时高度发育不全。与有胎盘哺乳动物相比，有袋动物的新生幼崽几乎就是处于胚胎状态，后肢和尾巴发育不全，耳朵和眼睛闭着，身上没有毛。然而一旦脐带断掉，这个微小的幼崽就能够依靠其相对有力的前肢驱动自己穿过母袋鼠的皮毛到达育儿袋中的安全地带。从产道爬到育儿袋大概需要 2 分钟。

▲ 奶头（育儿袋中有 4 个）含在新生幼崽的嘴里，并把新生幼崽置于适当的安全位置。图中这只幼袋鼠 4 个星期大了。袋鼠亚科的动物要哺乳 6 ~ 11 个月。

▼ 到 12 ~ 14 周大的时候，幼袋鼠的生长速度会加快，并且会出现可以辨别的特征。如果一只幼袋鼠死掉了或者被掠食者吃掉了，母袋鼠不需要为怀孕而再次交配，第二枚已经受精的卵子会立刻植入子宫，一个新的胚胎会开始发育。

◀ 对其所待的地方而言，这只发育良好的幼袋鼠的体型几乎是太大了，它正从母袋鼠的育儿袋中向外窥探。这只幼袋鼠处在半独立生活的阶段，它会从育儿袋里出来做短时间的活动，但是要回到育儿袋里睡觉和吃奶。不久之后它就要永远地离开母袋鼠的育儿袋了，为的是给它即将出生的“弟弟”或“妹妹”腾出地方。

▶ 这是一只处于“紧随母兽”阶段的大灰袋鼠，尽管现在它已不能进入育儿袋，但它仍然没有断奶，还得再吮吸几个月的奶。为了加快成长的速度，下地的幼崽喝的是富含脂质的乳汁，而在育儿袋中的新生幼崽喝的则是无脂的乳汁。同时照顾着两个幼崽，同时还有一个受精卵一直做着胚胎植入的准备，这为澳大利亚的大型有袋动物提供了一种有效的繁殖方式。

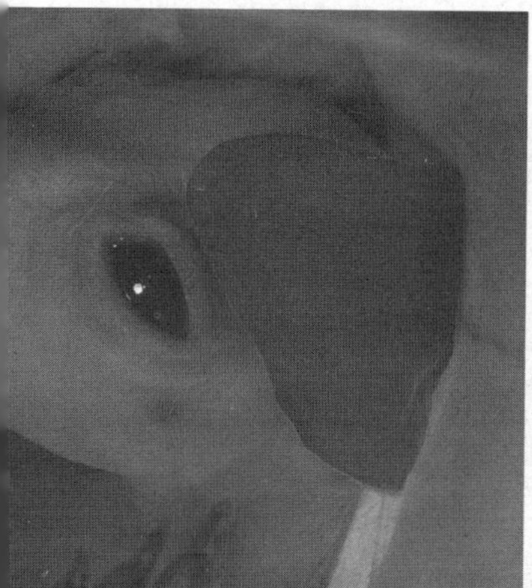

纷繁的动物生存之道

蛙、蝾螈等的发育变态

变态——从幼体到成体的突然变化——是所有两栖动物中具有决定性意义的特征之一，这种现象只在四足动物中发生。与蝾螈和蚓螈相比，这种形态的转变，以及伴随它们出现的生理和行为上的改变，在蛙类中更为显著。

青蛙与蟾蜍的幼体（唯一被称为“蝌蚪”的动物）的生活方式与蝾螈和蚓螈幼体的生活方式有着本质的区别。蝌蚪是食草动物，它们在水中过滤进食，或撕碎植物，以适应悬浮进食的生活。一些种类中还存在巨型同类相食的蝌蚪。一些种类的蝌蚪可以从直径只有 0.1 毫米的物体（如蓝绿菌）上提取食物，效率可跟机械筛相媲美。一些种类穿过水流的速度极快，可以在 0.6 秒内通过相当于它们身体长度 8 倍的距离。蝾螈幼体是活跃的肉食者，能捕捉微小的浮游动物，变得更大后，甚至吃自己的同类。长着外腮的蝾螈幼体看起来像是微型成体，因此，除了腮和侧线感应器官的消失以及骨骼、牙齿、肌肉系统的一些内部变化外，变态对它们来说是一个相对微小的过程，其中包括了尾鳍的再吸收、眼睑的变异、皮肤厚度以及对水的渗透性的变化。蚓螈幼体处在一个较高级的阶段，幼体与成体除了有腮和大小的差别外，已非常相似。

对青蛙和蟾蜍来说，因为蝌蚪与成体有着显著的区别，变态过程就更加明显。比如，蝌蚪有一条大且具有推动力的尾巴，在变态时期被完全吸收。幼体“牙齿”（实际上不是真的牙齿，而是角质齿）脱落，嘴巴显著增大。后肢在蝌蚪时期是非常小的器官，没有任何功用，变态后成为主要的运动器官。除了在孵化时期，在外部是看不见前肢的，因为它们长在一个腔内，这个腔是过度生长的皮肤盖住腮形成的。蝌蚪和成蛙的内部结构区别也相当大，尤其是消化系统：蝌蚪的肠长而卷曲，作为大量食素的动物，这种结构的肠是必不可少的，但是在变态期间就极大地缩短了，一些种类的肠最后只有以前长度的 15%。变态时期是最容易被天敌捕食的时期，因为变态体既不能像蝌蚪一样游得很快，也不能像成蛙一样快速跳跃。比如，对束带蛇的研究表明，它们的

→ 当蝌蚪变态为青蛙时，生理结构就发生明显变化，这在这只澳洲龟蟾科中的澳洲树蟾蛙身上表现很明显。无尾目动物中幼体的持续形式各异，持续时间从几天到 1 年甚至几年不等。

↗ 稚态两栖类的主要代表物种是美西螈（墨西哥钝口螈属）。一些幼体特征如突出的外腮被保留下来，这种现象被称为幼体持续。

胃里就有大量分解了的变态蛙体的成分。

变态的过程是被激素控制的，激素由脑垂体（催乳素）和甲状腺（甲状腺素）产生，甲状腺素的增加以及组织对甲状腺素敏感度的改变引发了变态的产生，环境因素，如拥挤、低氧等，以及其他重要原因也会导致变态产生。

变态发生的时间差异很大，一些蛙和蝾螈种类的蝌蚪将度过冬季，直到来年夏天，甚至更晚的时间才发生变形。反之，沙漠中的铲足蟾仅在 8 天内就完成这个过程，因为沙漠中的水塘只是暂时存在的，所以这是对沙漠特征的适应。然而，并不是所有的蝾螈都会转变成典型的成体形式，一些种类即使成为有繁殖能力的成体后还保留着幼体的特征。

在成体时保留幼态或幼体痕迹，是幼体的生长速率变化造成的。这种现象让我们从形态学的角度理解蝾螈的进化变得更为复杂。

蝾螈的幼体形态特征包括侧线感官系统的保留、眼睑的缺失以及内腮的保留。在当今存活的一些蝾螈类中或多或少拥有这样的特点。在一些科如巨螈科、泥螈科、洞螈科中，所有的种类都是幼态成体。在无肺蝾螈和洞螈身上，幼态现象与适应山洞生活有密切联系。对所有这些科来说，这通常是固定的遗传特征，甲状腺素并没有引发变态过程。

在一些蝾螈科中，变态现象只出现在一个种类的一些个体或群体中，甲状腺激素也会引起变态产生。比如，生活在墨西哥中部赫霍奇米尔科湖中的美西螈，虽然存在变态的成体，但其在幼体时期就已经性成熟了。由于某种未知的原因，赫霍奇米尔科湖利于幼态保留也许是因为其湖水中含碘量不足，而碘是产生甲状腺激素所必需的。或者是冰冷的河水造成的，实验室研究表明：在低温水域中，甲状腺几乎不发挥作用。

在北美洲红斑水螈中（红绿东美螈属），一些海岸种类绕过正常的陆生阶段，保留腮，最后成为具有繁殖能力的成体。幼态保留现象通常发生在高海拔地区的种群中，但对于生活在低海拔的同一物种则不甚清楚。美洲钻地蝾螈中的一些种类、欧洲阿尔卑斯水螈以及其他一些欧螈种类，还有一种日本蝾螈——费氏小鲵都显示了相同的模式。

生态学家认为，由天敌陆生物种包围的水域栖息地应该更适合幼态保留的发生。对居住在洞穴、沙漠水塘、干旱地区的水流以及高海拔水塘的物种来说，周边环境通常是符合上述情况的。但有的种类则不符合上述情况，以鳗螈和两栖鲵为例，它们已经失去了变态的遗传性能力，但是又产生了其他一些适应能力，如鳗螈在泥穴中夏眠的能力，或当其水域居住地干涸时，两栖鲵穿越大陆的能力。

与蝾螈和蚓螈幼体不同的是，蝌蚪明显地牺牲了生殖功能，而专注于进食并迅速地长大。随着脑部骨架和大量内脏器官适应了食草的生活方式，它们实际上成了“进食机器”。直到变态期间，全部生殖器官才发育完全。

■ 蝌蚪的顽强生存之道

我们通常从审视哺乳动物的角度出发来诠释事物，从这个角度来看，蝌蚪向蛙的转变显然是一件非正统的事件。在世界上大约 4750 种蛙中，尽管有大约 20% 的种类没有蝌蚪时期，但其余都将蝌蚪期作为其生长发育过程中的显著特征，会持续几天到数年不等。这种不能生殖的生物就如同一个游水、进食、生长的机器，它们主要的目的就是尽快地生长，以便为生命周期中的繁殖

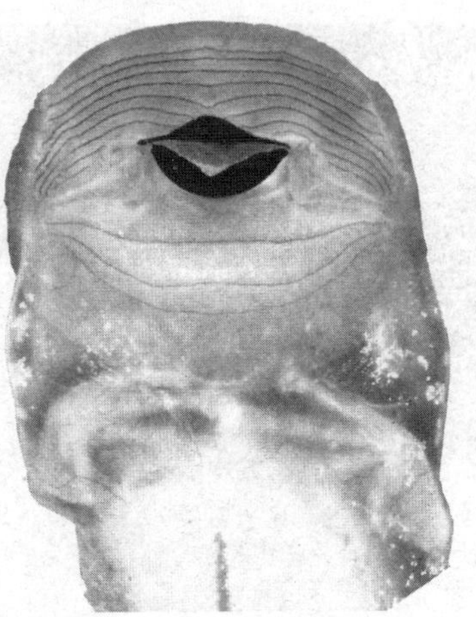

↗ 放大了的一只湍蛙蝌蚪的嘴部显示出一个大的口盘包围着嘴巴。这些是在马达加斯加山间溪流中自由生长发育的蝌蚪，当它们在急流中进食时，会凭借口盘吸附在岩石上。

期最大可能地输送变态形式。与蝌蚪相关的生态因素影响了变态的成功：由于许多生物和环境危险的存在，也许只有大约1%的蝌蚪完成了变态，最后以有繁殖能力的成体出现的蝌蚪更是少之又少。

所有蛙的早期发展阶段——蝌蚪阶段是非常相似的。众所周知，相对来说，由于轻易就能获取在母体体外孵化的大量的卵，使得蛙的繁殖成了脊椎动物胚胎学研究最唾手可得的实验品。从污水坑中、凤梨科植物树腋中的几毫升的水，到水塘、宽阔的湖泊和奔流的河流，蝌蚪会出现在任何可能的水域中。另外，可以在任何一个特定的区域中发现一种或几十种蝌蚪。在南美洲、非洲和印度生存的一小部分种类，虽然它们总是生活在潮湿的环境中，但实际上它们一生中很多时间都在水域之外度过。

蝌蚪会出现在许多不同的微型居住地中，由于对进食和运动的高度适应性，使它们之中不断产生特例。即使是这样，我们仍然能够总结出它们在生物学上的一些特征。

从形态学方面来说，典型的蝌蚪嘴巴周围有一系列缘饰性的进食结构，这是其他脊椎动物不具备的，其下颚的结构和操控原理也非常独特。嘴巴被有各种形状的乳头状突起的口盘环绕，由数百颗类似人类指甲成分的角质化齿而不是成体的骨质化牙齿所包围。这些牙齿在上下唇瓣里横向排列，起类似锉刀的作用。下颚骨质化软骨能起到撕裂、挖取和穿透的作用。在急流中，吸附在石头上的蝌蚪的口盘是很大的；居住在水塘中的蝌蚪的口盘则较小；悬浮在水中央的，其口器缺乏角质化组织和软组织。一些种群具有复杂的捕食结构，它们将水吸进来，通过口腔，再经过腮，使其能够捕捉到只有细菌大小的微粒。然后依靠气孔呼吸存活。最通常情况下，这个气孔只有1个，而且长在身体左侧。通常呈双螺旋形排列的长的肠是其内部结构中最显著的特征。

蝌蚪的身体形状随栖息地的变化而改变，居住在水体底部的蝌蚪，如蟾蜍和真蛙的体形就有些扁平，那些在急流中通过口盘把自己依附在石头上的种类，如北美洲的尾蟾科和南部非洲魔蟾科成员蝌蚪的体形也是如此。生活在凤梨科植物树腋以及树洞中的蝌蚪通常身体很薄。所有这些种类，眼睛都位于头顶。在水域中部生存的种类有结实的身体，眼睛在头部两侧。在水域上层生活的种群，尾鳍长而舒展。居住在水域底部，特别是在湍流中生存的种群，鳍则很低，终止于尾部和身体交界处，更长的能延伸到尾部末端。

进食时，一个典型的水塘蝌蚪会用它的口器从丰富的水下动物群中吸取小的颗粒。一些蝌蚪的嘴上方有口盘，它们在水面抬起头部，微微倾斜身体吸取食物，另一些蝌蚪则在水域中部悬浮捕食，而有些生活在水域中部的则安静地漂浮在水平位置。但是另外一些种类，如光滑爪蟾的蝌蚪，尾端会持续地起伏波动，并因此保持头部朝下的姿态。生活在急流中的种类，当它们靠大口盘吸附在石头上时，也能够运动和进食。一些蝌蚪偶尔会食用死去的动物，但是有些种类也专门从其他活的蝌蚪身上撕咬下碎片，甚至直接将整个活体吞咽下去。这些食肉蝌蚪

↗ 非洲爪蟾的蝌蚪显示其波浪状摆动的尾端。这个高度成功的种类的幼体是水域中部悬浮进食者，可以过滤进食水中的浮游生物。但它们需要经常上升到水面吸进空气。它们以极快的速度冲出水面，用时仅为80毫秒或更少。它只在位于水面上时才张开嘴巴，当完全没入水中时，又重新将嘴巴闭起。

↗ 已死或将要死的动物对蝌蚪来说是一种丰富的营养来源。有许多蝌蚪是完全食肉的，但即使是主要靠植物为生的蝌蚪，偶尔也会从动物尸体中吸取营养。上图中，草原树蛙的蝌蚪正在吃一只死去的同类。

偶尔要同类相食时，它们更倾向于吃不同种的蝌蚪。

因为蝌蚪是不能繁殖的，所以与其他种群相比，它们缺乏与繁殖行为相关的色彩。绝大多数蝌蚪呈现灰暗色，这只是作为伪装的手段，并具有隐蔽功能，即深颜色在身体上部、浅色在下部，从而使得其在水下的光线中很难被发现。一些蝌蚪种类具有鲜艳的颜色，这是为了加强团体凝聚力，或者用以显示皮肤里有害的或有毒的物质(警戒色)。它们身体和尾部的肌肉呈细条状或条纹状，鳍明显可见，一些种类的鳍上还会有明显的斑点和对比鲜明的颜色。最近有一个令人兴奋的发现：有的种类在捕食时，身体的形状和颜色是可以变化的。

因为本身不能繁殖，所以蝌蚪的大多数行为都是为了提高存活率，这些行为包括各种逃生技巧和社交行为。蝌蚪通常聚成群体以应对环境刺激，但是有些种类会形成静止的或运动的群体，这时展示出的是复杂的社会性相互作用。在某些情况下，亲代会带领这些群体到食物充足的区域或相对安全的地方。一些蛙和蟾蜍的蝌蚪能够通过化学信号把亲缘蝌蚪从非亲缘类中区分出来，且更偏向与亲缘蝌蚪在一起。

■ 蝾螈的反捕食武器

蝾螈属于脊椎动物，体型小，行动慢，瘦弱，具有这些特征的动物被认为成熟得很快并且寿命很短。然而，蝾螈却是典型的长寿物种，保持生存时间最长记录的是一只火蝾螈，人工饲养状态下它生存了50年。在野外，蝾螈会受到、鸟类、蛇以及其他的蝾螈甚至甲虫、蜈蚣、蜘蛛等的攻击。这些捕食者带来的沉重压力导致了蝾螈反捕食机制的进化，这种机制将皮肤腺体分泌的令人厌恶的或有毒的物质与其他防卫性措施结合在一起。

许多蝾螈已经进化出致命的毒素作为它们的武器，但是在每一次观察到的个例中，一种或几种蛇类也已经进化出对这些毒素的抵抗力，因而它们能继续捕食这些蝾螈。比如，糙皮蝾螈的皮肤中有大量的神经毒素与河豚毒素，一只糙皮蝾螈所携带的毒素可以杀死2.5万只老鼠，但是它仍然能被乌梢蛇捕食。无趾螈属的一些种类拥有一种不知名的神经毒素，这种毒素能使只咬了它们尾巴一口的一些蛇毙命，但是在相同区域的许多蛇仍然以这种毒性十足的蝾螈为食。

因此，蛇是大多数蝾螈最危险的捕食者，因为许多蛇已经进化出对这些令人厌恶的皮肤毒素

↘ 蝾螈的防御姿势。1.棘螈轻度向后反曲。2.红腹蝾螈的高度向后反曲。3.剑螈的尾巴快速甩动 。4.洞螈的尾巴呈波浪状摆动。5.钻地蝾螈（钝口螈属）的头部撞击姿势。

1

2

3

4

5

的抵抗性。大多数蝾螈对蛇的突袭的反应是逃开或者迅速摆出防御的姿势，相反，在没有蛇的地方，比如在中美洲的高海拔地区，这里的蝾螈种群对蛇的突袭没有任何反应。同样，一些热带蝾螈只有当气温高到使蛇活跃起来时才会作出防御性的姿势。

火蝾螈已经进化出一种独特的机制，通过它来控制位于沿背中线生长的巨大腺体中的蝾螈神经毒素及相关毒素的防御功能。这些动物可以给这些腺体加压，并以可控制方向的方式将这些毒素喷出 4 米远。这种喷射能使人类有灼烧感或暂时失明，也可能给想捕食它们的敌人造成同样的后果。喷射防御性毒素为这个种类的反捕食武器库中增添了有力的武器。

蝾螈的典型防御行为模式能使其化学性防卫的功效最大化。一些种类的头部后面有集中的腺体，这些腺体能够产生不能食用的分泌物。有许多这样的种类，如斑点蝾螈，当它们受到攻击时，它们将头部弯曲或者紧贴地面，这样它们就只向捕食者暴露了其身体最不适宜食用的部分。还有一些更复杂的方法，比如一些钻地蝾螈会用头撞敌人，这些种类包括西班牙、葡萄牙以及摩洛哥的肋突螈（棘螈属）。它们把身体高高抬离地面，头向下低，具有大量发达腺体的头后部不停摇晃或以后脑冲撞捕食者。用这种方法对付鼩鼱非常有效。大多数种类在撞击敌人时会发出声音，而且在一些种类中，还会以颜色非常鲜艳且带有黄色或橙色斑点的腺体作为对有经验的攻击者的警告。识别不出颜色食者，如鼩鼱，可能会辨识这些蝾螈的独特气味或者声音。

尾部抽击是那些拥有发育良好的尾部肌肉以及在尾巴上表皮集中了大量毒腺的种类的特点，虎螈（钝口螈属）和肋突螈就是代表，它们会用其充满毒素的尾巴向接近它们的捕食者——如鼩鼱——猛力地抽击。蝾螈身体上部表面的警告性颜色也会使潜在的捕食者产生不愉快的联想。

许多种类的长而细的尾巴上表面集聚着皮肤腺体，这种尾巴因为不够强壮而不能猛击捕食者。这些种类的尾巴在它们的身体保持静止时，可以在竖直方向上波动起伏。这种行为在无肺蝾螈中最为普遍，而且也经常能够使尾巴自行脱落。有的蝾螈散发出恶心的味道，使得捕食者踯躅不前，而被攻击的尾巴在脱落后，会以活跃的抽动转移捕食者的注意，而此时蝾螈则乘机逃脱，不久再长出一条新的尾巴。但是，脱落尾巴也要付出代价：蝾螈不仅失去了机体一部分，而且会变得更脆弱，这是因为它不仅失去了反击物，而且不能像以前一样跑得那样迅速了。

一些蝾螈尾部也会波动，但是在遭受到猛烈的攻击时就转向“曲体反射”，这是该种群中较为明显的特征：它们的尾巴和下颏抬高，身体保持僵硬且静止不动，向捕食者展现颜色鲜艳的身体下腹，一些鸟类会迅速避开这些不可食用的种类。如加州蝾螈和蹼足蝾螈，它们身体的上表面具有大量有毒腺体，腹部的颜色从深黄色至红色。一些具有颜色鲜艳腹部的蝾螈遭到捕食者威胁时，它们甚至后空翻露出腹部来。

脊蝾螈、辣椒蝾螈、红蝾螈、无肺蝾螈以及金丝蝾螈这些属中的模拟者会模拟那些味道不佳、更令捕食者厌恶的种类的警戒色。显示出曲体反射的蝾螈静止不动也能达到抵御食肉性鸟类攻击的作用，因为有些鸟类还不了解蝾螈或蝾螈正在模拟的一个种类是不可食的，所以静止不动可以降低被鸟类严重伤害的可能性。

或许肋突螈和棘螈所具有的反捕食机制才是最不寻常的，它们除了具有其他的防御措施之外，还有尖而长的肋骨，当它们被抓住时，肋骨的尖就会穿透皮肤。棘螈的肋骨尖端穿过身体侧面大的腺体，因疼痛感而产生的皮肤分泌物就会射入要捕食它们的动物口中。

由于捕食者的适应力带来的持续性压力，蝾螈已经进化出一个拥有各种防御性化学物质以及行为模式的武器库，可以用来抗击敌人。

■ 天生的沙漠居住者

爬行动物通常被认为是脊椎动物中最能适应在沙漠生存的动物。世界上所有的沙漠地区都生活着各个种类的爬行动物，许多种类都因为具有生存在这种不毛之地的能力而闻名，比如美国莫哈韦沙漠中的胖身叩壁蜥、撒哈拉沙漠中的棘刺尾蜥以及澳洲中部沙漠的网龙蜥等，都能在白天温度超过 40℃、降雨量非常稀少的地区生存。

在过去的几十年间，对这些种类行为和生理方面的大量

↗ 图中所示的是棘螈，它是一个日本品种，有着又长又尖的肋骨。如果它被捕食者抓住，这些有毒的肋骨就会从皮肤的毒腺中伸出，刺向捕食者。

↗ 呈现出曲体反射姿态的蝾螈。一只糙皮蝾螈静止不动，抬起尾巴和头，以露出它的下腹部。

研究已经从多个角度揭开了它们能够在这种条件下存活的秘密。首先，作为外温性动物（依靠外部热源调节体温的动物），它们充分利用了太阳光的热量，能够全天保持一个稳定的体温。朝向、远离阳光的姿势和身体角度上的一些小的变化都使它们根据需要，升高或降低体温。在中午时分将身体抬离炽热的地表并竖直站立（高跷），或者在一天中最热的时候爬到细枝和树干上，也是非常有效的调节体温的方法。它们非常低的新陈代谢率——大约为与其体型大小相当的鸟类或哺乳动物的1/10——意味着它们对食物的需求非常少。爬行动物体内的水循环速度和对关键营养物质如蛋白质和碳水化合物的需求也是非常低的，这使它们能够在消耗能量较高的动物如鸟类和哺乳动物不能生存的、食物匮乏的地区生存下去。

↗ 在澳大利亚，一只鬃狮蜥在一棵树的最顶部树枝上将身体完全伸展开来。在一天中气温最高的时候爬上树枝，使得蜥蜴能够避开炽热的地表，并充分利用阵阵微风来降温。

另一个有帮助的因素是，它们对自身内环境的紊乱有着极强的忍耐力。所有的脊椎动物都会调节血液中的关键元素如钠和钾的浓度，但是爬行动物，尤其是蜥蜴，能够忍受与标准浓度偏差甚大的情况。在夏季，蜥蜴血液中钠离子的浓度可以达到300毫摩尔/升，钾离子浓度可以达到12毫摩尔/升，这种浓度对鸟类或哺乳动物来说是致命的，而有些种类的蜥蜴，如澳洲西部的荒漠沙蜥能够在这种内环境紊乱的情况下存活数月，直到雨季来临——雨季期间，它们喝下雨水，然后血液迅速恢复电解质平衡。

爬行动物也通过排泄出作为蛋白质分解和代谢产物的尿酸而不是尿素，来存储大量的水分。尿酸的溶水度非常低，并能在肾小管和泄殖腔中沉淀，最后以白色固体形式排出体外。随着尿酸被沉淀，大量的水分被泄殖孔和肠的后部（结肠）重新吸收。实验室研究显示，在一些蜥蜴如巨蜥中，从其肾脏流入泄殖孔中的液体90%都被身体再吸收了。

↘ 一只纳马夸变色龙在演示“高跷”——尽可能地将身体抬高，以远离炽热的地面。

栖息在沙漠中的爬行动物的另一个显著特征是，当它们面临极热或极冷的天气或水分丧失时，具有减少所有维持生命所必需的活动的能力。在夏季，胖身叩壁蜥能够在岩石裂缝深处保持休眠状态长达数月，以等待雨季或更适合生存的天气条件来临。有证据显示，在不适宜生存的条件下，如身体极度脱水造成身体盐度增加时，这些动物会“重新设置”自身的温度系统，所以当它们活动时，身体温度会保持比平时的温度低1～2℃。这

↗ 正对着大峡谷的山脊，一只胖身叩壁蜥正在晒太阳。与大多数蜥蜴一样，这种蜥蜴也在每个早晨晒太阳。一旦它们的身体温度达到理想温度——38℃时，就开始寻找树叶、嫩芽和花朵，这些东西是这种植食性动物的主食。

种调节有效地减少了维持生命所需的体内水分的蒸发量，从而有助于延长它们的生存时间。

所有这些因素为爬行动物成功入主并充分利用沙漠地区奠定了坚实的基础。为了回答是否我们见到的沙漠里的爬行动物的这些特征都是自然选择的产物，我们需要把它们与栖息在温带和热带地区且从未到过沙漠这种严酷环境的爬行动物做比较。令人惊叹的是，通过对比，发现不论这些爬行动物是否生存于或到过沙漠中，它们对沙漠地区的适应能力几乎没什么区别。这样的事实导致这样一个结论，即大体上由于它们基本的生理状况和行为方式上的天性，爬行动物能很好地适应或者“生来就能适应”沙漠环境。因此我们可以认为，爬行动物对某些环境的适应是一种“功能变异”，而不是自然选择的产物。

■ 猎豹的领地保护策略

在坦桑尼亚的塞伦盖蒂平原，母猎豹要么自己单独生活，要么与自己的幼崽一块儿生活。母猎豹的领地常常随着年年迁徙的汤氏瞪羚而转移，有的时候距离可达 800 平方千米。与此相反，雄猎豹大多是两三只生活在一起，甚至一生都是这样，但也有雄猎豹单独生活的。在这些雄猎豹组成的小团体中，约有 70% 的小团体其成员是来自同一窝的“兄弟”，约有 30% 的小团体其成员中包含没有血缘关系的“朋友”。与母猎豹不同的是，雄猎豹的领地相对固定，不随着猎物的迁徙而移动；但是，当它们的领地里缺乏足够的猎物的时候，雄猎豹也会暂时到领地之外的附近区域捕捉猎物。从表面上来说，雄猎豹的小团体和雄狮的小团体具有相似性，比如，都主要是由具有血缘关系的成员组成的，小团体具有永久性，小团体成员经常联合在一起保卫“家园”。但从深层次上来说，雄猎豹的小团体与雄狮的小团体是不同的，联合保卫“家园”的行动并不能满足雄猎豹的要求，因为母猎豹经常迁徙不定，而且经常独立生活。

成年雄猎豹表现出两种截然相反的行为方式。定居的雄猎豹经常在它们的小块领地（约 37 平方千米）上用尿痕做出标记，即使它们不是在一年之内一直占据这些领地，它们也常常会为保卫这些领地而战斗。而那些到处游荡的雄猎豹则不同，它们的游荡范围非常大，约有 777 平方千米，而且很少在该范围内用尿痕做出标记。这些非定居者的生活比定居者要艰难得多，即使在晚上睡觉的时候，常常也要保持高度警惕。它们的身体常常保持在紧张状态，可的松（一种激素）保持在一个非常高的水平；身体状况常常比较差，白血球的数量很高，嗜曙红细胞也很多，全身肌肉比较少，而且患有疥螨引起的兽疥癣。

所有的雄性小猎豹在长大以后都要离开母猎豹的领地，开始出去游荡。有些一开始就建立了它们自己的领地而定居下来，有些则终其一生也没建立自己的领地，终日游荡。但是，也有完全相反的情况，有些一开始建立了自己的领地，但是后来却失去了，以游荡而终；有些一开始没有建立自己的领地，但是到最后却有了自己的领地。那些到处游荡的猎豹经常会碰见定居的猎豹，前者要受到后者极具进攻性的侵犯，可能是因为后者害怕它来抢走自己的“地盘”。

雄性猎豹小团体比起单个游荡的雄猎豹来更容易建立起领地。曾经有一项调查表明，在被观察的 35 只单个的猎豹中，只有 9% 建立起了领地，而被观察的 25 个猎豹小团体中，有 60% 的小团体建立起了领地。一种似是而非的解释认为,小团体在争夺领地的战斗中具有“数量”上的优势。的确，为争夺领地而发生的战斗是猎豹死亡的重要原因，而且猎豹死在领地边缘和领地内部的要比死在领地外边的多得多，还有许多雄猎豹在刚刚得到领地的那段时间内死亡。雄猎豹会占有一块领地约 4 ~ 4.5 年的时间,小团体比起单个猎豹会更加经常地更换领地,而单个猎豹常常占领“无主”领地，也就是说，单个猎豹得到领地并不一定比小团体艰难。事实上，小团体保有领地的时间并不比单个猎豹保有的时间长，较大的团体也并不比较小的团体占有的领地大。因此，小团体更容易获得领地的真正原因是，在它们离开母猎豹而互相争夺领地的第一时间里，小团体比起单个个体更容易抓住机会。

拥有领地有什么好处呢？人们发现，占有领地的母猎豹比不占有领地的母猎豹要多得多；在

↘ 一群刚刚占有领地的年轻雄猎豹正看着一只闯入它们领地的陌生的雄猎豹。它们太“年轻”了，还没有觉察到这位“流浪汉”来者不善。如果换成成年的雄猎豹，早就把陌生的闯入者赶走了。

所保护母猎豹数量方面，有领地的雄猎豹的数量是没有领地的雄猎豹的 4 倍。这么说来，雄猎豹们占有的领地是母猎豹的“聚集区”。尽管人们还不太清楚对于组成小团体的每只雄猎豹来说，在繁殖后代上有什么特别的好处，但是人们观察到，在一年之内某个时期母猎豹集中的地方，小团体成员能够有更多的机会进入。这样说来，组成小团体的雄猎豹遇到母猎豹并与之交配使之受精的机会大增，而单个个体就没有这么多机会了。对于猎豹和狮子来说，雌性的高密度分布是雄性形成小团体的原因。在雌性比较分散、密度比较低的地方，许多雄性猫科动物则单独生活，如短尾猫、猞猁、美洲狮、豹、中南美产的小豹猫、雪豹以及老虎等。

↗ 一只猎豹正在一棵树上做嗅觉标记。一般来说，据有领地的雄猎豹常常在它领地范围内的显著地点撒尿做标记，以阻止其他雄猎豹前来侵犯；没有领地、到处游荡的雄猎豹是很少做这一类标记的。雌猎豹也做气味强烈的标记，其目的是吸引雄猎豹前来交配。一旦雄猎豹发现了这种标记，就会顺着这些标记很快地找到雌猎豹。

但是，雌性分布的高密度和领地的相互重合，在猫科动物中并没有使雄性有多么强的社会性。人们现在还不是太清楚一个现象——除了家猫和狮子之外，雌性猫科动物大都单独生活，其中也包括母猎豹。人们推测可能有 3 种原因：

一是母狮子的栖息地比较开阔，而且捕食的猎物体型非常大，这就需要母狮子生活在一起；否则，单个的母狮要吃完一个大型猎物的肉都需要很长的时间，难保在它没有吃完的时候就被其他掠食者偷走。特别是在一个地区内的同类比较多的时候，自己的猎物就更容易被偷走了，所以，在这种情况下，有血缘关系的母狮生活在一起比较有利，可以分享食物，这总比让那些毫不相关者偷走食物强。不过，这种情况只适合于狮子。

二是只有狮子的猎物是大型的动物，而且数量比较充足，足以养活生活在一起的一群母狮。对于其他雌性猫科动物来说，如果一群生活在一起，那么食物的数量会明显不足以养活它们。尽管其他雌性猫科动物有的时候捕捉到的猎物体重是它们自身的 1 ~ 2 倍，但还是不够它们分享。

三是母狮生活在一起可集体防御外来雄狮的入侵，因为这些外来雄狮可能会杀死它们的幼崽。但是，在许多猫科动物中也存在这种“杀婴行为”，不过雌性却并没有生活在一起。因此，这种解释不足采信，也就是说，大部分雌性猫科动物以及母猎豹没有生活在一起这一现象与雄性的“杀婴行为”无关。

对于为什么雌性猫科动物缺乏社会性这一问题，人们目前还没有完全了解其中的原因，但前两种似是而非的猜测往往阻碍人们去获知真正的原因。

照片故事
PHOTO STORY

学习捕猎技巧

▶ 小猎豹正在与它们的母亲进行捕猎“演习”。一只小猎豹就像咬住猎物一样，咬住它们母亲的脖子，它们就是这样来学习捕猎技巧的。小猎豹在成长过程中会遇到很多危险，平均只有 1/3 能活到成年。在坦桑尼亚的塞伦盖蒂平原等一些地方，幼豹常常成为狮子的食物，故能活到成年的比例就更加低，只有不到 1/20。母猎豹只能保护它们一年多的时间，之后小猎豹就要离开母猎豹，开始独立生活。

▼ 出生 8 个星期之后，小猎豹们就要跟着母猎豹一起出去寻找猎物了。在这个过程中，它们以母猎豹捕到的猎物为食，跟着母猎豹学习捕猎技巧。虽然它们也会面临生命危险，但为了学习本领也只好甘愿冒险。有时，这些缺乏“纪律”的小家伙们还会影响到母猎豹的捕猎活动，使它们的母亲捕捉不到猎物，这样“全家”就只能挨饿了。

▲ 年轻的小猎豹们正在仔细地观察一头小瞪羚，识记它的气味和动作。羚羊种群在大草原上进行长距离的迁徙时，有些小羚羊偶尔会掉队；当母猎豹逮住这样的小羚羊的时候，会有意地把它活捉回去。这样小猎豹们就会有机会观察活着的猎物，这对它们学习捕猎技巧非常有帮助。实际的捕猎经验更加重要，如果没有实际经验，就会发生一些危险的情况。比如，刚满 18 个月的小猎豹们，在第 1 次独立捕猎的时候，由于缺乏经验，会选择一只不恰当的猎物，比如一头大水牛，很显然这次捕猎是不可能成功的。

▶ 一群年龄稍微大一点的年轻猎豹正在围捕一头逃跑的小黑斑羚。对于成年猎豹来说，要想取得捕猎的成功，必须发挥埋伏和突然加速奔跑的双重优势。尽管猎豹是陆地上跑得最快的动物，但是猎豹的耐力却非常有限，每次追逐奔跑还不到 500 米就不行了，在多数情况下，它们坚持不了 30 秒。因此，猎豹的捕猎大概有一半会以失败告终。

▲ 一只年轻的猎豹抓住了一头小疣猪。它们的捕猎活动总是从比较容易捕捉的猎物开始，然后慢慢地开始捕食体型比较大的猎物。由于猎豹的牙齿不适于撕裂猎物，因此，它们总是先咬住猎物的脖子，使其窒息而死，然后再慢慢享用。这也可能导致它们还没有把猎物吃完，猎物就被狮子或是秃鹫偷走了。为了减少这种损失，它们常常把猎物拖到一个安全的地方藏起来，然后再安静地享受“美味大餐”。

■ 当首领要付出的代价

对于自然选择在生物进化过程中的作用，我们主要是这样理解的：在同种竞争中具有生存和繁殖优势的个体会把自己的这些优势传给下一代，与之相反，生存和繁殖中的劣势则不会传给下一代。这样生存和繁殖的优势会一代代地积累起来，最后具有优势的就会越有优势，从而取得成功的进化。我们因之也可以判断出物种进化的成功与否。

乍看起来，自然选择这个生物进化理论的坚实支柱似乎不能解释某些种动物的行为，如多种过群居生活的獴、野狗、狼会抚育群体中其他成员的后代，而自己却放弃生育后代的权利。不过最近通过对这几种动物粪便的分析，科学家们得出了一个新的结论，可以解释为什么它们要采取这种生育策略（一个群体中只有少数成员生育后代而多数成员不生育后代，相反还要照顾其后代）。

在多种过群居生活的獴科、犬科和鬣狗科动物中，一个群体内雌雄两性各有等级次序，往往只有占据最高位置的一只雄性和一只雌性才有生育后代的权利，而群体中的其他大多数成员则通过对体内荷尔蒙内在工作机制的控制而避免了生育。科学家通过对人工圈养的几种动物的研究，发现当身体上产生某种压力的时候，尤其是压力的强度很大、时间持久的时候，体内就能产生阻断生育能力的机制。压力可使动物肾上腺分泌的一种叫做“可的松”的荷尔蒙增加，而可的松反过来可使性荷尔蒙的分泌量减少，如睾丸激素和雌激素的分泌量下降，进而延缓了生育过程。一些不太愉快的肌体紧张性刺激，如寒冷、饥饿等，也会导致可的松分泌量的增加；另外某种心理上的紧张性刺激，如打斗所造成的心理压力，也可能导致可的松分泌量的增加，进而还会造成在打斗中的失败。因而我们可以说，在群体中居次要地位的个体往往就是打斗的失败者。在打斗中总是失败会造成一种慢性的社会性压力，进而导致可的松分泌量的增加，我们因此就可以解释为什么在群居性的动物中居次要地位的个体很难生育后代了。

上述理论有的时候被称做“心理阉割假设”。按照这个理论，群体中居首要地位的个体很少成为群体中其他成员的侵犯对象，因此它就几乎没有什么“社会心理压力”；另一方面，群体中居次

↘ 这是生活在南非卡拉哈里沙漠中的细尾獴，它们正在保持高度的警惕。与其他的一些獴科动物相似，细尾獴也是过群居生活，它们可以组织起来，共同赶走一些食肉动物如黄金眼镜蛇等。一个细尾獴群通常包含10～30个成员，而且成员间的血缘关系比较远，这与其他群居性的食肉目动物有所不同。

↗ 许多年轻侏獴正在一座白蚁丘上觅食。侏獴是过群居生活的，群体中存在等级次序，首领一般是一只成年雌性，一旦这只雌性死亡，这个侏獴群体就很可能解体。

要地位的多数个体却会受到持续不断的侵犯和“社会心理压力”，引起可的松分泌量的增加，进而扭曲了自己的繁殖能力。

过去，这个理论假设很难在野生动物身上得到证实，主要困难是很难正确地测量出野生动物的真实荷尔蒙水平。因为要想测量野生动物的荷尔蒙分泌水平，必须得到它们的新鲜血液，这意味着首先要抓住它们，再关闭起来用药物麻醉它们，然后抽血检验其荷尔蒙水平。而对这些野生动物来说，人去抓它们，它们就会把人当做一种体型庞大的天敌，而当它们遇到要捕食自己的天敌的时候，体内可的松的分泌量就会迅速地增加以准备逃跑或是战斗。这个时候，人若抓住它们，检测出的可的松分泌量就不是它们正常情况下的分泌量了，不能代表真实水平，因此也就很难验证上述理论假设了。

现在科学家们发明了一些新的办法来检测野生动物受到的压力和荷尔蒙的分泌水平，这就是通过检测它们的尿液和粪便来间接测定荷尔蒙分泌水平。通过对野生动物个体排泄物的分析，可以追踪到荷尔蒙水平增减的特殊变化，进而来验证上述理论假设。这样可以完全不打扰野生动物本身，所得到的数据也是真实的，但是必须连续不断地每天收集野生动物的排泄物。

科学家运用这种新的检测手段，对生活在非洲塞伦盖蒂国家公园内的侏獴进行了分析，得到了许多新的发现。一般来说，这个地区内的侏獴群体中包含 4 ~ 5 只成年雄性和 4 ~ 5 只成年雌性，群体中所有的成年侏獴共同合作喂养群体中的幼崽。侏獴通过这种不必每只都生育幼崽而共同抚育少数成员的幼崽的繁殖方式，获得了绝好的机会来增加回报和收益。在每个雨季，一群侏獴中能生育 1 ~ 4 胎，而每胎可产 2 ~ 3 只幼崽。科学家通过对幼崽进行基因检测，发现 85%的幼崽的母亲是雌性的首领，76%的幼崽的父亲是雄性的首领。换句话说，在侏獴群体中，雌性和雄性的首领几乎垄断了群体中生育后代的权利。

但是，与上述理论假设相反，搜集到的新数据表明，侏獴群体中居首要地位的个体，其由压力造成的荷尔蒙分泌量异乎寻常地高，而居次要地位的个体总体来说却比较放松，压力不大，荷

↗ 侏獴之间，尤其是异性侏獴之间常常互相为对方梳理皮毛。侏獴可能是哺乳动物中最有社会组织性的一种，它们的社会组织高度发达。

尔蒙分泌量比较低。尽管居首要地位的个体成功地繁育了后代，但是其可的松分泌量长期以来是其他个体的两倍以上。紧接着，科学家对不在保护区内而是自由流动的非洲野狗、几种狼、几种鸟和多种灵长类动物进行了研究，发现了与侏獴同样的问题。现在看起来，对多种群居性的动物来说，"社会压力"是居首要地位的个体不得不付出的代价。

这种令人吃惊的结果，也有助于解释为什么居次要地位的个体甘愿待在那个位置上。假设居首要地位的个体除了垄断生育权之外，还可以获得低社会压力的好处，那么在这个群体社会中，社会优先权、社会好处就全部集中到首领身上，居次要地位的个体还甘愿忍受不公吗？社会还能稳定吗？群体还能维持下去吗？从最新的体内荷尔蒙检测数据可以知道，在群体社会中，收益和代价分两个途径流到了居首要地位的个体身上，首领们在获得生育权的同时，也要长期忍受持续增长的社会压力，其体内由压力导致的荷尔蒙分泌量很高。

在侏獴群体中，年龄就是等级次序的最好标志，也就是说，在侏獴群体中，年龄最大的个体往往就是居首要地位的个体。但是这个事实却会产生另外的问题：为什么体型比较大、年轻力壮的个体不主动占据首领地位，而让年龄较大、体型也小、身体相对虚弱的个体占据首领地位呢？为什么年轻力壮者不提出挑战呢？科学家们认为，控制权是逐步形成的，一旦等级次序形成后，个体可以获得相对的好处，而且能够避免为争斗而付出的代价。这个观点主要取决于这么一种假设：即使居次要地位的个体发出严重的挑战，居首要地位的个体仍然会取得胜利。

很高的可的松分泌水平会产生令生物个体不快的副作用，可导致体内能量的不足、消化能力的衰退、血压的升高，甚至影响免疫系统。虽然迄今为止几乎没有证据表明居首要地位个体的寿命比居次要地位的个体短，但是这些副作用仍然会给首领们带来严重的问题。如果将要做首领的个体具有比较好的身体条件或者有很突出的遗传优势，那么它就具有很好的生存前景，应该有比平均寿命更长的寿命，但是这些优势被做首领的成本化解掉了。因此，做首领的两方面的影响可以相互抵消，使得最后首领与属下的平均寿命相同，死亡率没有什么差别。

对在野外生存的动物，很难有什么记录来证明这种交换的合理性，但非常清楚的是，群体中的身份所导致的心理后果比原先预想的要复杂和有意思得多。

■ 梳理毛发与家族生活

猴类生活的一个典型特征就是同一个群体内的猴子会为其他成员梳理毛发，帮助它们清理皮毛当中的污垢、脱落的皮肤以及像虱子这样的皮外寄生虫。这种行为使它们获得了"最具社会性"的动物的名声，但是梳毛这种活动不仅仅是为了社交和卫生。

旧大陆猴科的猴类，以及南美洲的一些种类，如卷尾猴和松鼠猴，会组成核心不变的社会群体，这种群体内部的核心是有血缘关系的成年雌性以及它们的未独立后代，其中也有一只或多只没有血缘关系的成年雄性短暂地停留。生活在群体当中可以防止掠食者的攻击，或许也可以防止雄性企图杀掉小猴，但这也招致了一个主要的不利因素：它们需要为食物而竞争。因此，有假设认为雌性之间很大程度上是"勉强的伙伴"，它们由于外在的压力而不得不与竞争者生活在一起，而梳理毛发的活动就进化成为了一种处理这个问题的办法。

根据这种观点，梳毛活动能够使雌性建立联系，在遇到危险的时候这种联系是可以提供帮助的。根据这种理论，当一只雌性猴遭到攻击的时候，它的梳毛伙伴应该会帮助它击退对手。社会群体据说是由许多不同的搭档联盟组成的，联盟当中的伙伴会相互帮助来抵抗更占优势的对手。

因为这样的一种策略，雌性应该会选择那些更可能或更有能力帮助自己的个体并给它梳毛。取得那些拥有高等地位的或其他群体成员害怕的统治者的帮助会尤其有用，因此梳毛的活动应该是指向这种个体的。一种办法就是投入时间去为联盟的同伴梳毛以达成“信任的盟约”，那些致力于建立关系的个体会被认为是值得帮助的。在这个观点看来，梳毛活动是巩固战略关系的“黏合剂”。

这种看法虽然得到了广泛的接受，但却很难被证实。这个理论认为低等级的个体应该会花大量的时间为统治者梳毛，但在许多像卷尾猴和绮帽猕猴这样的猴类当中，情况却是相反的：占统治地位的雌性会花更多工夫去为低等级的雌性梳毛。

更重要的是，实际上几乎没有证据表明成年雌性会结成联盟互相对抗。例如，南非的狒狒决不会形成联盟，然而它们也会花时间互相梳毛。在一个生活在德拉肯斯堡山脉的不平常种群当中，即使不存在食物竞争，梳毛的关系依然存在。它们吃的食物主要是根茎和花朵，根本不值得去竞争，然而这些动物依然很重视梳毛活动。这表明梳毛本身就是一种很有价值的活动，雌性为同伴梳毛仅仅是为了保证同伴也为它梳毛。

梳毛不仅仅对保持卫生有价值，也能给猴子们带来快乐。当它们梳毛的时候，体内会分泌一种“快乐荷尔蒙”——内啡肽，这种物质能够使它们体验到高度的快感。雌猴是强迫性梳毛者，甚至可以称之为“上瘾”，因为这种梳毛活动能够缓解它们群体生活的紧张和压力。这对雌性很重要，因为高度的紧张能够损害它们的怀孕能力。例如，低等级的雌性狮尾狒狒比高等级的雌性要多花 3 ~ 5 个月才能怀孕，这导致了它们生育后代的速度比占统治地位的雌性要慢。

联盟理论假设认为梳毛活动的功能很像人类社会中的金钱，它本身没有价值，但是可以用来获得其他有价值的东西。不过新的观点指出梳毛的价值就存在于梳毛活动本身。简单地说，梳毛活动不是用来购买其他同伴支援的“现金”，而是一种用来和其他成员交换的“商品”。

这种“雌猴不是合作者而是交易者”的观点，对我们理解它们的社会性有重要的意义。这个

↗ 有许多理论解释了为什么猴子会相互梳毛，但有一点很明显，即梳毛对于猴子来说是很快乐的事情，这多亏了体内释放的荷尔蒙。

↗ 梳毛对除去寄生虫很重要，而且谁给谁梳毛的动态变化揭示了灵长类动物中的社会组织形式。图中为日本猕猴的母系群体。

观点说明，梳毛活动可以被看做是一种在群体“市场”中交易的商品，而梳毛关系则是建立在有多少其他个体对获得这种商品感兴趣的基础之上的。供求关系会决定个体必须为梳毛支付的“价格”，就像人类的经济市场一样。每个个体花在互相梳毛活动上的时间是不同的（叫做“支付不对称”），因此这种不同反映出了一个个体在“市场”中的身份，以及它们为自己的服务讨得一个好“价钱”的能力。

这种支付不对称的一个例子就是统治者由下属来梳毛。在有食物竞争的栖息地，雌性狒狒会更多地为处于统治地位的雌性梳理毛发，这样可以保护它们选择觅食地的权利。因为在这样的情况下，这种权利是比梳毛更有价值的商品，所以从属者会愿意为之付出更多。

雌性赤猴常用梳毛来“购买”接近幼崽的权利，雌性狒狒也是一样。新生的幼崽对其他猴子来说十分具有吸引力，特别是雌性非常渴望去看护和爱抚幼崽。母亲都很不情愿与它脆弱的孩子分开，这时雌性的狒狒和赤猴就会为幼崽的母亲梳毛，梳完以后，它们就可以去抚摸幼崽了。然而，即使在这种情况下市场力量仍然起作用：在被允许抚摸幼崽之前，低等级的狒狒必须比高等级的狒狒花更长的时间梳毛。从这方面来看，一个灵长类群体内部的社会关系是由任何两只雌性之间的相对讨价还价能力决定的。

■ 吼猴的能量保存策略

第一次到新热带地区旅游的游客从森林中出来的时候，常常会兴奋地宣称听到了狮子或某些其他巨大的野兽在附近吼叫。当他们知道这种吓人的声音不是来自大型食肉动物，而是来自于只有 7 ~ 9 千克重的新热带地区的吼猴时，他们会觉得相当吃惊。吼猴是由它响亮的声音得名的，它们不仅不是危险的掠食者，而且还很平静。它们生活在树上，是素食动物，食物多种多样，包括小树和藤蔓植物的叶子、花以及热带森林的果实。为什么这些猴子需要制造这样嘈杂的叫声呢？

吼猴（吼猴属）发出的叫声是所有动物叫声中最响亮者之一。在某些情况下，一只吼猴的叫声可以在超过 1.6 千米的范围外听见。达尔文认为，对于脊椎动物来说，叫声最响亮的雄性能够通过显示它的力量来吸引到大多数雌性。达尔文的解释对于某些蛙类来说是正确的，但是迄今为止，还没有太多证据支持该理论对吼猴的解释力。

吼猴的U形骨和下颌是延长的，使得它们能够发出响亮的叫声。图中是一只雄性黑吼猴。

另一种观点认为，这种叫声宣布了一个群体对它领地内果树的占有权。这个观点似乎是正确的，但是进化对这种行为的推动作用很复杂，需要考察该猴类的进食行为、社会生活和因为吃树叶而带来的能量限制才能确定。最近对中南美洲的长毛吼猴进行的研究就揭示了这些关系。

吼猴的地理分布是所有新大陆猴类中最宽广的——从墨西哥南部到阿根廷北部，这也说明了它们在适应环境方面的成功。一个关键的因素在于它们能够将树叶作为食物的主要组成部分。热带的树一般不会季节性落叶，而是全年生长，在热带森林，树叶也比像成熟果实这样可选择的食物更加丰富。总的来说，一只吃树叶的灵长类动物在寻找食物方面面临的问题比较少。

虽然树叶相对充足，观察资料却显示大部分新热带猴类都不会吃很大量的树叶，而且某些猴类根本就不吃树叶。这是因为虽然树叶无处不在，但是它有一个最大的缺点：营养含量低，而纤维素和半纤维素的含量高。哺乳动物没有能够消化这种物质的酶，所以吃树叶的猴类胃中会充满大量不能消化的东西。虽然嫩叶是蛋白质的一个好的来源，但是它的糖和脂肪的含量却很低。想要成为成功的食叶动物，灵长类动物必须找到解决这些问题的方法。

在旧大陆的热带森林中生活着很多种不同的食叶猴类，它们一起构成了疣猴亚科。所有疣猴亚科的猴类都有高度专门化的囊状的胃，这与牛的胃在很多方面有相似之处。在疣猴类的胃中存在着专门的细菌，它们能够消化树叶细胞壁中的纤维素和半纤维素。在这种称做发酵的消化过程中会产生一种富含能量的气体（挥发性脂肪酸），这种气体能够被猴子吸收，然后用来为日常活动提供能量。只有通过这些专门细菌的作用，疣猴类或者其他哺乳动物才能够从植物的细胞壁中获得能量。

与疣猴类不同的是，吼猴没有囊状的胃。相反，它们的胃比较简单，仅能够分泌胃酸，这和人类的胃很类似。但是吼猴的消化道有两个扩大的部分，分别位于盲肠和结肠，其中含有能够分解纤维素和半纤维素的发酵细菌。和疣猴类一样，吼猴将挥发性脂肪酸作为能量源。

一般来说，在从树叶中获得能量方面，吼猴后肠的效率不如疣猴胃的效率高。为了更好地从

↗ 在巴西东部的自然保护区内，一只褐吼猴正在树叶之中觅食。与老树叶相比，嫩叶是获取能量的更有效的资源。某些新大陆猴类具有的颜色视觉对于辨别不同颜色的树叶有着重要的作用。

树叶中获得能量，吼猴必须专挑能够迅速发酵的嫩叶吃。吼猴也吃成熟的果实和花，但是在树叶的质量足够高的情况下，它们也能只靠树叶生存好几个星期。

即使吼猴能够挑选合适的食物，它们也必须关注自己的能量消耗，因为每天来自于发酵作用的能量是有限的。吼猴群体的成员在白天通常要花 50% 以上的时间来休息或睡觉。它们只有很小的活动范围，一天只行进 400 米左右，一个 15 ~ 20 只的群体总共的活动范围也就 0.31 平方千米左右，因为它们平均每天只需要在活动范围内觅食就可以获得充足的食物。与之相比，一只食果的蜘蛛猴的活动范围约 3 平方千米或更大，它们平均每天要在超过 1 平方千米的范围内寻找食物，因为成熟果实的数量远远低于嫩叶的数量。

↗ 吼猴能够将它们一半的清醒时间用于休息，这是一种节省能量的重要策略，但大部分的剩余时间都是在进食，只留下一点时间进行社会活动。吼叫在节省能量的策略中扮演着重要的角色。

作为保存能量策略的一部分,吼猴也显示出了性别之间的“劳动”划分。雄性帮助解决争端和保护群体成员不受捕食者侵犯，除此之外，它们还用有力的呼叫声保护对群体活动范围内重要食物的拥有权。这就使得雌性不用去执行这样的一些“任务”了，它们会将更多的精力放在生育和照顾后代上面。

雄性吼猴的喉咙里面有一块延伸的 U 字形骨头，当它们吸入的空气经过该骨头之中的空洞时，就发出了那种引人注目的吼叫声。所有雄性吼猴的 U 字形骨头都显著大于雌性的；除此之外，红吼猴的这块骨头相对于长毛吼猴来说也更大。U 形骨的大小影响到了吼叫声的类型，比如说，红吼猴的吼叫声像是冗长的呻吟声，而长毛吼猴的更像真正的吼叫。

对于所有种类的吼猴来说，每个群体的所有雄性成员都会发出“黎明的合唱”，然后听力范围内的其他群体的雄性成员会做出回应。吼猴的群体没有独占的领地，而是与相邻的群体共享部分的活动范围。无论群体移动到哪个新的觅食地，只要通过每天早上的吼叫声，一个群体就能够告知相邻的群体它们白天在哪里活动。

当两个吼猴群体相遇的时候，它们会变得非常喧闹，特别是成年雄性会将更多的能量用于吼叫、跳跃、奔跑，有时甚至会打斗。雌性的群体成员可能会被驱散或失踪，而能够用于进食和休息的宝贵时间也被浪费了。因此，与其一直巡查领地的边界或卷入耗费能量的群体间的“争吵”，还不如让其他群体知道它们在哪里。

不同的群体之间存在着统治等级，这明显是建立在打斗的能力和成年雄性的协作行为基础之上的。通过聆听吼叫声，一个较弱的群体就可以知道较强群体的位置，因此也就能避免与之相遇或走入一个未经允许的食物源，从而节省了能量。除此之外，比较强势的群体也能从中受益，因为它的成员不必耗费宝贵的能量,也避免了将自己暴露在保护食物源时可能发生的危险之中。因此，吼叫声能够有效地帮助群体保持相互的间隔，也解决了由于吃树叶而带来的低能量问题。

■ 阿拉伯狒狒的社会结构

现在是日落前1小时，地点在埃塞俄比亚境内的达纳基尔平原南部的半荒漠地区。一个长长的阿拉伯狒狒纵队——棕色的雌性和幼崽散布于外表灰色的高大雄性周围——走在布满沙砾的斜坡上，并穿越一道干枯了的河床。这个群体正在赶往一个悬崖，在那里，它们可以躲避豹子并安全度过夜晚。突然，一只靠前的雄性沿着队伍全速地回跑，一只掉队的雌性则匆忙朝它迎去，似乎意识到它的掉队行为已经引起了雄性的严重不满。当这只雄性到达这只雌性身边时，它瞄准其脖子后面咬了一口。这只雌性一边高声号叫，一边紧跟着来到悬崖上，而其他雌性都在那里等候。然后，这只雄性领着它的家庭在岩脊处安顿下来，在那里，它们可以互相梳毛。

咬脖子是雄性阿拉伯狒狒在聚拢雌性时习惯性使用的一种极端的威胁行为。群体中有4/5的成年雄性拥有多个雌性，数量为1 ~ 10只不等，平均为2只。雌雄数量的差异不大，但雄性在10 ~ 12岁达到性成熟以后才会形成配偶关系，而雌性在4 ~ 6岁时就可以寻找配偶了。其他亚种的狒狒中雄性一次只与1只雌性结成配偶，而且只在雌性发情的几小时或几天内配对。70%的阿拉伯狒狒其配偶关系会持续3年以上，其中包括雌性不能交配的怀孕期和哺乳期。这证明了灵长类要维持配偶关系，交配并不是必要条件。

这群生活在埃塞俄比亚东北部的狒狒有几百个成员，其群体分成了4个层次——雄性的“妻妾群”，家庭（大概15 ~ 30只），族群（包括65 ~ 90个个体），最后是整个狒狒群。同属一个小群体的成员之间的互动，要比与同属一个大群体的成员之间的互动多10倍左右。

当一只年轻的雄性阿拉伯狒狒控制住了它的“妻妾群”时，它的繁殖生涯就是成功的。困难在于，若一个群体中所有可生殖的雌性都属于一只雄性，该雄性必须与任何侵犯它的对手战斗。此外，有实验表明，雄性会控制自己不从其他雄性那里“窃取”雌性，即使面对比它们弱的雄性也一样。这虽确保了和睦，但是阻碍了年轻雄性接近成熟的雌性。为了避免这个问题，属于不同族群的年轻雄性采用了不同的策略。在某个族群里，一只快成年的雄性可能会接近家庭中的“小女儿”。它还没有成熟，所以父亲并不会热切地保护它，而其他成年的雄性也会忽视它。无论它和它母亲走到哪里，这只快成年的雄性都会紧紧地跟随在这只年幼雌性身边。事实上，经过几周友善的控制以后，雌性的确开始紧紧跟随它了。通过这种熟练的技术，未成年雄性最终能从雄性的家庭得到配偶。与这种狡猾的方法相比，另一个族群里的雄性则可能会一直等待，直到自己成年，然后用武力突然“拐走”一只年幼雌性。很明显，不同的社会行为在同一个群体里也是存在的。通过占有未成年的雌性，未成年雄性避免了与成年雄性的竞争，一旦该未成年雌性达到性成熟，就变成了它的一个配偶。

观察资料表明，在某一个族群里，完全成熟的“部下”攻击了它们家族当中3个年老的首领，并且用武力把其拥有的雌性部分或全部抢走。几周内，被打败的雄性首领体重下降了，灰色的毛也变成了和雌性一样的棕色。外表的变化表明它们的睾丸激素分泌水平正在下降。在这3

↗ 在阿拉伯狒狒中，梳毛是最占用时间的社会活动。雌性之间的攻击行为几乎总会受到雄性的注意，而且它们会为了争夺给雄性梳毛的权利而互相打斗。

个战败的首领之中，只有1个在它的家族里生活了几年，而且在家族里它也只能在家族决定迁移方向时施加一点影响。另外2只则消失了——或者离开了群体，或者死了。

看起来，雄性的繁殖生涯似乎取决于它与它的家族以及族群的关系。事实上，雄性会一直待在它出生的家族，直至它的繁殖生涯结束。首先它会成为群体的“侍从”，最后，幸运的话，它会成为雌性眷群的首领。当两个母亲被家族外面的雄性接管时，那些年幼雄性会离开它们原来的家族，加入到它们“继父”的家族——这对于幼年灵长类动物来说是极不寻常的选择。但是雌性则经常转移到其他家族甚至其他族群里。埃塞俄比亚的阿拉伯狒狒是个例外，它们所在的社会似乎是由雄性亲属间的关系推动的，而不是雌性亲属间的关系。

不过，在阿拉伯狒狒的社会里，雌性并不仅仅是雄性的一件财产。实验表明，雌性会对特定的雄性显露出喜爱之情，而这只雄性的对手也会注意到这一点。因此，在选择测试中，雌性喜爱现在配偶的程度越低，其他竞争对手就越有可能克服自我抑制并在接下来的抑制测验中将该雌性“窃取”。

在出发之前，一个族群的成年雄性会针对当天寻找食物的旅行方向问题进行交流。在早晨的“会议”快要结束时，一些雄性会一只只地离开正休息的群体，向外走几米再朝外坐下，其他雄性可能会跟随其后。在群体外围的几个方向都会有成员往外走，如果没有跟随者的话，它们就会撤回去。雄性会互相看着对方，最终某个突出的位置获得了优势，这个族群就朝这个方向出发。行进几百米后这个族群又会散开，大约在中午的时候，它们又在原来出发方向上的某个水潭边重新集合起来。族群一般会在几小时以前就预先指定其中一个水潭作为“会议”的场所。

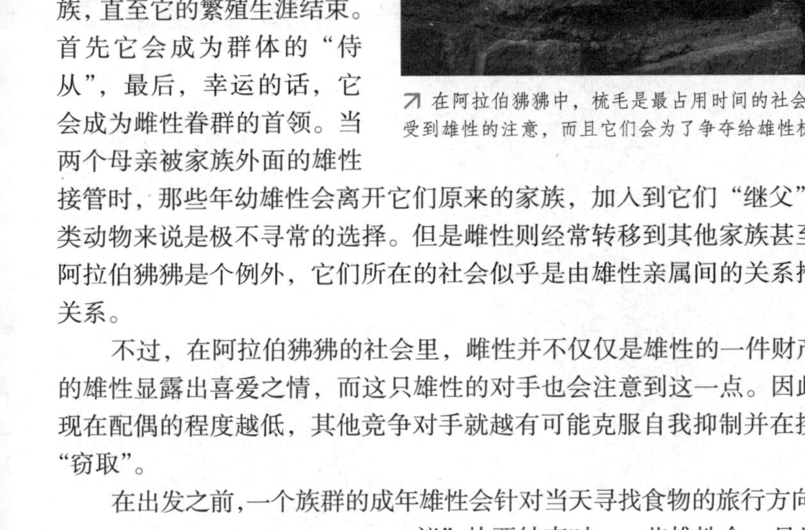

↑ 狒狒会分配它们的时间以便在白天从事重要的活动，而其中的某些活动可能会导致群体成员之间的冲突。1.雄性之间的一场侵略性的遭遇战；2.正在探索的年幼狒狒；3.搜寻食物；4.雌性给雄性梳毛；5.幼狒狒在玩耍；6.求爱时期雌性向雄性展示（不是炫耀行为）。

照片故事

PHOTO STORY

雪中的猕猴

▲ 日本猕猴以嫩枝为食。日本北部下雪后，可食用的食物将变得稀少起来，这些猴子就主要依靠树皮和树枝生存。另外它们还不得不求助于储藏在体内的能量，直到春天再次来临，它们的营养需求才能再次得到满足。

▶ ▼ 一只幼年猕猴在滚雪球。这种行为在许多不同的地方都可以观察到，该行为明显与适应性的打斗行为和进食策略无关。相反，这似乎仅仅是玩耍行为——它能够为猕猴的身体、心理和社会性的发展注入新的活力。

◀ 梳毛活动不仅可以清除皮肤上的杂物和体表寄生虫，还有增强社会联系的作用。这种行为不仅存在于亲属之间，在整个群体范围内该行为都是存在的。日本猕猴主要组成母系群体，不过群体中也可以同时含有雄性和雌性成员。雌性一般会终生待在一个群体之中，而雄性会不断地从一个群体迁移到另一个群体。

▶ 一只幼年猕猴依偎在母猕猴的长毛之中躲避冬季的严寒。在幼猴出生后的前几个月里，母猕猴会倾尽全力去保护它的孩子。即使幼崽已经断奶，它们仍然会得到母猕猴的长期支援；雌性后代需要3年的时间才能成长为母系家族中活跃的成年成员，而雄性要在出生的群体中待更久的时间，然后才会分散到其他群体去寻求交配的机会。

◀ 在日本本州岛东部山区的长野县地狱谷附近，一群猕猴正在享受温泉浴。与其他非人类的灵长类动物相比，这些猴子生活的地方更靠北，与比较靠近热带的近亲不同，它们每年要经历截然不同的四个季节。那里的冬天特别寒冷，在1月份，温度能够下降到－15℃。在这种寒冷的时期，交配季节已经结束，而游走在外的雄性也回到了群体中，这个时候泡个热水澡就纯粹是一种享受了。

■ 非洲森林中的跨种联系

↗ 戴安娜长尾猴警觉的眼睛和机敏的感觉对混合群体有着重要的价值，不过这种混合群体是否出现取决于很多变量，比如食物是否充足或掠食者是否盛行。

同种动物之间互相帮助可能不是什么奇怪的事情，但不同种类的动物走到一起相互合作，就值得我们注意了。在科特迪瓦西南部的塔伊国家公园，人们可以看到 7 种不同的猴子——3 种疣猴，3 种长尾猴，再加上白毛白眉猴——能够以不同的组合方式结成伙伴。人们甚至可以看到所有这 7 种猴子聚集成一个超过 250 只的群体。在这个群丛系统中，一个关键的种类就是戴安娜长尾猴。它有着华丽的外表，因此受到了人类观察者的高度重视；而且它们的警觉性很高，所以也受到了其他猴类的赏识。苍白绿疣猴和戴安娜长尾猴会建立持久的“友谊”，而红绿疣猴和戴安娜长尾猴之间的关系就短暂得多。通过对这些混合种类的群体进行观察，人们对于它们为什么以及如何聚到一起已经有了一些了解。在上述的两个例子中，稳定的伙伴群体都是共享一片共同的活动领域的。

红绿疣猴体型比较大，它的腹部为鲜红色，背部为暗蓝灰色。它们生活在 75 只左右的大群体当中，在森林的顶篷吃树叶、花、蓓蕾和未熟果实。苍白绿疣猴的体型只有红绿疣猴的一半左右，它们生活的群体中成员数量通常少于 10 只；它们的食物与红绿疣猴相似，但是会避开大型种类的活动范围，而在森林低处的小树上进食。戴安娜长尾猴具有长尾猴群体的典型组成方式：1 只雄性，5 ~ 10 只雌性，以及一些未成年幼猴。它们在森林的所有层次寻找果实和昆虫。

这两种伙伴关系的主要功能都是增强对 4 种主要的猴类掠食者的防御能力，这四种掠食者分别是：冠鹰雕，豹子，黑猩猩，以及人类。群居的生活方式是大部分昼行灵长类防御掠食者的主要防御策略，但是问题在于，群体当中的成员越多，每个成员分得的食物就越少，这与组成群体得到的益处相比，或许还得不偿失。解决的办法就是，与一个有着不同食物范围的种类建立关系。疣猴之所以能够和戴安娜长尾猴很好地相处，原因就在于它们的食物范围几乎不重叠。

在一个依靠数量获得安全的防御系统当中，有两个要素十分重要。第一个就是及早地报警：如果报警及时，个体就能够寻找最佳的策略来降低危险，这取决于它们所处的的方位和掠食者的距离。第二个就是稀释作用：潜在的猎物数量越多，每一个猎物被捕食的几率就越低。

当一位科学家套上具有豹子图案的衣服接近混合群体的时候，戴安娜长尾猴作为哨兵的价值就变得显而易见了。

几乎总是戴安娜长尾猴第一时间发出警报——即便是在戴安娜长尾猴的数量远不如其他种类的成员，或离危险很远的时候。戴安娜长尾猴的机动性很高，而且喜欢在树冠的外围觅食，这些特征使得它们成为了成功的哨兵。

然而，组成这样的群体也是有代价的，特别是每种动物所喜欢的食物类型十分不同的时候。因此，红绿疣猴只会在一年中容易被捕食或食物十分分散的时期才结成混合群体。它们的致命杀手是进行协作捕食的黑猩猩，黑猩猩杀死的红绿疣猴比杀死的戴安娜长尾猴要多得多。所以在黑猩猩的捕食季节，红绿疣猴最常与戴安娜长尾猴组成混合群体，而在黑猩猩不捕猎的9 ~ 11月，它们就很少和戴安娜长尾猴建立联系。

如果在喇叭当中播放黑猩猩的声音，红绿疣猴就会立刻靠近戴安娜长尾猴的群体。除此之外，与听见其他（或没有）声音相比，早上听见黑猩猩叫声的群体会在一起待更长的时间。

由于红绿疣猴的出现，戴安娜长尾猴也能从它们带来的稀释作用中获益。当有红绿疣猴群体加入的时候，它们的群体大小变为了原来的4倍，所以任何成员被捕食的危险都减小了。而在高处觅食的疣猴还能改善针对冠鹰雕的报警系统。

相比之下，苍白绿疣猴的价值就小得多了，它们几乎不能为戴安娜长尾猴的安全带来任何好处。这种猴子十分擅长在听到第一声报警后躲藏起来，而它们自己很少发出警报。在其他猴子乱转的时候，它们却往往安静地坐在周围的灌木丛中。它们这种小的体型和群体可能是对隐藏的生活方式适应的结果。与来来往往的红绿疣猴不同，苍白绿疣猴从不离开它们的戴安娜长尾猴哨兵，

↓ 在某些特定时候合作是必须的，比如在水坑边喝水的这一段危险时间。这个时候猴子必须离开树冠，来到更加空旷的地面，于是这些红绿疣猴和长尾黑颚猴便轮流喝水和监视掠食者。

它们必须在戴安娜长尾猴觅食的有限地区寻找它们的食物。

生活在塞拉利昂提崴岛上的红绿疣猴、苍白绿疣猴以及戴安娜长尾猴，遇到的掠食者相对少一些。尽管如此，苍白绿疣猴仍然紧跟着戴安娜长尾猴，而红绿疣猴仅仅是在相遇时才和戴安娜长尾猴待在一起。似乎在进化的过程中，苍白绿疣猴与戴安娜长尾猴建立联系的倾向已经发展成为了一种无条件跟随的策略，而红绿疣猴仅仅是在靠自己不能保证安全的情况下才会去找其他猴类。

■ 取食与植物性防御

长颈鹿和作为它们主要食物源的金合欢树之间存在着密切的生态关系。几百万年以来，进化上的物种竞争已经有过好多次，涉及到一方适应和另一方反适应的策略。金合欢树的嫩枝叶一直是长颈鹿的主要食物，但其自身也有物理上和化学上的防御，以防止被长颈鹿过分吃掉。金合欢树上的棘刺能刺、钩或扯裂长颈鹿的鼻子、嘴唇和舌头，有些种类的金合欢树还具有平面结构的凸起（例如伞状刺），可以阻止长颈鹿吃到发芽的上方树冠。金合欢刺特别长，密密麻麻布于高处，但是哪里没有长颈鹿，哪里的金合欢树就比较“友善”（也就是没有那么多的刺）。金合欢树的化学防御措施包括含有多种植物成分，如丹宁酸可以使得它们的嫩枝叶味道很差从而减少被吃；还含有毒素，这使得长颈鹿无法消化它们。而长颈鹿各种生理上的适应性又使得它们能够克服这些金合欢树的防御，包括具有较强消化功能的黏液状唾液和特殊的肝功能，还有精确区分包含着不同防御性化学成分浓度的叶子的能力。这种能力在小长颈鹿断奶以后就已经慢慢形成了，它们通过尝试不同的树叶类型来获得。小长颈鹿通常进行少量尝试的“试错机制”，吃母长颈鹿吃过的东西，有区别地闻嗅并且尝试先前的食物，所有的这些都会对小长颈鹿形成对食物的偏好产生影响。

在克鲁格国家公园核心区里，长颈鹿的密度很高（2.5 只 / 平方千米），可以很清楚地看到一种金合欢树被它们吃过的痕迹，因为这是它们喜欢的植物。长颈鹿成了金合欢树的“园丁”，它们把树“修剪”成了圆锥状或沙漏状，这与园丁修剪植物的效果类似。有意思的是，被长颈鹿“修剪”最严重的树就是那些防御能力最差的树。这些金合欢树面临着高度的被“修剪”的压力（它们 40%的新芽都被长颈鹿吃掉了），因为它们的树叶中所含有的丹宁酸的浓度只有那些没有被长颈鹿吃的树的一半，这可能是因为这种金合欢树能够比较快地长出新的叶子以此来代替丢失的叶子，从而只有较低的分泌化学抵抗物质的能力。对于长颈鹿和其他吃嫩枝叶的动物比如黑斑羚来讲，一个趋势就是，它们越来越以某个地区的一种或几种树为食，而不像食草的有蹄类动物那样以混合型的草类为食物。

↗ 为了方便食用那些多刺的树叶，长颈鹿有着长达46厘米的和猴子前臂一样灵巧而强有力的舌头。此外，它们还拥有高度灵活的有强健肌肉的唇。

这些金合欢树会在干燥季节的末期开出奶白色的花朵。每年的这个季节，树叶是最少的，这些花便成了长颈鹿此阶段的食物来源之一。在这 6 个星期的开花季节里，长颈鹿会在各棵树之间迁移以寻找这种花，因为它们可以为长颈鹿提供这个时期将近 1/4 的食物。有效地抵御长颈鹿取食的手段在这种金合欢树的花上出奇地缺乏，但是令我们惊奇的是它们的树叶可以相当成功地抵御被吃。可喜的现

↗ 这种与众不同的伞状的金合欢树会限制长颈鹿在它的低层树冠上吃嫩枝叶。

象是，长颈鹿实际上承担着为金合欢花授粉的“重任”。以进化论的观点来看，从超多的而且开放非常短暂的花中“拿出”一部分给长颈鹿，却能得到长颈鹿为其授粉的补偿（因为长颈鹿在树冠中挤来挤去，头和脖子的毛发里沾满了花粉），这是值得的。多数开花植物靠飞虫传粉，偶尔也会靠鸟、蝙蝠或是少量不会飞的哺乳动物（如啮齿动物、有袋动物、灵长类动物等）传粉。后者不能在树与树之间飞来飞去，通常也不能在一天里移动比较长的路程。但是一只普通的长颈鹿每次在经过高于地面 4 米的带花树冠时，大的长满毛发的头部总是会沾上许多花粉，而且它一天至少要在 100 多棵金合欢树上进食，路程达到 20 千米，可见它的传粉功能是多么强大。这种在金合欢树和世界上最高动物之间的合作进化关系表现得非常明显，也可以作为生物学进一步研究的对象。

■ 适应极端环境的阿拉伯长角羚

阿拉伯半岛中部地区的沙漠是环境极端恶劣的地区之一，夏天阴凉地方的温度也高达 50℃，而冬天的温度可低到 6 ~ 7℃，而且风很大。全年每天的温差平均可达 20℃。大面积的地区有可能多年没有降雨，植被主要以种子状态存在，雨后地表水可能很快就枯竭了。沙漠里的暴风雨能使得数天里的能见度极低。食物、水源、阴凉处以及躲避的地方很分散，仅够生活在那里的动物之用。在所有长角羚属的羚羊中，卡拉哈里沙漠（南部非洲沙漠高原）的弯角长角羚、索马里沙漠里的东非直角长角羚、撒哈拉沙漠的直角长角羚都没有阿拉伯长角羚对这种极端生活环境的适应性强。

稀少的食物使得阿拉伯长角羚的体重只有 65 ~ 95 千克，仅为卡拉哈里沙漠弯角长角羚体重的 1/3，后者尽管也生活在贫瘠地带，但是与阿拉伯半岛中部相比植被状况还是很好的。阿拉伯长角羚的蹄像个铲子，而且是张开的，与地面的接触面积大，能够适应沙漠环境。它们不是很善于奔跑，但是为了达到一个比较好的栖息场所，也能长时间不断地奔走，一夜走 25 ~ 30 千米是很常见的事情。阿拉伯长角羚通常把艰苦跋涉与“家务杂事”结合在一起处理，但如果它们碰见比较好的草地，会立即转向吃草，放弃所有的其他问题。

降雨的不可预测反映在食物上就是变化无常及其导致的阿拉伯长角羚群落的不断变化与调整。

在食物充足的季节，群体数量可达到 30 只，但在食物匮乏的季节里，通常只有 4 只——2 只雌性羚羊、1 只幼崽以及 1 只雄羚羊。许多雄羚羊是独自生活的，它们彼此的领地是重叠的，在这个重叠的区域经常有雌羚羊路过去寻觅食物。雌羚羊经常变换居所，到刚下过雨因而食物充足的地方去，而雄羚羊会继续守着它们干旱的领地。

冲突发生的频率比较低，使得阿拉伯长角羚能够共享分散的食物和树荫。炎热的夏季，它们一天中有 8 个小时待在树荫下面。在树荫下，羚羊会用前脚挖一个洞穴，待在比较凉爽的沙子里。它们能够很好地调整作息时间，在炎热的季节早早地寻觅阴凉，不到温度降低的时候不出去，以减少身体水分的流失。通过这些行为可避免体温过高，也能通过不停地喘气把体内的温度降下来并使体内所保存的珍贵水分不流失。

吃草的时候一个群体是分散开的，分散到周围 50 ~ 100 米范围直到碰上邻居为止。它们会不断地做可以看见的记号，尤其是在带状的地形里，这能够确保同一个群落里的阿拉伯长角羚保持联系。这个群体所有成员的生活规律几乎是一致的，这增加了整个群体的凝聚力。当带头的雌羚羊发现了食物时，它们就改变前进的方向。它们会沿着新的方向走一段，然后停下来看看有没有食物或食物充不充分，然后所有这个群落的羚羊才都跟着它走。个别掉队的羚羊能够沿着群落在沙漠里留下的足迹跟上整个队伍。另外，在阳光下，阿拉伯长角羚能够看到 3 千米范围内的东西，它们白色的皮毛可以作为旗帜帮助群落选择前进的方向。除人类之外的食肉动物在这些地区很少出现，仅有很少的阿拉伯狼和缟鬣狗。

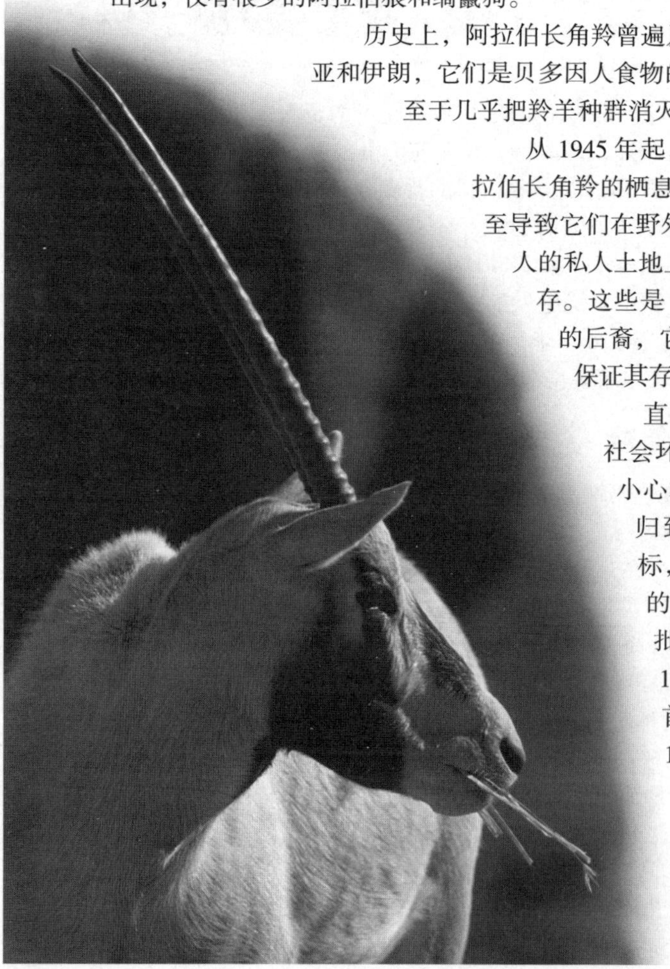

历史上，阿拉伯长角羚曾遍及整个阿拉伯地区，从约旦到达叙利亚和伊朗，它们是贝多因人食物的来源——这个民族靠打猎为生，以至于几乎把羚羊种群消灭光。

从 1945 年起，摩托化狩猎和自动武器造成了阿拉伯长角羚的栖息地和数量严重减少。到 1972 年，甚至导致它们在野外灭绝了，只剩下少数几只在阿拉伯人的私人土地上和美国的世界野生动物研究中心生存。这些是 1962 年人工管理下的阿拉伯长角羚的后裔，它们是由有远见的保护动植物团体为保证其存续而养在围栏里的。

直到 1982 年，阿曼中部地区的生态和社会环境有了改善，人们认为适合把那些小心翼翼发展起来的人工控制的群落放归到野外，于是制定了一个长远的目标，即重新建立一个野外的能自我繁殖的阿拉伯长角羚种群。1984 年，第一批放生的羚羊增加了新的成员。由于 1983 年至 1986 年间沙漠过于干旱，首次放生的羚羊数量增长缓慢。但在 1986 年降雨以后，羚羊群得到了水

← 阿拉伯长角羚的皮毛多是白色的，以增大反射。在冬天的早晨，阿拉伯长角羚的毛能直立起来，以吸收太阳的热量，夜晚厚厚的毛层则可以保存热量。冬天它们身上的黑色斑点也能够吸收热量。

↗ 在20世纪90年代后期，雌性阿拉伯长角羚和它们的幼崽是阿曼猎人的最佳目标。尽管现在禁止捕猎，但偷猎对野外羚羊依旧是一个很大的威胁。

↗ 两只阿拉伯长角羚在树荫下吃草，这在它们植被稀疏的生活环境里是很少出现的。

和食物补充，原来僵硬的群体结构被打破，阿拉伯长角羚的野生种群开始增长。后来又陆续放归了一些羚羊，野生种群增长迅速，1990 年达到 100 只。虽然有些年老的和幼小的长角羚死亡了，存活下来的种群却在 1990 ~ 1992 年的旱灾中存活了下来，并得到了扩充。进一步的放生使得被放生的长角羚总数达到 44 只，到 1996 年，在 1.6 万平方千米的沙漠里，阿拉伯长角羚的总数估计达到了 400 只。

不幸的是，在 1996 年 2 月也即首次放归 14 年后，对阿拉伯长角羚的偷猎又一次开始了。保护协会发现了摩托化的偷猎者的行动轨迹——这些偷猎者在追逐一群长角羚，并抓住了 2 只幼崽。在随后的几个月内，偷猎者转向了更多的长角羚，许多被他们抓住的长角羚在到达阿曼以外的市场之前就死掉了。对阿拉伯长角羚的偷猎行为延续到了 1997 年和 1998 年，到 1999 年初才停止。到 2000 年 1 月，野外的数量超过了 100 只；另外还有从野外抢救过来的近 50 只，准备被放归。

阿曼所发生的一切表明，对于阿拉伯长角羚来说，今天面临的挑战既不是圈养繁殖也不是再度引进，而是如何在野外得到保护。一些地区已采取了一些措施，以确保不再有偷猎和非法贸易的事件发生。与此同时，人们已在沙特阿拉伯建立了第 2 个阿拉伯长角羚的野外种群，以使它们免于第二次的野外灭绝，并永远自由漫游在阿拉伯半岛。

■ 贝氏黄鼠的年度生活安排

贝氏黄鼠是群居性的啮齿动物，生活在美国远西部（加利福尼亚州、内华达州、俄勒冈州、爱达荷州）寒冷荒漠的草地中。它们白天大多在地面上活动，夜里回到地下的洞穴里以躲避掠食者和恶劣的天气。它们主要吃植食，即吃非禾本草本植物和草类，尤其喜爱吃花和种子。但是它们也会吃鸟卵、腐肉，有时甚至吃其他个体的幼崽。

生活在加利福利亚州内华达山脉高处 (3040 米) 提欧加通道 (Tioga–Pass) 的一个贝氏黄鼠种群，已经得到 20 多年的研究。它们每年只在 5 ~ 10 月份活动，其他时间冬眠。每年春天，成年雄性最先出洞，它们常常在积雪中挖掘几米长的地道。等到积雪融化的时候，雌性从冬眠中醒来，每年如此的群居生活和繁殖活动——一种复杂而令人迷惑的竞争与合作兼有的交互活动——便开始了。

雌性出现后 1 周开始交配。尽管只有一个下午的发情时间，雌性仍然充分利用这种机会，一般至少与 3 只（有的时候达到 8 只）不同的雄性交配。基因分析揭示，同窝中幼崽的父亲不止一个，子宫中的幼崽全部或一半有不同的父系。尽管一只雌性的第一个配偶是它多数子女的父亲，但是有些同胎幼崽的父亲甚至是 4 只不同的雄性。

为了能够成功地交配，雄性通常会保卫自己独处的小片领地，当雌性发情期到来的时候，雄性之间会相互威胁、追赶、打斗。事实上，每只雄性在交配期间承受着身体上的伤痛，有些伤还很严重。最重、经验最丰富的雄性在这种冲突中通常会获胜，发情的雌性主要集中在这些雄性周围。占优势地位的雄性会与多只雌性交配（一个季节最多达到 13 只），但是超过一半的雄性在一年内只能获得 1 次交配机会甚至 1 次也没有。

交配之后，每只雌性会挖属于自己的洞穴，它将在那里喂养自己的幼崽。雌性每个季节只产一窝崽。怀孕期约 24 天，哺乳期 27 天，每

↗ 一只雌性贝氏黄鼠正为筑巢搜集草叶。洞穴通常有5～8米长，在地表下30～60厘米处，地面上有多个出口。为了筑一个巢穴，贝氏黄鼠需要像这样搬运干草超过50次。

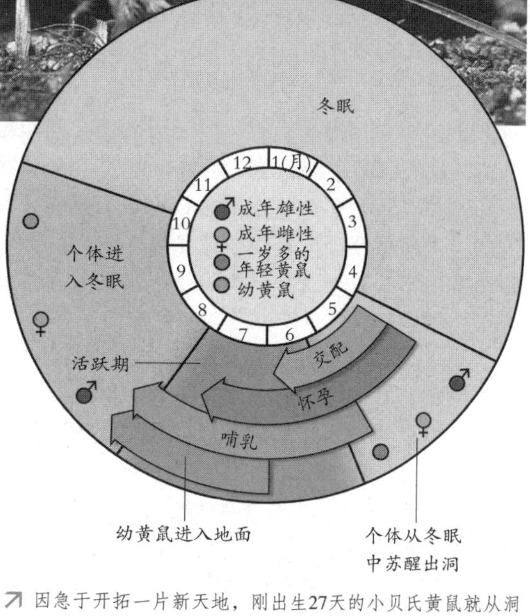

↗ 因急于开拓一片新天地，刚出生27天的小贝氏黄鼠就从洞穴中第一次来到地表。示意图中画出了提欧加通道地区的贝氏黄鼠一年内的活动周期，年幼者通常每年7月或8月早期到地面上活动。

窝平均产5只幼崽。雌性承担所有照顾幼崽的任务，事实上，有些雄性甚至与子女从未谋面，因为到7月份幼贝氏黄鼠断奶开始到地面上活动的时候，雄性可能已经回到了冬眠期。成年雌黄鼠在秋天早期进入冬眠，而开始下雪的时候，不到1岁的小黄鼠才开始它们第一个漫长而冒险的地下冬眠。

冬眠期持续7 ~ 8个月，在此期间死亡率非常高，2/3的幼黄鼠和1/3的成年黄鼠会死亡。大多数是由于耗尽了体内储存的脂肪而导致冻死，还有一些被善于挖掘的掠食者诸如獾和郊狼吃掉。雄性平均能活2 ~ 3年，而雌性能活3 ~ 4年。雄性之所以死得比较早，一方面是因为在争夺雌性的时候打斗的伤口感染了传染病，另一方面，它们活动频繁，会更快地老化，也会更多地把自己暴露在食肉动物前。在不同性别之间，离开自己出生地的各自倾向也明显不同：雄性小黄鼠在断奶后马上离开，并且再也不回来，而雌性小黄鼠很少散开，会待在出生的洞穴附近，并且一生都与血缘上的母性亲属保持联系。

贝氏黄鼠常有雌性聚在一起的结构，这样的家庭结构在雌性进化中形成一种亲属关系，这种亲属关系主要包含4个方面的好处。第一，近亲（母黄鼠和“子女”以及“姐妹”们）之间在筑巢时很少攻击和斗殴，因此有血缘关系的雌性比没有血缘关系的花费比较少的时间和气力便拥有居住场所，相互伤害的危险性要低。第二，近亲共同分享它们巢穴的部分领地，在防御性的领地

↗ 得益于居住在亲属生活共同体里，一只雌性贝氏黄鼠正在监视掠食者。必要时它会反复发出一种警告声，甚至冒着把掠食者的注意力吸引到自己身上的危险。

内允许互相进入食物区和藏身区。第三，近亲之间互相帮助驱逐各自领地内其他非亲属的个体。第四，当掠食性的哺乳动物接近时，雌黄鼠会发出警告声。

当发现獾、郊狼或鼬类时，雌性会直立身体，发出断断续续的颤抖的警告声。发出警告的雌性比其他个体更易受到攻击而被杀死，因此并非所有的贝氏黄鼠都愿意冒此风险。最频繁地发出警告者是那些年老、处于哺乳期的本地雌性黄鼠，其后代和“姐妹”们以及区域内的雄性和迁徙过来在此地没有亲戚的雌性则很少发出警告。发出警告声的个体很显然做出了利他主义的行为——它们冒着自己暴露给掠食者的危险，换得了“亲戚”的安全和生存。

贝氏黄鼠在食肉的鹰猛扑向它们的时候，也会发出一种声音，但是这种警告声与之前的非常不同——这是一种高调的啭鸣，每个音调只包含一个音符。一听见这种声音，其他黄鼠会奔跑着藏匿起来，它们迅速的逃窜能为警告者带来益处：一方面制造混乱，搞乱掠食者的视线；另一方面，群体的疾跑能带来几率上的安全。因此,断续的警告声能有利“子女”和其他“亲戚”的幸存，而单个的音符则能提高自卫的能力。推论是，贝氏黄鼠针对不同级别的危险有不同的警告声。

亲属关系的另一重要的表现形式，是有亲缘关系的雌性在领土防御上的合作。在怀孕期和哺乳期，这些雌性会把其他个体排斥在它们的窝巢周围区域之外。这种地盘防卫性能保护不能自立的幼黄鼠不受其他黄鼠的迫害，因为领地在不被照看时——就算是暂时的，那些没有亲属关系或者年轻的雄性有时也会试图杀死幼崽。

由于饥饿所迫，雄性常成为“杀婴者”，它们常常吃掉受害者。雌性很少这样做，它们只会因为掠食者而失去幼崽时才会触发一些“杀婴行为”。在失去幼崽之后，雌性会离开不安全的洞穴搬到更可靠的地点，如果已经有幼崽在那里，雌性就会杀死它们，以减少它们将来与自己及其雌性后代的竞争。

有近亲作为邻居的雌性比没有近亲作为邻居的雌性更少以这种方式失去子女，因为大家能够更快地发现“作案”者，更快地将它们赶走；同时，母黄鼠暂时离开巢穴寻找“粮草”时，其亲属也会帮忙保护它的后代。总而言之,联合式家庭生活是雌性贝式黄鼠生存和繁殖的一个重要策略。

■ 土拨鼠群居的根源

土拨鼠的群居生活从冬眠期开始。所有 14 种土拨鼠都生活在北半球，主要分布在冬季无法获得食物的多山地带。天气良好的时候，它们会尽量增加体内的脂肪，以度过可能持续 9 个月的冬眠期。有些种类，包括堪察加土拨鼠、长尾土拨鼠以及中亚土拨鼠，其生活环境是如此严酷，以至于出现在地面之前它们便开始交配、怀孕甚至产崽。

活动的时候，土拨鼠能量的消耗率是冬眠时期的 8 ～ 15 倍。为了满足这么巨大的能量需求，它们在体内会储存大量的脂肪——中亚土拨鼠体内脂肪占体重的 30%，欧山土拨鼠占到 53%。体型越大储存的脂肪越多，相对于小些的种类来说，消耗得也越慢。土拨鼠是体型最大的真正进行冬眠的动物，冬眠时期的成年土拨鼠的平均体重从最小的黄腹土拨鼠的 3.4 千克到最大的欧山土拨鼠的 7.1 千克。就算拥有体型大的优点，但繁殖、生长、活动和冬眠所需的能量如此巨大，还是导致至少有 10 种雌性土拨鼠（包括堪察加土拨鼠、长尾土拨鼠以及门氏土拨鼠）不能为每年的繁殖积累足够的脂肪，只能间歇性地繁殖，有的时候相隔 2 年甚至更长时间。

为了长到最大的体重，土拨鼠需要生长很长时间。只有 1 种，即北美土拨鼠的活动时间足够长（5 个月或更长），可使年轻土拨鼠能够在 1 岁的时候达到成熟并繁殖。年轻的北美土拨鼠分散独自冬眠，它们是唯一一种不过群居生活的土拨鼠。成年雌性北美土拨鼠也独自生活，雄鼠防卫的领地内包含一只或更多雌鼠。分布广泛的森林、草地边缘的栖息地使年轻北美土拨鼠能够独立生存。

大多数种类的土拨鼠和亲代生活到 2 岁，黄腹土拨鼠需要 3 年。成熟后的雄性黄腹土拨鼠离开出生地开始自己的生活，而过半的雌鼠则待在出生地。这样，“母亲–女儿–姐妹”体系构成了母系家庭。一只雄性黄腹土拨鼠会进入一个包含不止一个母系家庭的区域，并保护这片领地。

一只雄性欧山土拨鼠或灰毛土拨鼠通常和 2 只雌鼠及其后代生活在一起。雌性照料幼崽直到 2 岁，在此期间不再产崽。年轻土拨鼠 2 岁的时候离开，再 1 年后开始生育。群居的所有成员在一个洞穴中冬眠。

其他种类的土拨鼠主要在联合式家庭群体中过群居生活，通常一对主要的雌雄土拨鼠带着它们各个年龄段的后代居住在一片区域里，当后代可以自己繁殖的时候，它们仍然待在这个家庭里。这种粗看起来较为矛盾的行为可以理解，因为年轻的土拨鼠有机会继承父母的领地。事实上，如果父母中一方死去，有一个“儿子”或“女儿”会继承它们的领地，成为家的新主人，新主人会避免和亲代一方交配。为了避免这种近亲交配而引起后代身体上的缺陷，1 岁多的雄性黄腹土拨鼠常常远离自己的家，而一半的 1 岁多的雌鼠则留在原来的家里。雌土拨鼠在 3 岁前不能生殖，繁殖生涯持续 2.95 年。只有 17% 的雄性土拨鼠能够长到适于繁殖的年龄，因为雄性的死亡率比雌性

↗ 在华盛顿奥林匹克国家公园的草地上，一只年轻的欧山土拨鼠正慢慢靠近一只成年土拨鼠。欧山土拨鼠是土拨鼠中体型最大的，它们非常宽容和友善，这种面对面的交流非常普遍。年轻欧山土拨鼠的分散是一个相对缓慢的过程，似乎取决于它们自己，而不是被成年土拨鼠侵犯或赶走的结果。

↗ 一只白尾土拨鼠正在吃花朵。以前土拨鼠成群生活在一起，但在20世纪它们的种群数量开始下降，最主要的原因是人们对它们下毒。事实上，某些种类的土拨鼠数量下降了上亿只。

高得多。在2岁时，一些雄性仍然在分散离开的阶段，此时有50%的雄性会死亡，而雌性只有30%在2岁时死去。在家族里，存在一定程度的近亲繁殖，但是没有证据显示其有负面影响。另外，近亲繁殖也因为从其他家族来的一只雄鼠或雌鼠成为主要繁殖一方而得到减少。

对黄腹土拨鼠而言，家族生存似乎带来了很多益处。在大群体内的成员更容易成活，能够产更多的后代。资源的集体防御能保证它们不受饥饿困扰，众多双眼睛的注视也能够更容易在掠食动物到达之前便发现。存活率从单独1只雌土拨鼠的60%提高到两三只群居的80%。净生育率从1只雌土拨鼠的50%提高到3只群居的115%。

开始寻找新家对年轻的土拨鼠来说是件充满危险的事情，只有等到2岁或者更大的时候出去才会增加成功的机会。长尾土拨鼠和温岛土拨鼠比黄腹土拨鼠的存活率高得多，因为它们3岁或更大的时候才开始散居，而黄腹土拨鼠在1岁的时候便开始散居。然而，与父母在家待得太久会导致生殖的压抑。在灰土拨鼠中，主要是年纪比较大的雌性生育后代，只有当群体数目减少的时候年轻的雌性才有生育机会。这种生殖的压抑是普遍深入的，以至于当一只主要的雌性普通土拨鼠不再生育时，其他次要的雌性仍然不能够生育。

任何一生照顾其他个体而没有自己后代的动物，自己的基因将无法遗传给下一代。这样看来，这种一视同仁地“照料别人”的基因不能够得以进化。然而，它们的亲属拥有大致相同的基因，因此这种照顾亲属的后代而增加后代成活率的“相对人道”的基因能够繁荣发展。在生物学上，这种原理被称为“近亲选择”。群体中的成员之所以能够毫无私心地对待其他成员，是因为它们共有足够的基因使得它们的努力不会白费。典型的例子是有自己家庭的土拨鼠会从事那些有潜在危险的活动，例如独自寻找新的居住地。

年轻的土拨鼠待在家里的一个原因，可能是帮助抚养它的同胞。普通土拨鼠中的年轻者蜷缩在一起睡觉，以防止热量的散失，而热量的散失会额外消耗体内的脂肪，导致体重下降，从而会减小它们生存的几率。居次要地位的成年同胞们在身边照顾时，年幼的土拨鼠的死亡率约为5%，而当它们不在的时候，这个数字会增加到22%。

尽管如此，这种近亲选择的优点并不能完全弥补不能生育自己后代的不足。在可以建立自己的领地时，土拨鼠却待在原来的家里的更进一步的原因可能是它们完全没有地方可去——居住地可能已经饱和，没有年轻土拨鼠可用的领地。这种情况下，它们会待在家里，帮助抚养自己的“弟弟妹妹”以积累经验，并且等待机会最终离开家庭开辟自己的天地。

■ 北美鼠兔的社会组织结构

两只北美鼠兔在布满岩石的斜面上（也被称为岩屑堆）急速地跑进跑出你的视野，第二只（一只在这里定居的雄性）正在敌对性地追击第一只（一只迁来此地的雄性）。它们追逐到一个毗邻的草甸，接着转入附近一座茂密的云杉树林。再次映入眼帘的时候，这两只鼠兔正被一只黄鼬追赶着。

很快，原先追赶另一只鼠兔的那只鼠兔被逮住了，然后就在距离斜坡安全地不到1米的地方死掉了。顷刻之间，在附近地区生活的所有鼠兔——只有一只除外——都齐声发出一连串短促的叫声（鼠兔在受到捕食者出现的惊动时才会发出这种叫声）。死去的鼠兔发动了这场追逐，但是它的攻击对象却设法逃脱了黄鼬的追捕。现在这只鼠兔静静地待在一块突出的岩石上，俯瞰着它的新领地。

对鼠兔的大多数自然史的描述都强调它们作为个体的地盘防卫性，然而，在美国科罗拉多州的落基山脉地区进行的研究则帮助我们对这种基础认识有了更为翔实的理解。例如，毗连的领地通常由性别相反的鼠兔占据。与同性邻里之间的领地和活动中心相比，雄性和雌性邻里之间的领地互相重叠的范围更大，它们的活动中心距离则更近。领地和巢区的占有以及毗邻关系倾向于年年保持稳定，这样，对一只鼠兔而言，尽力在岩屑堆上保有一个空间，就好比参加抓彩一样，在“抓

↗ 鼠兔有两种独特的发声：短的叫声和长的叫声（或歌声）。长声（一连串的尖叫声，最长可持续30秒）主要由雄兔在繁殖季节发出；短的叫声一般包含一两声尖叫，在追逐或者被追逐的时候，以及在发现掠食者活动的时候，可能会在活动前或活动后发出来，以回应另一只鼠兔发出的叫声。

↗ 一只鼠兔正待在它的冬季储藏堆之中。许多鼠兔都有过度储藏食物的倾向，它们往往收集比整个冬天的消耗量要多得多的树叶和草。

彩”的过程中一只鼠兔的性别部分地决定了它能否赢得“一张票”，因为领地几乎一直都被一个同性的成员占据着（它宣布自己是在前的占有者）。

支撑这种占据模式的行为很明显是一只鼠兔的侵略倾向和接纳倾向之间的折中与妥协。尽管所有的鼠兔在涉及到保卫领地时都是好斗的，但是雌性对作为邻居的雄性的侵略性通常比较弱，而对最邻近的雌性则表现出更强的侵略性。雄性定居者之间极少表现出侵略性，是因为它们之间并不很频繁地发生联系（通过气味标记和叫声的双重使用明显地相互避开）。然而，雄性定居者会猛力攻击不熟悉的（自他地迁入的）雄性，正如上文所描述的那只鼠兔从它的巢区出来袭击并追逐一只迁自其他地方的、不熟悉的成年雄性那样。

接纳行为在成对的毗邻雄性和成对的毗邻雌性之间能够观察到，它们不仅频繁地互相容忍，而且进行短叫声的“二重唱”——这种行为在同性的邻居之间或者非毗邻的异性之间极少被观察到。

成体以对待它们的异性邻居的同样的方式对待自己的后代。有些攻击性行为专门针对幼崽，但是也存在频繁的社会容忍表现。大多数的幼崽会待在亲代的巢区里度过生命的第一个夏天，之后就会分散开去。

生态学上的限制与约束明显地导致了岩栖鼠兔在交配上的“一雄一雌制”。尽管雄性并不直接抚养它们的后代，但是它们仍然一般只跟 1 只毗邻的雌性配对。当雄性能够独占足够的食物资源以吸引数只雌性，或者当雄性能够直接保护数只雌性的时候，“一雄多雌制”就发展起来了。但是对鼠兔而言，岩屑堆基部实质上呈线性区域分布的植被排除了资源独占性的“一雄多雌制”的可能性；而且雄性也不能保卫成群的雌性，因为雌性是分散的，并被它们相互之间的对抗性分隔开来。这样就排除了“一雄多雌”的可能性。

到了应该分散开去并占据一块领地的时候，雄性和雌性幼崽都可能被驱逐出去。结果是，它们通常靠近它们的出生地安家。这种定居模式可能会导致血亲之间的交配，据发现这是鼠兔种群的遗传基因多样性处在低水平的一个原因。

雄性雌性之间这种密切联系和邻里之间相近的血缘关系，可能确实是鼠兔进化出协作行为模式的基础。首先，定居者对侵入者的攻击可能是对关爱照顾后代的一种间接表达：如果成体能够成功地击退迁入者，它们就会增加自己的后代占有一块领地的可能性——这样当地的一块地方就成了一块可用的“殖民地”。其次，回到开头的那一幕，在黄鼬攻击在此定居的鼠兔的时候，所有的鼠兔都发出警示性叫声用于对邻近亲属的警告，而只有那只无亲缘关系的迁入者没有大声叫唤。毫无疑问，新来者会立即在岩屑堆的表面上穿来穿去宣示被杀死的鼠兔的领地（一个半完成的干草堆）已经成为它的，并有权占有一只毗邻的雌性。

其他有趣的动物谜题

■ 龟、蜥蜴等会沉迷于玩耍吗？

对于所有喜好爬行动物的人来说，他们通常不会认为爬行动物的智力水平、认知能力或者“情商”很高。但这种观念近年来已开始改变，因为这些动物具有学会许多事情的能力，包括它们知道逃生和迁移的路线，它们甚至能够辨识同种中的某个个体及其饲养者，而这些能力也都逐渐被人类所认可。

尽管这样，但有关爬行动物心理方面的调查研究仍然不受重视。在这些轶事中有一个关键的行为方式既迷住了那些喜欢养宠物猫和宠物狗的人，同样也迷住了参观动物园中哺乳动物的游客，那就是：顽皮。“顽皮”明显不是（如果曾经是）一个用来描述爬行动物的典型词语，大多数爬行动物不像许多哺乳动物一样可以持续且充满精力地玩耍，但事实上有一些爬行动物看起来却是例外。

但是玩耍是什么，我们怎样来识别？一个对理解有帮助的总结如下：玩耍是一种重复的给予自身的奖赏，但不完全是一种功用性行为，它在结构上、内容上以及个体发生的情况上与更有目的的行为有很大的区别，是动物处于放松或无压力状态时才会产生的一种行为。动物的玩耍行为通常包括 3 种：运动玩耍、物体玩耍以及社会性玩耍。运动玩耍包括跑、跳以及打滚。物体玩耍体现在动物推动、撞击、紧抱、撕咬或摇晃物体的时候，物体玩耍通常跟捕食行为相关，比如当猫重复扑向一个小的、移动中的且行动缓慢的物体，或者重复逮住，然后放走活的猎物。社会性玩耍的典型事例包括同伴间或与父母的追逐嬉戏，但是也会包括与熟悉的人类的玩耍，如人与狗之间具有玩耍性质的交互行为。

在龟、蜥蜴、蛇或鳄鱼中存在可以和上述玩耍行为模式类比的任何模式吗？尼罗河软壳龟会

↗ 钻纹龟常出没的地方是沼泽地和美国东部和南部海岸沿线入海口。它们通常在那些地方的泥滩上晒太阳，并在临近河边的地方筑巢。

用它们的口鼻部撞击漂浮在它们栖息的水池上的篮球或塑料瓶，或者会游过铁环，以及与饲养者玩拔河游戏——在多伦多动物园和华盛顿国家动物园中，人们在这种极少由人工饲养的动物中已观察到这种行为的发生。人们在红海龟以及绿海龟中也观察到它们与物体玩耍的情景。另外，木雕水龟被观察到会像水獭一样重复地从斜坡上滑到水中去。

科摩多巨蜥和其他一些种类会更加精力充沛地、重复地玩耍物体。据报道，伦敦动物园的一只科摩多巨蜥推动着饲养员留下来的一个铁铲并绕着笼子行走，它明显地表现出被铁铲滑过岩石地面所发出的声音吸引住了。在国家公园中，一只小的雌性科摩多巨蜥会抓住和摇晃各种不同的东西，包括玩具、废汽水罐、塑料环以及篮子，这些物体并不会被这只科摩多巨蜥跟食物混淆在一起，因为只有把老鼠血涂在这些物体上时，它才会试图吞下它们（在这种情况下，它会变得非常警惕，即使对待它平时很亲近的饲养员也是如此）。它也会重复地把头钻进盒子、鞋、篮子和其他物体中，这样做看起来只是为了寻求这种经历所带来的刺激。社会性玩耍表现在爬行动物与物品的接触上，如通常抓住饲养员拿在手上的东西玩拔河游戏，或者表现出很顽皮的样子与饲养员玩耍。通过观看它的行为录像的快速回放可发现，把这种行为与哺乳动物的玩耍模式相区别是很难的。

由于具有高级的亲代照料方式，而且与鸟类有紧密的亲缘关系，所以鳄鱼也被认为是可能会玩耍的动物。而实际上，根据对一只美洲短吻鳄的野外观察发现，这只鳄鱼重复地绕着圈爬行，然后突然爬到水池中一个拧开的水龙头前，并对着水流猛咬起来。这种行为并不是为了获取食物，看起来更像是对捕食行为的一种模拟，就如同猫所表现出来的行为一样。

对爬行动物社会性玩耍的记录没有其物体玩耍的记录详尽。新孵化的东方强棱蜥所表现出的最基本的摇晃头部与玩耍行为很相似，同样行为还有新出生的双带变色龙的摔跤行为。记录得最详尽的社会性玩耍行为可能是在北美的红肚龟中出现的早熟的求偶行为，这种行为包括雌雄两性中未达到性成熟的个体，一般是雄性，向别的个体甚至物体摆动前爪。由于已有记录显示哺乳动物中的大多数“打闹”更具有求爱的性质而不是侵略的性质，所以这些红肚龟中存在的早熟性行为可能也是一种玩耍。至今还没有观察到任何一种蛇具有上述典型的玩耍模式，它们甚至不如许多蜥蜴的行为活跃。

至今记录的玩耍行为的例子大多发生在体型大且寿命长的种类，或具有相对复杂的捕食行为和社会行为的种类中。由于成体有时候也会进行玩耍行为，所以这种行为不能简单地被视为成年之前进行的一种捕食练习。

↘ 大多数爬行动物除了筑好产卵的巢，不会进行亲代照料，但鳄鱼是例外。雌鳄鱼（图中是一只尼罗河鳄鱼）会带它们新孵化的幼鳄，悉心地照看它们，时刻提防捕食者的侵袭。

↗ 在印度尼西亚野外栖息地中，科摩多巨蜥以它们捕杀的鹿为食。对圈养的科摩多巨蜥的研究有力地证实了在不考虑实际功用的情况下，这种爬行动物会凭自己的喜好来玩耍，而并不把所有的物体都当做是猎物的替代品。

玩耍行为在喂养良好的圈养动物中经常发生，而在艰苦环境中生长的动物则相对来说较少，这应该是对无聊和刺激因素的丧失而产生的一种反应。即使这是事实，但也没有道理认为这种活动是不重要的。事实上，与人类饲养的哺乳动物和鸟类经常需要找乐子一样，许多爬行动物也可能有类似的要求。由于我们缺乏对爬行动物认真投入的了解，所以我们也许不能观察到爬行动物与其他脊椎动物的共同性，同样也忽视了为这些动物提供一个能发展其行为和满足其心理上潜在需求的环境，而实际上这很重要。

■ 温度变化怎样决定一些爬行动物的性别？

就如同生物学家关注世界上其他现象一样，温度和生物性别的关系也是能吸引他们注意的一个主题。由于有性繁殖是生物体的一个最基本的特征，所以人们可能会认为在物种进化过程中，决定性别的方式会保持相对的稳定性。然而，让人吃惊的是，这种观点被证明是不正确的。事实上，性别的决定方式多种多样，爬行动物就是非常典型的例子。

爬行动物的性别决定方式主要有两种。第一种，也是最熟悉的方式，是遗传性别决定——性别是在受精时被决定的，例如通过染色体——人类就是这种方式。另一种方式则很奇特，即温度依赖性别决定，爬行动物后代的性别取决于其胚胎发展的第三阶段中间时期的温度情况。致力于了解这种机能的生物学家对研究爬行动物倾注了大量的心血，部分是因为爬行动物的性别决定机制繁杂，另外的原因是鉴于这样一个事实，即我们逐渐增加的对爬行动物中主要种群在起源上的联系的认知。这些特征使得人们要对具有这种特殊机制的生物进行大量的研究。

性别决定机制并不是平均分布在脊椎动物中的，两栖动物、蛇类、鸟类、哺乳动物以及几乎所有的鱼类都是遗传型性别决定物种。相反，所有的楔齿蜥和鳄鱼都是温度决定性别物种，在蜥蜴和海龟中，不同的种类则有不同的性别决定方法。在蜥蜴种群中，遗传型性别决定发生的频率比海龟要高一些，反之温度决定性别则在海龟中出现得要多一些。种系关系分析表明，遗传性别决定可能是脊椎动物的原始性生理机制——恐龙很可能就是遗传性别决定物种，但在多次偶然情况下，在爬行动物中温度决定性别方式也进行着独立的进化演变。

没有哪种性别决定形式是遵照一种单一的模式进行的。在许多海龟中，较低的温度使出生的龟多为雄性,而较高的温度则使出生的龟多为雌性,这种情况被归为TSD1a型。但是相反的形式——TSD1b型在蜥蜴的一些种群中则是普遍存在的，或许在楔齿蜥中也是如此。最后，在鳄鱼、许多为温度决定性别的蜥蜴种类以及一些海龟种群（TSD2型）中，雌性幼体一般会出生在温度偏高和偏低的时期(雄性幼体出生在温度适中的时期)。最新的研究显示，爬行动物祖先的性别决定方式为TSD2型，而现存的TSD1a型海龟可能是从这些爬行动物中演化出现的一个物种。

引起相关人士更大兴趣的是温度决定性别适应性的重要意义。为什么遗传特征作为生物体最基础的特性而其性别却要依靠变幻莫测的环境来决定呢？要解开这个谜团是一个相当大的挑战。

一个有价值的研究线索就是调查达到一定程度的温度是否对雄体或雌体的适应性有提升或抑制作用。比如，在适合孵化的温度中孵化出的幼拟鳄龟不管是雄龟或雌龟，都比在只适合孵化出一种性别的温度下孵化出的同种性别的幼龟要活跃得多，而这种活跃的结果是，它们似乎更可能被靠视觉捕食的捕食者所捕食。

目前，尚没有足够的证据可以证实这种结论。例如，某些蜥蜴种类，已经显示特定温度下会孵化出更多的雄体或雌体，但它们却是遗传性别决定！尽管研究人员已经倾注了大量的心血，但是仍然不能得到一个完美的答案来解释为什么爬行动物中存在温度决定性别的方式。尽管如此，得出的一些成果也使我们能够对TSD的某些方面获得更多的了解，包括一些有趣的母体效应。在实验室中，一些为TSD的壁虎种类的某些个体会在特定的温度范围中寻找筑巢的位置。海龟准备产卵时不仅仅表现出返巢行为，一些种类的海龟如锦龟，还会定期地寻找筑巢的场所——这些场所对决定其后代的性别比有一定的联系，因此它们后代的性别就会一直表现出某种性别占主导地位的状况。海龟或者其他TSD的爬行动物甚至可能通过控制它们分配到卵黄中的激素水平来控制后代的性别比率！

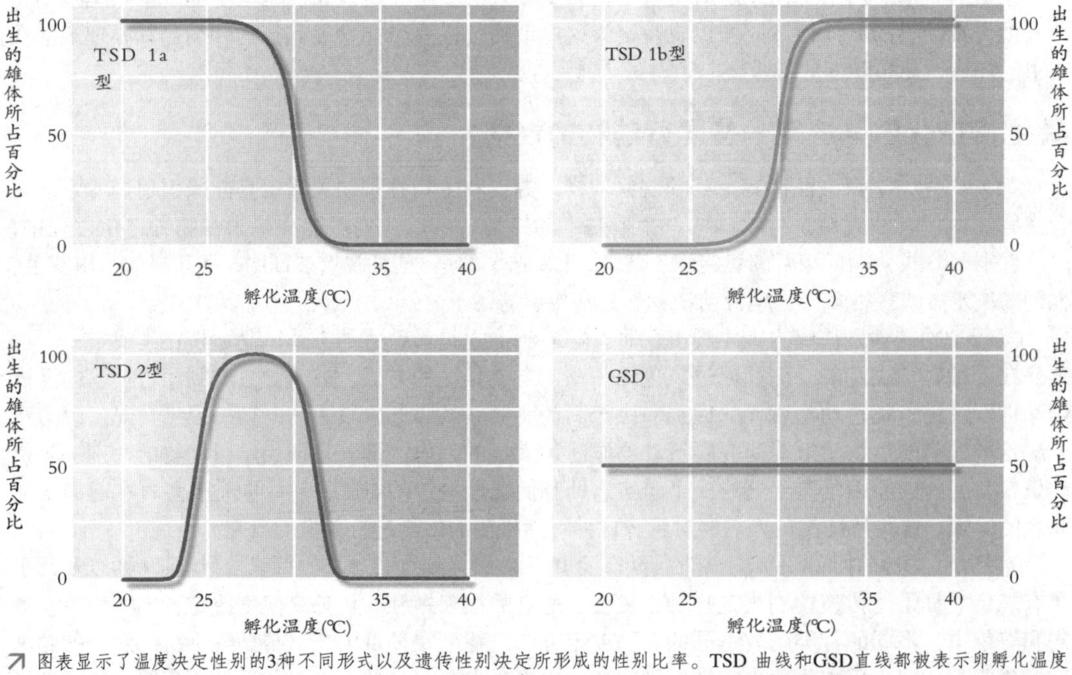

↗ 图表显示了温度决定性别的3种不同形式以及遗传性别决定所形成的性别比率。TSD 曲线和GSD直线都被表示卵孵化温度的横坐标划成小块，而纵坐标则显示了孵化出雄体的概率，以在所有孵化的后代中所占的百分比表示。

特殊敏感性会使 TSD 动物非常容易受到环境因素的干扰，特别是当它们已经陷入危险境地时更是如此，比如许多海龟、鳄鱼以及楔齿蜥。如果实验室中孵化温度的细微变化会对后代性别比造成显著的影响，那么当外界温度上升几度或者它们曾经筑巢的丛林中的遮蔽物被完全清除掉时，又会发生什么样的情况呢？反过来，如果在它们巢附近种植了遮阳蔽日的树或修筑了多层建筑，对它们又会产生什么影响？所有关于这些问题的研究都将揭示温度决定性别的爬行动物中性别比失衡的原因。同时，美洲鳄和红耳滑龟的胚胎性别决定也极容易受到仿激素化学物质的影响，这些化学物质正是一些普遍使用的除草剂和杀虫剂的降解产物。虽然 TSD 的爬行动物经历了数百万年的环境剧变，但是由于当今环境的彻底变化和各种各样的威胁，对它们后代性别比的影响还是不可预知的。

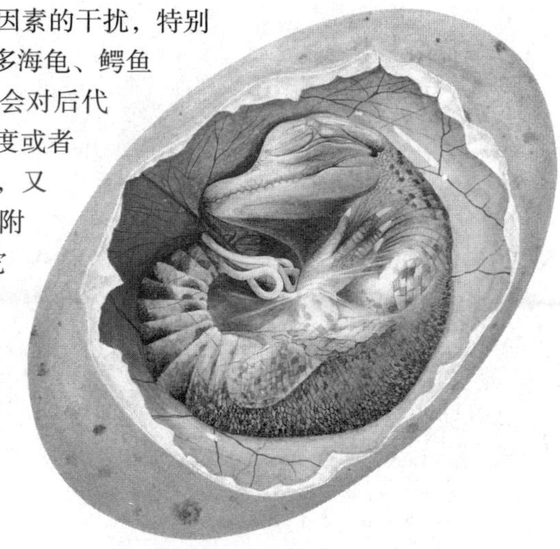

↗ 即将孵化前的鳄鱼胚胎。鳄鱼种群中TSD2型是普遍存在的，比如，在南非夸祖鲁—纳塔尔省圣卢西亚湖进行的对尼罗河鳄鱼的研究显示，在31.7℃以下和34.5℃以上的温度中，大多能够孵化出雌鳄。在这两个温度之间时，就会孵化出雄鳄。

■ 蛇毒的进化和传递机制

将特化的腺体分泌的毒（生物性毒素）用各种方法注射入其他生物体中，这在动物王国还相对较为少见。但就目前所知，在蛇类中，这种现象甚为流行。蛇类较"高级"科的 200 属的代表种类都不同程度地带毒，包括所有的蝰蛇、眼镜蛇和某些游蛇。是什么因素决定了这些蛇体内复杂的毒素进化呢？产生和释放毒素的机制又是什么呢？

人类也常因为被蛇咬而受伤甚至死亡——每年大约有 10 万人因蛇咬而死，这必然为这种生物增加了几分神秘的色彩。然而，那些认为蛇咬人是怀着一些攻击性意图的观念是不正确的，其实蛇只是在感到受威胁且无路可逃时才会下意识地咬来犯者，向人射毒只是蛇的一种附带性的防御手段。过分强调蛇与人类之间的不愉快体验，只会使人们误解其毒素进化的目的。生物学家相信：蛇毒进化是其对获取更大范围的猎物的一种反应，即毒能使潜在的大型危险动物昏迷而变得衰弱，使藏在洞穴或裂缝里难以捕获的猎物麻痹，而后被拖出。而这种使猎物丧失抵抗力的能力很明显是蛇毒的主要功能，但绝不是它唯一的目的。

毒素的生物化学起源可以追溯到消化液，这也指向了毒液的另一个重要功能——预消化猎物。这是一种强效的破坏组织的酶，存在于蝰蛇科蛇的毒液里面，主要为磷脂酶 A2。例如，在一条西部钻背响尾蛇用 24 小时消化掉一个猎物的过程中，它的毒液会腐蚀掉猎物的皮肤，使猎物暴露出体腔，并开始破坏内部器官——很典型的毒液作用过程。被毒蛇咬到的人在蛇咬部位周围经常有严重的组织坏死现象。

↗ 蛇毒对人类也有益处，如图中的巴西具窍腹蛇毒液的合成化合物能治疗高血压、心脏病等。

作为一种阻止捕食者接近的防御性手段，这个因素也许对某些蛇毒液的进化也有着很大的影响。这一

↗ 蛇的毒液的重要功能是使捕食的猎物无法动弹。图中一条异齿蛇制服了一只热带雨林中的鞭尾蜥。

因素虽并没有得到广泛的证实，但是却很好地体现在喷毒眼镜蛇身上，因为它们使用毒液的首要目的就是警告敌人。让人感到困惑的是：有一些毒蛇发展出特别强效的毒液是否也跟防御策略有关呢？可以确定的是，内陆大攀蛇（一种澳大利亚眼镜蛇）咬猎物一口放出的毒足以使 20 万只老鼠丧命，这已经远超它惯常的食用啮齿动物及有袋动物的量。因此，如果说强大的毒效对它们的捕食没有更多意义的话，那么毒液的进化是为了其他目的吗？

有些蛇进化出了生理结构上的变化，比如声音、颜色和行为模式，以警示一些潜在的具有威胁性的捕食者。有的无毒蛇进化出对有毒蛇的贝氏拟态，这一现象在两种外表非常相似的中美洲地区的蛇——伪异齿蛇（无毒）和异齿舌（剧毒）身上体现得尤为突出，只是前一种的瞳孔是圆的，而后一种不是。但这绝不是识别无毒的蛇与有毒的蛇的可靠标准——所有的眼镜蛇都有圆形瞳孔，而许多无毒蛇如蟒蛇也有竖直的瞳孔。

不同的蛇其毒液的产生和传送机制有着显著的差异。蛇毒由位于上颚或颞区的头部腺体产生（除了一些锥头蛇、一些眼镜蛇和一些夜蝰蛇，它们有贯穿全身的长的管状腺体，是头部腺体的延伸）。腺体的类型因种群的不同而各异，真正的毒腺有与单颗毒牙通过导管连接的毒液储存腔（内腔），所有的蝮蛇、眼镜蛇和一些锥头蛇都有这种毒腺。而大多数无毒蛇则有达氏腺，并很少有内腔，一般与几颗后部的牙相连。

蛇导毒的牙齿类型也有几种，有的蛇有前毒牙——位于上颚前部，至少为一部分牙齿长度的导管传输毒液。蝮蛇和异齿蛇的毒牙能折叠，顶着口腔上壁，这些蛇的毒牙比眼镜蛇的毒牙依体长而相应地长一些。最长的毒牙是加蓬蝮蛇的毒牙——1.3 米长的一条蛇，其牙齿就长 2.9 厘米。许多无毒蛇的牙齿简单地发展为大的一对或两对后齿，有的在这些牙齿前部或侧部有齿槽。

蝮蛇和眼镜蛇的毒液储存能力非常强，从这些蛇身上提取或“挤”出的毒液可达 6 ~ 7 毫升（干燥重量约 1.5 克）。不足为奇，由于无毒蛇没有内腔，它们的毒液量非常小，总计只有几微升（其干燥重量更是微不足道）。占据蛇总量 2/3 的这种蛇，通常被归为“无害蛇”，但对因意外被无毒蛇咬而致死的研究表明，一些蛇毒液的毒性远比想象中强得多，如非洲树蛇属的两种藤蛇和虎斑颈槽蛇的毒性甚至比非洲树眼镜蛇还强。

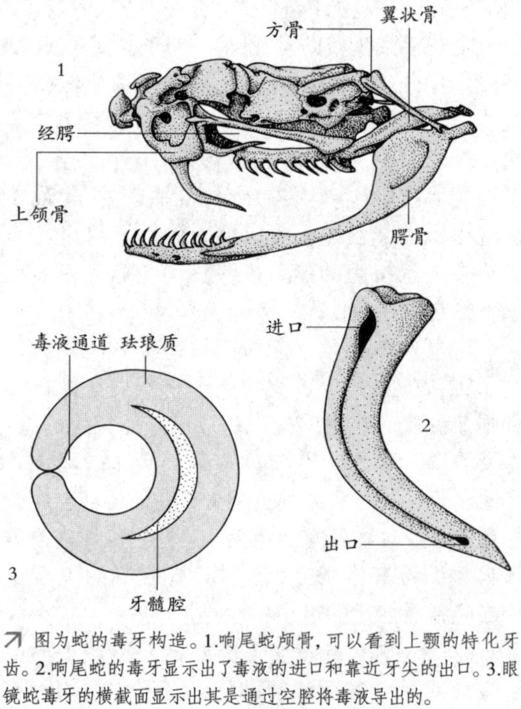

↗ 图为蛇的毒牙构造。1.响尾蛇颅骨，可以看到上颚的特化牙齿。2.响尾蛇的毒牙显示出了毒液的进口和靠近牙尖的出口。3.眼镜蛇毒牙的横截面显示出其是通过空腔将毒液导出的。

■ 狮子为什么要吼叫？

当被问到曾经在哪里看见过狮子吼叫的画面的时候，可能大多数人都会在脑海里回忆起米高梅电影公司制作的电影片头吧！但是，具有讽刺意味的是，米高梅电影片头里的狮子只能说是在咆哮，因为它被正在拍摄它的摄像机激怒了。真正吼叫的时候，狮子的表现是这样的：它噘起嘴唇，突出下巴，嘴冲着大地，身体抬起，然后用力发出有节奏的叫声。狮子的吼叫声非常具有震慑力，胆小的人会被它吓破胆而变得神志不清。如果你足够胆大，在非洲的夜晚，你就能够听到8千米以外的狮子的吼叫声。这样说来，狮子的吼叫声虽然没有人类语言的某些优点，但是，它却可以当之无愧地被称做靠叫声交流的“兽中之王”。

↗ 一头雄狮正在吼叫，声音能够穿越开阔的东非稀树大草原而传到很远的地方。对闯入者来说，这是一个非常明确的信号，表明这个地方已经归其所有，如果硬要进入，就会遇到强烈的抵抗。这种吼叫声大多在日落之后发出，有的时候也在狮群杀死猎物后发出。

狮子是一种社会性动物，它们的社交方式非常复杂。一个狮群中的个体可能分布在50平方千米的范围内，也就是说，相互之间离得比较远，而另外一个狮群中的某些个体则可能离它们非常近。如果一头狮子误闯入其他狮群的领地，很可能会被当做敌人而被杀死，所以极有必要和朋友保持联系，而和敌对者保持必要的沟通则可以避免被误杀。就像其他社会性动物保持既相对独立又密切联系的关系一样，狮子之间即使相隔很远也能保持相互的交流，这种相隔的距离很可能在人类的听力所能达到的范围之外。一次吼叫的程序是这样的：先是一阵长而低沉的咕噜声，紧接着而来的是一串断断续续的啸声。雄狮和母狮都会吼叫，不过雄狮的声音更加清亮和持久。

只有在想要控制某块领地的时候，狮子才会在晚上吼叫，而且不等声音静下来，它们就采取实质性的行动。大多数年轻的雄狮在为自己开拓领地而到处游荡的过程中，都要隐忍一段时间，尽量避免和当地的雄狮发生直接冲突；当地的狮子在晚上冲着其他狮子吼叫的时候，年轻的雄狮会保持沉默。而一旦建立并巩固了自己的领地，它们才会开始吼叫。科研人员曾经用录下的狮吼声，来研究狮子相互吼叫的意图。科学家在坦桑尼亚的塞伦盖蒂国家公园和恩戈罗恩戈罗火山口地区建立了一套高质量的语音广播系统，向狮子们播放事前录好的狮吼声，来研究狮子的反应情况，结果表明，吼叫是狮子之间相互交流某种信息的手段。

研究表明，某些吼叫声是让它们放心的信号。带幼崽的母狮需要辛勤捕猎来养育幼崽，而雄狮则负责保护它们的安全。因此一个狮群中的雄狮很少和母

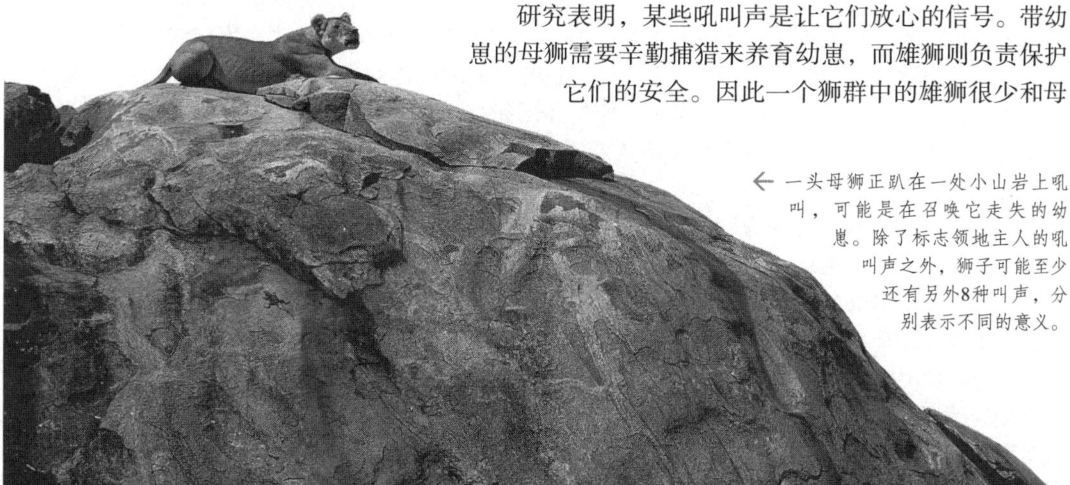

← 一头母狮正趴在一处小山岩上吼叫，可能是在召唤它走失的幼崽。除了标志领地主人的吼叫声之外，狮子可能至少还有另外8种叫声，分别表示不同的意义。

↗ 一头母狮正和狮群中各个年龄段的幼狮待在一起。它高度警惕，密切地关注着周围的情况。一旦听见附近的狮吼声，它就能够迅速地判断出到底发生了什么情况，是要准备战斗，还是准备逃跑，抑或安详地待着不动。

狮、幼狮待在一起，它需要在栖息地的四周到处巡逻，防止外来者咬死幼狮。在晚上，当母狮听到一头雄狮（而且是小狮子的父亲）的吼叫声的时候，它就可以放心了，这表明，在这个时候它们是安全的；但是当听到一群陌生的雄狮在附近发出吼叫声的时候，这就表明，一定有可怕的事情发生了，且非常危险。

研究者向一群母狮和幼狮播放雄狮吼叫的录音，当播放的是它们自己所在狮群中雄狮的吼叫录音的时候，母狮们几乎没有什么反应；但是，当向它们播放别的狮群中雄狮的吼叫声的录音时，母狮们就会变得焦躁不安，或者向扩音器的方向怒吼，或者集合起小狮子立刻逃走；当向它们播放别的狮群中母狮的吼叫录音时，母狮也会做出反应，认为是竞争者来了，它们会很自信地接近扩音器，准备发动攻击。

更进一步来说，母狮们能够听出周围有几头狮子正在向它们靠近，从而做出不同的反应。向一群母狮播放的录音中如果只有 1 头陌生狮子的吼叫声，这群母狮会根据自身有几个同伴而做出不同的反应。当录音中只有 1 头狮子的吼叫声的时候，单个的母狮很少会向扩音器接近；如果有 2 头母狮，它们向扩音器接近的几率会达到 50%；如果有 3 头母狮的话，则肯定会接近扩音器。当录音中有 3 头陌生狮子的吼叫声时，3 头在一起的母狮的反应就如同 1 头母狮听到 1 头狮子吼叫录音的时候一样；4 头在一起的母狮的反应就如同先前的 2 头母狮的反应一样。依次类推，这种连续的反应强有力地证明了狮子是能够“识别数字”的，它们能同时意识到周围有几个同伴，有几个外来者。

当一头狮子听到另外一头狮子的吼叫声时，它能够分辨出吼叫的狮子是一头雄狮，还是一头母狮；是一个同伴，还是一个敌人；而且能够分辨出同伴的数目与正在吼叫的狮群的数目哪个更大哪个更小。母狮所在的狮群一般有 1 ~ 18 头母狮，但即使在最大的狮群中，各个成员待在一起的时间也很短。母狮一旦集结起来，占据压倒性优势的数量，它们就会对扩音器中的狮吼声做出反应，一边发出吼叫声召唤同伴，一边向扩音器接近，准备发起攻击。

研究狮子的专家通过播放录音而知道了狮子对吼叫声的反应，但是，仅仅这样是不够的，还需要更精确地知道狮子仅凭听到吼叫声是如何辨别出发声的狮子的。有些狮子的吼声沙哑刺耳，有些比较清晰且声调适度，更有些狮子能够根据目的不断地变换声调——有的时候声音很低沉，有的时候，吼叫声则显得漫不经心。在动物王国里，动物的大多数叫声都表示某种意义，而人类只不过刚刚掌握了它们最简单的那一部分，其余的还有待我们继续进行深入的研究。

■ 什么原因使野猫具有野性?

对人们来说，苏格兰野猫像谜一样不可思议。它到底是否存在，本身是一个问题，因为至少从外表来看，很难说出苏格兰野猫与它们的近亲——趴在人类屋子里壁炉边的家猫之间的区别。家猫的祖先是野猫，从野猫到家猫经历了一个转变，但是这种转变其实非常小，也就是说家猫和野猫的区别其实是非常小的。这就出现了一个问题：人们把苏格兰野猫当做英国最具魅力的野生动物之一，既然野猫和家猫没有什么太大的区别，我们现在还需要费那么大的力气来保护这种野生动物吗？这两种动物在事实上真的没有什么大的区别吗？

要想回答这个问题，首先必须对家猫产生的历史有一个全面的了解。在变成家猫之前，野猫的分布范围很广，从苏格兰到南非地区，从葡萄牙到高加索地区都有野猫的身影。4000～5000年前，在埃及的人类定居区内，各种老鼠肆意横行、数量繁多，这很可能吸引野猫前来捕食，要知道野猫最爱吃的就是这种动物了。可能由于这些野猫天生就不怕人，所以它们就索性在人类的居住区内定居下来，天天享受丰盛的“大餐”。也许野猫的基因里天生就有定居的特性，它们在人类的居住区内待的时间久了，就不想走了。换句话说，是野猫主动地定居在人类居住区内，而不是被动地被人类强行弄到家里进行驯化的。尽管人们对野猫如何适应人类生活环境的过程还不是很清楚，但可以肯定的是，古代埃及人养了大量的猫，并且还非常崇敬猫。

由于从野猫变成家猫的过程非常短暂，只有几千年——相对于几百万年的进化过程来说确实是很短，因此这种被人类养在家里的猫不可能成为一个全新的物种。

野猫个体之间的斑点、条纹样式几乎保持相同，很可能是因为这种皮毛能够很好地伪装自己。每种动物个体之间的外观样式保持相同，主要是为了更容易地长大，更容易繁殖后代。因此，对于野猫来说，遗传基因使

↗ 这是3只野猫，其中1只是母猫，另有2只小猫。以前人们认为成年野猫与成年家猫在下列方面有着明显的不同：野猫的尾尖比较僵硬，尾巴上有5个环纹，皮毛样式变化比较少，斑点比较暗，身体比较强壮。与此相反，小野猫与小家猫却有许多相同的地方：它们的尾尖都呈锥形，皮毛颜色都比较生动，富于变化，身体都比较瘦削。但是，在上述特征里面，没有一个能够单独用来区分一只猫到底是真正的野猫，还是野猫与家猫杂交生育的后代。

得它们之间的外表区别不大。而家猫则不同，它们没有明显的生存压力，因为它们基本上能从人类那里得到足够的食物，因此，它们可以“尽情”地展现自己的斑纹和样式，这样一代一代积累下来，家猫之间在外表上就产生了很大的不同。

早在罗马帝国时代之前，家猫就很明确地成了人类的宠物。罗马帝国的版图扩展到了以前只有野猫生存的地域，在野猫的领地内也有了人类的居住区，随之这些地区又有了家猫。在接下来的2000年的时间里，许多家猫逃脱了人们的限制，又重新跑到了野外，占领了真正的野猫的领地。

当家猫跑到野外重新成为野猫，那么这种“野猫”到底成了什么物种呢？这种情况不仅发生在苏格兰，而且还发生在有野猫的所有地方，没有人知道这个问题的真正答案。家猫离开了人类的照料，跑到野外，逐渐地向野猫转变，它们可能而且事实上已经和真正的野猫交配并生育了后代。在苏格兰的松鸡猎场，政府已经立法严格地保护野猫，但界定什么是野猫就是一个法律问题了。在那里，“野生的家猫”被看做同人们的宠物一样的猫，可以合法地猎杀。

人们现在认为野猫有明显不同的皮毛样式，有特定的体型，有比较短的消化道，在头骨上也有特定的形态，基因上也不相同；而且野猫容易得病，生长发育期比较短，生育间隔短，繁殖比较多；社会行为比家猫少，而且个体之间缺乏联系。

上述这样一些特征常被用来区分家猫与野猫，但是一些真正的家猫仍然会被误认为是野猫。

家猫一旦离开人类对它们无微不至的照顾而跑到野外去，就不可避免地要面对野外严酷的生存环境，它们的身体会瘦下来，跟真正的野猫差不多。另外，家猫在人类家里娇生惯养惯了，吃喝不愁，因此养成了慵懒的毛病，跑到野外之后就要面对各种挑战，难免要挨饿，时间久了，消化道也会变短，跟真正的野猫差不多。

要想明确地区分出真正的野猫和后来跑到野外而变化出来的野猫，确实是一个不好解决的问题，面临着不少的困难。但是有一项研究给我们提供了帮助。有人曾经抓到了生活在苏格兰野外地区的300只“野生猫”作为样本进行研究，发现有一组猫的四肢特别长，消化道比较短，最重要的是，这类猫的皮毛上有明显相同的斑纹。这组猫中的大部分栖息在海拔相对较高的地方，特别能适应更为严酷的环境。综合这些特征因素，于是断定它们是真正的野猫，而不是那种后来跑到野外的家猫的后代。

↗ 野猫在准备攻击前，会发出一种明显的表情信号。野猫一般单独生活，绝不允许另外一只野猫进入它的领地。野猫的食物包括鸟类、啮齿动物，甚至还有爬行动物和昆虫。

但是上述研究结果还有一个问题没有解决，那就是若这两类猫杂交，还能区别它们的后代的归属吗？虽然家猫养成的柔顺的习性，可能会使得它们在与真正的野猫交流的时候，无法忍受其狂野不羁、桀骜不驯的性格，从而在一定程度上阻碍了它们之间的杂交，但是，有意思的是，这两类猫之所以有不同的行为方式，也可能是遗传基因上的原因造成的，皮毛的颜色不同也是如此。另外，皮毛上黑色素的沉淀也可能会影响动物的行为。黑色素的沉淀很可能影响到动物身上一些腺体的大小和功能，如

↗ 这是一只非洲亚种的野猫。它们是家猫的祖先，罗马人把它们带到了欧洲，与当地的欧洲亚种的野猫杂交，繁育出了家猫。

可能会影响垂体、肾上腺、甲状腺等，而这些腺体分泌的荷尔蒙与动物的行为方式有很大的关系；体重的不同也可能与此有关。

总的来说，要确定一只猫是否是真正的野猫确实非常困难，但毫无疑问的是，真正的野猫是存在的，问题是我们怎么在真正的野猫、野猫与家猫杂交的后代、家猫之间划出分界线。如果我们不能精确地界定野猫，我们如何监测它们的数量？又何谈保护它们呢？

可以采取的一个办法就是，不管是真正的野猫还是看起来像野猫的猫，我们都应该予以保护。一个地区只要确定有真正的野猫，不管这个地区是否受到了家猫的干扰，都要给这个地区的猫以保护，这是保护野猫的最好办法。这不仅可以保护真正的野猫，也可以保护其他受到人类和其他动物威胁而跑到野外的家猫后代。

■ 三色视觉的进化

视觉中分出颜色的能力并不是每个动物都有的，识别“苹果的红色”或“皮肤上的小泡”的能力对选择食物或交配对象有重要的意义，不过不是所有的哺乳动物都和人类一样用同样的方式看颜色。

为了支持颜色视觉，动物的眼睛里必须有各种各样的视锥细胞，每一个细胞都须含有不同类型的感光色素（感光分子）。大部分人眼睛里的视锥细胞有 3 种类型的感光色素（在下面的图表中标为 S、M 和 L），这些色素与以适当方式组织的神经系统一起产生了三色的颜色视觉（由 3 种主要颜色结合而成）。这是一种给人深刻印象的能力，可以让人们识别约 200 万种不同的表面色。

人类、旧大陆猴类和猿类的颜色视觉明显不同于其他大部分哺乳动物的颜色视觉。许多哺乳动物，或许包括大部分的猫类和犬类，都只有 2 种类型的视锥细胞（一种是与图表中相似的 S 色素，另一种色素最灵敏，范围由图中的 M 和 L 构成）。这构成了一种减弱的二色视觉，形式上类似于人类的红绿色盲。二色视者能辨别的有明显差别的颜色比三色视者少得多，它们会混淆对于三色视者来说明显不同的颜色。然而还有一些生物（如一些海洋哺乳动物和啮齿动物）只有 1 类感光色素，因此它们完全没有颜色视觉。通过比较感光色素蛋白质（叫做“视蛋白”）编码的基因，以及直接研究一些动物的颜色视觉，我们了解到了为什么动物的颜色视觉会存在如此大的差异，以及灵长类是如何获得它们独特的颜色视觉的。

↗ 南美洲夜猴（夜猴属）的祖先被认为是白天活动，拥有二色视觉的。然而现代夜猴完全没有颜色视觉，这可能是因为它们变成了夜行动物，致使辨别特定颜色的能力变得没有必要而丧失了。

虽然许多鸟类、爬行动物和鱼类的代表种类拥有 4 种不同视锥细胞的视蛋白基因组，但是只有 2 组出现在同时代的非灵长类哺乳动物当中。另外 2 组可能在早期的哺乳动物进化当中就消失了，不过它们消失的确切原因目前还不清楚。一种可能的原因是颜色视觉在较弱光线的环境中用处不大，所以早期的夜行哺乳动物因不能从中获得什么好处而放弃了。有一点可以确定的是，灵长类的颜色视觉比其他哺乳动物的 2 种基本感光色素的视觉更加精细。对于人类来说，我们拥有的不是包含 M/L 范围的单一感光色素，而是两种感光色素 M 和 L（参见下页图表）；对它们进行编码的基因位于 X 染色体上面，这两组基因是靠在一起的，而且结构实际上也是相同的。在第七对染色体上面发现的一个基因决定第三种感光色素（S）。

对基因序列的比较发现，M 和 L 的视蛋白基因源于 3000 万 ~ 4000 万年前狭鼻猴身上的一次基因复制，由此这些早期灵长类产生了三色视觉。这种基因和感光色素的排列方式被遗传到了后来的狭鼻猴身上，使得现代狭鼻猴拥有三色视觉，这也是为什么狭鼻猴类的成员有几乎相同的颜色视觉的原因。

新大陆猴类的颜色视觉又是另外一回事了，其中情况比较多变。大多数种类的新大陆猴类不仅包括二色视者，也包括三色视者。因为它们当中存在感光色素的多态性，所以不同的个体之间可能有不同的 M 和 L 视锥细胞。所有新大陆的猴类都有同一种 S 色素，但是某些个体只有 M/L 范围的 1 种色素，所以它们只有二色视觉；其他个体拥有这个范围内的两种色素，所以这些猴子是三色视者。与它们的旧大陆猴类亲戚不同的是，大部分新大陆猴类在 X 染色体上只有 1 个色素基因。这就意味着如果它们想要拥有两种不同的色素基因，唯一方法就是拥有两条 X 染色体，而且是杂合的。这只可能发生在雌性身上，所以只有杂合的雌性新大陆猴类才能够拥有三色视觉。

新大陆猴类的这种复杂情况也许只是旧大陆猴类广泛地获得三色视觉的路途上的一段旅程。换句话说，有可能我们的狭鼻猴祖先在发生基因复制之前，也是和新大陆猴类一样表现出这种多态性。支持这种观点的一项研究发现，相对比较近的一个时期（肯定不会超过 1300 万年以前），新大陆的吼猴经历了一次基因的复制，这使得它们从拥有颜色视觉多态性的同族转变成了拥有三色视觉的阔鼻猴，它们的颜色视觉几乎和狭鼻猴的一样。

新大陆猴类当中的一个特殊例子就是夜猴属（夜猴）。与许多哺乳动物一样，它们拥有 M/L 类型的视锥细胞，但是它们缺少 S 色素，因此没有颜色视觉。因为对于它们来说通常决定 S 视蛋白的基因发生了重大的突变，而其祖先是拥有功能性的 S 色素和二色视觉的。

关于灵长类有不同形式颜色视觉这个发现，首先提出的一个问题就是，拥有颜色视觉的好处和代价是什么？拥有三色视觉的灵长类能够准确地区分绿色、黄色、橙色和红色的目标。过去有人认为，这种能力在从绿叶的背景中寻找黄色、橙色和红色的水果时特别有用，而且一项最近的

↗ 图中为一只觅食的松鼠猴。一些生物学家认为，拥有三色视觉的个体能够更好地在密集的树叶当中找到颜色鲜艳的花和果实。

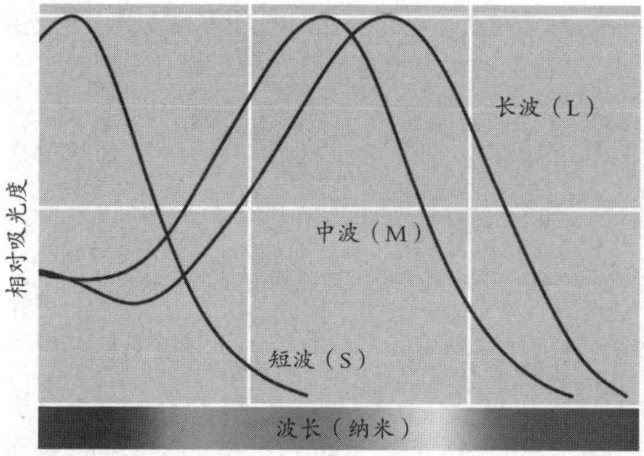

↗ 旧大陆猴类和猿类（包括人类）眼睛中的3种感光色素的吸收光谱。这些感光色素加上适当的神经系统连接，就产生了三色视觉。拥有二色视觉的灵长类或其他哺乳动物都有S感光色素，但是只有M和L色素当中的一种。这就意味着它们不能感受到全部的颜色，漏掉了光谱中的中波或长波部分。

研究的确也发现三色视觉的猴类觅食的时候更有效率。

如果说三色视觉提供了一种优势，但为什么新大陆猴类没有变成统一的三色视者呢？答案就是，视蛋白的基因复制是相当罕见的事件，这只在灵长类进化当中发生过两次，一次发生在狭鼻猴的进化史上，而在吼猴的进化过程中发生了另外的一次。

颜色视觉需要相当精细的神经系统组织，因此在获益的同时也是有一定代价的。在颜色视觉利用不多的生活环境，如光线昏暗的环境当中，保持这种视觉的自然选择压力要低一些，而且颜色视觉能力还可能消失。

总的来说，直鼻猴的颜色视觉遵循了两种普遍的模式——要么有两个 X 染色体色素基因，因此有三色视觉；要么就是只有一个 X 染色体色素基因，这种模式当中的个体拥有多种颜色视觉。我们不能简单地描述更加原始的卷鼻猴类的颜色视觉。一些卷鼻猴类和许多非灵长类的哺乳动物很像，它们只有两种视锥细胞，因此拥有二色视觉；另外一些卷鼻猴，至少是一些夜行的卷鼻猴（如丛猴）似乎完全没有颜色视觉，其中的原因和夜猴是完全一样的。但是最近也有发现说，仍然有一些卷鼻猴类的感光色素具有多态性，这和阔鼻猴的情况差不多，因此它们既有二色视觉的个体，也有三色视觉的个体。人们对卷鼻猴类颜色视觉的认识还处于初期阶段，但这还是起到了关键的作用，它表明了我们的早期灵长类祖先是如何脱离大部分哺乳动物的二色视觉限制的。

■ 猴类与人类相似性的局限

查看任何关于猴子群居行为的文档，你都可能会被诱导然后认为它们与人类存在显著的相似性。猴子生活在复杂而充满“权谋”斗争的社会当中，它们和我们一样，会产生情感，做出各种面部表情，会采取有计划和预谋的行动。但同样明显的是，猴子们并不是披着毛皮的人：它们没有语言，不会制造工具，不能讲故事或是写书。猴子的智力状况尚处于我们未知的领域，介于程序化而无思维能力的自动机器和完全进化的人类之间。到底是什么使猴子不同于我们人类？我们如何描述它们这种与人类相似而又如此不同的智力呢？

如果我们要对人类进行详细的研究，就需要借助语言这个向导。语言提供了启迪我们思考的一个窗口。猴子没有掌握语言但却能相互交流，多年来科学家们就是通过利用灵长类的声音交流来研究它们是如何思考和认识世界的。

↗ 长尾黑颚猴的幼猴不能对报警行为做出适应性的调整，因为它们的父母从来没有专门“告诉”过它们这些知识。

↗ 两群长尾猕猴间出现了紧张的对峙。介入这两个对立集团之间的争斗，获得的“奖赏”有可能就是群体的领导地位。

许多动物都能从同类中区分出其亲属。通过长尾黑颚猴和狒狒的野外播放录音实验发现，非人类的灵长类动物也具有这种能力。这两种猴子都过着群居生活，由母系家庭组成，实行线性的等级制度。在一项包括狒狒的实验中，研究者一直等到 2 只成年雌性狒狒（分别称为 B 和 D）把各自的孩子搁在别处，互相靠近休息时，突然从一个隐藏的喇叭中播放两个群体成员挑衅或顺从的叫声，并录下这两只雌猴的反应。当录音连续重放与这两只雌猴无关的两只猴子之间的争斗声时，它们都没有什么反应。如果录音模拟一只无关猴子和一只与 B 有近亲关系的猴子之间发生战斗时，D 会看着 B。如果模拟与 B 和 D 都有亲缘关系的两只猴子之间的战斗，两只雌猴就相互对视。此外，在接下来的 15 分钟，雌猴 B 增加了对 D 的攻击倾向。同样地，来自长尾黑颚猴两个家庭成员之间的争斗，也经常会激起两个群体当中其他没有瓜葛的成员之间的战争。

猴子们似乎还能辨别出其他猴子近亲的等级。当主题变成播放模拟一场争斗的叫声时，比如猴子 D 恐吓更高等级的猴子 B，猴子们会对这种明显违背等级秩序的行为表现出极大的兴趣。一只处于中间等级的猴子，不仅将其他成员分为等级高于和低于自己的两组，在其思想中似乎还存在着现行的等级秩序观念。

因此，和人类一样，猴子们不是将它们的社会群体看成个体的随意组合，而是将其看成一个有序的母系社会关系网络。此外，有更好的理由让自然选择眷顾这种富有社会经验的物种。尽管许多动物与近亲成员结盟，但似乎只有非人类的灵长类能策略性地吸收新的联盟成员。想要做出策略性的选择，就必须拥有关于群体成员之间关系的广泛知识，这是一种心理技能。如想要在 80 只狒狒的群体当中舒适地生存，就必须具备处理这些信息的心理结构。

猴类的叫声是否也具有人类语言的某些特征呢？乍一看，似乎是这样的。比如说，长尾黑颚猴的警报声似乎就具备和人类的单词一样的功能。它们的叫声中包含了关于构成威胁的动物的特定信息：如看见豹子之后的叫声会使同伴们跑到树上；另一种关于“鹰来了”的叫声会使同伴向上看，并跑进树丛当中；而“蛇来了”的警报声会让同伴们用后脚站立，并向周围的草丛中仔细看。但人们如何才能探测到猴类听到警报声后几秒钟内的心理反应过程呢？

在非洲西部的雨林中，戴安娜长尾猴在面对豹子和老鹰的时候也会发出不同的警报声。一般

↗ 在博茨瓦纳的莫瑞米野生动物保护区内，一群长尾黑颚猴正待在一棵树的树枝上面。长尾黑颚猴和其他某些种类的猴子能够面对不同的掠食者发出不同的警报声。

来说，当听到豹子的咆哮声、鹰的尖叫声或雄性戴安娜长尾猴的“鹰来了”的警报声时，雌性会发出针对某种特定掠食者的齐整的尖叫声。但是，如果雌性先听见一只雄性关于豹子的警报声，在5分钟后自己又听见豹子的咆哮声，这时它们就不会对咆哮声做出回应了，这对于鹰来说也是一样的。如果它们在听见一种类型的报警声之后，又听见另一种掠食者的叫声，这个时候雌性是会发出齐声的警报的。很明显，雌性戴安娜长尾猴能将豹子的咆哮声和雄性关于豹子的警报声归为功能相同的一组，分类的方法不是看这些声音是否听起来相似，而是根据这些叫声所表示的危险的内容。

不过，从另一方面看来，猴类的叫声和人类的语言是有很大差异的。和人类不同，猴类似乎不会为新的情景发明新的“单词”：它们既不会改变叫声，也不会学习新的叫声。同样重要的是，猴类从来不会改变它们的行为或叫声，也不会对不在眼前的事件或物体发表评论。比如说，长尾黑颚猴不会告知它的后代哪些动物是危险的，哪些动物是无害的。虽然成年猴子在面对掠食者的时候会发出警报声，但它们的警报声通常达不到警告后代的目的。同样，母狒狒只有在自己也和群体分开的情况下才会回应幼崽的“迷路”的叫声。和人类一样，猴类拥有像思维、信念和情绪这样的心理状态，但和人类不同的是，猴类似乎不具备了解“他人”心理状态的心理功能。

■ 大群有蹄类动物定期迁徙之谜

穿越冰雪覆盖的北温带北部森林地区和北极圈苔原，来到亚洲中部炎热的草原和非洲热带地区鳄鱼栖息的河流，每年上百万的蹄类动物都这样迁徙着。是什么驱使它们开始这壮观而危险的旅途？每次迁徙都是独特的吗？我们能从加拿大的北美驯鹿、西伯利亚大草原东部的瞪羚以及苏丹南部的克利根牛羚和赤羚的长途跋涉中找到一些相似之处吗？

为了回答这些问题，科学家已经开始解决这些数目庞大而无法辨别的动物群每年大范围的迁徙产生的混淆。

白须牛羚（黑斑牛羚的一个亚种）的迁徙或许是最著名的，同坦桑尼亚塞伦盖蒂国家公园的普通斑马和汤氏瞪羚有一定联系。在这里，科学家从 20 世纪 50 年代晚期开始一直在利用一系列科学技术研究，包括小型飞行器调查、无线电追踪、固定调查和动物取样调查、驯化动物的饲养研究、对被枪击动物的瘤胃进行分析、进行普通死亡动物的尸体解剖、草料和水分析以及计算机仿真。渐渐地，一幅动物迁徙的因果关系图开始显现。

每年当雨季渐近结束时，塞伦盖蒂东南部的短草草原里，会有约 150 万头牛羚开始成群地迁徙。这些动物首先向西北部迁徙至维多利亚湖边缘的湿润地区，随后向北来到马赛马拉保护区，在那里度过一年中最干旱的季节。当雨季最终来临时，牛羚会选择这个时候离开正值牧草生长高峰期的北方草原，返回南方的短草草原。

有人认为，牛羚不停地奔波，是为了减小被生态区内共存的约 3000 头狮子和 9000 只斑鬣狗掠杀的危险。大型的掠食者不能自由地跟随着迁徙的兽群，因为它们必须在生育季节里待在巢穴

↑ 迁徙的牛羚群正穿越坦桑尼亚的塞伦盖蒂草原。

↙ 图为常见的食短草的迁徙性动物牛羚，它们的迁徙活动反映出它们需要合适的食料、水和矿物质。在壮观的迁徙行动中，有些牛羚在过河时会成为鳄鱼的口中餐。

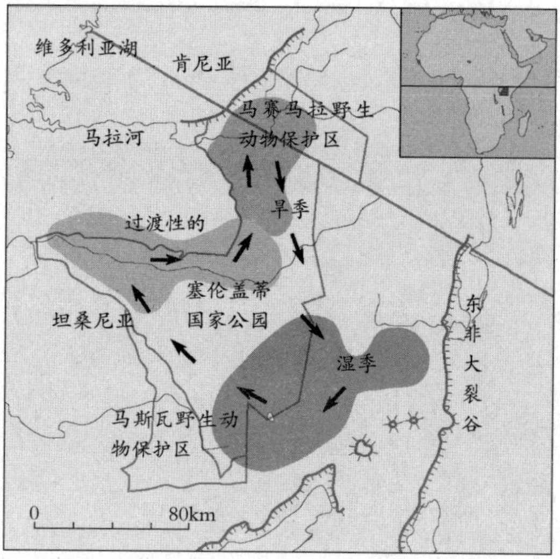

↗ 每年，巨大的白须牛羚群都在按图中所示的路线迁徙着。通常有大量牛羚死于途中，尤其在渡河的时候。

附近，这对限制掠食动物的数量有影响。另外，掠食动物也能限制塞伦盖蒂公园内有蹄类动物的数量，将有蹄动物刚好限制在栖息地的容量以下。否则的话，迁徙动物的种群密度将变得更大，食物也会更匮乏。

然而，这种解释有两处破绽。首先，据资料显示，鬣狗为了与迁徙动物保持联系，会离开巢穴奔袭60千米。其次，这种说法不能够解释为什么定居的有蹄类动物不靠迁徙来逃避掠食动物的捕杀。

迁徙的很多其他原因被提了出来。为了摆脱蚊蝇的叮咬，北美驯鹿会游到近海岸的岛屿上；在非洲，舌蝇在森林地区是非常令塞伦盖蒂迁徙的有蹄类讨厌的东西。同样迁徙过程中留下的充满纤维的粪便可能对塞伦盖蒂公园定居的动物意义重大。

关于迁徙的最早的解释认为，这些动物是为了利用不同质量和不同种类植物的食用性，也包括植物包含的不同的有机物。在塞伦盖蒂国家公园，研究人员分别在干旱和潮湿的季节性地域里，通过建立栅栏和每两个月修剪一次牧草样本，比较出每年迁徙周期内草料中钠、钙、磷、蛋白质等的含量，并与牛羚需要的最低量相对照。大多数测试都显示，两个地域都适合牛羚常年生存。两个地域的草和树叶可提供的能量几乎没有什么差异：干旱地带的蛋白质含量稍低3%，但是绝不低于食物摄入量的最低水平；钠和钙的含量也足以满足两个区域的哺乳期牛羚的需要。

另一方面，干旱季节地带样本的磷含量比所需水平要低。作为骨骼的主要构成元素，磷和钙对生长至关重要。尽管天然牧场包含的钙足够牛羊生长需要，而磷的缺乏在全世界范围内都存在，包括塞伦盖蒂部分地区。缺磷会对动物的出生率、食欲、奶产量以及生长产生损害，同时也会导致骨骼和牙齿的畸形以及食草家畜的死亡率上升。

为了更深地调查这些无机元素的缺乏在牛羚迁徙中的重要性，研究人员从干旱和潮湿两个地区的不迁徙的动物中采集血清和尿液样本。结果显示，干旱地区不迁徙的动物的血清中磷含量不到最低临界水平的一半，尿液中磷含量也非常低。

现在我们可以解释迁徙的原因了。由于没有降雨，导致食物缺乏、水源不足，仅剩的水塘盐分含量上升，这促使牛羚离开草短的平原，到干旱的地方去，因为那里高草比较多，偶尔也有上一场降雨后刚生长出来的嫩草，而且能够从那里一年四季都有水的小河里喝水。但是在这期间，它们缺乏磷元素。当雨季来临时，牛羚反应很快，它们迅速回到以前的短草平原，充分利用雨后新鲜的草资源。在寻找食物和水、矿物质的迁徙过程当中，它们也要避免食肉动物的攻击，但是逃脱肉食动物的攻击只是迁徙的结果而不是迁徙的原因。迁徙的群落越大，为了找到食物它们需要走的路程也就越远。这三个因素——掠食动物、食物和磷元素，共同构成牛羚迁徙的原因。

常年在一个地方的羚羊通常靠组成很小的群体来觅食，以弥补磷元素的缺乏。在干旱的季节，它们往往把精力放在选择一个矿物质含量高的地带。当群落大小适当时，它们会选择比较小的矿物质含量高的地点。

那些喜欢迁徙的种类更能够适应不同的生活方式，例如，常年生活在一个地方的狷羚口鼻部比较窄，适应吃质量比较差的食物，所以新陈代谢较慢，繁殖也只在体内积存的脂肪比较富足的时候开始；相反，喜欢迁徙的牛羚在慢跑时需要比较多的氧气，口鼻部比较宽，适合吃短小的绿草，全年都可以繁殖。

■ 死亡的气息

对于很多生活在沙漠中的啮齿动物而言，在月明星稀的夜晚，忍受一夜饥饿待在洞穴里也比出去寻找食物安全。在开阔的沙漠和其他干旱的地区，食肉鸟是一个很严重的威胁，这些猛禽的视觉十分敏锐，很多食肉鸟的眼睛甚至能够对紫外线做出反应——寻觅食物的猛禽能够通过紫外线的折射搜寻到䶄类的气味踪迹，而忽略周围的情况。

全北区的状况则不同，不论森林、草地还是农业地区，植被覆盖都较稠密。啮齿动物喜欢栖息的地带特征是这些地区被草、灌木、蕨类植物以及矮树丛覆盖，这种低层植被的遮掩提供的保护相当大程度上减少了空中天敌的捕杀。在冬季，长存的积雪也提供同样的遮掩。然而，在积雪的掩护下，啮齿动物又要面临欧洲最小的食肉目动物伶鼬的威胁，而伶鼬的近亲——体型稍大的白鼬则是唯一能够跟踪北方啮齿动物到它们原野和森林中的洞穴以及雪下居所的天敌。

小型鼬类动物特别善于捕捉䶄类，其数量波动与它们所捕食的北方䶄类的数量波动紧密相关。伶鼬主要靠捕食啮齿动物为生，某些专家认为鼬类的捕食是导致著名的北欧䶄类数量“三年周期”的原因。在草地䶄和欧岸䶄总死亡量中的90%是由伶鼬和白鼬引起的。

在这种严酷的自然选择生存规则面前，任何能够有助于䶄类避免被杀死的策略，它们都会喜欢。评估危险的一个办法就是接近敌人的通信系统，利用得到的信息预测高危险区域。伶鼬和白鼬都能从肛门腺体分泌带强烈气味的物质，以确定自己的领地和性别。因此对䶄类来说，鼬类的气味就是一种警告。当鼬类气味出现时，就表明这个地区有掠食者大量活动，䶄类于是待在洞穴里，减少活动，避免长距离觅食。如果走出去，它们也往往只在树上觅食，离地面高许多并避免出现在鼬类行走的路上。

这些行为能极大地减少危险，因为伶鼬或白鼬潜藏在草丛、灌木丛或石头后面会留下强烈的信号，而类能够根据气味得知敌人的方向。但是这种提高安全系数的行为要付出代价，即䶄类会饿肚子。这对雌性尤其是个问题，因为繁殖要花费很大的能量，在怀孕期和哺乳期的雌性所需要

↗ 一只母欧岸䶄和它的幼崽在一起，其幼崽才出生1个星期稍多。母䶄，尤其是较为年轻的母䶄，如果发现了较为强烈的鼬类气味，其生殖就会受到抑制。

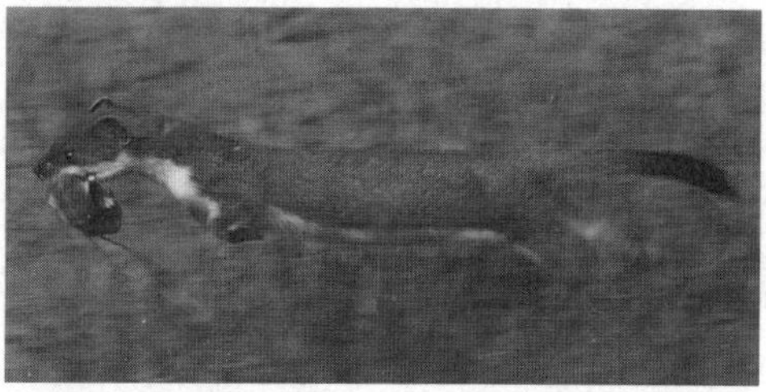

↗ 这是一只白鼬，它正在叼着它的幼崽奔跑。白鼬的猎物种类很多，包括鸟类和家禽（以及家禽的卵）。正是因为它们捕食这些动物，才在一些地区遭到了猎场看守人的大规模捕杀。

的食物量是没有进行繁殖的雌性的 2 ~ 3 倍。

然而，对鼬类气味的适应和反适应使问题更加复杂混乱，还影响了䶄类的性活动。与鼬类一样，䶄类也靠气味进行相互沟通，就像䶄类能"读懂"鼬类气味传递的信息从而判断鼬类的活动一样，鼬类也能"读懂"䶄类散发的气味信息而追踪到䶄类的活动。更为严酷的是，鼬类还能够通过䶄类散发的气味而辨别出䶄类的年龄和生殖状况，这样鼬类一旦出动捕杀就能获得最大的收获。雌性䶄类分娩后会成为鼬类最有价值的猎物，因为鼬类一旦捕到它们还能获得额外的美食——䶄类幼崽。

这样看来，如果鼬类已经使䶄类的死亡率很高，尤其是直接导致繁殖的雌性䶄类的高死亡率，那么䶄类自身会做出什么反应呢？通过对欧岸䶄和草地䶄的实验室研究表明，鼬类气味对这两者都会产生繁殖上的影响而且影响度相同：在危险的环境中，80% 的雌性的生殖会受到抑制；而在安全的环境中，同样比例的控制组的试验对象成功繁殖。暴露在鼬类气味下的雌性䶄类体重还会下降，这表明它们的觅食成功率也降低了。年轻的雌性䶄类对鼬类的气味会做出更为明显的反应，而年纪比较大的雌性䶄类（更接近死亡的个体），则会冒着生命危险而繁殖。

已经得出的令人兴奋的关于䶄类繁殖受到其捕食者气味影响的结论，能够清晰地阐明大多数种类哺乳动物的生活都受到气味的普遍深入的影响。

■ 小鼠基于气味的沟通方式

小鼠通常出现在我们厨房内橱柜的黑暗处或房屋墙根边，靠我们生活中的垃圾为生（这样其食物就很丰富）。常有多达 50 只共同生活，其中包括几只成年雌鼠及它们的后代、几只居次要地位的雄鼠和一只居领导地位的雄鼠（它负责保护它们的地盘不受外来者的侵害）。它们很安静，但是必须保持一直沟通，会通过尿液这一中间媒介传递复杂细小的关于生活、死亡、所有权、性别和家庭等方面的信息。

尿液是小鼠交流信息时必不可少的物质。除了尿素和其他的废物以外，尿液还包括其他复杂的化学元素——小分子量的易挥发有气味的物质和大分子量的不易挥发的蛋白质。这些物质合在一起共同构成了小鼠“名片”的等价物，能提供身份、种类、性别、社会地位、生殖状况和健康状态的信息。由于基因的不同，许多小鼠个体之间的气味各不相同，这是基因组中主要组织相容性复合物（MHC）多变的结果。由于用于个体识别的气味是遗传来的，小鼠们对自己家庭成员的气味很熟悉，因此能识别出以前没有见过的其他亲属，这种方法比人们寻找离散多年的亲人要先进很多。

↗ 这是小鼠的一窝没有睁开眼睛没有长出毛的幼崽。除了那些气候不合适或有小的哺乳动物与它们争夺食物的地方外，这种老鼠在全世界范围内广泛分布。

小鼠可以慢慢地释放气体使得效果达到最大。尿液中含有一类高浓度的小分子蛋白质（18 ~ 20千道尔顿），还有主要尿蛋白，这些是肝脏产生并通过肾脏过滤到尿液中的。成年雄小鼠每天排出的尿液中每毫升含有 30 毫克蛋白质，而成年雌小鼠尿液蛋白质含量大约为雄性的 40%。这些尿液蛋白质储存在秘尿系统的一个腔室里，再慢慢释放到它们的气味标记里。

群体里的每个个体在它们的领地上行走时会排尿，尿液成线状或点状分布，尤其是遇到没有做过标记的地方时更要排尿，以便所有的领地表面都被做上标记。在一些频繁做标记的地方，尿液混合尘土堆起来好似一个小石笋，这些地方包括觅食区、洞穴的入口或行走路线。

由于小鼠身边总是有熟悉的尿液混合物做的标记，所以它们能够迅速地察觉出生活的周围出现了什么新东西，或在黑暗中察觉出陡峭的边缘——这个地方一般没有强烈的熟悉的气味。领地边缘的标记使得它们能够熟悉自己群体的成员，也能很容易地认出外来的小鼠，因为入侵者的气味与它们所在环境的气味不同，会受到当地小鼠尤其是居领导地位的雄性的调查和攻击。而且，成年雄小鼠排出的有挥发性的物质很能够吸引雌小鼠，也会引发其他雄性的注意或挑衅。

↓ 至少在1万年前谷类作物开始培育出来的时候，小鼠就与人类共存。它们用灵敏的嗅觉感知个体之间以及环境的信息。

尿液主人			
	不熟悉的成年雄小鼠	不孕群体的雌小鼠	怀孕或哺乳期的雌小鼠
未成年雌小鼠	青春期提前	青春期延迟	青春期提前
成年雌小鼠	引起发情，生育周期缩短	延长非发情期或引起假妊娠	延长非发情期
怀孕雌小鼠	终止早先的妊娠导致重新进入发情期		

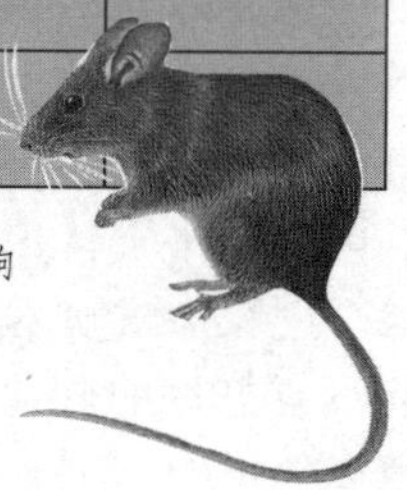

↗ 正如表中列出的一样，尿液的味道对雌小鼠生育的影响不尽相同，这取决于雌性的生育状态以及尿液主人的身份。由不生育的雌性排出的尿液能导致不生育的阻碍因素加强，使得整个群体的增长和数量暴发得到一定程度的抑制。

占主要地位的雄小鼠比其他小鼠做标记的频率更高，以显示它们对地盘的占有权和自己的竞争能力。它们每小时做记号上百次，而其他的雌性或次要的雄性一般每小时只做十几次。由于只有一只雄小鼠能成功地占据某个地盘，并让自己的气味充满这个地盘，因而占主要地位的雄小鼠在观察到其他的雄小鼠排出竞争性的尿液做标记后，会立刻攻击其标记，会在附近用自己的尿液做上标记，以保证自己的气味是最新的。

其他的雄性如果在一个地方遇到这片地盘主人的标记，通常会逃走，或避免进入，以免被主人攻击，这就大大减小了小鼠防御自己地盘的压力。然而，如果不能成功守护自己的地盘，其他雄性就会介入并做出竞争性标记，这个时候主人就面临挑战。

雌小鼠利用这些竞争性的尿液，为它将来的幼崽选择最优秀的父亲。尽管住进某个雄小鼠的地盘，它也有可能走出去与其他的雄性交配，尤其是在一片排他性的而且标记是刚做的地域上。雌性也喜欢和与自己父母气味不同的雄性交配，这样可以避免近亲交配问题的出现，但如果没有更多机会的话，它们也不再选择交配对象。雄性区分不出来幼崽是自己的还是其他个体的。

如果没有领地可得，一些雄性会住在有地盘的雄性那里。这时在它们的排泄物里，所含的信号化学物质浓度很低，做的标记也少，这使得主人能够确认它不是一个威胁，但同时也意味着它对雌性没有吸引力。

正如上表所列出的一样，根据时机，尿液可以改变雌性的生育状况。暴露在新来雄性的尿液味里，年轻的雌性容易进入“青春期”，从而做好生育的准备，这能比它们第一次正常的发情周期早 6 天（一般出生 36 ~ 40 天后发情，年轻雌性对父亲的熟悉味道不会产生反应）。在胚胎植入子宫壁之前，陌生雄性的尿液味道可以阻止第一次怀孕的雌性继续妊娠，这样这个新来的雄性可以成为下一窝幼崽的父亲。陌生的雄性尿液也会引发成年雌性的发情并缩短其生育周期，这样可使一个地区的雌性同时进入发情期。

居住在同一地盘的雌性共同分担这个雌性群体的“家务杂事”，气味的主要作用就是负担雌性之间的交流，这是很正常的。雌性喜欢和其他熟悉的雌性共用巢穴，如果它们收到其他雌性亲属已经怀孕的信号，它们也会提早进入繁殖状态。然而过度拥挤会成为一个问题，可能阻碍进一步的繁殖。如果 3 只或 3 只以上的雌性居住在一起并等待机会生育，它们产生的气味会阻碍其他年轻的雌性晚 20 多天进入青春期，也会阻碍其他成年雌性的发情周期。这种行为延缓了繁殖造成的过度拥挤。这种独创的方式使得雌性在有利的环境里能够迅速繁殖，但是在高密度的时候会延缓繁殖，因为那时它们的后代生存下来的几率会较小。

■ 洞穴与野兔群体成员间的关系

穴兔在建造它们的洞穴方面与其他家兔和野兔不同，这些洞穴包括只有单个入口的“临时居所”以及大面积的洞穴系统，每个洞穴系统包含有无数的相互连通的地下隧道，可以通过多达 60 个入口进入，并包含有众多的潜在造穴地点。这种有多个入口的洞穴系统通常被称为“兔居地”。

这种挖洞习性对研究有关兔子的生态学和行为学有多种提示。首先，它允许兔子生活在相对开阔的栖息地，因为洞穴为兔子提供了躲避捕食者的庇护所。其次，兔子还能在兔居地的安全范围之内生产并抚养大量的幼崽。

通常，母兔在位于原先就存在的洞穴系统内的地下巢室中照料它们的幼崽。另一种可选择的方式是，幼崽在特意建造的、只有一个入口的“临时居所”内得到抚养。在后一种情况下，母兔每天只来看望幼崽一次以给其哺乳，而每次哺乳可能只持续 5 分钟。当母兔离开的时候，会细心地把入口掩盖好。但尽管有此措施，还是易于被捕食者挖开。这样，位于主要兔居地的繁殖点就是非常宝贵的了。

在地下空间供应短缺的地方，自然选择青睐那些成功保卫筑巢地点的雌性，这能从对英格兰南部的一个种群的长期研究中得到很好的证明。在那里，洞穴以“兔居区”的形式聚集很多群组，而兔居地本身则任意分布在整个开阔的高地上。

清楚明确的社会群体建立之后，每个群体成员在其领地里对一个或一个以上的洞穴系统便保有排他性的进入权。成年雌兔——它们做了洞穴挖掘的大部分工作——极少尝试在坚硬的白垩土壤中把已有的洞穴系统扩大。全新的兔居地极少出现，尽管繁殖用的“临时居所”偶尔有所建造，并且常出现在为数很少的几个新兔居地（这些为数很少的几个新的兔居地确实在研究的过程中出现了）的核心地带。成年雌性之间的争夺有 70% 以上发生在一个洞穴入口的 5 米之内，这是在研究的过程中所看到的最富侵略性的行为，最严重时兔子皮毛横飞。

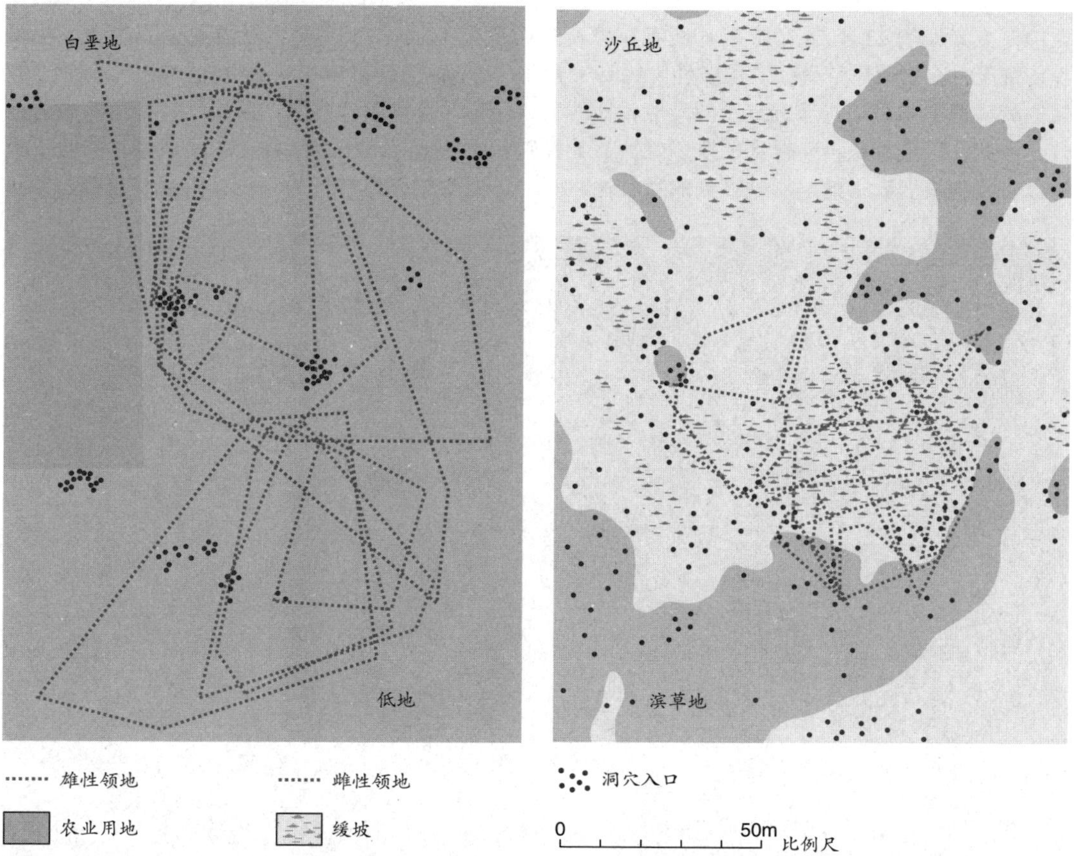

↗ 图为生活在白垩地与生活在沙丘地的穴兔，在各自的群居生活与社会行为之间的对比示意图。在白垩地的兔子生活在密集成群的洞穴里，每个群体的雌性勉强地生活在一起，雌性之间经常爆发战争，其领地在相当大的范围上重叠，但不与邻近的那些群体发生重叠。在沙丘地上，兔子的洞穴并不密集成群，而是随意分布。不过它们不栖息在缓坡上，因为缓坡容易受到洪水的冲击。雌兔在洞穴之间自由地活动，个体之间很少发生打斗，领地也不像在白垩地那样重叠。在这两种栖息地内，雄兔的领地都要比雌兔的领地大，而且雄兔的领地会与数只雌兔的领地相互重叠。

↗ 一只穴兔待在英格兰南部的一个地洞入口处。土壤类型在其社会系统中扮演了一个重要的角色。那些挖掘兔居地快速而又容易的地点能使兔子的种群迅速扩大；而在硬土地区，种群会集中在建立已久的兔居地系统周围。

兔居地的大小与在里面避难的成年雌兔的数量有直接的关系：兔居地越大，生活在里面的雌兔就越多。这样合用一个或者一个以上的兔居地并在它们周围广泛重叠的范围里寻食的一群雌性，被认为是在一种不安全的情况下勉强结成的联盟。

总的说来，成年雄性和成年雌性都是定居而不迁徙的，分别只有 20% 和 5% 在两年之间进行繁殖性迁移。离开出生地在年轻雄性中要普遍得多，它们中有 2/3 会从自己出生的那个群体分散到自己要在那里进行繁殖的群体中去，而对年轻雌性来讲这个比例仅有 1/3。

然而有意思的是，那些确实已经分散的年轻雌性则进入了另一些繁殖的群体，这些群体从洞穴的可用性上来讲拥挤度要小得多。

那么雄性的情况如何呢？雄性兔子并不直接对幼兔进行抚养照顾，因此，它们在繁殖上取得的成功反映在它们达成了多少次的交配。在繁殖季节内，雌兔大约每 7 天发情 12 ～ 24 个小时（或者在分娩之后不久）。雄性于是会明显而又近距离地监视雌性的情况，在繁殖季节里，成年雌性大约有 1/4 的地上活动时间是在一只雄性的“陪护”之下的。雄性的领地平均是那些邻近自己的雌性领地的大约两倍，雄性领地与雌性领地之间有大范围的重合。因此，这些雄兔早就得到了众多雌性有关繁殖状态的信息——很大程度上是通过气味而不是通过直接的遭遇获得的。所观察到的对雄性之间频繁发生的侵略性行为——无论它们是否在“陪

↗ 一对兔子交配之后正在整理皮毛。雌兔在分娩之后不久便再次进入发情期。雌兔的怀孕期大约仅为30天，每年能产下约4～5窝。

护”——最好的解释可能是，它们在试图减少对方使用的空间和接近雌兔的机会。雄兔跟随雌兔左右的行为可以被称做“交配性监护”，每只雌性通常只由 1 只雄性陪伴。

尽管雄兔尽力独占雌兔，雌兔在选择性伴侣时却是混乱的。在澳大利亚进行的一项研究发现，通过对一个种群里所有“潜在的”的父母进行的基因测型（利用血蛋白，包括已断奶的幼崽），表明至少 16% 的幼崽并不是已知的经常“陪护”其母亲的那只雄兔的后代。

对生活在英格兰东部的野生穴兔的一个自然种群的长期研究，为我们观察理解其社会组织和种群之间的基因结构关系提供了良好的机会。在这里，这些兔子生活在领地防卫性很高的繁殖群体里，这些繁殖性群体最典型的是由 1 ~ 4 只雄兔和 1 ~ 9 只雌兔组成。对群体成员之间的基因关联度进行的比照分析，进一步确认了由年轻个体的分散模式所得出的预测，即在年轻个体的分散模式里，年轻雄性个体分散开去而年轻雌性个体继续留下繁殖。这样，在繁殖性群体中的雌性血缘关系就非常近，几代生活在一起。一旦幼兔个体进入成年期，这种模式更会被繁殖性群体之间极少发生的个体迁移所加强。

在 1987 ~ 1990 年间，英格兰东部的这个种群中成年兔的数量翻了一番还多，这导致了每一社会群体内成员数量的增加，但是没有增加新群体。当群体中的雌性成员超过 6 个时，群体似乎就会分裂：一两只雌性会把它们的活动局限在群体领地之内的外围洞穴里，而几只新来的雄性会保卫这些雌兔，这样形成一个新的繁殖群体。

现在我们就能认识到，洞穴对野兔而言既塑造了它们的生态关系，又塑造了它们的行为习性。这在它们成功地扩散到全世界的过程中是一个至关重要的因素，于是我们就不必奇怪在兔子的社会中，洞穴为何会处在众多冲突的核心位置。

■ 雪鞋兔种群数量的周期波动

一般情况下，动物的种群很少能够年年保持不变。绝大多数种群的数量波动是无规则或不可预测的，但雪鞋兔却是个例外。生活在北美洲北部森林中的雪鞋兔的种群呈现规律性波动，每 8 ~ 11 年出现一个高峰。

在 20 世纪早期，当野生动植物学家开始制作哈得孙湾公司的皮毛交易记录的图表时，这些周期性第一次得到了定量的分析。哈得孙湾公司成立于 1671 年，它对来自于加拿大不同地区的皮毛交易数量做了翔实的记录，其记录中最有名的周期性是查尔斯·埃尔顿和玛丽·尼科尔森在 1942 年出版的《加拿大猞猁》一书中提到的。猞猁是雪鞋兔的天敌，而每 9 ~ 10 年猞猁数量的增加和减少能反映出这段时间内雪鞋兔数量的增加或减少。

雪鞋兔和它们的捕食者之间的这种特殊周期性关系，好像违背了许多生态学家的潜在假设，即自然界存在平衡，

↗ 一只着夏季皮毛的雌性雪鞋兔。这一物种在种群周期的不同阶段明显表现出每窝产崽数量的不同。

而生活在北方森林的任何一个人都很难在这种繁荣与萧条交替的循环之中找到任何的平衡。对生物学家的挑战就是如何理解这些循环背后的产生机制。在过去的40年里，那些工作在阿尔伯塔省育空地区和阿拉斯加的生物学家，已经将一系列的研究汇集在了一起，这些研究已经解决了隐藏在背后的大部分让人迷惑的问题。

雪鞋兔周期性的数量统计学模式是相当清晰而又一致的。关键的发现是，繁殖与存活率都在密度高峰到来的两年前开始衰退（这个时候还处在整个周期的上升阶段）。最高的繁殖率和最高的存活率出现在这个阶段的早期，接下来，繁殖会慢下来，成体和幼崽的存活率也都降下来。出生率和存活率在周期到达峰值之后继续衰退2～3年，然后开始经历低潮阶段并进行恢复。

是什么导致了这些变化呢？食物和被捕食似乎是其中主要的两个因素。我们对食物的假设存在两种情况。首先，雪鞋兔可能仅在冬天就吃完了所有的食物以致饿死，或者它们所能得到的食物的质量比以前下降很多。然而人工投食的实验并没有改变这种周期模式或者阻止这种周期性的衰退。因此，这种假设不成立，食物短缺好像并不是雪鞋兔数量减少的主要原因。

被捕食是第二个最明显的解释。在雪鞋兔的脖子上套上无线电跟踪设备进行的研究表明，造成95%的成年雪鞋兔死亡的直接原因是多种动物对它们的捕食，在加拿大主要有猞猁、郊狼、苍鹰及巨角猫头鹰。对雪鞋兔幼崽来说，这个比例是81%，它们中的大多数被多种多样的小型猛禽捕杀掉，或者被赤松鼠或北极黄鼠捕杀。极少有因营养不良而死的。很明显，这些巨大的损失必定在周期性循环中起着重要的作用。

至于捕食者自身，有证据表明，它们在数量上的剧烈变化都要比雪鞋兔的周期滞后1～2年。此外，猞猁和郊狼在高峰和衰退期间，比起上升期间每天都会捕杀更多的雪鞋兔。事实表明这些捕杀率要比早先的估计高得多，并且也超过了捕食者能量上的需要。进行过量的捕杀似乎是这些捕食者的特性。

研究者们在北方森林里设立带电栅栏围成大约1平方千米的一些区域，通过这种方式，他们已经能够检验把哺乳动物捕食者排除出去对雪鞋兔造成的影响。主要的影响是，栅栏之内的雪鞋兔的存活率上升和周期性循环暂时停止，这表明被捕食确实是整个周期循环中造成死亡率变化的直接原因。

然而，如果是捕食者导致雪鞋兔死亡率的改变，那么，伴随着周期循环的各个时期不同的繁殖率又是怎么回事？对此有人提出了两种可能的原因。在种群密度高的时候，质量低劣的食物可能会降低雪鞋兔的繁殖能力。另一种解释是，可能是捕食者不成功而又不断地袭击雪鞋兔，给其造成压力，从而使得雪鞋兔的繁殖率降低。长期持续的压力能对哺乳动物造成很多直接的危害，其中之一就是会导致繁殖率的降低。压力性影响可能还会间接而长期地影响到后代的生存能力。

如今，生态学家已经接近于理解雪鞋兔的周期循环了。他们相信，这是由捕食者和食物之间的交互作用造成的，但在这两个因素中，捕食者很明显是主要的。食物短缺的冲击只有在冬季才会发生，而且是间接的——雪鞋兔并不直接死于饥荒或者营养不良。但是食物的质量和数量可能仍然会通过影响雪鞋兔的身体状况来发挥作用，而且雪鞋兔的身体状况受到影响之后，它们身上就易于寄生更多的寄生虫，易于受到更高水平的慢性压力，从而导致繁殖量降低。

处在周期循环高峰阶段和衰落阶段的雪鞋兔必须拿自己的安全交换食物，这么做的结果就是直接或间接地影响了捕食者对之进行的捕食，造成了一个滞后期，而正是这个滞后期导致了这种循环模式的产生。

↗ 一只猞猁正带走它的猎物。当雪鞋兔的数量衰减时，可供选择的食物来源的减少导致猞猁幼崽的死亡率增加，并且也导致产下的猞猁幼崽的数量减少。

照片故事
PHOTO STORY

欧洲野兔的疯狂世界

▶◀ 人们所说的“3 月里发了疯的野兔”，使人想起野兔在交配季节（1 月 ~ 8 月）里的野性行为。在这个时期，雌兔在每 6 周为一个周期的时段里每天只有几个小时可以接受雄兔交配。当地的雄兔会竞争它们的心仪对象，居于统治地位的雄性会尽力使其他的雄性不要逼近，而雌兔则会在做好准备之前击退任何的靠近者。“疯狂的”行为之所以在 3 月里变得可见，只是因为夜晚——野兔喜欢在此时间活动——变得比较短，逼使它们在白天“竞技”。

▲ 野兔没有地下避难所提供庇护，它们依靠极好的感觉以及长腿来生存。它们的感觉器官包括长在头部两侧可以进行全方位观察的眼睛、大大的耳朵以及敏感的鼻子。

▶ 在打退过于性急的追求者的时候，雌性故意不用全力，这从很多雄兔留下疤痕的耳朵上可以得到验证。雌兔准备好之后，会发动一场遍布整个原野的追逐，摆脱掉那些追逐它的雄兔，直到只剩下一只雄兔——也许是最强壮的那只。最后，雌兔会停下来，并允许这只雄兔与其交配。

▶ 一只幼年野兔正躲避在其栖息地点（或者说白天休息的地方）。与其“表亲”家兔不同，小野兔降生到这个世界时全身长毛，两眼睁开，并能灵活地活动。在日落前后它会小心谨慎地移动到几天前它出生的地方，在那里它将与同窝出生的其他幼崽一起等待母兔。母兔在日落大约45分钟之后来给它们哺乳约5分钟，之后它们会再次分开。在4～5周大的时候，小野兔们将会以植物为食，而雌兔的“来访”也会停止。

■ 蝙蝠与昆虫的"斗法"

站在一盏孤立的路灯下，观察者会发现，一只飞蛾朝着路灯成螺旋状地飞了过去。突然，飞蛾改变了飞行的线路，向地面俯冲下去；与此同时，一只蝙蝠从空中出现，并且冲向飞蛾原来的飞行线路。这个现象的简单解释就是飞蛾听到了蝙蝠的声音，于是采取了躲避措施。更精确地说，它是对蝙蝠发出的声波或者生物性声呐做出了反应。飞蛾针对蝙蝠的袭击行为做出的飞行变化是这个充满了捕食者与猎物之间斗争的世界的典型写照。

包括一些飞蛾、草蛉、蟋蟀以及螳螂和甲虫在内的被捕食者，可以听到蝙蝠发出的超声波，这一点已经被分别证实了好几次。在大多数的案例中，我们发现，蝙蝠的声音是大多数这类昆虫在意的声音，而一些喜欢鸣叫的昆虫，比如蟋蟀以及一些飞蛾，不但留意其敌人的声波探测，而且也注意蝙蝠同类之间发出的交流信号。

那些被称为对声音敏感的器官分布于昆虫身体的各个部位，从头部、胸部、腹部到翅膀和腿部都有。大多数的昆虫利用听觉可以精确地判断出信号的强弱，并且以此判断蝙蝠的距离以及所能造成的威胁。虽然蝙蝠只能在 5 米内才可以发现昆虫，但是飞蛾却可以在 20 ~ 40 米外就可以听到蝙蝠的声音。蝙蝠使用的用于回声定位的超声波在空中减弱得很快，因此当蝙蝠收到回声的时候，昆虫往往已经处于非常有利的位置了。具有两只耳朵的昆虫可以根据声音来判断蝙蝠在左边还是右边，但是像螳螂这样只有 1 只耳朵的昆虫，就不能清楚地判断出声源的方向了。

从昆虫的角度来讲，它们并不是对所有的声音都同样敏感。比如，昆虫只有在 1 米内才可以听到那些"窃窃私语"的蝙蝠发出的比较安静的声波，这些声波是用于回声定位的，这个距离对于想要采取逃避行为的飞蛾来说，实在是太近了。绝大多数的飞蛾对频率为 20 ~ 60 千赫的声波最为敏感，因为大多数蝙蝠发出的声波就是处于这个波段。但是一些在空中捕食的蝙蝠，包括许多菊头蝠、蹄蝠及少数的犬吻蝠，使用的声波的频率主要是 60 千赫以上或者 20 千赫以下的。虽然它们发出的声音非常强，但由于这个波段的声音是飞蛾不太容易听到的，因此它们的叫声并不会让飞蛾及时引起警觉。

有一项实验表明，听觉良好的飞蛾和那些失去听觉的飞蛾相比，听觉良好的飞蛾被蝙蝠捉住的可能性降低了 40%。飞蛾不仅仅是那些空中掠食鸟类的猎物，它们还是那些声音频率容易被飞蛾听到的蝙蝠类动物的主食。比如，红毛尾蝠就喜欢在路灯周围徘徊，因为路灯不仅能吸引飞蛾，而且当飞蛾窥视灯光时，其警觉性就会受到灯光的影响，从而更容易被蝙蝠捉到。

在以声音为基础的与蝙蝠的竞争中，一些蛾类已经发生了改变。一些虎蛾身上有一股难闻的气味，因为它们的幼虫吃了一种含有某种化学物质的植物。这些飞蛾往往颜色鲜艳，这种鲜艳的颜色是对那些像鸟一样的掠食者的一种警告，掠食者往往会将这些鲜艳的颜色

↗ 这是一只正在捕食飞蛾的大菊头蝠，飞蛾是它们的主要食物。通过使用声音追踪仪对这种蝙蝠的研究，人们对它们的行为及对巢穴的选择了解了许多。比如它们喜欢在森林和牧场附近栖息，因为这两种地方是昆虫的聚集地之一。

与恶心的味道联系在一起。一些其他的飞蛾则往往是噪音的制造者，它们发出的滴答声是用来警告蝙蝠的。当红毛尾蝠从飞蛾旁边经过时，会突然转向，向远离有难闻气味的飞蛾的一边飞去。即使它们的声音被破坏，蝙蝠抓住它们，也会迅速地放开它们并且毫发无伤，因为蝙蝠会迅速地分辨出它们身上难闻的气味。因此飞蛾的滴答声是对蝙蝠发出的一种明显的信号，这种信号表明它们是不能吃的。从发声时间和频率的角度来看，虎蛾发出声音的强度、频率以及持续时间都与蝙蝠的声波相似，很容易引起蝙蝠的注意。也有人说，这种滴答声可以惊吓蝙蝠或者通过扰乱它们的回声来影响蝙蝠对周围的判断。

↗ 飞蛾逃避蝙蝠捕食有好几种方法。有些会用折返转弯飞行来逃脱，如1处所示；有些会突然掉落到地上，如2处所示，或如3处那样强有力地潜落到植物或石头中，在那里不易被蝙蝠发现；有些有难闻味道的虎蛾会主动发出滴答声来警告蝙蝠，如4处所示，这种明显的警告可以使蝙蝠主动远离它们。

还有一些夜间生活的昆虫缺少发现蝙蝠的器官，然而这些昆虫同样有各种各样的逃脱方法。一些不具有听觉能力的飞蛾通过隐藏在自己食用的植被里来隐藏自己的声音；其他的一些飞蛾飞行速度非常快，它们通过提高自己的体温达到同样的目的；另外，许多双翅目昆虫和蜉蝣类通过混在一大群飞蛾中来保护自己。

■ 吸血蝙蝠间的“利他行为”研究

在众多种类的蝙蝠中，没有比吸血蝙蝠更多受到人们误解的了，它们甚至让人感到恐惧。世界上总共有3种吸血蝙蝠，生活在中美洲和南美洲，都是以血液为生。小吸血蝠和白翼吸血蝠偏好吸食鸟类的血液，因此适宜爬树，会到树杈上寻找待在窝里的雏鸟；普通吸血蝠则喜欢哺乳动物的血液，通常出现在牛、马和其他家畜身旁，如果那个地方没有家畜，普通吸血蝠就会转向吸食貘、鹿、刺豚鼠和海狮等哺乳动物的血液。

人们恐惧吸血蝙蝠是有理由的，因为它们有时还会攻击人类。比如在一个地区没有了家畜后，它们常常就会攻击人类。其实吸血蝙蝠咬到人身上时，人并不会感觉到多么疼痛，但一旦被其咬伤，就可能被传染上麻痹型狂犬病。由于吸血蝙蝠自身也容易感染这种病毒，所以它们的种群数量会经历周期性的巨大波动。尤其是吸血蝙蝠还有一种分享血液的行为，也就是吸食了充足血液的个体会给饿着肚子的同伴“反刍”血液，因此一旦有一个同伴感染了某种病毒，通过唾液传播的病毒必然会传染到其他同伴身上，其中包括狂犬病毒。

↗ 一只吸血蝙蝠正从一头休息的驴身上吸血。为了更好地吸食血液，吸血蝙蝠首先要选定猎物身体的某个特殊区域，该区域的血管必须离皮肤表面很近。然后它会用舌头把该区域有保护性的毛发舔开，最后再把该处的皮肤咬开一个接近圆环状的开口，从而吸到下面的血液。

吸血蝙蝠的血液分享行为是在动物中极少出现的互惠行为，可以称之为“你帮我、我帮你的投桃报李原则”。要想理解为何吸血蝙蝠要冒着被感染狂犬病的生命危险互相分享食物，就必须要了解这

↗ 一只普通吸血蝠显露出它剃刀般尖锐的门齿，这种牙齿能够刺穿猎物的皮毛，从而舔食到猎物的血液。该种吸血蝠的鼻尖扁平，有利于它的嘴尽量地接近猎物的皮毛。

些不同寻常的生灵的社会组织结构和生命历程。

普通吸血蝠常常以洞穴、涵洞管道或树洞作为白天的栖息所。在这些场所里，有时会聚集2000只以上的个体，即使小型的最普通的群体也包含20 ~ 100只吸血蝠。在一个群体内，10 ~ 20只雌性会结成一个个更小的次级团体，栖息在一个地方常常达好几年。这些雌性中有一些有亲缘关系，因为雌性后代在出生后第二年达到性成熟时仍然会与母蝙蝠待在一起。同样也包含一些没有亲缘关系的成员，这是由于有一些成年雌性偶尔会在白天转换它们的栖息场所而进入其他小团体中。雄性也会组成小团体，达到10个成员的雄性小团体也并不鲜见，但是它们之间都是没有亲缘关系的，团体维持的时间也不会很长。出生10 ~ 18个月的年轻雄性会分散离开出生的团体出去单过，常常是与出生团体中的成年雄性打斗之后离开。一个典型的小团体是这样的：一只成年雄性与一群雌性及其幼崽栖息在一处，而在它们的旁边“悬挂”着其他的雄性，这些雄性会定期地进行争斗以获得接近雌性的机会。平均来说，这只成年雄性能成为该团体中一半幼崽的父亲，而且能占据这个位置大约2年的时间。因此普通吸血蝠的典型团体包含少数几只没有亲缘关系的成年雄性、一些具有亲缘关系的雌性及其幼崽。

普通吸血蝙蝠通过气味和声音发现猎物。栖息在一个团体内的雌性会在邻近的地区活动，并且会保卫自己的领地，把其他的蝙蝠驱逐开。但即使在猎物非常丰富时，成功地得到“血液大餐”也是较为艰难的。为了咬住猎物并获得血液，一只吸血蝠首先必须选定猎物的较为温暖的部位，因为那里的血管接近皮肤易于咬开。吸血蝠会用鼻尖处的“热感受器”来锁定这一温暖部位，然后用其剃刀般尖锐的门齿咬开猎物的一小块皮肤。吸血蝠的唾液中含有抗凝血剂，可以使血液顺畅地流出，从而用舌头舔食。吸血蝠的“采血技术”需要学习才能掌握，那些1 ~ 2岁的年轻吸血蝠平均每3晚就会有1晚不能成功地采到血，而2岁以上的10晚才失败1晚。失败的原因是被攻击的动物非常警觉，有时会极力地挣脱咬在它们身上的吸血蝠。有的时候年幼的吸血蝠会跟着母吸血蝠同时或随后吸食猎物的同一处伤口，而且会在随后的晚上连续吸食同一猎物的同一伤口，这种现象并不奇怪。

如果一只吸血蝠采血行动失败，它就会返回栖息场所，向同住的伙伴请求支援，舔伙伴的嘴唇而获得血液。采血成功的伙伴对失败者的“捐赠”取决于两者的亲缘关系和联系。

对于吸血蝠来说，没有采集到血液是非常危险的，如果连续3天内喝不到血就会饿死。由于饥饿中的吸血蝠体重下降速度比最近喝到血液的吸血蝠慢，血液的受纳者所得到的存活时间比捐献者所损失的时间更长一些，因此互相帮助的血液分享行为对于参与者整体来说会获得净利。如果没有了这种互惠行为，吸血蝠每年的死亡率会超过80%，虽然人们知道有些雌性吸血蝠会在野外生存15年以上。

对于捐献者来说有一个问题，就是如何确定受纳者是诚实的而不是“骗子”，即当捐献者遇到麻烦的时候它会不会以同样的方式回报而不是拒绝。吸血蝠为此采取的一个方法就是互相梳理毛发，这个时候至少可以判定对方的饥饿程度，因为吸血蝠成功地吸食血液之后，在30分钟内体重的一半以上都是血液，这会导致胃部的膨胀。在相互梳理毛发时一方就会发现另一方胃部的膨胀，而相互梳理毛发的工作会在分享血液之前来做。由于相互梳理毛发与血液分享的行为只发生于同居一处的可以信赖的成员之间，同伴的忠诚度看起来就对维持这种令人吃惊的交换血液的互惠体系非常重要。

科学探秘

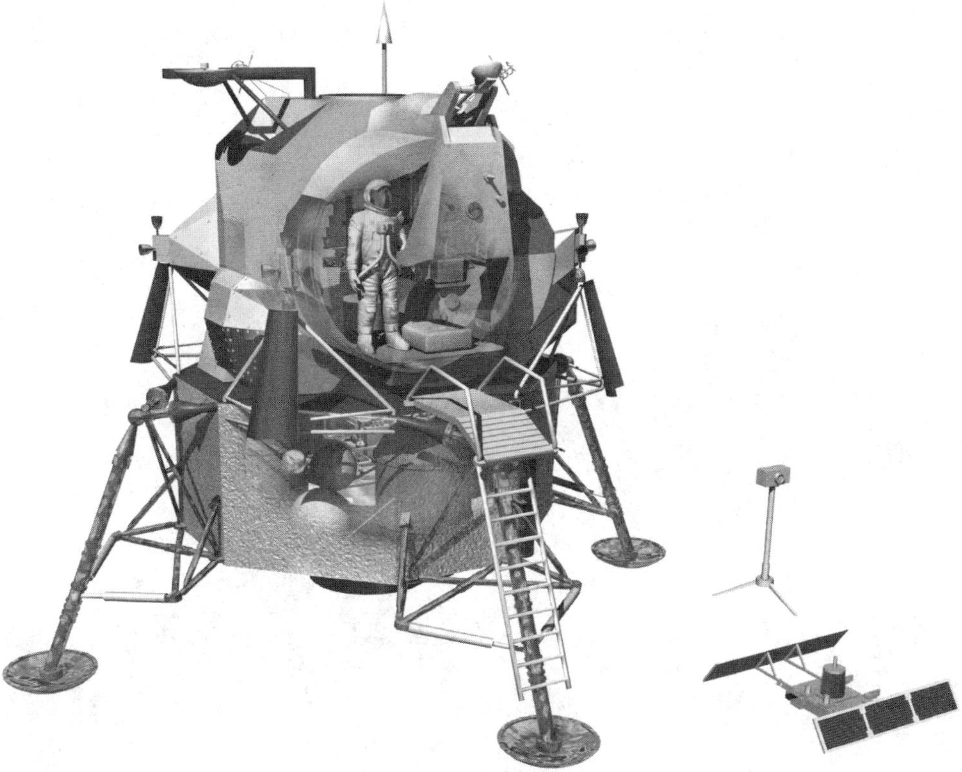

基础科学

■ 固体、液体和气体

物质的存在形态称为物态，自然界中的物质几乎都是以固态、液态或气态的形式存在着。例如岩石是固态的，水是液态的，氧气则是气态的。一种物质得到或者失去一定能量后便会从一种形态转变为另一种形态。例如对水进行加热，水获得的热量使水分子运动加速，当水分子具有足够的动能时，液态的水就会变成气态的水。

» 岩石、空气和水

固体、液体和气体遍布世界各个角落。陆地由固态物质构成，如岩石和土壤；海洋和江河由液态的水构成；空气则是由很多种不同的气体所组成的。这些物质基本上是稳定不变的，但是它们的状态会随着温度和压力的变化而变化。

» 固体

大多数的物质都是由分子构成的。分子是一种微小的粒子，仅仅用人眼很难看到。分子有规则地紧密结合在一起，形成具有

有趣的科学

* 我们所说的绝对零度，也就是-273℃，在此温度下，构成物质的所有分子和原子均停止运动。
* 物态除了固态、液态和气态这3种形态外，还存在一种不太常见的形态，即等离子态，等离子态有些类似于充满了带电粒子的气态。
* 金属钨的熔点是3410℃，沸点为5900℃——跟太阳表面的温度差不多。
* 氦气的沸点为-268.9℃！

↗ 物质状态变化所需的温度随物质种类的不同而不同。例如，纯净的冰融化时所需的温度比加入柠檬汁后的冰融化所需的温度要高。

一定强度和形状的固体，固体中所有的分子都在各自固定的位置上不停地振动。固体的温度越高，分子就振动得越快。当温度足够高时分子由于振动过于剧烈而不能再保持在原来的固定位置，于是固体融（熔）化成液体，比如冰变成水就是如此。

↗ 就同其他固体受热会熔化一样，巧克力在受热后也会因为内部的分子在吸收能量后相互脱离而融化。

» 熔点和沸点

熔点是指晶体物质由固态转化为液态所需的温度。沸点是指晶体物质由液态转化为气态时所能达到的最高温度，不过很多液体在达到沸点之前就会蒸发（转化为气态）了。不管是水还是铁，每种物质（这里所说的物质均指晶体物质，非晶体物质如玻璃、石蜡、塑料等没有熔点可言）都有自己的熔点和沸点，例如冰的熔点是 0℃，沸点是 100℃。就如同水蒸气能凝结成水、水能结冰一样，当气体被冷却到一定程度时会凝结成液体，当液体被冷却到一定程度时会凝固成固体。

» 气体

跟液体类似，气体也没有一定的形状和强度。但与液体不同的是，气体还没有固定的体积（即物质所占的空间），因此气体可以迅速地充满任意一个容器。同样地，气体也可以被压缩到一个非常小的空间里。

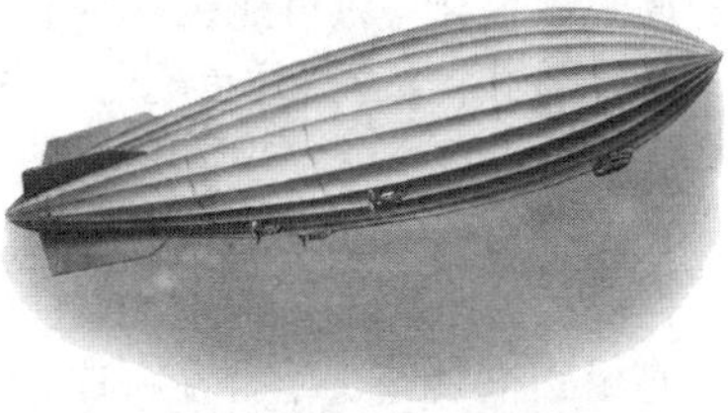

↗ 飞艇可以飘浮在空中是因为飞艇里面的气体（如氦气）比外面的空气要轻。

» 液体

与固体不同，液体自身没有固定的形状。以水为例，你可以把水注入任何形状的容器中。一部分液体分子聚集在一起形成一个分子团，但是由于分子团内分子间的相互作用力不是特别大，这使得分子团具有流动性，分子团之间就像干燥的沙砾一样相互滑动，因此液体能向各个方向自由快速地流动。

→ 液体之所以能够迅速地四处流动，像飞流直下的瀑布那样，是因为所有的水分子之间都能自由地相互运动。

↗ 和其他液体一样，无论把水倒入什么容器中它都能和容器保持一样的形状。

■ 微观世界

宇宙间的万物都是由各种物质组成的，所有的物体，包括最坚硬的岩石，其内部也并非很充实，其中有很多空隙。所有的物质都是由分子、原子以及这些粒子之间的空隙组成的。原子本身以及原子之间的空隙非常细微，只能用功能非常强大的显微镜才可以观察到。20 亿个原子全部加起来，也不过像本文中的句号一般大小。但即使是原子，其内部也不是实心的，它们更像是由亚原子微粒星罗密布排列在一起形成的能量云。

» 原子

原子的中心是 1 个原子核（致密的粒子团），这个核由两种粒子组成：质子和中子。原子核外有电子在不停地绕核旋转，电子的体积要比质子和中子小得多。各种亚原子粒子仅仅是能量的浓缩集合，只可能在特定的位置出现。质子带 1 个单位正电荷，电子带 1 个单位负电荷，中子不带电。

» 原子配对

原子与原子相互结合在一起形成分子。分子是保持物质化学性质的最小粒子。例如，人们生存所不可或缺的氧气，其分子是由 2 个氧原子结合在一起形成的；人类生存所必需的水，其分子是由 2 个氢原子和 1 个氧原子结合在一起形成的。

有趣的科学

* 科学家们用高速对撞原子的方法，已经发现了200多种亚原子粒子，但是这些粒子的半衰期几乎没有超过1秒的。

* 最微小的粒子是中微子，其质量只相当于电子的几千分之一。

* 原子内部是十分空旷的，原子核与离其最近的电子间的距离大约是原子核直径的5000倍。如果原子核直径为1厘米，那么离其最近的电子也在距其50米外的地方。

* 质子都带有正电荷，所以质子之间通常会互相排斥。但在原子内部有一种被称为核力的强作用力，这种核力能够把质子结合在一起，使原子核免于分裂。

» 晶体

自然界中大部分的固体物质都可以形成晶体。晶体的硬度大，表面有光泽，并且具有规则的几何外形。每种晶体都是由规则的原子晶格或者分子晶格组成的。糖块和盐都是晶体，当然还包

↗ 钻石是目前所知自然界中最硬的物质，其内部排列是一种由碳原子紧密结合而形成的规则的立方体结构。

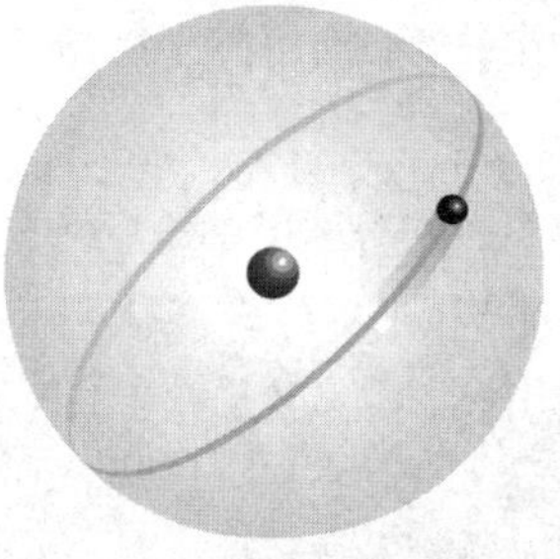

氢原子由1个带有质子的原子核和1个绕着原子核旋转的电子组成。

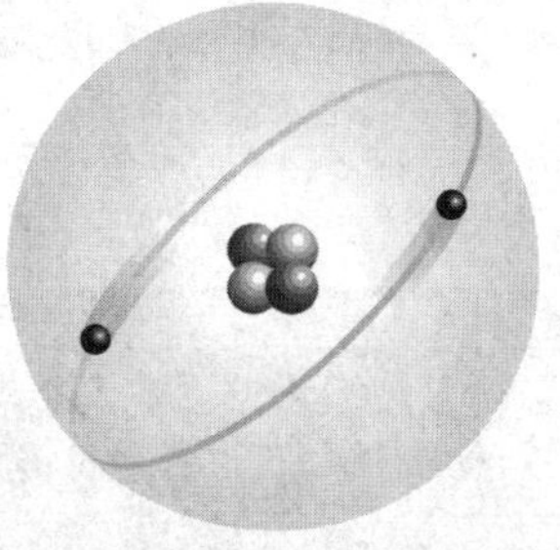

氦原子核内含有2个质子和2个中子，氦原子由氦原子核和2个绕着氦原子核旋转的电子组成。

● 蓝色：电子

● 红色：质子

● 灰色：中子

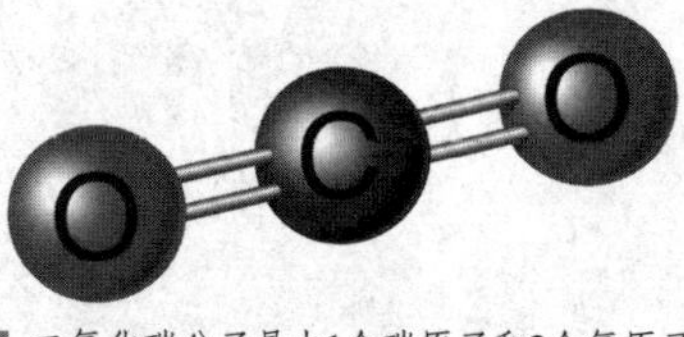

↗ 二氧化碳分子是由1个碳原子和2个氧原子结合在一起形成的化合物，其分子式为CO_2。

↗ 带有相反极性电荷（正电荷和负电荷）的粒子会相互吸引。原子中含有原子核和绕核旋转的电子，原子核又分为质子和中子，质子带1个单位的正电荷，电子带1个单位的负电荷，中子不带电。质子与电子互相吸引，因而整个原子不显电性。

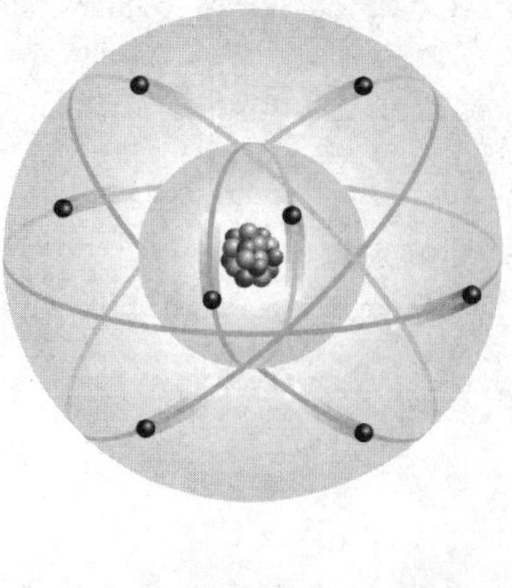

氧原子核内含有8个质子和8个中子，氧原子由氧原子核和绕着氧原子核旋转的8个电子组成。

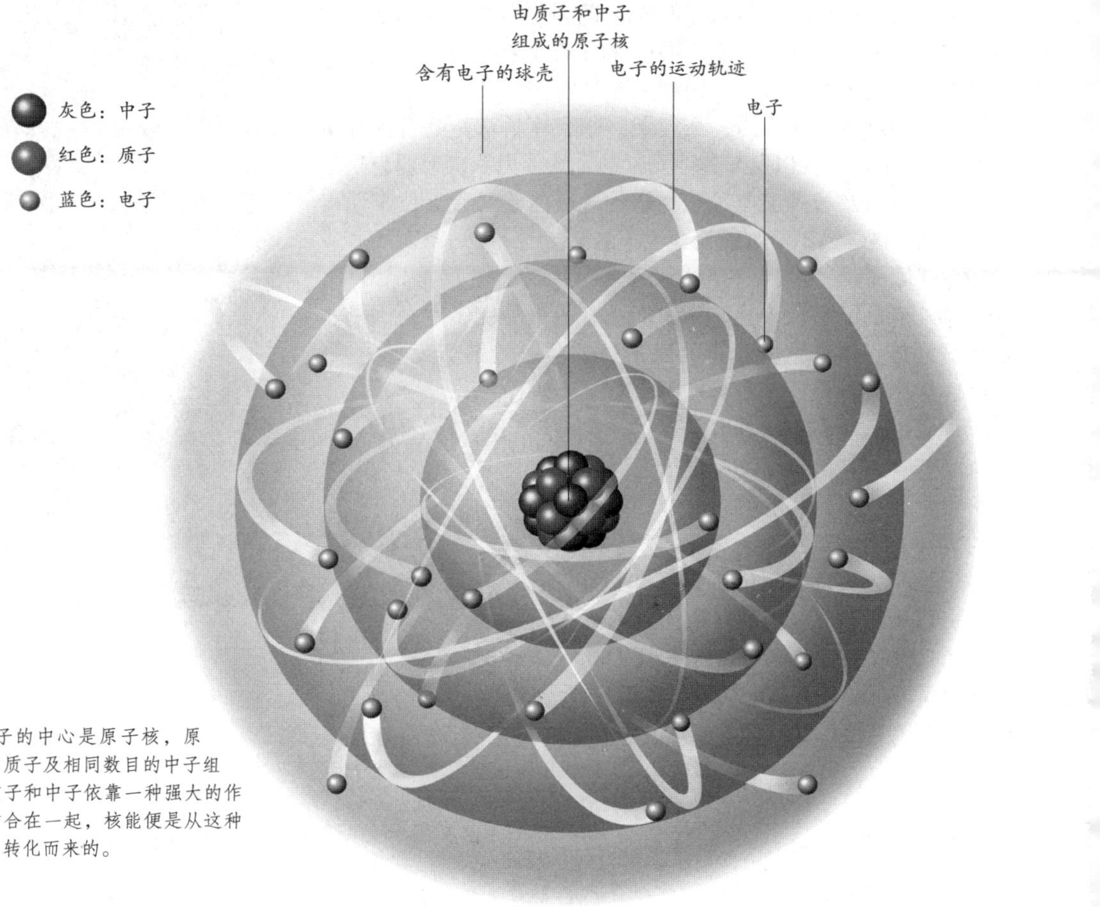

↗ 原子的中心是原子核，原子核由质子及相同数目的中子组成，质子和中子依靠一种强大的作用力结合在一起，核能便是从这种结合力转化而来的。

括大部分宝石，像钻石和翡翠也都是晶体。很多岩石以及金属也是由晶体组成的，但是由于这种晶体太小，我们肉眼几乎看不到。

» 形形色色的原子

在自然界中存在的 100 多种基本化学元素都是由原子构成的，每种原子的原子核里都有一定数目的质子。铀原子核中含有 92 个质子，铀是在自然界中分布非常广泛的一种元素。在每个原子中，质子的数目与电子的数目通常是相等的，电子以圆形轨道的运行方式分布在原子核的周围。原子间的相互作用方式（即原子的化学性质）取决于原子核的核外电子数。

■ 化学元素与周期表

自然界中所有的物质最终都可以被分解为已知的最简单的物质，即化学元素。例如金、碳和氧等。由于每种元素都是由各自的原子所组成的，因此它们都具有独一无二的物理和化学性质。所有具有相同质子数的原子都属于同一种元素，这是与不同元素的原子相区别的标志。

» 元素排列

某种元素原子的核内质子数，即为此元素的原子序数。元素的种类繁多，你可以从最轻的元素氢（原子序数是 1）一直排

知识点击

* 科学家们最近制造出了一些在自然界中并不存在的元素。
* 科学家们制造出的这些新元素通常很不稳定，半衰期一般都不到1秒钟，也正因为如此，这些元素才无法稳定地存在于自然界中。

到最重的元素铹（原子序数是 103）。俄国化学家门捷列夫为此制定了化学元素周期表。表中同一纵行的元素称为一个族，原子序数从上向下增加很快，同族元素具有相似的物理和化学性质；同一横行的元素称为一个周期，原子序数从左到右依次增加 1，元素的活泼性以及与其他元素结合的能力依次减弱，这是由总电子数以及最外层电子数决定的。最活泼的元素位于元素周期表的左侧，最不活泼的元素位于右侧。

有趣的科学

* 每个原子除了有一个对应的原子序数外，还有自己的原子量。原子量是指整个原子核的相对质量——包括质子的质量和中子的质量。比如铅的原子序数是82，原子量是207。

* 科学家赋予每种元素一个元素符号，这个符号通常是用它的英文单词的首字母来代替。例如氧的元素符号是“O”，碳的元素符号是“C”。当有2个或者2个以上的元素的英文单词首字母相同时，人们通常会加入一个小写字母作为元素符号，如氢的符号是H，氦的符号则是He。

» 惰性气体

第八族的元素位于化学元素周期表的最右侧，这是一个非常特殊的族。由于这些元素的原子最外层一般不会失去电子，所以通常称它们为第八族元素或者零族元素。由于原子的最外层有 8 个电子，这些原子没有必要再与其他原子共用电子，因此它们的化学性质极其稳定。同时这些原子形成的气体也不与其他物质反应，所以也被称为惰性气体。惰性气体中氩气和氪气之所以可以用来填充灯泡就是因为它们的化学性质极其稳定，不会与灯泡中极其细小的灯丝反应，损坏灯丝。同理，氖气也可以用来充填灯泡做成氖灯。

↖ 电流流经灯泡时灯丝会发热发光，充入灯泡里面的氩气可以保护灯丝不被烧坏。

↓ 这是元素周期表。但里面有些元素的性质并不符合族/周期的变化规律。

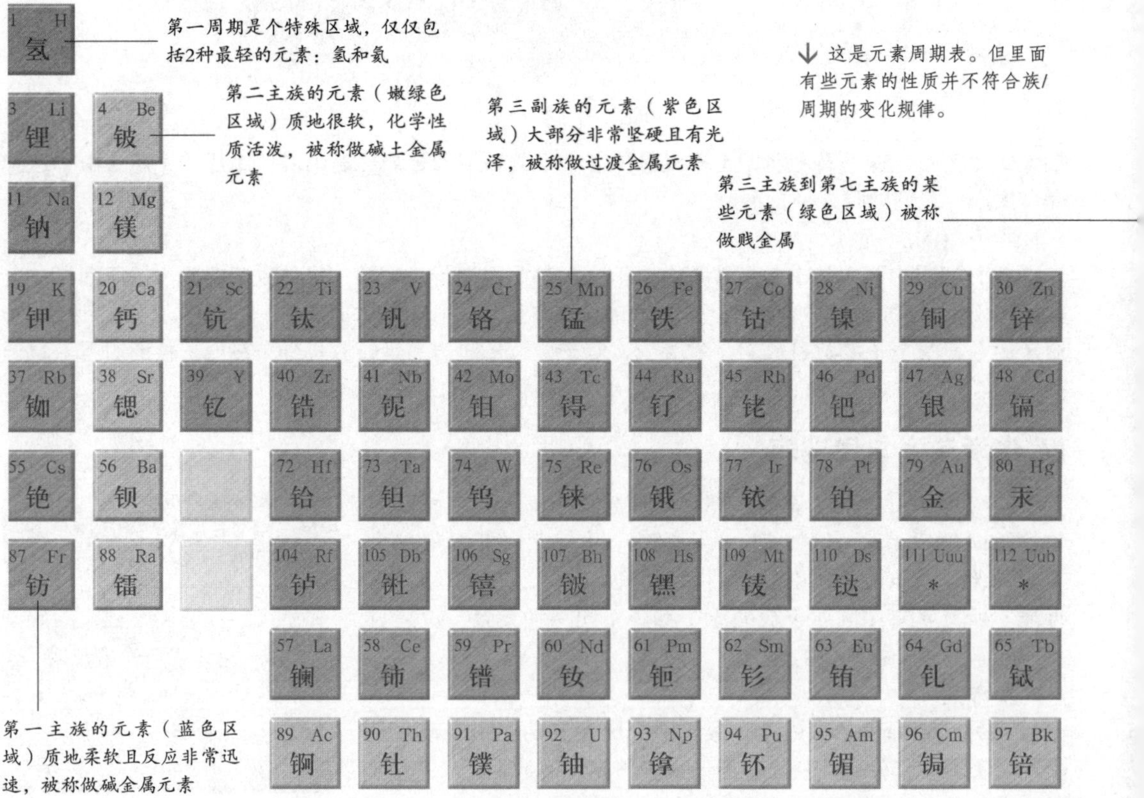

» 化合物

由单一元素构成的单质在世界上是很少见的，大部分物质都是由 2 种或 2 种以上的元素组成的化合物。化合物不仅仅是几种元素的简单混合，当多种元素结合起来形成新物质时，新物质的化学性质会发生全新的变化。例如，将钠放入水中时，钠会发出“嗞嗞”的声音，反应剧烈；氯气是一种比空气重的黄绿色剧毒气体，而钠和氯气反应会生成氯化钠，也就是人们日常用到的食盐。

↗ 当鸡蛋、黄油以及糖等食物混合到一起进行烹饪时，热量使不同的物质结合在一起生成一种新的物质。

↗ 鸡蛋是由硫、碳、氮、磷、氢和氧等元素组成的。

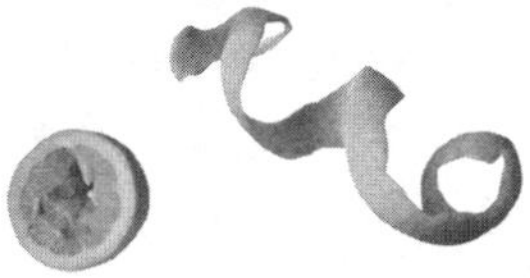

↗ 柠檬汁中的柠檬酸是由氢、氧、碳与水混合而成的物质。

第八族的元素（淡蓝色区域）几乎不与其他元素反应，被称做惰性气体

第三主族到第七主族的其他元素（棕色区域）被称做非金属

这2个周期的元素（橙色区域和灰绿色区域）分别叫做镧系元素和锕系元素，性质比较特殊，不按周期和族的规律变化，所以单独成列

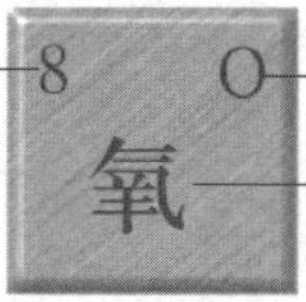

原子序数（与原子核内质子数相同）

元素符号

元素的中文名称

■ 化学原料及制品

我们生活的宇宙中存在的物质，仅已知的就达数百万种——而且还有更多的物质不为人知。至今已经发现的化学元素只有100多种，但正是它们组成了丰富多彩的大千世界。由不同元素的原子组成的纯净物质称为化合物，而像木头、空气以及岩石等许多自然界中的物质，则是由2种或2种以上的化合物混合而成的。自然界中的金属也大都以化合物的形式存在。纯水是由氢元素和氧元素所组成的化合物，而自来水和江河水则是纯水与其他各类物质混合而形成的混合溶液。很多物质当与水混合后会生成酸或碱性溶液。

知识点击

* 青铜由铜和锡合成，是最古老的合金，距今已有5000年的历史。

* 水银是唯一在常温下呈液态的金属，当温度降到-38.87℃以下时才会凝结成固体。

» 合金

在自然界中，纯金属是相当罕见的。大部分的金属都以矿石的形式存在，因此必须用高温加热或者其他方法才能把金属提炼出来。即便如此，冶炼得到的金属中仍然含有部分杂质。在金属冶炼的过程中有时会特意加入某些杂质，以使金属的某种特性得到改善，例如增强耐腐蚀性或者提高强度等。在炼铁时掺入碳会生成无比坚韧的合金——钢，把铬加入钢材中进行冶炼则会生成不锈钢。

» 金属

在化学元素周期表中，有3/4的元素是金属，例如金、铁等。大部分的金属富有金属光泽，硬度较大，被敲打时会发出清脆的响声。不少金属强韧且富有延展性，不管是锤打还是模具浇铸都可以很容易地使金属成形，人们用这种神奇的材料制造出形形色色的物品，小到汤匙，大到汽车、太空船等。金属原子之间以坚固的晶格结构相互结合在一起，晶格中的金属原子彼此共用电子。像接力棒在选手手中快速地传递一样，电和热也会在自由运动的电子间迅速传导，正因为如此，金属才成为电和热的良导体。

↗ 铝镁合金的强度大、耐腐蚀性好，因而能抵御恶劣的天气变化和环境污染等，适用于汽车零部件制造或建筑材料等方面。

» 酸性化合物

某些物质溶解于水中会生成带有氢离子的化合物，这种化合物被称为酸性化合物。像柠檬汁这种喝起来酸酸的饮料属于弱酸。硫酸是一种强酸，具有很强的腐蚀性，能够腐蚀衣服、灼伤皮肤，还能溶解金属。所有的酸，不管是强酸还是弱酸，都带有氢离子。酸性物质溶于水后，水里的氢原子会失去一个电子形成氢离子。正是这个氢离子使化合物呈现酸味并且具有腐蚀性。

» 地球上的盐

食盐只是众多盐类中的一种，地球表面岩石中所含的矿物质大部分都是盐类。盐是由许多晶体组成的一种特殊固体，呈现各种不同的形状。从热带地区的海水中可以晒制出盐分，很多海水都具有相当高的含盐量。把海水灌到池子里并予以加热，当水全部蒸发完后剩下的就是盐了。酸和碱反应会生成盐。例如：氢氧化钠与盐酸反应会生成氯化钠即食盐。大部分的盐类都溶于水，这对生物具有重要的意义，人体内的盐分可以维持水分平衡，并且使神经元保持健康状态。

↗ 跟酸相对的是碱。苛性钠是一种强碱，它具有很强的腐蚀性，使用时应该穿戴防护服和手套。苏打粉是一种弱碱，味苦。

■ 碳制化学品

碳是一种很特殊的元素。钻石是已知的自然界中最硬的物质，实际上它就是由碳元素构成的；煤以及铅笔芯里的石墨也是由碳元素构成的。碳原子的结构特点决定了它很容易与其他物质化合形成化合物。从属于无机物的石灰石到有机物的柴油，目前已知含碳的化合物有 100 多万种。碳原子的最外层有 4 个电子，形成化合物时既可以得到新的电子，也可以失去原有的外层电子。这就意味着碳可以与其他任何物质结合生成各种各样的产品，例如油基颜料、降落伞等等。

» 碳

碳的同素异形体有 4 种：金刚石、石墨、炭黑或木炭，以及一种叫做富勒烯的特殊人造结构形态。石墨还可以被拉长成为碳纤维。

↙ 碳纤维是一种质地轻、强度大的材料，因此很适合用于制造工具，例如图中的船桨就是碳纤维制成的。

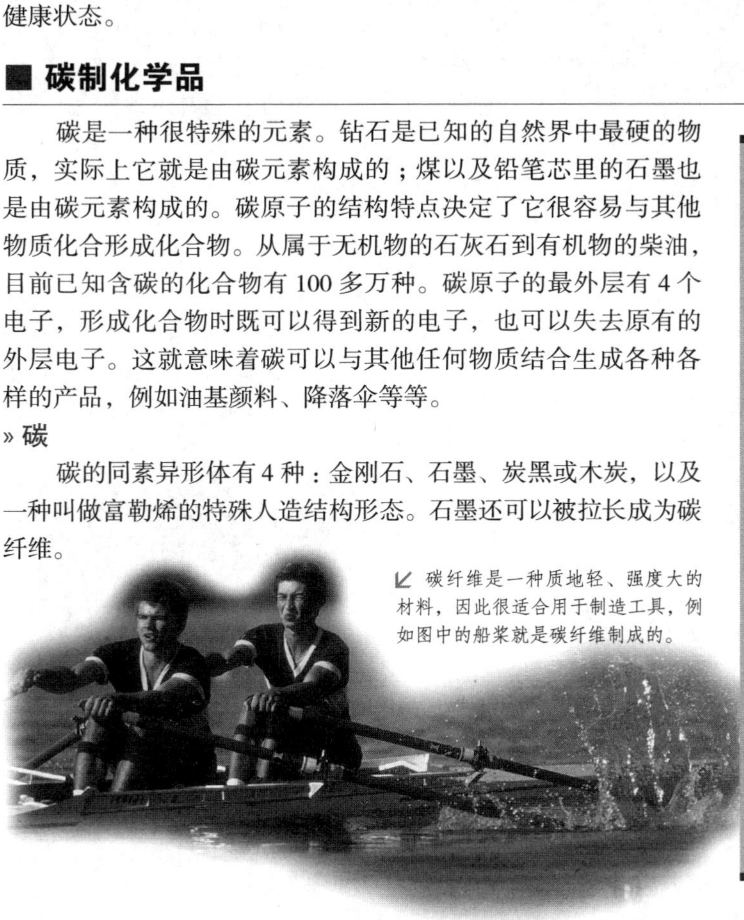

有趣的科学

* 大部分塑料制品都由乙烯制成，而乙烯则是从石油中分离出来的。

* 天然的钻石形成于数十亿年以前的地表深处。

* 塑料制品经久耐用，因而也很难被降解处理。尽管科学家们已经研究出包括燃烧和堆肥等在内的很多种降解塑料的方法，当今世界仍然不得不面对日益严重的塑料垃圾问题。

* 富勒烯是由32～600个碳原子连接而成的足球状分子。克罗托受建筑学家理查德·巴克明斯特·富勒设计的美国球形圆顶薄壳建筑的启发，认为碳-60可能具有类似球体的结构，因此将其命名为富勒烯。

↗ 碳及其化合物的用途极其广泛：汽油燃烧可以驱动车辆；石墨可以作为铅笔芯；钻石是名贵的珠宝；煤炭则是能量的一大来源。

↗ 这个弓形降落伞的工作原理是：降落伞因受到强大的空气阻力而张大成图中的弓形，从而能够降低跳伞者在重力作用下的坠落速度。

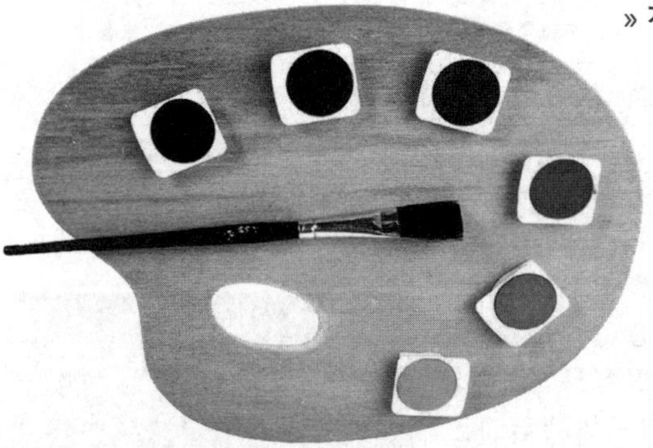

↗ 颜料、纤维以及化妆品等都是人造有机化合产品。

» 有机化学

碳原子不仅有与其他元素的原子形成化合物的能力，还可以相互结合构成复杂的链状和环状物质。生命存在的基础正是这些复杂的碳链和碳环分子。例如：蛋白质是构成生命的物质基础之一，所有的蛋白质都是碳的化合物。人们之所以在化学学科中建立有机化学这一分支学科，其目的就是为了对繁多的含碳物质加以系统研究。

» 塑料王国

塑料是一种十分奇妙的材料，小到饮料瓶，大到汽车，它几乎可以被制成任何物品。塑料质地轻盈，易于塑形，塑料制品既可以做得如丝绸一样柔软，也可以做得如钢铁一样坚硬。塑料完全是人造的产物，生产塑料实质上是把碳化物（主要是碳氢化合物）的分子组合成很长的聚合分子链。聚合物中的链多以杂链为主，有的塑料制品中，聚合链彼此间像意大利通心粉一样纠缠在一起,使得塑料制品强度大韧性好。这样的材料很适合制造降落伞，因为降落伞需要足够大的强度来承受人体的重量以及很好的韧性在空中滑行。将聚合物紧密结合在一起制成硬塑料，可以用在窗户框架上。

» 碳循环

在地球形成之初，大部分的碳原子就已经存在并且在动物、植物和空气之间不断循环，人们称之为碳循环。植物的茎和叶的大部分是由一种叫做纤维素的天然材料构成的。和塑料一样，纤维素也是长链的碳分子聚合物，植物利用太阳光、水和空气中的二氧化碳，通过光合作用合成葡萄糖，再由葡萄糖分子组合形成各种聚合分子链。动物吃掉植物后，植物体内的碳便转移到动物体内并为其所用了。

↗ 生物腐烂、燃料燃烧以及动植物分解糖类释放能量的过程中都会向空气中释放二氧化碳，从而完成了碳的整个循环过程。

■ 电和磁

> **有趣的科学**
>
> * 地球本身就是一个巨大的磁体。如果将一块磁铁自由悬挂在空中，那么在地球磁场的作用下，这块磁铁肯定是一端指向北极，另一端指向南极。
>
> * 极不容易传导电流的物体被称为绝缘体。塑料和橡胶都是良好的绝缘体。

电能的用处极其广泛，不管是日常生活所必需的热量和光，还是驱动电脑工作所用的微弱脉冲信号，无不来自电能。电和磁是密切相关的，磁力是磁体间的一种不可见力。变化的电场产生磁场，而切割磁力线也会产生电场。电和磁在转化过程中产生的力，我们称之为电磁力。

» 磁力

磁铁是种特殊的金属（通常是铁），能吸引带有磁性的物质（如铁和钢）。磁铁周围都存在着磁场，磁体通过磁场对外物产生作用。靠近磁体两端（也称为磁极）的地方磁场最强，越远离磁极磁场就越弱。磁极两端的磁场方向相反，一端为北极，一端为南极。异性磁极相互吸引，同性磁极相互排斥。也就是说北极与南极相互吸引，而北极与北极或南极与南极则相互排斥。

» 电的输送

当磁体和金属线圈彼此接近并做相互运动时，线圈中会产生感应电流，这是由于磁力驱动线圈中的自由电子定向运动而形成的。电厂就是根据这个原理发电的。以水流或者喷射的水蒸气为动力，推动线圈旋转切割磁力线，线圈中就有电流产生。通过电线，电被输送到我们的家庭、学校或者工厂里。配电线路可分为地上的架空线路和地下电缆 2 种。

» 静电

电是由电子运动产生的。电子是一种带电粒子，如果物体得到电子它就带负电，相反如果失去电子就会带正电。当两种不同的物体相互摩擦，电子会发生转移，从而使得两个物体都带电：得到电子的带负电，失去电子的带正电。因为此时电荷在带电物体上是静止的，不能移动，所以被称做静电。

← 发电厂发出的电通过配电网被输送到千家万户。高压电塔将电缆高高架在空中，高压电可以在电缆中安全地传输。

→ 凡·德·格拉夫起电机产生的静电，可以让头发竖起来。因为每根头发获得相同极性的电荷（全部是正电荷或者全部是负电荷）而相互排斥，结果使头发根根竖起，彼此分开。

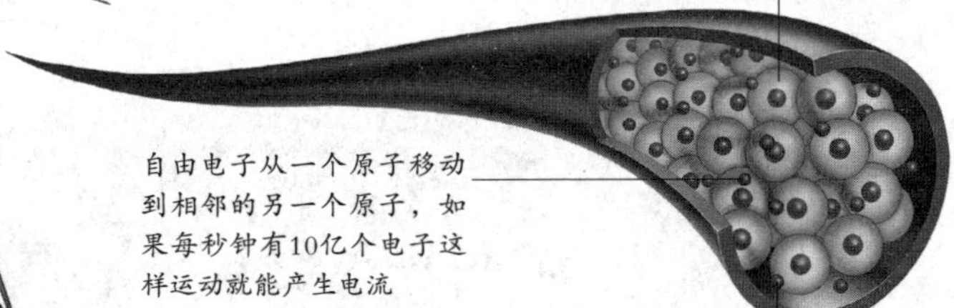

↗ 电站发出的电每秒要变换很多次电流方向，与电池组产生的电流不同。电站发出的电被称为交流电（AC）。

↗ 汽车车身是以钢铁为原材料制成的，所以电磁起重机就可以吸住车身，把它吊到空中。

» 电流

能自由导电的物体被称为导体。如铜和金等金属就是电的良导体，可以用做导线连接电路。因为这类金属导体里有很多自由电子，可以在电线中自由运动。闭合电路中大量电子的定向移动形成电流。电池组可以提供驱动电子在闭合电路里定向移动时所需的能量，所产生的电流方向恒定不变，因而被称为直流电（DC）。

» 电磁铁

当电流流过导线时，在导线周围会产生磁场。如果在线圈中插入铁芯，磁场强度会进一步加大，人们将这种“电磁体”称为电磁铁。与一般条形磁铁不同，电磁铁可以用开关来控制，比如当电流断开时，电磁铁中的磁场就会消失。

■ 电磁辐射

可见光、电波信号、微波炉中的微波、火中的热辐射以及医院中用到的 X 射线都是电磁辐射。由于这些辐射既是电又是磁，所以被称为电磁波。电磁波沿直线传播，传播速度与光速相同。在真空中，电磁波的传播速度为每秒 30 万千米。以这样的速度，电磁波仅需 1/10 秒就可以环地球一周。不同种类的电磁波其波长也各不相同。

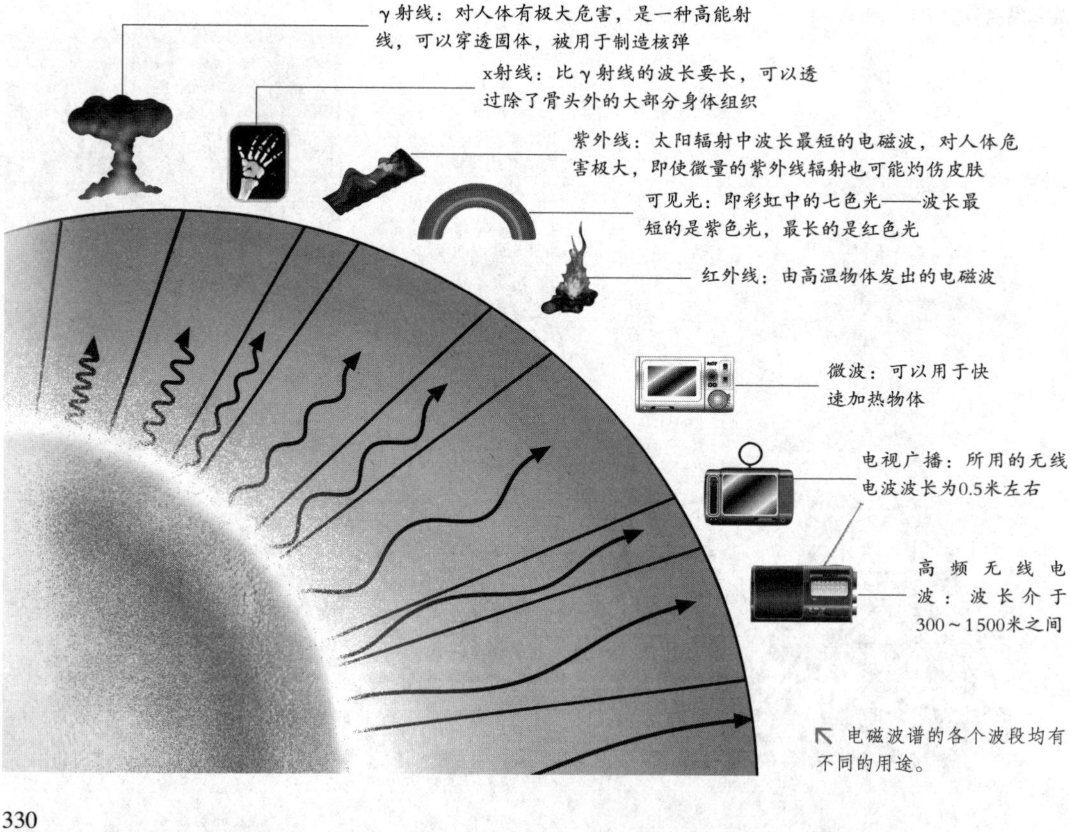

↖ 电磁波谱的各个波段均有不同的用途。

↗ 地球的大气层是我们的保护伞，它不仅提供给人类和动物呼吸所必需的氧气，还可以阻挡来自太阳的有害辐射。

» 能量波

电子发射出的电磁波能覆盖很大的频率范围。我们平时用肉眼看见的光叫做可见光，它在电磁波谱中只占很窄的一段频率范围。在电磁波谱的一端是无线电波和微波，由于其波长太长，所以人类是看不见的；另一端是紫外线和 X 射线，它们则是由于波长太短，人类也无法看到。

» 太阳

到达地球的大部分辐射都来自太阳，太阳不断向外辐射着巨大的能量。太阳辐射中的一部分是波，如可见光和 X 射线。幸运的是，地球的大气层只让人类所需的可见光和热通过，而把对人类有害的辐射如紫外线和 X 射线屏蔽掉。

» 热像仪

热的物体会向外辐射电磁波，人们虽然无法用肉眼看到这些辐射波，但是通过热像仪可以检测到这种波的存在，并且可以为其拍照。在照片里，最明亮的地方是物体温度最高的部分，最黑暗的地方是物体温度最低的部分。即使是在全黑的地方热像仪也可以正常工作，因为它们不需要光就能成像。热像仪能清晰显示出人体不同部位的温度变化情况，医生可以据此诊断疾病。该仪器还可以用于监测野生动物晚上的生活习性。

» 辐射的危害

有些电磁辐射是很危险的。即使是来自太阳的低能辐射也会引发各种有害的疾病，如过长时间的太阳浴就容易导致皮肤癌。不过，最主要的危害其实来自于 X 射线、γ 射线等高能的短波辐射。这些射线可以使生物组织细胞产生电离，从而破坏生物组织，影响身体正常的生理机能，因此从事 X 射线检查的医学工作人员在操作这类设备时要躲在屏幕后面并严加防护。

知识点击

* 太阳光可以透过玻璃，而红外线却不能。温室大棚之所以能保温，是因为太阳光能透过玻璃直接照进温室，加热室内空气，而温室内产生的热辐射却不能通过玻璃向外散发。

* 我们目前所使用的包括石油、煤炭和木料在内的几乎所有燃料，都是植物将来自太阳的电磁辐射转化而来的。

有趣的科学

* 科学家可以利用无线电追踪器追踪各种动物的行动，不管是鲸、北极熊还是老虎、大象，都可以对它们进行无线电定位。即使在很远的地方也能接收到无线电追踪器发出的信号，科学家们甚至可以用卫星接收这些信号，从而能够在地图上标示出被追踪动物的准确位置。

* 在夜间，气象卫星可以利用红外照相机拍摄到整个地球的天气图像。

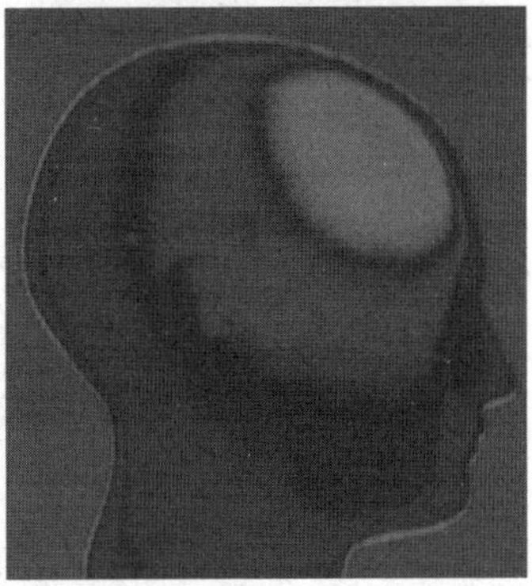

↗ 热像仪能根据人体内的温区变化规律来诊断疾病，如右图黄色的区域是热区，有可能是病变部位，蓝色区域是体内较冷的部位。

← 长期暴露在紫外线下会严重损坏人体机能，防晒霜里含有能阻止生活紫外线（UVA）以及户外紫外线（UVB）的成分，可以防止太阳晒伤和预防如皮肤癌等的疾病。

↗ 人造卫星和太空船利用无线电波向地球发回图片和其他信息。

有趣的科学

* 地球的重力是月球的6倍，这是因为地球的质量要比月球大得多，并且含有比月球更多的物质。

* 跳蚤起跳时的加速度是重力加速度的140倍，是火箭升空时加速度的50倍。

* 与其他的力相同，重力也可以使物体改变速度。靠近地球表面的物体在下落时会获得每秒9.8米的速度，这被称为重力加速度，用g表示。

* 物体具有保持原有运动状态或静止状态的性质，物体的质量越大，要改变它原有的状态所需的作用力就越强。这种现象被称为惯性。

» “宇宙电波”

电磁波的传播与声波不同，声波的传播需要一定的介质，而电磁波却不需要任何介质，即使在真空中也可以传播。这使得我们晚上可以看见遥远的星星——星星上的光需要穿越真空才能到达我们这里。我们还可以通过卫星，利用电磁波与太空中的宇航员取得联系。

■ 力与运动

力分为推力和拉力，它可以改变物体的形状和原来的运动状态。有些力只有在物体相互接触时才可以表现出来，例如踢足球时的力。而另外一些力在物体之间有一定距离时才能表现出来，例如引力和磁力。力总是成对出现的，两个大小相等，方向相反，沿同一直线相互作用的物体间的力，我们称之为作用力与反作用力。当你推墙时，墙同时也会推你，否则你的手会穿透墙壁。自然界中力的主要类型为：重力、电磁力以及核力和强核力。

» 功、力和负荷

功、力和负荷在物理中是很重要的概念，尤其是与那些移动物体的机械联系的时候显得尤为重要。负荷是指移动物体的质量，以千克来衡量；力是指移动物体时所施加的作用，用牛顿来衡量；功描述的是力使负荷沿力的方向发生的位移。在公制单位中，功的单位是焦耳，1 焦耳是指作用在物体上的 1 牛顿的力持续 1 米的位移产生的能量。1 焦耳等于 1 牛顿 · 米。

» 过山车

过山车没有发动机。在重力的作用下过山车获得一个初始速度，开始自高处下滑，速度变得越来越大，当到达斜坡的最底部时速度最大，这个速度足以使车体冲上第二个斜坡。物体这种保持原来运动状态的性质被称为惯性。

» 自由落体

牛顿发现，物体在下落时总是落向地面而非“落”向空中，经过研究，他提出了著名的“万有引力定律”。该理论的提出出乎所有人的意料：物体下落是由于重力的作用引起的，而重力则是由于地球吸引而使物体受到的力。宇宙中的物体都会受到重力

↗ 跳伞运动员张开降落伞时，由于受到空气阻力的影响，他们得以缓慢降落。

的作用，不管物体多么微小，都竭力给其他物体施加这一引力。这种引力的大小取决于物质的质量，质量越大的物体受到的重力也越大。物体若被分成几个部分，这种引力就会变小。

» 质量和加速度

17 世纪，英国科学家艾萨克·牛顿发现宇宙中力做功的形式都是一样的，效果也都可以预见到，力会使物体的速度改变。改变的程度取决于力的大小和物体的质量。力越大，加速度相应地就会越大。对质量大的物体必须施加更大的力才能产生相同的加速度。

» 牛顿三大运动定律

17 世纪末期，艾萨克·牛顿通过总结力和运动的关系得出三大定律：

第一定律：力只会改变物体的运动状态（改变速度大小或者方向）。

第二定律：加速度与力的大小成正比，与物体的质量成反比。

第三定律：两个物体之间的作用力与反作用力在同一直线上，大小相等，方向相反。

这三大定律是研究经典力学的基础，不管是踢出的足球还是飞行的太空船都可以用这三大定律来解释。

→ 冰上舞者能够举起舞伴是提升力克服了重力的结果。

← 炮弹需要火药施加的强大的作用力才能得到它所需要的加速度。

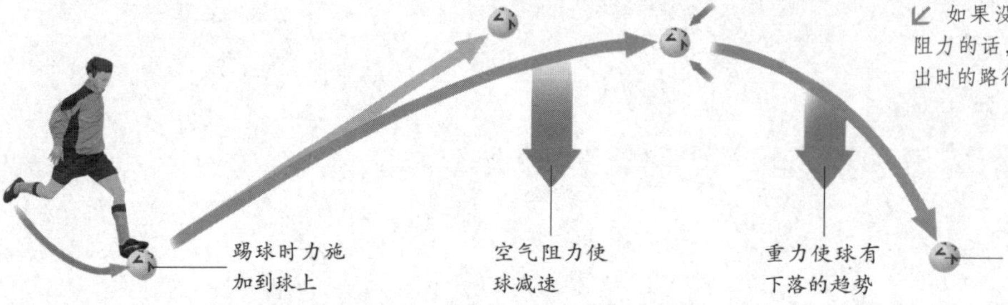

■ 功和能

能是物质做功的能力。能不仅指太阳发射出的可见光，也不仅仅指来自于火中的热量。它包括发生在宇宙中任何地点的任何活动，不管是小草生长还是星球爆炸都属于能的范畴，物质的能量蕴藏在它们的原子和分子之中。能有很多种形式，可以从一种形式转化成另一种形式。

» 动能

运动的物体所具有的能称为动能。物体的质量越大、运动的速度越大，所具有的动能也就越大。运动员从起跑线上开始起跑时，是把肌肉中的化学能转化成动能，转化的速度越快，他们起跑的速度也就越快。在比赛结束时，动能停止转换，空气的阻力以及鞋与地面的摩擦力使他们停下来。

» 势能

物体由于处于一定位置而具有的能，称为势能。势能是一种蓄能。起重机吊起地面上的物体时需要克服重力做功，物体的势能就会增加。

» 能量转换

燃料燃烧使水变成水蒸气，水蒸气通过一个具有特殊形状的大烟囱排放出去。水蒸气的动能带动汽轮机旋转发电，这样动能就转换为供人们使用的电能了。

有趣的科学

* 宇宙中所有形式的能量最终都会转化成热能，这个理论叫做“宇宙热寂论”。
* 步行所消耗的能是静坐的5倍，跑步时消耗的能比静坐的7倍还要多。
* 能既不能被创造，也不能被消灭，只能从一个物体转移到另一个物体。因此不管宇宙中的物质以什么形式存在，其能的总量是不变的。
* 英国科学家詹姆斯·焦耳是最早认识到做功会产生热以及热是能的一种形式的科学家之一。有一次他发现瀑布底部的水比顶部的热，从而通过实验证明下落的水的势能或动能部分转化成了热能。

↗ 赛跑选手与起跑架分离的1秒钟里，他们的加速度比普通赛车的加速度还要大。

← 比赛结束时，运动员体内肌肉中的化学能不再转化成动能。失去了能量来源，再加上空气阻力和鞋与地面的摩擦力，他们很快停了下来。

↗ 当起重机释放举着的物体时，物体的势能转化为动能，物体就可以很快落下来。

↗ 电站里存在巨大的能量转换：它们把燃料的化学能或者核能转变成热能。

» 波

所有的波，包括水波、电磁波都具有能量。当波撞击其他物体时，会把能量部分或全部丧失。当把鹅卵石扔入水中时，水面的振动就会形成波。当光波射入人的眼睛后，视网膜（可见光的敏感区域）会感知到这种能量，人眼就能看到东西了。红外线照射到物体上时能量会转变为热量。当无线电波传到收音机天线上时，无线电波的能量会转变成电流，收音机再把电流转变成声音信号。

■热　能

热能，又叫内能或者物质内的蓄能。热能是能的一种形式，当两个物体温度不同时，热能会从一个物体传递到另外一个物体。人们可以通过做功或者热传递的方式增加物体的内能。用打气筒给自行车打气时，会感到筒身发热，这是由于每次按下打气筒手柄时，里面的气体被压缩的缘故。压缩空气所做的功使空气获得更多的能，空气分子和原子运动加快。能从一种形式转化为另一种形式时，总有一部分会变为热能，这部分热能会散失到环境中去。这就是为什么电脑、电视机以及其他机器在工作时通常都会发热的缘故。

» 热胀冷缩

物体被加热时，其中的分子运动越来越快，分子间距离的增加导致物体膨胀；当物体被冷却时，其中的分子运动变慢，分子间的距离减小导致物体收缩。有些固体热胀冷缩的现象并不明显，例如，对钢棒而言，温度每升高1℃其长度只增加0.0001%，但是当热量足够大时，这种膨胀的力量也会引发无法意料的后果，会使铁轨扭曲、桥梁断裂等。

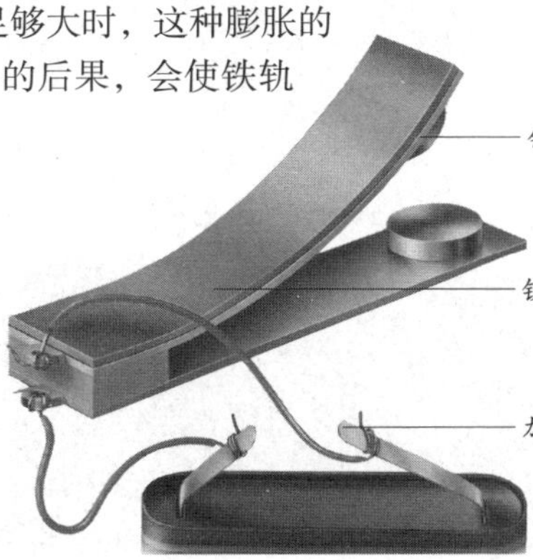

→ 铁和铜两片金属被紧紧地固定在一起，以测试不同金属对温度变化所作出的不同反应的属性。加热时由于铜要比铁膨胀得厉害，因此金属片会向铁片一方弯曲。

知识点击

* 温度是以度来计量的，摄氏温标和华氏温标是用来计量温度的最常见的单位。摄氏温标是这样规定的：把冰水混合物的温度定为0℃，把沸水的温度定为100℃。华氏温标下水的冰点是32° F，沸点是212° F。
* 热气球升空是因为充入气球中的空气比外部的空气温度高，而温度高的空气要比温度低的空气轻，所以气球里面的气体向上升，热气球就飞起来了。

有趣的科学

* 热量与温度是2个不同的概念。温度是分子运动快慢的量度，热量是所有分子动能的总和。
* 温度可以用温度计测量。当温度计接触到热物体时，很快会达到与物体相同的温度，里面的液体（通常是水银或酒精）也会受热膨胀，沿着玻璃细管上升。温度越高，管中液体上升得也越高。

↗ 冰箱是一个热管，把热量从低温物体传到高温物体，与自发的热量传递方向相反。

» 冰箱的工作原理

热量总是从高温物体自发地向低温物体传递，但是通过压缩机的作用可以使热量反方向传递，即从低温物体传向高温物体。冰箱中食物的热量传递给管内的特殊液体，液体吸收热量蒸发（由液体变为气体），汽化后的特殊液体被压回箱外的冷凝器散热，再重新变为液体，液体再进入冰箱内吸收食物的热量、蒸发，以此循环往复。

» 热传递

热传递有 3 种形式：传导、对流和辐射。传导是热量从一个原子到另一个原子的传递过程。热物体中的原子之间运动比较快并且相互碰撞，这种碰撞使它将热量传递给与它邻近的原子，邻近的原子再把热量传递给其他原子，如此传递下去。对流是流体（气体、液体）中热传递的主要方式，当流体被加热时，其分子运动加速，分子之间的碰撞更加频繁，这就使得热流体变得比周围的冷流体要轻，于是热流体便向上流动，从而形成对流。热辐射是以不可见的红外线传递热量的。

» 阻止热量散失

有些情况下阻止热量在某个空间的流动和散失是非常重要的。冬天给建筑物供暖时，热量有从室内散失到周围环境中以达到相同温度的趋势。玻璃的导热速度要比墙壁和屋顶的导热速度快得多，因而有很大一部分热量都从窗户散失到外界。为

↗ 热的液体通过传导把热量传给金属汤匙。

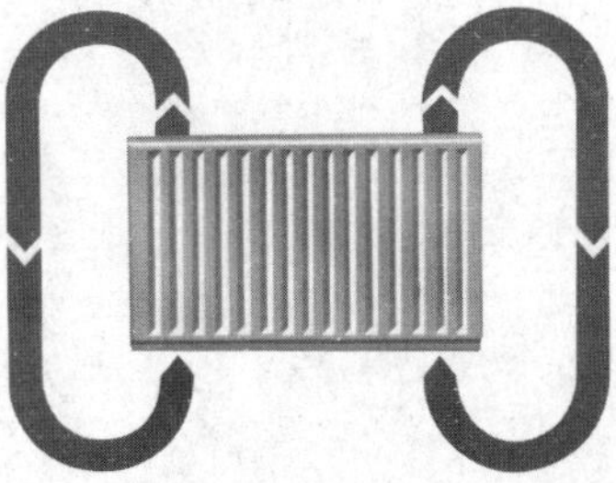

↗ 冷空气被暖气片加热成热空气，热空气上升与屋内的冷空气形成对流，冷空气又循环到暖气片附近被加热成热空气。

→ 写字楼里的窗户通常安装双层玻璃以减少热量的散失。

了阻止这部分热量的散失，很多建筑物都使用双层玻璃窗，双层玻璃窗装有两层玻璃，中间有不易传热的空气作为隔层，这样就大大减少了热量的散失。

■ 光

光是人的眼睛所能观察到的唯一一种电磁辐射。平时我们都处在光的环境中，但实际上只有很少的物体可以发光。太阳是光的主要来源，星星、蜡烛、电灯以及某些小昆虫如萤火虫也可以发光。但是我们能看到的客观世界中的其他景象，则是由于眼睛接收了物体反射的光。

» 透明体、半透明体和不透明体

当光照射到物体上时，可能会穿过物体，也可能被反射，甚至被吸收。光照射到透明的玻璃杯上，会穿过整个玻璃杯，这样的物体称为透明体。能够透光但不能透视的物体称为半透明体，如毛玻璃。既不透光又不透视的物体称为不透明体。

» 影子的形成

光是沿直线传播的。不同的物体允许透过的光的程度是不同的，当光照射在不透明的物体上时，就会在物体背面形成影子。不透明物体可以产生 2 种类型的影子，完全没有光线照射到的区域形成的影子是本影，如果有一部分光照射到的区域，形成的半明半暗的影子就是半影。

有趣的科学

* 彩虹中的所有颜色都是由光的三原色（红、蓝、黄）混合而成的。

* 光波很短，一个针鼻大小的空间就可以很轻松地容纳2000个光波。

* 氖管中的氖气可以发出荧光。电流通过氖管时，氖气中的粒子吸收能量后转变为氖光。

* 科学家研究发现人类的眼睛其实是非常敏感的，即使是单个的光子人眼也能感受得到，并将其转变为信号传递给大脑。

干净的玻璃杯是透明体

瓷器是不透明体

紫砂玻璃是半透明体

↗ 并不是所有发光的物体都会释放出热量。萤火虫是通过体内的某种物质发生化学反应之后发出冷光来吸引异性的。

↘ 英国巨石阵中的石柱就是不透明体，因此当太阳光照射到石柱的时候，石柱的后面不会有光透过，从而形成了影子。

» **反射和折射**

当光照射到物体表面上时，会有一部分光反射回来。光线投射到大部分物体表面上时都是向各个方向反射的，而光线投射到镜子以及其他光滑表面时都发生镜面反射，会呈现出清晰的光源或者镜像。当光以一定角度斜穿过像水一样的透明物体时，光线会发生弯曲，就如同光线变短了一样，这就是光的折射。这也就是为什么我们所看到的游泳池要比实际游泳池浅、插入水中的吸管看起来弯曲的原因。

↗ 折射使吸管看起来是弯的，这当然并不是吸管真的弯了，而是光线在穿过水时发生了弯曲的缘故。

» **光的颜色**

人们平时所看到的不同的颜色，实际上是不同波长的光发出的。白光即太阳光，是一种复合光，由多种单色光混合而成。刚刚下完雨后，空气中悬浮着许多小水珠，阳光照射到这些小水珠上，就会发生折射和反射现象，由于太阳的可见光的波长都不一样，当它们照射到空中这些小水珠上时，各色光被小水珠折射的情况也不同，因此就被分解成七色光而形成彩虹，波长最长的红光和波长最短的紫光分别位于彩虹的两端。

» **光的传播**

光是宇宙中传播速度最快的物质。光在真空中的传播速度约为每秒 30 万千米。光从地球到达太阳仅仅需要 8 分钟的时间。光在空气中的传播速度比真空中略低，在水中也会更小一些，但是速度仍然是很惊人的。光以波的形式传播，但是这种光波的振幅很小，并不像池塘里的波纹一样。光是以光子的形式存在的，光子是一份一份的，每一份都有其波长。光子是类似电子的粒子，由于很小，质量近乎为零。

■ 声　音

人类听到的所有声音，不管是小孩的哭声还是机器的轰鸣声，都是由物体的振动产生的。有些振动是可以看到的，例如拨弄吉他发出声音时的振动。通常振动是看不见的，但可以肯定的是，只要发声，振动就一定存在，因为声源的振动也会推动它周围的空气向四周移动。空气流动时彼此会产生摩擦，生成的波就会向各个方向传递，当声波传到人周围时，人耳中的感知部分会对这种振动作出反应，人就会听到声音了。

↘ 管弦乐队停止演奏后，音乐声仍然会在大厅里回响2秒钟左右，这段时间被称为混响时间。

↓ 喷气机在空气中飞行时所发出的声音是由声波产生的，这种声波比光波的传播速度要慢得多，因此光波会先到达人们的眼睛，这就是为什么我们先看到飞机而后才听到声音的原因。

» 声波

从声源发出的声波可以传向各个方向。声音可以在液体如水中传播，也可以在很多坚硬的固体中传播。由于真空中不存在声音传播所需要的介质，所以声音不能在真空中传播。

» 回声和音响效果

当你在一个宽敞的礼堂里面大声呼喊时，会听到声音在整个空间里回荡。这是因为你的声音被坚硬的墙壁来回反射的缘故。每个光滑、坚硬的障碍物如墙壁等都可以反射声音，但只有在障碍物与人以及障碍物与发声体之间有足够的间距时，人耳才能听得到回声。声音的反射会影响到你所听到的声音的质量。音乐厅的设计需要细心周到，剧场内部墙壁表面的构造对舞台上音乐家和管弦乐队的表演效果具有重要的影响。

» 声音的传播速度

声音在空气里传播是需要时间的。在雷雨天，为什么我们总是先看到闪电，后听到雷声呢？这是因为光的传播速度要比声音的传播速度快得多。声音在温暖的空气中的传播速度要比在冷空气中的传播速度稍微高一些。在 0℃的空气中，空气每秒钟只能传播 331 米；在 21℃的中温天气里，每秒钟可以传播 343 米；而在 40℃的热空气中，传播速度可以达到每秒钟 354 米。声音在液体中的传播速度是空气中传播速度的 4 倍，而在坚硬的固体如木材和钢材中的传播速度可能还要更快一些。

有趣的科学

* 人耳所能听到的声音频率范围在20～20000赫兹之间。
* 曾经有台机器发出210分贝的声音，是目前所知最强的。
* 超音速喷气机的飞行速度比声音在空气中的传播速度快，它的速度以马赫数的形式给出。马赫数是指飞机的飞行速度与当地大气的音速之比。例如1马赫是指当地音速，2马赫表示飞机的速度为当地音速的2倍。
* 很多声音都是由不同频率的振动混杂在一起的，有的高有的低。吉他和小提琴即使在弹奏同一个音符时发出的声音也不相同，因为他们分别是由不同的振动混合起来的。

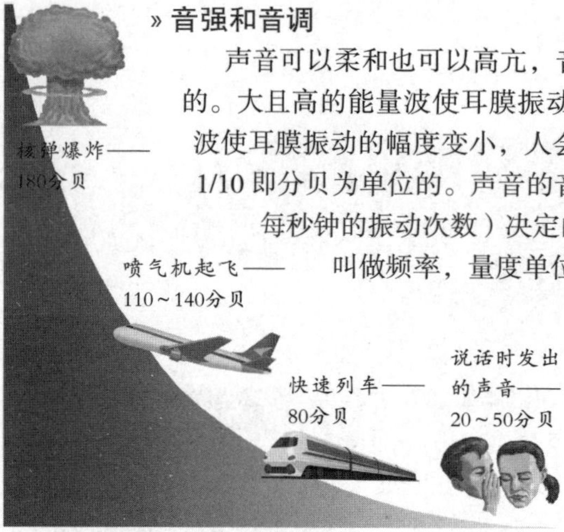

» 音强和音调

声音可以柔和也可以高亢，音调可高可低，这主要是由声音的能量和频率决定的。大且高的能量波使耳膜振动幅度变大，人就会感到很响的声音；反之低能量波使耳膜振动的幅度变小，人会听到较轻微的声音。声强是以贝尔或者是贝尔的1/10即分贝为单位的。声音的音调是由发声体的振动频率（振动频率是指发声体每秒钟的振动次数）决定的。频率越大，音调越高。每一秒内波的振动次数叫做频率，量度单位是赫兹（Hz）。

↗ 声音太大会影响听力。大于130分贝的声音会使人感到耳朵疼痛难耐；长期暴露在90～100分贝的环境中会导致耳聋；在高噪音的工厂或者车间工作的工人需要佩戴耳朵保护器或者耳塞来防止噪声的侵扰。

有趣的科学

* 由于冰的密度比液态水的密度稍小，因此冰在水中是漂浮的。实际上当水结成冰的时候是膨胀的，因而在寒冷的冬天，水管会胀破，而霜会破岩而出。

* 空气中含有0.03%的二氧化碳，但是由于动物不断地呼出二氧化碳，同时植物在生长过程中不断地吸收二氧化碳，所以这个比例是不断变化的。另外工业以及机动车辆燃油造成的二氧化碳排放已经引起了人们的关注。

■ 空气与水

空气与水是世界上最重要的两种物质。没有这两种物质，地球上就不会有生命。空气不仅提供生物呼吸所必需的氧气，同时也为生物提供了可以自由活动的生活空间。大气层像是包裹着地球的一层棉被，能够吸收来自太空的对人体有害的辐射，并且对生命生存所需要的稳定环境也有帮助。

» 生态系统

植物和动物在生态系统中互相联系、互相影响。地球是太阳系中唯一一颗有大量水的行星，地球表面的3/4是海洋。同时地球的大气层也是独一无二的，它比玻璃更加透明，并且富含生物生存所依赖的气体——氧气。

» 什么是水？什么是空气？

水是由2个氢原子与1个氧原子相结合而形成的化合物，是一种无色、无味的液体。空气是由多种气体混合而成的混合物，而不是通

↙ 植物生存和生长都需要水。雨林里之所以生长着大量的植物和动物，是因为每年的雨水都特别充足。在整个生态系统中，任何生物群体都不是孤立的，他们总是相互联系相互作用着。

知识点击

* 在三相点温度（0℃）时，水能够以固、液、气3种状态共存。
* 世界上只有2%的水是以永久性的固态冰的形式存在着的。

过化学变化生成的化合物。空气中的氮气大约占 3/4(78% 左右)，剩余的大部分是氧气（21% 左右）。还有 1% 由二氧化碳、水蒸气以及其他微量气体如氖、氦、氩等组成。

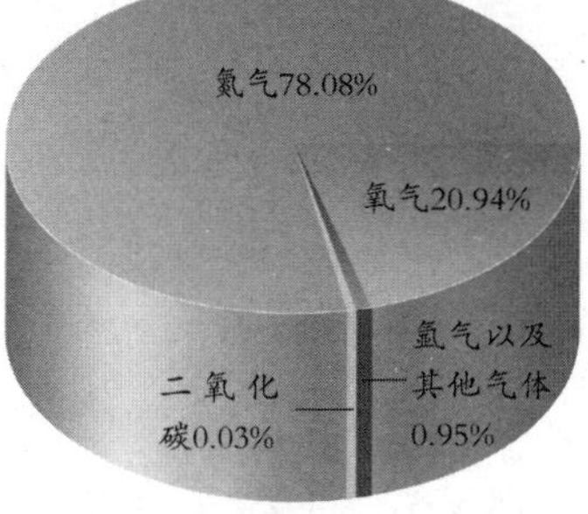

↗ 空气是一种混合气体，包裹在地球的周围。地球是太阳系中唯一一颗有空气存在的行星。

» **水的构成**

在自然界中，水是唯一一种固、液、气 3 种状态都存在的物质。水分子是由 2 个氢原子与 1 个氧原子结合在一起而形成的，每个氢原子因失去 1 个电子而带 1 个单位的正电荷，而每个氧原子则因得到 2 个电子而带 2 个单位的负电荷，两种带电离子之间互相吸引，紧紧地结合在一起形成水分子。

» **溶液**

水具有溶解其他物质形成溶液的特性。把物质放入液体中，如果物质只是漂浮或悬浮在液体中，或者沉入液体底部，并没有被溶解，那么这种混合物不是溶液。一种物质的原子、分子或离子高度分散到液体里形成的均匀、稳定的混合物才称为溶液。把咖啡加入水中时就会有溶解现象发生。被溶解的物质叫溶质，溶解物质的液体就叫溶剂。

■时　间

在钟表发明之前，人类是利用地球的运转规律（通过观看天空中的太阳、月亮和星星的运动情况）来计时的，现在则可以通过钟表表针的变化情况来确定时间。目前人们研制的原子钟是一种极精密的计时器，准确度极高。但是仍有一些科学家和哲学家认为原子钟不能与真实时间完全吻合。科学家们认为时间也是一维（如同长度和宽度一样），可以上下、前后、左右移动，因而把时间定义为除长度、宽度、高度三维空间外的第四维。

↗ 冰的密度比水稍小，因此冰山都是浮在水上的，而位于水面之上的冰山体积则取决于整个冰山的大小。

知识档案

* 生物体内都有一种无形的“时钟”，称为生物钟，它是由生物体内的时间结构顺序所决定的。

* 最小的时间单位是皮秒，1皮秒等于10^{-12}秒。

但是时间不会倒流：一根蜡烛不会越烧越长，人也不可能越活越年轻。

» 原子时间

正如吉他一样，原子和分子也会以一定的音调和频率振动。原子钟是利用原子固定周期的振荡或摆动来维持时间的精度的。这种特殊的钟，大都安置在特殊实验室里，通常是利用铯—133原子为材料。1967年，把1秒钟定义为“铯—133原子两个基态能级的转换所经过的9192631770个辐射周期”的时间。原子钟也用于设置国际标准时间，称为国际协调时间，又称世界标准时间，简称UTC，由美国标准技术研究院负责设置。

» 自然界的计时仪器

在有太阳光照射的时段，人们可以通过日晷的投影来确定时间，但是晚上或者没有太阳的状况下，由于没有标杆投影，日晷就无法工作了。古代人们发明了很多不依赖日光计时的方法。蜡烛可以稳定地燃烧，因此可以利用燃烧时蜡烛的长度来计算时间，即蜡烛计时法。水或者沙子可以很稳定地从一个容器流到另一个容器里面，这也可以作为测量时间的依据。17世纪时，伟大的意大利科学家伽利略发现一定长度的摆（在线或者杆的底端有一重物）在摆动时具有等时性。正是这个发现使得获得准确时间成为可能，把钟摆的一端与表针连在一起，钟表盘就可以显示时间了。

↗ 由于太阳是东升西落的，日晷标杆的投影随着太阳在空中的运转而变化，这样就可以了解时间了。

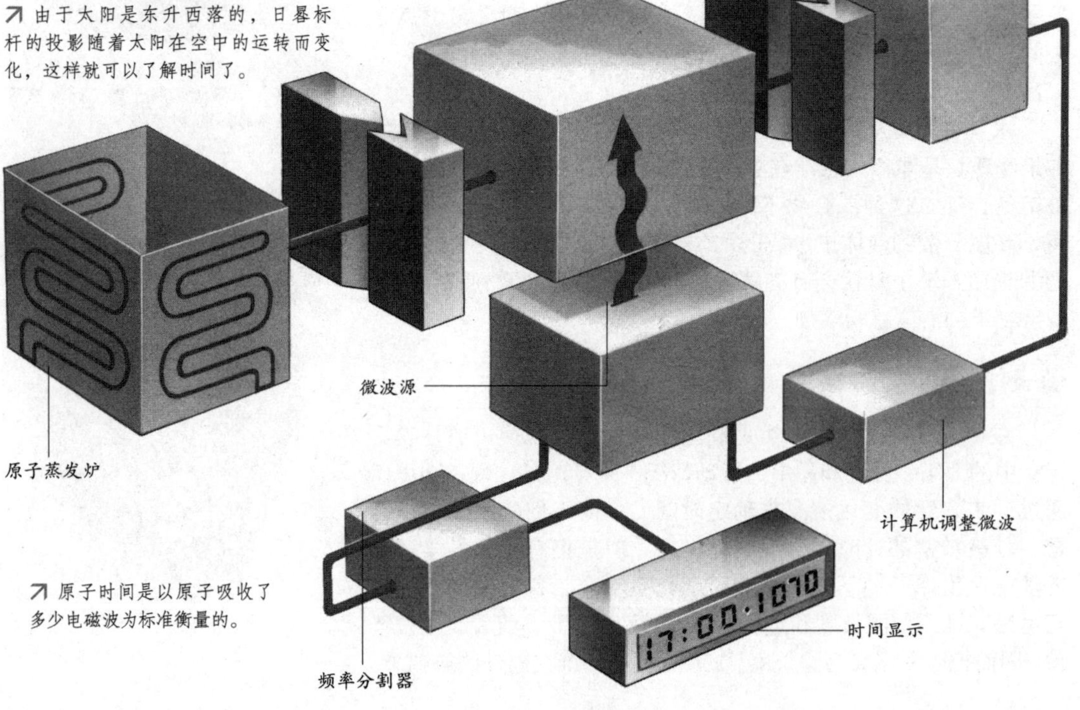

↗ 原子时间是以原子吸收了多少电磁波为标准衡量的。

自然的奥秘

■ 青藏高原从海底到世界屋脊的变迁

青藏高原被誉为“世界屋脊”，然而，你可能不知道，若干年前，青藏高原并不是现在这个样子，而是一片汪洋大海。

青藏高原不仅是世界上最高的高原，同时也是最年轻的高原，它的面积约为250万平方千米，平均高度超过4000米。青藏高原的走向是由南向北。西南部是巍峨的喜马拉雅山，中间是喀喇昆仑山－唐古拉山、冈底斯山－念青唐古拉山，北面是广阔的昆仑山、阿尔金山和祁连山。

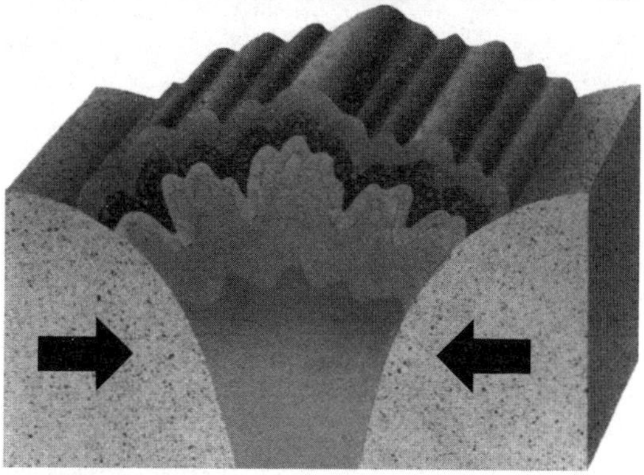

↗ **褶皱山形成示意图**

喜马拉雅山就是地壳上升形成的褶皱山。

这些高山大都覆盖着厚厚的冰雪，银练似的冰川点缀在群山之间，顺着山坡缓慢地移动。这些冰川正是大江、大河的“母亲”，著名的长江、黄河和印度河等，都发源于此。柴达木盆地是青藏高原地势较低的地方，但海拔也有二三千米。雅鲁藏布江谷地位于高原最低处，但谷地里的拉萨城比五岳之首的泰山还高一倍多。高原上景色优美，广阔的草原上点缀着无数蔚蓝色的湖泊，雪峰倒映在湖中，美丽迷人。岩石缝里喷出许多热气腾腾的喷泉，附近的雪峰、湖泊在喷泉的映衬下显得格外耀眼。

有意思的是，地质学家在青藏高原层层叠叠的砂岩和石灰岩层中发掘出大量恐龙化石、植物化石、三趾马化石，以及许多古海洋动植物的化石，如三叶虫、鹦鹉螺、笔石、珊瑚、菊石、海百合、

↗ **喜马拉雅山**

青藏高原是世界上最高、最年轻的高原，在数百万年前这里还是一片汪洋。经过板块挤压和抬升，才形成了今天的青藏高原。

↗ **青藏高原风光**

青藏高原上的冰川是长江、黄河等大江、大河的“母亲”。同时，青藏高原以美丽的风光成为中外游人向往的地方。

百孔虫、苔藓虫、海藻和海胆等。这些古代生物化石的出现，标志着早在 2.3 亿年前，青藏高原曾经是一片汪洋大海，它呈长条状，与太平洋、大西洋相通。后来，由于强烈的地壳运动，形成了古生代的褶皱山系。海洋随之消失了，产生了古祁连山、古昆仑山，而原来的柴达木古陆地相对下陷，成为大型的内陆湖盆地。经过 1.5 亿年漫长的中生代，长期风化剥蚀使这些高山逐渐变矮，而被侵蚀下来的大量泥沙，全部都沉积到湖盆内。

地壳运动在新生代以后再次活跃起来，那些古老山脉因此而重新变成高峻的大山。现今最高的山脉喜马拉雅山就是这样形成的。

难以想象，如今世界上最高的地方曾经被埋在深深的海底。科学家还发现，喜马拉雅山始终没有停止过上升。现在，喜马拉雅山的许多地方以平均每年 18.2 毫米的速度在上升。如果喜马拉雅山始终按照这个速度上升，那么 1 万年以后，它将比现在还要高 182 米。

■ 南极冰盖下的秘密

地球上最冷的地方非南极莫属，这里的平均气温为 –79℃。地球上有记录的最低温度就是在这里产生。俄罗斯科学考察队员曾测到一个令人吃惊的低温：–89.2℃！

如此低的气温是南极终年为冰雪所覆盖的主要原因。南极大陆总面积约为 1400 万平方千米，裸露山岩的地方还不到整个南极大陆的 7%，其余超过 93% 的地方全都覆盖厚厚的冰雪。从高空俯瞰，南极大陆是一个高原，它中部隆起，向四周逐渐倾斜，巨大而深厚的冰层就像一个银铸的大锅盖，将南极罩得严严实实。因此，南极大陆上的冰层又被人们形象地称为冰盖。南极冰盖最厚的地方甚至达到了 4800 米，平均厚度也有 2000 米。当南极处于冬季时，海洋中的海水全部都冻成了海冰，大陆冰盖与海冰连为一体，形成一个巨大的白色水源，面积超过了非洲大陆，达 3300 平方千米。

由于南极大陆的真面目被严严实实地掩藏在冰盖之下，人类想要了解它就更加困难了。但人类的探索欲望是非常强烈的，许多国家都投入了大量的人力和物力组织实施南极科考活动，并取得了一些具有重要科学意义的成果。

↗ 科学家正在取出从南极冰川中钻取的冰核。

经过考察，人们发现南极大陆蕴藏着很多宝贵的资源。如 1973 年，美国在罗斯海大陆架上发现了石油和天然气。据说南极石油储量十分惊人，仅南极大陆西半部分所蕴藏的石油就可能是目前世界年产量的 2 ~ 3 倍。此外，人们还陆续在这里发现了约 200 余种矿物，包括金、铜、铂、铅、镍、钼、锰等金属和钴、铀等放射性矿物。

科学家们认为，既然南极有如此丰富的资源，那么南极大陆在地球早期肯定不会是如此寒冷，那时的气候肯定非常温暖。对于此种推测，科学家们是这样解释的：在 1 亿年前，地球上存在着一块更大的陆地——冈瓦纳大陆，这块大陆包括现在的南极洲等许多地方。这里气候温暖，成片茂密的热带雨林随处可见。后来，海底扩张，大陆漂移，一部分大陆变成了今日的非洲、南美洲、大洋洲、塔斯马尼亚岛、印度次大陆和马达加斯加岛；而另一部分则继续向南漂移，成为现在的冰雪世界——南极大陆。

人们发现，在南极冰层中还隐藏着无数的秘密。各国的科学家们每次到南极考察都有不少的收获。他们曾在冰层里发现了来自宇宙的类似于宇宙尘埃的宇宙空间物质、实验原子弹时的人工反射性降落物、陨石以及各个时期人类留下的垃圾等。为了弄清楚这些物质的分布状态，人们对冰层的各部分进行垂直取样。通过分析，发现了许多极具研究价值的信息，为人类研究地球和宇宙的关系，以及近年来地球的污染程度提供了科学依据。此外，科学家们还可以通过分析冰层中所含的气体成分，了解地球古代和现代空气的成分及其变化等情况。

我们常常可以看到媒体对科学家赴南极考察的报道会用到这么一个词——“钻取冰核”。为什么要在南极冰原上钻取冰核呢？原来，各个“冰期”以及火山喷发、风雨变化都会在冰原中留下痕迹。科学家认为，如果能充分地了解这些信息，那么人类就可以预测以后的命运了。南极冰盖是

↗ 冰天雪地的南极

在低温环境下经过千百万年的日积月累形成的。因此，人们在这里可以发现大量的地球演变信息，这里就像是一个珍贵的地球档案馆，成为各国科学家向往的“天然研究室”。他们通过对从南极冰盖 2083 米深处取出的冰芯进行分析，得出了其中的氧同位素、二氧化碳、尘埃以及微量元素等信息，揭示了最近 16 万年中地球气候变化的情况。

更为神奇的是，科学家在冰层中居然找到了细菌的影踪。美国科学家宣布，他们在南极腹地很深的冰层下找到了细菌生存和繁衍的证据。这种类似于放线菌的菌种是在南极孚斯多克湖上面的冰层里被发现的，这里也是俄罗斯科考人员测量到地球上最低气温的地方。科学家认为，这种细菌通常生活在土壤里，可能是随着小块土壤被风刮到湖泊里并被埋在了那里，或者它们原本就长在湖里，后来被冰冻结在那里，永远也出不来了。据介绍，这些细菌可能已在湖里呆了 50 万年以上了。

冰雪的覆盖给人类了解南极造成了很大的困难，那么，如果冰减少或消失是否就会改变这种情况呢？如果真的发生了这种情况，那对人类来说将是一场巨大灾难。根据科学家的计算，如果南极冰盖完全融化，那么海平面将平均升高 50 ~ 60 米。如此一来，地球上许多沿海的低海拔地区将会成为一片泽国。

近年来，地球变暖的问题引起了人们的关注。人们对此进行了各方面的探讨，南极——地球的冰库自然也在人们的考虑范围之内。人们担心南极冰层是否会因大气变暖而融化消失。科学研究表明，现在南极大陆与 2 万年前的冰川活动极大期相比，西部的冰层减少了约 2/3，全球海平面因此升高了 11 米；而在南极大陆的东部冰层厚度则没有多大变化，既没增多，也没减少。

尽管导致冰层减少的因素很多，但有一个重要因素几乎已经为全世界所公认，那就是全球变暖。在整个 20 世纪，地球的平均气温上升了 0.6℃ ~ 1.2℃。南极大部分地区的温度升高得更快，变

南极洲在夏季时，温度最高也只有3℃，海水结满了冰。

−25℃时，钢结晶，变得脆而易碎。

当处于−40℃下的温度时，在南极洲的人们都不得不穿上裘皮大衣来御寒，因为这样的温度下，合成橡胶变得很脆，裸露的身体会很快被冻僵。

−89.2℃是1983年7月21日俄罗斯在南极的沃斯托克科学考察站记录到的最低温度。

↗ 南极洲温度

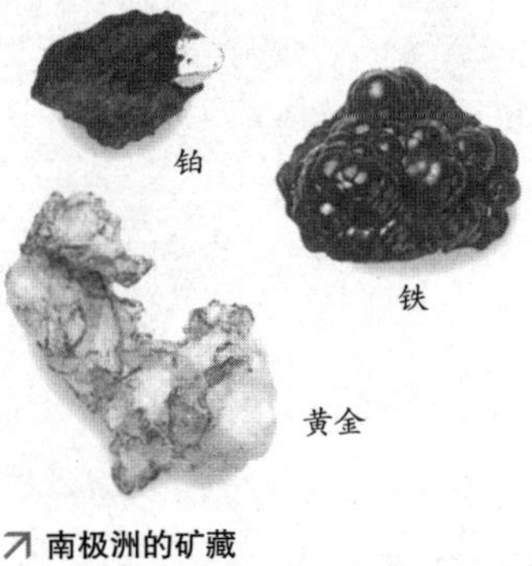

↗ 南极洲的矿藏

南极洲矿产资源异常丰富，有黄金、铜、铀和镍等。不过，开采它们比较困难，而且会对极地环境造成较大的损害。

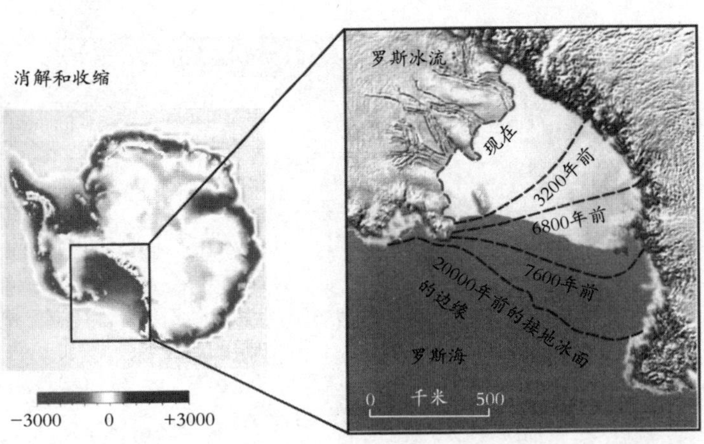

↗ 南极冰原图

自从最后一纪冰川期以来的冰原厚度变化（左上图），致使大约530万立方千米的冰块消失（图中红色），其中很大一部分来自西南极洲。在罗斯海区域，冰原抵达海底的接地边缘收缩得尤其迅速（详见右上图），它在过去7000年间向内陆撤退了700千米。

↗ 南极冰山形成示意图

南极大陆的冰原，大体呈一盾形，中部高四周低。在重力作用下，每年有大量的冰滑入海中，在周围的海面上集结成广阔的陆缘冰。这些冰山随风和洋流向北漂移，在寒冷的季节甚至可漂到南纬40° 附近。

暖情况更为严重。其中，温度升高最快的是与南美洲毗邻的南极半岛。这片向南美洲方向延伸、长度超过 1500 千米的狭长陆地，气温竟然上升了约 10℃，是地球平均水平的 10 倍！南极变暖的情况在过去的 50 年里尤为严重，南极半岛上至少有 7 个大冰架已消失了，其中包括一个存在了 2000 多年的冰架。对此，一些科学家发出了严正警告：南极洲一些地区的冰层正在飞快地消失，人类从事的过度的工业活动违背了自然规律，导致地球气候变暖的情况越来越严重，这样下去后果将不堪设想。

目前，全世界的海平面每年都以 2 毫米的速度上升，各国科学家纷纷对此进行了研究。美国哥伦比亚大学拉蒙特多然蒂地球观测站的斯坦·雅各布认为，导致海平面上升的一个重要原因就是南极冰层的融化。如果真像这些科学家所推断的那样，气候变暖造成了海平面的大幅度上升，那么，南极西部冰原终将受此影响而坍塌。

美国地球物理学家罗伯特·宾德斯查德勒多年来一直在研究冰川。据他猜测，南极西部冰原数千年来一直处于坍塌的过程中。同时他还承认，南极西部冰原的坍塌并非杂乱无章，而是呈有序性；并且他还预测，西部冰原会在一千年后完全坍塌。

冰原坍塌的过程早已开始的观点也得到很多研究人员的认同。美国科罗拉多州博尔德国家冰雪研究中心的研究人员泰勒·斯坎姆分析了卫星图像后说："我看到一个冰原正在坍塌。"不过，他认为造成冰原坍塌的还有许多未知因素，各种变化只有经历数千年的时间才会显现出来。以上各种论断孰是孰非，目前科学界尚无权威定论。

在研究了过去 150 年的气候之后，科学家说："气候是头愤怒的野兽，我们正在惹它发火。"这绝对不是危言耸听。虽然探索冰层下的秘密很重要，但是，假如南极冰层真的因大气变暖而完全融化，那么全球海平面至少要上升 50 米，世界将会变成一片汪洋，从而淹没地球上的绝大部分耕地，后果真是不堪设想。因此，人类不仅要开发南极，更要致力于保护南极。

■ 飓风为什么能影响大片区域？

每年的 6 月 1 日 ~ 11 月 30 日（飓风季节），飓风都会威胁着美国的东部和沿海地区、墨西哥、中美洲以及加勒比海地区。飓风也被称为台风或热带气旋，飓风登陆时掀起的巨大海浪会给人类带来毁灭性灾害。当飓风袭击人口稠密的地区时，会使成千上万的人丧命，同时会造成数十亿美元的财产损失。

知识档案

飓风造成的危害程度取决于以下几个因素：

◆飓风的等级。

◆风暴前方直接冲击海岸还是只是掠过海岸。

◆席卷某一特定区域的是飓风的右侧还是左侧。

事实证明，由于飓风右侧的风速和飓风运行速度彼此增强，因此飓风右侧的冲击力更强。而在飓风左侧，飓风的运行速度与风速相互削弱。

美国国家飓风中心将“飓风”定义为：“出现在大西洋上的热带气旋”。热带气旋是在热带生成的低气压系统的通称。

» 飓风的产生

飓风产生于热带地区，那里有温暖的海水（水温至少为27℃）、潮湿的空气和汇聚在一起的赤道风。大多数大西洋飓风都源自非洲西海岸，最初表现为在温暖的热带洋面上运动的雷暴。雷暴转化为飓风要经历3个阶段：

◇热带低气压：涡流云团和密集的雨团，风速低于62千米/小时。

◇热带风暴：风速为63～118千米/小时。

◇飓风：风速大于119千米/小时。

雷暴转化为飓风需要几个小时到几天的时间。尽管我们还没有完全掌握飓风形成的整个过程，但要形成飓风，必须具备3个必要的因素：

◇温暖而潮湿的海洋空气不断进行蒸发—冷凝的循环。

◇风的模式表现为海洋表面的辐合风和高空上强劲的、匀速运动的风。

◇海洋表面和高空之间存在的气压差。

温暖、潮湿的海洋空气

海洋表面温暖、潮湿的空气开始快速升高。随着暖空气的升高，水蒸气凝结形成暴风云和雨滴。凝结过程中释放的热量被称为“凝结潜热”，这种潜热使上层的冷空气变热升高。不断升高的空气被来自下方洋面的更加温暖、潮湿的空气所代替。这一过程不断循环往复，更多温暖、潮湿的空气汇集在一起形成暴风雨，同时热量不断地从海洋表面传递到大气中。风绕着一个中心循环流动，就形成风向。风的这种循环流动与水顺着下水道流出的情况很相似。

风的模式

辐合风是指朝不同方向运动的风彼此汇聚在一起。在地表上辐合风互相碰撞，推动温暖而潮湿的空气向上运动。这股向上运动的空气与先前已经由地表向上运动的空气交汇，加快了风暴的循环和风速。同时，在高空匀速运动的劲风会吹散从风暴中心向上运动的热空气，同时使来自地表的暖空气不断升高，这样风暴就会不断加强。如果高空的风因所处高度不同而运行速度有所不同，也就是说如果存在风切变，风暴的威力就会减弱。

压力梯度

同时，位于风暴中心上空的高压空气（9千米的高空）会带走不断上升的空气中包含的热量，进一步推动空气流动，加快飓风的形成。由于高压空气被卷入风暴的低压中心，风速增强了。

» 飓风

飓风形成时，包括3个主要的组成部分：

◇风眼：飓风循环流动时平静的低压中心。

◇风眼墙：风眼周边区域，风速最快、风

萨菲尔—辛普森飓风等级法

飓风形成后，要根据萨菲尔－辛普森飓风等级法对其进行等级测定。这套测评体系分为5个等级。

⋆1级飓风：风速为120～154千米/小时，风暴潮比正常值高1.2～1.5米,某些地区出现洪灾。几乎或很少出现结构性损害。

⋆2级飓风：风速为155～179千米/小时，风暴潮比正常值高1.8～2.4米，树木被拔起。屋顶遭到中等程度的破坏。

⋆3级飓风：风速为180～209千米/小时，风暴潮比正常值高2.7～3.6米，洪灾严重。房屋遭到结构性破坏，移动房屋倒塌。

⋆4级飓风：风速为210～249千米/小时，风暴潮比正常值高4～5.5米，内陆地区洪灾严重。一些屋顶被掀翻，出现严重的结构性损坏。

⋆5级飓风：风速超过250千米/小时，风暴潮比正常值至少高5.5米，内陆更多地区洪灾严重。大多数木质建筑物损毁严重。

力最强劲。

◇雨带：从风眼向外循环运动的雷暴带。雨带是促使风暴形成的蒸发—冷凝循环过程的组成部分。

飓风的规模各不相同。有些风暴非常密实，在风暴后面只拖有少数的几个风带和雨带。另一些风暴则较为松散，风带和雨带可以绵延数百甚至数千千米。1999 年 9 月，“弗洛伊德”飓风袭卷美国东部，从加勒比海岛到新英格兰都可以感觉到飓风的威力。

↗ 飓风的卫星图像

飓风所带来的危害是由飓风所特有的几个属性决定的。伴随飓风而来的是大量的降雨。在一场大型飓风中，仅在一两天的时间内，降雨就可以达到几十厘米，大部分雨水集中在内陆地区。降雨可以造成内陆地区洪灾泛滥，可以淹没位于飓风中心附近的大片区域。

↗ 飓风造成的破坏

高空持续的风会带来结构性的破坏。这些风可以掀翻汽车，把树连根拔起，侵蚀海滩（通过把沙和海浪吹进海滩的方式）。在飓风强大风力的推动下，在飓风前部会形成被称为“风暴潮”的海水墙。如果风暴潮刚好与一次大型涨潮同时发生，就会造成海滩的侵蚀并导致内陆地区出现洪灾。同时，飓风还会引发龙卷风。相对飓风而言，龙卷风规模较小，但风力更为强劲，会导致更严重的灾害发生。

当风、雨和洪灾并发时，一座海滨城市可能会被夷为平地，同时也会导致远离海岸的城市损失巨大。1996 年，“佛兰”飓风横扫内陆地区 240 千米，席卷了北卡罗来纳州的罗利市。几万所房屋遭到损坏或倒塌，一些地区断电数周。据估计，损失总计达到数十亿美元。

■ 龙卷风拥有巨大破坏力的原因是什么？

龙卷风是大自然令人震惊的事件。亲眼目睹一场龙卷风后，你可能会吓得目瞪口呆。很难想象，一个以 320 千米 / 小时的速度旋转滚动的、巨大的、似野兽般的风暴似乎拥有一个属于自己的大脑。如果你曾经亲历一场龙卷风，你就会相信这一点。在某些区域，龙卷风出现得异常频繁。此时你就会理解，为什么我们总是可以在报纸上读到关于龙卷风的报道了。

> **龙卷风的等级**
>
> 龙卷风是根据藤田分级体系来进行等级划分的，这是由这一等级体系的创始人来命名的。根据造成损害的程度，这一体系分为6个等级，每一等级的最大风速如下：
>
> F0：115千米/小时。
> F1：180千米/小时。
> F2：250千米/小时。
> F3：330千米/小时。
> F4：420千米/小时。
> F5：510千米/小时。

» 龙卷风和浴缸

如果你曾经留意过水顺着浴缸、水池或抽水马桶流下时形成的旋涡，你就会对龙卷风的形成原理有所理解。下水道的旋涡也叫涡流，是由下水道在水体上制造的向下的气流形成的。顺着下水道流下的水使整个水面产生旋转，正是这种旋转加速了涡流的形成。

为什么水面会产生旋转呢？这个问题可以有很多解释，不过我们可以按照下面的思路来考虑。假设你是一个水分子，在下水道产生的吸力作用下，你被向前拖动。你朝着吸力点的方向加速运动。但是，由于你先前具有的动能，其他分子也会朝着吸力点的方向运动。这样，当你到达吸力点时，你就会处于它的某一侧。这种位置上的偏移使你旋

↗ 龙卷风造成的破坏

↗ 龙卷风

转着流入吸力点。一旦在某一方向形成旋转后，就会对后来到达的其他分子产生影响。作用强大的旋转力就此形成。最终，当旋转力足够大时，就会形成涡流。

我们经常可以在浴缸或水池中看到涡流，这表明涡流是一种相当普遍的现象。对龙卷风而言，也是同样的原理，只是由空气取代了水。

» 龙卷风和雷暴

龙卷风并没有使整个过程开始的“下水道”，但它有雷暴云。典型的雷暴云可以聚集巨大的能量。当条件具备时，这种能量可以使空气向上进入云层中。在超级雷暴（大且持续时间长的雷暴）中，这股向上的吸力尤为强劲。如果吸力足够强劲，空气就会形成涡流，正如水在水池中形成的涡流一样。雷暴云下方形成的空气涡流就是龙卷风。

龙卷风从雷暴云中蜿蜒而出，犹如一条巨大且上下翻转的空气带。通常，龙卷风的风速可达 320 ~ 480 千米 / 小时。当涡流触及地面时，旋转运动的风（还有向上的吸力与向下的压力之间的相互作用）产生的巨大风速会造成不可估量的损失。

龙卷风的运行轨迹与积雨云的轨迹相同，但也经常出现飘移。当涡流被扰乱时，就会出现飘移（可能是由空气的流动造成的）。你可能注意到，要扰乱浴缸里的涡流轻而易举，但涡流总会恢复正常。龙卷风的涡流也可能被扰乱而出现中断，它也会沿着运动轨迹重新恢复。

龙卷风是大自然令人吃惊的力量。许多行业的人们都在穷尽毕生精力研究龙卷风。气象学家、其他科学家以及“追风者”们通过辛勤的劳动，帮助我们更好地理解了龙卷风的形成原理。

■ 为什么会暴发洪水？

水是地球上最有用的物质之一，可供人饮用、洗浴、清洁以及烹调食物。大多数情况下，水对人类有益或者说是友善的。但是，如果水量足够大，那么它也可能会掀翻汽车、摧毁房屋、夺去很多人的生命。据称，在过去的几百年间，洪水就已经夺去了数以百万计的生命，比其他任何天气现象都要多。

地球上的水循环运动，不断变换形态。当阳光照射在海洋上，液态水蒸发，在空气中形成水蒸气。在阳光的照射下，含有水蒸气的空气变热升空，被风海流带走。当水蒸气向上升腾时会再次冷却，形成液态的水珠（或冰晶），这些水珠或冰晶又会形成云。云层冷却后，更多的水会冷凝形成水珠，这些水珠穿过空气以降水的方式落下。一部分降水被收集在地下水库中，但大部分汇入河流，最终流入大海。这样，水就回到了起点。

由于风海流相当稳定，因此，一些特定区域每年的气候状况大致相同。但就每一天的情况而言，众多的天气因素以无限多的方式组合在一起，就会形成各种各样的天气。

» 洪水的成因

有时，天气形势的变化导致某一区域在较短时间内出现大量降雨。由于排水沟是在长期实践中逐渐形成的，因此，某一地区排水沟的

尼罗河的季节性洪水

提到季节性洪水，最出名的例子莫过于埃及尼罗河每年的河道扩张。过去每到夏天，在尼罗河源头下起的季风雨会使河道适当地扩张。此时，洪水不是一种灾难而是上天赐予的厚礼。在河道扩张时，肥沃的泥沙会留在两侧的河岸；当河水再次变得平静时，河岸两侧的土地就会变成富饶的良田。现在，尼罗河上游的堤坝将河水拦截，通过堤坝收集起来的夏天的雨水可供全年使用。这样，耕作季节得以延长，埃及的农场就可以全年耕作了。

大小与该地区常规降雨量保持一致。当降雨量较平时猛增时，普通的排水沟会出现溢水，蔓延至周围区域。这就是我们通常所说的洪水：在某一区域内出现的超常规的水流现象。

洪水通常是由连续降雨所导致的巨大降雨量引发的。一些地区由于常年出现的季节性暴雨（如季节性洪水），每年都会暴发洪水。另一种常见的洪水类型是由特定风海流引发的特殊潮汐运动。同时，当人工堤坝被冲垮时，释放出大量的水，也会引发洪灾。

人们修筑堤坝来调节河水流量，使其更好地适应人类的需求。也就是说，通过堤坝的拦截，一部分河水可以储存在大型水库中。这样，人类无须借助自然之力，就可以随时增加或减少河水的流量。工程师们在修建堤坝时，都会使其有能力拦截可能增加的水量。不过，有时水量的增加会超过工程师们预计的水量，堤坝就会出现坍塌。

↗ 遭洪水围困的城市

洪水带来的灾害

1966年，一场大暴雨使流经号称世界艺术之都之一的意大利佛罗伦萨的阿尔诺河泛滥成灾。佛罗伦萨城到处都是水、泥浆和泥渣。这次洪灾不仅造成了人员丧生和建筑物损毁，还对该城的艺术藏品造成了巨大的破坏。人们在地下室和一楼的房间里存放的所有物品几乎都被泥浆和泥渣所覆盖。通过多年的不懈努力，科学家和艺术历史学家们才将大部分被损坏的艺术品恢复到完好的状态。

» 河流和洪水

对我们而言，河流似乎是一道稳定的、不会发生位移的风景线。而事实上，河流是一个活跃的动态实体。随着时间的推移，河道可能会变大，水路会发生巨大变化，甚至流向也会发生改变。因此，河岸周边的区域极易受到洪水的威胁。

不过，河流也往往是文明的天然发祥地。与其他事物不同，河流为我们提供了稳定的水源、肥沃的土壤以及便捷的运输条件。有时，河道一旦发生变更，受灾区的人们就会立刻意识到自己生活的地区原来是如此的不稳定。如果这些区域修建了大规模的建筑群，那么洪水所带来的灾害将是毁灭性的。

» 洪灾的破坏性

发生洪灾时，60 厘米深的洪水就足以卷走一辆汽车，15 厘米深的洪水就可以把人掀倒。人们可能会惊讶地发现，洪水竟蕴含着如此巨大的冲击力。毕竟当我们在平静的海面上游泳时，根本就不会出现这种被掀翻的情况。

由于洪水会不断向前移动，因此更为危险。洪灾暴发时，一个地区可能聚集了大量的水，而另一个地区则几乎没有积水。水的自重很大，因此水会迅速移动以便保持水面平稳。某一地区水量的分布越不均匀，水运动时产生的威力就越大。有时，水看起来并不深，因此人

↖ 水从洋面蒸发，成为水蒸气。水蒸气不断升高冷却，最后以降水的形式落到地上。

↗ 洪水围困下的灾民

们以为并不危险，但直到发现危险时，就为时已晚了。在洪灾中丧生的人中，近一半是由于想要在汹涌的水流中试图驾车而死亡的。

另一种破坏性较小的灾害是湿气和泥浆。如果水位达到足够的高度，大量的水会渗入房屋，把屋中所有的物品全部浸湿。在水体运动时，会卷起大量的垃圾。在洪水中漂浮的人和物都像掉入了一口巨大的汤锅。当洪水退去后，水位下降，一切恢复干燥，但泥浆和残渣会滞留下来。

另一种洪水带来的灾害是疾病的传播。成群的蚊子在洪水中产卵并传播疾病。而且，当洪水流过某一区域时，会卷起各种各样的化学物质和垃圾，这些都会造成环境污染。因此，如果你身在洪灾区，你只可以饮用瓶装水或煮沸的水，同时要关注其他关于卫生的各项提示，这些都非常重要。

» 城市与内涝

洪灾的严重性不仅取决于洪水汇集的多少，还取决于洪水流经的土地自身抵御洪水的能力。下雨时，土壤就像一块海绵。当土地处于饱和状态时，也就是说当土壤吸足水分时，无法吸收的多余水分就会作为径流从土地上流过。

一些物质比另一些更容易达到饱和状态。森林中部的土壤像一块优质的海绵，岩石的吸水性较差，而硬质黏土则介于森林土壤与岩石之间。总体来说，耕作过的田地的吸水性不如未耕作过的土地。也正因为如此，耕地比未耕作的土地更容易受到洪水的威胁。

随着文明的发展，人类以多种方式改变着大自然的版图。重大变化之一就是用沥青和混凝土来铺路。很明显，这两种物质并非最佳的吸水物质：在沥青和混凝土路面上汇集的所有雨水几乎都成为了径流。在排水系统不完备的工业区，可能无须太多的降雨就会引发洪灾。

» 泄洪渠和防洪堤

为了解决混凝土和沥青带来的问题，一些城市如洛杉矶，建造了混凝土泄洪渠来把径流排出城市之外。当然，在那些没有泄洪渠的地方，还有可能会暴发洪水。事实上，在我们用混凝土和沥青铺路的时候，就会部分地铲除地面天然的吸水层。这就意味着，剩余的吸水层要处理更多的水。

防洪堤，即建在河边用来防洪的高墙，也会出现类似的问题。防洪堤延长了河流天然的堤坝，这样就可以拦截更多的水。这些防洪堤可能能有效地防止水流入某一地区，但对于下游那些没有建防洪堤的地区，它们可能会使问题变得更为严重，受灾地区的洪水可能会向上游漫延。与堤坝一样，防洪堤也存在着倒塌的危险。一旦防洪堤被冲垮，大量的水就会在短时间内涌出。这种情况可能会引发最严重的洪灾。

我们永远也不可能阻止洪水的发生。由于大气中复杂的天气状况，洪水无法避免。不过，通过建设洪水控制体系，如泄洪渠和防洪堤，我们可以努力把洪灾造成的损害降到最低。也许，避免洪灾的最好办法是彻底搬出洪水多发区，远离洪水。

暴洪

暴洪是危害性最大的一种洪水。大量的水突然汇聚在一起，就会引发暴洪。由于一个地区聚集了大量的水，暴洪的冲击力往往很强，洪水会把人、汽车甚至房子统统卷走。

1976年，美国历史上最大规模的暴洪发生在科罗拉多州的大汤普森峡谷。在不到5个小时的时间里，这一地区暴风雨带来的降雨就超过了该区域全年常规降雨量的总和。大汤普森河平时只是一条很浅的、缓慢运动的河流，瞬间变成了无法阻止的滚滚洪流，以88万升/秒的流量把大量的水带入峡谷。当时，上万名露营者聚集在峡谷里庆祝科罗拉多州成立100周年。洪水暴发得如此迅猛，人们根本没时间来发布警报。在这次洪灾中，共有139人丧生。

■ 闪电的形成与云层有什么关系?

闪电是大自然最壮观的风景之一，也是我们熟知的、最具杀伤性的自然现象之一。闪电电光的温度高于太阳表面温度，它的冲击波遍及各个方向。

令人称奇的是，一道闪电竟会产生1亿~10亿伏的电量。美国国家气象局提供的数据表明，一道典型的闪电所产生的电量足够一只100瓦的灯泡亮3个月。闪电向人类展现了它的威力和壮观，同时也给我们留下了一个令人惊讶的科学谜团：闪电究竟是如何形成的?

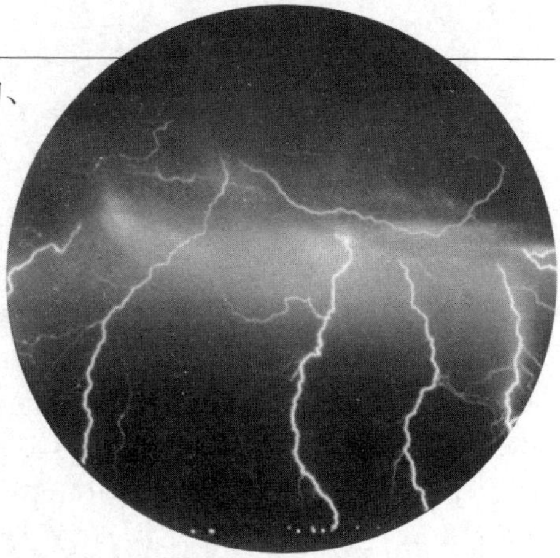

↗ 闪电

» 壮观的谜题

在雷暴中，暴风云都带电，它们就像天空中巨大的电容器。电容器是由两块导电的平板组成的电器，两块平板中间为绝缘间隙。当电压被加在平板上时，能量就被储存在相应的电场中。

对于类似电容器的云层而言，云层的上方是正极，下方是负极。至今我们仍然不确定云层是如何带电的，下面让我们来看一种可能的解释。

作为水循环运动的组成部分，湿气在大气中聚集，形成我们所看到的云。云层里包含了几万亿颗水珠以及悬浮在空气中的冰晶。在不断的蒸发和冷凝过程中，这些水珠与上升过程中进行冷凝的湿气发生摩擦。同时，不断上升的湿气也可能与正在落向地面或处于云层下方的冰或雨夹雪发生摩擦。摩擦的结果是，电子从不断升高的湿气中分离出来，产生了电荷的分离。

引爆空气

有电流的地方就会产生热量。闪电中蕴含了大量的电流，因此闪电中也蕴含了巨大的热量。事实上，闪电电光的温度比太阳表面温度都要高。

这种热量就是我们平常所看到的灿烂的蓝白闪电形成的真正原因。当电流流动时，先导与闪流相遇，闪电周围的空气就会变得特别热，这种热量使空气迅速膨胀并发生爆炸。紧随爆炸之后就会出现我们所说的雷声。

新分离出来的电子汇集在云层的下方，使其带上负电荷。不断升高的湿气失去了电子，为上方的云层带来正电荷。

除了摩擦之外，冷冻也起到了重要作用。当上升的湿气与云层上方较冷的部分相遇时，湿气开始凝固。冷冻凝结的那部分湿气就带上负电荷，未凝结的水珠带上正电荷。此时，上升的气流把带有正电荷的水珠带到了云层的顶端。其余已凝结的部分可能会落入云层下方或继续落至地面。

了解了摩擦和冷冻的作用过程，我们就可以理解云层是如何获得闪电所需要的正负电荷了。

» 电场

当云层中的电荷相互分离时，会出现与电荷对应的电场。与云层中的电荷分离类似，电场也是下方带有负电荷，上方带有正电荷。

电场强度与云层中聚集的电荷数直接相关。随着摩擦和冷冻过程的持续发生，云层顶部和底部的电荷不断增加，电场的强度也随之增大。电场强度如此之大，使得在云层下方强大的负电荷作用下，位于地表的电子被迫进入更深的土壤中。这一电子斥入过程使地表获得了强大的正电荷。

现在还需要一条连接带负电的下方云层与带正电的地表之间的导电通道。强大的电场提供了这条通道。

» 紧随“先导”

强大的电场使云层周围的空气“分解”，气流开始流动，试图中和分离的电荷。空气的分解产生了一条导电通道，就像在云层与地面之间竖起了一根长长的金属棒。

多次闪击

你坐在车里，观察闪击所发出的闪光。你可以注意到，在主闪击发生的同时，还有许多其他的分支在闪光。接着，你会看到主闪击忽明忽暗，交替几次。你看到的那些分支其实是与击中目标的先导连接在一起的梯级先导。

当第一次闪击发生时，电流试图中和电荷分离。其他梯级先导形成的电流必须流向地面。梯级先导中的电子可以自由运动，通过先导流向闪击的通道。这样，当闪击发生时，这些梯级先导形成电流，并释放与实际闪击通道一样的热量流。第一次闪击发生后，紧接着会发生一系列的闪击。这些闪击与主闪击的轨迹相同，其他梯级先导不参加这次放电。在主闪击后，很有可能伴随着30～40次的次闪击。

当电场强度变得很大时，就具备了适合空气分解的条件。在电场的作用下，电场周围的空气分解为带正电的离子和电子。换句话说就是空气被离子化了。要记住，离子化并不意味着负电荷（电子）或正电荷（正离子）的数量要比离子化之前多。离子化只能表明电子和正离子与它们先前在分子或原子结构中时相比，彼此的距离更远。也可以说，电子从未离子化的空气的分子结构中被分离了出来。

这一分离或剥离非常重要，因为与分离前相比，电子的运动变得更加容易。因此，离子化的空气，也叫“等离子体”，比未离子化的空气导电性更强。大自然正是运用等离子体来中和电场里的电荷分离。我们可以这样想，离子化的过程就是在空气中开辟出一条供闪电运行的通道，就像在山中挖掘一条隧道来使火车通过一样。

这条通道并不是瞬间形成的。事实上，云层为等离子体铺设了多条通道。这些通道通常被称为“梯级先导”。

↘ 电场示意图

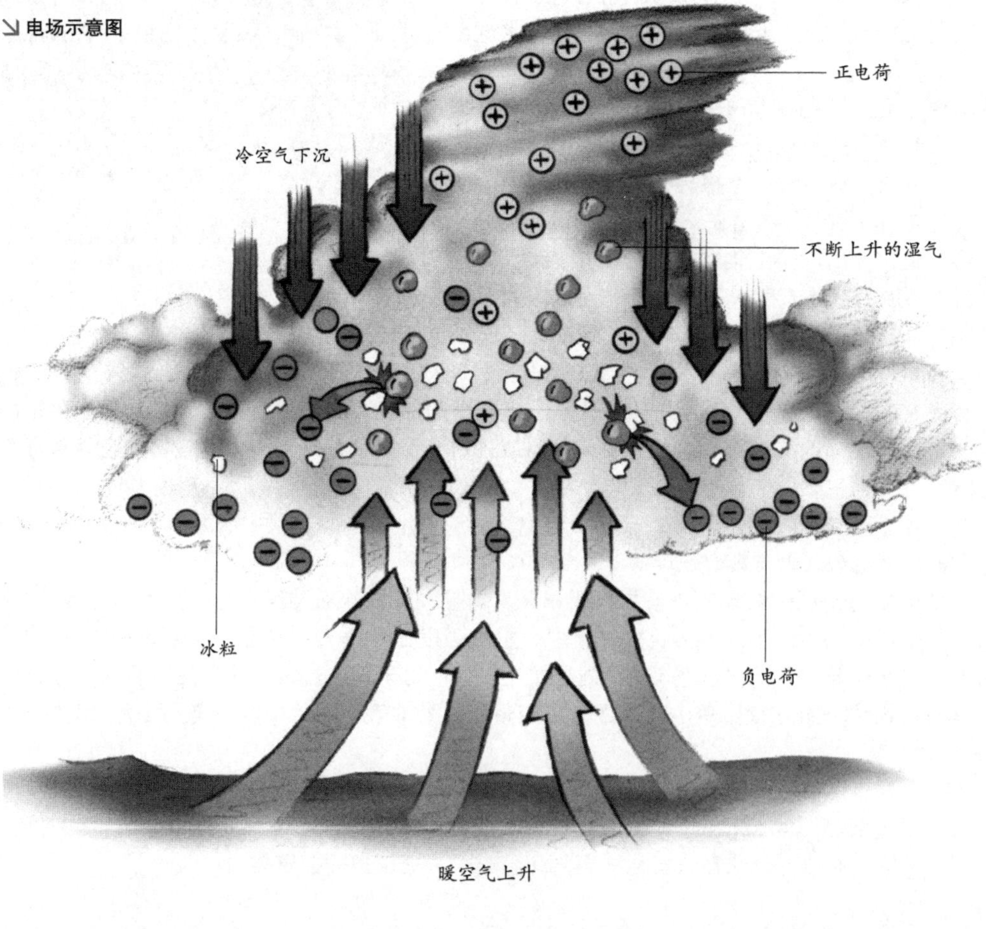

这些梯级先导分几批到达地面。各个方向空气离子化的程度不尽相同。空气中的任何物质如尘土或杂质，可能会加速空气在某一方向上的分解，在这个方向上的梯级先导也有机会更快地到达地面。

在初始先导发生弯曲或转向的区域，梯级先导可能会生成其他先导。这一过程一旦开始，不管这一先导是否首先抵达地面，它都会保持原位不动，直到电流开始流动。这一先导可能会在生成等离子体的过程中继续增强，或在目前的等离子体中耐心等候，直到另一个先导击中目标。

首先到达地面的先导为云层与地面铺设了导电的通道。先导并不是闪电的闪击，它只是勾画出闪击即将运行的轨迹。闪击是从云层到地面突然而巨大的电流释放。

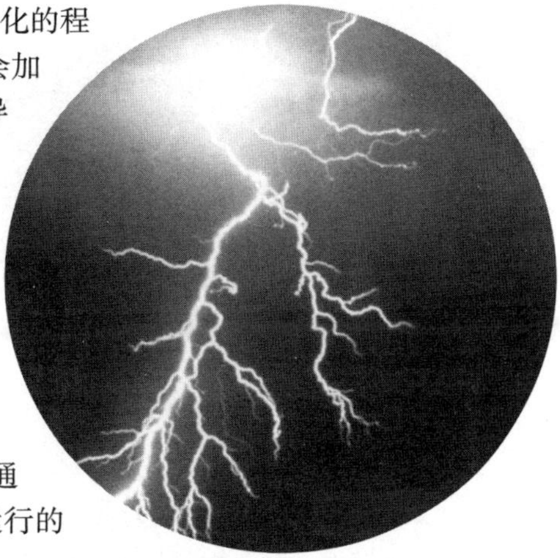

↗ 梯级先导与闪电

» 接近天空

当梯级先导接近地面时，地表的物体开始对强大的电场作出回应。这些物体通过不断加强的正闪流接近云层。地表的任何物体都具有发送闪流的潜能，甚至是人类。闪流一旦生成，就不再向云层靠近；当梯级先导向下运动时，连接空隙才是它们的职责。这些闪流会耐心等待，当梯级先导靠近地面时，它们就会向上伸展。

梯级先导与闪流相遇后，等离子体就完成了它通往地面的旅行，在云层与地面之间架设了一条导电通道。通道架设完毕后，地面与云层之间就会产生电流运动。大自然是通过电流放电的方式来试图中和电荷分离的。放电发生时，我们所看到的闪光并不是闪击，它只是闪击所产生的地方效应。

现在，你明白闪电闪击的方式了吧。令人惊叹的是，从离子化到闪击发生的全部活动竟然都是在不到 1 秒的时间内完成的。高速相机可以把正闪流拍到胶卷上。

■ 地球板块运动是怎样引发地震的?

地震是最可怕的自然现象之一。我们通常认为脚下的土地坚如磐石、稳如泰山，一场地震会完全改变我们的这种看法。

地震就是从地表深入地壳的剧烈震动。许多因素都会引发地震，如火山喷发、流星的影响以及地下核试验。实际上，一辆碾过路面的大卡车也会引发一场微型地震。不过，我们通常所说的地震是指影响了一个较大区域比如一座城市的事件。

大多数的天然地震是由板块构造引起的，板块构造是指构成地表层的巨大板块的运动。假设这些板块是结构密实的饼干块，它们漂浮在一碗汤中。当它们向周围运动时，可能会彼此碰撞，也可能会相背运动或相互挤压。

无论这些板块在何地相遇，总会出现断层：每一侧岩石块的运动方向不同，地壳就会出现断裂。大的断层往往发生在不同板块的交界处。断层可以分为 4 种类型：

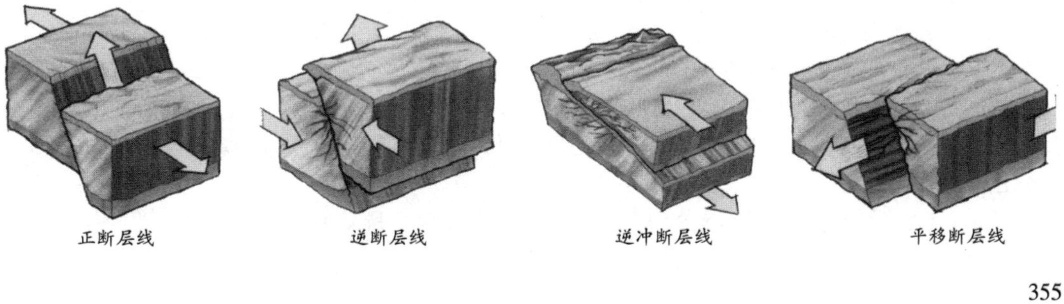

正断层线　逆断层线　逆冲断层线　平移断层线

↗ 地震波向四面八方传播，达到一定程度时，就引起地面震动，称为地震。

◇在离散板块边界，两个板块相背运动，形成正断层。

◇在聚敛板块边界，相邻板块相向运动，形成逆断层或逆冲断层。

◇在转换板块边界，板块之间做相对的水平滑动，形成平移断层。

板块运动所产生的力使板块内部沿着边缘的地方也会出现小的断层。如果你将一块塑料板弯折，会出现同样的情况：作用在塑料板上的作用力会使塑料板沿着弯折边缘折断。

» 发生断裂

在这 4 种断层中，不同的岩石块彼此紧紧挤压在一起，当它们移动时就会产生巨大的摩擦力。如果摩擦力足够大，两个岩石块就会紧紧挨在一起——摩擦力防止了这两块岩石间出现水平滑动。一旦出现滑动，板块的作用力会继续挤压岩石，作用在断层上的压力就会随之增大。

当压力增大到一定程度，压力就会抵消摩擦力的作用，岩石块就会突然向前断裂。换句话说就是，当地壳构造产生的作用力推动或拉动紧挨在一起的岩石块时，就会产生势能。当板块发生移动时，势能就会转化为动能。在一些板块发生位移时，我们会看到地表因位移而产生的变化；而另一些位移发生在地表下的岩石中，地表并不会出现断裂。

初次断裂形成的断层和因突然且剧烈的位移形成的断层，就是地震发生的主要原因。大多数地震发生在板块交界地区，原因在于该区域内板块运动产生的应力最强。在断层区，某一断层释放的动能可能会增大邻近板块的压力，即势能，从而导致其他地震的发生。这就可以从一个方面解释为什么一个地区在短时间内会发生多次地震。

» 形成地震波

如果地壳突然发生断裂或位移，能量就会以地震波的形式释放出去，就像往池塘里投石子会产生水波一样。

地震波可以分为几种类型：在地球内部传播的叫做体波，沿地面传播的则叫做面波。面波有时也被称为长波或 L 波。由于面波产生的震动最为剧烈，因此地震产生的大部分灾害都是由面波造成的。面波是由到达地面的体波衍生而来的。

体波有两种主要类型：纵波和横波。纵波也叫压缩波或 P 波，传播速度为 1600 ～ 8000 米 / 秒，根据传播介质的不同而有所不同。P 波的传播速度大于其他波，因此总是最先到达地面监测站。P 波可以在固体、液体和气体中进行传播，因此可以在地球内部畅通无阻地进行传播。在岩石中传播时，P 波推动微小的岩石粒子做前后运动，把它们推远又拉近，与 P 波传播方向保持一致。P 波到达地面通常都很突然。

横波也叫剪波或 S 波，紧随 P 波之后到达地面。传播时，S 波将岩石粒子向外推出，使其与地震波传播方向相互垂直。地震中出现的第一阶段摇摆振动就是由 S 波产生的。S 波与 P 波不同，它无法完全穿过地球内部。S 波只能在固体中进行传播，当它到达地心中的液体层后，就会停止传播。

两种体波都在地球中进行传播，在地球的另一侧，我们可以对它们进行监测。在任何一个时刻，都有许多微弱的地震波在地球中进行传播。

强烈的 L 波与水波有些类似：它们在地面上下运动，强度大到可以被人感知。它们可以动摇建筑物的根基。在所有地震波中，L 波的传播速度最慢，因此地震中最强烈的晃动通常出现在地震的最后。

» 找出震源

通常，P 波的传播速度比 S 波快 1.7 倍。根据这一比率，科学家可以计算出地面的任何一点到地震震源的距离，震源即地震的发源点。地震仪可以记录 P 波和 S 波的振动情况。根据两种波之间的时间差，就可以计算出我们到地震现场的距离。

如果你是从 3 个或 3 个以上的观测点获得 P 波和 S 波的振动情况，就可以通过三边测量技术来计算出震源的位置。通常的做法是，根据各个地震仪的位置，在其周边区域画出一个大致的范围，以测量点作为中心点，以测量点到震源的测量距离（称为 X）作为半径。圆周上的每一点到地震仪的距离都是 X 米，也就是说，震源必然是圆周上的一个点。如果你根据两个地震仪所提供的数据画出两个圆周，在两个圆交界处会出现一个二维区域。因为震源必然是两个圆周上的一个点，所有可能的震源点就必然在那个二维区域内。第三个圆周只可能与这个区域交叉两次，这样就得出两个可能的震源点。由于每个圆周的中心都在地面，而这两个可能的震源点中有一个会出现在空中，那么就只剩一个符合逻辑的震源点了。

» 划分震级和烈度

科学家根据里氏分级表来划分地震的震级，即地震波释放的能量。里氏分级表呈对数分布：整数数值每增大一次，地震波的波幅就增大 10 倍。也就是说，里氏 6 级地震的地震波波幅比里氏 5 级地震的地震波波幅大 10 倍。在代表地震震级的整数数值中，震级每差一级，通过地震被释放的能量差为 31.7 倍。

大多数的地震震级小于里氏 3 级。这些地震人们一般察觉不到，被称为微震。一般来说，里氏 4 级以下的地震不会造成损害，大地震一般在里氏 7 级或 7 级以上。据记载震级最高的地震为里氏 9.5 级，是 1960 年发生在智利的剧烈地震。

根据一个地区土壤的类型以及建筑物的设计和位置，地震的破坏力也有所不同。地震的破坏程度由麦加利地震烈度表来区分。麦加利地震烈度表采用罗马数字，是一种对地震烈度的主观解释。在一次低烈度的地震中，如果只有一些人感到震动，并未发生严重的财物损坏，那么这次地震的烈度为Ⅱ。如果在地震中房屋及其他建筑物普遍破坏，山崩地裂，地形改观，同时并发滑坡和海啸等其他自然灾害，该地震的烈度就为Ⅻ，即烈度最高的地震。

» 预测地震

根据地球板块运动和断层区的分布，科学家可以对可能发生的大地震进行预测。通过查看一个地区的地震史，监测断层沿线的压力状况，科学家还可以推测出这个地区可能发生地震的时间。不过，这些推测非常不准确，大致只能预测到几十年内可能发生的情况。我们仍然无法准确地预测地震发生的时间。

科学家在预测余震方面取得一些进展，余震是指紧随主震后发生的地震。科学家是在对余震发生模式做了大量研究之后做出这些预测的。他们能够准确地推测出由一个断层引起的地震是如何引发相邻断层发生后续地震的。

另一个研究领域是存在于岩石材料中的磁荷、电荷与地震之间的关系。一些科学家推测在地震发生之前，电磁场会发生一定程度的变化。同时，科学家还对气体渗出和地面倾斜进行研究，它们都是地震的前兆。

知识档案

我们偶而会在新闻中听到关于地震的消息，而实际上，地震每天都在我们这个星球上发生。美国地质调查局提供的数据显示，每年发生的地震超过300万次。也就是每天发生的地震大约为8000次，即每11秒1次！

在这300万次地震中，大部分地震都非常微弱。而且，很多较为强烈的地震发生在无人居住的区域，根本没有人会感觉到。只有那些发生在人口稠密地区的大地震才会引起我们的关注。

↘ 里氏震级是在纸或者电脑屏幕上利用上下的曲线来记录地震的震动情况。

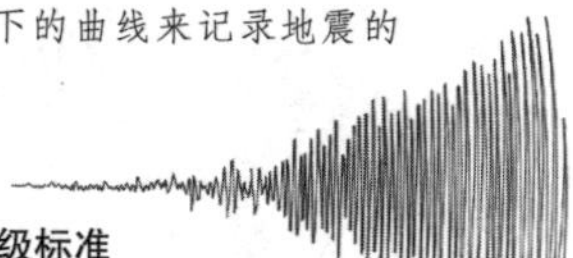

↘ 麦氏震级标准

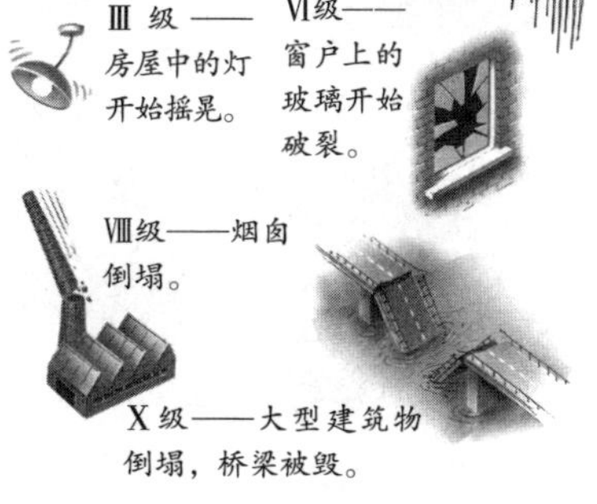

» 面对地震

在过去的50年中，人们一直在酝酿有关安全的提案，特别是在建筑工程领域。1973年，国际建筑标准法规《统一建筑法规》，在加固建筑物以抵抗地震波的作用力方面做出了补充规定。补充规定包括：强化支撑材料；在不发生倒塌或损毁的前提下，加强建筑物的韧性以吸收地震波。

如果真的有一天，我们能对每次可能发生的大地震做好事先防范，那么这将会是一段漫长的时间。正如恶劣的天气和可怕的疾病一样，地震也是在地球强大的自然作用下产生的不可避免的现象。我们只能不断提高对这一现象的认识，并想出更好的策略来进行应对。

■ 火山喷发是怎么回事?

当世界上某个地方发生了一次严重的火山喷发，你就会在报纸上或新闻里看到很多关于这场灾难的报道。这些报道都会强调我们熟知的那些词汇：猛烈的、汹涌的和惊心动魄的。我们在大自然的破坏力面前显得惊恐万分。一座平静的山竟会爆发出一股不可遏止的破坏力，想想都让人感到不安!

> **知识档案**
>
> 火山在破坏力方面差异很大。一些火山喷发剧烈，可以在几秒之内摧毁附近的一切物体；而另一些火山则缓慢地喷出岩浆，人们可以安全地从它们旁边走过。火山喷发的剧烈程度主要取决于岩浆的组成成分。

当我们谈到火山时，首先映入脑海的画面可能是一座高大的、圆锥形山峰，顶部喷发着橙色的岩浆。尽管很多火山的情况的确如此，但实际上，“火山”这个地理学术语，内涵要丰富得多。总体而言，一座火山的形成必须具备两个因素。

◇大块的土壤发生位移。

◇地表下的岩浆发生爆炸。

» 准备工作

熔化的岩石也称为岩浆，是一种来自地幔层的半液态、半固态、半气态的物质。

地幔是地球内部3大球层中最大的一个部分，第二大层是地球中心的固态地核。我们人类居住在最小的球层上，即位于地幔上方的坚硬外壳上。在海洋下的地壳厚度为5 ~ 10千米，而陆地下的地壳厚度为32 ~ 70千米。听起来地壳的确很厚，不过与地球的其他球层相比，地壳就显得非常薄，就像苹果外层的果皮一般。

地幔非常热，不过大部分的地幔层都是固体，因为地球内部压力很大，物质不会发生熔化。但在某些情况下，地幔会发生熔化，形成岩浆流出外层地壳。

» 移动板块

板块构造学说认为：岩石圈，即由外层地壳和地幔的最上层组成的坚硬物质，可以分为7个大板块和一些小板块。这些板块在下层的地幔上方缓慢移动。板块交界处的活动是刺激岩浆产生的首要因素。

↗ 火山云

如果两个板块做相背运动，就会形成洋脊或大陆脊，这具体取决于两个板块是在海洋下还是陆地上相遇。当两个板块分开时，地幔的岩石就会上升，填充彼此分离的两个板块间的空白区域。由于这个区域的压力不够大，地幔岩石就会熔化，形成岩浆。岩浆流出后，就会冷却变硬，在延伸区域内形成新的硬壳。这种产生岩浆的方式叫做“中心扩张火山活动”。

当两个板块发生碰撞时，一个板块可能沉入另一个板块的下方，接着沉入地幔。这个过程叫做“潜没”。潜没发生时，通常会在洋底形成一道深沟。当坚硬的岩石圈向下挤压高温高压的地幔层时，地幔层的温度就会升高。

在这一位置产生的热量和压力会迫使水从板块中流出，进入上方的地幔层。不断增加的水量降低了这个 V 形结构中地幔岩石的熔点，导致其发生熔化，形成岩浆。这一过程叫做“俯冲带火山活动”。

岩浆可以从岩石圈板块中间喷涌而出，但这种状况并不普遍。当地幔下层异常高温的物质涌向地幔上层时，会产生板块间的火山活动。向上喷涌的地幔物质使地面下方的某一点变得很热。由于这种地幔物质温度极高，它会发生熔化，在地壳下方形成岩浆。这个高温点本身是静止的，但当一个大陆板块经过该点时，岩浆就会生成一组火山。当这些火山通过高温点时，就会立刻喷发。在 7000 万年前，夏威夷火山就是由这样的一个高温点引起的。

» 高温岩石

上述过程中形成的岩浆接下来会如何呢？在洋脊处生成的岩浆会变硬形成新的地壳，因此，这些岩浆不会涌到陆地上形成火山。而在某些大陆脊区域，岩浆却会喷涌到陆地上。不过，大多数的陆地火山都是由俯冲带火山活动和高温点火山活动形成的。

在上述两种情况中，当固态岩石变成更多的液态岩石物质后，它就比周围固态岩石的密度低。由于这种密度差的存在，岩浆就会以巨大的作用力向上喷出。（同样道理，一个充满氦的气球，由于密度低于周围的空气，它就会升高）当岩浆向上喷涌而出时，炽热的温度会熔化更多的岩石，熔化物质就会更多。

如果周围固态岩石向下的压力低于岩浆向上的压力，岩浆就会穿过地壳继续喷涌。当聚集在地表下的岩浆房里的岩浆压力增大到一定程度，或在地壳上出现了一道缝隙，岩浆就会喷出地表。

当上述情况发生时，流动的岩浆（到达地面后被称为“熔岩”）就会形成火山。火山的结构和火山喷发的强度取决于几个因素，其中主要决定因素是岩浆的构成成分。

形成岩浆的物质中含有溶解的气体，这些气体悬浮在岩浆溶液中。

↘ 火山喷发示意图

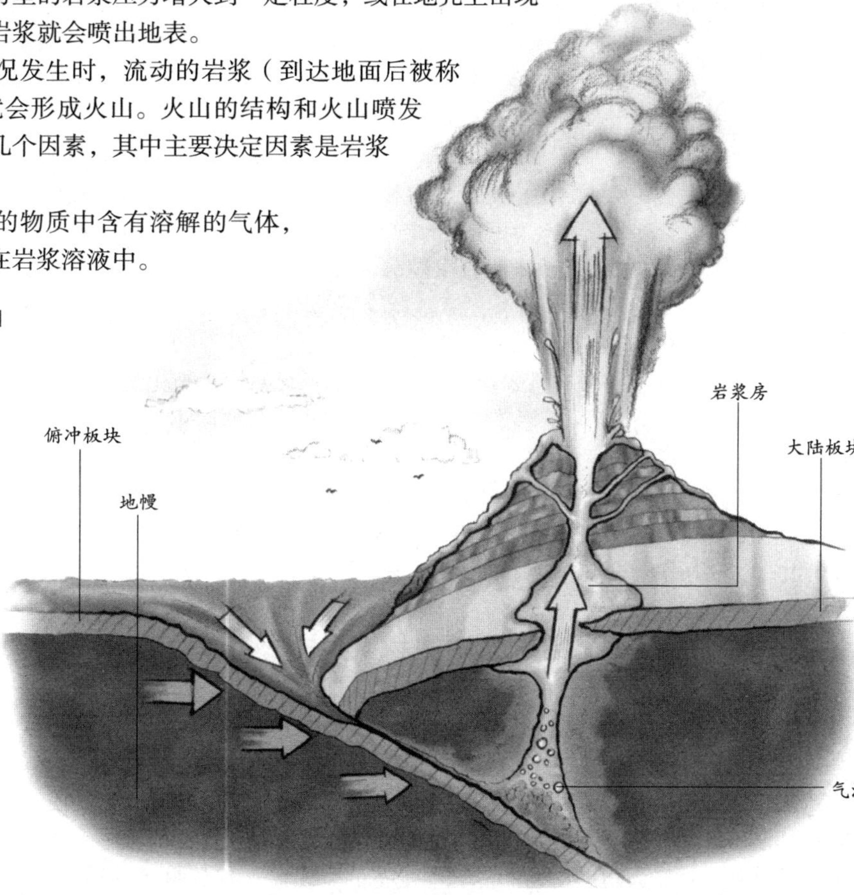

形状和大小

大多数的陆地火山基本结构相同，但形状和大小差异很大。一般来说，火山包括以下组成部分：

★山顶火山口：火山的喷出口，熔岩的堆积地。

★岩浆房：熔岩喷出前在地下的储存地。

★火山通道：从岩浆房到火山口的通道。

火山在结构上的最大差异是火山筑积物，即火山通道周围的火山结构。当火山物质喷发时，就会堆积形成火山筑积物。火山喷发的性质取决于火山筑积物的组成成分、形状和结构。

根据火山筑积物的不同，火山结构可分为3种主要的类型：

★复合火山：由较为剧烈的火山喷发形成。火山口较小，在火山口附近堆积了坡度陡峭的、对称的山状筑积物。

★锥形火山：由中等程度的火山喷发形成。火山口很宽，火山筑积物坡度陡峭，一直向上通到火山口。

★盾状火山：由流出地表的熔岩流堆积而成。火山筑积物相对较短，但延伸距离较长。

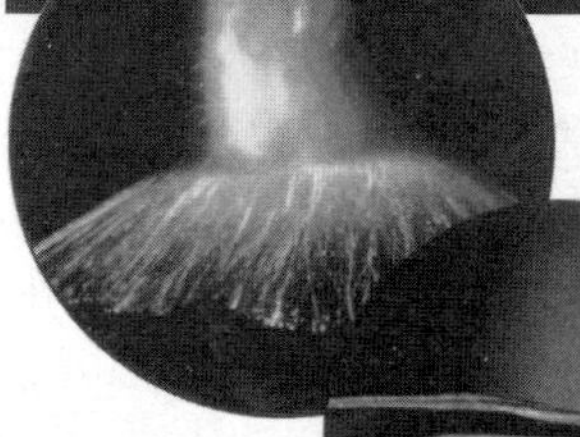

↗ 熔岩喷发

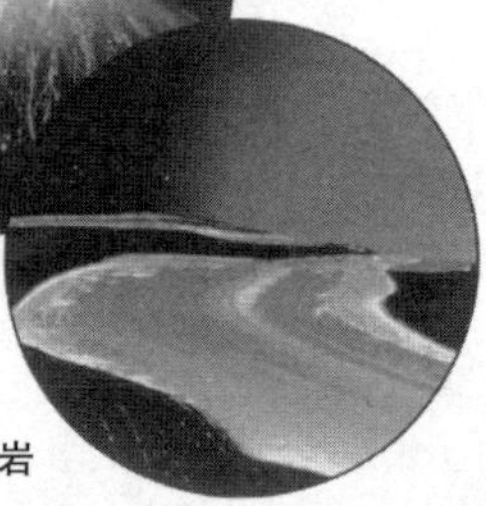

↗ 流动的熔岩

岩浆中充满了微小的气泡，这些气泡比周围岩浆的密度低得多，因此会向外散逸。当你打开一瓶汽水，特别是当你摇晃后再打开时，也会发生同样的情况。当你把汽水瓶减压后（通过打开瓶盖的方式），气泡就会冲出。如果你先摇晃瓶子再打开，气泡就会与汽水混合，这样，当气体逸出时就会带走大量的汽水。火山也是同样道理。当气泡散逸时，岩浆随之涌出，就会形成火山喷发。

» 流动或剧烈喷发

火山喷发的性质主要取决于气体的含量和岩浆物质的黏度。黏度是阻止液体流动的属性，与流度相对。如果岩浆的黏度很高，就意味着抗流动性很强，气泡从岩浆中散逸就会变得困难，因此会带走更多的岩浆，形成更大规模的火山喷发。如果岩浆的黏度较低，气泡能够比较容易地从岩浆中散逸，岩浆喷发的强度就没那么大了。

如果岩浆中含有的气体较多，喷发的程度就会更为剧烈；如果气体较少，喷发时就会较为平静。气体含量和黏度都是由岩浆的组成成分决定的。

如果黏度和气压都足够低，熔岩就会伴随着微弱的爆炸缓缓流出地面。这些喷涌而出的熔岩流会对野生动植物和建筑物造成严重伤害或损害，但对人类的威胁不大。因为这些熔岩流移动很慢，任何人都有充分的时间避开它们。

但在压力很大的情况下，火山喷发时，火山物质会在空气中发生爆炸。通常来说，喷涌而出的火山物质包括高温气体、火山灰和火山碎屑岩（固态火山物质）。根据强度和持续时间的不同，爆炸式火山喷发可以分为很多种不同的类型。

火山活动场面惊心动魄，是地球上最重要、最有建设性的地理活动之一。火山对海底再造发挥着持久的作用。火山同大多数自然现象一样，具有双重属性：一方面它们破坏力惊人，另一方面它们也是从未间断的地球再造过程中的一个重要元素。

■ 极光形成之谜

在地球的南极和北极区域，虽然十分寒冷，却经常会出现神奇而绚丽的极光现象。1950 年的一个夜晚，北极夜空上方出现淡红和淡绿色的光弧，时而像在空中舞动的彩带，时而像在空中燃烧的火焰，时而像悬在天边的巨伞。它轻盈地飘荡，不断变化着自己的形状，持续了几个小时。

它多彩多姿，一会儿红，一会儿蓝，一会儿绿，一会儿紫，变幻莫测。这就是美丽的极光。

极光在很多地方出现过，但“极光之源”到底在哪里呢？极光是如何形成的呢？科学家们一直试图回答这些问题，但至今也没有一个令人信服的答案。

科学家研究认为，太阳活动是极光之源。太阳是一颗恒星，不断放出光和热。其表面和内部进行各种化学元素的核反应，产生出强大的、内含大量带电粒子的带电微粒流。这些带电微粒射向空间，和地球外 80 ~ 1200 千米高空的稀薄气体的分子碰撞时，由于速度快而产生发光现象。太阳活动是周期性的，大约为 11 年一次。在太阳活动的高潮期，太阳黑子犹如巨大的漩涡应生而动。有人发现当一个“大黑子”经过太阳中心的子午线 20 ~ 40 小时后，地球上一定会发生极光。也就是说，极光出现的频率与太阳活动有很大关系，极光就像太阳发出的电。

那为什么极光现象多出现在南北两极呢？原来地球本身是个近似以南北极为地磁两极的大磁石。太阳送来的粒子流接近地球时，以螺旋形的运动方式分别飞向两个磁极。事实上，磁极不能完全控制所有的带

出现在北极地区的极光

极光是由太阳活动引起的。它是太阳风将带电离子吹到地球两极上空被地磁俘获而产生的一种特殊光学现象。

瑞典北极圈内地区，冬夜永无黎明，北极光很像温暖的火焰，照亮了黑暗。

出现在瑞典基鲁那市上空的极光

↗ 极光爆发会破坏无线电信号的传播。

电粒子流，在太阳喷发的带电粒子流非常强烈的年份，也能在两极地区以外的一些地方观察到极光。因为空气成分非常混杂，不同气体成分如氧、氮、氦、氖等在带电微粒流作用下，发出不同的光，所以极光看上去多彩绚丽。有人从地球磁层的角度考虑问题认为，地球磁层包裹着地球，就像地球的“保护网”，它保护着地球，使之避免遭受太阳风辐射粒子的侵袭。但在南北极的上空，这张“网”并不结实，有较大的“间隙”。通过“间隙”，部分太阳风便会侵入地球磁层。由于南北极上空有“间隙”，因此极光现象多被控制在两极地区的上空。但是，上述观点虽较好地解释极地地区的极光现象，却无法解释地面附近出现的极光现象。一些人认为这些极光是由于地面附近的静电放电所致。据史料记载，离地面 1.2 ~ 3.0 米都出现过极光，有时人们在出现近地极光的地方，还能闻到臭氧的味道。

因为许多极光现象与彗星明亮的尾巴有相似之处，使得有人把极光现象与彗星联系起来，这对认识极光是有一定好处的。尽管极光之谜还没有完全揭开，但人类对它已经有了较科学的认识，也许很快科学家们就能告诉我们“极光”真正的奥秘。

■ 造福人类的洋流

海水有涨潮、落潮，也会像河流一样有规律地朝着同一方向流动，推动海水大规模流动的就是海中“河流”——洋流。

如果你将一只瓶子放入大海，过不了多久，这只瓶子就会顺着海水流动的方向漂到另外一个地方。人类做过许多类似的实验。例如，人们于 1820 年 10 月在大西洋南部海域投放一只瓶子，经过几个月的漂流，人们于 1821 年 8 月在英吉利海峡沿岸发现了同一个瓶子。这些实验对于人类认识洋流具有十分重要的作用。

其实，海洋里的这种“洋流”早就被航海家发现了，他们还利用这些“洋流”进行航行。如哥伦布等乘帆船随着大西洋的北赤道暖流西行至西印度群岛；麦哲伦等在船只越过麦哲伦海峡后，就先在秘鲁寒流的影响下向北漂行，然后又在太平洋的南赤道暖流的吹送下，顺利到达南洋群岛。

那么洋流到底是怎么形成的呢？科学家们根据海上漂泊者的经历、海水颜色的变化、船骸的踪迹、海水的温度以及人造卫星的帮助，终于揭开了洋流之谜。

原来，洋流形成的原因复杂多样，而主要原因是由于信风和西风等定向风的吹送。在定向风的吹拂下，海水随风飘动，上层海水带动下层海水流动便形成洋流。这种洋流的规模很大，也叫

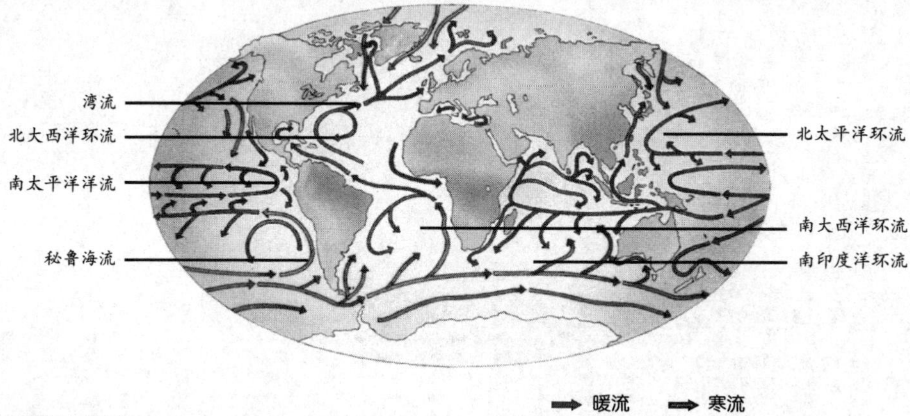

↗ 全球洋流示意图

风海流，最为典型的风海流是北半球盛行的西风和信风所形成的洋流。

洋流的流动会使当地海区的海水减少，为了补充海水，相邻海区的海水会源源不断地流过来，从而形成补偿流。补偿流分为水平流和垂直流，此外，补偿流又分下降流和上升流，最为典型的上升流是秘鲁附近海区的补偿流。

海水的流动还会因海洋中的各个海域的海水的温度、盐度的不同，引起海水密度的差异而发生，这种洋流又叫密度流。例如，因蒸发旺盛，海水盐度高、密度大的地中海的水面，远低于海水盐度比地中海低的大西洋海面，于是地中海的海水会由直布罗陀海峡底层流入大西洋，大西洋表层海水也经由直布罗陀海峡流入地中海。

当然，洋流的形成往往是由于多种因素的综合影响，现实中的洋流是极其复杂的。正确地认识洋流，对航海、气象等事业具有重大的意义。

■ 臭氧层——地球的保护伞

臭氧是氧气的同素异形体，由 3 个氧原子结合而成，它的化学符号是 O_3。臭氧是分布在距地表 10 ~ 50 千米之间的一层薄纱，其浓度最大处位于离地表 20 ~ 25 千米的地方。它的作用就像是地球的保护伞，吸收了大量太阳辐射的紫外线，使地球上的生命体免受紫外线的杀伤，也可使现有大气的热量状况趋于稳定状态。

不幸的是，从 20 世纪 80 年代初开始，人们发现臭氧层在逐渐变薄，而且在南极、北极、澳大利亚、加拿大、新西兰、智利、阿根廷等许多国家和地区的上空出现“空洞”。这些“空洞”的出现，使得地球少了一道天然屏障，大量紫外线直接照射到地球表面，增加了人类得皮肤癌、呼吸道传染病和白内障疾病的可能性，并会导致人体免疫力的下降。

到底是什么原因导致臭氧层变薄，并出现许多空洞呢？科学家们对此进行了孜孜不倦的探索。

科学家罗兰德博士于 1974 年提出了氟利昂破坏臭氧层的观点。他认为氟利昂在使用过程中会散逸到空中。这些游离在空气中的氟利昂，在太阳的辐射下，就会将分子中的氯原子分离出来，在这些氯原子的作用下，臭氧分子转变为氧分子。这样就造成了臭氧层中臭氧减少，甚至出现空洞。也有人认为，臭氧层出现空洞的原因除氟利昂外，还与核爆炸、飞机的频繁飞行、化肥、喷雾杀虫剂的大量使用有关。当然也有科学家对此持不同意见。如俄罗斯地理学家卢基亚什科就认为：造成南极上空臭氧层出现空洞的罪魁祸首并不是人类活动，而是大自然。他说，如果臭氧空洞是人类活动所致，那么空洞应当首先出现在人口密集、工业发达的北半球，而不是罕无人迹的南极地区。

↗ 在澳大利亚发起了“3S”(SLIP、SLAP、SLOP)运动，鼓励人们穿衬衫、戴帽子和涂抹防晒霜，以防止太阳光中的紫外线的伤害。

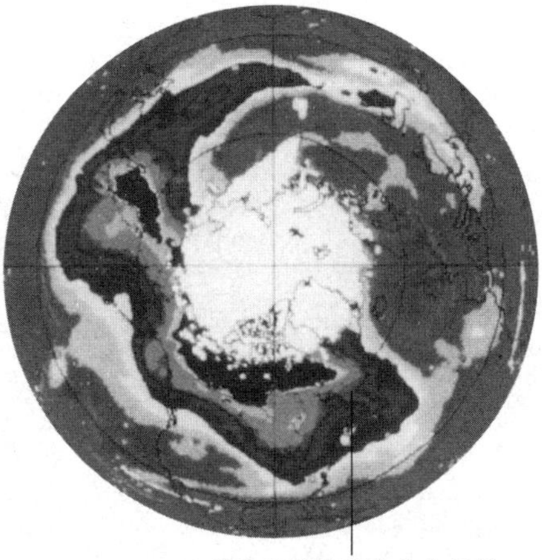

↗ 卫星拍摄的南极上空臭氧洞的图片

20世纪70年代末期以来，科学家们就开始探测地球两极上空的臭氧层中的空洞现象，它很有可能是空气中氟氯化碳和甲烷的污染所致。探测结果还表明，空洞有继续扩大的趋势。1987年，世界30多个国家共同签署了《蒙特利尔协定》，旨在号召在全世界范围内减少对氟氯化碳的生产和排放。

不管原因如何，地球的臭氧层空洞已经形成一定的规模，现在补天乏力，寄希望于臭氧层自行弥合也不可能。即使从现在起全球停止生产和使用破坏臭氧的物质，臭氧层要恢复本来的面目，完全弥合臭氧空洞，也需要至少 1 个世纪的时间。

即使是这样，我们还是应该极力保护臭氧层，不能让臭氧层空洞继续扩大，从而使这把万物赖以生存的地球保护伞不受损害。

■ 厄尔尼诺现象对人类有什么危害

20 世纪 80 年代以后，人们经常会听到一个与气候有关的新名词，即“厄尔尼诺现象”。到底什么是“厄尔尼诺现象”呢？各国科学家在长期地分析研究后一致认为：如果赤道中段和东段一带太平洋大范围的海水温度异常升高，月平均海表温度上升 0.5℃，且持续时间超过 3 个月，就叫做一次“厄尔尼诺现象”。

厄尔尼诺现象会给人类带来巨大的灾害。如 1982 ~ 1983 年，厄尔尼诺现象横行全球。夏威夷群岛遭遇特大飓风，房倒屋塌；北美洲大陆热浪与暴雨交替出现，当地居民处于“水深火热”之中；中国一向四季温暖如春的华南、西南地区冬天奇冷，而以严寒著称的东北地区冬季气候温暖，全国北旱南涝。20 世纪 80 年代末期，再次发生了全球性的厄尔尼诺现象。进入 20 世纪 90 年代，厄尔尼诺现象越来越频繁，越来越嚣张，严重威胁着人类的生产和生活。

遗憾的是，直到目前为止，科学家们依然没能彻底弄清厄尔尼诺现象发生的原因。在学术界，以下 3 种观点是较为盛行的。

一、地球内部因子论。这种观点认为，地球内部的变化是引发厄尔尼诺现象的原因。另外，海底火山爆发、海底地震等都可能引发厄尔尼诺现象。

二、天文因子论。这种观点认为，海水和大气附在地球表面，并且随地球快速地向东旋转，在赤道上，线速度可达 465 米 / 秒。地球自转速度有时会突然减慢，此时便会出现“刹车效应”，海水和大气因

→ 厄尔尼诺现象引起的洪涝灾害令印度尼西亚许多居民的家园遭到破坏。

↗ 1987年，当厄尔尼诺再次横行全球时，孟加拉国暴雨成灾。20世纪90年代以后，厄尔尼诺现象越来越频繁，严重地威胁着人类的生产、生活。

此获得一个向东的惯性力，赤道地区自东向西的海水和气流在惯性力的作用下减弱，厄尔尼诺现象因此便会发生。

三、大气因子论。这种观点认为，赤道太平洋受信风影响，形成了海温和水位西高东低的形势。与此同时，信风又因受到赤道太平洋西侧的上升气流和东侧的下沉气流的影响而加强。一旦信风因某种原因减弱，太平洋西侧的海水就会回流到东方，赤道东段和中段太平洋的海温因此会异常升高，厄尔尼诺现象也就发生了。目前大多数人持这种观点。

随着科技的发展和科学家经验的积累，在过去的几十年中，对厄尔尼诺的研究工作已取得较大进展。科学家们依靠装有仪器的卫星和浮标，不仅可以十分容易地观测到海洋的“风吹草动”，而且可以预测厄尔尼诺的发生。如1997年9月，科学家们利用气象监测卫星收集到了大量数据，并据此绘制成一幅图，他们发现了一块相当于大型湖泊面积30倍的水域，其水面要高出正常情况33厘米。之所以出现这种情况，是因为肆虐的飓风推动了温暖的热带海水。它表明，一次剧烈的厄尔尼诺现象正在进行中。果然，在随后的几个月中，该水域对气候的影响像预测的那样，逐渐显露出来，全球所有地区几乎无一幸免。

今天，科技进展使得天文学观测技术和计算机技术越来越先进，太平洋中出现的厄尔尼诺现象也已越来越被人们所了解。虽然以目前的技术水平，我们还无法回答许多问题，但是随着科技的发展以及对厄尔尼诺研究的加深，我们相信总有一天，厄尔尼诺之谜会被解开。当那一天到来时，说不定可怕的厄尔尼诺不仅会失去威力，而且还会造福于人类呢。

■ 温室效应与全球气候变暖

全球气候变暖已经是个不争的事实了，科学家们正在努力探寻全球变暖的主要原因。许多人认为“温室效应”是罪魁祸首。

什么是“温室效应”呢？农作物和花卉育种用的大片玻璃棚温室，由于阳光透射进密闭的空间，室内保温，可以使植物加快生长或安全越冬。而对地球而言，大气层就相当于这个“玻

↗ 1997年5月12日下午2时，龙卷风横扫美国佛罗里达州迈阿密市区。这次龙卷风给美国造成了超过100亿美元的损失。

↗ 1960年9月1日，飓风吹袭了美国佛罗里达州海面一个低洼的礁岛，岛上的许多棕榈树被折断，旁边的一家小旅馆也变成了一片瓦砾。

↗ 发展迅速的工业制造以及汽车尾气的排放，导致人类向大气中排放的二氧化碳日益增多，大大加剧了全球气温的升高。

璃罩”。大气中由于二氧化碳越来越多，给地球造成了屏障，二氧化碳不会吸收太阳光的能量，阳光透过二氧化碳可以照到大地，而地球辐射出的热量却被二氧化碳挡住，不易散逸到太空中。就好像“玻璃罩”那样，地球成了一个巨大的“温室”。这种现象就被科学家称作“温室效应”。

一个权威性的政府组织 IPCC 对全球气候变暖的问题进行了大量详尽的研究，他们明确指出，大气中二氧化碳含量的增加是全球变暖的主要原因。过去 100 年里，全球气温已上升了 0.56℃，这就是因为大气中二氧化碳的增加造成的。科学家估计，如果人类社会仍以目前的速度向大气排放二氧化碳，那么到 2050 年，全球气温就要升高 3 ~ 5℃，南北两极和高山地区的部分冰川将融化成水，使全球洋面升高 30 ~ 50 厘米。

气候变暖导致的最直接后果就是海平面上升。IPCC 估计，如果到 21 世纪中期，温度按估算的程度升高，海面将上升 9 ~ 88 厘米。而海平面升高 1 米，埃及国土的 1%，荷兰国土的 6%，孟加拉国国土的 17.5%，太平洋中马绍尔群岛的 80%都会被淹没。海面上升将导致洪水泛滥更加频繁，热带风暴也将更加肆虐。2000 年，热带风暴使孟加拉湾地区上百万人遭受到严重洪涝灾害；而据联合国统计，世界上目前有 40 亿以上的人口生活在靠近海洋 30 千米的地带上。

海平面上升还将带来空前的淡水危机。现在，全球大约有 20 亿人面临缺水境地，到 2050 年，世界一半以上的人口将受到水荒的威胁。水资源的紧缺会使相邻的国家之间发生争议，甚至爆发战争。持续的炎热还会使各种病原体微生物滋生繁衍，疟疾、登革热等疾病可能大面积流行。全球生态系统也会因温度作用向极地移动，移动过程中，都市、公路等大量人造设施的阻碍将不可避免地破坏原有的生态平衡。

气温的上升对各类生物的影响远比对无生命的自然景观的影响明显：1997 年至 1998 年间，太平洋水温上升了 3.3℃，使得大马哈鱼种群数量大幅度下降；北美洲的一种蝴蝶 100 年内已向北迁移了 100 千米；加拿大哈得逊湾的海水，在春季融化的日期逐渐提前，使北极熊产崽减少。过去 50 年中，由于异常高温不停地袭击南极附近海域，一种身高可达 90 厘米，体重超过 29 千克的大企鹅的数量已不足 50 年前的一半。

对气候变暖感受最深的恐怕还是人类。1998 年 5 月，印度出现的 50 年不遇的高温夺去了 2500 人的生命；同年夏天，美国达拉斯的气温高达 37.7℃，并持续了将近 1 个月；2000 年，中国西藏大部分地区气温偏高 2 ~ 4℃，雪域高原的人们春节期间可以不穿棉衣；被誉为“避暑胜地”的中国哈尔滨市在 2001 年 6

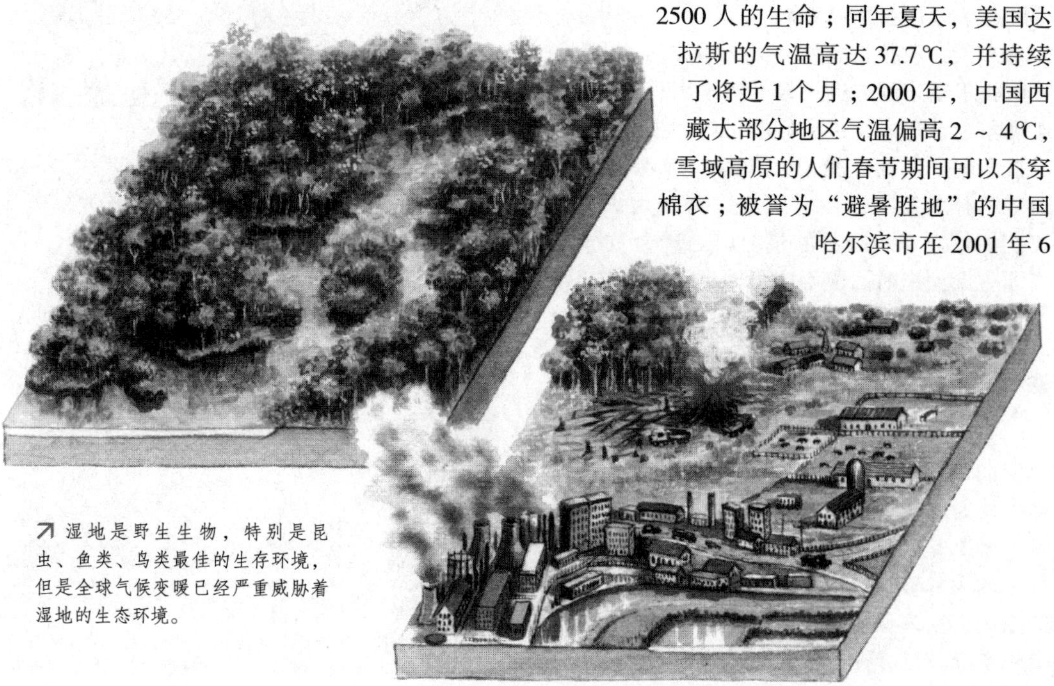

↗ 湿地是野生生物，特别是昆虫、鱼类、鸟类最佳的生存环境，但是全球气候变暖已经严重威胁着湿地的生态环境。

月 4 日的最高气温达到 39.2℃，为该市有气象记录以来的气温最高值。

当然，“温室效应”在对生物界构成灾难的同时，也给人类带来了有利的一面。据地理学家研究发现，6000 ~ 8000 年前的北半球的气温比今天要高 2 ~ 3℃，非洲和印度的降水量比今天多 5% ~ 100%，那时的撒哈拉沙漠还是一片稀树草原，而并非今日的一片沙海。如果今后气温升高，俄罗斯和加拿大北部解冻的冻土将给人类增加大量耕地。大气中的二氧化碳大量增加，将会促进植物光合作用，刺激农作物产量增加。北冰洋沿岸港口将成为不冻港，常年通航。

不管怎么样，就目前的形势来看，“温室效应”和地球变暖给地球带来了巨大的灾难，弊大于利。科学家们正在努力寻求地球变暖的真正原因，并探寻行之有效的解决之道。虽然现在已经取得了重大的进步，但“路漫漫其修远兮”，仍需要科学家们“上下求索”。也许在不久的将来，人类可以化弊为利，利用“温室效应”、地球变暖，为人类造福。

■ 野火是怎样形成并迅速蔓延的？

在几秒之内，一个火星甚至只是阳光散发的热量，都能使一片干燥的森林变成人间地狱。野火迅速蔓延，吞没了茂密而干燥的植物以及其他的一切。周围上万公顷的土地变成了一片火海，威胁着附近的房屋和许多人的生命。

每年，美国平均有 200 万公顷的土地发生火灾，造成了上千万美元的财产损失。一旦起火，火势会以最快 23 千米 / 小时的速度蔓延，把一切吞没在火海中。当火势蔓延到灌木和树林时，野火像获得生命一般，努力寻找求生之道，余火飞溅，会造成许多新的火情。

> **知识档案**
>
> 通常我们只是强调野火的破坏性，其实有些野火也是有益于人类的。有些野火焚烧了森林中的林下灌木丛，阻止了因灌木丛长期肆意生长而可能引起的更大火灾的发生。同时，野火减少了疾病的传播，把营养物质从被燃烧的植物释放到地面，有利于新作物的生长。这样说来，野火对植物的生长起到了有益的作用。

» 起火的条件

起火和燃烧需要具备 3 个条件。起火需要具备的条件有：可以燃烧的燃料、提供氧气的空气以及把燃料加热至起火点的热源。热源、氧气和燃料构成了起火 3 要素。如果能够去掉 3 要素中的任何一个，消防员就能控制火势并最终灭火。

许多物质都有一个起火温度，这个温度被称为该物质的“燃点”。木头的燃点为 300℃。当木头被加热至该温度时，就会与氧气混合，释放出碳氢气体。碳氢气体就会燃烧起火。

当燃烧发生后，有 3 个因素决定了火势的蔓延方式：燃料、天气和地形。根据这些因素的不同，火可能会很快熄灭，也可能会变成熊熊大火，把上万公顷的土地变成火海。

» 添加燃料

野火蔓延的速度取决于周围燃料的类型和数量。燃料包括树木、林下灌木丛、干燥的草地和房屋等许多物体。火灾发生区域内可燃物体的数量被称为“可燃物载量”。可燃物载量是根据单位区域内可获得的燃料数量来计算的，通常按每平方米多少千克来计量。如果可燃物载量小，火灾燃烧和蔓延速度就慢，密度就低。如果可获得的燃料数量巨大，火势则较为猛烈，蔓延速度也较快。这样，火将其周围物体加热的速度也变得更快，这些物体燃烧的速度也就变快了。燃料的干燥程度也会影响火势。如果燃料非常干燥，燃烧就会非常快，火势就会很难得到控制。

燃料的基本特征包括它的大小、形状、分布和含水量，这些因素决定了燃料影响火灾的方式。

瞬间燃料，是指干草、松针、干树叶、树枝和其他枯死的灌木丛等小型燃料。这些燃料比大型圆木或木桩燃烧速度要快，这就是为什么用它们而不用圆木来点火的原因。从化学上看，有些燃料比另一些需要更长的时间来点燃。就野火而言，大多数的燃料是同一种材料，决定点火时间的主要变量是燃料表面积的总和与体积之间的比率。由于树枝的表面积与其体积相差不大，因此

野火带来的隐患

1994年7月，发生在科罗拉多州格伦伍德斯普林斯附近的一场野火烧毁了约2000公顷的森林以及斯托姆金山陡坡上的灌木丛，留下了严重的后患。美国地质调查局提供的数据显示，两个月后，在暴雨的冲刷下，大量的泥沙、大石块以及其他垃圾涌到了5千米长的70号州际公路上。这一泥石流淹没了30辆汽车，并且把两辆汽车冲进了科罗拉多河。

就会快速点燃。而一棵树的表面积要比其体积小得多，因此在点燃前需要加热很长时间。

随着火势的蔓延，火已经将其正前方的物质燃烧殆尽，火势在向潜在燃料靠近时产生的热量和浓烟使燃料中的湿气蒸发。这样，当火最终到达燃料时，燃料就很容易被点燃。彼此有一定距离的燃料比那些紧挨在一起的燃料更容易变得干燥，因为它们可以获得更多的氧气。那些彼此靠得很近的燃料会保留更多的湿气，因此点燃的速度较慢。

» 三个天气因素

在野火的起火、蔓延和熄灭的过程中，天气扮演了重要的角色。有 3 个天气因素会对野火产生影响：温度、风和湿度。干旱和高温是野火蔓延的有利条件，同时风也会加强火势。在一定天气状况的影响下，火势蔓延会更为迅速，吞没更多的土地，也会使灭火工作变得更加困难。

温度会直接影响野火的燃烧，因为热源是起火 3 要素之一。地面上的木棍、树木和林下灌木丛吸收了太阳的热量，将潜在燃料加热并使其变得干燥。暖和的天气使燃料点燃和燃烧的速度更快，也使野火蔓延的速度更快。因此，在温度较高的下午很容易发生野火。

在野火的蔓延过程中，风的作用可能最大。同时，风也是最不可预测的因素。风可以为火提供更多的氧气，加快潜在燃料干燥的速度，也会使火势蔓延的速度更快。

美国国家大气研究中心的资深科学家特里 · 克拉克博士发现，不仅风会影响火的走向，火自身也会形成一定的风向。当火形成自己的风向时，风就会对火产生反作用，从而控制火的走向。规模大且燃烧猛烈的野火能够生成“火旋风”。火旋风正如龙卷风一样，是由火发出的热量产生的旋涡生成的。当旋涡由水平方向变为垂直方向时，火旋风就产生了。火旋风的威力惊人，它能将正在燃烧的圆木和物体的残骸抛出很远的距离。

风力越强劲，火势蔓延的速度就越快。火自己产生的风要比周围的风快 10 倍。这种风甚至能将余火抛入空中，造成新的火情，这个过程被称为“飞火蔓延”。风也能改变火的方向，一阵强风可以使地面火蔓延到树顶，形成树冠火。

风可以帮助火势蔓延，而湿度则会起到相反的作用。以湿气和降水形式表现出来的湿度可以延缓火的蔓延并降低火的强度。如果潜在燃料湿度很大，就很难被点燃，因为湿气会吸收火的热量。初始湿度越高，燃料就越难干燥和点燃。

由于湿度可以降低野火燃烧的概率，降水非常有助于灭火。雨及其他降水都可以提高燃料中的湿气含量，防止野火的发生。

» 山火

除燃料和天气外，影响野火火情的第三大因素是土地的起伏形态，即地形。尽管地形长期保持不变，但与燃料和天气不同，地形对火势可能起推动作用，也可能起阻碍作用。地形中最重要的因素就是坡度。

和我们人类不同，对火而言，上山速度比下山速度快。坡度越陡峭，火势蔓延就越快。周围的风通常向山上吹，火与风的方向一致。由于浓烟和热量也是朝着同一方向蔓延，火就可以提前将前方的燃料加热。相反，一旦火已蔓延至山顶，火就必须寻找退路，此时火已无法像上山时那样提前将山下的燃料预热。

↗ 野火

除了在燃烧时带来的危害外，火还会带给我们更多的灾害性影响，这些影响直到火熄灭后的若干时间才能被我们感知到。火不仅烧毁了山上的植物，也破坏了土壤中的有机物，阻止了水分的渗透。这样导致的后果之一就是造成了严重的水土流失。

■ 怎样从离岸急流中逃生？

在美国，每年有150多人死于离岸急流。在佛罗里达州，每年因离岸急流而丧生的人超过了在飓风和龙卷风中丧生的人数的总和。

尽管有这么多惊人的统计数字，许多游泳者仍然对离岸急流一无所知，也不知道遇到时该如何自救。

» 在水流中

离岸急流是一种与海岸呈垂直方向流向大海的、狭窄而有力的水流。这种水流长度从60 ~ 760米不等，通常的宽度小于9米。这种水流的流速为8千米/小时或更快，在几秒之内就可以将游泳者卷入大海中。

当大海在某一特定时间、特定地点集中退潮时，就会出现离岸急流。离岸急流出现的最重要原因是退潮在沙洲附近出现中断。沙洲在海岸沿线制造了一个盆地。不断冲击沙洲的海浪将海水推入这个盆地中，但回流的海水很难再越过沙洲回到大海中。

回流的海水向后的压力可能大得足以在沙洲里砸出一个洞。水还有可能沿着海岸流到沙洲上一个较低的点。无论是哪种情况，一旦找到一个出口，盆地中的水就会立刻从盆地中流向海洋。这些水流会从盆地中吸水，然后带到沙洲的另一侧。

» 从离岸急流中逃生

离岸急流通常是看不见的，产生急流的沙洲也可能被完全淹没。但当这种急流来势凶猛时，你也可能在海岸上看到它。汹涌的离岸急流把即将涌来的海浪打乱，并搅动了海底的沉沙。如果你站在岸边，可以留意观察那些没有水波破碎的地方出现的狭窄而带有泥浆的水纹。

当人们顶着风浪或用尽全力游泳时，可能会被海水淹没。如果要在遇到离岸急流时逃生，你必须保持冷静并且保存体力，然后游向与海岸平行的一侧。这样，你就可以摆脱狭窄的向外涌出的水流，在海浪的帮助下返回原地。如果你被水拖住，实在无法游向旁边时，你就等待水流带你穿过沙洲。你可以在被沙洲外的海水冲回去前摆脱离岸急流。

↘ 从离岸急流中逃生示意图

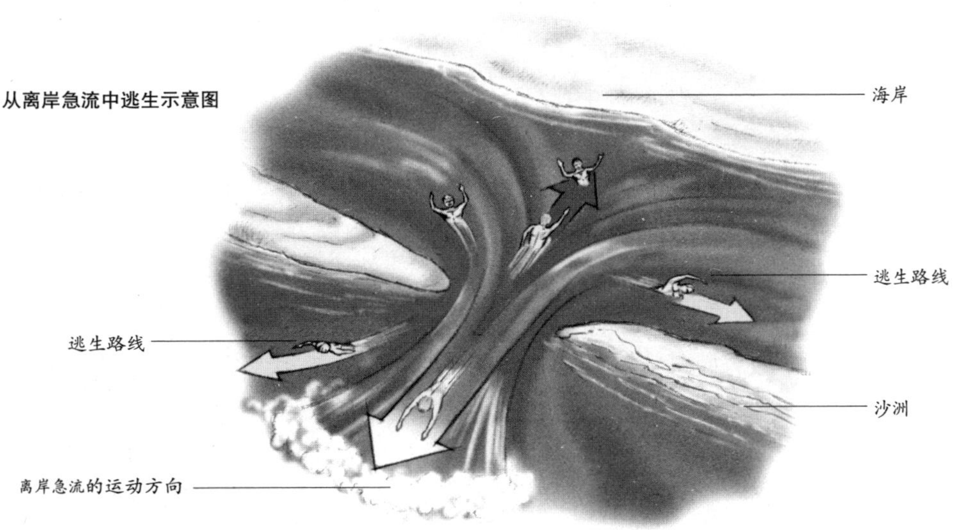

有趣的植物王国

■ 植物分类

世界上生物的种类有数百万种，科学家为了研究的方便对它们进行了分类。其中植物是生物界中最大的一类，包含有40万种不同的植物种类。植物的体型相差很大，有的植物非常微小，必须用显微镜才能观察到，而世界上最高的树可高达100米。不同植物的寿命也千差万别，有的仅仅可以存活几个小时，而有些植物的寿命长达几千年。

» 有花植物

地球上有25万种植物属于有花植物，也称为被子植物。被子植物分为2个大类：单子叶植物和双子叶植物。很多被子植物花瓣的颜色非常艳丽，有助于吸引昆虫帮它们传粉，某些植物则采取自行授粉或者风传粉的方式。被子植物开花后结成果实，形成种子，再长成新的植株。

← 根据植物之间不同的特征，把植物界分成不同的种群或者类别，主要的种群如图中所示。

知识点击

* 大花草的花是世界上所有植物中最大的花，直径达1米。

* 生长在非洲南部沙漠地带的千岁兰，其茎上分别向两侧生出一片巨大的叶片，每片叶子长达数米，这种植物的寿命很长，一般能活数百年。

↗ 海草属于藻类，海藻就是一种海草。

↗ 蕨类在密林里会聚集在一起生长，形成一层厚厚的“地毯”。

» 长球果的植物

针叶树的树叶细长如针，多为常绿树。针叶树不开花但是会结出 2 种类型的球果，其中雄球果会制造出黄色的花粉，而雌球果则在鳞片的腹面生有雌性性细胞（胚珠）。当成熟时，雄球果裂开释放出成片的花粉，随风落入裂开的雌球果中。一旦花粉释放，雄球果便落在地上，而雌球果则因为种子要发育仍需留在树上达几年之久。

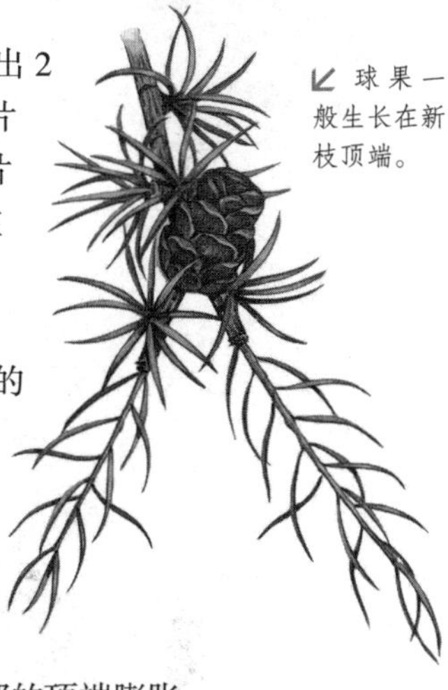

↙ 球果一般生长在新枝顶端。

» 海洋中的植物

海草多生活在多岩石的海岸或者靠近海岸的海水中，它们柔软的身体紧贴海底，以防被海浪冲走。海草的根如同从岩石中长出的一样，紧紧地附在岩石上。海草的茎叶非常有韧性，被海浪冲击时前后摇摆，但却不容易被折断。

» 阴生植物

苔藓、蕨类和地钱这类阴生植物多生长在潮湿背阴的地方或密林内。阴生植物不能开花结果，体内也没有运输水分的导管。苔藓茎部的顶端膨胀，可以将里面产生的孢子释放到空中。当孢子落在潮湿的土壤中时会发育成为新的苔藓植株。蕨类植物主要依靠它叶子（羽毛状的叶子）背面的孢子囊产生孢子，孢子散落在潮湿的地方，先是发育成一种能产生精子和卵细胞的原叶体，其中的精子与卵细胞相结合，最终生成一种新的蕨类植物。

■ 植物的器官

有花植物主要由根、茎、叶、花等 4 个主要部分组成，这些部分统称为器官，每一部分对于植物的生长都起着至关重要的作用。根的主要功能是固着、支持植物体，并且吸收土壤中的水分和溶解在水中的养分，有的还能贮存养分；茎为植物的主干，一般生长于地上，也有的生长在地下，主要起输导、支持等作用，茎里的小导管可以把水分传导到植物器官的各个部分；叶是植物进行光合作用、制造养料的重要器官；花是植物进行授粉繁殖活动的主要器官。

» 根

植物的根主要有 2 种类型：直根和须根。草本植物的根长而纤细，伸向土壤中的各个方向。胡萝卜的主根生于茎的下部，形体肥大，内含许多营养物质，有贮藏养料的功能，主根旁边生出很多侧根。

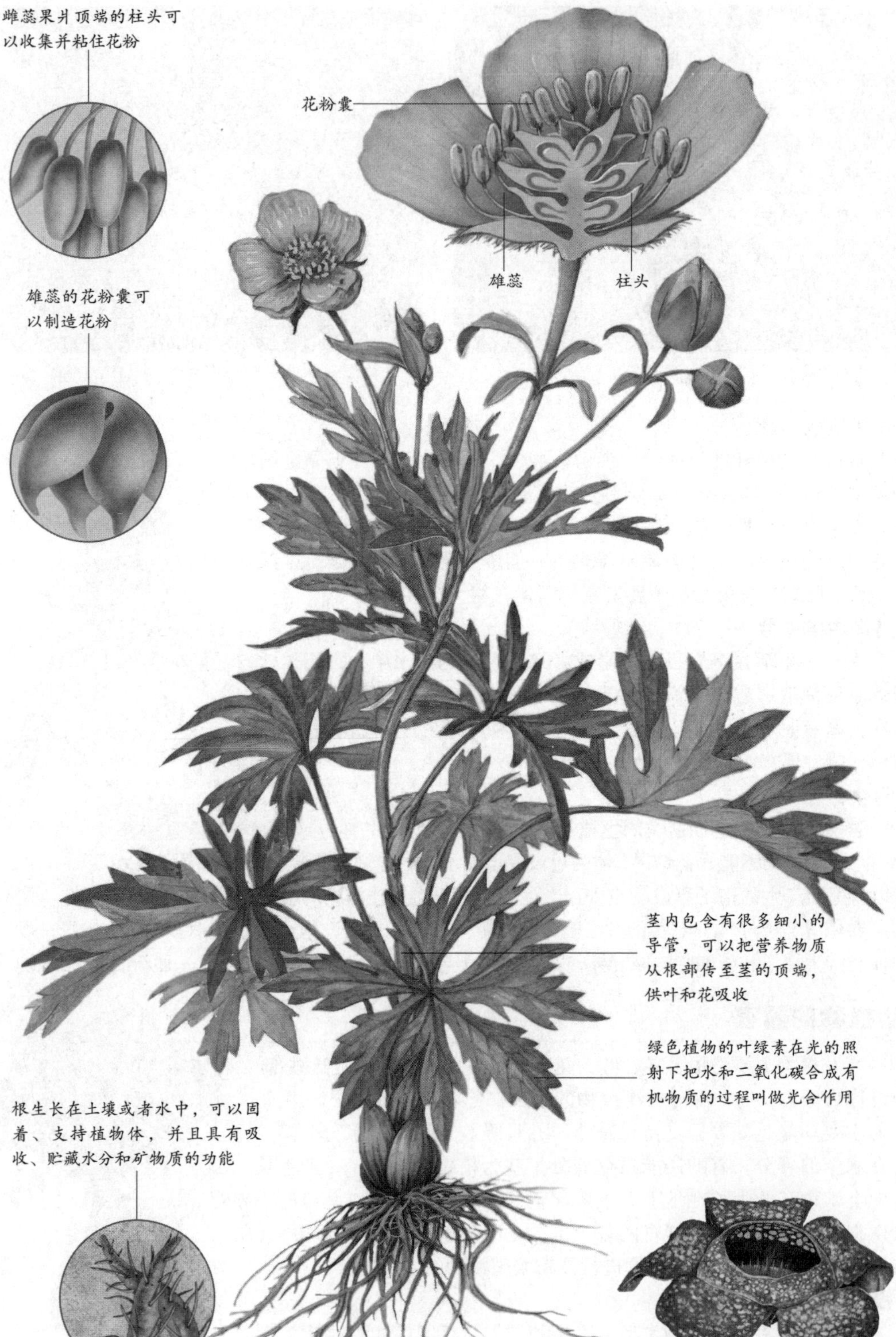
雌蕊果爿顶端的柱头可
以收集并粘住花粉
花粉囊
雄蕊
柱头
雄蕊的花粉囊可
以制造花粉
茎内包含有很多细小的
导管，可以把营养物质
从根部传至茎的顶端，
供叶和花吸收
绿色植物的叶绿素在光的照
射下把水和二氧化碳合成有
机物质的过程叫做光合作用
根生长在土壤或者水中，可以固
着、支持植物体，并且具有吸
收、贮藏水分和矿物质的功能

↗ 大花草花的直径为1米。

» 植物的茎如何保持直立？

植物的茎必须能支撑叶子，使其获得足够的阳光，以制造养料；植物的茎必须能支撑植物的花，使其收集足够的花粉，以生成种子。大多数植物的茎非常坚硬，茎中有很多纤维，这有助于支撑。茎中传导的水分也有利于发挥茎的支撑作用。当植物缺少水分时，茎就会弯曲甚至枯萎。某些树的茎部强大而且坚硬，可以作木材。某些植物例如无花果和菟丝子，它们的茎是缠绕在其他植物体上的，宿主可以为这类植物提供一定的支撑作用。菟丝子和无花果则吸取所依附植物的养分以供自己使用。

缤纷的植物

* 水葫芦（学名凤眼莲）的叶子膨大如球，适合漂浮在水面上。
* 北极地区气候严寒，风力很大，生长于北极的树木只能贴着地面生长，高度也仅有几厘米。
* 竹子的茎每天可以生长30厘米。
* 生于苏门答腊岛的巨魔芋花是世界上最高大的花，其高度可达2.5米。

» 叶子的颜色

植物的叶子通常含有被称为叶绿素的绿色物质。叶绿素沐浴在阳光中就如同海绵浸泡在水中一样，不断地吸收阳光的能量进行光合作用，制造有机物质。植物叶子的颜色不仅仅只有绿色，而是多种多样的。没有叶绿素的叶子可能会呈现白色，另外有些叶子虽然含有叶绿素，但是由于含有较多的其他物质（例如叶红素或叶黄素）从而遮住了绿色，使叶子呈现出其他的颜色。

↗ 一种被称为“扼杀者”的无花果树在生长过程中以缠绕的方式依附在被它包围的树上。

■ 水分的传输

所有生物离开水都无法生存。植物体的含水量大约在75%左右，当植物严重缺水时，就会枯萎死亡。水是植物进行光合作用的原材料，对于植物通过光合作用制造养分具有重要作用。当植物缺少水分时，植物的茎和叶就不能有效地利用太阳光进行光合作用制造养分。

» 水分传输方式

植物把水传输到叶上几乎不需要能量。植物把根固定在土壤中，吸收土壤中的水分。植物根中的水分通过导管或者木质部向上传输到叶子等器官，并且通过韧皮部把光合作用制造的有机养料输送到其他器官。叶子通过气孔把水分蒸发掉（蒸腾作用），而从茎部则会输导过来更多的水作为补充。

» 水分的释放

植物的叶子里有空隙。叶子空隙中的水分蒸发时会

↗ 枫叶之所以到了秋天就会变色，是因为其中的叶绿素被破坏，从而使其他色素显现出来的缘故。

知识点击

* 根最尖端的帽状结构称为根冠，根冠能保护根尖的分生组织，帮助正在生长中的根顺利深入土壤，并减少损伤。

* 叶子中的气孔白天打开，晚上关闭。

* 植物叶子表面生有一层厚厚的表皮，这层表皮是不透水的，可以防止过量水分的散失或摄取。

* 水生植物通过叶子的表面来摄取水分。

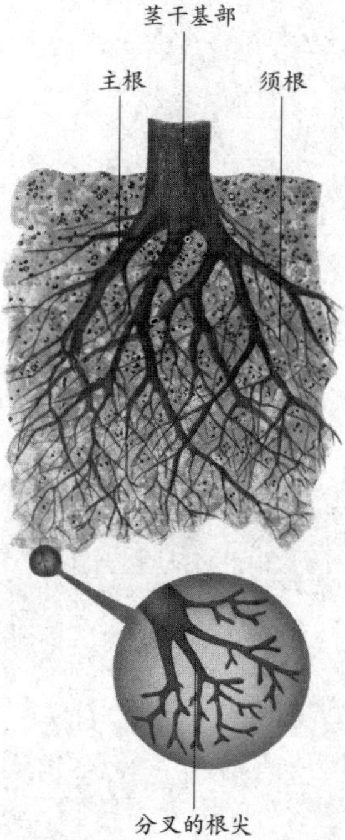

↗ 植物的根形体庞大，可以吸收大量的水分。

← 这是水在玫瑰植株上的传输过程示意图。水分的吸收—传输—释放过程称为水的迁移。

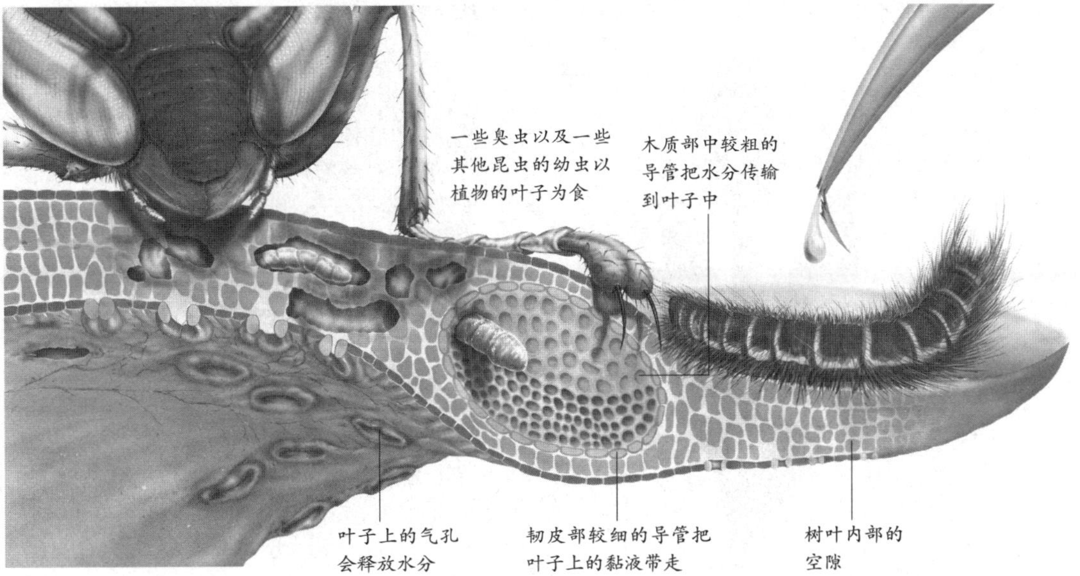

↗ 显微镜下观察到的叶子的内部结构

变成气体，称为水蒸气，水分蒸发时通过的孔叫做气孔，位于叶子的背面。当叶子周围的空气干燥且温度较高时，水分蒸发速度就会加快，为了维持适当的平衡，植物体需要吸收大量的水分。

» 根毛

在植物根尖的顶端生出许多细丝，称为根毛。根毛的细胞壁极薄，可以吸收大量的水分，水进入根毛后，会透过外层细胞到达根部中央的维管束。当根尖深入到土壤后，根毛的寿命也就结束了，接着会长出新的根毛来。

» 维管束

从芹菜的解剖结构图中可以看出，茎的皮层内侧具有纤维，很多的纤维组成导管，多个导管的集合称为维管束。维管束具有传导水分的功能，其中富含的纤维素有助于水分在里面顺畅地传输。

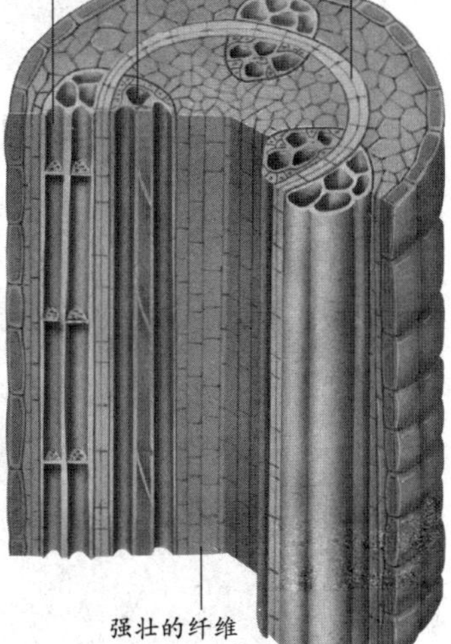

↗ 茎里面富含的导管和纤维对于传输养料和水分具有重要的作用。

■ 植物的光合作用

植物与动物不同，可以自己制造有机养料。在其利用光能制造养料的过程中，某些化学物质是必需的，即植物从土壤中获得的水分和从空气中获得的二氧化碳。在阳光的作用下，绿色植物将吸收到的水和二氧化碳转化成葡萄糖，并把这些葡萄糖贮藏在体内，这个过程被称为光合作用，光合作用在希腊语中的意思是“被阳光聚集在一起”。

» 阳光的利用

大部分植物的叶子中都含有一种叫做叶绿素的绿色物质，叶绿素是光合作用中捕获光的主要成分。在光合作用过程中，植物叶子中的叶绿素吸收光能后，利用所吸收的能量把水分解

知识点击

* 植物在光合作用过程中还会释放出人类生存所必需的气体——氧气。
* 光合作用是在植物叶绿体中的2种细胞上进行的，这2种细胞分布在类囊体和基质上。

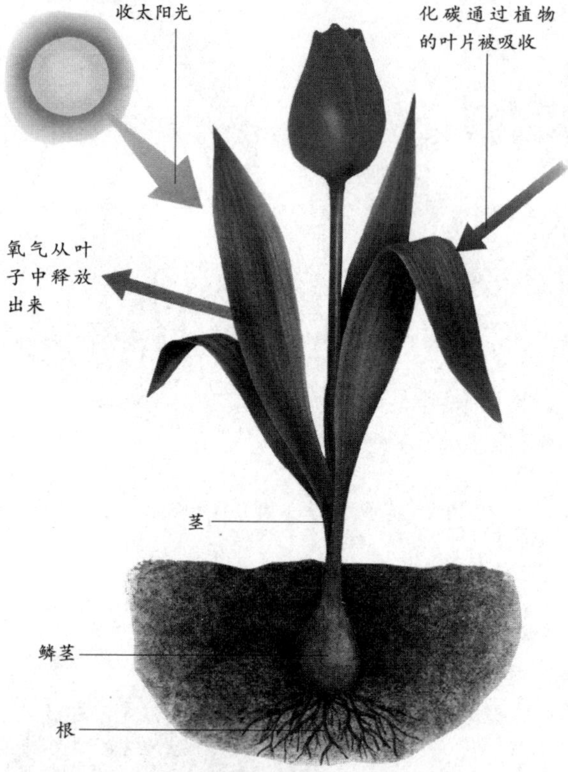

↗ 郁金香的光合作用——利用阳光把简单的化学物质转变为有机物。

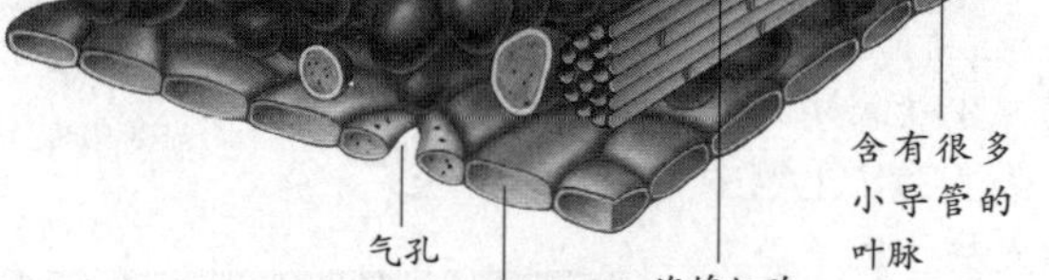

↗ **叶子的内部结构示意图**

→ 所有的叶子都有可以传导水的叶脉。

缤纷的植物

* 海洋里的藻类，和陆上的植物一样也具有叶绿体，也能进行光合作用，所释放出的氧气对于那些远离海边的人们来说非常有用。

* 碳水化合物是由碳、氢和氧3种元素组成的。

* 植物从土壤中吸收的氮和磷是2种非常重要的矿物质，是植物生长过程中不可缺少的营养元素。

成 2 种化学物质即氢气和氧气，再利用更多的能量使氢气和空气中的二氧化碳相结合，转化为碳水化合物——主要是糖类和淀粉，并且把反应过程中产生的氧气释放到空气中。

» 气泡

植物进行光合作用时，利用太阳光的能量对水进行分解时会生成氧气，氧气很快从气孔中释放出来并与空气混合。这个过程人眼是看不到的；而水生植物进行光合作用时所产生的氧气会形成气泡从叶子中逸出。

» 植物叶子的结构

植物是由很多种不同的细胞组成的。植物叶片的上表皮由一层排列紧密、无色透明的细胞组成，呈栅栏状，可以让太阳光照射进入。位于上下表皮之间的绿色薄壁组织为叶绿体，内含大量叶绿素，叶绿素可以捕获阳光，进行光合作用制造养料。叶片的下表皮由一层形状类似香蕉的细胞组成，细胞间隙较大，是蒸发水分和吸收二氧化碳的通道。

» 植物的向光性

植物与其他生物不同，在需要阳光的时候不能移运到有光的地方，但是植物可以向

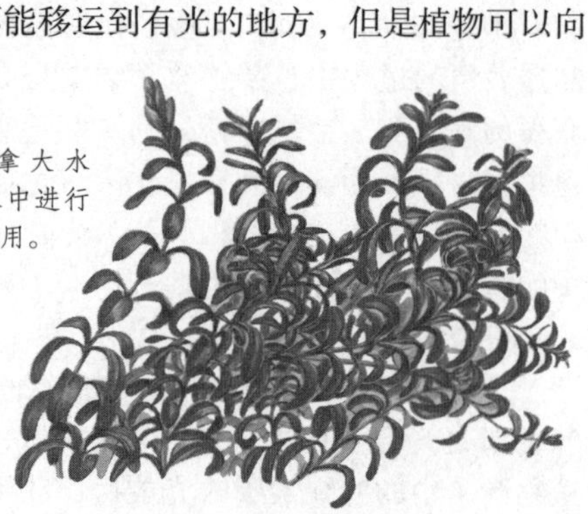

↘ 加拿大水草在水中进行光合作用。

↗ 罂粟朝着太阳光生长时，需要消耗储藏在鳞茎里的养分。

→ 猪笼草是一种有捕食昆虫能力的草本植物。

光生长，以得到充足的阳光。植物的种子刚发芽时，由于周围的植被比其高大，所以只能处在其他植物的阴影中，但是植物茎的尖端对光非常敏感，可以帮助植物向有光的方向生长。

» 致命的食肉植物

某些植物以昆虫和小的哺乳动物为食，称为食肉植物。瓶子草就是食肉植物的一种，这种植物能释放出腐肉的气味，并借此吸引猎物。 猪笼草体内有一种特殊的化学物质——酶，猎物一旦落入它们瓶状的叶子中，猪笼草就可以利用酶把猎物分解掉。

■ 有花植物

世界上的有花植物大约有 25 万种，包括花、药草、草、蔬菜以及树（不包括松树，松树属于裸子植物）等。有花植物分为两大类，即单子叶植物和双子叶植物。单子叶植物具有一个子叶（贮藏果实的场所），草、百合和兰花都属于单子叶植物；双子叶植物具有 2 片子叶，大部分花都属于双子叶植物。一年生植物是指在一个生长期内完成生命史的植物，即自种子萌发至开花、结果、死亡的过程在一年内完成；多年生植物是生长期在 2 年以上的开花植物，大部分植物都属于多年生植物。花是种子形成过程中的一部分，每粒种子都有可能长成一棵新的植株。

缤纷的植物

* 莴氏普亚凤梨的寿命是150年，整个生长期内只开一次花，开花后即死亡。

* 生长于北极附近的植物生命力极其顽强，这些植物每天都向着太阳的方向生长，以获得尽可能多的太阳光进行光合作用并保持温度。

* 九重葛（一种非常典型的植物）没有多彩的花，但却有多彩的叶子。

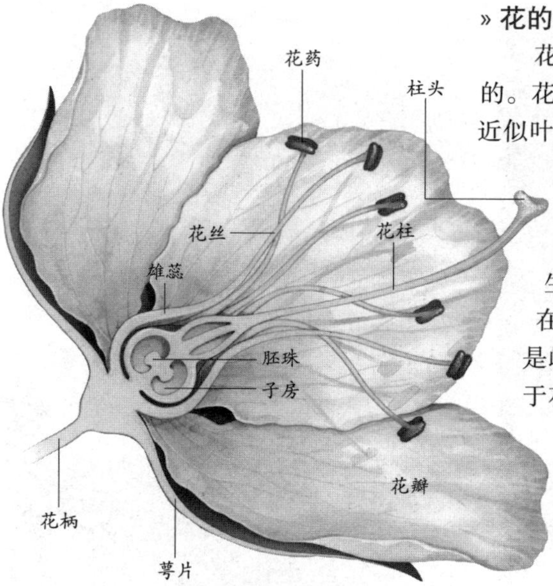

↗ 雄蕊花药中的花粉传到同种植物雌蕊的柱头上，而且必须是传到雌蕊的胚珠中，才真正算是完成了传粉过程。

» 花的内部结构

花的形状、大小各不相同，但是花的结构是一样的。花在成长之初，称为芽，芽由形状和构造上十分近似叶子的萼片保护。在花萼之内，花冠通常可分裂成片状，称为花瓣，花瓣的颜色和香味，对于吸引动物传粉起着重要的作用。在花萼的里面是花的雄蕊，每一个雄蕊，通常由花药和着生它的一个细的花丝组成，每个花药有花粉囊，在花粉囊里盛有用于繁殖的雄性细胞。花的中心是雌蕊，雌蕊由子房、花头和花柱组成，柱头位于花柱的上端，表面粗糙而有黏液，这是接受花粉的地方，子房内的胚珠里面盛有用于繁殖的雌性细胞。

» 头状花序

有些植物的花由很多的小花紧密地结合在一起，形成的这个花序称为头状花序。雏菊和蒲公英就是这样的一类植物，它们的头状花序可能会使人们误认为那是大的花呢。

» 柔荑花序

有些植物的花轴上会生出许多小花，随花轴柔软下垂，称为柔荑花序。下垂的小花多为雄花，经过一段时间发育成熟后，雄花序上的花药自然裂开，花粉飞散而出，进行传粉。柳树和榛子树在春天树还没有长出嫩叶时，就先长出柔荑花序；而橡树正相反，要等长出叶子后再长柔荑花序。

» 花芽

花是由花芽形成的，花在生长过程中比较脆弱，

↗ 桤木生有细长的雄性花，并会在同一植株上长出雌性花。

→ 西红柿的果实形成后，萼片会退化成黑色的像蜘蛛足一样的部分。

↗ 虞美人的花芽在生长过程中，萼片会起到保护作用。

萼片是花的最外一环,具有保护花蕾的作用。某些植物的花从芽中生长出来后,萼片就会退化脱落。而西红柿花芽的萼片会一直附着在植株上，等果实形成后，它会变成黑色的像蜘蛛足一样的部分留在果实上。

■ 植物的授粉

授粉是植物有性繁殖不可缺少的环节。它是指花开以后，雄蕊花药里成熟的花粉通过各种媒介传到同类植物雌蕊柱头上的过程。传播花粉的媒介有昆虫、鸟、风力和水,最为普遍的是风和昆虫。虫媒花的花朵大而鲜艳，有的具有芳香的气味或甘甜的花蜜;风媒花的花朵比较小，颜色也不鲜艳。

» 虫媒花

虫媒花大都具有鲜艳美丽的花被，有芳香或其他气味，用于吸引昆虫。虫媒花花被的基部有蜜腺，蜜腺能分泌甜美的花蜜。昆虫在采食花蜜的同时就进行了传粉，从而将一朵花的雄蕊上的花粉带到另一朵花的雌蕊上。

» 蜂兰

有些植物在没有昆虫传粉时，可以自行授粉，蜂兰就是一种可以自行授粉的植物。蜂兰的体形像蜜蜂，能够发出雌蜂的气味，借此吸引雄蜂。当没有昆虫光临时，蜂兰的雄蕊可以自行弯曲进行授粉。

↙ 颜色艳丽的花被可以起到吸引昆虫为其传粉的作用。

知识链接

* 有些人对花粉非常敏感，每年草本植物的花粉大量散布时会引起患者的呼吸道或者眼睛等身体部位不适，称为花粉热。

* 蜜蜂后足外侧有一凹陷，凹陷两边有两列直而结实的细毛，这就是花粉筐。蜜蜂用它装着从身体各部分收集来的花粉，带回蜂巢，供它们的幼虫食用。

* 花只有接受来自同种植物的花粉才能完成受精过程。

* 有些植物进行自花传粉，即花粉落到同一朵花的柱头上。

* 有些植物进行异花传粉，即花粉依靠外力落到另一朵花的柱头上。

» 有刺的花粉

虫媒花能制造少量的带刺的花粉。当昆虫采集花蜜时这种花粉比较容易粘附在昆虫的身体上，昆虫在花间飞行时带刺的花粉就一直粘在昆虫的某个部位。当昆虫飞到有雌蕊的柱头时，花粉就留在了雌蕊上，完成了传粉过程。

» 风媒花

靠风力传送花粉的方式称为风媒，风媒植物的花叫做风媒花。风媒花的花被不显著，没有鲜艳的颜色，或不具有花被，没有香气和蜜腺。它们的花粉光滑、干燥而轻，便于被风吹送，花粉的量很大，从而提高了传粉的几率。有些风媒植物的雄花序长而倒悬，微风吹拂，摇曳不已，所含花粉任风吹送。柳树、榛树等都是风媒植物。

■ 种子的萌芽

种子里面都有一个小的植株或者等待发育的胚芽，种子富含胚乳，营养充分，可以为种子萌芽提供所需要的养分。种子成熟离开母体时通常比较干燥，重量比较轻，这对土壤中的种子具有保护作用，并且有助于种子迁移到更好的繁殖地。种子落到土壤中后，在水分充足的适宜环境下开始萌发，长出幼小的植株。这个过程就称为种子的萌芽过程。

↗ 雨水可以携带矿物质渗入石缝中，因此即便是生长在石缝中的植物也可以获得它们所需要的充足的阳光和水分。

» 发芽的速度

种子萌芽时，首先吸收水分，体积膨胀，突破种皮，种子里贮藏的养分输送给胚根、胚轴和胚芽，这些部分得到营养物质后，就开始分裂和生长，最后发育为根、茎和叶。种子萌芽的速度是各不相同的。如果将种子置于一个温暖的环境如温室内时，这种变化发生的速度非常快，种子很快就能发芽；处于较冷环境中的种子萌芽的速度会稍微慢一些；而有些植物的种子（如铁树）在萌芽以前由于被野火烧得枯萎了，因此发芽时会需要更长的时间。

↗ 椰果是椰子树的果实，椰果里面富含具有牛奶味道的椰汁。椰果的外面由棕色、富含纤维的木质外壳覆盖，称为椰壳。

» 萌芽的条件

种子的种类不同,萌芽的方式也不相同。椰子树生长在海边，椰子的果实落到海边并在海边萌芽。椰果可以漂浮在水上，成熟的椰果落下来,容易被海水冲走,有时会随之漂流2000多千米，当到达另外一个温暖的滨海地区时，椰果就会发芽并长成一棵椰子树。

» 萌芽过程

发育成熟的种子，在适宜的环境条件下开始萌发。子叶里面的胚乳富含养分，外面有一层坚硬的外种皮保护着。子叶里贮藏的营养物质，输送给胚根、胚轴、胚芽，这些部分的细胞得到营养物质后，就开始分裂和生长。胚根首先突破种皮，向下生长，形成主根。与此同时，胚轴的细胞也相应地生长

↗ 园丁尝试把开花时间不同的种子混合在一起种植，这样花园就可以时刻充满亮丽的颜色了。

缤纷的植物

* 太阳花的种子在从胚芽到长出第一对叶子的过程中，贮藏在土壤中的子叶的养分会逐渐增加。
* 植物的种子萌芽时，胚根和胚芽会朝固定的方向生长，胚根会一直向下长，而胚芽会一直向上长。

知识点击

* 种子成熟离开母体后并不是立即萌芽的，在萌芽之前会经历一段时间的休眠期。
* 种子萌发时第一步先长出根尖。

↗ 种子在坚硬的外种皮中时一般处于休眠状态，直到遇到适宜的环境条件才开始萌芽。

和伸长，把胚芽或胚芽连同子叶一起推出地面，胚芽伸出地面，形成茎和叶。子叶随胚芽一起进行光合作用，并逐渐枯萎脱落。至此，一株能独立生活的幼小植物体也就全部长成，这就是幼苗。

» 养分的获取

种子发育成幼苗后，会把原来储藏在种子中的养分耗尽，这时幼苗必须寻找新的养分来源。幼苗的根部在获得水分和矿物质后，变得非常发达，足以将幼苗固定在生长的地方。幼苗的胚芽展开后变为绿色，待胚芽的幼叶张开后，就可以接收太阳光进行光合作用、制造有机物了。

■ 植物的生命周期

每种植物都有一个生命周期。这个生命周期从种子发芽开始，经历成长、开花、授粉，最后又结出种子，下一个生命周期又从头开始。有些植物在短短几个星期内就能完成它们的整个生命周期，这些植物被称为短命植物；而另一些植物的生命周期可长达数百年，它们被称为多年生植物。生命周期为 1 年的植物是一年生植物，生命周期为 2 年的植物也就是两年生植物。

» 一年生植物

一年生植物顾名思义只生长一年。种子一旦形成，它里面就孕育着一些微小的植物。秋天种子从母体上落下，在地下沉睡整个冬天。一到春天，种子里的胚芽就破土而出，在随后的几个月内不断长大，直到开花结果，种子成熟，最终枯萎。

知识点击

* 番红花生长的短小肥厚的地下茎叫做球茎。
* 鸢尾生长的厚厚的水平地下茎叫做根状茎。
* 具有柔软茎的开花植物是草本植物。

» 短命植物

荠菜属植物的种子一落入土壤中就会像喷泉那样从地下迅速冒出。这类植物生长得很快，开花、结种、枯萎仅用几个星期，因此被称为短命植物。荠菜在一年中可以完成许多个生命周期，一个接着一个。也就是说荠菜的种子每隔一段时间就会传播一次，因此生根发芽的机会就比较大。

» 两年生植物

生命周期在 2 年内完成的植物称做两年生植物。第一年（或生长季节）长大，这个阶段，叶子会“制造”出许多养分，储存在体内。在第二个生长季节，两年生植物利用储存的养分再次生长，然后开花结果，最后死去。

» 多年生植物

当多年生植物结束开花之后，它只是失去长在地上的部分（如花），根还能在地下度过冬天，到第二个春天再发出新芽。多年生植物，像郁

↗ 水仙花是多年生植物，它们有鳞茎，每年都会开花。

缤纷的植物

* 像繁缕、千里光这些短命植物能够迅速生长并占领一片空地，成为杂草（生长在不该生长的地方的植物）。

* 土豆长有地下茎，地下茎吸收养分，膨胀成块茎，这部分就叫做土豆。每个地下茎在来年又会长成新的植株。

↗ 在生命周期的第一年，甜菜会长出叶子和新鲜的红色根，冬天到来之前就可以收获它们了。

↗ 一年生植物完成从结种到开花再到结种的生命周期需要一年。在温带干旱的陆地，一年生植物在春天完成大部分生长，初夏授粉结种，至来年春天种子开始发育。

金香和水仙，有个粗大的地下鳞茎储存养分，冬天其他部分都死掉了，但是这个鳞茎还是活着的。

■ 森 林

森林是由高密度树木组成的一个非常大的群落。地球上的森林主要有 3 种类型：针叶林、温带阔叶林以及热带雨林，这些森林类型根据气候因素的不同分布在世界上各个不同的地域。雨林中的树木生长茂盛，枝叶繁多，使得太阳光无法到达地面，因而生长于热带雨林地表的植被就必须适应这种阴湿的环境。

» 热带雨林

热带雨林分布在赤道两侧高温潮湿的区域，这个区域是地球与太阳的距离最近的地方。热带雨林的植被大都属于常绿阔叶乔木。热带雨林中的树木高大茂盛，大部分都高达 30 多米，树冠集中在一起形成一个冠层。热带雨林中的附生植物，如兰科植物、蕨类植物以及凤梨科植物大 都附着生长在热带雨林树木的树枝上，这类植物的根比较短，叶子的形状卷曲如茶杯，收集生长所需要的水分。

知识点击

* 热带雨林的植被大都属于常绿阔叶乔木。
* 温带森林里的植被大都属于落叶阔叶林。
* 针叶林种类主要以冷杉、落叶松、赤松以及云杉为主。

» 温带阔叶林

温带阔叶林主要分布在夏季炎热、冬季寒冷的区域，具体分布在北美洲、欧洲大部、中国、澳大利亚以及日本等地。温带阔叶林的气候条件使得植被在冬季到来之前自行将叶子脱落，第二年春季，在新叶未长出之前，阳光首先到达地表，使地面的有花植物获得阳光尽快开花结果。

» 针叶林

针叶林多分布于夏季短暂凉爽、冬季

↗ 北美洲北部、欧洲以及亚洲等地的针叶林，面积有数百万平方千米，针叶林主要分布于高纬度地区。

↗ 春天，森林地面上的风信子在树叶繁茂之前开花。

↗ 如果滥砍滥伐，那么一个山坡在一天内就可以被毁坏掉。

漫长寒冷的气候环境中。针叶林分布整齐，生长繁茂，树叶常绿，阳光几乎无法到达地面，因此只有像苔藓这种体型很小的植被才能够在林下生活。由于针叶林生长的环境气候寒冷，土壤有永冻层，所以植被很难获得充足的水分。

» 森林还能生存多久？

森林可以为人类提供大量的木材。平均每秒钟，就有一个足球场大的热带雨林被人们破坏，若按这样的速度发展下去，100 年内热带雨林就会完全消失。目前避免热带雨林毁灭的途径有 2 个：一是种植更多的树木植被；二是纸张的循环利用。

■ 草原和沙漠

草原地区年降雨量较小，不足以生长高大的树木。在干燥的季节里，草原上的植物和种子都处于休眠状态，当雨季降临时，草原上就迎来了短暂的旺盛时期，可以看到鲜绿的叶子和色彩艳丽的花。沙漠里的降水更加稀少，平均每年有 9 个月的时间是滴雨不下的，另外 3 个月的降水也非常少，沙漠中的昼夜温差相当大，因此要在严酷干旱的气候中生存并不是一件容易的事情。

» 爆发的种头

有的植物由于没有储水能力，所以在沙漠气候极其干燥时就会死去，但是包裹着种子的种头则一直挺立在植物干枯的茎上。等到雨季来临时，它们又非常敏感地“醒”过来，根系立刻活跃起来，大量吸收水分，使植物迅速生长并很快地开花结果。

» 仙人掌

生活在沙漠中的大型植物都富含汁液，北美洲和南美洲沙漠中的仙人掌是典型的多汁植物。仙人掌的侧面有很多凹槽，下雨时可以用来储存水分。由于植物的阔叶会散失掉很多的水分，因此沙漠里的仙人掌没有用于制造养分的宽大的叶子，取而代之的是用绿色的柔嫩多汁的茎来进行光合作用制造有机物，其茎上的蜡质层还可以有效减少水分的蒸发。

» 稀树大草原

稀树大草原位于非洲大陆，面积庞大，并且还有持续很长时间的旱季。草原上遍地都是大象草等蒿草，草的高度可达 3 米以上。不过树木比较少，主要以伞状金合

↗ 下过雨后，仙人掌会有一个短暂的花期，这些花为沙漠增添了几分色彩。

↗ 大草原上日照强烈，气候干燥且多风，生长在这里的稀疏的伞状金合欢有很多棘刺，大多数动物都无法食用。不过这对斑马来说似乎并没有什么影响，因为斑马更喜欢吃粗糙结实的地表草叶。

欢和猴面包树为主，这类树木可以储水并且具有一定的耐火能力。

■ 植物也有语言吗

众所周知，在诸种生物中，植物既不能运动，又是最安静而沉默的。然而出乎我们预料的是，植物的世界虽没有人类或动物界那么喧嚣，却有其独特的语言。这并不是杜撰或神话，而是科学家们的研究成果。

↖ **植物之间的会话**
遭受昆虫的攻击，植物可以通过根部传递信息，或是茎叶散发如乙烯之类的气体，通知其他植物有危险，某些植物从而可以通过改变体汁的味道，使攻击者知难而退。

最早通过研究得出这一结论的是英国的植物学家们。他们通过一种特殊的仪器——植物探测仪，把仪器的线头与植物连接，人戴上耳机就能够听到植物说话的声音了。在正常情况下，植物发出的声音节奏轻微，曲调和谐；但遇到恶劣的天气情况或某种人为的侵害时，它们就会发出低沉、混乱的声音来表现它们的痛苦。此外，当植物缺水时也是会发“牢骚”的。因为植物缺水时，其运送水分的维管束会绷断，而维管束绷断时会发出一种“超声波”。这种声音很低很低，一般情况下是听不到的。因为它比两人说悄悄话的声音还低1万倍。目前，人们发现，渴了能发出这种“超声波”的植物有苹果树、橡胶树、松树、柏树等。专家们将植物的语言称作“微热量语”。

语言除了表达感情之外，主要是用来交流的。那么人和植物之间可不可以通过某种方式进行交谈，进入植物的“内心”世界呢？答案同样是肯定的。

研究表明，各种植物在生长过程中，能量交换的过程是时刻进行的。这种交换虽然很缓慢、不易觉察，但交换过程中微弱的热量变化和声响还是可以察觉的。如果把这些“动静”用特殊的“录音机”录下来，经过分析，我们就能解开植物语言的密码，明白它们说什么了。如果你能听懂植物的话，那么它会告诉你什么样的温度、水分和养料是它最喜欢的。

20 世纪 80 年代，前苏联的科学家通过电子计算机与植物成功地进行了一次交谈。首先，科学家们将计算机与植物进行特殊的连接后，向植物提出一些问题，植物根据它所“听到”的，将自身的形状变化、生长速度等信息通过计算机反馈给人们。当然，这些信息都是以数据的形式出现在计算机屏幕上的。然后，科学家通过另一台计算机来解读这些数据，绘出简单的图表。人们根据这些图表就能够明白植物说了些什么。人与植物的交流就是这样进行的。

这样的程序未免太繁琐复杂，有没有一种更加简单、更加顺畅的交流方式呢？最近，意大利的发明家发明了一种能与植物直接交流的对讲仪。只是在目前来看，这种先进的对讲仪也只能与植物进行很初级、很简单的交流，因为它只能辨别出诸如“热”、“冷”、“渴”等词语。

↗ 橡胶树缺水时也能够发出“超声波”。

尽管到目前为止，人类对植物语言的了解仍然是非常有限的，但是能听到植物“说话”，知道植物说些什么，仍然算得上是人类科学史上的一大进步。一旦有一天，人类同植物之间的交流变得顺畅起来，我们便可以更多地了解它们的所需所求，从而满足它们的需求，而最终的获益者则是人类自身。那时的世界鲜花会开得更娇艳，果树会更加硕果累累，五谷会更加结实而饱满……人们的生活也因此会过得更加富足而快乐。

↘ 树林中的各种树木之间也会以散发气味等特殊方式进行“情感的交流”。

■ 秋天树叶为什么发红？

↙ 即将凋谢的叶子颜色发生变化。

每到秋天，很多树木的叶子会变黄，甚至变红。尤其是枫树，到了秋天，更是一派“红枫如火”的景象。从古至今，无数文人墨客对这种景象发出赞叹，最有名的莫过于唐代诗人杜牧的名句“停车坐爱枫林晚，霜叶红于二月花”。人们不禁要问：在赞叹红叶美景之余，为什么有的树种的叶子到了秋天就会发红呢？

直到近代，科学家才发现，叶片所含的色素不同，叶子的颜色也不同。绿色色素在一般的叶子中大量存在，我们称之为“叶绿素”。另外，还有黄色或橙色的胡萝卜素，以及红色的花青素等等。

叶子的叶绿素和胡萝卜素能够进行光合作用。它们在阳光的作用下，吸收二氧化碳和水，呼出氧气，产生淀粉，所以叶绿素十分活跃。但叶绿素却很容易被破坏。叶子在夏天之所以能保持绿色，是因为被破坏的老叶绿素不断地被新的叶绿素替代。到了秋天，天气转凉，叶绿素就不那么容易产生了。这样，叶绿素遭破坏的速度很容易超过它生成的速度，于是树叶的绿色逐渐褪去，变成了黄色。

有些树种的树叶会产生大量的红色花青素，叶子就变红了。叶子产生花青素的能力和它周 围的环境变化密切相关。如冷空气一来，气温突然下降，这非常适合花青素的形成。因此，秋天有些树上的树叶就会变红。

尽管叶子变红的原因我们已经弄清，可是至今为止，人们对于花青素究竟是什么样的物质，它在植物叶子中起什么作用仍不清楚，这将有待于科学家的进一步研究。

↘ 在温带地区，到了秋季，枫树的叶子会变成红色。

机械设备与原理

■ 激光器靠什么发射激光?

激光器广泛应用于各种产品和技术。CD 播放机、牙钻、高速金属切割机和测量系统中，都装有激光器。那么，激光器究竟是什么？又是什么使得激光束不同于手电光束呢?

» 原子的基本知识

宇宙中自然生成的原子大概只有 92 种。我们看到的所有物体都是由这 92 种原子按照无限多的方式组合而成的。这些原子排列和组合的方式决定了它们形成的是一杯水、一块金属，还是一些从汽水里冒出的气泡。

原子处于永恒的运动中，它们不断地振动、移动和旋转。即使是构成坐椅的那些原子也处于不断的运动中。原子可以处于不同的激发状态。如果给原子提供大量的能量，它就会从基态能级上升为激发态能级。激发态能级的能级状态取决于通过热量、光或电的方式提供给原子的能量的多少。

最简单的原子一般包含一个原子核，原子核中包含质子、中子以及由在轨道上运动的电子形成的电子云。我们不妨这样来想，在电子云中，电子绕着原子核在许多不同的轨道上转动。尽管现代科学不认为原子中的电子有各自单独的轨道，但如果我们把这些轨道想象成原子的不同能级，就能更好地理解原子了。换句话说就是，如果我们把原子加热，那些处于低能量轨道的电子可能就会跃迁至远离原子核的高能量轨道。

当电子跃迁至高能量轨道后，最终还是要返回基态能级。当电子返回基态能级后，它就会以光子（光的粒子）的形式释放出能量。原子以光子形式释放能量的现象随处可见。举例来说，烤箱中的加热器会变成鲜艳的红色，这是因为热量激发原子释放出红色的光子，因此我们就会看到红色的光。当你观看电视画面时，你看到的其实是磷原子被高速运动的电子激发而发出的不同色彩的光。任何光源如荧光灯、汽灯、白炽灯，都是通过原子改变运动轨道、释放光子的方式发光的。

» 激光器与原子的关系

激光器是一种用来控制被激发原子释放光子的方式的器械。“激光器”一词在英文里是一种缩写，概括性地指出了激光器的工作方式。

激光和普通光比如灯光或阳光截然不同。激光有以下几个特性：

◇激光是单色光。激光只有一种特定的波长（一种特定的颜色）。激光的波长取决于电子回落到能量较低的轨道时释放出的能量的多少。

◇激光是连续的。激光是“有组织的”，每个光子都与其他光子同步运动。也就是说，所有光子的波阵面都会同步发射。

◇激光的方向性好。激光的光束密实、强烈而且集中，而手电筒发出的光则向各个方向散射。因此，与激光相比，手电筒发出的光非常暗淡而且分散。

激光器产生激光的方式可以解释激光的这些特性。

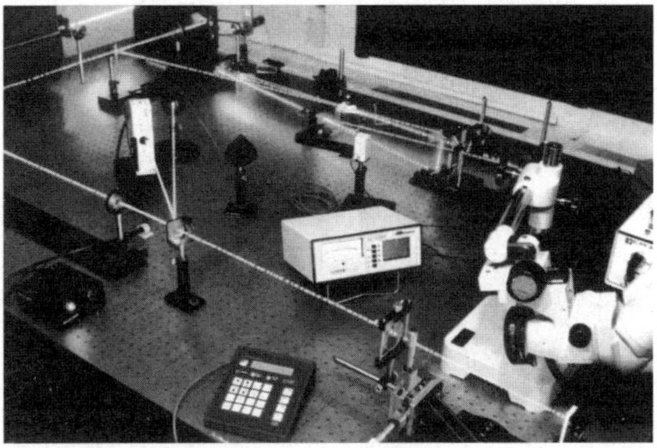

↗ 实验室中的激光器实验

尽管激光器的种类很多，但它们都具有一些共同的属性。在激光器中，产生激

激光器的类型

激光器有许多类型，这通常是由产生激光的介质类型决定的。激光器的介质可以是固体、液体、气体或者半导体。以下是一些最常见的激光器类型：

★ 固态激光器：在这些激光器中，发射激光的物质以固态矩阵的形式分布。

★ 气态激光器：氦和氦-氖气态激光器是最常见的气态激光器。这些激光器主要发出红色的可见光。二氧化碳激光器以红外线的形式发出能量，被用于切割坚硬的物质。

★ 准分子激光器：这些激光器使用活性气体（如氯气和氟气）与惰性气体（如氩、氪或氙）的混合气体。当激光器被电流激发后，会产生二聚物。当受到激光照射时，二聚物产生属于紫外线波长范围的光。

★ 染料激光器：这种激光器使用复杂的有机染料如若丹明6G，这些染料作为产生激光的介质存在于液态溶液或悬浮液中。它们是可在较大范围内调节的波长。

★ 半导体激光器：又叫二极管激光器，它们并非固态激光器。这些电子设备通常体积很小，能耗很低。激光打印机和CD播放器中通常使用这种激光器。

光的介质被“泵入”，使原子进入激发状态。通常，由极强的光束或电荷将产生激光的介质泵入，形成一个由激发状态的原子组成的原子群（这些原子都带有高能量的电子）。要使激光器高效工作，必须有这样一个处于激发状态的原子组成的大原子群。一般来说，原子的能级会被提升到高于基态能级 2 级或 3 级的能级状态。这样，就会提高粒子数反转的程度。粒子数反转比是指处于激发状态的电子数与处于基态能级的电子数之间的比率。

产生激光的介质被泵入后，它就包含了一个原子群，原子群中的一些电子处于激发能级。被激发的电子比处于基态的电子能量要高。电子吸收了部分能量达到激发状态，同时它又将这部分能量以光子（光能）的形式释放出来。释放出的光子波长（颜色）取决于光子被释放时电子的能量状态。两个同样的原子，如果电子所处的状态相同，就会释放出同样波长的光子。

激光的独特属性是由于受激辐射而形成的。在普通的手电筒中，不会发生受激辐射；在手电筒发出的光中，原子释放光子是随意而无序的。而在受激辐射中，光子的发射是有规律的。

对于一个由原子释放出的光子来说，它的波长取决于激发状态和基态之间的能量差。如果这个光子（含有一定的能量和位相）遇到另一个包含相同激发状态电子的原子，就会发生受激辐射。第一个光子激发第二个原子，发射出光子，光子的振动频率和方向与入射光子的频率和方向完全一致。

激光器的另一个特别之处是，在产生激光的介质两端各有一个镜子。具有特定波长和位相的光子在镜子上发生反射，因而会在产生激光的介质中间往复运动。在这一过程中，它们激发其他原子发射出光子。这样就会发生连带效应，很快就会出现许多具有相同波长和相的光子。激光器两端的镜子是半面涂银的，这就意味着这两个镜子只会反射一部分光，同时让另一些光通过。通过的光就是激光。

激光器的确令人惊叹，它可以将不可思议的巨大能量集中到一个光点上。下一次当你欣赏最喜爱的 CD，或者端详你朋友闪闪发光的订婚钻戒，或者去看牙医的时候，你一定会对这种用途广泛、性能卓著的技术有一个全新的理解和认识。

■ LED是怎样做到高效节能的？

LED（发光二极管）是电子世界里真正的无名英雄，它们功能繁多，广泛运用于各种设备中。

我们知道，电子在原子的传导带上运动，传导带的能级比空穴的要高。因此，如果电子要填补一个空穴，就会损失部分能量。和灯泡或白炽灯中被激发的电子一样，正在运动的电子会把这部分能量以可见光子的形式释放出来。

上述过程在任何二极管中都会发生，但只有当二极管由某种特定物质构成时，我们才能看到光子。在标准硅二极管中，原子的排列方式决定了电子运动的距离相对较短。因此，光子的频率也较低，我们无法看见——它发出的光属于光谱中的红外光部分。当然这并不是绝对的坏事，红外 LED 是用于远程控制和其他机器的理想设备。

可见发光二极管的材料的传导带与较低的轨道中间有一个较大的空隙。空隙的大小决定了光子的频率，即决定了光的色彩。

通常，LED 中的二极管装在一个塑料灯泡内。这个灯泡把二极管发出的光集中在一个特定方向。绝大部分的光从灯泡的内壁发生反射，向着圆形的灯泡底部运动。

与传统的白炽灯相比，LED 有几个优点。首先，它没有灯丝，因此也就不存在灯丝被烧坏的情况，所以使用寿命更长。此外，它的小塑料灯泡使其更持久耐用，同时也更适合现在的电子电路。

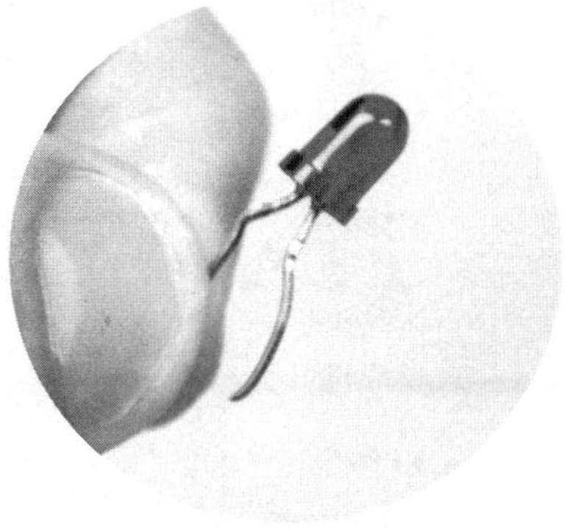

↗ LED

不过，LED 主要的优点是高效。传统白炽灯在发光过程中产生了大量的热量。除非你把灯当做加热器来用，否则这些热量完全被浪费了，这就意味着很大一部分的有效电流都不能被用来产生可见光。相对来说，LED 发出的热量非常少。由于大部分的电能都直接用于发光，因此对电能的需求就会大大减少。

目前 LED 在购买时比白炽灯要贵，但从长远来看，它会因为它的高效而为人们所青睐。

■ 怎样通过光学显微镜观察物体?

自从 16 世纪末问世以来，光学显微镜提高了我们在基础生物学、生物医学、医学诊断学以及材料科学等学科上的认识。它可以将物体放大 1000 倍，帮助我们看到裸眼所不可能看到的细微之处。

自从罗伯特·胡克和安东尼·列文虎克发明第一台显微镜以来，光学显微镜技术的发展可谓日新月异。随着专业技术和光学的发展，今天人们可以看到活体细胞的结构和生物化学成分。显微镜也跨入了数字时代，开始使用电荷耦合器件及数码照相机来捕捉图像。尽管如此，这些先进的显微镜与你在生物课上使用的学生用显微镜在基本原理上还是非常相似的。

» 基本结构

显微镜必须从一小块微小的、被充分照射的标本区域进行采光。为了进行采光，显微镜装有物镜，即小型球形透镜，可以将物体图像在显微镜的镜筒内较短距离处进行聚焦。然后，图像经过第二个透镜即目镜进行放大，这也就是我们看到的图像。

除光源外，显微镜还有聚光镜。聚光镜是一组透镜，可以将来自光源的光会聚成标本上的一个极小的亮点，也就是我们通过物镜看到的那个区域。

通常，显微镜的物镜可以更换，但目镜是固定的。通过更换物镜，从较平的、低放大率的物镜到较圆的、高放大率的物镜，人们可以不断将更小的物体纳入眼中。

准备标本

如果要通过透射光来观察标本，那么光一定要穿过标本形成图像。标本越厚，穿过标本的光就越少。穿过标本的光越少，形成的图像就越暗。因此，标本必须很薄（0.1～0.5 毫米）。许多活体标本在进行观察前必须被切成薄片。岩石或半导体标本由于太厚而无法切块，因此不能通过透射光来观察，但可以通过从它们表面反射的光来观察。

» 图像质量

当我们透过显微镜观察标本时，看到的图像质量取决于以下因素：

◇亮度：图像是明亮的还是昏暗的？亮度由照明系统控制，通过改变灯的电压并调整聚光镜和光圈孔径（开口），可以改变图像的亮度。同时，亮度也与物镜的数值孔径有关（数值孔径越大，图像的亮度就越高）。

◇清晰度：图像是模糊的还是清晰的？清晰度与焦距有关，可使用聚焦旋钮进行调节。盖在标本幻灯片上的盖玻片的厚度

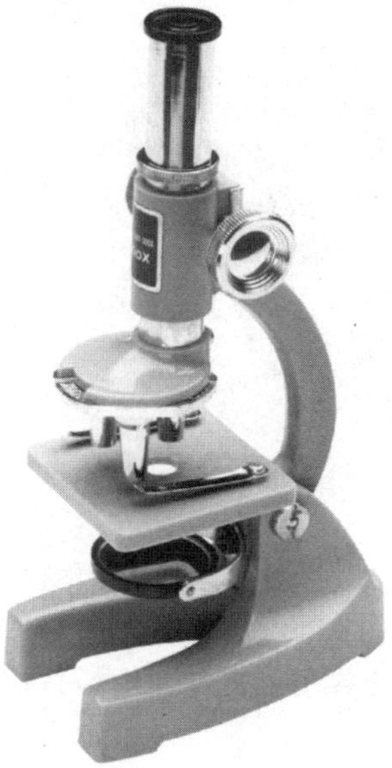
↗ 光学显微镜

也会影响图像聚焦的质量：对物镜而言，盖玻片可能会太厚。正确的盖玻片厚度标注在物镜的侧面。

◇辨析度：图像上的两个点要离得多近才能不被看做是两个单独的点？辨析度与物镜的数值孔径有关（数值孔径越大，辨析度就越高），也与通过透镜的光的波长有关（波长越短，辨析度就越高）。

◇对比度：标本周边区域在采光上有哪些差异？对比度与照明系统有关，可通过改变光照的强度和光圈孔径来进行调节。同时，在标本上使用化学染色剂也可以增加对比度。

» 显微镜的类型

在显微镜下观察物体存在的主要问题是物体图像对比度不高。这种情况对生物（如细胞）尤为明显，尽管天然色素如树叶中的叶绿素也可以提供很好的对比度。提高对比度的途径之一就是在标本上使用色素或染色剂，从而将标本的某些特定区域凸显出来。

人们进行了不同类型的显微镜研究来提高标本的对比度，主要的研究领域是照明系统和穿过标本的不同类型的光。比如，暗视野显微镜使用了一种特殊的聚光镜，可以把大部分亮光挡住，使半透明的光照在标本上，与月亮在日食中遮挡了太阳的光非常类似。这种光学设计使背景完全变暗，提高了图像的对比度，凸显了图像的细微部分——标本边缘的明亮区域。

各种类型的光学显微镜学技术主要如下：

◇亮视野：这是显微镜的基本配置，对比度很低。

◇暗视野：如前所述，此配置提高了对比度。

◇莱因伯格照明法：与暗视野类似，但使用了一组滤光器，形成了标本的“光学着色”。

显微镜有两种基本外观：正立和倒立。正立显微镜的照明系统位于镜台下方，透镜系统位于镜台的上方。倒立显微镜的照明系统和透镜系统则分别位于镜台的上方和下方。观察较厚的标本，如培养细胞的培养皿，最好选用倒立显微镜，因为该类显微镜的透镜可以从更近的距离观察培养皿的底部，即细胞生长的地方。

透过光学显微镜，我们既可以看到活体细胞和组织的结构，也可以看到非活体标本如岩石或半导体的结构。显微镜在设计上有简有繁，有些显微镜还兼具了几种显微镜的功能，不过每种显微镜所提供给我们的信息大致相同。光学显微镜极大地提高了我们对生物医学的认识，它将继续成为科学研究的强大武器。

荧光显微镜

荧光显微镜利用水银灯或氙气灯来制造紫外光。光线进入显微镜后，遇到分色镜。分色镜可以反射一定范围内的波长，允许另一个范围的波长通过。分色镜将紫外光反射到标本上。在紫外光的照射下，标本中的一些分子发出荧光。物镜将波长等于荧光波长的光收集起来。荧光穿过分色镜和遮光滤光器（将荧光以外的波长去掉）到达目镜，形成图像。

荧光显微镜在观察活体细胞的结构以及观测其生理和生物化学反应方面效果显著。人们可以利用不同的荧光指示剂，来研究那些在生理方面具有重要意义的化学物质，如DNA、钙、镁、钠、酸碱度和酶。另外，各种生物分子对应的抗体与荧光分子在化学属性上有一定联系，这些抗体可以用来对细胞内的特殊结构进行染色。

■ 液压系统为什么能够驱动液压机?

从后院的劈木机到建筑工地上的大型机器，液压设备有着性能卓越、使用便捷的特点。在任何一个建筑工地，都可以看到液压驱动的设备，比如推土机、反铲挖土机、挖土机、装载机、铲车和起重机。在修车场，你可以看到当液压设备把汽车吊起后，工人就可以在车下作业了。许多自动扶梯也是液压驱动的，甚至你车上的刹车系统也是液压驱动的！

液压系统的基本原理非常简单：通过不可压缩的液体，将作用于一点的力传递到另一点。通常使用某种油来作为液体介质。在这一过程中，力通常会增大。

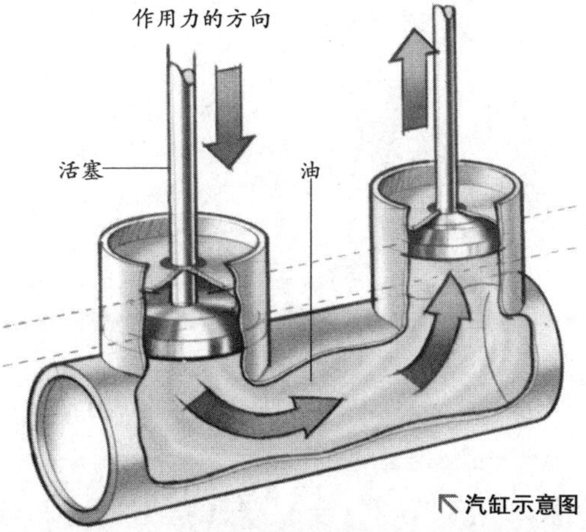

↖汽缸示意图

» **物理原理**

假设在两个充满油的、用一根输油管连接起来的汽缸里放入两个适合的活塞，如果将其中一个活塞向下压，压力通过输油管中的油就会传到第二个活塞。由于油的不可压缩性，压力传导效率很高，几乎所有的作用力都被传导到第二个活塞上。连接两个汽缸的管道可以是任何长度、任何形状，只要它可以穿过两个活塞中间的所有装置就行。管道可以分叉，这样如有必要，主汽缸可以比辅汽缸有更大的驱动力。

液压系统设计的精妙之处在于，对系统进行增压（或减压）的过程非常简单。你只需改变一个活塞头和一个汽缸的尺寸就可以了。液体介质在系统中每个点上的压力都相同。施加在较大活塞上的压力作用面积较大，活塞受到的向上的推动力也较大。

知识档案

车上的刹车系统就是一个活塞驱动的简易液压系统。当你向下踩刹车踏板时，刹车踏板推动主汽缸里的活塞运动。4个车胎每个都有一个辅活塞，它们通过制动块挤压制动转子的方式进行刹车。（事实上，现在公路上行驶的几乎所有车辆都是由两个主汽缸各自带动两个辅汽缸。所以，即使主汽缸出现故障或漏油，你还是可以进行刹车。）

在大多数其他液压系统中，液压汽缸和活塞都是通过阀门来连接提供高压油的输油泵。

为了弄清楚促进作用力增大的因素，让我们先来看看活塞的尺寸。假设第一个活塞直径 2 厘米，第二个活塞直径为 6 厘米。活塞的面积为 πr^2，则第一个活塞的面积为 3.14 平方厘米，第二个活塞的面积为 28.26 平方厘米。第二个活塞的面积是第一个活塞面积的 9 倍。

这就是说，作用于第一个活塞上的力会在第二个活塞上增大 9 倍。因此，如果对第一个活塞施加 100 牛向下的作用力，第二个活塞就会受到 900 牛向上的作用力。同理，如果想把第二个活塞提高 1 厘米，就要把第一个活塞向下压 9 厘米。

» **更先进的系统**

重型液压机是根据相同的原理工作的，不过它们大多使用液压泵而非简单的主汽缸活塞来驱动活塞。液压泵与水泵非常类似，它是从液体箱中抽取液体，用高压将其导入液压系统。

刚才谈到的简单活塞只能提供单向的增力。为了能够把活塞推进推出，必须使用一套经过改良的系统，从而可以把液体引入汽缸中活塞头的任意一端。

在这一系统中，只有很少的一些元件。液压泵从液体箱中抽取液体并对其加压。短管阀控制液体流动的路径。如果把短管阀转向右侧，增压液体（如橘色图示）就会流入汽缸右侧。当活塞滑向左侧，活塞会把未增压液体（如黄色图示）重新推回液体箱。活塞缩回。当短管阀转向左侧，增压液体进入汽缸的左侧，推动右侧的液体进入液体箱。活塞向汽缸外伸出。

多功能液压机如反铲装载机使用了许多不同的短管阀来驱动液压活塞。机器的控制装置只需前后移动阀门，就可以把活塞推进推出。

» **劈木机**

现在，你已经了解了简易液压系统的工作原理，下面让我们来看一个具体的例子劈木机。一

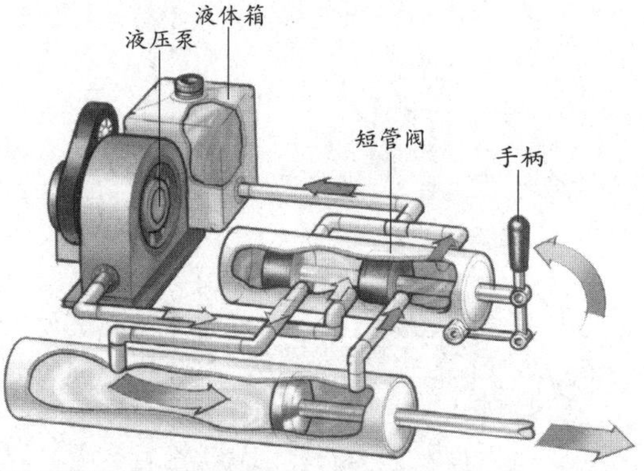

↗ 短管阀液压机示意图

台典型的劈木机包括以下几个部分：

◇一台 4000 瓦的汽油发动机。

◇二级液压油泵，在低压时最大流量为 50 升 / 分；当压力为 17 250 千帕时，流量为 14 升 / 分。

◇直径为 10 厘米、长度为 60 厘米的液压汽缸。

◇ 14 升的液压油泵。

◇可以使油保持清洁的滤油器。

二级油泵设计巧妙，非常省时。油泵一般包括两个泵吸装置和一个介于两个泵吸之间的内压感应阀门。一个泵吸在较低压力下，可达到最大的流量（升 / 分）。举例来说，当木头被劈开后，可以用这个泵吸将活塞从木头中抽出。如果想用很小的作用力将活塞迅速重新推入汽缸，就需要在低压下尽可能产生最大的流动速率。相反，如果要将活塞推入木头中，就要尽可能使压力达到最大，从而产生最大的劈力。此时，无须过多考虑流动速率，只需要把油泵调整到高压低容的状态，来劈开木头。

据称，一部典型的劈木机最大劈力可以达到 20 万牛。一个 10 厘米的活塞面积为 78.5 平方厘米。如果油泵在每平方厘米上产生的最大压力为 2100 牛，那么总压力可达到 16.5 万牛；如果劈力小于 20 万牛，则每平方厘米上产生的压力为 1600 牛。

根据以上数据，可以推算出活塞的运动周期。如果要把一个直径为 10 厘米的活塞提高 60 厘米，需要的油料为 $3.14 \times 52 \times 60=4710$ 立方厘米。每升的油体积约为 972 立方厘米，因此，要把活塞单向提高 60 厘米，大约需要 5 升的油。下次如果你注意观察一下液压反铲挖土机或装载机工作时的运动速度，你就可以想象得到需要多少的油料了！对劈木机而言，最大的流量为 50 升 / 分。也就是说，在木头被劈开后，活塞只需 10 秒左右的时间复位；而要把活塞推进硬质木材中，则需要 30 秒左右的时间（因为高压时的流动速率较低）。

如果要把汽缸中装满液压油，液压系统中至少要有 5 升的液压油。汽缸的一侧比另一侧的容积大，因为这一侧装有活塞轴需要占据一定空间，而另一侧则没有。因此，大型的液压机通常拥有大型的外储油器。

◇可容纳大量的液压油（对于有 6 ～ 8 个大型液压汽缸的机器来说，380 升的存油量是很普通的）。

◇拥有大型的外储油器，可存储由于汽缸两侧体积不同而造成的油料差量。

下次，当你换轮胎或路过建筑工地时，你就会用一种全新的眼光去欣赏你周围的液压设备了！

■ 消防车的各部分是如何工作的？

我们常常看到消防车，但是你可曾想过它的各个组成部分？消防车上安装了很多神奇的设备，消防员可以利用这些设备快速到达火灾现场并执行灭火任务。要了解消防车，首先要知道它是由人员输送车、工具箱和水罐组合而成的。所有这些部件对于灭火都是必不可少的。

由于不同的消防部门有不同的需求，因此消防车在形状、尺寸和颜色上各不相同。消防队可以订制消防车来满足特定的需求，如可以订制抽水机、水罐、云梯消防车（也叫云梯车），或同时订制上述部件。同时，还可以订制专为执行救援任务而设计的模型车。这些消防车都装配有“生命之钳”之类的设备。

» 用水泵抽水

当消防员到达火灾现场时，他们需要大量的水来灭火。消防车上的抽水机或水罐就是用来抽调水的。到达火灾现场时，水罐里就携带了上千升的水。抽水机还可以从外部水源抽水，比如消防栓、可卸式水箱、游泳池或湖泊。大多数情况下，一台发动机可以同时完成这两项工作。

如果水罐泵浦车自带水箱，那么该水箱的容量一般为4000升。通常，水箱位于车内，输水管从车后中间穿过。一条直径为15厘米的硬质吸水管被用来从游泳池或湖泊等外部水源抽水。水也可以从消防栓流入抽水机中。

知识链接

在从外部水源吸水前，必须首先启动吸水管。启动硬质吸水管，就是要把里面的空气全部挤出。如果要启动水泵，司机则要开启控制板上的电动开关。

水罐泵浦车的核心是水泵叶轮，是一种带有弯曲叶片的类似转子的部件。叶轮由自带的柴油发动机驱动，在水泵内部高速转动。当水流入水泵后，击打叶轮的内部，水流被向后推动。叶轮转动产生离心力，形成水压。打开阀门，水流击打叶轮的中心转动部位。

消防员通过泵浦控制板来控制水龙带。控制板由一组杠杆和开关组成，可以控制出水量和水流该流入哪条水龙带。一台大型抽水机可以同时有多条水龙带。当消防员到达火灾现场后，司机就会跳下车，冲向控制板，开始操作水泵。通过控制板上的刻度盘或一组红灯这些明显的指示信号，司机可以知道水箱里的余水量。其他消防员就会把抽水机接到新的水源上。

司机要做的第一件事是确认水箱与水泵之间的阀门是否已经开启。按动水泵旁边的电动开关，阀门就会打开，水就会流进水泵中。接下来，司机需要确认哪些水管（或水龙带）已经被消防员从消防车上取下，他要对这些水管进行注水。当水从水泵流入水管中，就表示这条水管已被注水。水管上标有不同的颜色，司机可以很方便地辨别哪些水管已被注水。水管的颜色与控制板每个操纵杆下面的金属板颜色一样。

大多数的注水由被称为“智囊芯”的嵌入式电动设备来控制。“智囊芯”自动控制水泵，同时调节水压的大小。“智囊芯”还装有一个安全阀，这样，如果某条水管的水源被切断，这条水管产生的水压不会自动转移到另一条水管上。

许多消防车还装有泡沫系统，在主水箱内有泡沫发生舱。举例来说，A级泡沫可以浸湿建筑

↘ 消防车构造示意图

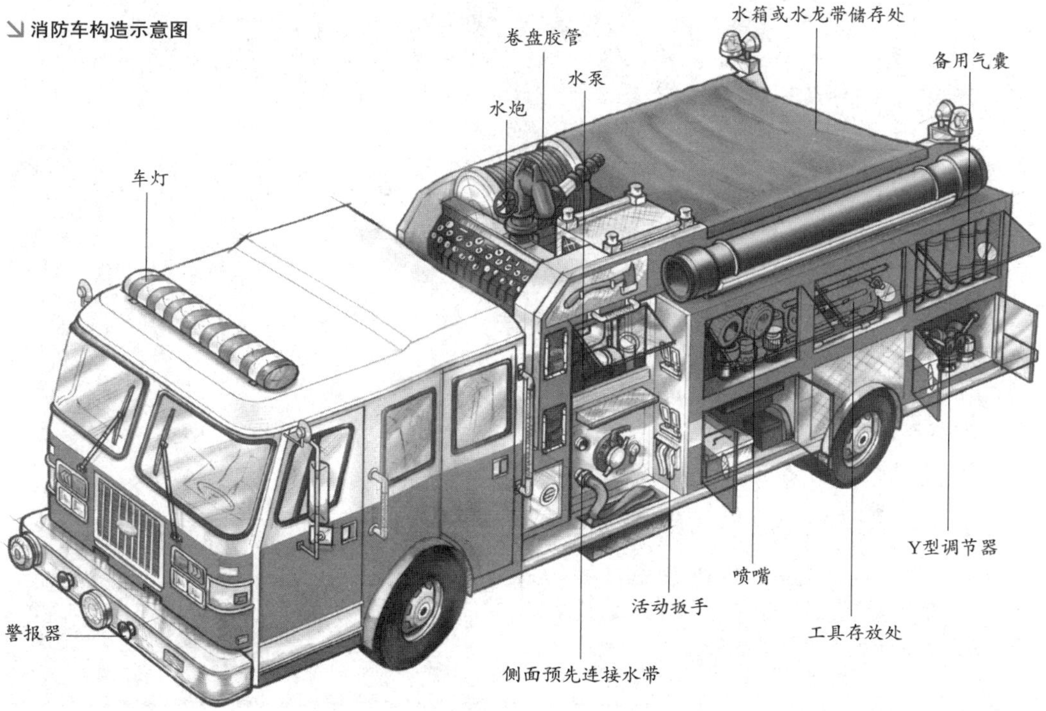

物中的起火材料，防止这些材料再次燃烧。B 级泡沫可用来扑灭车辆起火或可能由易燃液体引起的其他火灾。

» 解下水龙带

消防车上装有许多不同的水龙带，每条水龙带在灭火过程中都有各自的独特功能。根据水龙带的长度、直径以及水泵中的水压，水龙带处理水的能力有所不同。

如果是房屋起火，消防员会立刻解下交叉水龙带。这些水龙带就位于控制板正下方，露天排放、十分轻便，可以轻松从消防车上解下来灭火。它们长 61 米，直径为 4 厘米，喷水速率为 360 升 / 分。对于小火灾，比如小木头起火或烟囱起火，小型卷盘胶管就完全可以扑灭这类火灾。卷盘胶管是消防车上最小的水管，直径约为 2.5 厘米。

水炮，有时也叫“车载消防水炮”或“主射流”。只要你亲眼看看，就会明白为什么水炮会被冠以这个称呼。水炮可向大火喷射大量的水，喷水量可超过 4000 升 / 分。

此外，消防车上可能还会装配“预先连接水带”。这种水带的管线预先与消防车相连，以便在火灾现场节约时间。

消防车用多个隔间中的一间来存放水管的附加管线。比如说，一根直径 13 厘米的水管可能带有两条附加管线：一条为 8 米长，另一条为 15 米长。由于这两条管线经常放置在路边，因此被称为“路边搭接线”。消防员可以利用这些附加管线来连接消防栓，而无须从车上取下 30 米长的管线。

在路边搭接线旁，你也许会看到一个软管线组。软管线组就是一条小小的、缠绕在一起的软管，可以用来扑灭建筑物高层的火。这些线组被捆扎起来，便于消防员在爬梯时携带。消防员可以直接把这些线组背到肩膀上爬梯，再从窗户钻进去。通常，当其他管线无法深入内部时，会使用软管线组。这些软管线组将与云梯车上的水龙带连接在一起。

消防装备

当消防员接到火警或医疗求助的警报时，必须要有许多工具和大量其他设备来救火或救人。所有设备都存放在消防车侧面或后面的隔间里。在消防车上常见的一些工具如下：

• 滚筒过滤器：当硬质吸水管从湖泊或池塘吸水时，该设备装在吸水管上，可以过滤水中的残渣。

• 喷嘴：不同的场合需要不同的喷嘴。喷雾嘴可喷出强劲的水雾，其他喷嘴可以将水直线喷出。还有一种穿透喷嘴，可以用来冲刷墙面或喷射其他喷嘴无法喷到的区域。

• 泡沫比例混合器：是一种用来混合水和泡沫的特制喷嘴。

• 哈立根工具：在外观上近似撬杆。

• 墙体铲除器：这种工具可用来铲除墙上的墙体，这样水就可以喷射到墙里面了。

• 杆钩：这种外观似矛的工具长约3～4米，可以刺入天花板中将墙体铲下。

• 应急设备：大多数消防车都装有一个电震发生器、一个应急氧气箱和外伤急救药箱，其中包括了所有的急救设备。

• Y型调节器：是一种特制的管口调节器，可以装在一条水管上，使同一水流从两个较小的管道中流出。

• 活动扳手：这种特制的工具可用来拧紧消防车或消防栓上的水管。

• 消防栓扳手：可用来拧上消防栓。

• “生命之钳”：这套救援工具可以把受害者从车祸或建筑物坍塌的事故现场解救出来。

• 排风机：通常放置在门口处，用来排烟。消防车也可能会装配正压排风机，促使空气流动，排出户外。

• 抢救盖布：当消防员在上方楼层灭火时，用抢救盖布来覆盖下方楼层的家具。

另外，消防车上还装备有：螺旋刀具、大捶、灭火器、水冷却器、长度为7米的伸缩梯和长度为5米的屋顶梯。一些消防车还可能装有链锯、悬垂索以及用来运送伤者的背板。你可以看出，消防车真是一个百宝箱！消防车经过精心设计，将存储空间用到了极致。

» 向上

当火势在多层建筑物中蔓延时，消防员可以通过云梯车迅速爬到较高楼层。

车上的梯子通过液压活塞来升高或降低。当液压油流入活塞，液体的压力使活塞杆伸长或收缩。当活塞杆伸长时，梯子就升高；当活塞杆收缩时，梯子就降下。

另一组液压活塞可以使梯子的组件上下伸缩。液压发动机带动齿轮转动，从而使梯子可以左右移动。当梯子进行作业时，会伸展出 4 个支杆，使消防车保持平衡。

↗ 工作中的消防车

在一些云梯车上，梯子也带有一条和梯子长度一致的管线。这条备用水管有时会用来扑灭位于高层的大火，或者从上自下喷水灭火。这条水管每分钟可以喷出几百升的水，具体的出水量取决于水管的直径。

梯子是由它底部的一组操纵杆来控制的。支架则由卡车后部进行控制。每根支架有 4 个控制杠杆：2 个将吊杆伸出，2 个将支脚放在地面上。支脚下面带有金属垫，可以防止卡车的作用力使沥青路面受损。

» 坐好座位

消防车设计独特，可以将整组消防员带到火灾现场。消防车的车厢分为两个部分：前排座位供司机和队长乘坐，其他消防员都坐在后排座位。

前面提到，司机负责操作控制板。因此，司机面前的仪表板上的基本控制开关都是用来进行控制任务的。

司机手边可能还有另一个开关，可以启动自动轮胎链。当消防车行驶在冰雪路面上时，就需要启动这些轮胎链。自动轮胎链省时省力，无须再翘起卡车来手动安装轮胎链。

消防队队长坐在车厢前排副驾驶位置。车厢前排装有通话器，队长和司机可以与坐在后排的队员通过耳机进行交流。在去往火灾现场的路上，队长经常给队员们下达一些指令。

后排座位可以容纳 4 ~ 6 名消防员赶往火灾现场。有一排 4 人座位，与队长和司机背对背。在这排座位正对面还有两个折叠座位。在折叠座位中间，装有几个黄色的储物囊，可放置队员们的消防面具。

在 4 个主座位后面是气囊。由于消防车上已经装配了气囊，队员们只需将它们背在肩上就可以了。每个气囊中的气体可供人呼吸 30 分钟。

■ 自动扶梯是怎样向上移动的?

你可能经常乘坐自动扶梯，但是你有没有想过它是如何运行、保持平稳，扶手与台阶又是如何保持一致的?

自动扶梯是传送带的一个简单变形。一组转动的环链带动一组台阶做循环运动，可以将许多人匀速升高或降低一段短距离。

自动扶梯的核心部件是绕在两对齿轮上的一组链条。电动机带动顶部的驱动齿轮转动，驱动齿轮又带动环链转动。一部典型的自动扶梯使用 7.35 万瓦的电动机带动齿轮转动。电动机和链条系统装在桁架内，在两层楼梯中间装有金属架。

传送带移动的是一个平面，而环链移动的是一组楼梯。自动扶梯中的每层楼梯都有两组滚轮，分别在两组滑轨上运动。上面的一组（靠近楼梯顶端的滚轮）与转动链条相连，由自动扶梯顶端的驱动齿轮来带动。另一组滚轮随着第一组运动，但仅在滑轨上滑动。

滑轨是彼此分开的，因此每层楼梯都能一直保持水平。在自动扶梯的顶端和底部，滑轨处于

↘ 自动扶梯示意图

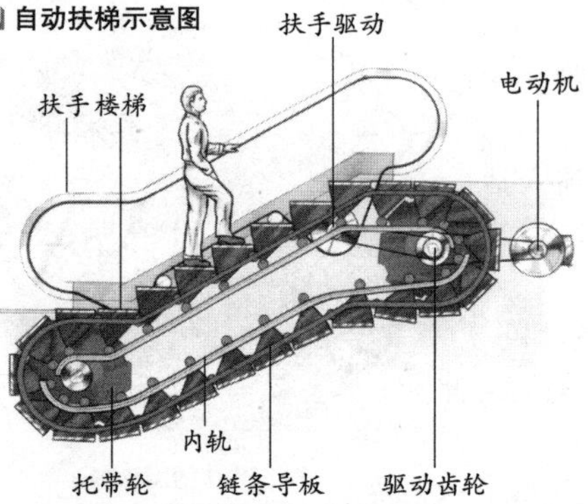

水平位置，使楼梯保持平稳。每层楼梯内部都装有许多凹槽，通过这些凹槽，楼梯可以与它前面和后面的楼梯紧密结合。

除了要转动主环链，自动扶梯的电动机还要移动扶手。扶手其实就是缠绕在一组滚轮上的橡胶传送带。该传送带经过了精确的配置，可以与楼梯同步运行，这样就使乘坐自动扶梯的乘客觉得更加平稳。

在运送乘客到数层楼高的距离方面，自动扶梯比不上电梯；但在把乘客运送一段短距离方面，自动扶梯则表现更佳。这是因为自动扶梯的荷重率更高。

■ 水塔是怎样解决用水紧张这一难题的？

你有没有经历过水资源短缺？比如，当你打开水龙头时，却发现没有水。如果你使用的是市政供水，那么你的回答可能是“没有”。

时时刻刻都会发生能源短缺，比如说水资源危机。但从城市到乡村，水似乎总在我们的身边，而且水压也很有保障。

水资源有保障的主要原因就是水塔。如果你住在小镇密集的平原地区，到处都可以看到水塔。每套水力系统都有一个或更多个水塔。

在多数城镇，人们的饮用水来自水井、河流或水库（通常是当地的湖泊）。这些水经过自来水厂处理后，可以除去沉淀物和细菌，变成清洁、无菌的水。一个高压水泵通过对水施加压力，把水输入水力系统主要的进水水泵中。如果水泵里的水多于水力系统的需求，多余的水就会自动流入水塔的水箱里。如果居民区所需水量高于水泵的供水量，水也会从水箱流出来以满足人们的需求。

» 水塔、水箱和水泵

水塔是极其简单的装置。尽管水塔的外形和尺寸各不相同，但它们都是大型的、离地的水箱。水塔都很高，以此来提供压力，每米的高度可提供的压力为 3 千帕。一般的市政供水水压介于 345 ~ 690 千帕，主要的家电如洗碗机或洗衣机，需要的水压至少为 138 ~ 207 千帕。水塔必须足够高，才能满足一个地区所有民用和商用水压的要求。因此，水塔一般都建在高地上，以便达到足够的高度来提供足够的水压。在山区，有时也可以用装在最高山上的简易水箱来代替水塔。

水塔的水箱通常都非常大。一般的嵌入式游泳池能装 9 万 ~ 13.5 万升的水，而典型的水塔存水量可以达到它的 50 倍。通常，水塔的水箱能够容纳当地通过该水塔供水的居民区一天的用水量。一旦水泵发生故障，比如，发生了能源故障，水塔里的存水足够一天的全部用量。

水塔的好处之一就是水塔的使用使市政机构可以根据平均用水量而非高峰用水量来选择水泵。假设一个水泵站的平均用水量为每分钟 2000 升，一天中可能有某个时间段的用水量会超过这个量。比如，很多人都会在周一到周五的每天同一时间段起床，如早上 7 点钟，他们都会去卫生间、洗澡和刷牙等。因此，在 7 点左右，水的需求量可能达到高峰，即每分钟 8000 升。供水量为每分钟 2000 升的水泵与每

> **知识档案**
>
> 对于那些驾驶小型私人飞机的飞行员来说，水塔可谓一个好帮手，原因如下：
>
> * 水塔很大。
>
> * 水塔都是离地的，因此从飞机上很容易识别。
>
> * 所有的小镇都有水塔。
>
> 小镇居民也非常友善地将镇名写在了几乎每一个水塔上。
>
> 如果你曾经驾驶小型飞机飞过乡村上空，你会觉得看到的所有小镇都是一样的，你很容易发生混淆。如果你没有安装全球定位系统，那么水塔会给你轻松导航。

分钟 8000 升的水泵，在成本上存在巨大的差异。有了水塔的存在，市政部门就可以购买每分钟 2000 升的水泵，而让水塔来处理高峰时段用水量的问题。深夜，当用水量几乎为零时，水泵可以添补差异，把水塔重新蓄满水。

» **形状和功能**

水塔形状不同，大小各异。举例来说，在美国南卡罗来纳州的加夫尼，有一座巨型的桃形水塔。如果加上“枝干”和“叶片”，这座让人惊叹的建筑可以容纳 400 万升的水。亚拉巴马州克兰顿市的人们非常喜欢这个设计，现在他们在郊区也修建了一个小号的桃形水塔，存水量为 200 万升。

在城市里，高楼经常要面对水压问题。有些建筑的高度已经超过了城市水压所能承受的范围，因此，它们需要拥有自己的水泵和水塔。如果你站在高楼的顶楼你会发现，在周边建筑的楼顶上分布着许多个小型水塔。

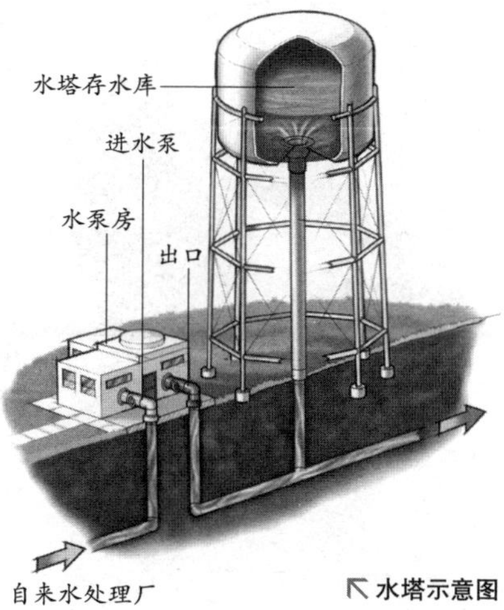

↖ 水塔示意图

现在你已经了解了水塔的工作原理，你一定会惊叹于你的城镇的水塔数量繁多和造型各异！

■ 桥梁为什么能够转移压力？

桥是跨越障碍的通道。你随时都会看到桥，它们已经成为我们生活的一部分。事实上，如果你在小河的河面上搭一块厚木板或一根原木来过河，你也就是在搭建一座桥梁。提到桥这个词，你可能会联想到一幅桥的画面，比如金门大桥或者布鲁克林大桥。

桥梁的种类主要有 3 种：

◇梁式桥。

◇拱式桥。

◇悬索桥。

这 3 种桥最大的区别是单孔跨径不同。所谓跨径，是指桥的两个支撑物之间的距离，这些支撑物可以是柱、塔或是峡谷的内壁。举例来说，一座现代梁式桥最大跨径可达 60 米，而一座现代拱式桥安全跨径则可达 240 ~ 300 米。悬索桥作为桥梁技术的高峰，跨径可以高达 2100 米。

> **变形和断裂**
>
> 以下这个例子可以很好地解释变形和断裂，而且容易观察。取一块长5厘米、宽10厘米的木板，把木板的两端分别放在两把椅子的顶部，就像架设了一座桥。然后把重量为45千克的物品放在木板上方正中央的位置。这块木板开始变形，因为木板的上方受到压力、而底部则受到了张力。如果继续加大重量，木板就会断裂，因为木板上方会变形并且底部会折断。

» **跨径**

为什么拱式桥的跨径会远远高于梁式桥，同样，为什么悬索桥的跨径可以达到拱式桥的 7 倍？原因就在于，不同的桥梁在处理以下两种力时方式不同。

◇压力：对其作用物进行挤压或缩短其长度的作用力。

◇张力：对其作用物延展或拉长的作用力。

说明压力和张力的一个常见的例子是弹簧。当你向下挤压弹簧或把弹簧两端向中间挤压时，压力的作用就会把弹簧缩短。当你向上拉伸或把弹簧两端向两边拉开时，弹簧就产生了张力。

任何桥梁都有压力和张力，桥梁设计的目的就是在桥梁不发生变形或断裂的前提下，处理好这些作用力。当压力的作用大于物体的抗压力时，物体就会发生变形；当张力大于物体抵抗张力的能力时，物体就会断裂。

解决这些作用力的最好方式就是耗散或转移。对力进行耗散，是指把力扩展到一个较大的区域，这样就避免了任何一个点的集中受力。对力进行转移，是指把力从一个较弱的区域转移至一个较强的、可以承受这种作用力的区域。拱式桥可以很好地说明力的耗散，而悬索桥则可以很好地说明力的转移。

↗ 悬索桥

» 梁式桥

就本质而言，梁式桥是一种两端架设在桥墩上的刚性水平结构。桥墩直接支撑桥的重量和桥上所有的交通流量。桥的自重和交通流量会产生向下的直接作用力。从梁式桥的桥面（或路面）表层就可以看到这种压力的作用。在压力的作用下，桥面的表层会缩短。作用于桥面表层的压力会导致桥面的里层产生张力。在张力的作用下，桥的钢梁下端会伸长。为了避免桥发生变形或断裂，必须对施加在桥面上的作用力进行耗散。

↗ 拱式桥

你会发现，许多作为过街天桥的梁式桥都选用混凝土或钢筋梁作为承重梁。梁的尺寸，特别是高度，决定了梁的跨径。增加梁的高度，梁就能有更多的材料来耗散张力。为了建造更高的梁，桥梁设计者们在梁里添加了辅助的格状结构，即桁架。辅助桁架可以增加梁的刚性，并大大提高梁耗散压力和张力的能力。一旦梁下压时，压力就会通过桁架进行耗散。

尽管桁架的添加很有创意，但梁式桥的跨径还是十分有限。如果跨径增大，桁架的尺寸也必须增大，直至桁架不足以支撑桥梁的自重为止。

» 拱式桥

拱式桥是两侧带有拱肋的半圆形结构。压力沿拱弧到拱肋的方向向外扩展。拱的设计即半圆形的设计，很自然地把桥面的重量分散到拱肋上，也就是耗散了压力。拱的自然弧度及其向外耗散压力的能力大大减少了拱下端受到的张力。不过，拱的半圆弧越大，作用于拱下端的张力也就越大。和梁式桥一样，尺寸的有限性会最终压倒拱自身的优势。

» 悬索桥

悬索桥通过缆索（绳或链）来连接两端，把桥面悬吊在缆索上。现代悬索桥用两座高塔连接这些缆索，也就是说，高塔承受了桥面大部分的重量。

压力向下作用于悬索桥的桥面，由于桥面是悬吊起来的，缆索就会把压力转移到高塔上，高塔再对压力进行耗散并完全导入地下。

↘ 悬索桥受力状况示意图

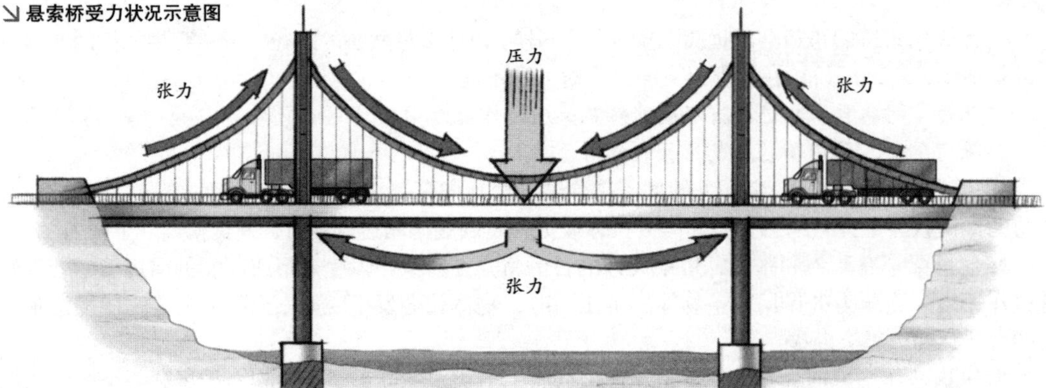

张力的作用力是通过架设在两个锚固上的缆索进行耗散的。由于承受着桥的自重和桥上的交通流量，连接桥两侧锚固的缆索被拉长。锚固也受到张力的作用，但由于锚固和高塔一样都牢牢地嵌入地面，它们承受的张力就被耗散了。

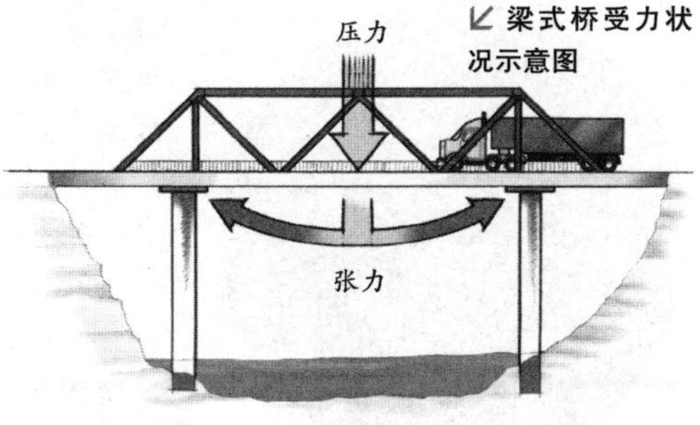

↙ 梁式桥受力状况示意图

除了缆索之外，几乎所有的悬索桥在桥面下都有一个桁架支撑系统。桁架结构既坚固了桥面，同时也降低了桥面发生摇摆和晃动的概率。

» 其他作用力

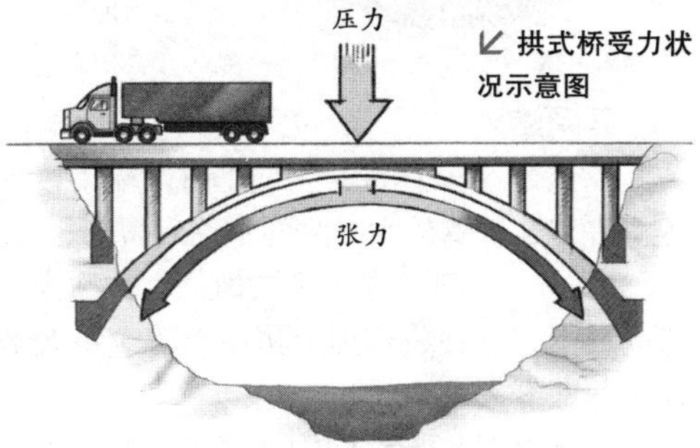

↙ 拱式桥受力状况示意图

除压力和张力外，设计桥梁时还必须考虑一些其他的作用力。这些作用力通常与桥梁修建的地点或桥梁的设计有关。

扭力是一种由于转动或扭动而产生的作用力。拱天然的形状和梁式桥增加的桁架结构都可以消除扭力对这些桥梁的破坏性影响。由于悬索桥悬吊在一对缆索上，使得这类桥更容易受到扭力的影响，特别是在大风天气尤为明显。在设计上不断创新，特别是对桁架结构进行不断的改进，将有助于解决这个问题。

共振是指由外力引起的振动与物体本身的振动频率相同。如果对共振现象不加以关注，共振对桥梁的作用力可能是致命的。共振产生的振动会通过波的方式传导至桥的每个部分。

为了减少共振对桥梁产生的影响，桥梁设计者们在桥上安装了减震器，以便对共振波进行干扰。无论振动持续时间的长短或源自何处，对共振波进行干扰都可以有效阻止共振波的继续扩大。

减震器主要利用了惯性的原理。假设一座桥的桥面为实心结构，共振波可以轻易地穿过整个桥梁。但是，如果桥面由不同的部分构成，同时桥板又互相叠加，共振波要穿过桥梁就不那么容易了。一部分桥面的运动会通过桥板传递到另一部分，由于桥板相互叠加，就会产生一定的摩擦力。我们需要做的就是制造足够的摩擦力，来改变共振波的频率，以此阻止波的产生。改变频率后会产生另外两种波，但每种波都不会把另一种波转化成具有破坏性的作用力。

大自然的力量，尤其是天气的影响，是迄今为止最难应对的挑战。雨、雪和风每一样都可以对桥梁造成致命的危害，如果它们同时作用于桥梁，后果将会很严重。桥梁设计者们通过汲取过去的经验教训，不断提高着自己的技艺。桥梁建设选用的材料也先由铁取代了木头，再由钢取代了铁。每一种造桥新材料和新工艺的应用都是在汲取过去的经验教训后得到的。然而，天气引起的问题却始终没有得到彻底的解决。

■ 摩天大楼是怎样设计建造的?

纵观整个建筑史，人类对建筑高度的追求可谓孜孜以求。成千上万的工人为了建造古埃及的金字塔、欧洲的大教堂和数不胜数的高塔而辛苦劳作，目的都是为了建造出令世人惊叹的伟大建筑。人们建造摩天大楼的初衷是因为它非常便利，只要在很小的一块土地上就可以拥有大量的不动产。不过，与古代文明一样，追求宏伟外观的雄心壮志在决定建筑规模方面依旧扮演了非常重要的角色。

向上盖高楼的主要障碍是引力向下的作用力。假设你背着一个朋友，如果他很轻，你一个人就可以背动他。如果你让你的朋友也同时背上一个人（你的高度就增加了），你可能就觉得太重而背不动了。想要移动几人高的“人塔”，你就必须找更多的人作为底部，来支撑上面每个人身体的重量。

不管是金字塔形建筑，还是真正的金字塔或其他用石头建造的建筑物，都是依照这个原理进

↗ 摩天大楼

行工作的。底部需要更多的材料来承载上面的材料不断增加的重量。在用砖和水泥建造的普通建筑物中，每向上盖一层楼，都需要对下面的墙进行不断加固。但达到一定高度之后，再这样做就行不通了。如果下面的楼层已经快没有空间了，盖高楼又有什么意义呢？

19 世纪后期，新的生产工艺使制造实铁的长梁成为可能。建筑师们因此拥有了一套全新的建筑材料。与旧式建筑中的实心砖墙相比，窄而相对较轻的金属梁能够承载更多的重量，同时所占空间也很小。比铁更轻也更硬的钢使建造更高的楼宇成为可能。

» 巨梁网络

摩天大楼里垂直的立柱是由两端铆接在一起的钢梁构成的。每层的垂直立柱都与水平大梁相连。许多建筑物的大梁之间都用斜置梁来进行辅助支撑。

在这个巨型三维网状结构，也被称为“上层结构”中，建筑物所有的重量都被直接转移到垂直立柱上，立柱将作用力集中在建筑物底部的小块区域内。位于建筑物下面的底层结构再次将作用力分散开来。

在典型的底层结构中，在每一根垂直立柱的底部都装有扩展底座。立柱建在铸铁板上，铸铁板下方是格床，即多层并置的一排排水平钢梁。格床下面是厚厚的地下混凝土基座。整个结构都由混凝土浇筑而成。

整个结构在地面下一定深度的地方向外延展，把立柱的集中作用力分散到一个广阔的区域。最终，建筑物的全部重量都直接作用在位于地表下方的硬质黏土层上。在自重相当大的建筑物中，扩展基座建在粗大的混凝土或钢筋支柱上，这些支柱会一直延伸到地下的基岩层。

在这一设计中，外墙只需支撑自重即可。建筑师可以按照自己的设想扩大建筑物的外墙，他们甚至可以全部用玻璃来建造外墙。

» 功能性

摩天大楼的设计者们绝不会不考虑电梯的设计。设计摩天大楼的电梯系统，需要平衡好各个因素之间的关系。楼层越高，建筑物容纳的人就越多。容纳的人越多，需要的电梯也就越多。由于电梯升降机井占用空间很大，因此每增加一部电梯，楼层的空间就会相应的减少。为了给人提供更多的空间，就需要增加更多的楼层。在建筑物设计过程中，确定楼层和电梯的数量是一个非常重要的环节。

建筑物的安全问题也是设计时要考虑的主要问题。如果没有 19 世纪新式防火建筑材料的出现，摩天大楼的建造就不会如此顺利。现在，摩天大楼还配备了性能卓越的喷水灭火设施，在火势大幅蔓延之前，就能将大多数火灾控制住。

同时，设计师们也会认真考虑摩天大楼用户们的舒适度。举例来说，帝国大厦的用户们总能在 9 米的范围内看到窗户。设计师们只有在考虑结构稳定性的同时，也考虑到建筑的实用性和舒适度，这样的建筑

↗ 台北101大楼

物才是成功的建筑物。

» 风的阻力

除了重力的垂直作用力之外，风的水平作用力也是摩天大楼需要解决的问题。大多数摩天大楼都可以在任何方向轻易地移动几米，就像一棵摇摆的树，但丝毫不会破坏结构的完整。但如果大楼在水平方向移动的距离过大，用户们肯定会有感觉。

为了使更大型的摩天大楼摆动幅度不致过大，工程师们在大楼的中心特别建造了坚固的衬心。在旧式的巨型摩天大楼中，人们用结实的钢制桁架对中心电梯升降机井周边区域进行加固。新式大楼则在建筑物中心位置建造了一个或多个混凝土衬心。

要使建筑物更加坚固，还必须使它们能够防震。由于整座大楼都会随着地面的水平振动而移动，因此钢梁结构并不会发生扭曲变形。

一些大楼采用了先进的防风减震器。其中的一种方法是，由液压设备推动重达400吨的混凝土在最高的楼层中进行往复运动。先进的电脑系统能够精确测量出风对大楼的作用力，从而会对重物进行相应的移动。

» 摩天大楼有多高

专家们对可以造出多高的摩天大楼持不同意见。有人说，利用现有的技术我们可以造出一座1609米的高楼，也有人说我们需要研制重量更轻、更加结实的建筑材料和速度更快的电梯，当然首先还是要研制先进的摆动减震器。可以想象，未来先进的技术可以使我们建造出高耸入云的城市，还有能够容纳100万甚至更多人的巨型建筑。

未来，为了保护土地，我们不得不建造更高的楼。楼盖得越高，人们就会集中精力进行区域发展，而不会把精力转向尚未被开发的自然区域。由摩天大楼组成的城市应该非常便利：更多的商业设施会在城市集中起来，从而节省了人们的时间。

摩天大楼竞赛背后的主要动力可能是虚荣心，而非必需品。为了纪念神和国王而建的纪念性建筑，现在也美化了城市。这些建筑物来自人的基本欲望，每个人心目中都想拥有一个巨大的建筑物。这种欲望是摩天大楼在过去100多年间发展的一个重要因素，也是一个好的预兆，在未来的日子里，它将继续推动摩天大楼的发展。

■ ATM是怎样进行资金结算的?

当手头现金不够时，你会到ATM（自动提款机）上取钱。但是，你有没有想过，你是如何通过ATM来获得现金的呢?

简单地说，ATM就是由2个输入设备和3个输出设备组成的数据终端。通常，一部数据终端都有某种形式的输入键盘、输出屏幕，以及可以与网络服务器进行对话的网络连接。在此基础上，ATM还增加了作为输入设备的读卡器，作为输出设备的打印机和出钞器。

↗ ATM

» 结算资金

假设你想从银行的ATM上取钱。银行每天都向ATM中放一定数量的现金。这就是说，当你从ATM中取钱的时候，你拿到的现金其实是银行放入的。

你走到ATM前，插入卡，输入密码。卡可以告诉机器你的账户信息。ATM将这一信息传输至主服务器，再由它将交易请求告知银行。

如果你要提取现金，主服务器会把电子资金从你的账户转移至主服务器账户。当资金完成转移后，主服务器会向ATM发送允许信号，即授权ATM支出现金。然后，主服务器会把你的资金通过自动票据交换所转至银行。也就是说，当你提取现金时，电子资金就会从你的账户转至主服务器账户，然后再转至银行。

现在，你已经了解了整个过程，但 ATM 的内部是如何运作的呢？

» 机器的部件

ATM 有两个输入设备：读卡器和键盘。读卡器可以获取储存在银行卡磁条的账户信息。持卡人可以将请求交易的类型和金额通过键盘告知银行。同时，银行需要持卡人提供个人密码进行确认。

ATM 最重要的输出设备，也是它的心脏，是保险箱和出钞系统。对小型 ATM 而言，机器整个底部都是存放现金的保险箱。一个大型 ATM 存放的金额可以达到上百万元。每次交易的金额和其他相关信息都会被记录在案。

除了监控每笔交易的电子眼外，出钞系统还装有探测器。如果两张钞票被叠加在一起，或者票面严重残损时，就会被放进回收箱。

■ 摄像头是怎样进行监控的？

↗ 摄像头

摄像头的种类从傻瓜型一直到专业型，可以对小到一只咖啡杯、大到一个宇宙飞船发射场进行监控。还有许多商业摄像头、私人摄像头和路况摄像头等。

你曾经考虑过自己安装一个摄像头吗？摄像头有许多方面的用途。

◇你要出门一周，但希望密切注视你养的植物的生长情况。

◇当你在上班时，你想要能够观察家里的情况。

◇你想在自己打盹时让父母通过摄像头帮着看一下小婴儿。

如果你需要远距离监视什么东西的话，摄像头是个不错的选择。

» 基本设想

摄像头与其他许多东西一样，其构造有简单的型号，也有复杂的型号。一个简单的摄像头由一个数字摄像头连接上你的电脑组成，能很容易经由 USB（通用串行总线）接口与电脑连接。

一个软件连接到摄像头上，并且定时从摄像头抓拍图像。例如，该软件可以每隔 30 秒的时间抓拍一幅静态图像，随后会将图像转化为一个普通的 JPEG 格式的文件并上传至你的网络服务器上。

将一张标准的 JPEG 格式的图片放到网页上是非常简单的，但它需要浏览者手工刷新图片才能看到。将其加上 Java 描述语言功能或是 Java 程序后，你就能够创造一种自动为你网页的浏览者进行刷新的系统。

» 使用托管型网站

如果你的网络服务器是在别处托管的，将需要以下步骤：

◇将框架自你的电脑移动至网络服务器上的能力，虽然其他几种比较受欢迎的协议也可以进行这类移动，不过通常利用文件传输协议来进行。

◇将你的电脑与网络相对一致地连接。如果你在绝大多数时间都需要连接网络，那么你需要连接至网络服务商的调制解调器。你还需要为你的电脑配一个专用电话线路，或是使用一个全天候与网络相连接的电缆调制解调器。

监控仅仅是你利用摄像头能够做的事情之一，你还可以利用软件来打视频电话！

■ 为什么雷达测速仪能检查超速驾驶？

许多人都有超速驾驶的记录。为了抓捕超速者，绝大多数新型警车都配有专门的雷达测速仪。

用雷达来测定汽车速度是一件非常容易的事情。普通的雷达测速仪仅仅是将无线电发射机和接收机安装在一个装置上而已。

» 雷达的要素

像声波一样，雷达波有着某一特定频率。当雷达测速仪与汽车都处于静止状态时，雷达会产生与原始信号相同的两股回波。这是因为雷达发出的每部分信号在碰到汽车时都会被同时反射，便产生了一模一样的原始信号。

但当汽车在移动过程中，每部分无线电信号在不同的空间点上被反射，也就改变了回波的模式。当汽车远离雷达测速仪时，汽车的运动会将反射波拉长，或者降低其频率。而当汽车驶近雷达测速仪时，汽车的运动则会压缩反射无线电波的长度。回波的波峰和波谷合并在一起能够看出：频率在增加。

雷达测速仪基于频率变化的大小，能够计算出汽车朝它驶近及远离时的速度。它还必须将警车本身的运动因素计算在内。例如，如果警车的时速是 80 千米，而雷达测速仪显示汽车的运动时速是 30 千米，那么汽车运动的实际时速应为 110 千米。如果雷达测速仪没有显示汽车向它驶近或远离，那么汽车的时速应该同警车相同。

↗ 激光雷达测速仪

» 激光雷达测速仪

目前，许多警察部门开始使用激光雷达测速仪来取代传统的雷达测速仪。激光雷达测速仪的基本要素是被集中的光线。

激光雷达测速仪利用它发出的一束红外光线打到汽车上，再反弹回来的过程来进行计时。它用光速与这段时间相乘，便得出汽车的距离。与传统的雷达测速仪不同，激光雷达测速仪不用计算波频率的变化。它在短时间内发射出许多红外激光束来收集多个距离数据样本，通过对比这些样本，它可以计算出汽车的行驶速度，而且相当精确。

■ 利用IP电话通话的原理是什么?

如果你经常拨打长途电话，你就在不知道 IP 电话是什么的情况下使用它了。IP 电话，在工业中被称为 VoIP（网络协议通话），是通过一条数据网络来通话。虽然你可能听说过 VoIP，但是你大概不知道有许多传统电话公司已经在用该技术来连接它们的区域办公室了。

电话网络目前依靠的是一种被称为线路转接的系统。一般来说，当双方在通话时，该连接会在通话期间一直保持着，直到通话结束。由于你是在连接两个方向上的两个点，所以该连接就形成了电路。

但在网络上，这种连接方式是不一样的。如果你要保持与正在阅读的网页的持续连接，你的网络连接速度就会大幅降低。与简单的发送和接收信息不同，两台处于连接状态的电脑会在全部通话时间中不断互相传输着数据，无论数据有用与否。这样的系统不能算是有效的系统。为了取代这种系统，数据网络利用一种被称为包交换技术的信息交换方式。

» 包交换技术

线路转接技术使连接开启并保持连接，而包交换技术只开启连接并维持到它从一个系统发送完一个小块的数据，也就是一个包，到另一个系统为止。这个过程中都发生了以下事情：发送方电脑将数据分割成一些小包，并在包上注明要发送到的网络位置。当接收方电脑收到这些包后，便将其组合起来，形成原始文件。

包交换技术是非常有效的。它能最大限度地减少维持两个系统连接所用的时间，这样就减少了网络的荷载。它还能将正在通信的两台电脑解放出来，使它们同时还能够接受来自其他电脑的信息。

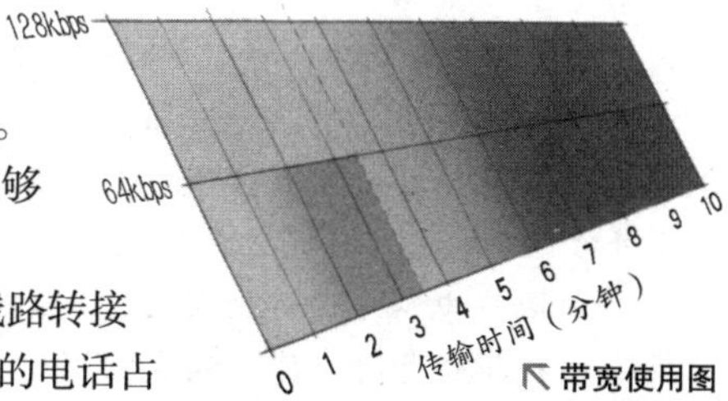

↖ 带宽使用图

VoIP 技术就采用了这种包交换方式，这是因为它比线路转接系统有更多优势。例如，包交换方式允许同时有几个通话的电话占

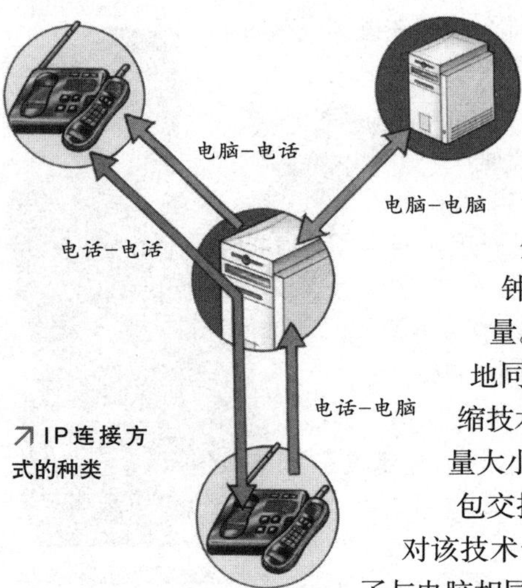

↗IP连接方式的种类

据着网络空间，而线路转接系统则只允许有一个通话占据着网络空间。使用PSTN（公共交换电话网）技术，一个10分钟的电话需要定制整整10分钟的传输时间，其流量为每分钟128K字节。而利用VoIP技术，相同时间的电话只需3.5分钟的传输时间，其流量也仅为每分钟64K字节。这样，就在这3.5分钟内空出剩下的每分钟64K字节的流量和其余6.5分钟内每分钟128K字节的流量。基于这样的评估，使用这种系统的单个电话可以很容易地同时再接入3 ～ 4个电话。这个例子还没有将利用数据压缩技术的因素包括在内，该技术还将进一步减少每个电话的流量大小。

包交换技术最引人注目的优势之一大概就在于数据网络已经对该技术十分了解。通过对该技术的移植，电话网络就立即获得了与电脑相同的通信能力。当然，拥有通信的能力与了解通信的方法是两个截然不同的问题。如果电话需要通过网络与诸如电脑等其他设备进行通信，则需要使用一种共同语言，这种语言被称为协议。

» 使用SIP（会话启动协议）

VoIP系统使用两种主要的协议，这两种协议都为使用VoIP系统相互连接的设备确定路径。同时，它们还包含了音频编解码器的规范。编解码器是编码器–解码器的简称，可以将音频信号转化为一种易于传输的压缩数字格式，并能够将其再解压回原来音频信号进行播放。

第一个协议就是H.323，一种由ITU（国际电信联盟）创立的标准。H.323是一种综合且相当复杂的协议，它能够提供实时的、交互式的视频会议，数据共享和类似IP电话技术的音频应用。作为一系列的协议，H.323实际上结合了许多为特殊用途而设计的个体协议。

H.323的替代协议随着受IETF（网络工程任务组）支持的SIP的发展而出现。SIP是一个更为流线化的协议，是专门为IP电话设计的协议。由于比H.323协议更小且效率更高，SIP在处理问题时可以利用现有的各种协议。例如，它可以利用MGCP（媒体网关控制协议）来建设一个连接到PSTN的网关。

» 打电话给我

你使用VoIP技术通信可以有4种方式。如果你有一台电脑或是一部电话，你就可以使用这4种方式中的一种，而不用购置其他新的设备。

◇电脑–电脑：这肯定是最简单的利用VoIP的方式，你甚至不需要支付长途话费。有几家公司目前提供免费或超低价的使用这种VoIP技术的软件。你需要的一切就是该软件、麦克风、音箱、一块声卡和有效的网络连接，推荐你使用速度较快的连接方式，如使用电缆或DSL(数字用户环线式调制解调器)。你除了要交给网络服务提供商的每个月普通的费用之外，使用电脑–电脑通话方式无论距离多远，都不用交纳其他的费用了。

◇电脑–电话：这种方式允许你可以通过你的电脑给任何人打电话。同电脑–电脑方式一样，它需要一个客户端软件。该软件通常都是免费的，但通话时则需要按分钟来支付一笔较小的费用。

◇电话–电脑：有几个公司正在提供特殊的号码或电话卡，并允许一个标准电话用户将电话拨叫至一个电脑用户。但这种方式的不利因素在于，该电脑用户必须安装卖方的软件并使其在电脑上处于运行状态。这种方式的优点在于，其价格较之传统长途话费要便宜很多。

◇电话–电话：通过使用网关，你就可以直接与世界上任何一部电话相连接。在使用一些公司提供的折扣服务时，你必须先拨通该公司的网关之一。然后你可以输入你想拨打的电话号码，随即该公司便利用其基于IP技术的网络帮你连接至被拨叫人。这种方式的不利因素在于，你必须首先另拨一个特殊号码。该方式也有好的因素，就是一般其费用要比标准的长途话费便宜。

可以肯定的是，虽然距离实现的一天还有些时日，但最终所有使用线路转接系统的网络都将被包交换技术所取代。IP电话在基础设施建设需求和经济适用性方面都十分有意义。目前，越来越多的企业正在安装VoIP系统，而且随着VoIP系统的步入家庭，它将会更加流行。

■ 防弹衣是怎样做到防弹的?

人类穿戴盔甲的历史可以上溯到数千年前。原始部落的人出门打猎前将兽皮系在身上起防护和保暖作用；中世纪的战士在上战场前，也都佩戴金属盔甲以保护躯干。到了15世纪，西方世界的盔甲变得更为复杂。在那时，穿戴合适的盔甲，你可以做到近乎无敌。

随着16世纪枪、炮等热兵器的发明，盔甲这种无敌于天下的状况消失了。这是因为子弹的能量足以击穿好几层薄金属板。当然，你可以增加传统金属盔甲的厚度，但这样很容易使盔甲变得十分笨重，导致人无法穿戴。直到20世纪60年代，工程师们才发明出一种值得信赖的防弹衣，而且这种防弹衣穿戴起来较为舒适。与传统盔甲不同，这种软式防弹衣不是由金属板制作的，而是由高级纤维织物制成的，这种织物能够被缝成背心和其他柔软的衣物。

» 抵挡子弹

现代防弹衣分为两类：硬式防弹衣和软式防弹衣。

硬式防弹衣是由硬陶瓷或金属板制成的，工作原理与中世纪骑士使用的铁质盔甲基本相同：其坚硬程度足以将子弹挡住或弹开。

虽然硬式防弹衣比软式防弹衣提供了更多的保护能力，但却要笨重得多。当有较高概率遭遇威胁时，警察和军事人员们可能会穿戴这种硬式防弹衣。但在平时，他们则穿戴软式防弹衣。有些软式防弹衣在提供保护的同时，还拥有很强的舒适性，就像穿普通衬衫或夹克一样。

作为防弹衣的核心装置，一块软式防弹材料在工作时就像普通的网一样。为了了解该防弹衣的工作原理，我们首先来想一下足球球门的构造。球门后方有一张球网，这张球网是由许多长度较长的绳索组成，它们互相交错在一起，并系在球门框和边框上。当你将球射向球门时，球具有一定量的动能，并具有一定的向前的惯性。当球撞击网底时，它在该撞击点被球门绳索弹回。每条球门绳索都由门框一边伸展至另一边，通过增大受力区域，分散了在足球撞击点产生的能量。

↙ 防弹衣构造示意图

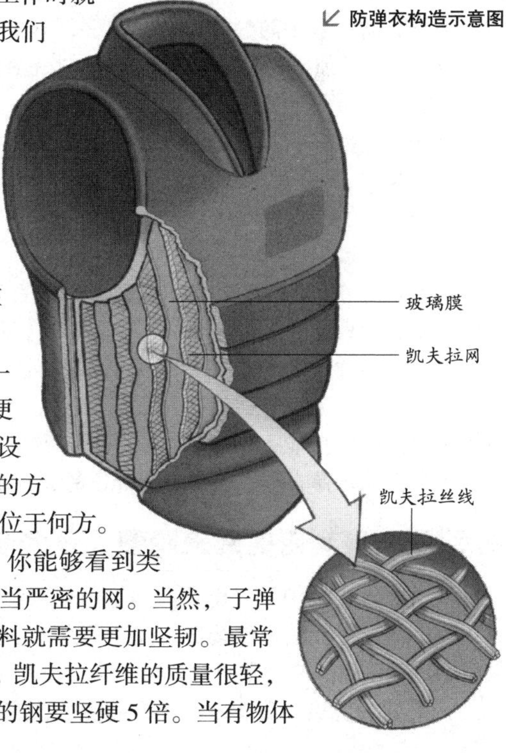

能量能够被分散到远处是因为绳索都交错在一起。当足球撞击处于水平设置的绳索时，这条绳索便会拉动所有与其交错的垂直设置的绳索，这些垂直设置的绳索又会拉动所有水平设置的绳索。通过这样的方式，整张球网都用来分散足球的撞击力，无论撞击点位于何方。

如果你将一块防弹衣材料置于高倍显微镜下，你能够看到类似球网的结构。长长的纤维丝线能够交错成一张相当严密的网。当然，子弹运行的速度比足球要快得多，因此制作防弹衣的材料就需要更加坚韧。最常见的制作防弹衣的材料就是杜邦公司的凯夫拉纤维。凯夫拉纤维的质量很轻，就如同寻常衣物的纤维一样，但它比一块同样质量的钢要坚硬5倍。当有物体

> **防护力的分级**
>
> 在美国由法律规定的标准来测试和评估防弹衣。专家们会将新设计的防弹衣进行评估，将其归为7个防弹衣等级中的一个。其中Ⅰ级代表防护力最低，Ⅶ级代表防护力最高。
>
> 大多数软式防弹衣的设计属于Ⅰ～Ⅲ级防弹衣范围，而高级的防弹衣普遍含硬式防弹衣装置。低级的防弹衣能够防御小口径子弹的射击，因为这类子弹的撞击力较弱。某些高级的防弹衣可以防护威力较强的散弹枪的射击。

绞进这张严密的网时，它能够吸收极大的能量。

» **分散撞击力**

当你将足球射入球门时，球网会被撞到很靠后的位置，并逐渐使球滑落。球网是一个很好的设计，因为它能够阻止足球冲破阻挡并直接落地。但是防弹材料并不能被撞得如此向后，因为这样一来防弹背心便会沿撞击点向后运动较长的距离，从而对穿戴防弹衣的人造成伤害。由于撞击集中在一块较小的区域，这种情况下造成的钝伤会引起一些内部伤害。

防弹背心需要将钝伤分散至整件背心，这样某一点的压强就不会太大了。要做到这一点，防弹材料必须编织得很紧。一般来说，纤维个体是弯曲的，这样可以增强它们的密度和在每一点的厚度。为了使其更加坚硬，材料被涂上一层树脂物质，并被两层玻璃膜夹在中间。多层带这样夹层的玻璃网构成了防弹背心的防护体系。

当然，身穿防弹衣的人依然能够感觉到子弹的撞击力，但这是作用在整个躯干上的撞击力而不是在某块较小区域内的。如果一切都正常的话，被子弹击中并不会受到很大的伤害。

由于单一一层防弹材料无法做到被撞击后变形的距离小于合适值，所以防弹背心由多层不同材质所组成。每一层网都可以降低一点儿子弹的速度，直到子弹完全停止。这种材质还能够使子弹的撞击部位变形。最终，弹头全部散开，如果此时你冲着墙抖防弹衣的话，会有撞击形成的粉末落下来。这个大量消耗子弹能量的方法，我们称之为“蘑菇式”。

一定要注意的就是：没有一种防弹背心能够做到完全无法穿透，没有一件防弹衣能够保证你在攻击中毫发无损。目前有许多种类的防弹衣，它们在性能上有所差异。

» **防护力程度**

通常，防弹衣中防弹材料层数越多，其提供的防护力也就越强。有些防弹背心能够依需要来增加防弹材料的层数,其中一种常见的做法是在防弹背心内外增加一些口袋。当需要增强防护力时，可以往口袋中插入金属或陶板。

在美国，防弹衣是依据其防护能力来分级的。虽然警察在有能力利用高级防弹衣获得强力防护时，却穿戴Ⅰ级防弹衣的做法显得有些奇怪，因为它只能抵御相对较小口径子弹的射击，但穿戴低级防弹衣的决定却有很好的借口。通常，高级防弹衣比起低级防弹衣来说体积臃肿并且相当沉重，这就导致了一些问题。

◇警察在穿戴笨重的防弹衣的同时却丧失了灵活性，这就阻碍了他们的正常工作。

◇攻击方更为关注重型防弹夹克而不是薄薄的防弹背心，而且更倾向于向没有防护的部位瞄准。

◇重型防弹衣的穿着不适感容易使警察将其脱掉，从而导致没有任何防护能力。

我们离制作无法穿透的防弹衣还有很大距离，但在未来50年内，新型防弹衣将会给警察巡逻时带来更强的防护能力。更有可能的是，我们将在不久的将来看到民用防弹衣的增加。内衬式防弹衣或夹克式防弹衣等穿起来较为舒适的软式防弹衣在未来拥有不断增长的市场。

■ 军队如何利用伪装来隐藏人员和装备？

在许多军事环境下，士兵们期望做到完全隐身。如果能够这样做，他们便可以悄悄潜伏至敌人眼皮底下，并发动突然袭击。完全程度上的隐身目前还不能够做到，所以在目前情况下，士兵们便利用军事伪装来隐藏自己。

伪装的功能极其简单：在敌人前隐藏你和你的装备。最基本的伪装就是士兵在战场上穿戴的那一种。传统的伪装服含有两种基本元素：颜色和图案。

» **在眼皮底下隐藏**

伪装材料采用不光亮色系为颜色，这样便可以与周遭环境的主要颜色相匹配。在丛林作战中，伪装服采用的主要颜色通常为绿色和黄色，这样可以与丛林中的树叶和泥土相匹配。在沙漠作战中，部队主要采用一种茶色系列伪装服。雪地伪装服则以白色和灰色为主要颜色。为达到完全伪装的目的，士兵们还将自己的脸涂成与伪装服相同的颜色。

↗ 海军陆战队武装侦察队员涂着迷彩妆，身着伪装服，头顶树枝。

伪装材料可能只采用一种颜色，或者是采用多种相似颜色拼凑混在一起（迷彩）。迷彩服的设计原理是为了制造一种视觉上的干扰。杂色图案上曲折的线条能使士兵身体的线条轮廓隐蔽起来。

隐藏轮廓是伪装技术的核心。当人脑发现另外一个人时（比如由于他的移动），人脑能够迅速锁定他的轮廓，并看清他。当你发现并盯上一名穿着伪装服的人时，这个人站着，看起来很奇怪，因为你以前没看见他。但当伪装服再次使他的轮廓变得模糊时，他就又一次的消失在你面前。好的伪装服能够与周遭环境很好地融合在一起，并使观察者费很多时间才能辨清轮廓线条。

» **伪装大部件**

在现代战争中，隐藏单个士兵只是其次重要的，因为观察者的距离相当远。自第一次世界大战起，对抗中的双方已经开始用战斗机从空中来搜索对手了。为了能够将大部件——装备与工事隐藏起来，躲开空中的侦察，地面部队必须进行大范围的伪装。

绝大多数的军用装备涂抹为暗绿色和黄色，这样可以与天然树叶很好地混合在一起。另外，士兵们携带有伪装网并将其罩在军用车辆上。士兵们还接受临时将天然树叶拼接起来当作伪装服的训练。

伪装船只则比较困难，因为它们总是浮在一大片单色的海洋背景上。在第一次世界大战中，军队意识到很难将船只的颜色与周遭环境“混合”起来，但能够降低攻击对船只造成的影响。在1917年发明的伪装色设计中，以扰乱航迹的方式达到了上述目的。伪装色类似一种立体涂抹图案，由许多几何形状混在一起构成。就像伪装服上的斑点一样，这种设计使人很难分辨出船只的真实轮廓，并区分出船只的右舷与左舷。如果潜艇或船员无法得知对方船只的航向，那将使他们很难准确地用鱼雷进行瞄准。

假目标

诱骗对于传统伪装技术来说是很有趣的选择。与隐藏军队和装备不同，诱骗是为了转移敌人的注意力。在不列颠之战中，盟军利用薄膜结构制造了超过500个与真实建筑物和军事装备相仿的假城市、假基地、假机场和假船厂。这些假目标都处于人迹罕至的偏远地方，在很大程度上降低了真正城市的损失，并使轴心国在这些假目标上消耗了大量资源并浪费了大量的时间。

这种类型的伪装技术时至今日仍然有着良好的功效。一些现代假目标装有充气系统，可以使假目标像真正的装备那样移动。军队还采用了可膨胀假目标，这种假目标不仅能够具有坦克或其他装备的可见性，还能够模仿装备的热标记或雷达标记。

» **更难隐藏**

虽然在过去几百年间伪装技术有了长足的发展，但同时反伪装技术也经历了重大发展。目前，军队已经可以利用热成像技术来发现从人或物体上释放的热量。另外，军队还可以利用雷达技术、图像增强技术、卫星拍摄技术和复杂的监听装置来探测敌人。现代伪装技术必须与这些技术相对抗。

一些高级伪装服可以散发热量并保温，这样热信号不会形成热成像。在船只中，最主要的热源是发动机运转产生的。为减少热量的散发，现代船只可以将废气先置于水中冷却然后再行排出。一些坦克上也有废气冷却系统。

为对付能够放大微光（包括低频红外线）亮度的图像增强技术，军队已经发明了复杂的烟幕技术。厚重的烟云形成大幕，使光线无法穿过，从而使烟幕后的物体达到隐身的效果。还有类似的系统使用喷嘴在船只周围制造一道持续的水雾，以防止船只被发现。

军队使用隐身技术使装备躲避雷达的探测。隐形装备的表面是由许多平面构成的，它们按特定的角度拼接在一起。这些平面能够使雷达波发生偏转，使雷达波在照射平面之后不能沿照射路线反射回雷达站，而是反射至另一个角度并沿该方向散发出去。装备也可能被涂上吸波材料来减少雷达波反射时的能量。

由于探测和间谍装备的继续发展，军事工程师们需要发展更为复杂的伪装技术。一种目前已经在开发的有趣创意是所谓的“灵巧伪装”：装备的外部覆盖物可以通过电脑分析周遭环境来改变自身的化学或物理性质。但无论伪装技术发展到多么高级，其基本思路还是与人类第一位猎手穿兽皮时相同，那就是找到你的敌人通过何种手段来发现你，并挡住所有使你暴露的要素。

■ 为什么防毒面具能够过滤有毒物质？

当人们提到防毒面具时，首先就会想到它的军事用途。但是，防毒面具这种更多地被看做是呼吸器的东西，同样也是保护平民生命的重要工具。防毒面具可用来给消防队员使用，也能在日常工业安全方面发挥作用，还可以防护谷仓中的粉尘和喷漆器中的有害化学物质。

绝大多数人将防毒面具描绘成一个安装有过滤器的不透气塑胶或橡胶面具，并将人的口鼻罩住。这种类型的防毒面具被称为半面具式空气净化呼吸器。由于环境中的化学和生物因子，半面具式呼吸器的效能是不够的，因为眼睛不仅对化学物质相当敏感，而且是细菌进入的薄弱环节。如果需要对眼睛进行保护，需要佩戴全面具式呼吸器。这种类型的呼吸器配置了清晰的面具或透明眼罩来保护眼睛。

» 空气净化呼吸器的得与失

半面具式或全面具式空气净化呼吸器有两个优点：它们造价低廉并且使用简便。

空气净化呼吸器的问题在于，任何面具上的漏缝都会使使用者容易被感染。漏缝可能存在于面具和人脸之间，或在面具的某些部位有洞或裂缝。

另外两类呼吸器系统解决了漏缝的问题。供氧呼吸器利用了类似空气净化呼吸器中的过滤器的装置。但是，与空气净化呼吸器将过滤器直接连接在面具上并利用使用者的肺吸进空气不同，供氧呼吸器的过滤器是连接在一个由电力驱动的滤毒罐上。滤毒罐利用风扇将空气吸入过滤器，随即使经过净化的空气通过一根软管进入面具，这样做的优点是进入面具的空气是正压的。面具上有任何缝隙都会使滤毒罐内的空气逃逸，但不会使受污染的气体从周围进入面具内。显然，这是一个更为安全的系统，但同时它也有两点缺陷：

◇过滤器持续地吹风意味着该过滤器不能长时间拥有与空气净化呼吸器中的过滤器同样的效能。

◇如果电池电力耗尽或出故障，使用者同样会受伤。

↗ 全面具式呼吸器

» 自给式呼吸器

最好的系统就要数自给式呼吸器系统了。如果你曾看见消防队员带着一个全闭合式面具，身后背着一个空气瓶，那就是自给式呼吸器系统了。空气瓶中装有高压净化的空气，类似于自携式水下呼吸器带的氧气瓶。该空气瓶能够向面具内持续输送正压空气。自给式呼吸器提供了最好的保护，但也存在着以下问题：

◇空气瓶太大且笨重。

◇空气瓶只能提供 30 或 60 分钟的气体。

◇重新对空气瓶充气需要使用特殊的工具。

◇自给式呼吸器较为昂贵。

对消防队员来说，自给式呼吸器系统相当有用。烟尘非常厚，而且危险，含有大量未知有毒气体。大火很可能将空气中的所有氧气消耗殆尽。消防车可以携带许多额外的空气瓶以及充气装置，但消防队员只能在火场中待有限的时间。对于平民或战场上的士兵而言，自给式呼吸器系统几乎是不可能被使用的，因为它造价昂贵且持续供气时间短。

↖ 空气过滤器构造示意图

» 关键在于过滤器

由于自给式呼吸器系统的诸多问题，你使用的任何呼吸器都需要有一个过滤器来净化你呼吸的空气。那么，过滤器如何净化空气中有毒的化学物质和致命的细菌呢？

任何空气过滤器都利用以下 3 种方法中的一种或几种来净化空气。

◇微粒过滤。

◇化学吸附或物理吸附。

◇化学反应中和化学物质。

微粒过滤是 3 种方法中最简单的。当你用布或手帕捂嘴来遮挡沙尘，防止其进入肺部时，你其实已经制作了一个简易的微粒过滤器。在防毒面具的设计中，为防止生物武器的威胁，拥有微粒过滤器非常有用。炭疽杆菌或孢子的直径可能小于微米级。绝大多数生物微粒过滤器可以阻挡 0.3 微米以上的微粒。所有的微粒过滤器最终都会产生阻塞，所以你需要在呼吸较困难时更换它。

化学威胁需要用不同的方法来中和，这是因为化学物质呈薄雾状或蒸气状，颗粒过滤器无法进行过滤。最常见的能够中和任何有机化学物质（如油漆烟雾或类似沙林毒气的神经毒素）的是活性炭。

炭就是指碳元素。活性炭就是碳元素在氧气的作用下，碳原子之间张开数以百万计的小气孔。这是十分重要的，因为一种物质吸收其他东西时，是利用化学反应来进行的。活性炭巨大的表面区域使碳元素具有无数个黏接点。当某些化学物质经过碳元素旁边时，它们就被连接到碳元素表面并被抓住。

活性炭对于碳基杂质（有机化学物质）有很好的捕获性，就像氯一样。许多其他化学物质根本就不会被吸在碳元素上。举个例子，如硝酸和钠，就不会被吸附。这就意味着活性炭过滤器将会在工作时阻挡部分种类的化学物质，却会放过其他种类的化学物质。

活性炭有时可以与其他化学物质一起来使用，以提高其对特殊毒素的吸附能力。

第三种防毒面具过滤器技术就是化学反应。例如，在第一次世界大战中的氯气攻击中，军队使用装有可以与氯气发生反应并可将其中和的化学物质的面具。在工业呼吸器中，你可以选择多种过滤器，具体选哪一种要看你需要中和或消耗哪种化学物质。

人体奥秘及医疗保健

■ 人体基本知识

人类自起源初期，便开始不断地改造世界，观察宇宙。但是归根到底，人类还是对自身的身体结构最为了解。尽管人们已经有了很多奇妙的人体的发现，我们仍然可以发现一些新的、更加详细的人体信息，如人体如何运动，如何消化食物、排放垃圾、控制内环境稳定，如何与细菌和疾病作斗争，保持健康状态等。并且，我们在人类视觉、听觉及大脑的思维和学习能力等方面的研究也有惊人的进展。科学家发现：DNA 携带着人体的遗传信息，它包含有关人体如何成长、发育的所有指令，控制着人体自出生至死亡的所有生命活动过程。

知识点击

* 人类是地球上最常见的大型生命体。

* 世界人口总数达到70亿，这一数字远远超过其他任何一种体型大小相当的动物种群数量，如狮子、海豚、绵羊等。

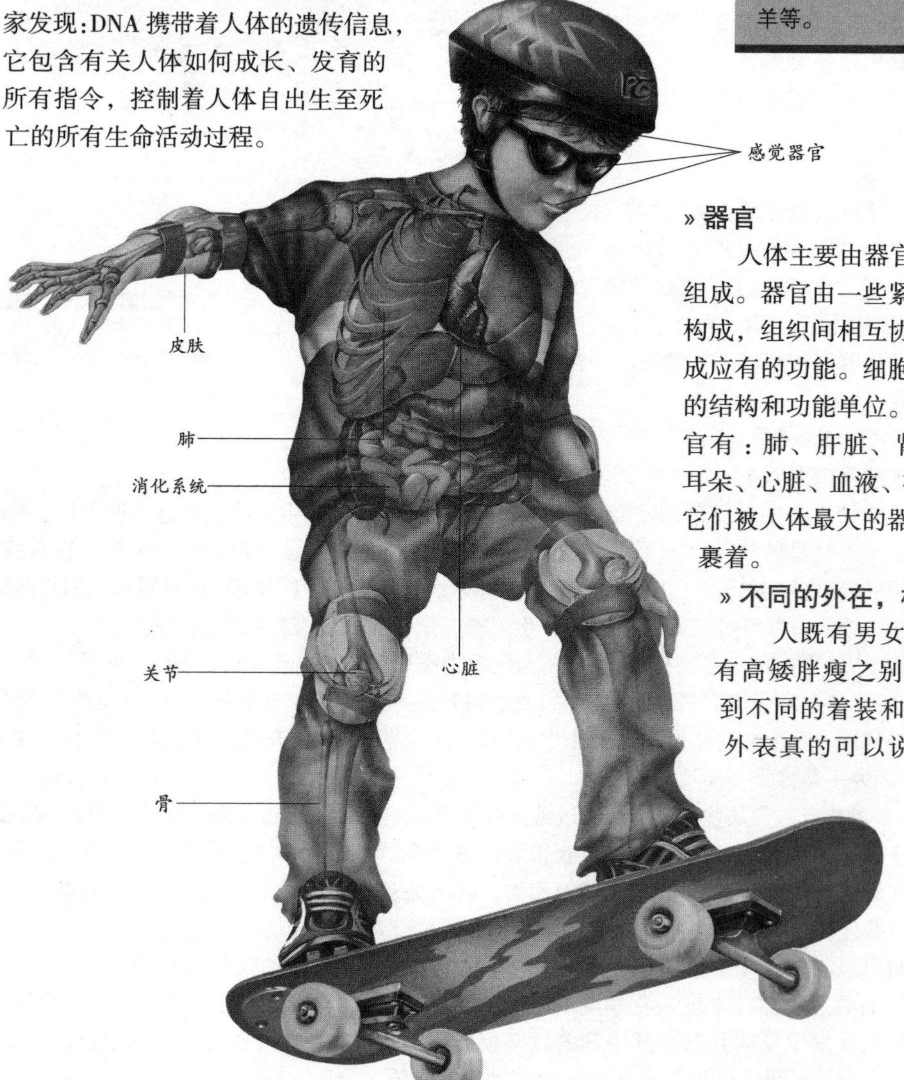

» 器官

人体主要由器官、肌肉和骨骼组成。器官由一些紧密联系的组织构成，组织间相互协调，使器官完成应有的功能。细胞是人体最基本的结构和功能单位。人体的主要器官有：肺、肝脏、肾、胃、眼睛、耳朵、心脏、血液、神经以及大脑，它们被人体最大的器官——皮肤包裹着。

» 不同的外在，相同的本质

人既有男女老少之分，又有高矮胖瘦之别，如果再考虑到不同的着装和发型，人类的外表真的可以说是千变万化。

但是，从本质上，人体结构大致相同：不同的人有着相同的内部组成结构、器官，相同的肌肉和骨骼，而且这些组成元素的工作方式也一样。

» 人体内部结构探秘

通过各种各样的医学扫描仪，我们可以深入探测人体内部的精密组织。CT（计算机断层成像）和MRI（核磁共振成像）扫描仪能展现人体组织的细微结构。而PET（正电子断层扫描）则显示人体内部，尤其是大脑的不同部分的耗氧量，从而及早发现癌变细胞。

» 大家庭

人类是群居动物。虽然有时候我们也希望能独自待上一会儿，但一般来讲，我们都喜欢和其他人，特别是和亲人、朋友在一起，这样大家可以聊聊天、说说话，其乐无穷。然而在当今飞速发展的社会里，迫于工作和生活的压力，我们不得不各地奔波，空闲时间越来越少，于是孤独成了许多人的最怕。

↗ 童年是人生当中最快乐的时光，孩子们在此时可以无忧无虑地生活。然而随着年龄的增长，压力和责任也会逐渐加大。

■ 人体微观结构

人体由50多兆个极其微小的细胞构成。细胞的直径一般约为0.02毫米。人体内至少有200种不同类型的细胞，它们的大小、形状和功能各不相同：有的起生产作用，有的有物质转运功能，有的传送原材料，有的收集垃圾，还有的抵抗病菌。大多数细胞的生命周期不长，人体内每秒钟大约有5000万个细胞因能量耗尽而自然死亡。不过人体内还有一种特殊的细胞，即干细胞，它们能够不停地分裂，产生新的细胞，以取代那些死亡的或即将死亡的细胞。

» 细胞和胞内器官

细胞膜在细胞的最外层，包裹着整个细胞，膜内是细胞质。细胞质的形态似果冻，其上漂浮着许多微小的细胞器（细胞中具有特定功能的结构部分）。线粒体的外形很像香肠，它分解葡萄糖，释放其中储藏的化学能量，供给细胞的生命活动需要。核糖体呈球形，它像一个小加工厂，制造出许多新的物质，例如蛋白质，而后者是细胞主要的结构组成部分，即“建筑基石”。

» 细胞的形状

细胞不同，其形状也会不同，细胞的形状总是与特定的功能相适应。例如，血液中的红细胞呈薄圆盘状，有利于与氧气结合。有些白细胞能够改变自身的形状，有利于吞噬细菌。血管内壁细胞相互连接在一起，形成一个平坦光滑的层面，有利于血液的流动。由许多类型相同的细胞聚集在一起形成的结构称为组织。

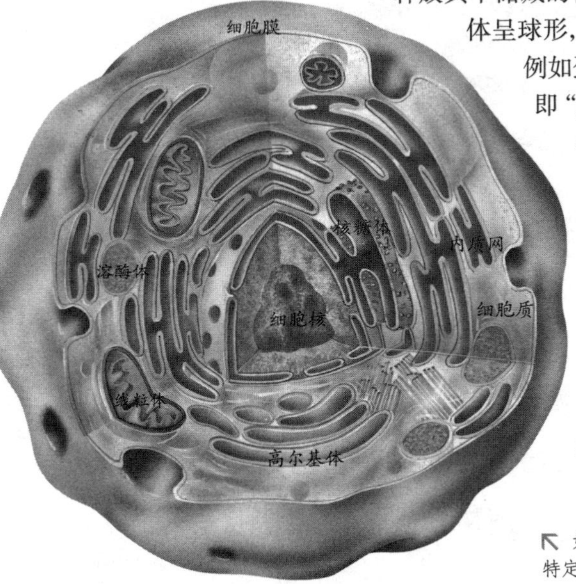

↖ 如图所示，细胞内的结构称为细胞器，即细胞中具有特定功能的结构部分。

» 人体指令系统

人类基因组是指那些能够控制人体的各部分如何生长、发育，以及协调各部分工作的指令。它们作为一种特殊的化学物质——DNA（脱氧核糖核酸），广泛存在于人体的各个细胞内。DNA 呈双螺旋结构，两条 DNA 链紧紧地缠绕在一起，形成一个稍粗大的结构——染色体。人体每个细胞内都包含有 23 对染色体，它们包含了人体所有的遗传信息。

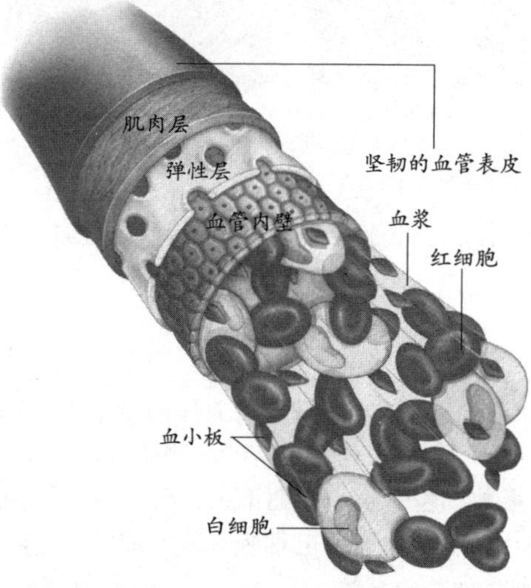

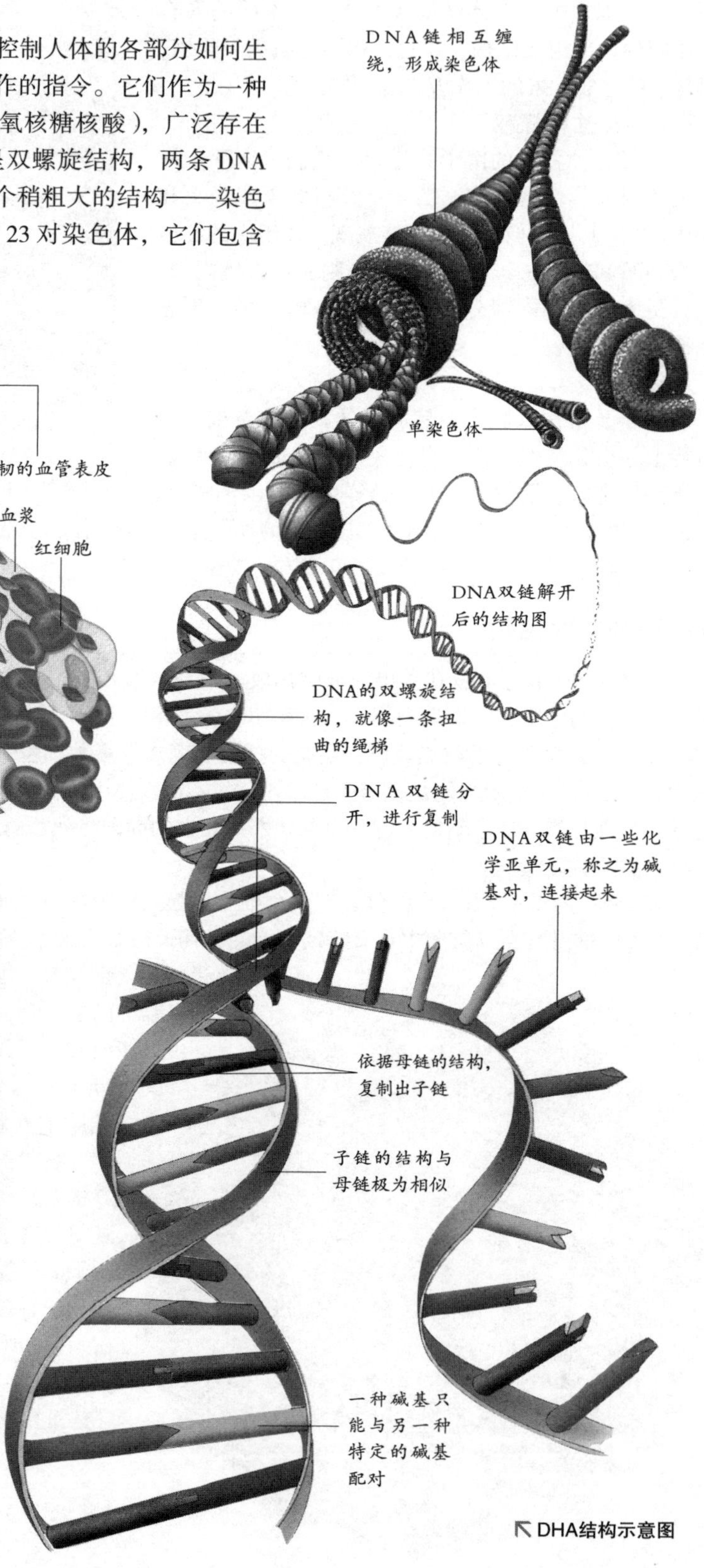

↖ DHA结构示意图

奇妙的人体

* 红细胞是人体内最小的细胞，其直径仅为0.007毫米。

* 巨肌细胞，或纤维细胞，是人体内最大的细胞。它们的宽度为0.1毫米，而长度可达50毫米。

* 人体内大部分细胞的寿命都很短。面部表皮下细胞仅能存活约10小时，表皮细胞的存活时间约为4周，而肝脏细胞的存活期为18个月。

* 神经细胞是人体内寿命最长的细胞，它们的生命周期长达几十年。

■ 皮下组织

我们时常形容一个人的皮肤“泛着健康的光泽”，而实际上，这些表皮细胞可能早已死亡。皮肤表层由一些扁平状的细胞构成，它们坚韧而强壮，且充满了角蛋白。当我们运动、穿衣服、洗澡以及用毛巾擦拭身体时，在我们的表皮上，每分钟都有成百上千的细胞脱落。而在表皮下，有更多的细胞正在不停地分裂、生长，最终死亡。在分裂、生长的过程中，它们逐渐移向皮肤表层，取代那些即将脱落的老细胞，成为新的表皮细胞。皮肤完成一次这种新陈代谢过程大约要花 4 周时间。

» 皮下组织结构

人体最外层的皮肤称为表皮。表皮基层的细胞快速分裂，不断取代那些从体表脱落的角质化的死亡细胞。表皮下面是真皮。真皮层稍厚，内部含有由胶原蛋白构成的强健而有弹性的纤维，以及毛细血管、发根、汗腺和神经末梢的微小触觉器等。

» 毛发

如同表皮细胞一样，毛发细胞也是死亡的。毛发上唯一具有生命活性的部位是它的根部，即发根。发根生长在毛囊中。毛发的上部是发干，它由一些紧密排列的死亡细胞构成。头发的生长速度大约为每周 3 毫米，体毛的生长速度稍慢，而眼睫毛的生长速度则大大超过前两者。

» 皮肤的功能

皮肤能够保护柔软的人体内部组织和器官，使其免受外界环境的伤害。有了皮肤，体内的水分就不会随意流失，而外界的灰尘、细菌及一些有害物质，如高浓度的化学物质等也无法侵入进来。当人体由于运动导致体温升高时，皮肤上的汗腺会立即分泌出汗液，并排出体外。汗液挥发时带走人体的热量，从而降低人体的温度。

奇妙的人体

* 每年从人体上脱落下来的死亡表皮细胞总重约4千克。

* 人体上眼睑处的皮肤最薄，厚度仅为0.5毫米。

* 脚底上的皮肤最厚，约为5毫米。

* 人体皮肤非常坚韧，它能自我修复许多微小的创伤。但是有些伤害对皮肤的影响极大，特别是当人体长时间地暴露在过于强烈的太阳光下时，对皮肤的伤害尤为严重。

* 太阳光中的一种不可见光（紫外线B），会损伤那些正在迅速分裂的表皮细胞，导致一种极为严重的癌症，即恶性皮肤癌。出门前穿上长袖的衣服、戴上帽子、抹上防晒霜或护肤液，都可以防止皮肤直接暴露在强烈的日光下，避免紫外线B的伤害。

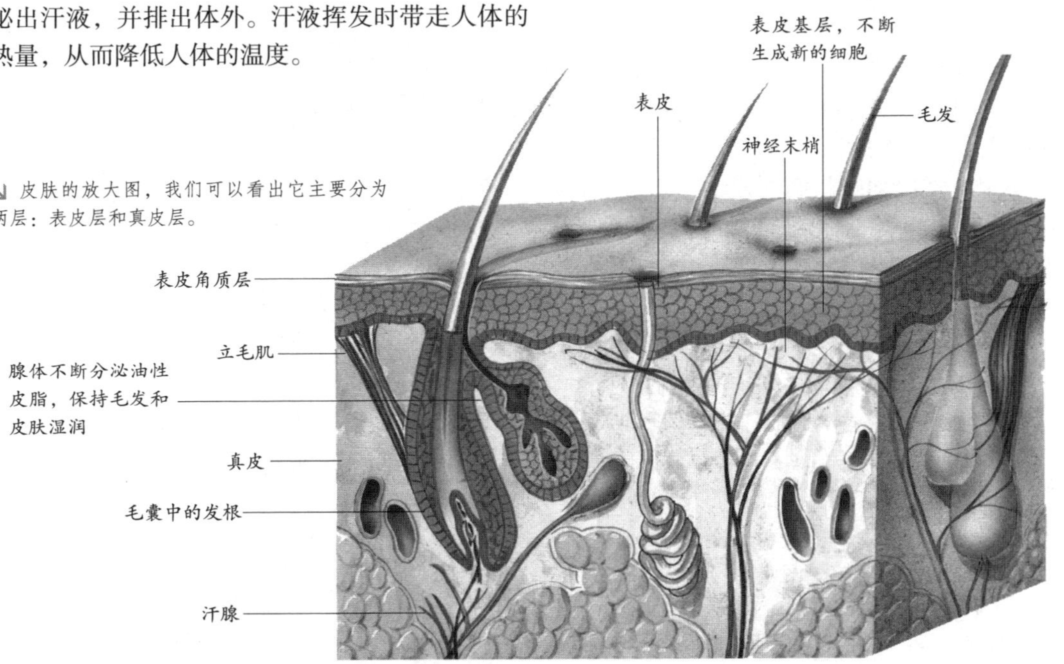

↘ 皮肤的放大图，我们可以看出它主要分为两层：表皮层和真皮层。

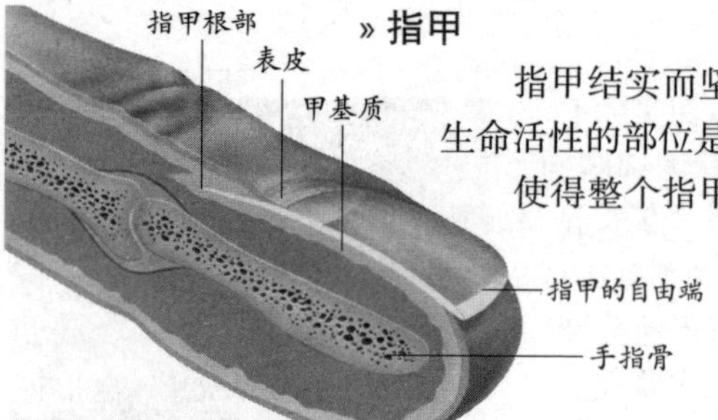

↗ 指甲结构示意图

» 指甲

指甲结实而坚硬，没有生命，主要由角蛋白构成。指甲上唯一有生命活性的部位是其埋在皮肤里的根部，它不断地生成新的指甲组织，使得整个指甲朝着指尖的方向生长。一般情况下，手指甲平均每月生长 2 毫米，脚指甲的生长速度稍慢。而在夏季它们的生长速度均会有所提高。指甲为柔软的手指头提供了一个坚硬的“后盾”,能够很好地保护手指，并帮其完成许多相对更为细致的工作。

■ 人体的骨骼

人体的内部支撑结构由 200 多块骨骼构成，称为骨架。它们形成人体轮廓，保护内部器官，同时拢紧软组织，如血管、神经和内脏等。单块骨骼十分坚硬，几乎不能弯曲。不同的骨骼之间由活动关节连接起来,这样便减少了磨损,使得整个骨架能够运动自如。骨骼十分结实而又轻便，它们由活体组织组成，当由于负荷过重而损伤时，可以轻易地自我修复。

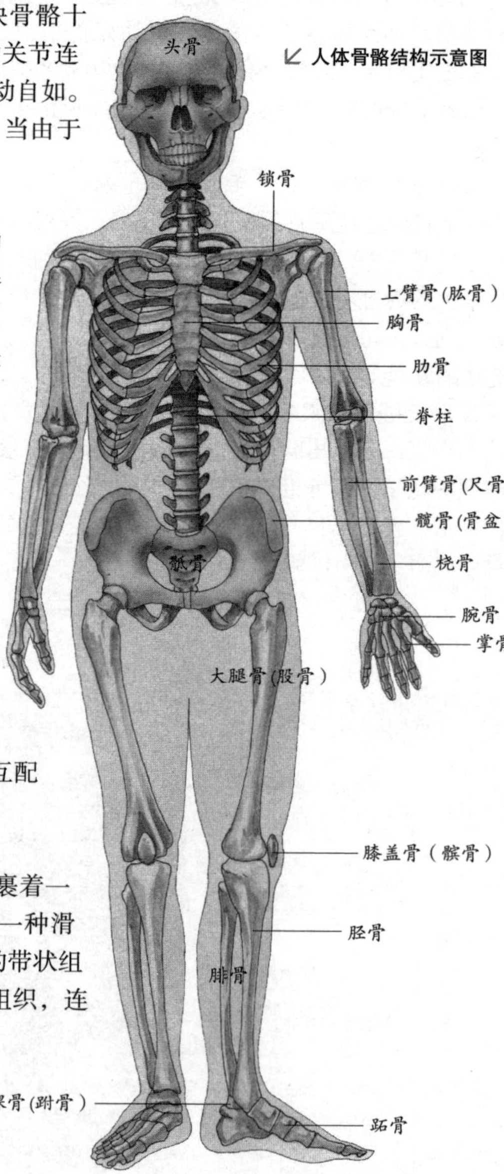

↙ 人体骨骼结构示意图

» 骨骼的保护作用

某些骨骼可以对人体的精密部位起到很好的保护作用。例如，头骨保护着大脑和主要感觉器官。在构成头骨的 22 块骨骼中，除下颚骨之外，其余 21 块都紧紧地连在一起，这使得头骨异常坚硬。头骨前方有 2 个碗状凹陷处，称为眼眶，它们保护着眼球。脊柱、肋骨及胸骨形成一个结实的笼状物，将心脏、肺等器官包在里面。

» 关节

不同的人体关节，其构造也不尽相同，从而有利于进行不同的运动。髋关节属球—窝型关节：大腿骨末端呈球形，伸入骨盆中一个茶杯状结构的关节腔中，这种结构使得大腿可以进行各种活动，如向上伸、向下移、左摆、右摆，以及弯曲等。膝关节属铰链型关节，只能前伸和下弯。肘关节也属于铰链型关节，它与腕关节相互配合，使得前臂可以随着手掌的翻转而转动。

» 关节的结构

骨与骨之间通过关节连接起来。骨的端部包裹着一层透明、柔软的物质，这种物质即软骨。软骨由一种滑液润滑，使关节运动更加平稳。韧带是一种坚韧的带状组织，连接着关节两端的骨骼。腱则是一种粗硬的组织，连接着骨骼和肌肉。

» 骨骼的分层

大多数骨骼并不是纯粹的固体骨质，它们由外到内分为 3 层。外层是坚硬的骨壳，

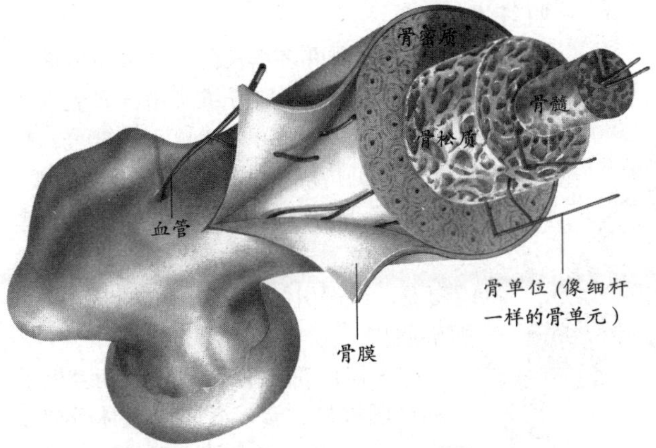

↗ 婴儿的骨骼从出生时便开始生长变硬，直到20岁左右才会逐渐停止。

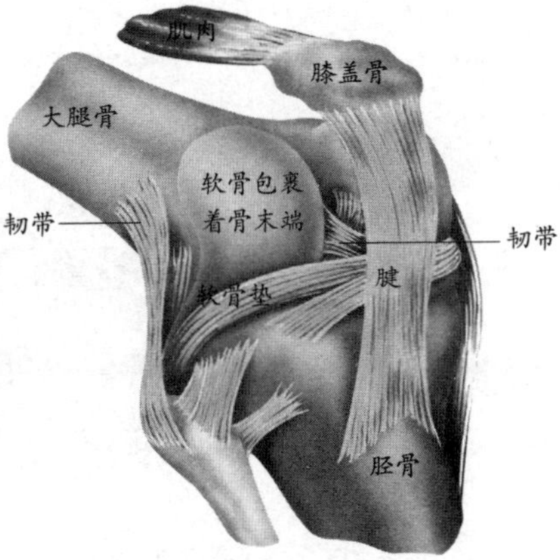

↗ 膝关节的不同部分相互配合，使其完成不同的动作。

或称之为骨密质，非常结实。稍内些的骨层如海绵般松软，或称之为骨松质，多孔，有利于减轻重量。骨头正中心是骨髓，这是一种柔软似果冻的物质，能制造新的红细胞和白细胞，供给血液的需要。整块骨骼被一张坚硬、像皮肤一样的薄膜包裹着，这层薄膜被称为骨膜。

■ 肌肉的力量

人体由650块肌肉组成，它们几乎相当于人体体重的一半。典型的肌肉呈带状，较长，中间粗，两端细，末端连接在骨骼上。但是也有些肌肉呈三角状或薄片状，它们可能同时连接到几块骨骼上，也可能相互连接，或根本不与骨骼相连，如动脉血管中的肌肉层就属于第三种情况。肌肉都有收缩变短的趋势。当肌肉收缩时，会牵动与它们相连的骨骼，从而引起身体运动。大脑中的运动神经中枢及小脑能够发送神经冲动，控制肌肉的收缩运动。

» 肌肉的运动

因为肌肉细胞只能收缩不能伸展，所以人体内的骨骼肌都是成对活动的，称为对抗性协作。一块肌肉将骨骼拉向一个方向，而位于相对位置的另一块肌肉，则将骨骼拉向另一个方向。这两种拉力相互平衡，使得骨骼最终能够平稳地活动。各个肌肉对之间相互协调，形成一个肌肉群，使骨骼完成各种动作。当我们进行锻炼时，全身肌肉自动形成许多肌肉对，及时完成不同的运动需求。

» 肌肉的分层

皮肤最外层的肌肉层称为外层或表层肌肉。表层肌肉之下通常有一个中间肌肉层，当然，中间肌肉层之下还会有第三层、第四层，甚至更深的肌肉层。并非所有的肌肉运动都会引起相应的人体运动，有些肌肉紧张后能使人体的某个部分保持平衡。例如，当你站着的时候，颈部和后背的肌肉处于紧张状态，使得身体保持直立、平衡。

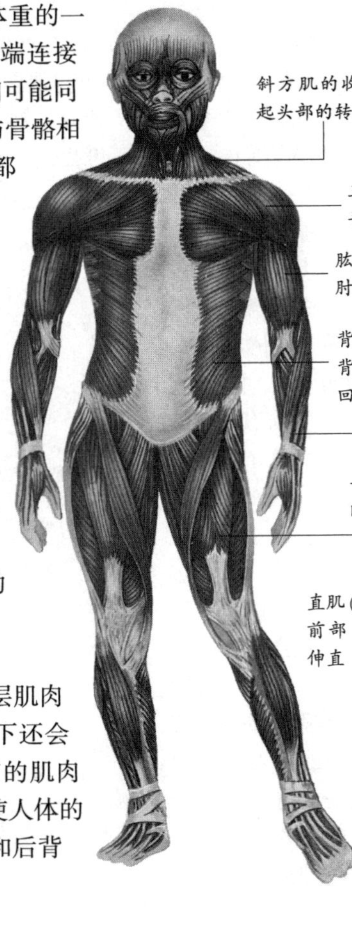

↖ 人体正面的肌肉分布

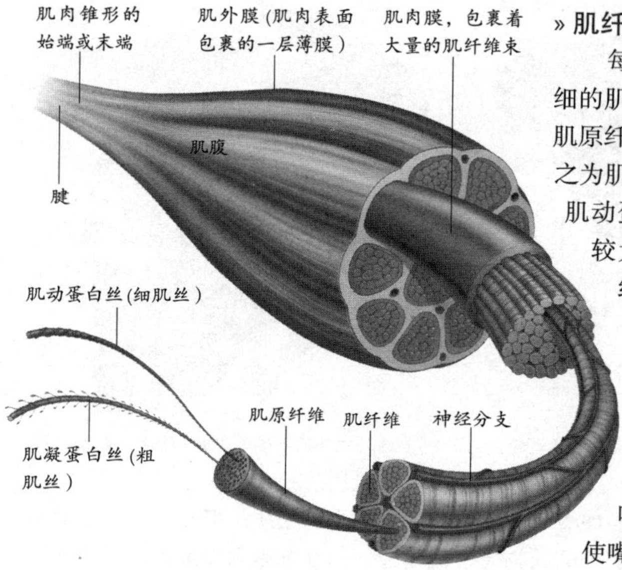

↗ 成千上万的肌原纤维聚集在一起形成的束状结构，称为肌束，许许多多的肌束构成了肌肉。

» 肌纤维

每块肌肉都是由许多细长的、如头发一般粗细的肌纤维组成的。每根肌纤维又由许多更细的肌原纤维组成。肌原纤维可分为更小的部分，称之为肌丝。肌丝依据构成蛋白质的不同，分成2类：肌动蛋白和肌凝蛋白，前者较为纤细，而后者较为粗壮。这 2 种蛋白质相互缠绕，使得肌纤维变短，从而引起整块肌肉的收缩。

» 面部肌肉

许多肌肉都与骨骼相连，而骨骼的运动如同杠杆，牵动着整个人体骨骼系统的运动。但是在面部，某些肌肉却既彼此相连，同时又与周围的骨骼连接着。嘴巴的两侧各有 7 块肌肉，它们相互配合使嘴巴完成各种动作，如张嘴、嘴角上翘或抿嘴等。当我们作出一种面部表情，向他人表露我们的想法和心情时，需要 50 多块肌肉共同参与完成。

■ 呼　吸

在某些紧急情况下，我们可以几天不吃食物，或者一两天不喝水，但是如果几分钟不呼吸，我们就会死亡。空气中含有大量的氧气，它无色、无味，我们无法感知，但是对我们来说却必不可少，因为只有在氧气的参与下，人体内的一些化学反应才能得以进行。例如，从食物中获取的高能量物质——葡萄糖（血糖）的分解过程。葡萄糖的分解几乎为人体所有生命活动提供了能量。人体内专门从事吸入空气，并将其中的氧气传输到血液，以便于参与血液循环的功能部分称为呼吸系统。

» 呼吸系统

呼吸系统由鼻腔、咽、喉、气管、支气管（胸腔中的主要气道）以及肺组成。吸气是指人体将新鲜空气吸至肺内，其中的氧气再扩散或渗入血液的过程；而呼气是指将那些已用过的低含氧量的气体由气道排出体外的过程。肺内的气管

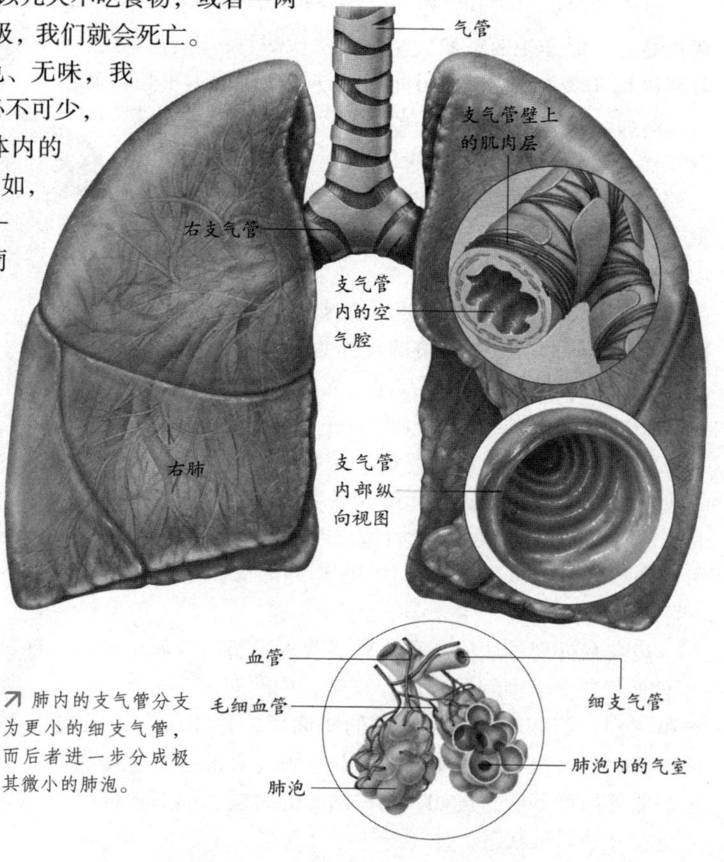

↗ 肺内的支气管分支为更小的细支气管，而后者进一步分成极其微小的肺泡。

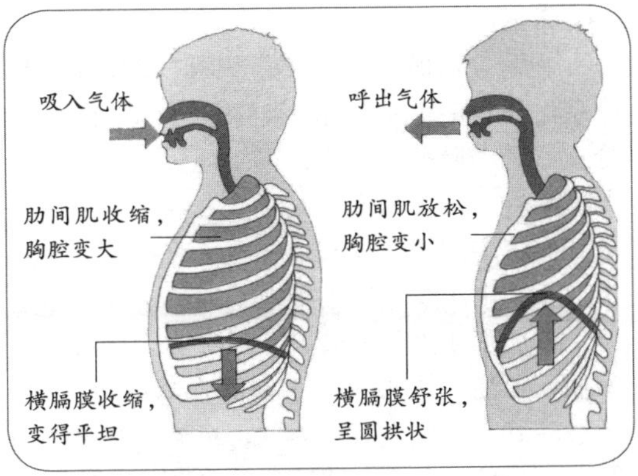

↗ 为了能在太空呼吸，宇航员必须背上氧气瓶。

经过许许多多次分支后，变得极为细小，肉眼不可见。每条细支气管的末端是一群微小的气泡，这些气泡称为肺泡。肺泡被一些微小的交织成网状的血管包裹，这些血管被称为毛细血管。氧气由肺泡扩散，或渗入毛细血管的血液中，然后由血液循环转运至全身。

» 吸气运动

横膈膜位于肺下，呈圆拱状，是人体内主要的呼吸肌。当横膈膜紧张或收缩时，变得较为平坦，促使肺扩张以吸入空气。而当横膈膜舒张时，压迫呈扩张状态的肺，使其排出空气，恢复为较小的尺寸。在吸气运动中，肋间肌也会收缩，使前胸抬起，有利于肺的扩张。

» 氧气瓶

太空中没有氧气，因此，宇航员必须自己携带氧气。宇航员背着一个特制的背包，里面有一个主氧气瓶和一个储备氧气瓶，两个瓶里都装满了氧气。主氧气瓶与宇航员的头盔相连。当宇航员戴上头盔的时候，氧气瓶中的氧气充入头盔，宇航员就能呼吸了。氧气瓶中的化学物质与呼出气体中的二氧化碳相互作用，除去其中的碳原子，从而使氧气瓶中的空气保持新鲜。

» 声带

在喉的内部，脖子的前部，从气管两侧伸出两个坚硬的脊状物，叫做声带。在通常的呼吸过程中，声带张开形成一个三角形的裂口，以便于空气的流通。当我们讲话时，声带紧闭，只留下窄窄的一条缝，空气通过时引起声带的振动，从而发出声音。

奇妙的人体

* 氮气约占空气体积的78%，但它对人体毫无作用，氧气约占21%，纯净的空气中几乎不含有二氧化碳。

* 当空气被人体吸入，经肺排出体外后，其中二氧化碳的含量升至4%，而氧气的含量则下降到15%。

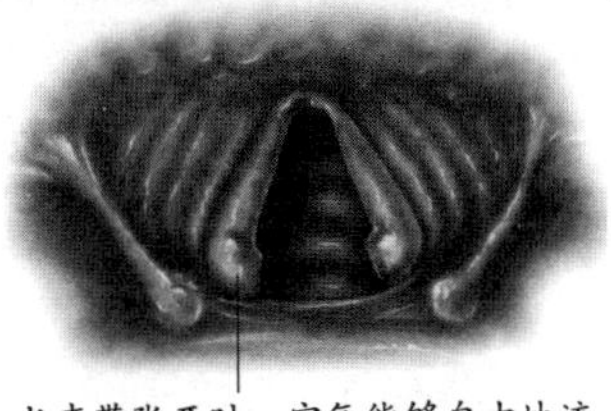
当声带张开时，空气能够自由地流通，不会发出声音

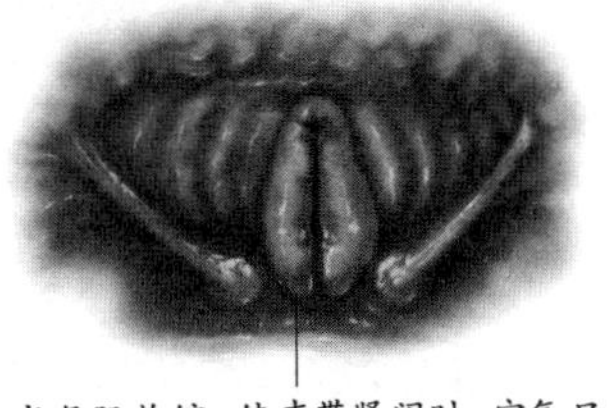
当喉肌收缩，使声带紧闭时，空气只能通过其间一条窄窄的缝隙流通，从而引起声带的振动，发出声音

■ 心脏的搏动

血液在血管内围绕着全身不停地流动。血液循环的动力来自于心脏的搏动。心脏分为不同的房室，房室中空，但壁上的肌肉极为强劲有力，这些肌肉通过收缩与放松来推动血液在血管中流动。血液携带着许多对生命至关重要的物质，包括：氧气、供能物质如葡萄糖（血糖）、人体成长所需的营养物和一些原材料，以及相关腺体分泌的用于控制内部生命活动的化学物质如激素等。同时，血液也会带走一些垃圾和对人体无用的物质，如二氧化碳，并将它们运送至肺部，再由呼吸作用排出体外。

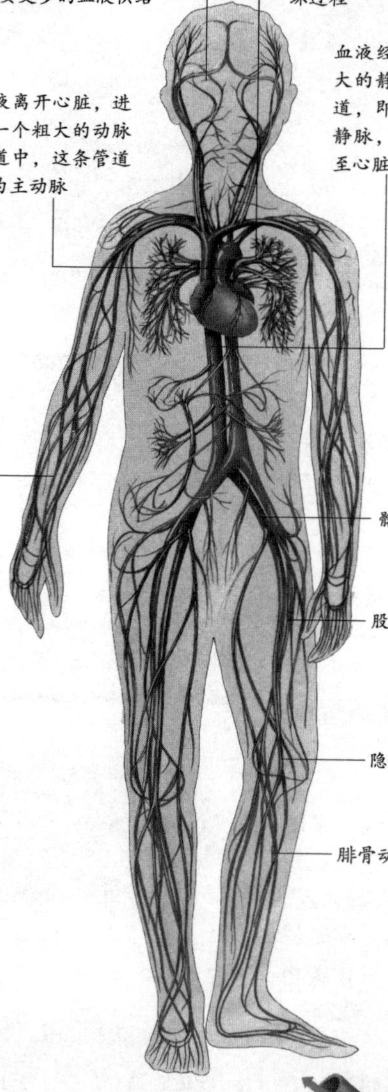

» 循环系统

血液经心脏推出，流进动脉。动脉是一种厚壁血管，它经过一级一级的分支，遍布全身。分支后的动脉越来越细，末端动脉的直径仅为0.01毫米，被称为毛细血管。毛细血管壁非常薄，血液中的氧气及其他物质可直接通过管壁扩散至周围组织中。毛细血管的另一端逐步汇集，形成稍粗大的血管，叫做静脉。血液经静脉流回心脏。一般来说，一滴血从心脏出发，经过动脉、毛细血管、静脉，再流回心脏大约要花1分钟时间，这就是血液循环的过程。

» 血液的成分

血浆是一种似水的液体，占血液总体积的一半，其中溶解了葡萄糖、激素及其他一些物质。血液的另一半由血细胞组成。人体内主要有3种血细胞：红细胞、白细胞、血小板。其中红细胞主要起运输氧气的作用，白细胞有防御功能，而血小板有助于凝血和修补伤口。1立方毫米的血液（相当于针尖大小）中大约有500万个红细胞，8000个白细胞以及35万个血小板。

» 心脏的两泵系统

人体内有2条循环路线（体循环和肺循环），因而心脏也由2个泵组成，而不是单泵系统。右心室经肺循环将血液输送至肺内。此处，氧气与血液充分结合，当这些血液从肺部流出时，就变成富含氧气的新鲜血液并流回左心房，再经体循环将这些新鲜血液输送至全身各处，其中的氧气和营养物质为组织、细胞所利用，而使用过的血液再经静脉流回心脏，完成一次循环过程。人体内的血液就这样无止境地循环着。

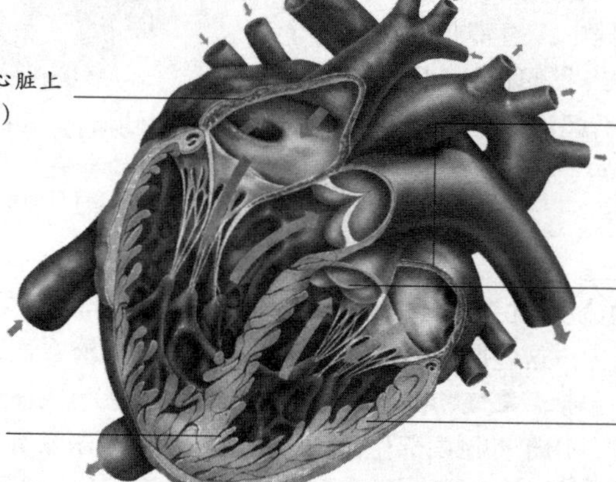

» 血管

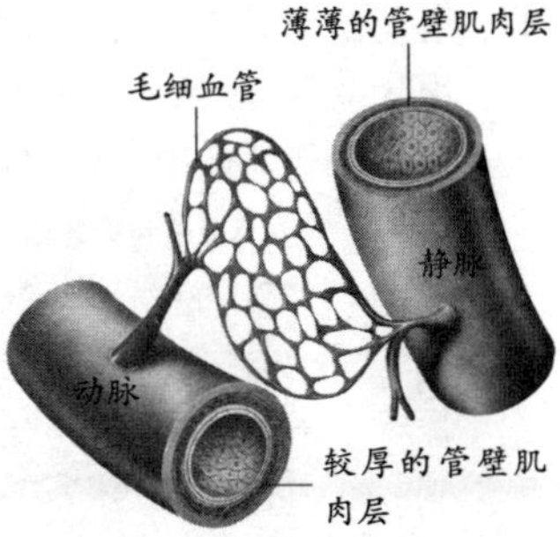

动脉管壁粗厚而富有弹性，有助于缓解从心脏推出的高速血流对管壁产生的强压冲击。心脏每搏动一次，全身的动脉血管就会膨胀一次。这种膨胀表现为管壁有节奏的跳动，形成脉搏，并且可以在腕关节处清楚地感受到。毛细血管壁仅由单层细胞构成。静脉血流速低、血压低，正因如此，许多静脉血管，尤其是腿部静脉，内部都有瓣膜，以防止血液倒流。

■ 消化与吸收

人类的食物多种多样，包括肉、鱼、面包、大米、面糊以及新鲜的蔬菜和水果等，但是这些食物在人体内被消化的过程却完全相同。食物经由口腔摄入后，进入消化道。消化管道很长，并且彼此缠绕，有利于食物的充分消化。当食物经过消化道时，它们被逐步分解，变成一些更小、更简单的物质，叫做营养物。随后营养物被吸收至血液中。食物这种在人体内的旅程，从消化道的一端（口腔）到另一端（肛门），大约要经过 48 小时。

» 消化系统

口腔中，食物经咀嚼与唾液充分混合。这种混合体再由吞咽过程，经食道进入胃中，与胃液充分混合。胃液主要含有 2 种化学物质：胃酸和酶，食物经胃液消化后变成的浆状物称为食糜。食糜流入小肠内，其中的营养物被吸收至血液中，而那些垃圾物质则储存在直肠中，经肛门排

» 肝脏

肝脏不属于消化道，却是消化系统的一部分，接收从小肠来的富含营养的血液。肝脏能分泌一种绿色的液体，叫做胆汁，用于分解食物中的脂肪。胆汁经肝脏分泌出来后，储存在胆囊中。肝脏的左下角，胃的后面，有另一个消化器官，即胰腺。胰腺产生的消化酶进入小肠内，协助消化食物。

» 小肠

在小肠内，绝大多数营养物质由小肠上壁吸收，进入血液。小肠内壁折叠成山脊状，叫做褶皱。褶皱的表面并不是平滑的，它继续折叠，形成许多高约 1 毫米的手指状结构，叫做绒毛。小肠绒毛的表面进一步折叠，形成微绒毛。每个小肠绒毛的表面有成千上万个微绒毛。褶皱、小肠绒毛、微绒毛极大地增加了小肠内壁的面积——是人体表皮面积的 20 多倍，从而有利于充分吸收营养物质。

↗ 营养均衡的饮食对于保持消化系统的健康来说至关重要，合理的饮食能提供人体必需的矿物质、碳水化合物和能量等。

» 牙齿

人类有 32 颗牙齿，但它们并不是同时长出

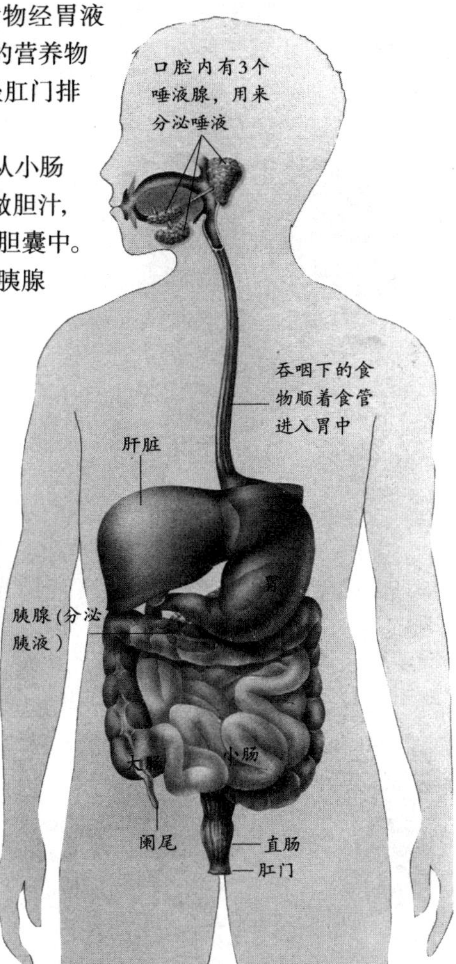

↗ 人体消化系统示意图

来的。婴儿出生后不久就有了乳牙，共 20 颗。当孩子长到 6 岁左右的时候，乳牙开始脱落，长出恒牙。恒牙共有 32 颗。牙齿的表面是牙釉质，它是人体内最坚硬的物质。牙釉质之下是稍软的牙本质。牙髓位于牙体中心，由血管和神经构成。

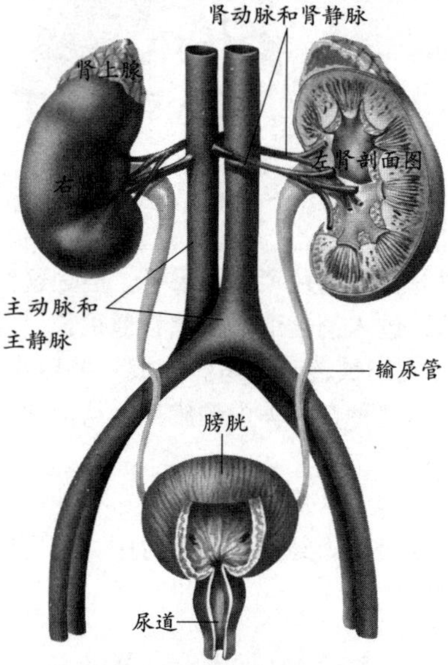

↗ 泌尿系统维持体内水分的平衡。

■ 人体的排泄

人体内数以千计的化学反应相互协调、配合的过程，叫做新陈代谢。新陈代谢产生的各种垃圾，主要通过 2 种途径排出体外：消化系统和泌尿系统。消化系统主要排出未完全消化的食物，以及部分新陈代谢产生的废弃物。泌尿系统的主要功能部分是肾。肾脏能滤除血液中的垃圾物、多余的盐和水，并将它们转化为一种液体，即尿液。

» 消化和排泄

心脏每次推出的血液大约有 1/5 被送往两肾。人体每个肾内大约有 100 万个微小的过滤单元，这些过滤单元叫做肾单位。肾单位滤出血液中的垃圾物质和多余的水分，形成尿液。尿液顺着输尿管向下流入位于人体较低处的膀胱。当膀胱内的尿量达到 400 毫升时，就会刺激感受器，通过尿道将这些尿液排出体外，从而保证膀胱内有足够的空间来容纳尿液。体内的固体垃圾主要包括肠内壁脱落物，以及未完全消化的食物，它们经由肛门排至体外。

» 淋巴系统

淋巴存在于细胞及组织之间，是一种浅黄色的液体。淋巴液渗入到微细的淋巴管中，淋巴管经会合，逐渐变粗膨大，通向淋巴结。人体新陈代谢产生的废料经由淋巴管收集并运送到淋巴结。淋巴结中的白细胞能够消灭废料中有害的，或是对人体无用的物质，尤其是细菌。淋巴管最终和血管相通，淋巴随之进入血液循环系统。当人体受到感染时，淋巴结肿大，内部充满了液体和白细胞。

» 人体与压力

位于肾脏上方的肾上腺分泌激素，调节水的利用过程

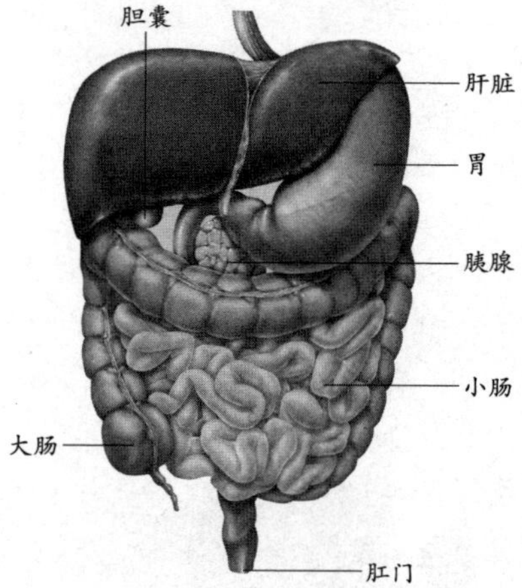

↗ 由口腔摄入的食物，经消化系统作用后，从肛门排出，全程大约48小时。

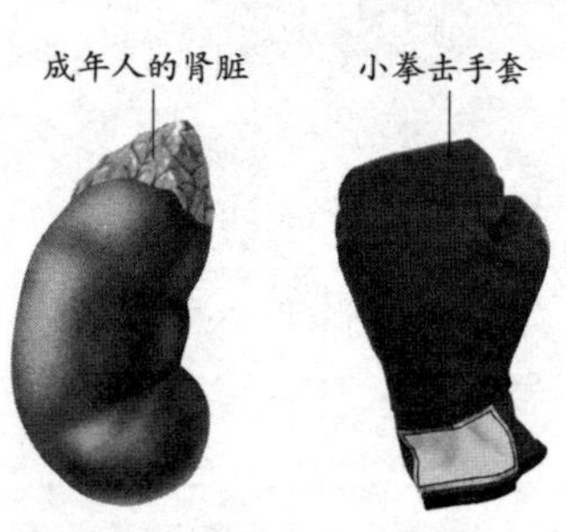

↗ 成年人的肾脏和小的拳击手套一般大小——长约6厘米。

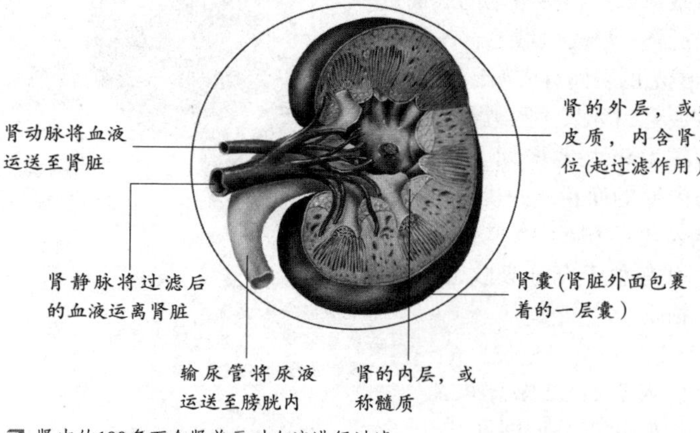

↗ 肾内的100多万个肾单元对血液进行过滤。

以及人体对于压力的反应情况。肾上腺素是人体内主要的应激激素。当肌肉处于紧张状态，或需要大量消耗能量，例如进行体育运动时，肾上腺素的分泌使得心跳加速，肝脏释放更多的葡萄糖，以满足额外能量的需求。流向肌肉的血流量增加，从而使得人体能够完成各种快速运动。

» 激素系统

激素系统，或称之为内分泌系统，是指那些能够分泌激素的腺体。激素随血液流至全身，调控体内的新陈代谢过程。例如，甲状腺位于颈部，分泌甲状腺素，调控细胞的耗能速率。大脑下部有一个豌豆状的腺体，称之为脑垂体，是整个内分泌系统的总指挥官。肾脏的生尿量受抗利尿激素的控制。当人体由于剧烈运动流失大量水分时（排尿或流汗），必须通过饮水来进行补充。

■ 视觉与听力

人体通过眼睛和耳朵接收到的外界信息，如图画、噪声、报纸上的字以及其他一些声响，要比通过其他途径接收到的所有信息的总和还要多。人体所有感觉器官的工作原理大致相同：它们感受外界环境的变化或事物的特征，产生极其微小的神经冲动，并经特定的通路将这些神经冲动传送至大脑。例如，眼睛感受不同颜色光线的亮度及强度变化，而耳朵则感受肉眼不可见的振动的声波。

奇妙的人体

* 一种声音的等级，即音调的高低，叫做频率，并以赫兹（即每秒完成全振动的次数）来度量。大多数人能够听到的声音频率下限为20赫兹，如沉闷的雷声；上限为1.8万赫兹，如蝙蝠的尖叫声。

* 随着年龄的增长，人耳以及其他一些感觉器官的功能也在下降，耳朵能够感受到的高频音的范围大大缩小。

» 眼球结构

眼球的直径约 2.5 厘米，外层为巩膜，较坚韧。眼球的前部是一层透明的薄膜，即角膜。角膜呈圆拱形，允许光线透过。当透过的光线经过晶状体时，发生折射，从而在视网膜上形成外部世界的清晰影像。在视网膜上，数以亿计的感光细胞将光线信息转化为相应的神经冲动。视网膜上有 2 种感光细胞：视杆感光细胞和视锥感光细胞。视杆感光细胞又细又长，约有 1.25 亿个。它们在昏暗环境中工作，对光线的敏感度较高，但是不能辨别颜色。视锥感光细胞又粗又短，约有 700 万个，它们聚集在眼球后部视网膜上影像的中心位置，在强光条件下工作，可以辨别颜色，对细节的分辨率高。

↘ 光线由瞳孔进入眼睛，经过角膜、晶状体后，在眼球后部的视网膜上成像。

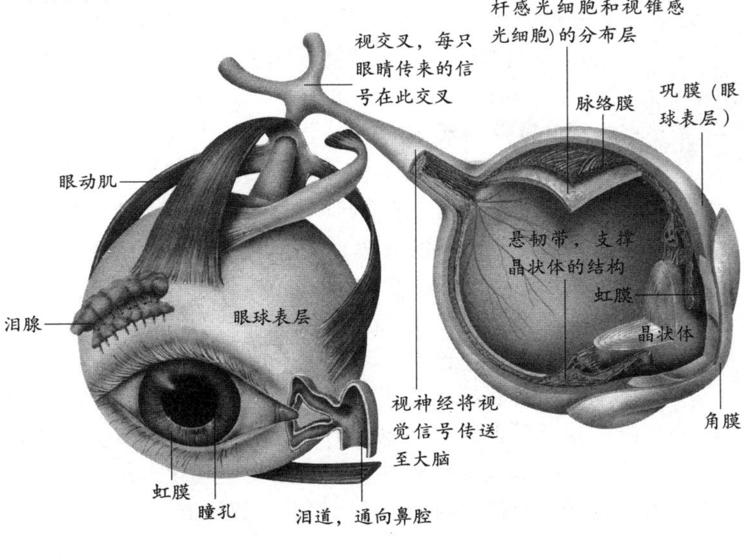

» 眼睛的颜色

虹膜是由角膜覆盖的一圈肌肉，角膜无色透明，而虹膜是眼球内的有色部分。虹膜的正中心有一个黑洞，叫做瞳孔，光线经瞳孔传至眼球内部。几乎所有的欧美婴儿出生时都有一双蓝色的眼睛，经过几个月的成长，他们眼球的颜色或许会变成棕色、绿色以及灰色，此后便一直保持着这种颜色。孩子眼睛的颜色从父母那里遗传而来。如果父母双方都是蓝色眼睛，那么他们的孩子一定是蓝色眼睛。然而，如果父母双方中有一个，或两个都是棕色眼睛，那么他们孩子的眼睛可能是蓝色的，也可能是棕色的。

» 激光手术

利用激光的单向性和高能性，我们将它精确地射向眼球某个部位，能够治疗相应的眼科疾病。例如，激光产生的热量能够修复眼内受损血管，对晶状体和角膜进行矫形，从而纠正视力。

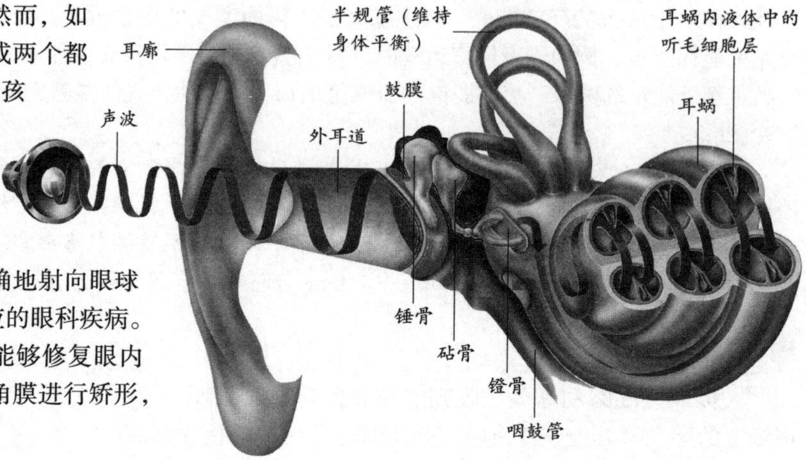

» 听小骨

耳朵内的3块小骨头，即锤骨、砧骨和镫骨，统称为听小骨，它们是人体内最小的骨骼。外界声波引起听小骨的振动，而听小骨与周围肌肉相连，这样当外界声响非常大时，周围肌肉紧紧牵住听小骨，使它们不至于振动得过于厉害，从而有效地阻止了强声对人耳的伤害。咽鼓管能够控制空气在耳内的进出，进而调节耳内声压。当我们吞咽、打哈欠的时候，咽鼓管会张开。

» 耳朵的内部构造

外耳道微呈S形，一端开口于耳廓，另一端终止于鼓膜。空气中的声波经由外耳道传至鼓膜，引起鼓膜的振动。这种振动经过3块听小骨：锤骨、砧骨和镫骨，传至耳蜗内的液体中，产生微小的纹波，为听觉细胞上的听毛所感知，并被转换为相应的神经信号。

■ 嗅觉、味觉和触觉

嗅觉和味觉都是化学感受器。它们能感受到某些极小的化学物质微粒——飘浮于空气中的各种气味的气体，或者食物和饮料中的食用香料。当我们进食时，这两种感受器各自独立工作，但是它们会在同一时间向大脑发送信息。触觉的工作情况也大致相同：嘴唇、舌头、牙龈及脸颊能够感受食物的温度、硬度或者浓度。嗅觉、味觉及触觉在大脑内部紧密关联，尤其是在我们进食时，这种相互关系更加明显。我们所感觉到的食物的味道其实是这3种感受器共同作用的结果。

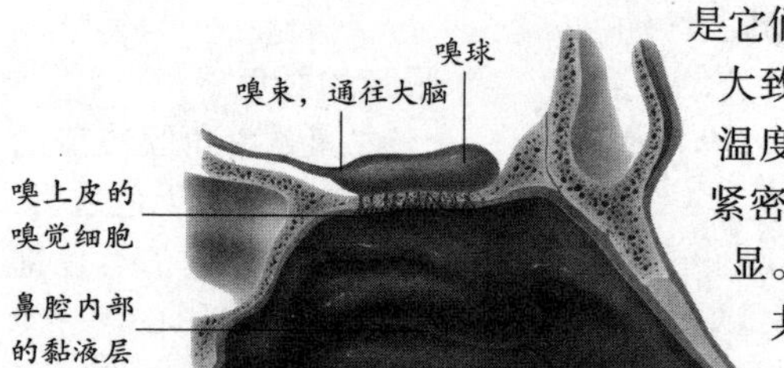

↑ 气体微粒溶解在黏液层中，为嗅觉细胞所感知。嗅觉细胞位于鼻腔顶部，它们将气味信号沿着嗅神经传送至大脑。

↘ **在人体皮肤上发现的部分微触觉感受器**

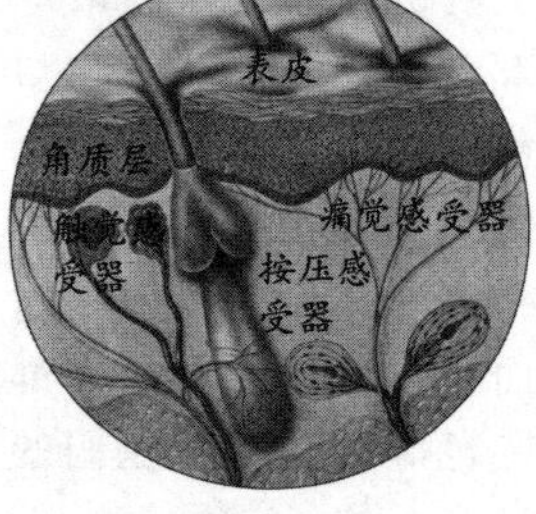

» 鼻腔内部结构

嗅觉感受器位于鼻子后上部与头骨交界处的嗅上皮层内，鼻腔两侧都有。每侧的嗅上皮约由几百万个嗅觉细胞组成，而每个嗅觉细胞上又有许多微绒毛，即纤毛。空气中的气体微粒扩散至鼻腔中，落在纤毛上，并为它们所感知。

» 皮肤和触觉

神经纤维位于真皮层之上，其末端是微小的触觉感受器，能够感知一定程度的触摸或压力，还有一些能接收疼痛的感觉及温度的变化。位于指尖处的皮肤，每平方毫米面积上约有1万个微触觉感受器。

» **舌头与味觉**

在舌头的前部、边缘及根部都有成千上万的味蕾，它们分散在舌头表面，为乳突所分隔开。每个味蕾的直径约 0.1 毫米，内部含有约 25 个味觉细胞，而每个味觉细胞上又有许多微绒毛，称做纤毛。纤毛能够感知食物中的化学物质微粒，产生味觉。舌尖部对甜味比较敏感，舌两侧的前部对咸味比较敏感，舌两侧的中部对酸味比较敏感，而舌根部中央区域对苦味比较敏感。

» **嗅觉细胞**

嗅细胞在靠近鼻腔的一侧有许多微绒毛即纤毛。外界气味粒子随着空气进入鼻腔，落在这些纤毛上并被感知，从而产生嗅觉。

» **嗅觉及味觉机制**

人类至今也不清楚味觉和嗅觉细胞表面上的纤毛是怎样识别那些化学微粒的。或许纤毛表面有许多形状各异的微小凹陷，而某个进入鼻腔或口腔中的化学粒子只能与特定的凹陷相配，正如一把钥匙配一把锁一样。只有当特定的化学粒子与特定的凹陷相配后，才能产生神经信号，并被传送至大脑。

■ 神经系统

人体由许多不同的器官和组织组成，它们必须有条不紊地工作，才能使整个身体保持健康，充满活力。体内控制、协调各部分正常工作的系统称为神经系统。正如计算机网络一样，神经系统不停地发送、接收极小的神经冲动，将信息从人体的一个部位传到另一个部位。神经冲动是一种微弱的电信号，经由导线般的神经传送至全身各处。大脑是神经系统的中枢，掌控着整个神经系统及全身。

» **神经系统**

人体神经系统主要分为 3 部分：大脑、脊髓和外周神经。大脑位于头部的顶端，由数以亿计的神经细胞及其他组织构成。大脑的底部与脊髓相通，后者是人体神经的主要分布点。脊柱由一节一节的脊椎组成，脊椎中空，彼此相连形成一条管道，内部充满了脊髓。外周神经从大脑和脊髓分支出来，遍布全身。

» **神经细胞**

人体神经系统由数以亿计的特化细胞构成，称为神经细胞或神经元。每个神经元上都有许多蜘蛛状的分支，叫做树突，专门负责从其他神经元接收信息，并将接收到的信息经由轴突传送至另外一些神经元的树突。肉眼看不见神经纤维，但是有些神经元长达 30 多厘米，是人体内最长的细胞。

» **神经元的内部结构**

神经元的外表面包裹着一层坚硬的有暗灰色光泽的膜，称之为神经外膜。神经元内是一簇一簇的神经纤维，携带着微弱的神经冲动。较为粗大的神经元内一般有成千上万的神经纤维，而那些最细的神经元，就像人类的毛发一样，内部仅有几条神经

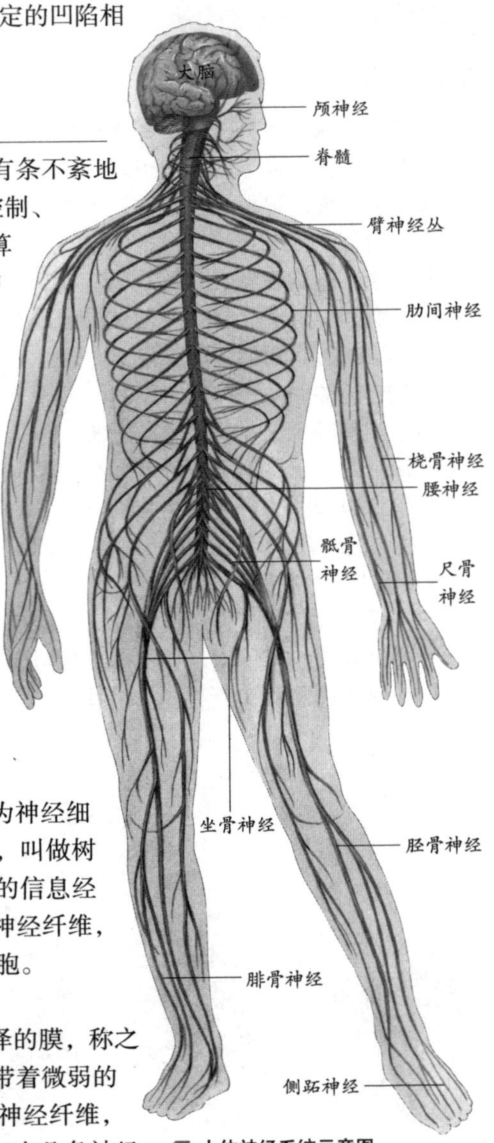

↗ 人体神经系统示意图

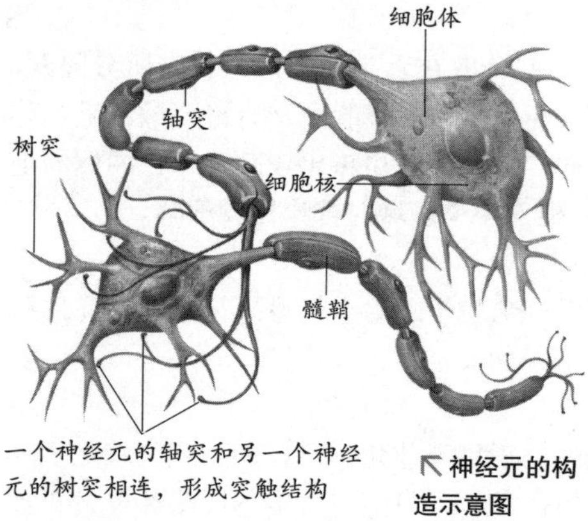

↖ 神经元的构造示意图

纤维。同样，神经元内也有极为微小的血管，用于运送养分，同时带走废物。神经冲动的传导速度如此之快，以至于人体感受外界环境的变化并做出反应的整个过程都不到 0.2 秒。

» 大脑的工作原理

头颅内 90% 的空间为大脑所占据。大脑表面多褶皱，由左右 2 个圆拱状结构组成，这种结构称为大脑半球。大脑底部的偏下方是小脑，表面亦多褶皱。小脑能够调节自发肌肉运动，同时维持身体的平衡。大脑的中央部位，如丘脑，与人的意识、记忆及感情活动有关。大脑的最下面是脑干，负责调控人体的自发生命活动，例如呼吸和心跳。

■ 生殖系统

平均每秒钟，世界上就会有 3 个婴儿出生。他们在母体内生长、发育了 9 个多月后，终于降生。人体内繁殖下一代的系统叫做生殖系统，它是人身上唯一一个到出生时还没有完全成熟、不能发挥功效的系统。就平均水平而言，女孩在 11 ~ 13 岁完成生殖系统的发育和成熟，男孩则为 14 ~ 16 岁，这一阶段称为青春期。生殖过程从两性细胞的结合开始，即来自于母体的卵子与来自于父体的精子相结合。

» 女性生殖系统

卵子相对较大，直径约 0.1 毫米。卵巢是主要的女性性器官，内部有成千上万的卵子。每个月女性体内都有一个卵子成熟，并从输卵管排出，这一过程称为排卵。若卵子在输卵管内遇到精子，便与之结合，完成受精。

» 男性生殖系统

与卵子相比，精子要小得多，其长度仅为 0.05 毫米。睾丸是主要的男性性器官，每天都生成数以百万计的精子。精子的存活期约为 1 个月。如果精子未能及时地通过输精管由阴茎排出体外，它们就会逐渐死亡，并被分解，而新的精子还会不断地生成。

奇妙的人体

* 从卵子与精子的结合开始，到婴儿的出生，平均要经过280天的时间。
* 婴儿出生在凌晨3 ~ 4时这个时间段的概率比出生在其他时间段的概率高。
* 在发育过程的前9个月（从受精卵到9个月大的胎儿），孩子的重量增加了将近50亿倍。
* 婴儿出生后的9个月内，孩子的体重能够增加约3倍。

↘ 婴儿出生前，要在母体子宫内生长约40周的时间。

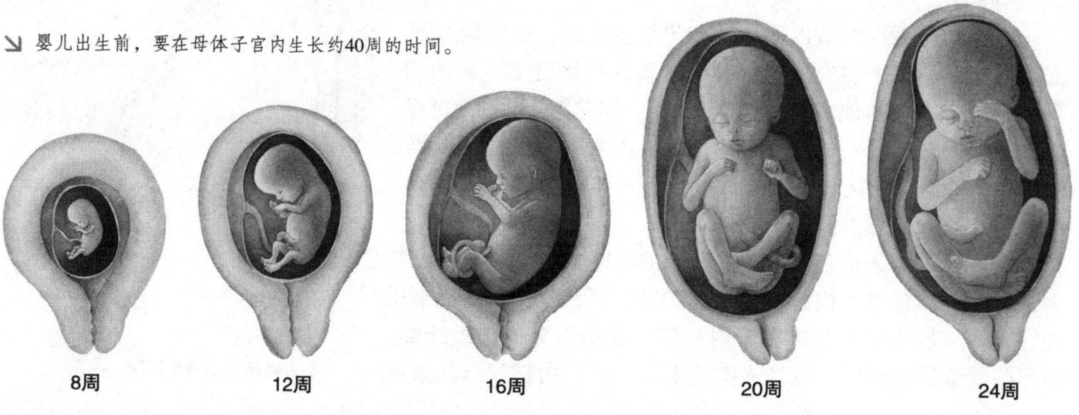

» 子宫内发育过程

在子宫内，受精卵一分为二，形成两个子细胞，这2个子细胞继续分裂，成为4个、8个，甚至更多个子细胞，并照这样不断地分裂下去。1周之后，受精卵成为一个由上百个子细胞组成的球状体，在子宫壁上着床后，通过血流丰富的子宫内膜，不断吸取母体营养以继续分裂。1个月之后，受精卵还是没有一个谷粒大，但是胎儿的大脑和心脏却已成形。两个月胎儿的大小还不及一个大拇指，但是其体内的主要器官和组织都已成形。

超声波检查能够显示胎儿在母体子宫内的发育过程。

» 受精

精子和卵子只能在女性排卵期（卵子从卵巢中排出来）的那几天里结合。输卵管内，大量的精子游向卵子，但通常只有一个精子能与卵子结合并受精。卵子和精子各自携带一套遗传基因，其主要成分为DNA。受精过程中，这两套遗传基因相互结合，形成一套独一无二的组合，这种组合即为新生儿的基因。

» 新的生命

子宫内温暖、潮湿而安静，母体的氧气和营养物质能够直接进入胎儿的血液中。分娩过程中，胎儿经挤压和推动，从母体子宫中出来，第一次接触到外界新鲜的空气、光线和声音。婴儿第一次吸入外界空气时通常会哇哇大哭，这绝对是一件好事，因为它通开了婴儿的气管和肺，使之以后能够自由呼吸。当然，若胎儿还在母体子宫内，它们并不需要自己呼吸；但是当婴儿出生后，他们就不得不自己呼吸、吃东西。出生后不久，婴儿从妈妈那儿吃到了第一口奶。随后的几个月里，他们只吃奶水，不需要其他任何东西，因为母体的奶水提供了婴儿最初成长所必需的所有营养。

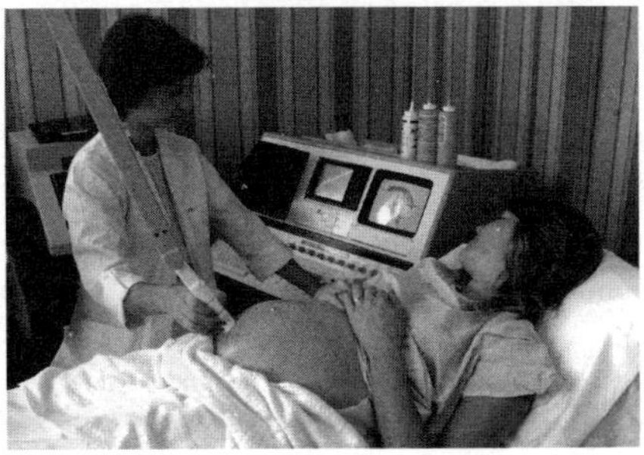

↗ 超声波检查能够显示胎儿在母体子宫内的发育过程。

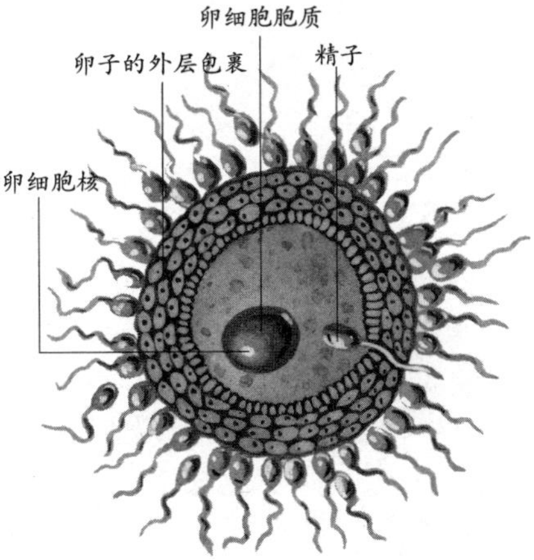

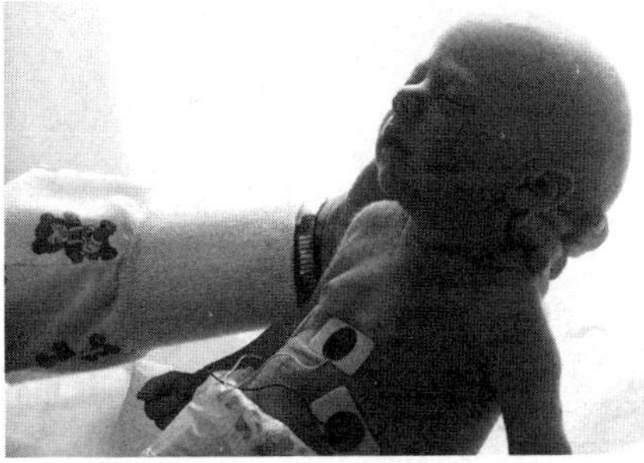

↗ 医生仔细地检查新生儿，确保其健康、正常。

↘ 在妊娠期32～36周的时候，胎儿通常会在子宫内倒转位置，头部朝着子宫口，以便在分娩的时候顺利出生。

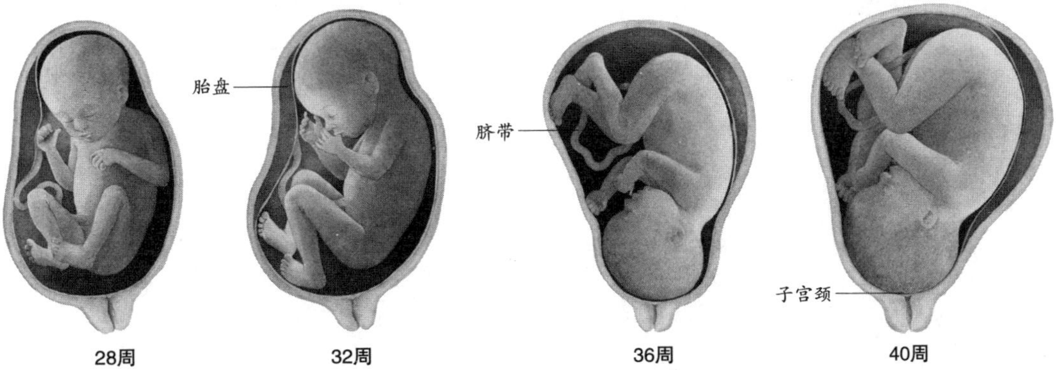